U0827466

海船船员适任考试培训教材
符合《海船船员培训大纲（2016 版）》培训要求

船舶电气与自动化

(船舶自动化)

(操作级)

林叶春　何治斌　李永鹏　王爱军　主编
陈豪　主审

大连海事大学出版社
Dalian Maritime University Press
人民交通出版社股份有限公司
China Communications Press Co.,Ltd.

图书在版编目(CIP)数据

船舶电气与自动化. 船舶自动化 ：操作级 / 林叶春等主编. — 大连 ：大连海事大学出版社 ；北京 ：人民交通出版社股份有限公司, 2020. 12(2021. 6 重印)
海船船员适任考试培训教材
ISBN 978-7-5632-4045-6

Ⅰ. ①船…　Ⅱ. ①林…　Ⅲ. ①船用电气设备—资格考试—教材②船舶—自动化系统—资格考试—教材　Ⅳ. ①U665②U664. 8

中国版本图书馆 CIP 数据核字(2020)第 262300 号

大连海事大学出版社出版

地址:大连市凌海路1号　邮编:116026　电话:0411-84728394　传真:0411-84727996
http://press. dlmu. edu. cn　E-mail:dmupress@ dlmu. edu. cn

大连金华光彩色印刷有限公司印装　　大连海事大学出版社发行

2020 年 12 月第 1 版　　2021 年 6 月第 2 次印刷
幅面尺寸:184 mm×260 mm　　印张:21　　字数:534 千

责任编辑:沈荣欣　　责任校对:李继凯
封面设计:张爱妮　　版式设计:张爱妮

ISBN 978-7-5632-4045-6　　定价:63. 00 元

前　言

为有效履行《1978年海员培训、发证和值班标准国际公约》马尼拉修正案，进一步规范海船船员培训行为，提高培训质量，根据《中华人民共和国船员条例》《中华人民共和国船员培训管理规则》规定，交通运输部编制了《海船船员培训大纲(2016版)》，自2017年4月1日起施行[交通运输部办公厅关于发布《海船船员培训大纲(2016版)》的通知(交办海〔2017〕33号)]。

为了更好地指导帮助船员进行适任考试前的培训，进一步提高船员适任水平，大连海事大学出版社、人民交通出版社股份有限公司组织全国有丰富教学、培训经验和航海实际经验的专家共同编写了与《海船船员培训大纲(2016版)》相适应的"海船船员适任考试培训教材"。本套教材编写采用图文并茂的形式，改变了长期以来以文字为主的教材编写方式，满足《海船船员培训大纲(2016版)》对船员适任培训的要求，教材知识点紧扣培训大纲，具有权威、准确、系统、实用的特点，重点突出船员适任和航海实践需掌握的知识，旨在培养船员具备在实践中应用知识的能力，并可作为工具书帮助船员上船工作使用。

本套教材分为驾驶专业、轮机专业和电子电气专业教材。

驾驶专业教材包括:《船舶操纵与避碰(管理级)》《航海学(管理级)》《船舶结构与货运(管理级)》《船舶管理(管理级)》《航海学(操作级)》《船舶操纵与避碰(操作级)》《船舶管理(操作级)》《船舶结构与货运(操作级)》《航海英语(操作级)》《GMDSS英语阅读(操作级)》《GMDSS综合业务》《值班水手业务》;

轮机专业教材包括:《轮机英语(管理级)》《主推进动力装置(管理级)》《船舶辅机(管理级)》《船舶电气与自动化(船舶电气)(管理级)》《船舶电气与自动化(船舶自动化)(管理级)》《船舶管理(管理级)》《船舶动力装置》《轮机英语(操作级)》《主推进动力装置(操作级)》《船舶辅机(操作级)》《船舶电气与自动化(船舶电气)(操作级)》《船舶电气与自动化(船舶自动化)(操作级)》《船舶管理(操作级)》《值班机工业务》;

电子电气专业教材包括:《电子电气员英语》《船舶电气》《船舶机舱自动化》《信息技术与通信导航系统》《船舶管理》《电子电气员英语听力与会话》《电子技工业务》《电子技工英语》《电子技工英语听力与会话》。

本套教材在编写、出版工作中，得到了各海事管理机构、中国海事服务中心、各航海院校、海员培训机构、航运企业等单位的关心和大力支持，特致谢意。

大连海事大学出版社
人民交通出版社股份有限公司
2020年7月

编者的话

《船舶电气与自动化(船舶自动化)(操作级)》是海船船员适任考试培训教材之一,根据交通运输部编制的《海船船员培训大纲(2016年版)》的要求编写,编者在查阅了大量专业资料的基础上,对2012年版的培训教材做了大量的增删和修改,内容涵盖了轮机自动化的主要新技术,能够满足海船船员轮机部操作级船员的适任考试培训要求。

本教材内容紧扣STCW公约马尼拉修正案,结合其他最新国际公约、规则、国家法律、法规和规章,具有权威、系统和全面等特点。在编写过程中,编者紧密结合现代船舶电气应用技术,强调理论与实际相结合,注意培养船员的职业道德意识、安全意识和环保意识,注重对生产实践的指导作用,旨在培养船员实践应用能力,其中含有船舶自动化关键操作的案例和指南,可同时作为技术人员的工具书使用,指导船舶自动化的日常操作和管理工作。本教材可作为航海类院校相关专业课程的参考教材,也可作为船舶相关公司、船舶修造厂等技术人员学习和培训的教材。

本教材由上海海事大学林叶春、大连海事大学何治斌、青岛远洋船员职业学院李永鹏和南通航运职业技术学院王爱军主编,其中林叶春主编第一章控制工程基础,何治斌主编第二章船舶机舱监测与报警系统,李永鹏主编第三章船舶自动控制系统,王爱军主编第四章保护设备。参与本教材编写的还有韩学胜、陈文涛、陈军、杨宣靖、陈泰山、刘冲、张俊等同志。本书由江苏海事局陈豪主审。

本教材在编写过程中得到了中国远洋海运集团有限公司、交通运输部上海打捞局(中国海洋工程有限公司上海公司)、上海海事局、上海海事大学"育明"轮等有关单位和领导的鼎力支持,有关专家对本教材编写大纲提出了许多中肯的意见和建议,并提供了大量的电子版资料。在此,向上述单位和所有关心、帮助本教材编写和出版的同人表示衷心的感谢!

由于编者学识水平有限,书中难免有不当之处,恳请各位读者批评指正。

编　者

2020年8月

目 录

第一章

控制工程基础

第一节　自动控制原理

一、自动控制的作用

自动控制是指在没有人直接参与的情况下，利用外加的设备或装置（控制装置），使机器、设备或生产过程（控制对象）的某个工作状态或参数（被控量）按照预定的规律自动地运行。自动控制一般是指工业生产过程的自动化，即通过采用各种自动化仪表、电子计算机等自动化技术工具，对生产过程中某些物理参数（船舶上主要是指温度、压力、液位、流量、黏度、湿度、油水成分等参数）进行自动检测、监督和控制，以保证被控制量接近给定值或保持在给定范围内。

自动控制系统是指连续或按程序进行生产过程的自动控制系统，一般是在没有人直接参与的条件下，运行参数能自动按照期望值或预定程序变化的控制系统。

利用自动控制装置构成的自动控制系统，可以在无人直接参与的情况下，对机器设备或生产过程的运行参数进行自动控制，其过程模拟人的手动操作过程，图 1-1-1 所示为柴油机气缸冷却水温度控制过程示意图。

柴油机在运行过程中需要保持一个最佳的冷却水温度。假如冷却水出口温度应为 80 ℃，则在手动控制时，操作人员要用眼睛反馈给大脑，大脑对这一水温进行分析（温度的实际值是否偏离了最佳值）、判断（实际水温是高于最佳值还是低于最佳值）和计算（实际水温离开最佳值的数量），然后输出一个控制指令给双手，用双手来改变三通调节阀的开度，即改变旁通水量和经冷却器冷却后的冷水流量，从而可改变对气缸冷却水的冷却强度，使冷却水的实际温度逐渐恢复到最佳值上。

例如，当冷却水实际温度升高时，大脑通过眼睛从温度表上观察到这一信息，为了维持希望的温度值，必然指挥双手关小旁通水量。而旁通水量关小的结果势必使实际温度下降，并且在温度表上得到体现。眼睛再把这一调节结果传递给大脑，以便大脑做出下一步判断和进行

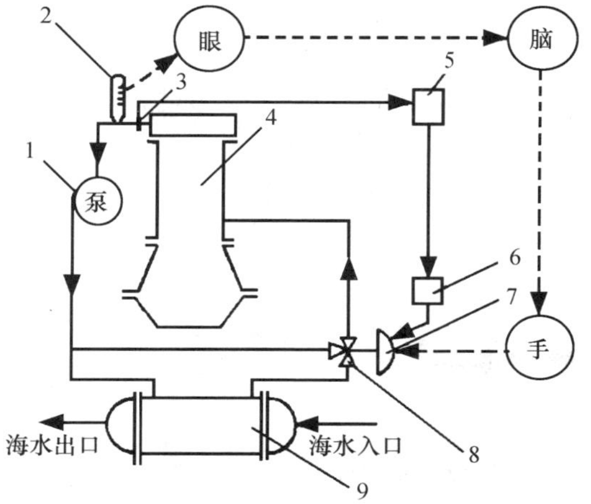

图 1-1-1　柴油机气缸冷却水温度控制过程示意图

1—淡水泵；2—温度表；3—感温元件；4—柴油机；5—温度变送器；6—调节器；7—执行机构；8—三通电磁阀；9—淡水冷却泵

下一步动作。这个过程一般都要反复进行，直至实际温度恢复到希望的温度值为止。其中，眼睛把调节结果传递给大脑的过程就叫作过程。显而易见，正因为利用了过程，控制的最终目标才能得以实现。

在自动控制过程中，由于不需要人来干预控制过程，因此必须采用相应的自动化仪表来代替人的功能器官。比如可用温度传感器和变送器来代替人的眼睛，随时测量冷却水的实际温度并把该值送给调节器。调节器代替人的大脑，并对冷却水实际温度进行分析和计算，然后输出控制信号给执行机构。执行机构代替人的双手，改变三通调节阀的开度。不论是手动控制还是自动控制，反馈的作用都是存在的，所以常把自动控制称为反馈控制，自动控制系统也称为反馈控制系统。

二、自动控制系统的组成及功能

分析上述实例不难发现，组成一个自动控制系统，必须有四个最基本的环节，即控制对象、测量单元、调节单元和执行机构。

1. 自动控制系统的组成及功能

(1)控制对象

控制对象是指所要控制的机器、设备或装置，而所要控制的运行参数则称为被控量。例如，在柴油机气缸冷却水温度自动控制系统中，柴油机冷却水进口温度是被控量，冷却器是控制对象，柴油机是冷却水温度变化的干扰因素，或称为冷却水的负载；在锅炉水位自动控制系统中，锅炉是控制对象，水位是被控量；在锅炉蒸汽压力控制系统中，锅炉是控制对象，蒸汽压力是被控量；在燃油黏度自动控制系统中，燃油加热器是控制对象，燃油黏度是被控量；在柴油机转速的控制系统中，柴油机是控制对象，转速是被控量；等等。

(2)测量单元

测量单元的作用是，检测被控量的实际值，并把它转换成统一的标准信号，该信号称为被控量的测量值。在气动控制系统中，对应被控量的满量程，其统一的标准气压信号是 0.02~0.1 MPa；在电动控制系统中，对应被控量的满量程，其统一的标准电流信号是 0~10 mA 或 4~

20 mA，尤以 4~20 mA 居多。测量单元一般包含两部分，即传感器和变送器，传感器用于对物理量进行检测，变送器则将传感器的输出转换为调节器能够接收的信号。例如，在温度自动控制系统中，测量单元常采用温度传感器和温度变送器；在压力自动控制系统中，测量单元常采用压力传感器和压力变送器；在锅炉水位控制系统中，测量单元常采用水位发讯器（参考水位罐）和差压变送器；等等。

（3）调节单元

调节单元是指具有某种调节作用规律的调节器。调节器接收测量单元送来的被控量测量值，并与被控量的希望相比较得到偏差信号，再根据偏差信号的大小和方向（正偏差还是负偏差），按照某种调节作用规律输出一个控制信号，送给执行机构，对被控量施加控制作用，直到偏差等于零或接近零为止。

在自动控制系统中，一般把被控量的希望值称为设定值，被控量的测量值与设定值之间的差值称为偏差值。若将设定值表示为 g，被控量的测量值表示为 f，偏差表示为 e，则有

$$e = g - f \tag{1-1}$$

若 $e>0$，则说明测量值低于设定值，称为正偏差；

若 $e<0$，则说明测量值大于设定值，称为负偏差；

若 $e=0$，则说明测量值等于设定值，称为无偏差。

在实际应用中，调节器一般有位式、比例、比例积分、比例微分和比例积分微分调节器等五种，根据控制对象特性的不同及对被控量控制精度的要求，控制系统可选用不同调节作用规律的调节器。

（4）执行机构

执行机构接收调节单元输出的控制信号，并将该信号转换为作用到控制对象的实际控制作用。调节单元输出的控制信号一般都要经过执行机构才能作用到控制对象上，从而改变流入控制对象的物质或能量，使之能适应控制对象的负荷变化即操纵变量，操纵变量就是受调节单元控制，用以克服干扰的影响使被控量保持设定值的物料量或能量（流过控制阀介质的流量）。在气动控制系统中，执行机构一般是气动薄膜调节阀或气动活塞式调节阀；在电动控制系统中，一般采用伺服电机。

以上四个单元是组成自动控制系统必不可少的基本单元。但对于一个完整的控制系统，一般还会有若干辅助单元。例如，用来指示被控量给定值和测量值的指示单元，设定给定值的给定单元等。另外，对气动控制系统来说，还应设有气源装置；对电动控制系统，来说还应有稳压电源等辅助装置。

2. 自动控制系统的结构框图

为了分析自动控制系统工作过程的方便起见，可把组成控制系统的四个基本单元分别用小方框来表示，并用带箭头的信号线来表示各单位之间的信号传递关系。这样就构成了如图 1-1-2 所示的自动控制系统传递方框图。通过传递方框图，可以明确以下几个概念。

（1）环节

在控制系统传递方框图中，代表实际单元的每个小方框称为一个环节。每个环节都有输入量和输出量，并用带箭头的信号线来表示。其中箭头指向该环节的信号线为输入量，箭头离开该环节的信号线为输出量，在信号线上可标明输入量和输出量的名称，也可以不写。任何环节输出量的变化均取决于输入量的变化以及该环节的特性，而输出量的变化不会直接影响输入量，这叫信号传递的单向性；另外，如果信号线在某处出现分支，则各分支的信号具有等值

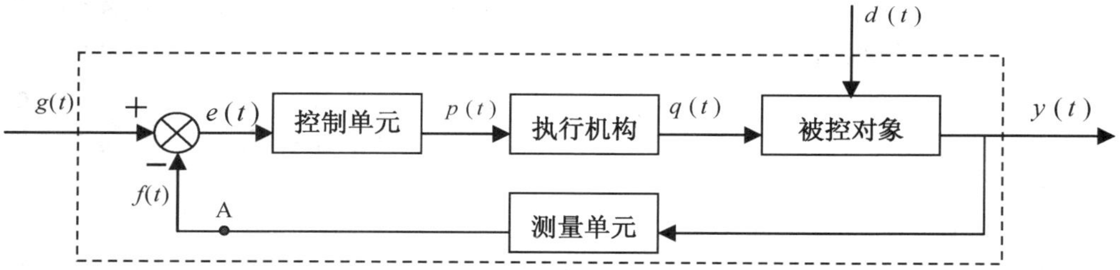

图 1-1-2　自动控制系统传递方框图

$g(t)$— 设定值;$f(t)$— 测量值;$e(t)$— 偏差值;$y(t)$— 被控量;$q(t)$— 执行量;$p(t)$— 控制量;$d(t)$ —外部扰动值

特性。

(2)系统的输入与输出

每个环节有其输入和输出,若从系统的角度来看,则可将图 1-1-2 所示的各个基本环节看作一个整体,如图中的虚框所示。作为一个整体,系统具有两个输入,即设定值和外部扰动,以及一个输出,即被控量。

(3)扰动

控制对象作为反馈控制系统的组成环节,其输出量是被控量,而引起被控量变化的因素统称为扰动。显然,扰动量是控制对象的输入量,具体包含两类,即基本扰动和外部扰动。

基本扰动是指来自控制系统内部控制通道(调节通道)的扰动。例如,在水位控制系统中,给水调节阀开度的改变将引起水位的变化;在冷却水温度控制系统中,三通调节阀开度的改变将引起水温的变化;等等。这种扰动通过系统内部的调节通道,改变流入控制对象的物质或能量的流量,从而影响控制对象的输出。因此,基本扰动通过调节通道影响被控量。

外部扰动是指来自系统外部环境的扰动。例如,以锅炉为控制对象的水位控制系统,水位是被控量,锅炉负荷(外部用汽量)的变化将引起水位的变化;在柴油机气缸冷却水温度控制系统中,水温是被控量,柴油机负荷的变化、海水温度的变化、淡水冷却器中水管结垢的多少等都会引起冷却水温度的变化。这种扰动是由于设备负荷或外界环境的扰动变化而导致控制对象内部的能量平衡遭到破坏而引起的。因此,外部扰动通过扰动通道影响被控量。

在图 1-1-2 中,有两个信号线的箭头指向控制对象,它们分别代表基本扰动(执行机构的输出 q)和外部扰动(控制对象负荷或环境因素的变化 d)。

(4)反馈

在控制系统传递方框图中,符号“⊗”是一个比较算子(它不是一个独立环节,而是调节器中的一个组成部分,为清楚起见,单独画出),它对被控量的给定值 g(旁标“+”号)和测量值 f(旁标“-”号)进行比较,得到偏差值 $e = g - f$,作为调节器的输入值。调节器的输出经执行机构改变控制强度,即改变流入控制对象的物质或能量的流量,引起被控量的变化(即系统输出变化),而系统输出的变化经测量单元又送回到系统的输入端,这个过程叫反馈。只有通过反馈才能不断地对被控量的给定值和测量值进行比较,只要存在偏差的变化,调节器就应控制执行机构动作,直到测量值回到给定值或给定值附近为止(偏差是否为零取决于调节器所采用的调节规律)。这时调节器的输出不再改变,执行机构的输出正好适应负荷的要求,控制系统达到一个新的平衡状态。所以反馈控制是一种根据偏差来进行控制的调节系统。

反馈有正反馈和负反馈之分。正反馈是指加强系统输入效应的反馈,它使偏差 e 增大;而负反馈是指减弱系统输入效应的反馈,它使偏差 e 减小。显然,按偏差进行控制的系统必定是一个负反馈控制系统。但是,在自动化仪表中,特别是在调节器中,为实现某种作用规律和功能,也有部分采用正反馈回路的。

3. 自动控制系统主要类型

(1)按控制系统基本结构形式分

①闭环控制系统

闭环控制系统是指控制单元与被控对象之间既有前向控制通道又有反向联系,系统的输入端和输出端之间存在反馈通道,使输出量对控制作用有直接影响的系统。

闭环控制系统的主要特点:有较高的控制精度和较好的适应能力,有很强的抗干扰能力;当系统的滞后较大时,控制作用对扰动的克服不及时,从而使其控制质量大大降低。

闭环控制系统可分为定值控制系统、程序控制系统和随动控制系统。定值控制系统:给定值保持不变(为一恒定值)的自动控制系统。程序控制系统:给定值是变化的,但它是一个已知的时间函数,即根据需要按一定时间程序变化。随动控制系统:给定值不断变化,且事先是不知道的,并要求系统的输出(被控量)随之而变化。

②开环控制系统

控制单元与被控对象之间只有前向控制通道而没有反向联系的控制系统。操纵变量可以通过控制对象去影响被控量,但被控量不会通过控制装置去影响操纵变量。从信号传递关系上看,未构成闭合回路。开环控制系统主要分为按给定值控制的开环控制系统和按扰动量控制的开环控制系统。

(2)按自动控制系统的给定值分

①定值控制系统

系统的给定值是恒定不变的,则该系统称为定值控制系统。例如,锅炉水位与蒸汽压力控制系统、柴油机气缸冷却水温度控制系统、燃油黏度控制系统、发电机的原动机转速控制系统等都属于定值控制系统。

②随动控制系统

系统的给定值是任意变化的,且变化规律是事先无法确定的系统,则该系统称为随动控制系统。例如,自动舵的随动操舵系统,其舵角给定值完全取决于当时的航行情况,事前不能决定;主机在备车航行过程中的转速控制也是根据航行工况需要而定的。

③程序控制系统

系统的给定值是变化的,而且是按人们事先安排好的规律进行变化,则该系统称为程序控制系统。程序控制系统不一定是反馈控制系统,逻辑控制也属于程序控制系统。例如,船舶主机遥控系统中的程序负荷控制,其调速器的给定值就是按预定规律而变化的;分油机的自动排渣控制,其动作是按照事先设定好的时序来进行的。

4. 自动控制系统的工作过程

根据前面介绍的概念,自动控制系统的工作过程可以描述如下:

设系统处在平衡状态(即系统稳定运行)时突然受到一个外部扰动,被控量将离开初始稳定值发生变化,测量单元把被控量的实际值送至调节器,在调节器内部,被控量的给定值与测量值进行比较,得到偏差值,调节器依据该偏差值和设定的调节作用规律输出一个控制信号,通过执行机构改变流入控制对象的物质或能量流量,使被控量朝着偏差减少的方向变化,同时被控量又通过测量单元送至调节器,重复上述过程,最终使被控量又回到给定值或给定值附近，系统达到一个新的平衡状态。

图 1-1-3 表示一个定值控制系统的动态过程。改变外部干扰 $d(t)$ 后，系统的工作与上述过程类似，图 1-1-4 表示一个随动控制系统的动态过程。归纳起来，评定控制系统动态过程品质的指标包含以下三个方面：

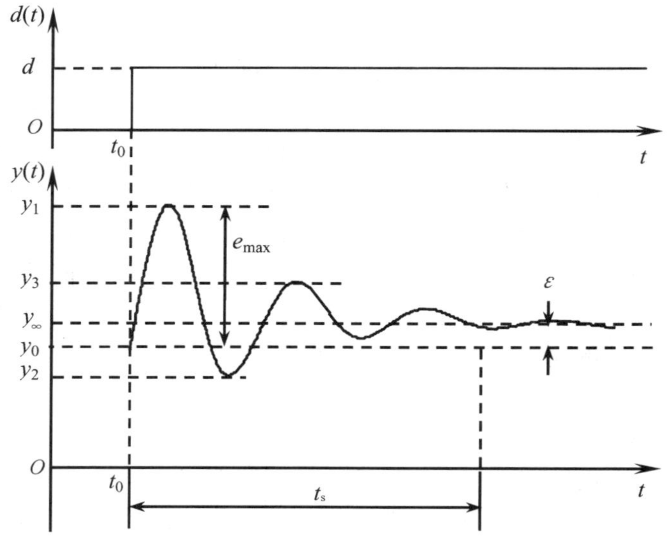

图 1-1-3　定值控制系统的动态过程

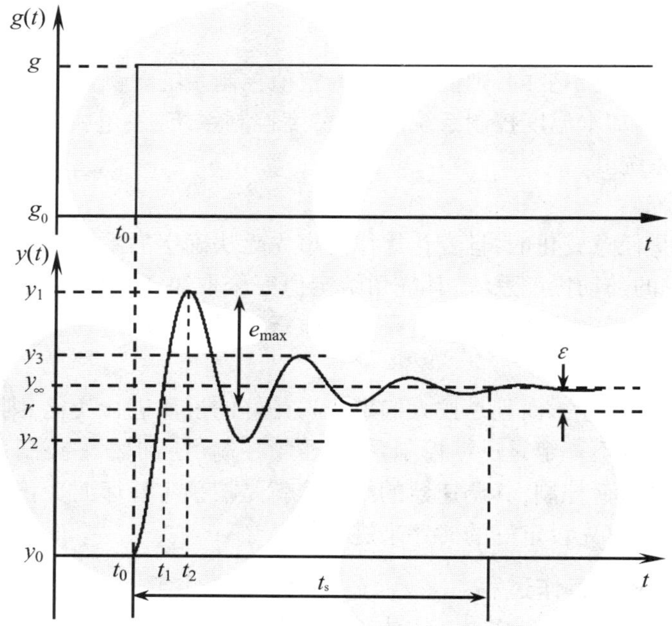

图 1-1-4　随动控制系统的动态过程

（1）稳定性指标：衰减率 φ 和振荡次数 N

衰减率 φ，是指在衰减振荡中，第一个波峰值 y_1-y_∞ 减去第二个同相波峰值 y_3-y_∞ 除以第一个波峰值 y_1-y_∞，即

$$\varphi = \frac{(y_1 - y_\infty) - (y_3 - y_\infty)}{y_1 - y_\infty} = \frac{y_1 - y_3}{y_1 - y_\infty} \tag{1-2}$$

与衰减率相对应的是另一种衡量指标衰减比。衰减比，是第一个波峰值 y_1-y_∞ 和第二个同相波峰值 y_3-y_∞ 的比值，即 $(y_1-y_\infty)/(y_3-y_\infty)$。

衰减率 φ 是衡量系统稳定性指标，要求 $\varphi=0.75\sim0.9$。当 $\varphi=0.75$ 时，y_1-y_∞ 是 y_3-y_∞ 的 4 倍，此时衰减比为 4∶1。φ 不能小于 0.75，否则系统动态过程的振荡倾向增加，降低了系统稳定性，过渡过程时间也因振荡不息而加长。特别是当 $\varphi=0$ 时，其动态过程是等幅振荡，系统变成不稳定系统。

振荡次数 N，是指在衰减振荡中被控量的振荡次数。一般要求被控量振荡 2~3 次就应该稳定下来。

对于随动控制系统，通常采用超调量 σ_p 来衡量其稳定性。超调量 σ_p，是指在衰减振荡，第一个波峰值 y_{max} 减去新稳态值 y_∞ 与新稳态值 y_∞ 之比的百分数，即

$$\sigma_p = \frac{y_{max} - y_\infty}{y_\infty} \times 100\% \tag{1-3}$$

图 1-1-4 所示的随动控制系统的第一个波峰值 $y_{max}-y_\infty$ 为 y_1。超调量太大，说明被控量偏离规定的状态太远，对于一些要求比较严格的场合，都有限制最大超调量的要求。在实际系统的过渡过程中，一般要求 $\sigma_p<30\%$。

（2）准确性指标：最大动态偏差 e_{max} 和 静态偏差 ε

最大动态偏差 e_{max}，是指在衰减振荡中第一个波峰与给定值的差值，是动态精度指标。e_{max} 大，说明动态精度低，要求 e_{max} 小些为好，但不是越小越好，因为 e_{max} 太小，有可能使动态过程的振荡加剧。

静态偏差 ε，是指动态过程结束后，被控量新稳态值与给定值之间的差值。ε 越小，说明控制系统的静态精度越高。在实际控制系统中，由于所使用调节器作用规律不同，其存在静态偏差的情况也不相同。有的控制系统受到扰动后，在调节器控制作用下，被控量最终不能稳定在给定值上，只能稳定在给定值附近，存在一个数值较小的静态偏差，称为有差调节。有的控制系统受到扰动后，在调节器的控制作用下，被控量能最终稳定在给定值上，$\varepsilon=0$，称为无差调节。

（3）快速性指标：过渡过程时间 t_s、上升时间 t_r 和峰值时间 t_p

过渡过程时间 t_s，是指从控制系统受到扰动开始到被控量重新稳定下来所需的时间。理论上讲，这个时间是无穷大的。因此，通常这样定义过渡过程时间 t_s：当 $t\geqslant t_s$ 时，满足

$$\frac{|y(t) - y_\infty|}{y_\infty} \leqslant \delta \tag{1-4}$$

式中，$y(t)$ 是系统受到扰动后，在时间为 t 时的被控量值；y_∞ 是被控量的最终稳态值；δ 是选定的任意小的值，一般取 $\delta=0.02$，或 $\delta=0.05$。上式的物理意义是，当 $t\geqslant t_s$ 的所有时间内，被控量 $y(t)$ 的波动值 $|y(t)-y_\infty|$ 均小于或等于最终稳态 y_∞ 的 2%或 5%。

在讨论随动控制系统时，通常还用到上升时间 t_r 和峰值时间 t_p。上升时间 t_r，是指在衰减振荡中，被控量从初始平衡状态第一次达到新稳态值 y_∞ 所需时间。在图 1-1-4 中，$t_r=t_1-t_0$。

峰值时间 t_p，是指在衰减振荡中，被控量从初始平衡状态达到第一个波峰峰值所需要的时间。在图 1-1-3 中，$t_p=t_2-t_0$。

t_r 和 t_p 都是反映动态过程进行快慢的指标。t_r、t_p 越小，说明系统惯性越小，动态过程进行

得越快。

三、传感单元所含设备的类型和结构原理

传感器在船舶上的应用十分广泛，船舶设备的正常运行、船舶航行等都离不开传感器，传感器是将感知的被测量按一定规律转化为某一种量值输出，通常是电信号。如果不是电信号，就需经变换电路将其变成电信号。但是变换来的电信号往往比较弱小，有的还是非线性的，需要通过变送器将信号进行转换和放大，有的还需要进行滤波、调制和解调、衰减运算、数字化等处理，并需要按照标准的信号予以传输，如标准的电压信号（0～5 V）或电流信号（4～20 mA）。现代先进的传感器已能使用通信信号传输，如 CAN 现场总线、Modbus 总线等，有的甚至可以使用无线通信。为保证测量结果的准确性、稳定性，传感器和变送器应保持一一对应和尽量不失真。

测量单元是反馈控制系统的重要组成部分，其功能是对被控量的实际值进行测量，并输出测量信号至调节器和显示仪表。测量单元通常由各种各样的测量传感器和信号变送器组成，传感器的作用是将被测量的物理量变化，如温度、压力、力矩、位移、流量、液位、速度、烟雾或油雾等，转化为位移变化、压力变化或电阻、电容、电感和电压等电参数的变化，而变送器则把这些微小变化放大处理后，转换为标准的信号输出。

根据中华人民共和国国家标准（GB 7665—87），传感器是指能感受规定的被测量并按照一定的规律转换成可用输出信号的器件或装置，通常由敏感元件和转换元件组成。

敏感元件指传感器中能直接感受（或响应）被测量的部分，如应变式压力传感器的弹性膜片就是敏感元件，作用是将压力转换成弹性膜片的变形。转换元件是将敏感元件直接感受到的被测量转换成适于传输的信号部分，如应变式压力传感器中的应变片就是转换元件，作用是将弹性膜片的变形转换成电阻值的变化。值得注意的是，并不是所有的传感器都必须含有敏感元件和转换元件。有的敏感元件直接输出的是电信号，就是同时兼有转换元件。敏感元件和转换元件合二为一的传感器很多，如压电传感器、热电偶、热敏电阻、光电器件等。

1. 传感器的类型

照传感器使用的能源来分，船舶常用的传感器有电动、气动和液压。除少量船舶还使用气源的气动传感器外（如油船的液位检测等传感器），现代船舶多使用电源的传感器。

传感器的种类繁多，千差万别。一种传感器可用来测量多种被测量，如热电阻传感器的电阻值随着温度变化而变化，因而可以用它来测量温度；气体的压力和流速会影响到散热效果进而影响到温度，因此热电阻传感器还可用来测量气体压力、流量乃至气体含量等。一种被测量也可用多种不同的传感器来测量，如温度可以用热电阻传感器、热电偶传感器、温包等方法测量。因此对传感器的分类也有多种方法，通常按工作原理和按被测物理量来分类。

1）按工作原理分类

这种分类法以传感器的工作原理作为分类依据，如表 1-1-1 所示。在选择传感器时比较容易判断传感器所采用的原理，这有利于传感器专业技术人员从原理和设计上做归纳性的分析研究，使传感器的使用更具有专业性。这种分类方法也是目前绝大多数传感器技术或检测与传感技术类书籍在介绍传感器时采用的方法。

表 1-1-1　按工作原理分类

序号	工作原理	序号	工作原理
1	电阻式	8	光电式(包括红外式、光纤式)
2	电感式	9	谐振式
3	电容式	10	超声式
4	阻抗式(电涡流式)	11	霍尔式(电磁式)
5	磁电式	12	同位素式
6	热电式	13	电化学式
7	压电式	14	微波式

例如,电阻式传感器是将非电量(如力、位移、形变速度等)的变化,变换成与之有一定关系的电阻值的变化,通过对电阻值的测量达到对上述非电量的测量,如常见的有电位器式、应变式电阻传感器;电感式传感器是根据电磁感应原理将被测量(如位移,压力、振动、流量等)的变化转换成线圈自感系数 L 或互感系数 M 的变化,再经测量电路转换为相应电压或电流的变化量输出,从而实现非电量到电量的转换和测量。根据转换原理,电感式传感器可以分为自感式、互感式和涡流式三大类。

2)按被测物理量分类

这种分类方法实际上是按传感器的用途分类,即将原理互不相同但作用相同的传感器归为一类。对于使用者及生产单位来说,这种方法很方便,也是常用的分类方法,如表 1-1-2 所示。表中列出了常见的按被测物理量的分类。

表 1-1-2　按被测物理量分类

传感器	种类	说明
光传感器	接收光元件	光电导效应
	组合元件	发射光-接收光元件组合
	光纤传感器	光纤传递信号的压力、温度、电流等传感器
温度传感器	电阻式	半导体陶瓷热敏电阻、铂电阻、铜电阻等
	PN 结	温敏二极管、温敏三极管、集成温度传感器
	热电式	热电偶
	辐射式	全辐射高温计、光学高温计、光电高温计
	其他	电容式、频率式、表面波式、超声波式
磁敏传感器	霍尔元件	根据霍尔效应检测磁场、电流或相关信号
	磁阻元件	通过磁阻变化检测信号
	磁敏晶体管	磁敏二极管、磁敏三极管、MOS 场效应晶体管
	磁敏集成电路	双极型霍尔开关集成电路、双极型霍尔线性集成电路、霍尔 MOS 集成电路

续表

传感器	种类	工作原理
力学量传感器	加速度传感器	压阻式加速度传感器、压电式加速度传感器
	荷重传感器	柱式荷重传感器、压电式荷重传感器
	扭矩传感器	应变式扭矩传感器
	位移传感器	应变式位移传感器、光电式位移传感器
流体量传感器	压力传感	压阻式压力传感器、集成式压力传感器、电容式压力传感器
	流量传感器	节流式流量传感器、热流式流量传感器、位移式流量传感器

2. 传感器的结构和原理

常用的气动和电动传感器可根据其具体的部件来了解其结构和原理。

1）气动传感器的主要部件

气动传感器的种类和结构形式虽然很多，但构成这些仪表的元部件为数并不多，主要有弹性元件、节流元件、气体容室、喷嘴挡板机构和功率放大器等。

（1）弹性元件

弹性元件可分为弹性敏感元件和弹性支承元件两类。弹性敏感元件有波纹管、金属膜片、非金属膜片（橡胶膜片）、弹簧管和金属膜盒等，如图 1-1-5 所示。弹性敏感元件的作用是将承受的压力或轴向推力转换成位移信号。弹性支承元件有螺旋弹簧和片簧等，其作用是支承、平衡或增强弹性敏感元件的刚度。螺旋弹簧刚度较大，通常与弹性敏感元件组合使用，以增加其刚度，也多用于调整弹性敏感元件的初始位置。弹性支承元件及弹性组合元件如图 1-1-6 所示。实验结果表明，对波纹管的压缩变形比拉伸变形具有更好的线性关系，且处于压缩状态能承受较大的压力。如果一开始让波纹管处于自由状态，其工作过程中是处于拉伸变形，则当它的变形量不大时就进入了非弹性变形区。为此，在实际安装波纹管时，为了得到满意的线性关系，常采用预压缩的办法来提高波纹管的线性范围。

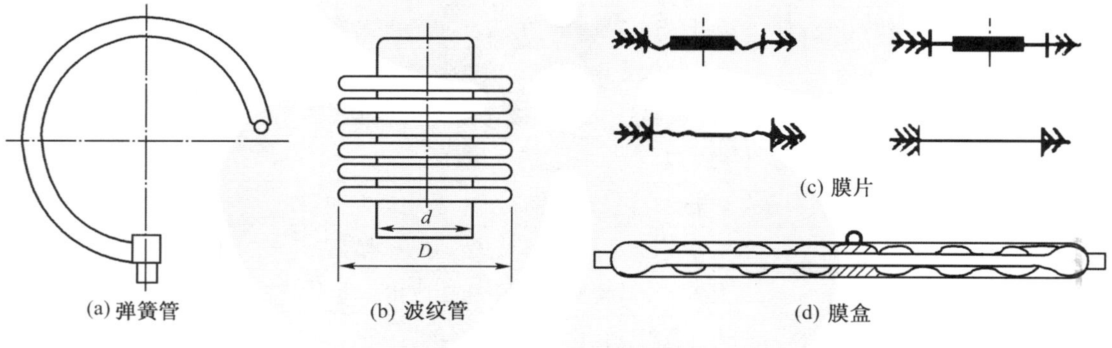

图 1-1-5　常用弹性敏感元件

金属膜片在弹性变形范围内，其变形量很小。为了增加它的线性范围，常制成波纹状，且与水平面成一定角度。非金属膜片（橡胶膜片）很软，在小的工作范围内，其刚度可近似为零。在实际使用中，非金属膜片（橡胶膜片）往往制成波纹状且中间加硬芯。

弹簧管有单圈弹簧管和多圈弹簧管。单圈弹簧管的自由端位移量较小，如果在弹性变形范围内要得到较大的变形，可采用多圈弹簧管。

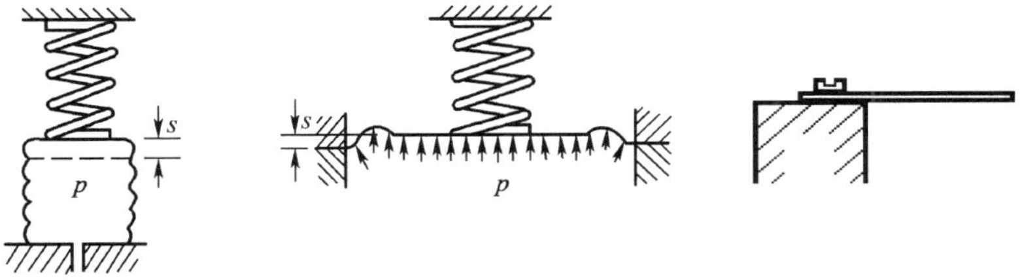

(a) 螺旋弹簧与波纹管组成的弹性组合元件　(b) 螺旋弹簧与膜片组成的弹性组合元件　(c) 片簧

图 1-1-6　弹性支承元件及弹性组合元件

(2) 节流元件

在气动仪表中，节流元件能够阻碍气体流动，起着产生压力降和改变气体流量的作用。节流元件按其工作特点可分为恒节流孔和变节流孔两种类型。常用的恒节流孔有两种，即毛细管式和小孔式，如图 1-1-7 所示。毛细管式可用不锈钢管或玻璃管制成，直径为 0.18～0.3 mm。小孔式恒节流孔的直径有几种规格，即 0.25 mm、0.3 mm、0.5 mm，长度为 4 mm。

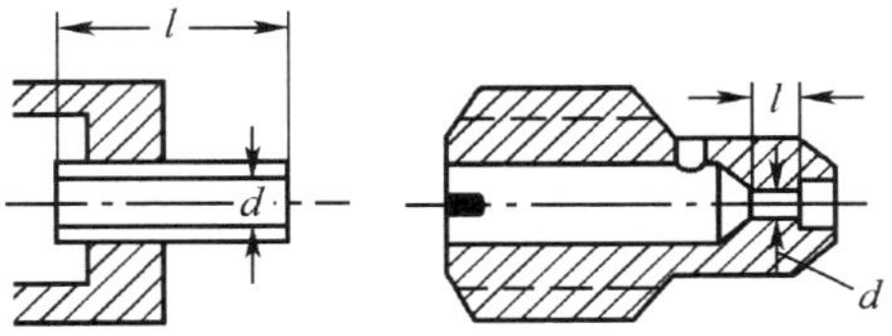

(a)毛细管式　(b)小孔式

图 1-1-7　恒节流孔

变节流孔有圆锥-圆锥形、圆柱-圆锥形、圆球-圆锥形三种。由变节流孔组成的变节流阀，用于调整调节器的比例带、积分时间和微分时间。

气体流过节流元件时，在节流元件两端产生的压力降与气体流量之间的对应关系称为节流元件的流量特性。通常用气阻来表示节流元件对气体流动阻碍作用的大小。若气体在节流孔中处于层流状态，气阻 R、压力降 ΔP 和气体流量 G 之间的关系为 $R=\dfrac{\Delta P}{G}$，气阻 R 的大小是由节流孔的流通截面积所决定的。截面积越大，气阻越小，在气体流量相同的情况下，节流元件两端的压力降小。由于恒节流孔的流通截面积不能改变，气阻不能调整，因此称为恒气阻或固定气阻。变节流孔的流通截面积是可调的，故称为可调气阻。

(3) 气体容室

气体容室简称气容，在气动仪表或气路中，能贮存或放出气体，对压力变化起惯性作用。目前，所采用的气体容室有定容气室和弹性气室，如图 1-1-8 所示。

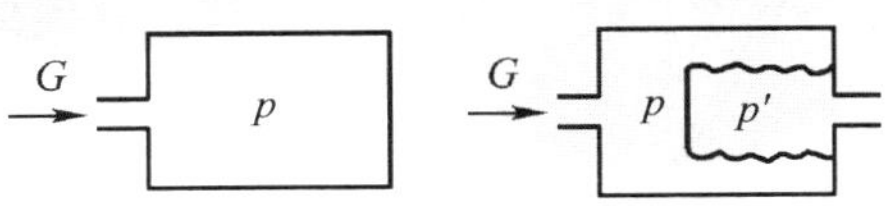

(a)定容气室　(b)弹性气室

图 1-1-8　气体容室

定容气室是连接在气动管路上的一个能贮存气体或放出气体的空腔，其特点是它的体积固定不变，不随压力的变化而改变。弹性气室是在空腔中加装一个波纹管而构成的，其特点是它的容室体积（空腔与波纹管之间的体积）不是固定的，是随波纹管内外两侧的压力差而改变。

通常用气容 C 来表示气体容室贮存空气量的能力。气容 C 是指气体容室内，每升高单位压力所需要增加的空气贮存量。气容 C 的大小是由气体容室的体积决定的。体积越大，压力每升高一个单位，气室内需要增加更多的空气贮存量，说明它贮存空气的能力大，即气容 C 大。对定容气室来说，由于气室的体积不变，故气容是个常数，但弹性气室的体积是变化的，故气容是变化的。

（4）喷嘴挡板机构

喷嘴挡板机构是气动仪表中最基本的元件，也是最重要的元件。它的作用是把输入挡板的微小位移转换成相应的气压信号输出。

喷嘴挡板机构的结构如图 1-1-9 所示。它由恒节流孔 1、背压室 2、喷嘴 3 和挡板 4 所组成。喷嘴的孔径要比恒节流孔的孔径大，通常 $D=(4\sim6)d$，以保证在挡板全开时背压室的压力能降低到接近大气压力。同时，喷嘴的轴心线必须与挡板平面垂直，保证在挡板靠上喷嘴时，具有良好的密封性，这时背压室的压力接近气源压力 0.14 MPa。

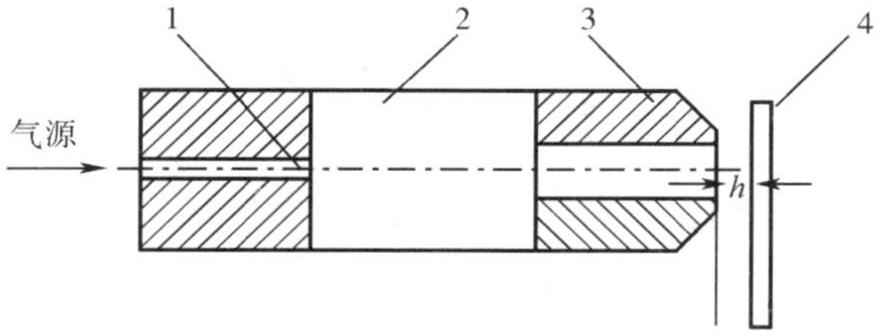

图 1-1-9　喷嘴挡板机构示意图

1—恒节流孔；2—背压室；3—喷嘴；4—挡板

将 0.14 MPa 的气源接到喷嘴挡板机构的入口，经恒节流孔进入背压室，再由喷嘴与挡板之间的缝隙排入大气。当挡板靠近喷嘴，即挡板开度 h 减小时，气阻增大，使背压室的压力 p_d 增大。反之，若挡板开度 h 增大，气阻减小，使背压室的压力 p_d 减小。实际上，喷嘴挡板起到了变气阻的作用，不同的挡板开度就对应一个不同的背压室压力。在稳定工况下（即恒节流孔的流量与喷嘴的流量相平衡，背压室内压力稳定不变），背压室的压力 p_d（输出量）与挡板开度 h（输入量）之间的一一对应关系称为喷嘴挡板机构的静特性。其实验曲线如图 1-1-10 所示。它有以下三个特点：

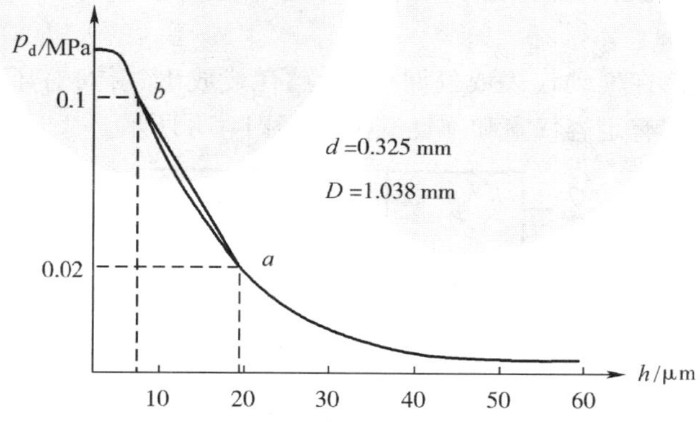

图 1-1-10　喷嘴挡板机构的静特性

①当挡板处于全关状态时（即 $h=0$），由于喷嘴挡板的加工与装配精度所限，难免漏气，因此背压室的压力只能接近于气源压力 0.14 MPa。

②当挡板全开时，由于喷嘴的孔径远大于恒节流孔的孔径，所以空气的压力降主要降在恒节流孔上，使背压室的压力接近大气压力（即为零）。

③当挡板从全关逐渐移到全开时，背压室的压力 p_d 随挡板开度 h 增大而迅速下降。当挡板开度增大到喷嘴孔径的 1/4 时，背压室的压力不再明显变化。从静特性曲线上可看到，p_d 随 h 增大而下降的过程是开始慢，中间快，最后又慢。因此特性曲线上各点的斜率都不同。在曲线的中间段 a、b 之间，背压室的压力变化很快，若用直线 ab 来代替曲线 ab，其误差很小。这样，背压室压力的变化量 Δp_d 与挡板开度的变化量 Δh 呈线性关系，即

$$\Delta p_d = K_1 \cdot \Delta h \tag{1-5}$$

式中，K_1 为比例系数，实际上它是 a、b 两点间的平均斜率。喷嘴挡板机构通常是工作在 a、b 段上，称为工作段。由于工作段线性度较好，因此能保证仪表的精度和灵敏度。在工作段内喷嘴挡板机构可近似为一个比例环节。

2）主要电动仪表常用元件

电阻、电容和电感是传感器中最常用的元件，其作用是将非电量或电量信号转换为所需要的微小电量信号，如热敏电阻、Pt100 热电阻等是将温度信号转换为电阻的变化，扩散硅的作用是将压力信号转换为需要的阻值变化，利用电容的容量随外围位置的变化而引起电容的变化，实现非接触式的信号转化等。电动仪表中除常规的电子元件外，还大量使用集成电路，有的甚至是集成度很高的数字电路。具体使用的电子元件随着技术的进步，集成度也越来越高，大规模集成电路也已在仪表中使用，但运算放大器电路仍然是最常用的信号调理电路。

（1）传感器电路

常用的传感器是将非电量信号转换成电量信号，如电阻、电压或电流，传感器本身没有能源提供，或提供的能量很小，需要外加激励电源，所以传感器电路不仅是传感器本身，还要配以适合的电路，温度检测采用 Pt100，该传感器将温度信号转换为电阻变化，而电阻的变化需要转换为电压信号则需要在该电阻中通过恒流电流，根据该电桥，可以得到电压与电阻成比例，即 $U_i=(100+\alpha t)I_r/2$，其中 t 为温度，α 为 Pt100 的温度系数，I_r 为流过电桥的电流，此时 U_i 为 Pt100 的电压信号，但是由于该信号小，仅以 mV 计，且在 0 ℃时阻值为 100 Ω，所以还需要电桥和放大处理，即常说的信号调理电路。

（2）信号调理电路

常用的信号调理电路为差分放大电路，其作用一方面是将传感器来的小信号放大和转换成需要的信号，另一方面又要减少放大过程中的非线性和各种干扰，包括共模信号，而抑制共模信号的小信号放大电路如图 1-1-11 所示。图中，放大器 A1 工作在确保 R_{ref} 上的电压等于 V_{ref}，即控制电流 I_r 为恒流源，由于两个桥臂的电阻 R 远大于 R_0 和 R_t，所以两个桥臂中流过的电流相等，即均分 I_r，使得 $U_i=I_r(100+\alpha t)/2$，$U_{i0}=I_rR_0/2$，从而得到的差分电压为 $U_d=U_i-U_{i0}=I_r(100+\alpha t-R_0)/2$，在 R_0 调节到等于 100 Ω 时，$U_d=(I_r\times\alpha t)/2$。$U_d$ 信号电压和驱动能力都很小，传输距离又较远，所以后续常采用 A2，A3，A4 构成的差分放大电路，其中电位器 R_p 作为调零使用，而放大倍数取决于电阻 R_1，R_2，R_3 和 R_f。最终 $U_{out}=Kt$，即输出与温度成正比，K 为该电路的温度比例系数。

（3）运算处理电路

由于运算放大器具有放大倍数大、输入电阻高、输出电阻小等较理想的特性，运算放大器

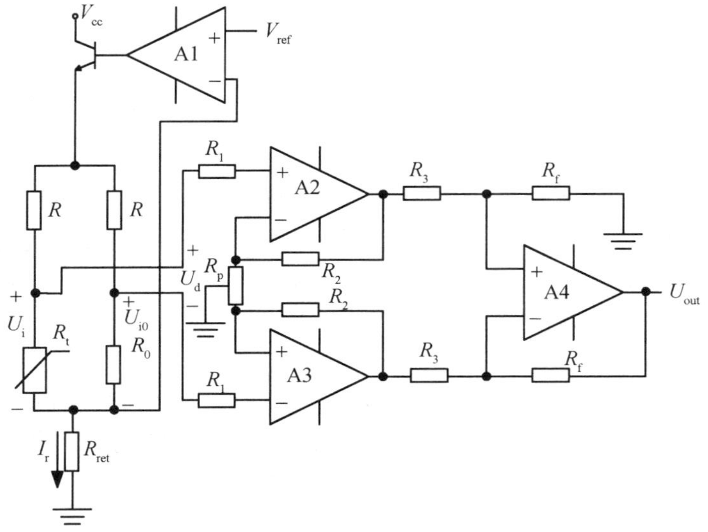

图 1-1-11　温度信号输入电路

与不同的元件组合可以实现不同的应用电路，如比例、加减、积分、微分、对数、指数或乘除等，在模拟电路中运算放大电路起到关键核心的作用，尽管随着运算功能被微处理器所代替，但是信号输入处理回路，需要实时控制的电路等仍然需要采用运算放大电路，所以运算放大电路的应用没有减少，运算处理等电路的应用还在不断地深化。基本的运算电路还是设计和分析其他应用电路的基础。

四、控制器的种类

根据控制器的结构特点可以分为气动控制器、电动控制器和微机控制器，根据控制规律可分为传统的 PID 控制器和智能控制器。

1. 气动控制器

气动控制器的结构还是比较复杂的，类似于钟表机构，不建议非专业人士对其维护修理，日常维护基本上是清洁和对喷嘴挡板机构的毛细管和喷嘴处理。其基本上由三个基本环节，即放大环节、反馈环节和比较环节组成，如图 1-1-12 所示。比较环节是将输入信号经过输入环节转换后与反馈信号进行比较，比较后的偏差经过放大环节的放大作用，使输出具有较高的灵敏性又有足够大的输出功率。反馈环节起信号的负反馈作用，使仪表处于稳定工作状态，同时与输入进行比较，实现输出与输入满足该仪表所需要的功能。如果放大环节的放大倍数足够大，则整台仪表的特性只取决于反馈环节的特性。这样，可消除放大环节各种非线性因素的影响，提高仪表的精度。同时，在调节器中，采用不同的反馈回路，可实现不同的调节作用规律。

2. 模拟电子控制器

传统模拟式控制器的信号形式为连续的模拟信号，其基本结构包括比较环节、反馈环节和放大器三大部分。比较环节的作用是将被控变量的测量值与给定值进行比较得到偏差，电动控制仪表的比较环节都是在输入电路中进行电压或电流信号的比较。模拟式控制仪表的 PID（proportional-integral-derivative 比例积分微分控制）运算功能均是通过放大环节与反馈环节

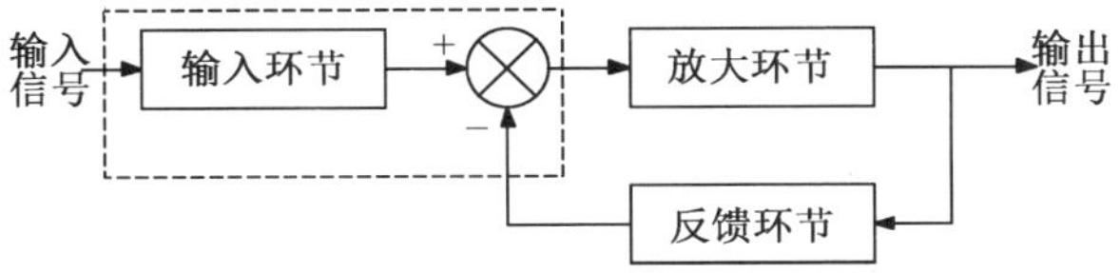

图 1-1-12　自动化仪表的基本组成

来实现的。在电动控制仪表中，放大环节实质上是一个静态增益很大的比例环节，可以采用高增益的集成运算放大器，其反馈环节是通过一些电阻与电容的不同连接方式或来实现 PID 运算的。

电动模拟式控制仪表除了基本的 PID 运算功能外，为了适应自动控制与操作的需要，一般还应具备如下功能：

(1) 测量值、给定值与偏差显示

控制器的输入电路接收测量信号与给定信号，两者相减后得到偏差信号。模拟式控制器给出测量值与给定值显示，或由偏差显示仪表显示偏差的大小及正负。

(2) 输出显示

控制器输出信号的大小由输出显示仪表显示。由于控制器的输出是与调节阀的开度相对应的，因此输出显示表称阀位表，通过它的指针变化不仅可以了解调节阀的开度变化，而且可以观察到控制系统的控制过程。

(3) 手动与自动的双向切换

控制器必须具有手动与自动的切换开关，可以对控制器进行手动与自动之间的双向切换，而且在切换过程中，做到无扰动切换，也就是说，在切换的瞬间，保持控制器的输出信号不发生突变，以免切换操作给控制系统带来干扰。

(4) 内、外给定信号的选择

控制器应具有内、外给定信号的选择开关。当选择内给定信号时，控制器的给定信号由控制器内部提供；当选择外给定信导时，控制器的给定信号由控制器的外部提供。内、外给定信号的选择是由控制系统的不同类型及要求来确定的。

(5) 正、反作用的选择

控制系统应具有正、反作用开关来选择控制器的正、反作用。就控制器的作用方向而言，当控制器的测量信号增加（或给定信号减小）时，控制器的输出信号增加的称为正作用控制器；当测量减小（或给定信号增加）时，控制器的输出减小的称为反作用控制器。控制器正、反作用的选择原则是为了使控制系统具有负反馈的作用，以便当被控变量增加而超过给定值时，通过控制器的作用能使被控变量下降回到给定值，反之亦然。

但是采用传统模拟电子技术实现的电子控制器已被淘汰，现在至少都是使用微机控制系统实现的数字控制器。

3. 数字控制器

除了气动和常规电动控制系统之外，船舶机舱中越来越多的参数控制系统都采用微型计算机进行控制。在微机控制系统中，调节器的作用规律是采用软件编程来实现的，称为调节器作用规律的数字实现。数字式控制仪表在硬件及其构成原理方面，都与模拟式控制仪表有很大的差异。数字式控制仪表是以微处理器为核心，具有丰富的运算控制功能和数字通信功能、灵活方便的操作手段、形象直观的数字或图形显示、高度的安全可靠性，因而在工业生产过程的控制和管理方面，得到了越来越广泛的应用。

1）数字控制器的组成

图 1-1-13 所示是一个由单片机组成的数字式反馈控制系统结构框图，与常规电动系统的最大区别是控制单元采用了单片机系统。被控对象输出的被控量由测量单元和信号处理电路转换成标准电压信号，再经过单片机系统的模/数（A/D）转换电路转换成数字量。设定值在单片机系统上通过键盘与显示装置进行数字设定。单片机将设定值与测量值比较获得偏差，调用控制算法程序计算出控制量，并由数/模（D/A）转换电路转换成模拟量输出，经放大后驱动执行机构动作，作用于被控对象，形成闭环控制。

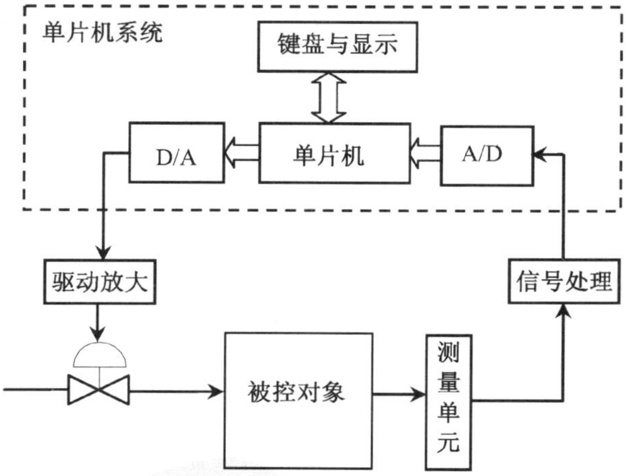

图 1-1-13　数字式反馈控制系统结构框图

为适应各种不同的应用场合，数字调节器往往配有多种信号输入和多种输出信号，如温度信号检测有 Pt100，K 型热电偶、E 型热电偶，4～20 mA 电流信号等，输出有 4～20 mA 电流信号、继电器输出、报警触点输出以及通信信号。有些控制对象往往会有多个被控量和多个执行机构，称为多输入多输出系统。计算机对各个测量值进行分别采样和对各个控制量分别输出。此类控制系统在控制算法上往往比较复杂，若被控量之间存在耦合现象，则还需采取解耦措施。

2）数字控制器的主要功能

采用计算机控制的反馈控制系统具有更高的控制精度和丰富的附加功能，例如通过键盘（实际上往往只是几个功能按钮）操作，可以在显示器（通常为数码显示器或者液晶显示器）上方便地查看和修改被控量的设定值，查看和修改比例带、积分时间、微分时间和采样周期等调节器参数以及查看被控量的测量值。此外，通过软件编程，还易于实现调节器的参数自整定以及模糊控制和神经网络控制等智能控制算法。数字控制器在硬件及其构成原理方面，都与模拟式控制仪表有很大的差异。数字控制器是以微处理器为核心，具有丰富的运算控制功能和数字通信功能、灵活方便的操作手段、形象直观的数字或图形显示、高度的安全可靠性，除满足模拟调节器的功能外，还有以下主要特点。

（1）通用性强

调节器采用盘装方式和标准尺寸（国际 IEC 标准）。其内部用数字量运算，但输入信号和输出信号都是模拟量，输入输出信号采用统一的标准信号 1～5 V DC 和 4～20 mA DC，与模拟式仪表可以兼容。

调节器的显示和操作方式也沿袭模拟式仪表的人-机联系方式，易于被人们所接受，便于推广使用。

（2）功能丰富且模块化

调节器实质上是一台过程控制专用微型计算机，内部具有数十种运算功能，具有丰富的运算和控制功能。各种功能是靠软件实现的，每一种独立而完整的功能都可由其算式编出子程序，这种子程序就是功能模块。一个模块与单元组合仪表的一台仪表作用相当。只要编制相应的软件，就可以调出所需的功能模块，像搭积木那样组成各种控制方案。因此，一台可以代替多台模拟仪表。

调节器大都具有停电恢复处理功能与自诊断功能，以提高控制器的在线利用率。

（3）采用面向过程语言

调节器的程序编制采用简便的面向过程语言，一般人员稍加培训即可掌握。

（4）具有自诊断功能

调节器可通过软件能对自身故障进行逻辑判断，及时发出故障报警信号，并有相应的代码显示，指明故障部位。严重故障时还能够采取相应的保护措施。

（5）具有通信功能

调节器通过一定的接口就可以与操作站或中央管理计算机（上位机）进行通信，将自身纳入集散控制系统，以便实现集中监视操作和管理。

（6）可靠性好

这类调节器的内部结构是完全微机化了的。通过硬件和软件两方面采取了一系列措施，可以使调节器的硬件故障率降低，软件上可开发自诊断功能、联锁保护功能等，因此调节器具有安全可靠、维护方便的优点。

4. PLC 控制器

可编程序控制器（PLC）实质上是一种专用的计算机控制系统，具有比一般计算机更强的与工业过程相连的接口，具有更适用于控制要求的编程语言。所以，可编程序控制器与一般的计算机控制系统一样，也具有中央处理单元（CPU）、存储器、输入/输出模块（I/O）、通信接口和电源等部分。其结构框图如图 1-1-14 所示。

可编程序控制器中常用的 CPU 主要采用通用微处理器或单片机。通用微处理器如 INTEL 公司的 8080、8086、80286、80386 等，单片机如 8031、8096 等。可编程序控制器的档次越高，CPU 的位数越多，运算速度越快，功能指令也越强。

PLC 的硬件是一种模块式的结构，核心部件是中央处理模块。整个可编程序控制器的工作过程都是在 CPU 的统一指挥和协调下进行的。其主要任务是按一定的规律或要求读入被控对象的各种工作状态，然后根据用户所编制的应用程序的要求去处理有关数据，最后再向被控制对象送出相应的控制信号，与被控对象之间的联系是通过各种 I/O 接口实现的。

可编程序控制器中的中央处理模块与一般计算机系统中的 CPU 的概念不同，后者常用 CPU 表示一个中央处理器，是一块集成芯片。而在一个可编程序控制器中指的是中央处理模块，不仅有 CPU 集成芯片（可能不止一片），还有一定数量的 EPROM（存储系统的操作系统）和 RAM（存储少量的数据或用户程序）等。可编程序控制器的 CPU 模块完成下述各项工作：

（1）接收用户从编程器输入的用户程序，并将它们存入用户存储区；

（2）用扫描方式接收源自被控对象的状态信号，并存入相应的数据区；

（3）用户程序的语法错误检查，并给出错误信息；

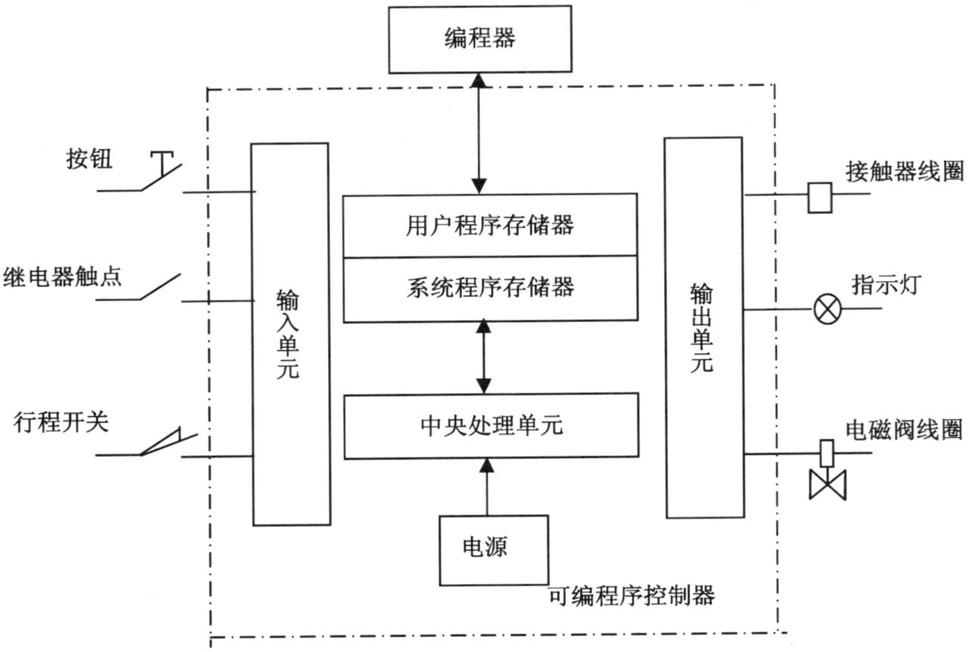

图 1-1-14　可编程序控制器基本结构框图

(4)系统状态及电源系统的监测;

(5)执行用户程序,完成各种数据的处理、传输和存储等功能;

(6)根据数据处理的结果,刷新输出状态表,以实现对各种外部设备的实时控制和其他辅助工作(如显示和打印等)。

PLC 有开关量、模拟量的输入和输出,还有一些特殊的信号输入和输出,可以满足各种工况的需要。很多厂家内部函数配有 PID 调节器,只要设定给定、输入和输出,即可完成 PID 调节。用户也可根据自己的需要,自己编程实现 PID 调节控制。由于 PLC 可对一个系统实现逻辑、运算、PID、保护等控制,抗干扰能力强、外围扩展方便、内部功能函数又较丰富、使用灵活方便,可满足一个系统的总体需要,经常在船舶辅机系统的控制中应用。

5. 智能控制器

智能控制器是计算机技术与测量仪器相结合的产物,是含有微计算机或微处理器的测量仪器,由于它拥有对数据的存储、运算、逻辑判断及自动化操作等功能,具有一定的智能的表现(表现为智能的延伸或加强等)。其常用的结构如图 1-1-15 所示,其中微处理器 CPU 电路含有 CPU、RAM、EEPROM、ROM、时钟,看门狗等电路。

智能控制器的工作过程由软件程序控制完成,以程序功能模块取代硬件电路功能,可降低硬件电路的要求,减小硬件对测量带来的非线性影响。但是测试电路仍是仪表的关键,尤其是传感器测试及其输入调理电路。智能控制器将微控制器与传感器集成于一体，构成超小型、廉价的测量仪表是其主体。

五、与控制器相关的信号

对一个控制器而言,其基本功能是输出控制信号给执行环节,控制被控对象的被控参数向给定值无限逼近,静态最好能够实现无差,受到干扰等情况时,动态变化范围尽可能小,恢复时

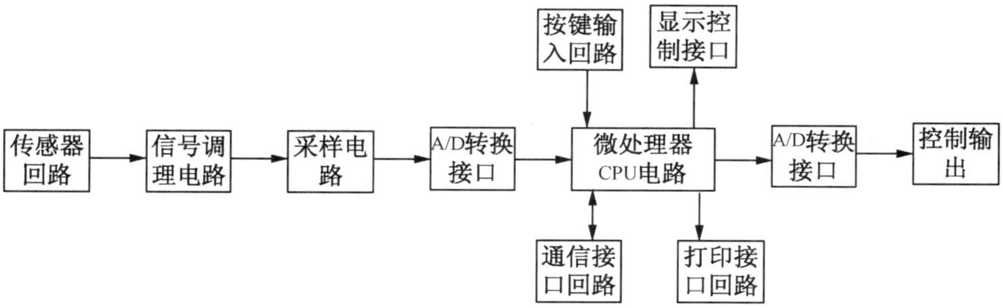

图 1-1-15　智能仪表结构示意图

间尽可能短。一个控制系统的结构和每个环节的输入、输出如图 1-1-2 所示，控制器相关的信号包括设定值、输入值、偏差值和输出值、被控量。

1. 设定值

设定值是希望被控参数应该处于的值，如定值控制系统中的冷却水温度、燃油黏度、柴油机转速等，一般可通过控制器内的数字设定、外围的电位器信号、上位监控计算机的通信获得。但是有些随动控制系统的设定值随机变化，往往需要结合人体美学要求和实际感受的需要，其设定机构会做成具象性的外形，如操舵轮、主机车钟、锚机控制主令等，尽管其内部还是通过电位器或编码器给出模拟量或数字量信号给控制器。

常用的电位器设置如图 1-1-16 所示，有四个端子，其中两头的是接稳压电源，为输入信号提供电源信号，而中间的固定接点往往接到系统的参考点 COM(0 V)上，输出信号随机构动作在电位器上滑动，输出不同的电压信号。中间固定接点的作用是为保证该三令的信号，即使在出现电源有断线情况，其输出信号还是安全有效的，避免断线造成输出信号变成最大或最小，从而造成命令不安全。

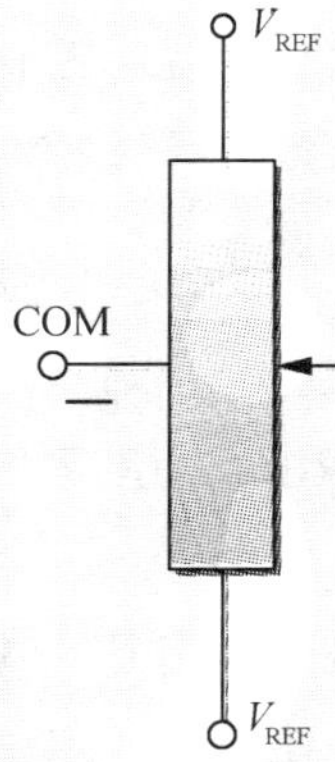

图 1-1-16　主令电位器接线图

2. 输入值

控制器的输入值往往就是传感器检测被控对象的被控参数值，也常称为反馈值。有的是标准的 4~20 mA，或 0~5 V，有的是自定义的参数，先进的传感器还带通信功能。控制器根据使用的传感器情况，设有专用的 Pt100 或热电偶传感器输入，可直接采集传感器信号，而不需要中间的信号变换单元，如冷却水温度控制常用的热电阻传感器。

为使控制精度达到要求，控制器往往只取信号中最有效的部分，传感器或传输电路或控制器内部转换常将需要控制的被控值围绕给定值在一定范围内作为量程,而将其他不用的部分进行简单处理。如为控制发电机频率,需要对发动机的转速予以控制,而发动机的转速范围较大,如果使用该范围,调速器或频率控制的精度就比较难达到。处理后的信号为额定转速的±10%为量程,其他的做偏高或偏低处理,这样控制器内 A/D 转换的精度对应的实际转速变化就比较准确和快速。

传感器输出信号应该有一定的合理范围,在出现极端信号时,基本上可以确认传感器出现故障,对应的控制器需要实时判断传感器的故障,而在输出控制时予以保护,避免因传感器失真而造成调节失败。

3. 偏差值

偏差值是给定值与输入值的差值,其值为零是控制器的追求目标。但是偏差信号会因给定、输入反馈值的干扰而出现失真,控制器根据该信号进行调节时,需要考虑其可靠性和准确性的协调。

4. 输出值

控制器的输出是给执行环节的控制信号,通常是模拟量信号,作为执行器的输入,执行器为比例环节,对应的是执行器的输出信号,如开度、角度等;有的采用非传统的模拟量信号,如脉宽调制信号 PWM 去控制执行机构,直接控制其输出量,执行机构总体上还是比例环节;有的也采用增加、停止、减小的三位开关量信号,控制执行伺服电机,此时伺服机构的输出变化受控制器的控制,执行机构本身为积分环节。

5. 被控值

被控值是需要系统控制的被控对象的参数,使用的传感器应对应需要控制的点,即安装在需要被控制的场所。所有测量单元得到的信号通常用于控制和显示,有的还单独作为保护使用。在用作控制时,该信号被称为反馈量,送给控制器,并与给定值进行比较,从而得到差值。这个信号尤其需要有较强的抗干扰能力,避免干扰对控制性能的不利影响。

六、调节单元

船舶机舱中常用的调节单元作用规律有两大类:一类是普遍使用的双级控制,即常见的双位控制;而对要求较高、需要被控值稳定的是连续控制,包括比例(P)作用规律、比例积分(PI)比例微分(PD)作用规律和比例积分微分(PID)作用规律等。

1. 双级控制(双位控制)

双位式作用规律的特点是,对应被控量的高限 y_{max} 和低限 y_{min},调节器只有两个输出状态(逻辑 0 和逻辑 1),如图 1-1-17 所示。这种作用规律不能使被控量稳定在某个值上,而是使被控量在上限值和下限值之间上下波动。当被控量下降到下限值时,调节器的输出通过执行机构使被控量上升,到达上限值时,调节器的输出状态改变,被控量下降,如此周而复始。当被控量在上、下限之间变化时,调节器输出状态不变。

双位控制广泛应用于允许被控量在一定范围内波动的控制系统中,如辅锅炉水位控制、空压机压力控制、制冷温度自动控制等。浮子式控制开关和压力控制器使用较多。

2. 调节单元的结构与原理

当控制对象确定后,反映控制对象特性的各种参数也是既定的,因此调节器就对控制系统

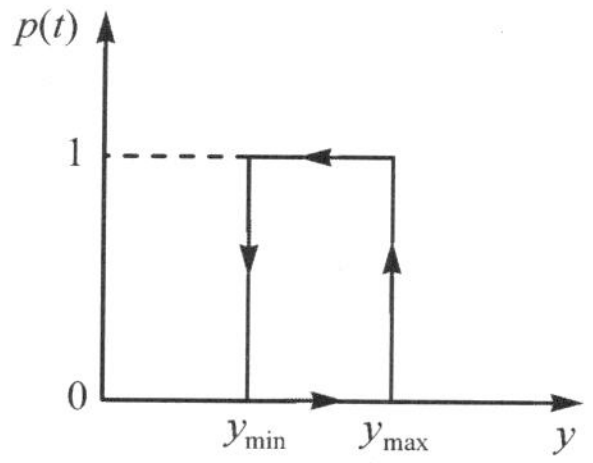

图 1-1-17　双位作用规律

的动态过程品质起着决定性的影响。调节器的输入是被控量和设定值之间的偏差值 $e(t)$，调节器的输出是控制量，控制执行机构的动作。调节器的作用规律是指输出量 $p(t)$ 与输入量 $e(t)$ 之间的函数关系，可以使用阶跃响应来判断，也就是说给调节器施加一个输入阶跃的偏差信号后，其输出量的变化规律。根据调节器输出的变化方向，调节器有两种类型：一种是随着测量值的增加，调节器的输出也增加，称为正作用式调节器；另一种是随着测量值的增加，调节器的输出减小，称为反作用式调节器。

七、控制对象

控制对象也称被控对象，其动态特性是指控制对象在基本扰动下被控量随时间的变化规律；控制对象的静态特性是指控制对象在基本扰动下被控量达到新稳态值的变化量。在船舶机舱中，控制对象种类是很多的，如柴油机、锅炉、加热器、冷却器、空气瓶、水柜、油柜等。这些控制对象的结构复杂程度不同，工作过程所遵循的物理学定律不同，因而工作原理也各不相同。但是，从影响被控量变化的基本因素来看，各种控制对象又有共同之处，这就是当控制系统受到扰动后，被控量会相应变化；被控量的变化过程是惯性过程；被控量的变化存在迟延。控制对象受到扰动后，其被控量的变化规律在形式上是相同的。为分析控制对象的特性，常采用阶跃扰动的输入信号，这是因为这是最容易实现的输入，也是最符合控制对象的工作实际，更重要的是阶跃扰动对控制对象的工作是最不利的，如果控制对象能克服阶跃扰动，那么其他形式的扰动也就不难克服了。

1. 控制对象特性分析

在机舱中，凡是水柜、油柜以及以水位为被控量的锅炉都属于控制对象。显然，被控量的变化量是控制对象的输出量；扰动量（基本扰动和外部扰动）是控制对象的输入量。图 1-1-18 画出了一个简单的水柜，只有一个储存水的容器，是控制对象最简单的例子。水位是被控量（输出量），给水阀 A 开度的变化是基本扰动，出水阀 B 开度的变化是外部扰动。

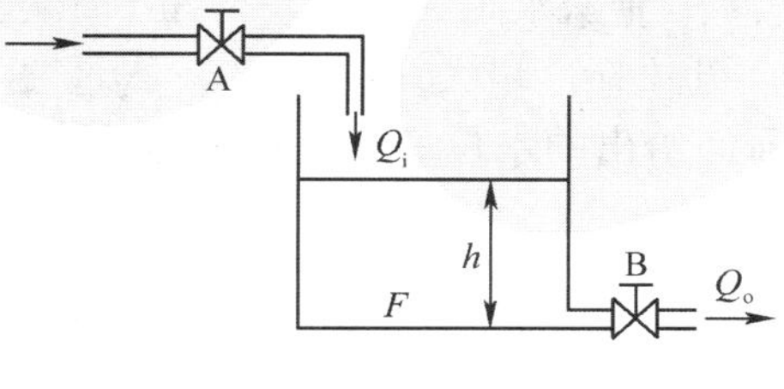

图 1-1-18　单容水柜控制对象

水柜储存水的容积 $V=F\cdot h$ 叫容量，式中：F 是水柜的底面积，h 是水位的高度，也就是被控量。粗略而言,控制对象的容量越大,对扰动的反应就越迟钝,被控量的变化就越缓慢。

容量系数 C 是指被控量变化一个单位其容量的变化量,也就是 C 等于容量的变化量 $\mathrm{d}V$ 与水位变化量 $\mathrm{d}h$ 的比值,即

$$C=\frac{\mathrm{d}V}{\mathrm{d}h}=\frac{\mathrm{d}(F\cdot h)}{\mathrm{d}h}=F\cdot\frac{\mathrm{d}h}{\mathrm{d}h}=F \tag{1-6}$$

可见,单容水柜的容量系数就等于水柜的底面积。水柜的底面积越大,也就是容量系数越大,为使水位升高一个单位,就要求流入控制对象更多的水量。

1)控制对象的阶跃响应过程

现假定保持给水阀 A 和出水阀 B 的开度不变,且给水流量 Q_i 与出水流量 Q_o 相等 $Q_i=Q_o$,水位 h 保持不变,这就是控制对象的初始平衡状态,并把这个初始平衡状态定为坐标零点。现对水柜施加一个阶跃的基本扰动,即保持出水阀 B 开度不变,突然开大给水阀 A,Q_i 就会阶跃增加,因 $Q_i>Q_o$,水位 h 就会升高,容量 V 就会增大,而容量的变化速度(单位时间容量的变化量)为

$$\frac{\mathrm{d}V}{\mathrm{d}t}=Q_i-Q_o=\frac{\mathrm{d}(F\cdot h)}{\mathrm{d}t}=F\cdot\frac{\mathrm{d}h}{\mathrm{d}t} \tag{1-7}$$

或

$$\frac{\mathrm{d}h}{\mathrm{d}t}=\frac{1}{C}(Q_i-Q_o) \tag{1-8}$$

该式说明,在扰动 Q_i-Q_o 相同的情况下,容量系数越大,被控量变化越慢(变化速度 $\mathrm{d}h/\mathrm{d}t$ 小),我们就说控制对象惯性越大;反之,C 越小,在相同扰动下,被控量变化越快,控制对象惯性也就越小。

如果保持出水阀 B 开度不变,突然开大给水阀 A,由于存在流量差 Q_i-Q_o,水位 h 会升高。由于水位 h 升高,它对水柜底部的静压头增大。则在出水阀 B 开度不变的情况下,出水流量 Q_o 会增加,使流量差 Q_i-Q_o 逐渐减少,水位 h 上升会越来越慢。当出水流量增加到 $Q_i-Q_o=0$ 时,水位不再上升而达到一个新的平衡状态。可见,水经出水阀 B 流动是会受到阻力的,用 R 表示阀 B 的阻力系数。若水经阀 B 是做层流运动,那么

$$Q_o=\frac{h}{R} \tag{1-9}$$

式中:出水流量 Q_o、阻力系数 R 和水位 h 之间是线性关系。如果水流经阀 B 是紊流,则阻力系数不再是常数,Q_o 与 h 之间不是线性关系。这样要通过线性化把 R 变成为常数,其方法可参考有关书籍。

2)控制对象的阶跃响应

控制对象在初始平衡状态下,把给水阀 A 突然开大 $\Delta\mu$(阶跃变化),若阀 A 的流量系数为 K_μ,则流入水柜的给水流量 Q_i 也会阶跃增大,且 $Q_i=K_\mu\cdot\Delta\mu$。这时水位 h 会升高,随之出水流量 Q_o 也会逐渐增大。把前面给出的水位变化速度表达式中的 Q_i 用 $K_\mu\cdot\Delta\mu$ 代入,Q_o 用 h/R 代入,则有

$$\frac{\mathrm{d}h}{\mathrm{d}t}=\frac{1}{C}\left(K_\mu\cdot\Delta\mu-\frac{h}{R}\right)\text{ 或 }CR\frac{\mathrm{d}h}{\mathrm{d}t}=K_\mu\cdot R\cdot\Delta\mu-h \tag{1-10}$$

令 $T=CR$;$K=K_\mu R$,把式(1-10)略加整理得

$$T\frac{\mathrm{d}h}{\mathrm{d}t}+h=K\cdot\Delta\mu \tag{1-11}$$

式中：把 T 称为控制对象的时间常数；K 称为控制对象的放大系数。

任何控制对象，都具有与上式相同的数学表达式，即为一阶惯性微分方程。只不过不同的控制对象，其输入与输出量不同。在单容水柜中，给水阀 A 开度的变化量 $\Delta\mu$ 是输入量，水位 h 是输出量。为了求出在阶跃扰动下，被控量随时间的变化规律，必须求解前面所导出的微分方程，求解的结果是（求解步骤从略）

$$h(t) = K \cdot \Delta\mu(1 - e^{-\frac{t}{T}}) \tag{1-12}$$

可见，控制对象的阶跃响应是按指数规律变化的，被控量不能突变。图 1-1-19 画出了控制对象阶跃响应的指数曲线，常称为惯性曲线。

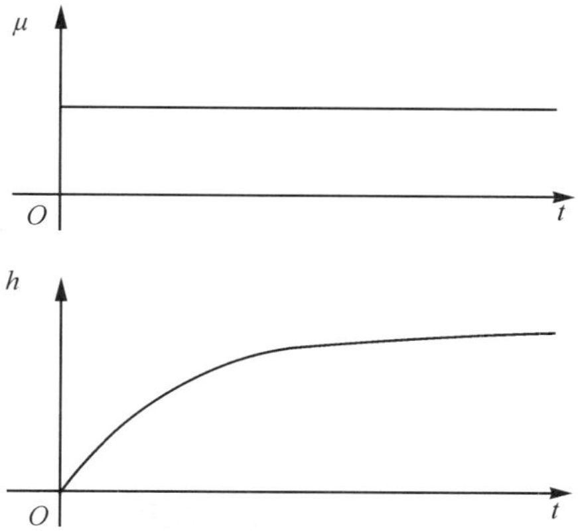

图 1-1-19　单容水柜阶跃响应的飞升曲线

3）放大系数

放大系数 K，是指控制对象受到阶跃扰动后，被控量从初始平衡状态达到新稳态值的变化量，把扰动量所放大的倍数。当 $t\to\infty$ 时，被控量达到一个新的稳态值不再变化。这时

$$h(\infty) = K \cdot \Delta\mu(1 - e^{-\infty}) = K \cdot \Delta\mu \tag{1-13}$$

可见，控制对象达到新的平衡状态时，被控量水位 h 的变化量，把扰动量 $\Delta\mu$ 放大了 K 倍。实际上，放大系数 K 是控制对象的静态参数，是反映控制对象对扰动的敏感程度的，K 大，控制对象受到相同阶跃扰动后，被控量要变化一个很大范围才能稳定下来，说明控制对象对扰动敏感。若 K 很小，控制对象对扰动很不敏感，即对它施加很大扰动，被控量变化一个很小的值就会稳定下来。但是，船上所有的控制对象放大系数 K 都比较大，因此，都必须组成一个控制系统，使其受到扰动后达到新稳态时，被控量的变化量尽量小，或不变化。

4）时间常数 T

在对控制对象施加扰动的瞬间（$t=0$），被控量的变化量等于零。但是，由于此时流量差 Q_i-Q_o 最大，所以被控量的变化速度 dh/dt 最大。以后随着水位的升高，Q_o 增大，使流量差 Q_i-Q_o 越来越小，被控量变化速度也越来越小。可见，被控量的变化总是落后于扰动的变化，这就是控制对象的惯性，在相同扰动下，若被控量变化快（dh/dt 大），则惯性曲线陡，被控量达到新稳态值所需时间短，称为控制对象惯性小。反之，在相同扰动下，被控量变化慢（dh/dt 小），则惯性曲线平坦，被控量达到新稳态值所需时间长，称为控制对象惯性大。时间常数 T 就是反映控制对象惯性大小的一个重要的动态参数。

理论上讲,只有当 $t\to\infty$ 时,被控量才能达到新稳态值。实际 $t=2T$ 时,$h(2T)=0.86K\cdot\Delta\mu$;$t=3T$ 时,$h(3T)=0.95K\cdot\Delta\mu$;$t=4T$ 时,$h(4T)=0.982K\cdot\Delta\mu$。一般 $t>4T$ 后就可以认为被控量的变化基本结束。所以,控制对象受到阶跃扰动后,被控量变化到新稳态所需时间 $t=4T$。

5)纯迟延 τ_0

控制对象迟延包括纯迟延和容积迟延。容积迟延将在多容控制对象中讲述。迟延是控制对象重要的动态特性参数,对控制系统的动态过程品质具有重大影响。

纯迟延 τ_0,又叫传输迟延。由于执行机构(调节阀、挡板等),如图 1-1-18 给水阀 A 距控制对象有一定的距离,物质或能量经执行机构流到控制对象需要一定的时间 τ_0,就把 τ_0 称为控制对象的纯迟延。图 1-1-20 画出了单容控制对象具有纯迟延的飞升曲线。

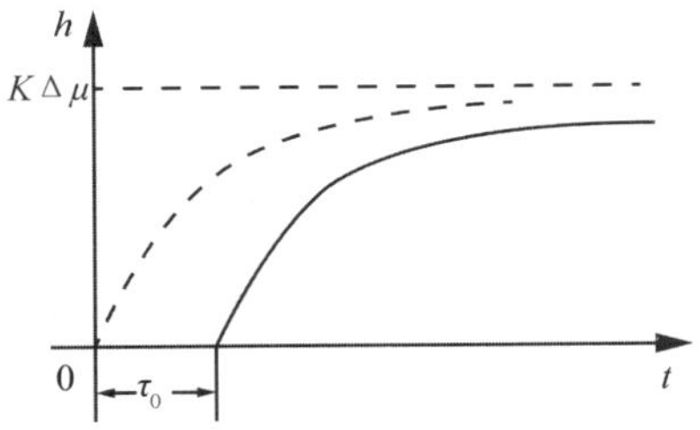

图 1-1-20 具有纯迟延的单容控制对象的飞升曲线

控制对象存在迟延(包括纯迟延和容积迟延)对控制系统的工作是很不利的。因为控制对象受到扰动后,被控量将离开给定值出现偏差,调节器根据偏差的大小和方向输出控制信号来改变调节阀的开度,也就是要改变流入控制对象的物质或能量流量,从而可以克服扰动,逐渐消除偏差。但由于控制对象存在迟延,在迟延时间内,调节器无法对被控量加以控制,使偏差越来越大。迟延时间一过,调节器指挥调节阀开度会大大过头,造成控制系统动态过程振荡倾向明显增大,降低了系统的稳定性。迟延时间越长,这种影响越大。迟延是不可能消除的,我们只能在控制系统的布置上尽量减少迟延。

2. 控制对象的自平衡能力

控制对象分为有自平衡能力和无自平衡能力的控制对象。有自平衡能力的制对象受到扰动后,不必加以控制,被控量能最终稳定下来。换言之,凡被控量变化能影响物质或能量流入和(或)流出控制对象的,都有自平衡能力。机舱中,大多数控制对象是有自平衡能力的。

有些控制对象是没有自平衡能力的,当控制对象受到扰动后,被控量是不会自行稳定下来的。凡是被控量变化不影响物质或能量流量流入和(或)流出控制对象的都是没有自平衡能力的。没有自平衡能力的控制对象,其 $\rho=0$。在机舱中,以水位为被控量的锅炉是没有自平衡能力的。锅炉是由给水泵供水的,水位的变化既不会影响流出的蒸汽流量,也不会直接影响给水泵的工作。

在有自平衡能力的控制对象中,控制对象受到扰动后,被控量虽然能自行稳定下来,但被控量的变化范围很大,这在实际工作中是不允许的。因此,对有自平衡能力的控制对象,也需组成一个控制系统,对其进行控制,使被控量能最终稳定在给定值上或给定值附近。不要有大的变化。

第二节　自动控制方法

一、常用的自动控制方法

常用的自动控制方法有双位控制、时序控制、PID 控制、程序控制等。根据控制要求，不同的设备或系统需要使用不同的控制。大多数要求简单的船舶自动控制系统使用双位控制，如辅锅炉水位控制、空气瓶压力控制、油柜温度自动控制系统、压力水柜的自动补水压力控制、空调制冷压缩机的控制；时序控制的典型系统是分油机的时序控制和辅锅炉的自动点火控制；PID 控制针对较为重要的被控参数，如中央冷却水温度、主机高温冷却水温度、滑油温度、燃油黏度控制、柴油机的转速控制等；程序控制包括了前述的时序控制，但一般表示为多个输入和输出之间的逻辑关系，也可是设定值按事前设定的变化来控制被控量的闭环控制系统。

1. 双位控制

以船舶机舱最为常见的水位的双位控制为例说明其双位控制的实现方法。

在机舱中，浮子式液位双位控制例子很多，如热水井的水位控制、主机日用燃油柜的液位控制以及小型辅锅炉的水位自动控制等。图 1-2-1 所示为采用浮子对辅锅炉水位进行双位控制的原理图。在锅炉外面的浮子室有汽管和水管分别与锅炉的汽空间和水空间相通，故浮子室内水位与锅炉水位一致。浮子与水位同步变化，浮子杆绕枢轴 4 转动，通过上、下限销钉 5 带动扇形调节板框架 3 绕枢轴 4 转动，调节板右边的同极性永久磁铁 12 也跟着转动。当水位上升至接近上限值时，浮子杆与上面的销钉相接触，并带动扇形调节板框架 3 和同极性永久磁铁 12 绕枢轴 4 顺时针转动，当磁铁 12 转至与它同极性永久磁铁 6 相同高度时，由于同极性互相排斥，同极性永久磁铁 6 立即被向上弹开，动触头 11 立即与静触头 7 断开，切断电机电源，给水泵停转，停止向锅炉供水。随着外界负荷不断消耗蒸汽，水位会不断降低，浮子连同浮子杆绕枢轴 4 逆时针转动，但调节板暂时不动。当水位下降到接近下限水位时，浮子杆与下面的销钉相碰，并带动调节板一起转动。当水位下降到下限值时，两同极性永久磁铁 12 和 6 又正好相遇并互相排斥，动触头 11 立即与静触头 7 相接触，接通电机电源，并带动给水泵向锅炉供水。随着水位的上升，浮子连同浮子杆绕枢轴 4 顺时针转动，重复前面的过程。可见，只有水位处在上、下限值时，调节器的输出状态才发生改变，而水位在上、下限之间变化时，调节器的输出状态不变，例如水位从上限值下降时，电机保持断电，水位从下限值上升时，电机保持通电。

在调节板上对应浮子杆的上、下限位置各有三个销钉孔，调整上、下限销钉 5 的位置，可调整水位的上、下限值，但如果把上、下限销钉之间的距离调整得太小，虽然可以减小水位的波动范围，但将导致电机起停频繁。

2. PID 控制

使用模拟运算电路实现的传统 PID 控制器已被数字式控制器替代，数字调节器是数字式控制仪表的重要应用实例之一，其控制规律可以根据需要由用户自己编程，而且可以擦去改写，甚至可以选择使用模糊控制或神经网络控制等智能控制算法。

调节器或控制系统故障时，应该可以选择手动或备用的控制方式，以保证系统能够得以持

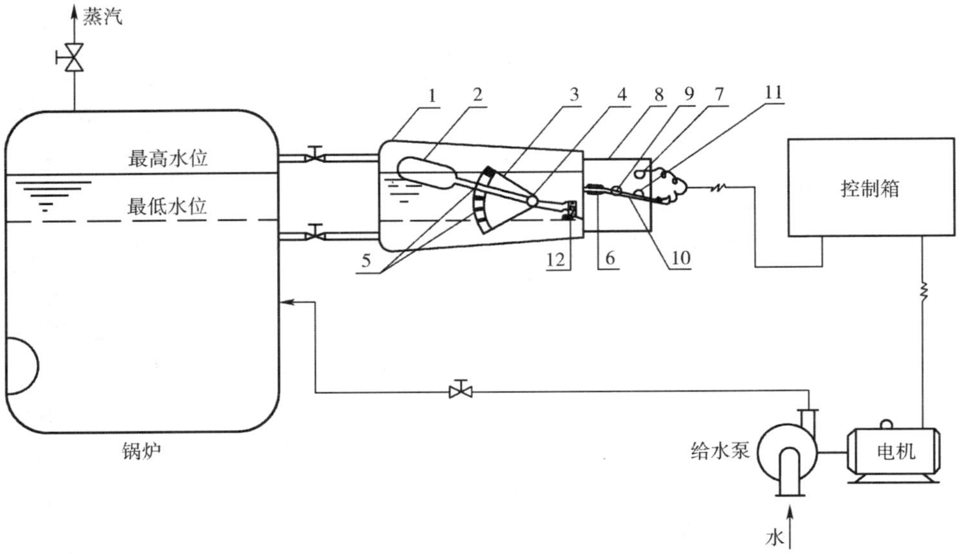

图 1-2-1　浮子式辅锅炉水位双位控制系统

1—浮子室；2—浮子；3—调节板框架；4—枢轴；5—上、下限销钉；6，12—同极性永久磁铁；7—静触头；8—开关箱；9—转轴；10—转杆；11—动触头

续受控。

（1）手动方式：调节器正常运行时，如果自诊断出内部轻故障（如模拟量输入超限、运算溢出、调节器过载等）或从外部输入联锁状态，则切换到手动方式；一般面板上配有相应的指示灯；故障解除后应按复位键，才能变成手动方式，否则不能切换到其他状态上去。

调节器初次通电，内部参数未设置时也进入该手动方式。

（2）后备方式：自诊断出严重故障（调节器硬件或软件异常）时，不论此时调节器处于何种运行方式，均会切换到后备方式，此时面板上的 CPU 故障灯亮。

在后备方式下，可用后备手动单元进行手动操作，故障原因消除后，需再一次通电，进入联锁手动方式，按复位键后，恢复正常。

3. 时序控制

控制器根据设备运行的规律，按照时序的原则对各控制机构发出控制命令，实现设备运行规律相符的控制。船舶机舱典型的时序控制系统是辅锅炉的点火时序控制和分油机的自动分油时序控制。因 PLC 内部自带多个时间继电器，不再需要另外配置各种时间继电器，可通过软件设计，方便实现各种时序控制和相关的逻辑控制，现代控制多使用 PLC 来实现时序控制。

辅锅炉燃烧时序控制功能框图如图 1-2-2 所示。按下锅炉起动按钮后，自动起动燃油泵和鼓风机，关闭燃油电磁阀使燃油在锅炉外面进行循环。此时风门开得最大，以大风量进行预扫风。以防止锅炉内残存的油气在点火时发生“冷爆”。预扫风的时间根据锅炉的结构而异，一般是 20~60 s。预扫风时间达到后自动关小风门，同时点火变压器打出电火花，进行预点火，时间为 3 s 左右。然后打开燃油电磁阀，开大回油阀，以小风量和少喷油量进行点火。点火成功后维持一段“低火燃烧”对锅炉进行预热。然后开大风门关小回油阀使锅炉转入“高火燃烧”，即进入正常燃烧的负荷控制阶段。在预定的时间内若点火不成功，或风机失灵。或中间熄火等故障现象发生时，会自动停炉，待故障排除后按复位按钮方能重新起动锅炉。

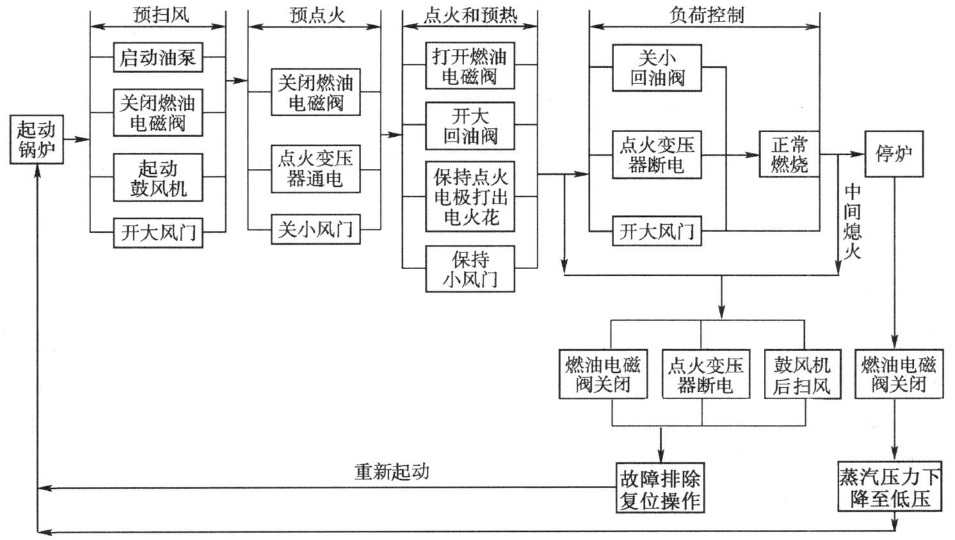

图 1-2-2　辅锅炉燃烧时序控制框图

4. 程序控制

控制器根据设备运行的规律，结合设备的输入和输出信号，按照设备运行规律，控制相关的信号输出。程序控制可以是反馈控制系统，也可以是开环控制系统，包括逻辑程序控制。

反馈控制的程序控制是给定值按照的规律变化的闭环控制系统，如主机遥控中的程序负荷控制；船舶典型的开环程序控制系统是逻辑控制，而典型的逻辑程序控制是主机遥控系统中的起动等逻辑程序控制。

（1）主机起动逻辑控制

主机起动逻辑控制回路的基本功能是，当有动车指令时，判断是否满足起动的逻辑条件；当所有的起动条件均得到满足时，则输出一个起动信号去开启主起动阀，对主机进行起动。当主机达到发火转速时，能自动撤销起动信号，关闭主起动阀结束起动，使主机在供油状态下运行。

（2）程序负荷

当主机转速达到额定转速的 70%以上时它已进入了高负荷区，主机已经承受很高机械负荷和热负荷。此后的加速过程必须严格加以限制，防止超负荷。在高负荷区内，必须设置一个特殊的时间程序，使之慢慢加速。如图 1-2-3 所示的曲线中，在车令大于 70%以后，按曲线 c 进行程序负荷慢慢加速控制，按曲线 d 进行程序负荷减速控制。曲线 c' 和 d' 是时间较短的另一种程序控制，可以根据需要选用。曲线 b 的延伸段 e 为应急运行情况下的加速控制，等于是应急运行取消了程序负荷功能。

二、自动控制系统中的典型部件

自动控制系统中的典型部件包括压力开关、温控开关、电阻感温包、电-气信号转换器、机电变换器、阀门定位器、控制阀、继电器、PID 控制器等。

1. 压力开关

双位式压力调节器也叫压力开关。压力开关的种类较多，原理也不尽相同，但其主要的外

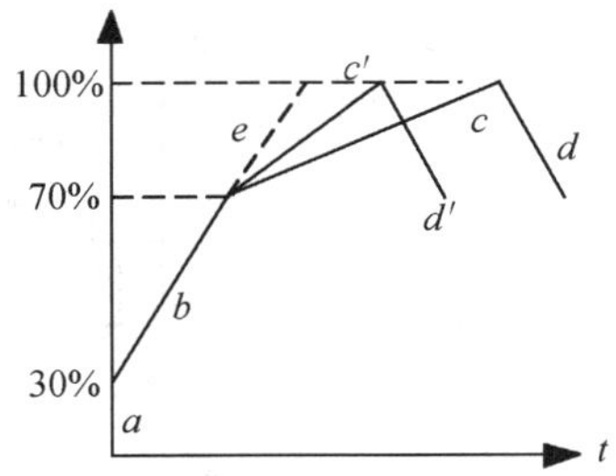

图 1-2-3　程序负荷曲线

在功能都是一样的，即根据测量压力的上限值和下限值输出不同的开关量信号，如用于船舶辅锅炉的蒸汽压力和日用海、淡水压力等的双位控制。

YT-1226 型压力调节器的结构原理图如图 1-2-4 所示，被测量的压力信号 p 接至测量室，通过波纹管转换为力信号作用于比较杠杆，产生测量力矩。此外杠杆上还有给定值弹簧产生的给定力矩和由幅差弹簧产生的幅差力矩。

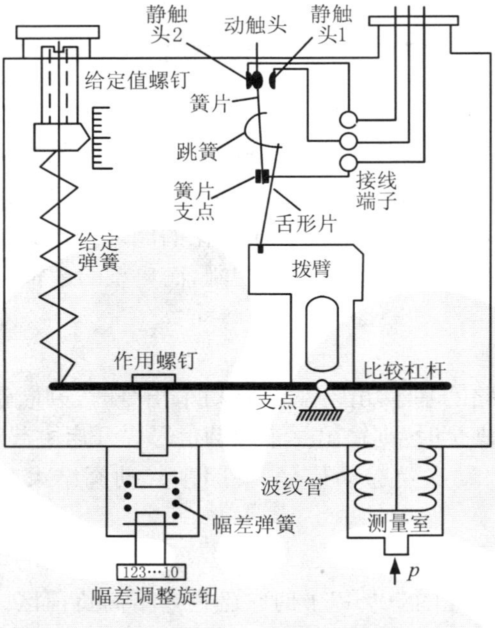

图 1-2-4　YT-1226 型压力调节器结构原理图

当输入信号 p 处在压力的下限值时，比较杠杆处于水平位置。这时动触头离开静触头 1 闭合于静触头 2。此时，作用螺钉与幅差弹簧盘之间存在一定的间隙，幅差弹簧对杠杆不起作用。当 p 增大时，杠杆绕支点逆时针转动，通过拨臂使舌簧的下边框左移，通过舌簧舌片使跳簧压缩，贮存弹性能。同时，作用螺钉与幅差弹簧盘的间隙逐渐消失，当杠杆继续转动时，不仅要克服给定力矩，还要克服幅差力矩。当杠杆转过某个角度，即被测量压力 p 达到上限值时，舌簧舌片正好与舌簧簧片处在同一平面，跳簧有了释放能量的机会，迅速把舌簧簧片弹开，使动触点离开静触头 2 而与静触头 1 闭合。当压力 p 降低时，杠杆绕支点顺时针转动，当杠杆回到水平位置时，舌簧舌片又与舌簧簧片处在同一平面，跳簧再次把舌簧弹开，使动触头离开静触头 1 合到静触头 2。当压力 p 在上限值和下限值之间变化时，跳簧保持原状态不变，也就是调节器的输出状态不变。

给定弹簧调整的是压力开关的下限值，用 p_L 表示，幅差调整旋钮用于调整幅差 Δp，压力开关的上限值 p_H 等于下限值 p_L 加上幅差 Δp，即 $p_H=p_L+\Delta p$。因此，压力开关的上限值是通过调整幅差来设定的。

YT-1226 型压力开关给定指针的指示范围可以根据实际需要选择合适的范围，但幅差调整旋钮上都标记有 10 个格的刻度挡，对应的幅差范围为 $\Delta p=0.07\sim0.25$ MPa。幅差调整旋钮所调的格数 X 可根据公式

$$\Delta p = p_H - p_L = 0.07 + (0.25 - 0.07) \times \frac{X}{10} \tag{1-14}$$

进行估算。但由于刻度精度比较低，在实际使用时应该进行实验测定或现场调整。

2. 温控开关

根据工作环境的温度变化，在开关内部发生物理形变，从而产生某些特殊效应，产生导通或者断开动作的一系列自动控制元件，叫作温控开关，也叫温度保护器或温度控制器，简称温控器。或是通过温度保护器将温度传到温度控制器，温度控制器发出开关命令，从而控制设备的运行以达到理想的温度及节能效果。温控器分为机械式和电子式，机械式包括压力式温控器、液体膨胀式温控器、气体吸附式温控器、金属膨胀式温控器；其中压力式温控器是船舶常见的结构，使用的温包内部充满汽化点较低的感温液体，通过压力的变化反映温度的变化，然后通过毛细管将压力传到前述的压力开关，当温度超过设定时，其对应的压力即达到压力开关的动作值。据物体热胀冷缩原理可制成金属膨胀式温控器。采用的双金片的两面是不同物质的导体，在变化的温度下由于涨缩程度不一样而使双金片弯曲，碰到设定的触点或开关，可使设定的电路动作。

电子式分为电阻式温控器和热电偶式温控器。电阻式温度控制器是采用电阻感温的方法来测量的，一般采用白金丝、铜丝、钨丝以及半导体（热敏电阻等）为测温电阻，这些电阻各有其优缺点。一般低温使用热敏电阻式，较高温度使用热电阻；而温度高达几百摄氏度以上的使用热电偶。

3. 温包控制器

温包控制器是指采用带毛细管温包式的传感器和温包型传感器，可用于空气温度的调节系统。原理即压力式温控器，其内部多使用蒸汽或液体作为介质。船用型号为 WTZK-50-C 的控制器外形如图 1-2-5 所示，设定值和幅差值可调，调节值为 -60～+170 ℃，采用铸铝壳体，为防水型。

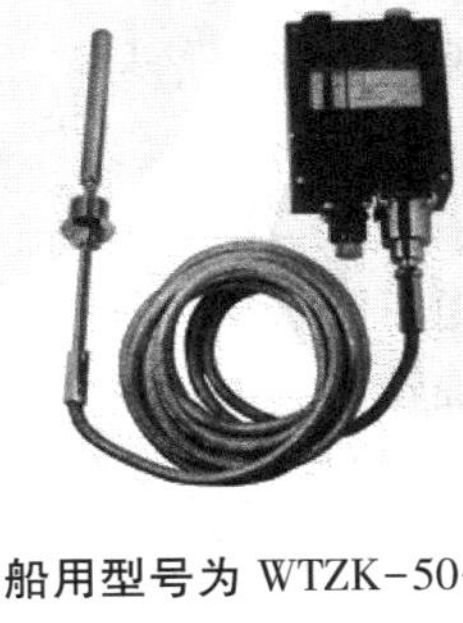

图 1-2-5　船用型号为 WTZK-50-C 的控制器

4. 电-气信号转换器

电-气转换器类型很多，其中较为常用一种类型的组成和工作原理如图 1-2-6 所示。图

中，U_s 是转速给定值，接在比较输入正相端；P_{out} 是该电－气转换器输出的气压信号，送至调速器的转速设定波纹管，同时，经图示压力传感器成比例地转换成电压信号 U_p 接在比较输入反相端；比较偏差信号 ΔU 经过死区比较后得到加速 Acc 或减速 Dec 逻辑信号；G 是脉冲信号发生器，它输出一系列幅值不变、占空比预设的脉冲信号，与 Acc 或减速 Dec 与逻辑比较后，输出控制脉动的加速或减速的信号，经过功率驱动分别驱动电磁阀 SV_1 和 SV_2。

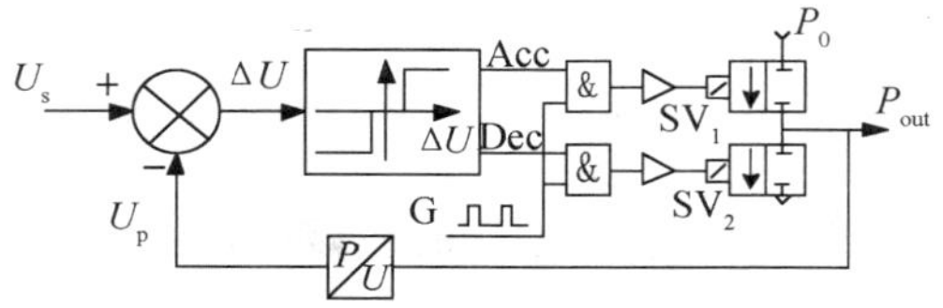

图 1-2-6　电－气信号转换器的组成和工作原理图

当电磁阀 SV_1 有电时受控左位通，电磁阀 SV_2 没电时失控右位通，气路被关断。气源经 SV_1 向调速器输出，气压增加。当输出的气压信号 P_{out} 相当于转速给定值时，$U_s=U_p$，Acc 和 Dec 均为逻辑 0，电磁阀 SV_1 和 SV_2 均断电右位通，气源和放大气口均被截止，输出管路内的气压信号不变。当输入信号 U_s 减小时，ΔU 为负值，经逻辑处理后，电磁阀 SV_1 关闭，SV_2 脉动，使输出管路内的气压通过 SV_2 放气，输出气压下降，直至气电转换环节 P/U 的 U_p 与输入 U_s 再次相等，回复平衡。

5. 编码器

编码器可测出机械设备的运转速度、位移信号，并转换为需要的脉冲信号或直接转为数字信号。根据检测原理，编码器可分为光学式、磁式、感应式和电容式。根据其刻度方法及信号输出形式，编码器可分为增量型、绝对值型以及混合型三种。

1）增量型光电编码器

（1）结构组成

增量型光电编码器主要由光源、码盘、检测光栅、光电检测器件和转换电路组成，如图 1-2-7（a）所示。码盘上刻有节距相等的辐射状透光缝隙，相邻两个透光缝隙之间代表一个增量周期；检测光栅上刻有 A、B 两组与码盘相对应的透光缝隙，用以通过或阻挡光源和光电检测器件之间的光线。A、B 两组的节距和码盘上的节距相等，并且两组透光缝隙错开 1/4 节距，使光电检测器件输出的信号在相位上相差 90°电度角。当码盘随着被测转轴转动时，检测光栅不动，光线透过码盘和检测光栅上的透过缝隙照射到光电检测器件上，光电检测器件就输出两组相位相差 90°电度角的近似于正弦波的电信号，电信号经过转换电路的信号处理，可以得到被测轴的转角或速度信息。增量型光电编码器输出信号波形如图 1-2-7（b）所示。

（2）基本技术规格

在增量型光电编码器的使用过程中，对于其技术规格通常会提出不同的要求，其中最关键的就是它的分辨率、精度、输出信号的稳定性、响应频率、信号输出形式。

光电编码器的分辨率是以编码器轴转动一周所产生的输出信号基本周期数来表示的，即脉冲数/转（PPR）。码盘上的透光缝隙的数目就等于编码器的分辨率，码盘上刻的缝隙越多，编码器的分辨率就越高。在工业电气传动中，根据不同的应用对象，可选择分辨率通常在 500～6 000 PPR 的增量式光电编码器，最高可以达到几万脉冲数/转。交流伺服电机控制系统中通常选用分辨率为 2 500 PPR 的编码器。此外对光电转换信号进行逻辑处理，可以得到 2 倍频或 4 倍频的脉冲信号，从而进一步提高分辨率。

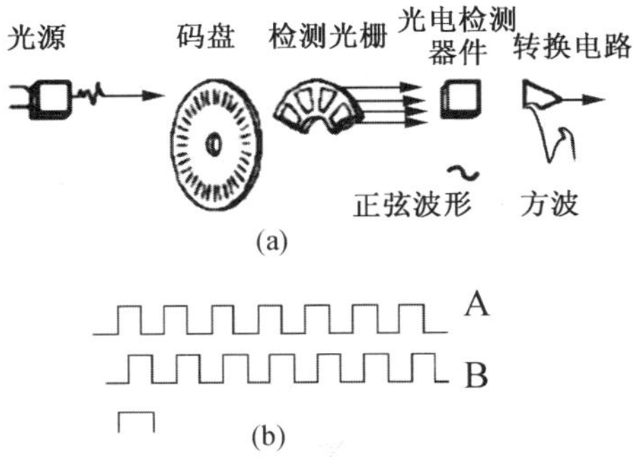

图 1-2-7　增量型光电编码器的结构组成和输出信号波形图

编码器输出的响应频率取决于光电检测器件、电子处理线路的响应逗度。当编码器高速旋转时，如果其分辨率很高，那么编码器输出的信号频率将会很高。如果光电检测器件和电子线路元器件的工作速度与之不能相适应，就有可能使输出波形严重畸变，甚至产生丢失脉冲的现象。这样输出信号就不能准确反映轴的位置信息。所以，每一种编码器在其分辨率一定的情况下，最高转速也是一定的，即编码器的响应频率是受限制的。

在大多数情况下，直接从编码器的光电检测器件获取的信号电平较低，波形也不规则，还不能适应于控制、信号处理和远距离传输的要求。所以，在编码器内还必须将此信号放大、整形。经过处理的输出信号一般近似于正弦波或矩形波。由于矩形波输出信号容易进行数字处理，所以这种输出信号在定位控制中得到广泛的应用。采用正弦波输出信号时基本消除了定位停止时的振荡现象，并且容易通过电子内插方法，以较低的成本得到较高的分辨率。增量型光电编码器的信号输出形式常用的有集电极开路输出和电压输出，晶体管使用 NPN 和 PNP，典型的 NPN 应用电路如图 1-2-8 所示。

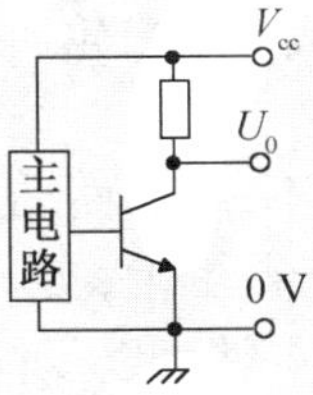

图 1-2-8　增量型光电编码器输出电路

2）绝对值型编码器

旋转增量值编码器以转动时输出脉冲，通过计数设备来计算其位置，当编码器不动或停电时，依靠计数设备的内部记忆来记住位置。这样，当停电后，编码器不能有任何的移动，当来电工作时，编码器输出脉冲过程中，也不能有干扰而丢失脉冲，不然，计数设备计算并记忆的零点就会偏移，而且这种偏移的量是无从知道的，只有错误的生产结果出现后才能知道。

解决的方法是增加参考点，编码器每经过参考点，将参考位置修正进计数设备的记忆位置。在参考点以前，是不能保证位置的准确性的。为此，在工控中就有每次操作先找参考点，开机找零等方法。这样的方法对有些工控项目比较麻烦，甚至不允许开机找零（开机后就要知道准确位置），于是就有了绝对编码器的出现。

(1)工作原理

如图 1-2-9 所示,绝对编码器光码盘上有许多道光通道刻线,每道刻线依次以 2 线、4 线、8 线、16 线……编排,这样,在编码器的每一个位置,通过读取每道刻线的通、暗,获得一组从 2 的零次方到 2 的 $n-1$ 次方的唯一的二进制编码(格雷码),这就称为 n 位绝对编码器。这样的编码器是由光电码盘的机械位置决定的,其信号不受停电、干扰的影响。

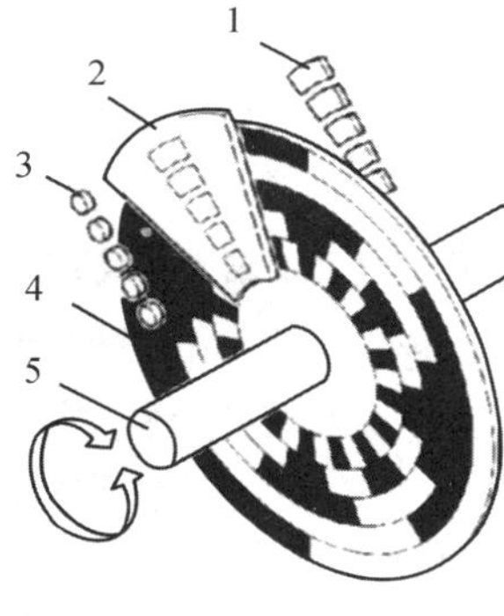

图 1-2-9　绝对值型编码器工作原理

1—光电接收;2—扫描盘;3—发光管;4—光电码盘;5—转轴

绝对编码器由机械位置决定的每个位置是唯一的,无须记忆,无须找参考点,而且不用一直计数,什么时候需要知道位置,什么时候就去读取它的位置。这样,编码器的抗干扰特性、数据的可靠性就大大提高了。

旋转单圈绝对值编码器,以转动中测量光电码盘各道刻线,以获取唯一的编码,当转动超过 360°时,编码又回到原点,这样就不符合绝对编码唯一的原则,这样的编码只能用于旋转范围 360°以内的测量,称为单圈绝对值编码器。如果要测量旋转超过 360°,就要运用钟表齿轮机械的原理,通过齿轮传动另一组码盘(或多组齿轮,多组码盘),在单圈编码的基础上再增加圈数的编码,以扩大编码器的测量范围,这样的绝对编码器就称为多圈式绝对编码器,同样是由机械位置确定编码,每个位置编码唯一不重复,而无须记忆。

多圈编码器的另一个优点是由于测量范围大,实际使用往往富余较多,这样在安装时不必要费劲找零点,将某一中间位置作为起始点就可以了,而大大简化了安装调试难度。

(2)绝对值代码

绝对编码器输出的二进制数字与对应位置具有一一对应的关系。按常理应选用二进制码,因为编码器可以很容易被外部设备所处理。但是,二进制码是直接从旋转码盘上取得的,由于同时改变的编码状态位数超过一位,而要求多位变化同步输出非常困难,难免出现干扰。

例如,两个连续的二进制码编码 7(0111)变到 8(1000),可以注意到所有位的状态都发生了变化。因此,如果试着读在特定时刻的编码,要保证读数的正确性是很困难的,因为在数据改变的一瞬间同时就有超过一位的状态变化。因此,出现了在两个连续编码之间(甚至于从最后一个到第一个)只有一位二进制码状态变化的编码方法,即格雷码。

格雷码通过一个简单的组合电路就可以很容易实现二进制码的转换,任一数字的增加或减小一位,格雷码只有一位发生变化,从而对后续数据处理提供了可靠的输出。具体格雷码与二进制的转换关系可以参考相关文献。

6. 调节阀

气动执行机构是将调节器输出的气动控制信号转换为机械位移。在船舶机舱中,气动调节器的输出配套的执行机构是气动薄膜调节阀。

图 1-2-10 所示为气动薄膜调节阀的结构原理，它由气动执行部分和调节阀两部分组成。控制信号可接在膜片 3 的上部空间，这时随着输入控制信号的增大，膜片 3 向下弯，压缩弹簧 6 使阀杆 5 推动阀芯一起下移，阀杆的位移与所输入控制信号的变化成比例，改变调节阀的开度。控制信号也可以接到膜片 3 的下部空间，这时随着输入控制信号的增大，膜片向上弯，阀杆带动阀芯一起上移。气动薄膜调节阀具有结构简单、尺寸小等特点，适用场合比较广泛。但它的阀杆推力较小，在某些场合使用受到一定的限制。

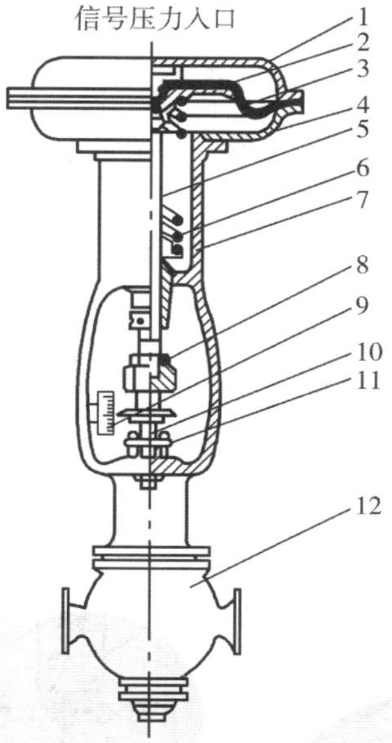

图 1-2-10　气动薄膜调节阀结构原理图

1—阀上盖；2—膜片硬芯；3—膜片；4—阀下盖；5—阀杆；6—压缩弹簧；7—阀盖支撑；8—阀杆调节；9—阀位指示；10—阀杆密封；11—密封固定；12—阀体

调节阀具有气开式和气关式之分，如果输入的控制信号增大，调节阀开度也增大，则叫气开式调节阀。反之，若输入控制信号增大，而调节阀开度减小，则叫气关式调节阀。控制系统采用气开式调节阀还是气关式调节阀，要根据实际需要和调节器的作用形式（正作用式还是反作用式）来决定，最终使系统实现负反馈闭环调节。

7. 阀门定位器

为使调节阀动作及时，并能准确动作到位，通常需要加装一个阀门定位器，图 1-2-11 所示是一个带阀门定位器的气动薄膜调节阀机构结构原理。从控制器输出的压力信号送到定位器的输入端 E，并作用在测量气室 9 的膜片 10 上。若这个信号增大，挡板 11 靠近喷嘴 12 远离喷嘴 13，引起喷嘴 12 背压升高，喷嘴 13 背压降低。这两个背压信号送入比较气室 16，分别作用于膜片 17 的上、下两面，使膜片 17 连同可动放气阀 20 一起下移，推动球阀 19 离开固定球阀座 21，使压缩空气经 C 室进入 D 室。这时因为放气阀 18 处于关闭状态，故 D 室压力升高并由输出端输出这个升高的压力信号 p_o。这个信号送入调节阀的膜盒 4，由膜片 5 推动阀杆 2 下移，关小给水阀，减少给水量。当调节阀杆 2 向下移动时，反馈弹簧 23 被拉长，使杠杆 24 绕支点 F 逆时针转动。通过圆球支点使挡板往回移动，并停在一个新的位置上，这时阀门定位器有一个稳定的输出。这个输出信号与给水调节阀的阀位相对应。阀门定位器的作用是消除由膜片阀内的阀杆所引起的滞后现象。这种滞后现象的产生是由于填料太紧或流动阻力太大而使其摩擦力过大所造成的。它适用于调节阀与调节器或计算器之间距离较远的场合以及波纹管容量较小的系统中。另外,通过调整比例范围旋钮25可以改变阀门定位器输入与输出信号变化关系的比值。在气源中断或控制系统失灵时,可手动操作手轮8对调节阀的开度进行手动控制。

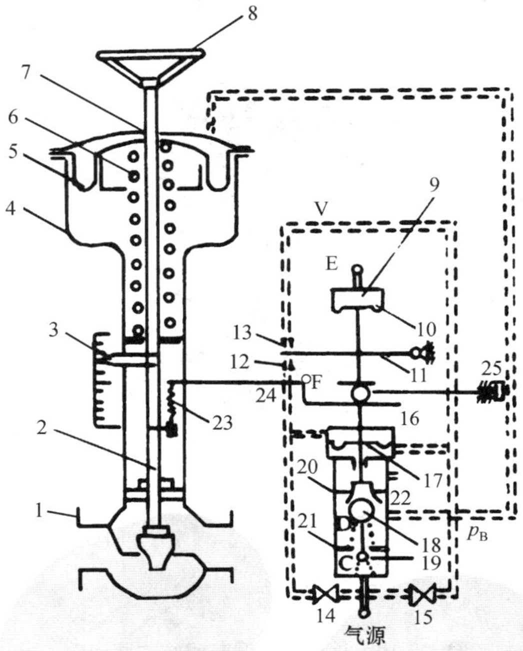

图 1-2-11　带阀门定位器的气动薄膜调节阀结构原理

1—阀体;2—阀杆;3—指示;4—阀座体;5—膜片;6—压缩弹簧;7—阀杆;8—手动调节;9—测量气室;10—测量膜片;11—挡板;12,13—喷嘴;14,15—截流阀;16—比较气室;17—膜片;18,19—球阀;20,21—球阀座;22—输出压力;23—反馈弹簧;24—反馈杠杆

对于一些需要阀杆推力较大的场合,还可以通过阀门定位器来控制一个气缸活塞,由活塞带动阀芯动作,称为活塞式气动执行机构。

阀门定位器实质上可看作一个比例调节器,其设定值是来自调节器的阀位信号,而输出则是阀杆的实际位置。因此,通过阀门定位器总可以使阀杆控制在希望的位置,具有较高的动作精度。如图1-2-11所示的调节阀属于气关式调节阀。

8. 电动执行器

电动执行机构接收的是调节器输出的0~10 mA或4~20 mA直流信号,并将其转换成相应的机械位移,以实现自动调节。

电动执行机构主要分为两大类:直行程与角行程式。前者用于操纵直行程调节机构,后者用于操纵转角式调节机构,两者都是以伺服电机为动力的位置伺服机构。角行程式执行机构又可分为单转式和多转式。单转式输出的角位移一般小于360°,通常简称为角行程式执行机构;多转式输出的角位移超过360°,可达数圈,故称为多转式电动执行机构,它和闸阀等多转式调节阀配套使用。

电动调节器-电动执行机构是一种最为常见的电动控制系统的组合方式。电动调节器的输出直接送到电动执行机构的伺服放大器驱动伺服电机动作。为确保执行阀件动作与调节器输出一致,需要检测阀门位置,常使用电位器等位置检测传感器来检测。

9. PID 控制器

PID 控制是控制器根据给定值与实际检测值的比较,得到偏差后,使用比例、积分、微分三个作用并结合在一起输出给后续的执行部件,去控制被控参数的变化,使之接近给定值。由于综合来比例、积分和微分的特点,可及时调整输出以纠正偏差,并使用积分规律最终消灭偏差,调节过程中可根据偏差的变化及时预测变化趋势,从而输出相应信号去阻止其变化。PID 具有反应及时、消除偏差、改善动态过程等优点,一般的过程控制使用合适的比例带、积分时间和微分时间,能使系统获得较好的控制品质。但是由于微分对偏差的变化反应灵敏,有时船舶上的参数本身没有变化,但是收到外界因数干扰,如锅炉水位会受到船舶摇晃的影响,产生假信号,这时微分作用就会起动反作用,不仅不能稳定系统,还可能会使系统振动过大,所以被控参数易受干扰的系统一般不使用带微分的控制。但是一般系统需要尽可能减小偏差,所以积分作用一般都有。

第三节　双位控制

一、双位控制的特点

双位控制的输出只有两种状态,分别可用逻辑“1”“0”表示输入信号是否超上限或低于下限,一般使用恢复常态输出为“0”,超上限或低于下限用“1”表示。输出控制的目标是使设备参数恢复正常,如水位过高,控制输出为 0,停止供水,当用水使水位下降到低于高限的某个值时,控制输出为 1,起动供水。这样,水位就在高位停水和低位供水之间动作,呈现出等幅震荡的过渡过程。虽然该过程不能保证水位处于某已固定值附近,但是由于双位控制的简单、可靠,一般的简单控制都采用该控制。但是由于恢复常态值和超过限制值不是同一个值,之间存在回差,其作用是避免设备动作过于频繁,但是如回差设置过大,则设备被控参数动作范围过大。前述 YT-1226 型压力开关的介绍中已对压力开关的上限值和下限值(恢复常态值)的设置做了较为详细的说明。

二、开关控制系统的组件

如前所述,各种压力开关、温度开关、浮子开关等都是双位控制常见的组件。另外还有各种各样的控制开关,如水位电极开关、超速开关、极限限位开关等,其功能大致都相同,除感测参数的变化外,直接提供触点信号给执行机构,所以也常称为开关控制器。

以船舶水位控制为目的,淡水(海水)压力水柜中常使用双位压力继电器实现水位的双位控制。双位压力继电器在双位控制系统中,既是比较元件,又是开关执行元件,其结构原理图如图 1-3-1 所示。工作时把下面管子与待测气压相连接,当待测压力升高到低限 p_L 时,波纹管 4 向上的顶推力克服弹簧 1 的压力,左边的摆动板 5 逆时针偏转,使微动开关 6 动作,改变其开关状态(即原是闭合的变为开启,原是开启的变为闭合);随着压力的继续升高,开关状态不变；但当压力升高到高限 p_H 时，波纹管的顶推力使微动开关 7 动作，改变其开关状态；当压力从高限降低时，微动开关 7 的状态又立即复原，但微动开关 6 的状态暂时不变，直至压力降低到 p_L 以下时，微动开关 6 的状态才复原。

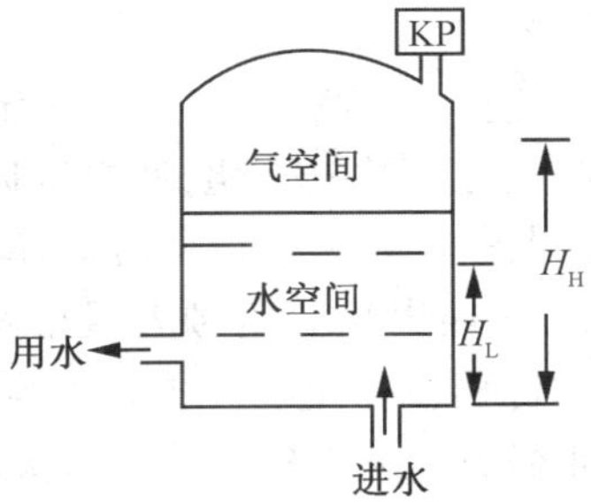

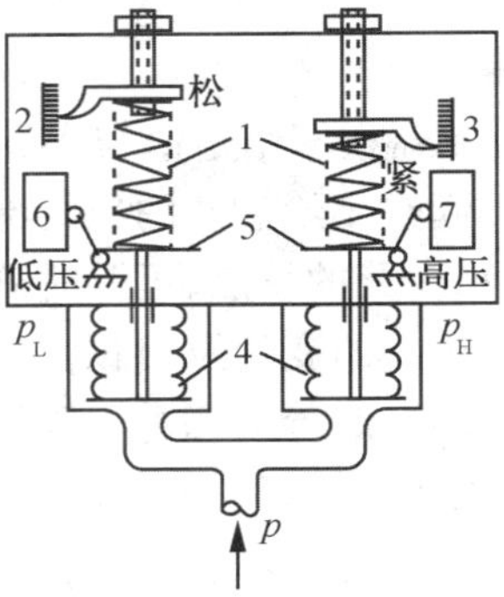

图 1-3-1　双位压力继电器结构原理图

1—弹簧；2、3—刻度尺；4—波纹管；5—摆动板；6、7—微动开关

三、双位控制在船舶上的应用

以货船辅锅炉水位控制为例说明双位控制的应用。

由于柴油主机干货船辅锅炉蒸发量小，蒸汽压力低，为简化其控制系统，一般对水位进行双位控制，当水位下降到允许的下限水位时，自动起动给水泵向锅炉供水。锅炉水位会逐渐升高。当锅炉水位达到允许上限水位时，自动停止给水泵的工作，停止向锅炉供水。因此，锅炉在工作期间，其水位是在允许的上、下限之间波动，不会稳定在某一个水位上。这种双位控制水位的检测元件常用浮子式和电极式，关于用浮子式检测锅炉水位的原理，及对锅炉水位进行双位控制过程比较简单，故从略。下面介绍电极式双位水位自动控制系统，其原理如图 1-3-2 所示。

电极式双位水位控制系统是在锅炉的外面装设一个电极室，它分别与锅炉的水空间和蒸汽空间相通，故电极室中的水位与锅炉水位一致。由于锅炉水有一定的盐分，所以它是导电的，电极室中插有三根电极棒，其中，电极 1、2 分别控制允许的上、下限水位；电极 3 用于危险低水位报警。Z1 和 Z2 是二极管桥式整流电路。由变压器次级绕组输出的 24 V 交流电压经 Z1、Z2，电极 1、2、3，锅炉水及电极室接地的壳体，构成交流通路，经 Z1 和 Z2 整流成直流电作为直流继电器 KA1 和 KA2 的电源。当水位下降到允许的下限水位时，电极 1 和 2 均露出水面，切断了 Z1 的交流通路，继电器 KA1 断电，其常闭触头闭合，接触器 KM 通电动作，其主触头闭合，起动电机并带动给水泵向锅炉供水，水位会不断升高。由于继电器 KA1 的常开触头因 KA1 失电仍保持断开，所以当水位超过电极 2 时，Z1 的交流通路仍然是断开的，KA1 保持断电，水泵继续向锅炉供水。当水位达到上限允许水位时，电极 1 和 2 均浸在水里，使二极管桥式整流电路 Z1 构成交流通路，继电器 KA1 通电，KA1 常闭触头断开，接触器 KM 断电，其主触头断开，电机断电停转，停止向锅炉供水，水位会逐渐下降。由于继电器 KA1 的常开触头已经闭合，故继电器 KA1 因电极 2 仍在水中保持通电，不会因电极 1 露出水面而断电，即不会马上起动给水泵向锅炉供水。只有水位下降到下限允许水位，电极 2 露出水面时，继电器 KA1 才会断电，水泵才能向锅炉供水。显然，调整电极 1、2 的位置可调整锅炉的上、下限水位。一

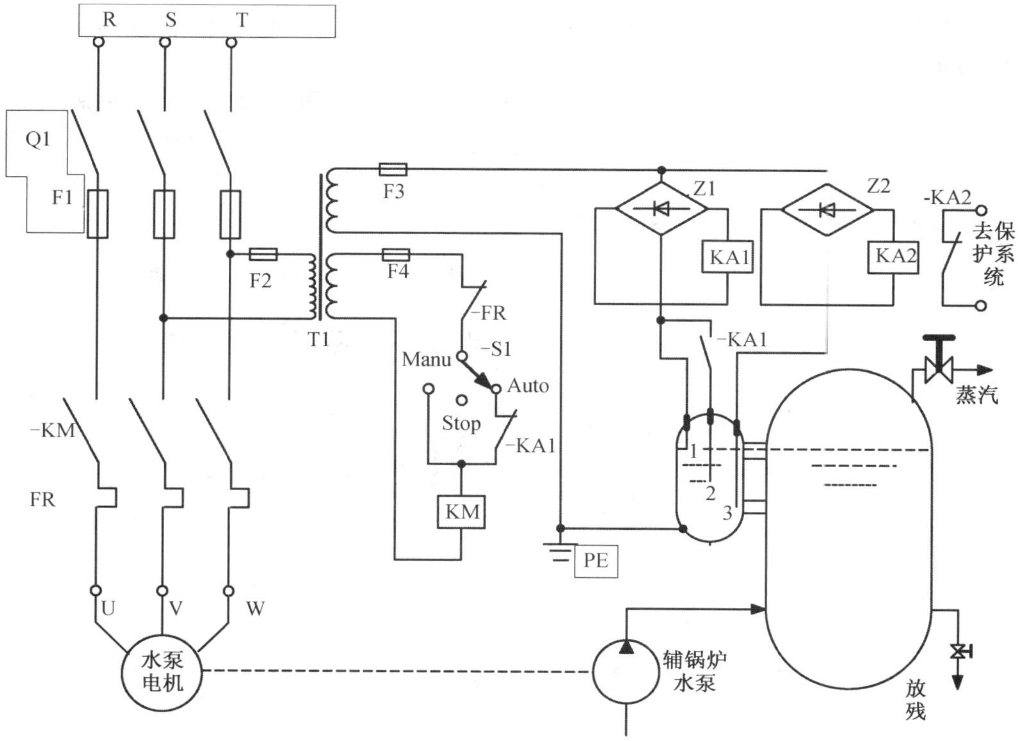

图 1-3-2 电极式双位水位控制系统原理图

般来说，在允许波动的范围内，电极 1 和 2 之间的距离不要调整得太小，否则给水泵电机起停频繁，影响使用寿命。如果给水泵有故障，当水位下降到下限水位，电极 2 露出水面时，水泵不能向锅炉供水，水位会继续降低。当水位降低到危险低水位时，电极 3 露出水面，切断 Z2 的交流电通路，使继电器 KA2 断电，保护电路动作，发出声光报警，同时会自动停炉。

第四节 时序控制

一、时序控制的特点

时序控制是按照设备或系统动作时间的规律，结合输入信号状态，输出相应的控制信号。该系统一般为多输入多输出控制，尤其是控制可能是多个执行部件，如锅炉点火燃烧过程中的预扫风的风机和风门、点火变压器、点火电磁阀、供油电磁阀等控制。由于牵涉多个时序，使用多个时间继电器的控制比较复杂，现代一般用 PLC 来实现。传统的辅锅炉还有采用凸轮式时序程序控制器（时序马达）来实现的。

二、时序控制系统的组件

时序程序控制器是辅锅炉燃烧时序控制的核心部分，是根据起动信号发讯器送来的电信号，接通或切断电路，或者根据规定的时间来接通或断开电路，用以实现预扫风、预点火、点火及转入正常燃烧等一系列时序动作，传统的方法是采用凸轮式程序控制器，也有内置多个时间继电器控制电路板的专用燃烧程序控制器,而现代多使用 PLC 实现各种程序控制。

1)凸轮式时序程序控制器

图 1-4-1 给出了凸轮式时序程序控制器结构原理图,程序凸轮马达经类似钟表机构的减速装置带动一根凸轮轴转动,在凸轮轴上通常安装有若干组凸轮,每一组凸轮控制一个微动开关。每组凸轮由两个凸轮组合构成凸轮可调,用来控制开关触点的闭合或断开。改变两个凸轮的相对位置即可以调整开关闭合或断开的时间。

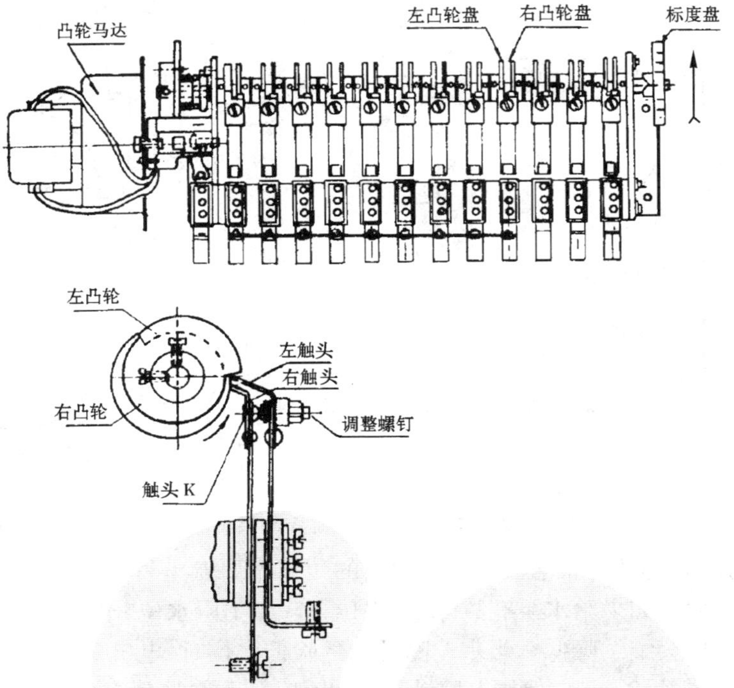

图 1-4-1　凸轮式程序控制器结构原理图

船舶辅锅炉常用程序控制器作为自动点火的时序控制装置。如图 1-4-2 所示为一个最简单的应用,图中各端子动作控制相应的器件动作,从左到右依次为:

端子 12、2:控制电源;

端子 10:报警继电器输出;

端子 8:保护控制输入;

端子 3:风机马达控制;

端子 6:低压高火控制;

端子 11:高压低火控制;

端子 7、9:点火变压器控制点火;

端子 4:第一个燃油电磁阀控制;

端子 5:第二个燃油电磁阀控制;

端子 1:火焰探测器输入。

一个简单的锅炉自动程序控制如下:

将手动/自动转换开关转至自动时,电源经锅炉安保锁闭电路给程序控制器供电,当满足自动起动条件时,控制电源通过程序控制器起动燃烧器马达,再连锁起动风机马达,开启风门

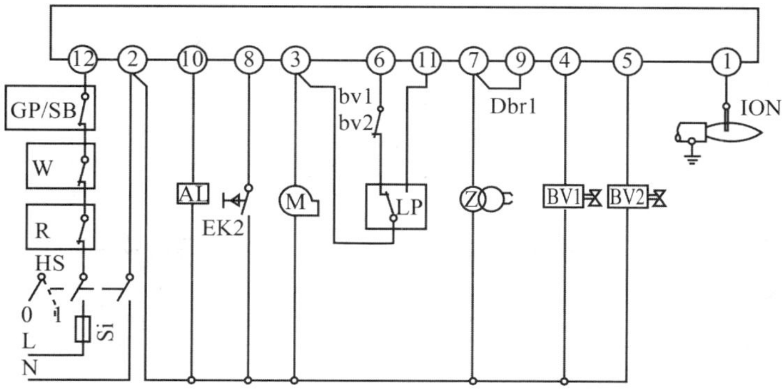

图 1-4-2　程序控制器接线示意图

进行扫风。程序计时到后，预扫风结束，程序控制开始点火，此时程序第一个燃油电磁阀控制供油，同时火焰探测器开始检测。点火延时后，点火变压器关闭，如点火成功，第一个电磁阀保持打开，第二个电磁阀仍关闭，锅炉处于起动燃烧低火状态，延时确认蒸汽仍低压，第二个供油电磁阀工作，锅炉进入高火燃烧状态，如果蒸汽达到高压，这第二个供油电磁阀关闭，进入低火燃烧。如果点火失败，或燃烧过程熄火，或蒸汽高压，或锅炉极低水位，则燃烧过程失败，程序停止。在接受到复位命令后，程序才重新开始。

2）PLC 时序控制

在 PLC 控制的时序控制系统中，各种现场信息，如蒸汽压力的高/低、水位的高/低、燃油加热的通/断、系统的手动/自动控制方式等信号，通过输入单元输入 PLC；PLC 扫描执行用户程序，并根据程序运行结果，通过输出单元输出各种控制信息指挥继电器和其他执行机构动作或控制指示灯进行显示和报警等。采用 PLC 的时序控制系统，其控制功能是通过软件来完成的，这样不仅可以大大地简化硬件电路，提高系统运行的可靠性，方便维护，而且只要简单修改 PLC 程序就可以适用不同设备或系统的需要。

（1）外部接线及梯形图

由 CPU 226 控制的辅锅炉燃烧时序控制系统外部接线如图 1-4-3 所示。

（2）PLC 的 CPU 型号及其输入、输出通道分配

选用的 S7-200 PLC 的 CPU 型号为 226。CPU 226 模块本身具有 24 路开关量输入和 16 路开关量输出和丰富的定时器资源。I/O 通道和定时器的符号定义及其地址分配如表 1-4-1 所示。

3）执行机构

时序控制的执行机构包括油泵、风机、供油电磁阀、回油可调阀、风门（油量）控制器、点火变压器、点火电极等。一般大中型辅锅炉燃烧器风门执行机构采用电动执行机构，其电动机采用单相伺服电机，通过减速机构带动凸轮限位开关，输出各种风门大小的信号，有的还配有风门电位器检测风门位置。如图 1-4-4 所示，接线 1、N 为正转供电回路，2、N 为反向供电回路，Ⅰ组凸轮为正转最大风门保护限位，Ⅱ组凸轮为反转最大风门保护限位，其他限位用于配合程序控制，电位器 ASZ 用虚线表示该电位器为选项。

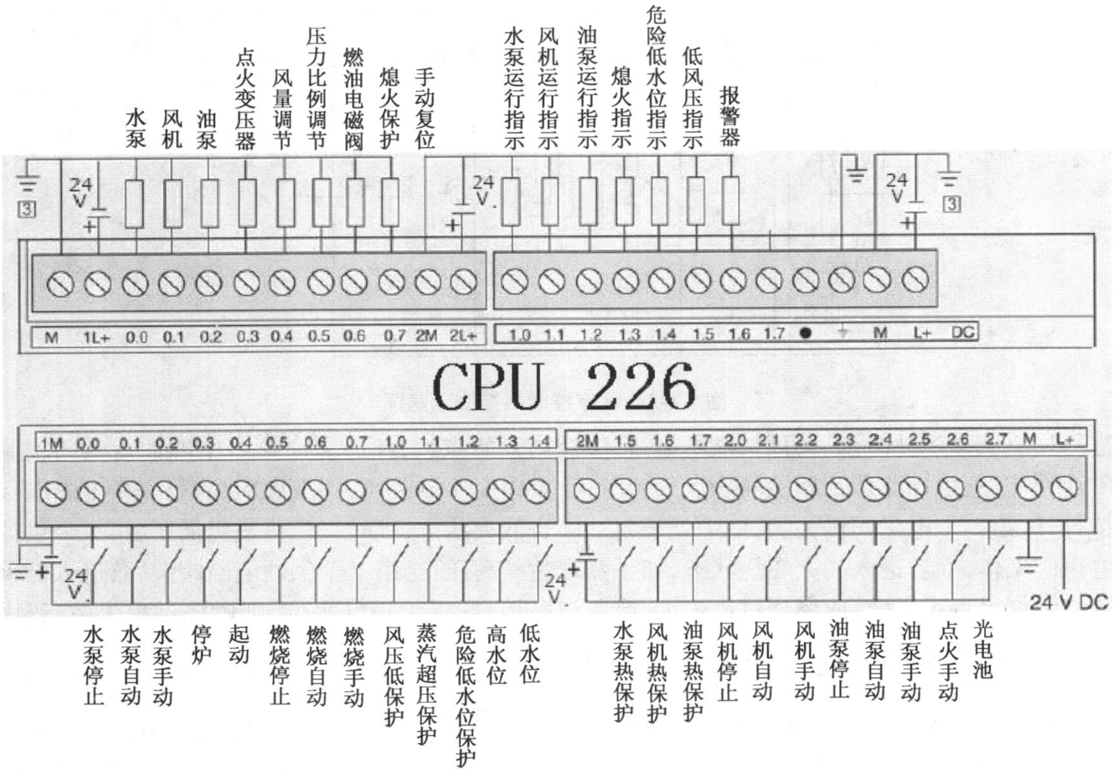

图 1-4-3 由 CPU 226 控制的辅锅炉燃烧时序控制系统外部接线图

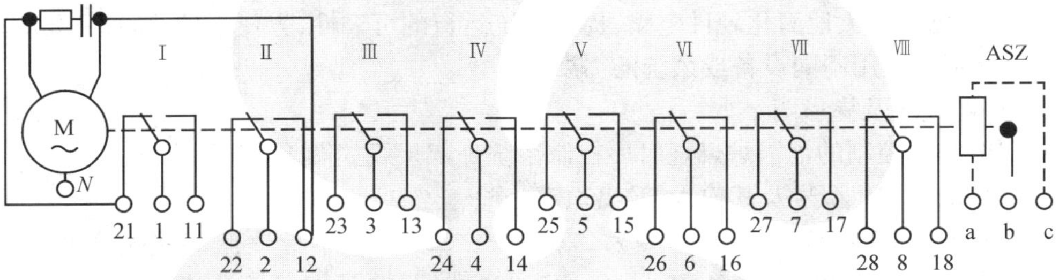

图 1-4-4 电动执行机构接线原理图

三、熟悉时序控制在船舶上的应用

辅锅炉点火燃烧控制的时序过程如图 1-2-2 所示,具体 PLC 的实现过程为:

(1)起动前的准备

①合上总电源开关,控制电路接通电源。

②若炉内水位低于危险低水位,I1.2 断开,锅炉无法自动起动。此时应将给水泵旋钮放在“手动”位置,I0.2 闭合,Q0.0 闭合,起动水泵向炉内供水,当水位上升到正常水位后,水泵旋钮放在“停”位置,水泵停止工作。

表 1-4-1　I/O 点和定时器的符号、地址表

序号	符号定义	地址	注释	序号	符号定义	地址	注释
1	水泵停止	I0.0		23	点火手动	I2.6	按钮
2	水泵自动	I0.1	转换开关	24	光电池	I2.7	控制触点
3	水泵手动	I0.2		25	水泵	Q0.0	输出继电器
4	停炉	I0.3	按钮	26	风机	Q0.1	输出继电器
5	起动	I0.4	按钮	27	油泵	Q0.2	输出继电器
6	燃烧停止	I0.5		28	点火变压器	Q0.3	输出继电器
7	燃烧自动	I0.6	转换开关	29	回油风量调节	Q0.4	输出继电器
8	燃烧手动	I0.7		30	压力比例调节	Q0.5	输出继电器
9	风压低保护	I1.0	输入触点	31	燃油电磁阀	Q0.6	输出继电器
10	蒸汽超压保护	I1.1	输入触点	32	熄火保护手动复位	Q0.7	输出继电器
11	危险低水位保护	I1.2	输入触点	33	水泵运行指示	Q1.0	输出继电器
12	高水位	I1.3	输入触点	34	风机运行指示	Q1.1	输出继电器
13	低水位	I1.4	输入触点	35	油泵运行指示	Q1.2	输出继电器
14	水泵热保护	I1.5	输入触点	36	熄火指示	Q1.3	输出继电器
15	风机热保护	I1.6	输入触点	37	危险低水位指示	Q1.4	输出继电器
16	油泵热保护	I1.7	输入触点	38	报警器	Q1.5	输出继电器
17	风机停止	I2.0		39	定时器 1	T33	通电延时，7 s
18	风机自动	I2.1	转换开关	40	定时器 2	T34	通电延时，46 s
19	风机手动	I2.2		41	定时器 3	T35	通电延时，40 s
20	油泵停止	I2.3		42	定时器 4	T36	通电延时，44 s
21	油泵自动	I2.4	转换开关	43	定时器 5	T97	通电延时，43 s
22	油泵手动	I2.5		44	定时器 6	T98	通电延时，40 s

本控制系统的锅炉水位采用电极式双位控制，当锅炉水位高于设定的高水位值时，I1.3 接通，程序控制 Q0.0 失电，水泵停止运行；当水位回落到高水位值以下时，由于低水位 I1.4 仍保持闭合，程序控制水泵继续停止。当水位低于设定的低水位值后，I1.4 才断开，程序控制 Q0.0 再次得电，水泵开始运行并自保；即使水位上升超过低水位，I1.4 闭合，程序控制水泵仍继续运行。如此反复，锅炉水位在两个水位设定值之间不断变化，实现水位的双位控制。

③将燃烧控制旋钮和风机旋钮转到“手动”位置，I0.7 和 I2.2 闭合；油泵转换开关转到“停”位置，I2.3 断开；然后按下起动按钮 I0.4，程序控制 Q0.1 得电，起动风机进行预扫风，手动进行预扫风 1 min 后，再按停止按钮 I0.3，使风机停止工作。

④将给水泵开关，燃烧开关，风机开关和油泵开关都转到“自动”位置，准备自动起动。

（2）燃烧的时序控制

①预扫风

当按下起动按钮 I0.4 时，由于水位正常，程序检测运行条件均具备后，控制 Q0.1 得电，风机开始运转；同时 Q0.2 得电，油泵开始运转。但此时燃油电磁阀无电关闭，燃油从油泵排出后在管路中循环，不能进入炉内，风机对炉膛进行预扫风。由于 Q0.4、Q0.5 得电，此后由压力

比例调节器 YBD 发讯电位器的滑动触点动作,逐渐把风门关小,回油阀开大,为点火做好准备。由于在 40 s 之前尚未点火,所以光电池感受不到火焰的光照,I2.7 断开,为点火变压器 Q0.3 通电和熄火保护复位做好准备。

②自动点火控制

在预扫风 40 s 后,程序延时到,使点火变压器 Q0.3 通电,点火电极之间产生电火花进行预点火;同时开始预点火延时,3 s 后,程序控制燃油电磁阀 Q0.6 有电,打开油泵到喷油器的供油管路。但因回油阀已开大,故喷油量很少。程序延时 7 s 后才能将其 Q0.7 闭合,即点火延时 7 s 后才对点火进行监视,为熄火保护做好准备。如果在 7 s 内点火成功,炉内有火焰,光电池受到光照,I2.7 闭合,则维持正常运行状态。到程序延时 46 s 后,风压保护 I1.0 投入保护有效控制,此时点火时序控制结束。

如果点火时序控制从 40 s 时开始点火,延时时间超过 7 s,光电池仍未感受到炉膛火焰的照射,则由于 I2.7 为断开状态,程序控制 Q0.7 得电,其常开触点闭合,将控制回路电源切断,使风机、油泵停转,电磁阀关闭,发出报警信号。

在第一次点火失败时,必须在排除故障后进行再次起动。首先将熄火保护继电器触点 Q0.7 手动复位,使其断开。只有程序复位后,才能重新起动。

在燃烧过程中,如果中途熄火,光电池失去火焰光照,I2.7 即断开。此时程序控制点火变压器 Q0.3 通电,重新进行补充点火;同时,开始 7 s 计时,对点火时间进行监视。若在 7 s 内点火成功,即再转入正常燃烧;若仍未点燃,则同点火失败情况一样,使锅炉停止燃烧,并发出熄火声光报警信号。也就是,在中途熄火后,自动点火一次,如不成功,停炉并发出报警。

③蒸汽压力自动控制

在点火时序控制过程中,点火 44 s 后,程序控制 Q0.4 失电,使压力比例调节器 YBD 的滑动触点和电动比例操作器 DBC 的滑动触点动作,由于此时辅锅炉是低压起动,所以 YBD 滑动触点移到低压端,电动比例操作器 DBC 的滑动点也向低压端跟踪,使风门开大,回油阀关小(喷油量加大),锅炉进入正常比例燃烧自动控制。

当气压上升到控制气压的下限值时,如果气压再升高,则相应地关小风门和减少喷油量,维持正常负荷的气压比例控制。当锅炉的负荷低于 30%,风油量已调到最小。气压达到控制气压的上限值时,比例控制失去作用,气压转入双位控制。即达到超压保护继电器的整定上限值,I1.1 断开,程序控制风机和油泵停止工作,此时为正常熄炉,不发出报警信号。当锅炉的蒸汽压力又降低到控制蒸汽压力的下限值时,I1.1 又重新闭合,程序再次控制风机和油泵重新起动,开始自动点火控制,使锅炉重新燃烧。因此,锅炉在低负荷运行时,蒸汽压力的比例控制作用不大,燃烧接近双位控制。

④安全保护控制

除上述点火失败和中途熄火故障,发生停炉保护外,该控制系统的安全保护还有危险低水位和风压过低自动熄炉保护。锅炉在运行中,当水位下降到危险低水位时,最低的一根电极脱离水面,I1.2 断开,PLC 程序即切断整个控制程序,使锅炉自动熄火停炉。当风压过低时,风压保护继电器触点 I1.0 断开,程序控制锅炉自动熄火停炉。

⑤停炉

停炉时,可手按停止按钮 I0.3,PLC 程序回到停止运行状态,燃烧系统停止工作。当水位降到低于危险低水位时,应把水泵开关放在“手动”位置,向锅炉供水,直到水位达到正常水位时,再把水泵开关放在“停止”位置上。切断总电源开关,并把燃烧开关置于“手动”位置,风机、油泵开关放在“停止”位置上。

⑥手动操作

当锅炉某些自动控制设备出现故障(如多回路时间继电器故障、压力比例调节器或电动比例操作器失灵等),难以立即修复时,可改为手动操作。在手动操作之前,应做好以下准备工作:检查锅炉水、油、电的供给情况是否正常;自动控制箱上的各个转换开关是否处于点火前的准备位置;锅炉水位应高于最低水位;将燃油电磁阀置于常开状态,而手动速关阀置于关闭状态;将燃烧转换开关置于手动位置,风机和油泵转换开关置于停止位置;将风油配比机构与电动比例操作器 DBC 脱开,把风门和油门调到小火燃烧位置;合上总电源开关。然后根据辅锅炉点火控制的要求手动控制各机构实现点火控制。

第五节　PID 控制

一、PID 控制原理

在船舶机舱中,PID 控制多采用电动或数字控制方式实现。在电动控制系统中,调节器一般做成电路板的形式,其内部电路多数由运算放大器、电阻和电容等元器件组成。图 1-5-1 给出了采用运算放大器来实现 PID 调节器作用规律的基本原理,数字控制原理是一样的。

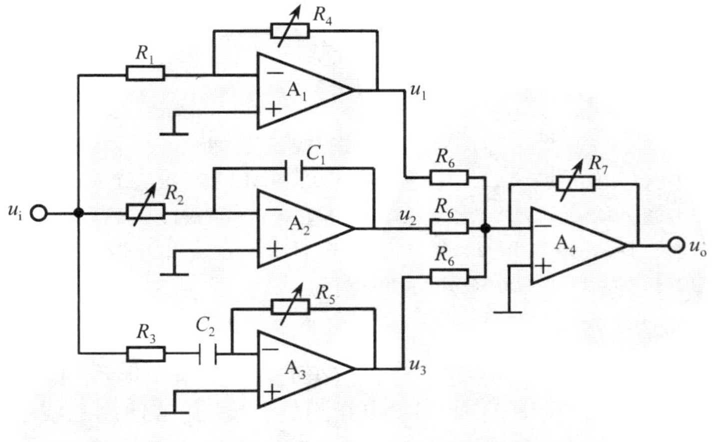

图 1-5-1　由运算放大器组成的 PID 调节器

图中, u_i 为调节器的偏差输入信号,即测量值电压与设定值电压相比较获得的偏差电压。u_o 为调节器的输出电压,一般要经过进一步处理之后才能送至执行机构。运算放大器 A_1、A_2 和 A_3 分别实现比例、比例积分和微分作用,A_4 起加法器的作用,并使调节器的输出 u_o 与输入 u_i 在符号上相一致。调整 R_4、R_2 和 R_5 的阻值可以分别调整比例、积分和微分的作用强度。

在实际中,调节器电路往往会因具体的控制系统而异。例如,积分环节和微分环节可能分别采用比例积分和比例微分环节代替,作用规律之间也可能是串联关系。此外,从电路设计的角度,往往还会加上一些抗干扰措施。

图中,运算放大器 A_1、A_2 和 A_3 分别实现比例、比例积分和微分作用,A_4 起加法器的作用,并使调节器的输出 u_o 与输入 u_i 在符号上相一致。

由于 $U_1(s)=-\dfrac{R_4}{R_1}U_i(s)$，$U_2(s)=-\dfrac{1}{R_2C_1s}U_i(s)$，$U_3(s)=-\dfrac{R_5C_2s}{R_3C_2s+1}U_i(s)$，因此

$$U_o(s)=\frac{R_7}{R_6}\left(\frac{R_4}{R_1}+\frac{1}{R_2C_1s}+\frac{R_5C_2s}{R_3C_2s+1}\right)U_i(s) \tag{1-15}$$

式(1-15)表明，调节器的输出在整体上对输入具有比例、积分和微分的作用。调整 R_4、R_2 和 R_5 的阻值可以分别调整比例、积分和微分的作用强度。

二、比例、积分、微分作用的实现方法

可以使用模拟电路中的运算放大电路、微机控制系统、PLC 控制系统、计算机控制系统(网络现场总线控制系统)来实现 PID 控制。现在数字调节器、PLC 和现场总线控制是实现的主流，传统的运算电路已被淘汰。

数字调节器作为一种智能化的新型仪表，近几年来得到了较快的发展。目前，虽然各国生产的数字调节器型号很多，但由于集散型控制系统对单回路数字式调节器的要求具有一致性，所以各种数字调节器在总体设计上基本类似。图 1-5-2 所示的是某智能调节器的面板图。

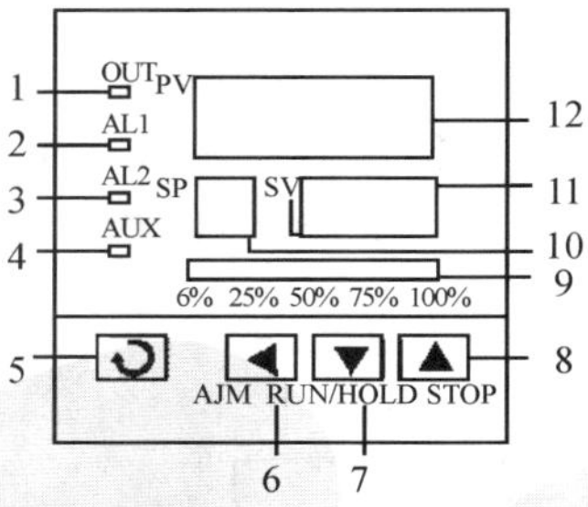

图 1-5-2　智能调节器面板图

1—OUT 输出指示灯；2—AL1 报警指示灯；3—AL2 报警指示灯；4—AUX 位置动作指示灯；5—操作确认键；6—移位键；7—减键；8—加键；9—光柱(指示测量/输出/反馈百分比)；10—显示测量/输出/反馈百分比；11—显示设定值；12—显示测量值

1)数字调节器的结构组成

某智能调节器的内部结构框图如图 1-5-3 所示。图中，实际值可以选用不同的传感器或标准信号输入，在温度控制系统中，常采用 Pt100 测量温度，并常使用三线制连接；设定值通过按钮修改，有的智能调节器还带有双给定值并能切换的功能。调节器的输出可以是模拟量，也可根据执行环节选用继电器触点输出控制伺服电机的运动。如图 1-5-4 所示的调节器外围接线，选择的传感器是 Pt100，电源采用的 220 V AC，输出控制使用 mA 或固态继电器 SSR 的控制信号，另外还配有 AL1、AL2 报警触点，还向外提供 24 V DC，供其他回路使用，调节器可以根据参数选择使用电流信号输出或 RS 485 通信。

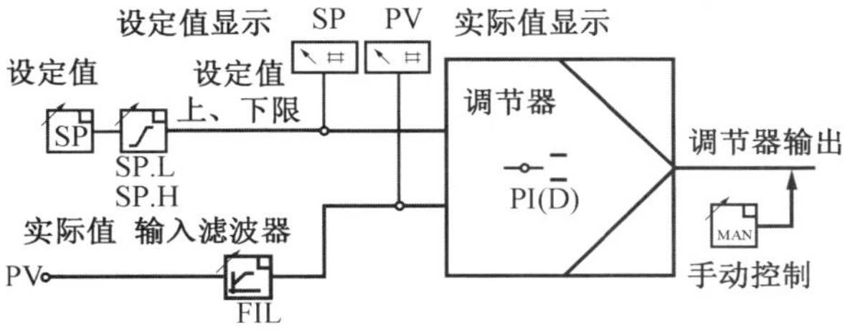

图 1-5-3 智能调节器结构图

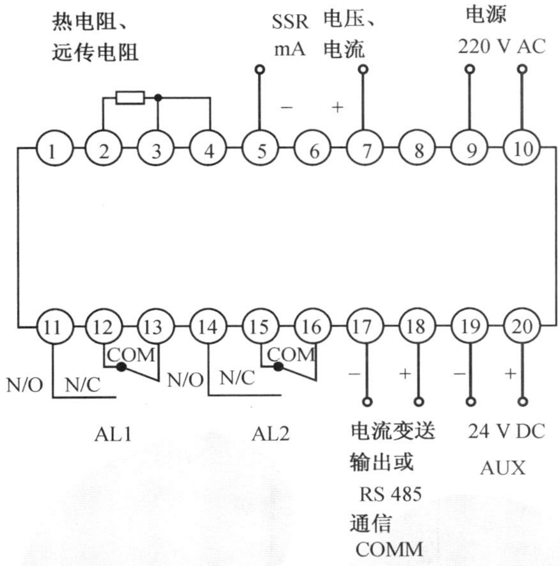

图 1-5-4 调节器外围接线图

2)数字调节器的操作

(1)准备过程

将数字调节器投入运行之前的准备工作如下：

①根据工艺过程的要求，确定控制系统的类型，选择调节器的型号。

②根据控制要求，选择合适的调节规律。由于数字调节器可选的控制规律较多，有的还能由用户进行组态，使用时应细致分析，灵活组合。有时几种不同的组态都可以达到同一个控制要求，应选择最简方案。

③正确连接数字调节器的有关信号线、电源线。

④按照编程和各参数设定值，依次填写数据表。若需要调整参数，则调整后应刷新原等级的数据表。

⑤检查、校验，确认无误后即可将调节器投入运行。

(2)正常运行方式

正常运行方式分下述几种情况：

①手动(MAN)方式：按 A/M 键进入“手动”运行方式，MAN 灯亮，此时调节器的输出值由面板前的▲▼按键改变。

②自动(AUTO)方式：按 A/M 键即进入“自动”运行方式，AUTO 灯亮，此时调节器内 PID

运算单元以面板上设定值按键▲▼所设定的值来运算，实现定值控制。但在使用“手动”操作前，需要按照无扰动切换的原则进行切换。

③参数自整定：带有模糊 PID 调节的调节器具有自整定功能，在调节中自动学习并使效果最优化，具有无超调、高精度等优点。在刚开始自动调节时，先需要进行参数自整定。执行自整定时，仪表先执行位式调节，经 2~3 次振荡后，调节器自动分析其周期、幅度等，再自动计算 P、I、dt 等参数。但由于自动调节系统对象的复杂性，对一些特殊场合，自整定的参数有时并不是最佳，所以需要人工适当修改参数。大多先修改积分时间增加或减小 50%左右，如效果变好，则继续同方向调节；否则反方向调整，直到效果满意为止。如修改积分参数仍不能满足要求，可依次修改 P、dt 等参数，直到满意。在一些不允许大幅度变化的场合，如调节阀控制的场合，则应现用手动操作进行调节，使其基本稳定后，再从手动状态下起动自整定。这样使输出变化在 10%范围内，而不会在 0~100%。

在投入运行前，应先将此单元上的“手动/自动”开关选择为“自动”。

三、采用现场总线控制实现的 PID 控制

采用现场总线控制的原理如图 1-5-5 所示，PID 控制器是整个现场总线系统中的一个功能模块，由硬件上的数据处理单元 DPU 和内置的软件实现，其控制规律通过软件算法实现，而实现的控制可以由多个 DPU 组合而成。PID 软件模块可以下载到与控制回路相关的 DPU 中，这些 DPU 通过模拟量输入通道输入被控量测量值，在 DPU 内部与设定值比较形成偏差，经控制算法计算后，再由其他 DPU 模拟量输出通道送至执行机构，形成闭合的控制回路。图 1-5-5 所示为 PID 控制系统中 DPU 与调节阀的逻辑接线原理图。

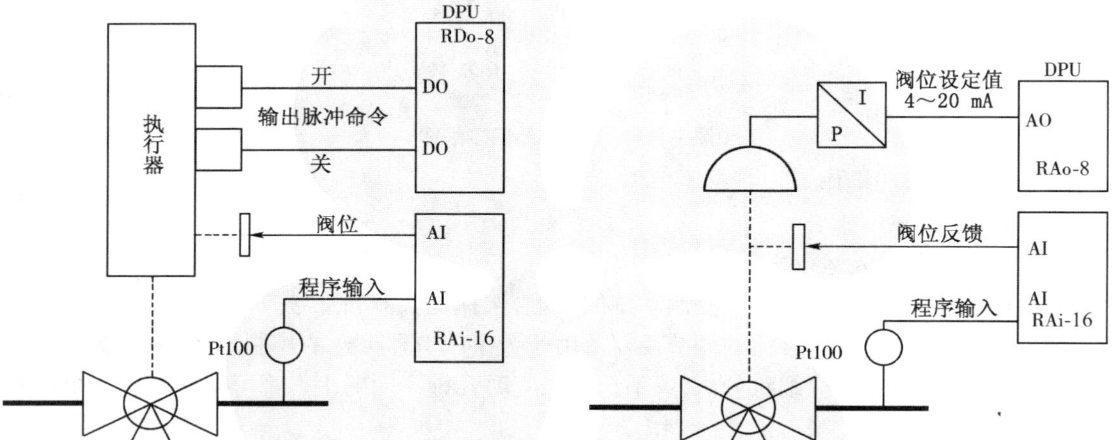

图 1-5-5　DC C20 PID 控制器的逻辑原理

PID 控制器的调试可在上位机工作站上进行，由于控制器以软件模块的形式存在，因此可以方便地对这些模块进行组态，形成各种复杂控制系统，例如将一个控制器的输出送至另一控制器的输入端，形成串级控制。

通过工作站的操作面板，可以对控制器软件进行各种设置，主要设置功能如下：

(1) 调节器作用强度参数调整，包括比例带、积分时间和微分时间；

(2) 被控量设定值调整；

(3)输出模式设定,即自动控制和阀位手动控制设定;

(4)调节器作用规律类型设定,通过切除积分或者微分作用,可以方便地得到 P、PI、PD 或 PID 控制规律,甚至实现智能控制;

(5)输入输出信号类型设定,输入可以设定为电流、电压或电阻类型,输出可以是电流或者是电压类型。

四、PID 控制作用的特点

1. 比例调节器

比例作用规律(P)是指调节器的输出量 $p(t)$ 与输入量 $e(t)$ 成比例变化,即

$$p(t) = Ke(t) \tag{1-16}$$

其中, K 称为比例系数。K 越大,在输入相同的偏差 $e(t)$ 时,调节器输出量 $p(t)$ 也越大,我们就说比例作用越强;反之, K 越小,比例作用越弱。采用比例作用规律的调节器,称为比例调节器。其开环阶跃响应特性如图 1-5-6 所示。

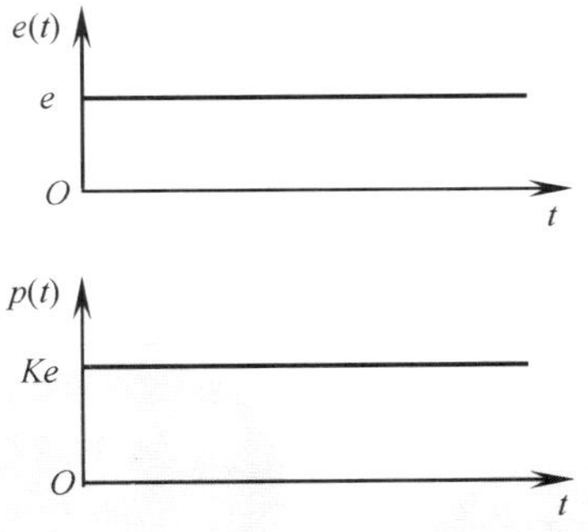

图 1-5-6 比例调节器开环阶跃响应特性

1)比例(P)作用的控制过程

图 1-5-7 给出了一个对单容水柜的水位进行比例规律控制的简单例子。虽然不能直接用于实际的控制系统,但所揭示的比例作用规律和特点却具有普遍意义。

在图 1-5-7 中,水柜中的实际水位 h 是被控量,其给定值为 h_0。在初始平衡状态下,给水流量 Q_i 与出水流量 Q_o 相等,水位稳定在 h_0 上,偏差 $e(t)=0$。此时,水柜的出水流量 Q_o 对应水柜的额定负荷,其调节阀开度 $p(t)$ 为全开的一半左右。这样,不论负荷怎样变化,调节阀开度都有变化的余地,都能对给水流量加以控制。

如果在初始平衡状态下,突然开大出水阀,出水流量阶跃增大(即增大水柜的负荷)。由于给水流量 Q_i 暂时未变,水位会连同浮子和浮子杆一起下移,带动杠杆绕支点顺时针转动,开大给水调节阀,增加对水柜的给水流量 Q_i,直到 $Q_i=Q_o$ 为止,水位才会稳定在比给定水位 h_0 略低的值上。相反,若突然关小出水阀,出水流量阶跃减少(即减少水柜的负荷),水位连同浮子和浮子杆一起上移,通过杠杆作用使调节阀关小,减少给水流量 Q_i,直到 $Q_i=Q_o$ 为止,水位又会稳定在比给定值 h_0 略高的值上。当对水柜施加扰动(出水阀开度变化)后,水位的实际值(浮子的位置) h 偏离给定水位 h_0 的数值就是偏差值 e。

对照反馈控制系统的组成,不难看出,在上述水位控制系统中,控制对象为水柜,杠杆起到调节器的作用,浮子是测量单元,而给水调节阀就是执行机构,被控量是水位高度 h ,被控量的设定值实际上就是浮子杆的长度 l。

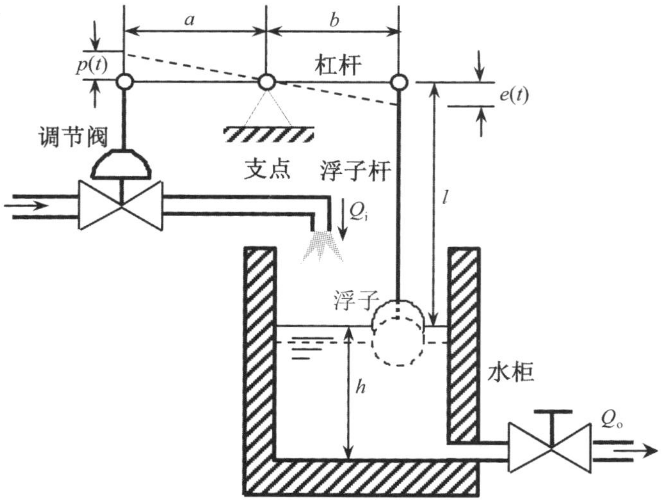

图 1-5-7　浮子式水位比例控制系统

从图 1-5-7 可见，$p(t)$ 与 $e(t)$ 的关系是

$$p(t)=\frac{a}{b}\cdot e(t)=K\cdot e(t) \tag{1-17}$$

式中，$K=a/b$，是比例调节器放大倍数。改变杠杆长度比 a/b，可改变 K 值。左移可调支点，a 减小，b 增大，则 K 减小；反之，则 K 增大。K 是衡量比例作用强弱的参数，K 若大，系统出现一个较小的偏差 $e(t)$，调节器（本例中是杠杆）就能使调节阀开度 $p(t)$ 有一个较大的变化，给水流量的变化量也比较大，克服扰动的能力强，其比例作用强；K 若小，被控量出现较大偏差 $e(t)$ 时，调节器指挥调节阀开度变化不大，克服扰动的能力弱，比例作用就弱。

比例作用规律的优点是，调节阀的开度能较及时地反映控制对象负荷的大小。负荷变化大，偏差 $e(t)$ 就大，调节阀开度能够及时地成比例变化，对被控量控制比较及时。正因为如此，比例调节器的应用比较广泛，它也是其他作用规律的基础。但是，比例作用规律存在的缺点也是明显的，当控制对象受到扰动后，在比例调节器的控制作用下，被控量不能完全回到给定值上，只能恢复到给定值附近。被控量的稳态值与给定值之间必定存在一个较小的静态偏差，这是比例作用存在的固有的、不可克服的缺点。

比例作用之所以存在静态偏差是由于调节器的输出与输入之间存在一一对应的硬性关系，从 $p(t)$ 与 $e(t)$ 的关系式可以清楚地看出，调节器的输出变化将依赖于偏差的存在而存在。结合系统的工作过程，也不难理解这点。设想在初始平衡状态下突然开大出水阀时，由于 $Q_i<Q_o$，水位下降，导致出现偏差 $e(t)$，在调节器的作用下，给水阀开度增大，给水流量 Q_i 增大，限制了水位的降低并使水位逐渐向给定值靠近，直至 $Q_i=Q_o$ 为止，此时的水位必然要比原来略有降低。因为假如水位又回到了原来的设定值，那么偏差 $e(t)$ 将不再存在，调节器又回到原来的输出，给水阀的开度又将回到原来的开度，最终又将导致 $Q_i<Q_o$，系统无法平衡。

显然比例作用规律中，如果放大倍数 K 较大（比例作用越强），那么稳态时只要有一个较小的静态偏差，调节阀就会有一个较大的开度变化以适用负荷的要求。因此，K 越大，稳态时静态偏差越小，反之亦然。但不可能通过无限制地增加比例系数的方法来达到消除静态偏差的目的，而且当比例系数大到一定程度时将导致系统发生振荡。

比例控制系统虽然存在静态偏差，但这个偏差值是不大的，与自平衡对象受到扰动后，靠自平衡能力使被控量自行稳定在新稳态值上的变化量相比较要小得多,动态过程进行也要快得多。因此,比例调节器广泛应用于对被控量稳态精度要求不是很高的场合。

2）比例带 PB

比例系数 K 虽然可以衡量比例作用的强弱,但 K 通常是一个带量纲的量,不同控制系统之间,其比例作用的强弱不便于比较。因此,在实际控制系统中,更多地采用一个无量纲的参数来衡量比例作用强弱,这个无量纲的参数就是比例带 PB ,有时也叫比例度 δ 。

比例带 PB（或比例度 δ ）,是指调节器的相对输入变化量与相对输出变化量之比的百分数,即：

$$\left.\begin{aligned} PB(\delta) &= \frac{\dfrac{\Delta e}{\Delta e_{\max}}}{\Delta p/\Delta p_{\max}} \times 100\% = \frac{\dfrac{(x_1 - x_0) - (x_2 - x_0)}{(x_{\max} - x_0) - (x_{\min} - x_0)}}{\dfrac{(p_1 - p_0) - (p_2 - p_0)}{(p_{\max} - p_0) - (p_{\min} - p_0)}} \times 100\% \\ &= \frac{\dfrac{x_1 - x_2}{x_{\max} - x_{\min}}}{\dfrac{p_1 - p_2}{p_{\max} - p_{\min}}} \times 100\% = \frac{x_1 - x_2}{p_1 - p_2} \cdot \frac{p_{\max} - p_{\min}}{x_{\max} - x_{\min}} \times 100\% = \frac{R}{K} \times 100\% \end{aligned}\right\} \quad (1\text{-}18)$$

式中,x_0,$p_{\max}$ 是系统初始平衡状态的输入和输出,e 是被控量的变化量（偏差值）,x 是输入的被控量,$x_{\max}$ 是输入的最大值,$x_{\min}$ 是输入的最小值,$x_{\max}-x_{\min}$ 是允许变化的最大范围,叫全量程。被控量的变化量与全量程的比值 $e/X_{i\max}$ 是调节器的相对输入量,p 是调节器的输出量,$p_{\max}$ 是输出量的最大值,$p_{\min}$ 是输出量的最小值,$p_{\max}-p_{\min}$ 是输出量的最大变化范围；$R = \dfrac{p_{\max} - p_{\min}}{x_{\max} - x_{\min}}$ 称为量程系数,在单元组合仪表中,$R = 1$,这样,$PB = 1/K \times 100\%$。显然,比例带 PB 与放大倍数成反比。

比例带 PB 的物理意义可以这样理解,即假定调节器指挥执行机构变化全行程（如调节阀从全关到全开或从全开到全关）,需要被控量的变化量占其全量程的百分数就是比例带。例如 $PB = 100\%$,说明被控量变化全量程的 100%,调节器将指挥执行机构变化全行程的 100%;若 $PB = 50\%$,说明只需被控量变化全量程的一半,调节器就能使调节阀开度变化全行程；若 $PB = 200\%$,则说明被控量变化了全量程,调节阀的开度只变化了全行程的一半。可见,比例带 PB 越小,在被控量偏差占全量程百分数相同的情况下,调节器的输出变化也越大,克服扰动能力越强,比例作用也就越强；反之,比例带 PB 越大,比例作用越弱。比例带是比例作用规律极为重要的参数,当组成控制系统的控制对象确定以后,比例带 PB 的大小,对控制系统动态过程品质好坏起着决定性的影响。若 PB 选得太大,比例作用很弱,克服扰动的能力就弱,动态过程虽然很稳定,没有波动,但最大动态偏差 $e_{\max}$ 也大,过渡过程时间 t_s 或许会拖得很长,稳态时静态偏差 ε 也比较大；若 PB 选得太小,比例作用很强,稍微出现一点偏差就会使执行机构的动作大幅度变化,容易造成被控量的大起大落,系统的稳定性变差,也会加长过渡过程时间 t_s 。因此,对一个实际控制系统来说,要根据控制对象的特性,调定合适的比例带 PB ,以保证一个控制系统具有最佳的动态过程。在一般情况下,控制对象惯性大的控制系统,可使比例带 PB 小一点,如温度、黏度等控制系统,其控制对象惯性比较大,可选定 $PB = 50\%$ 左右。反之,对于控制对象惯性小的控制系统,比例带可适当选定大一点,如液位控制系统,其控制对象惯性都比较小，可选定 $PB=70\%\sim80\%$。在调节器上都设有比例带调整旋钮，用来设定比例带。比例带的可调范围，对不同类型的调节器不尽相同，一般在 5%～300%。

应当注意的是，当调节器接入到实际的控制系统中时，测量值一般是不会阶跃变化的，而调节器的输出也随输入的变化而变化。最后调节器的输出将送至执行机构，作用于被控对象，形成负反馈闭环系统。此时，在调节器的控制作用下，被控量的测量值将朝着偏差减小的方向变化。但调节器的输出量与输入成比例，系统稳定下来后，输出量的变化为克服偏差的而存在，所以系统是有差调节。

2. 比例微分调节器

尽管比例调节器的输出能够与偏差同步变化，对系统的控制比较及时，但当控制对象的惯性比较大时，扰动出现的初期，被控量不可能在短时间内出现较大的偏差。而比例控制又是根据偏差大小来改变调节器输出的。因此，在这种情况下，比例控制作用就显得不够及时了。控制对象惯性越大，这种现象越严重。为了克服这种控制不及时的现象，需要在比例调节器的基础上增加微分作用。

1）微分（D）作用规律

微分作用规律是指调节器的内部采用了一个微分环节，其输出与偏差对时间的微分 $de(t)/dt$，即偏差变化速度成比例，表达式为：

$$p(t)=S_d\cdot\frac{de(t)}{dt} \tag{1-19}$$

式中，S_d 为微分系数。显然，微分作用的输出与偏差的绝对值没有关系，因此能在偏差绝对值还很小时就根据其变化速度，提前输出一个控制量，及时抵御扰动。从这个意义上说，微分作用具有超前控制的能力，或者说微分作用有抵制偏差变化的能力。上述表达式表示的是理想的微分作用，但这种理想的微分作用在实际中是难以实现的，因此，在调节器中微分作用都采用实际微分环节，其开环阶跃响应曲线如图 1-5-8 所示。

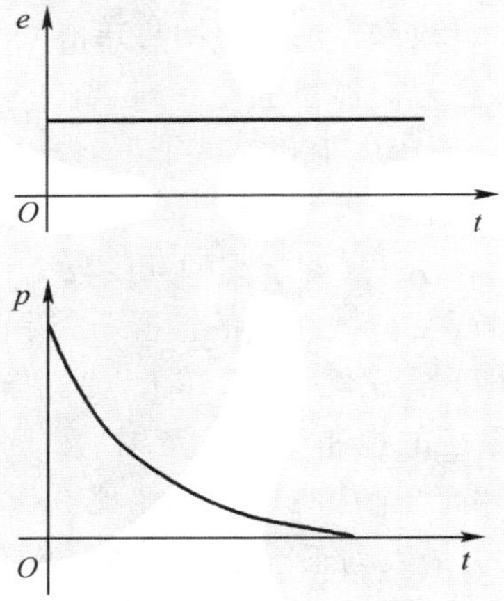

图 1-5-8　实际微分环节的开环阶跃响应曲线

图 1-5-8 表明，给实际微分环节施加一个阶跃的偏差输入信号后，它先有一个较大的阶跃输出，起到超前控制作用，尽管偏差依然存在，但微分输出随即按指数规律逐渐减少，最后消失为零。因此，微分作用不能单独应用于调节器并构成控制系统，它只能与比例（P）作用或比例积分（PI）作用结合在一起，组成比例微分（PD）调节器或比例积分微分（PID）调节器。

2）比例微分（PD）作用规律

比例微分作用是指在比例作用的基础上加入微分作用而得到的一种作用规律，即

$$p(t)=Ke(t)+S_d\frac{de(t)}{dt}=K\left[e(t)+T_d\frac{de(t)}{dt}\right] \tag{1-20}$$

式中，K 是比例微分作用规律中的比例系数，在实际调节器中，不是用 K 而是用 PB 来表示 PD 调节器比例作用的强弱，$T_d=S_d/K$，称为微分时间。

在比例微分作用规律中，比例作用是主要的，它决定调节器的最终输出变化量。微分作用只起超前控制的辅助作用。

上述 PD 作用规律表达式中的微分部分仍然只是理想的微分作用，在实际的 PD 调节器中采用的是实际的微分环节，PD 调节器的开环阶跃响应特性如图 1-5-9 所示。特性曲线表明给 PD 调节器施加一个阶跃的偏差输入信号后，它首先有一个阶跃的比例加微分的复合输出，然后微分输出逐渐消失，最后消失在比例输出上。微分时间 T_d 衡量微分输出消失的快慢，或微分输出保留的时间长短。若 T_d 大，说明微分作用消失慢，则微分作用强；若 T_d 小，说明微分作用消失得快，则微分作用弱。因此，微分时间 T_d 的大小，是衡量微分作用强弱的参数。

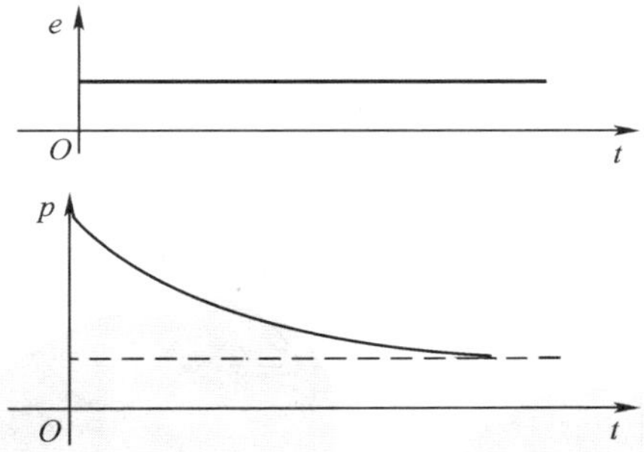

图 1-5-9　PD 调节器的开环阶跃响应特性

在 PD 调节器上有两个旋钮，一个是比例带 PB 调整旋钮，另一个是微分时间 T_d 调整旋钮。如果把微分时间旋钮调整到 $T_d=0$，相当于切除微分作用，这时调节器就成为纯比例调节器。一般来说，控制对象惯性很小的控制系统，其所采用的调节器可不加微分作用。而控制对象惯性大的控制系统，加入微分作用，可以有效地改善控制系统的动态过程。在 PD 调节器中，加进微分作用后，其比例带 PB 可比纯比例控制时略小些。因为微分作用能实现超前控制，具有抵制偏差变化的能力，尽管 PB 小一些，也能保证系统动态过程的稳定性，而且较小的 PB 有利于减小静态偏差。因为 PD 调节器与比例调节器一样，是不能消除静态偏差的。

当调节器用于实际闭环控制系统时，外部扰动将引起测量值的变化，但一般不会是阶跃变化的。在调节器的控制作用下，被控量的测量值将朝着给定值方向变化。由于微分作用的存在，调节器具有超前控制的作用，但由于主要还是以比例作用为主，比例微分调节器不能实现无差调节。因此只能适用于对静态精度要求不高的场合。

3. 比例积分调节器

比例积分作用规律，是指调节器的输出量随输入量做比例积分变化。采用这种作用规律的调节器称为比例积分调节器，简称 PI 调节器。显然，在 PI 调节器中，含有积分作用。

1）积分（I）作用规律

积分作用规律，是指调节器的输出与输入的积分成比例，也就是说调节器是一个积分单

元，即

$$p(t) = S_0\int e(t)\cdot \mathrm{d}t \tag{1-21}$$

其中，S_0 是积分系数。可以看出，积分输出取决于偏差 $e(t)$ 的大小和偏差存在时间的长短，只要存在偏差，偏差随时间的积累就不能停止，调节器输出 $p(t)$ 就会发生变化，直到偏差等于零为止，执行机构才能稳定在某一位置而不再变化。换言之，具有积分作用规律的调节器具有消除静态偏差的能力，这是积分作用规律的突出优点。但是，与比例作用规律相比较，积分作用规律对被控量的控制显得不及时。在比例作用规律中，调节器输出的变化和偏差是同步的，或者说是及时的，而在积分作用规律中，即使偏差很大，在刚开始的时候，由于时间很短，调节器的输出也很小，只有随着偏差存在的时间不断增长，积分作用的输出才越来越大，导致调节器对被控量的控制不及时。在偏差减少时，这种控制不及时表现为不能及时减少使执行机构的动作幅度，从而导调节过头，造成被控量的大起大落，降低了控制系统的稳定性。图 1-5-10 示意性地画出了控制系统在相同扰动情况下，采用比例调节器和积分调节器的控制系统动态过程曲线。在出现偏差的初期，由于积分作用控制很不及时，所以最大动态偏差 e_{max} 较大。后期由于积分作用越来越强，调节过头，造成被控量振荡，系统稳定性降低。正因为积分作用存在这些缺点，在实际控制系统中，极少采用纯积分作用的调节器，而是将积分作用与作用相结合，形成比例积分作用规律的调节器，即 PI 调节器。

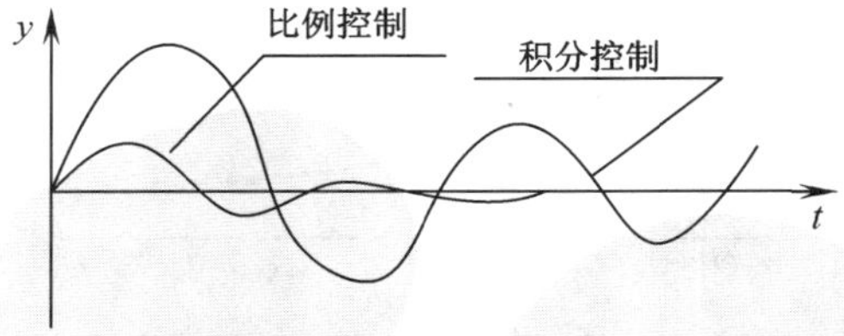

图 1-5-10　比例控制和积分控制的比较

2）比例积分（PI）作用规律

比例积分作用是指在比例作用的基础上加入积分作用而得到的一种作用规律，即

$$p(t) = Ke(t) + S_0\int e(t)\mathrm{d}t = K\left[e(t) + \frac{1}{T_i}\int e(t)\mathrm{d}t\right] \tag{1-22}$$

其中，K 是 PI 调节器的比例系数，$T_i = K/S_0$ 称为积分时间。

在 PI 调节器中，比例作用能使调节器的输出及时响应偏差的变化，起着主导作用，而积分作用是辅助的，只是用它来消除静态偏差。其调节特性的阶跃响应如图 1-5-11 所示。

衡量比例积分作用强弱的参数就有两个，即比例系数 K 和积分时间 T_i。其中，比例系数 K 是衡量比例作用强弱的参数，在实际控制系统中，一般不用 K 而是用比例带 PB，比例带的大小对比例作用强弱的影响及比例带的物理意义与比例作用规律相同。积分时间 T_i 是衡量积分作用强弱的参数，它具有时间的量纲（秒或分）。从比例积分作用规律表达式可以看出，若 T_i 小，则积分输出部分大，即积分作用强；反之，若 T_i 大，则积分输出部分小，积分作用弱。

假定给比例积分调节器施加一个阶跃的输入偏差信号，其阶跃量为常数 e（在实际系统中，偏差信号一般不会阶跃变化，但在开环实验中，人为地给 PI 调节器施加一个阶跃的输入信号很容易做到），则

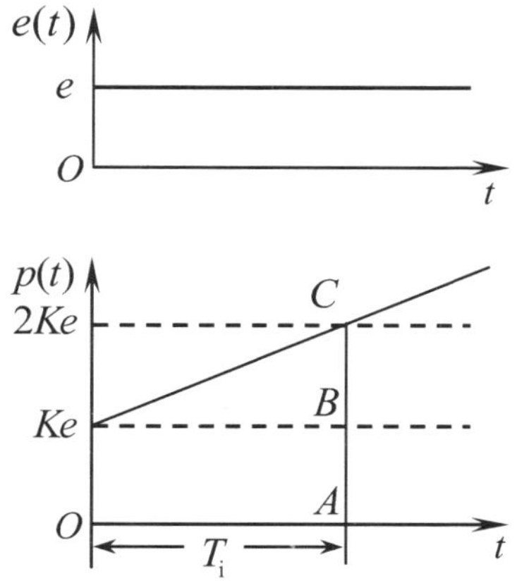

图 1-5-11　比例积分调节器阶跃响应特性

$$p(t)=K\left(e+\frac{1}{T_i}\int e\mathrm{d}t\right)=K\left(e+\frac{e}{T_i}\int\mathrm{d}t\right)=K\left(e+\frac{t}{T_i}e\right)=Ke\left(1+\frac{t}{T_i}\right)\tag{1-23}$$

其中,第一项为比例输出,在阶跃输入瞬间,比例作用把输入量 e 放大到 K 倍得阶跃输出 Ke 。由于此时时间 $t=0$,故没有积分输出。第二项 Ket/T_i 是积分输出,它与时间 t 保持线性关系,其斜率为 Ke/T_i。据此,可画出比例积分作用规律的开环阶跃输出特性曲线,如图 1-5-11 所示。

从图 1-5-11 可见,在输入阶跃偏差信号的瞬间($t=0$),先有一个阶跃的比例输出 Ke。此时不论偏差多大,其积分输出为零。以后随着时间的增长,积分呈线性关系输出。当时间进行到 $t=T_i$ 时,$p(t)=2Ke$,即调节器的积分输出部分等于比例输出($BC=AB$)。由此得到 PI 调节器中积分时间 T_i 的物理意义为:积分时间 T_i 是在给 PI 调节器输入一个阶跃的偏差信号时,其积分输出达到比例输出所需的时间。在工程上,标定或测定调节器积分时间时,一般规定在比例带为 100%的条件下进行。

在 PI 调节器上设有两个旋钮,一个用于整定比例带 PB ,另一个用于整定积分时间 T_i。T_i 的整定一定要合适,既要能保证控制系统稳定性的要求,又要能在较短的时间内使系统消除静态偏差。在整定 T_i 值时,切忌把 T_i 值整定得太小,否则由于积分作用太强,系统的稳定性将变差。如果 T_i 值不能进行准确地整定,那么选取 T_i 时,可以采用宁大勿小的策略。因为 T_i 值略微偏大时,尽管积分作用偏弱,但只会使消除静态偏差的时间稍长而别无它害。积分时间 T_i 的整定范围一般在 3 s 至 20 min。控制对象惯性大的控制系统,选取 T_i 值要大一些。控制对象惯性小的控制系统,选取 T_i 值可以小一些。

在比例积分调节器中,如果把积分时间 T_i 设定到∞ ,则相当于切除积分作用,而成为纯比例调节器。若将积分切除而成为纯比例调节器,则应将比例带 PB 整定在一个恰当值,以获得控制系统满意的动态过程。若要加入积分作用(其 T_i 不是∞),则此时的比例带 PB 要比纯比例作用时略大一些,以抵制由于积分作用的加入而产生的系统动态过程振荡倾向。比例积分调节器是在实际控制系统中应用最广泛的一种调节器。

根据比例积分调节的工作原理,当调节器的输出不再变化时,闭环控制系统达到平衡状态时,必然有测量值与给定值相等;假如测量值与给定值之间存在偏差,调节器的控制作用就一直存在,直到偏差为零为止。由此也可以说明比例积分调节器在实际中是如何消除静态偏差的。

4. 比例积分微分调节器

把比例、积分和微分作用组合在一起，则构成比例积分微分作用规律，即 PID 作用规律。在 PID 作用规律中，仍以比例作用为主，吸收积分作用能消除静态偏差以及微分作用能实现超前控制的优点，功能最为完善。基于这种作用规律的调节器就叫作比例积分微分（PID）调节。PID 作用规律输出与输入之间的关系为

$$P = K \cdot e(t) + S_0 \int e(t) \cdot dt + S_d \frac{de(t)}{dt} = K\left[e(t) + \frac{1}{T_i}\int e(t)dt + T_d \frac{de(t)}{dt}\right] \quad (1\text{-}24)$$

式中，K 为比例系数，T_i 为积分时间，T_d 为微分时间。K、T_i 和 T_d 的大小与相应的作用强度之间的关系与 PI 和 PD 调节器相同。

若给 PID 调节器输入一个阶跃的偏差信号，并记录其输出响应，则可得到 PID 调节器的开环阶跃响应输出特性曲线，如图 1-5-12 所示。输出特性曲线表明，当对调节器施加一个阶跃的偏差输入信号后，它首先有一个较大的比例加微分的阶跃输出（$OA + AB$），然后微分输出逐渐消失。当微分输出消失到接近比例输出时，积分输出才不断地显现出来，使调节器输出不断增加。

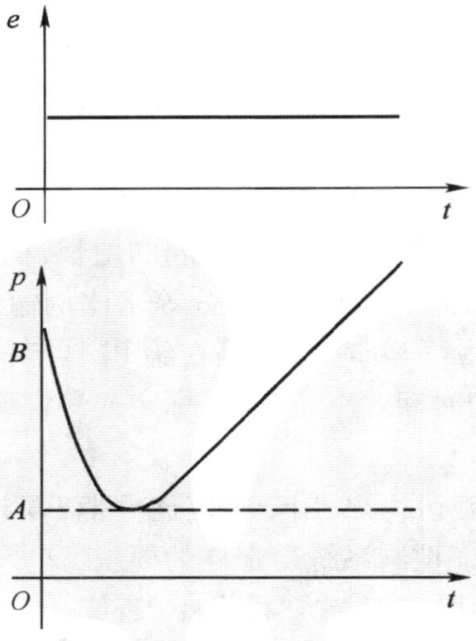

图 1-5-12　PID 调节器输出特性

PID 调节器综合了比例、积分和微分三种作用规律，因此兼有比例作用控制及时、积分作用消除静差和微分作用超前控制的能力。传统的 PID 调节器都有三个旋钮，分别用于整定比例带 PB、积分时间 T_i 和微分时间 T_d 三个参数，只要把 PB、T_i 和 T_d 三个参数整定得合适，控制系统就能获得良好的动态过程品质。

在实际使用中，可根据具体的需要将 PID 调节器用作 P、PI、PD 和 PID 调节器。例如把积分时间整定为 $T_i \to \infty$，把微分时间整定为 $T_d = 0$，则相当于切除积分和微分作用，成为纯比例作用调节器；在纯比例作用的基础上，打开积分作用，则成为 PI 调节器；在纯比例作用的基础上，打开微分作用，则成为 PD 调节器；在纯比例作用的基础上，同时打开积分和微分作用，则成为 PID 调节器。若对被控量的稳态精度要求较高，则调节器中应加入积分作用；若控制系统中控制对象惯性较大，则调节器应加入微分作用；若控制对象惯性较大且要求较高的静态指标，则应加入积分和微分作用。对于 PID 调节器，往往把积分时间 T_i 整定得比微分时间 T_d

长，它们之间的关系大致为 $T_i=4T_d\sim5T_d$。加进微分作用后，原来整定的比例带 PB 和积分时间 T_i 都可以减小一点，这样既能减小最大动态偏差，保证系统的稳定性，又能加快系统的反应速度，使过渡过程时间 t_s 进一步缩短。

在船舶机舱中，还应根据被控对象的特点，避免采用微分作用。如机舱中的锅炉水位等液位控制系统中，就不宜采用 PD 调节器或 PID 调节器。这是因为微分作用对干扰信号比较敏感，随船舶的摇摆，微分作用会使给水调节阀的开度忽而大开，忽而大关，造成水位的大起大落，不利于对水位的稳定控制。

五、PID 控制系统的应用

以船舶温度自动控制系统为例，船舶温度自动控制方式有直接作用式、基地式、单元组合式和现场总线微机控制方式几种。其中小型柴油机多使用简单的直接作用式；基地式和单元组合式在传统的船舶中还有使用，随着技术的进步将逐渐退出市场；在新造船舶中，现在使用的多为现场总线控制方式。

船舶温度控制系统有低温冷却水温度、高温冷却水温度、主机滑油温度、燃油温度、油柜温度、水柜温度等自动控制系统，冷却水温度等的调节需要使用海水作冷却源，燃油加热则需要使用蒸汽作加热源，有的要求简单，使用双位控制即可，有的需要使用 PID 以保证运行参数的准确、可靠。但是船舶机舱中还有很多的温度参数是仅监视报警，不使用自动调节控制的，如柴油机的排气温度。船舶柴油机运行过程中，需要对其高温冷却水温度和滑油温度进行调节控制，冷却源多采用中央冷却水，而中央冷却水的温度需要用海水来进行调节，所以船舶机舱主要有中央冷却水、高温冷却水和主机滑油三套温度控制系统，每个系统均有控制器、三通调节阀、冷却器和被冷却的对象。

1. 柴油机高温冷却水温度自动控制系统

柴油机在运行时，气缸套和气缸盖都需要用淡水来冷却。把冷却用的淡水温度控制在给定值或给定值附近，对柴油机安全、可靠和经济地运转都是十分重要的。其控制方法是，把气缸冷却淡水分成两部分：一部分通过冷却器，用海水或中央冷却水来冷却；另一部分不通过冷却器。两部分的冷却水通过三通阀混合，然后进入柴油机气缸的冷却空间。如果冷却水温度高于给定值，应减少不经冷却器的旁通水量，增大经冷却器的水量，使冷却水温度降回到给定值；反之，若冷却水温度低于给定值，则应增大旁通水量，减少经冷却器的水量，使冷却水温度回升到给定值。控制这两部分水量比例大小的部件是三通调节阀，也就是该控制系统的执行机构。

主机高温冷却水温度自动控制系统由淡水冷却器（控制对象）、测温元件、调节器和三通调节阀（执行机构）等基本单元组成，其控制原理如图 1-5-13 所示，把测温元件装在柴油机冷却水进口管路上，测温元件输出信号与冷却水进口温度成比例变化。测温元件输出信号送至调节器。调节器把冷却水温度给定值与测量值相比较得到偏差值，然后按着某种作用规律输出一个控制信号送至执行机构，从而可改变三通调节阀的开度，把冷却水的进口温度控制在给定值或给定值附近，以确保实现冷却柴油机的效果。运行中冷却水的柴油机出口温度会随柴油机的负荷而变化，在超负荷运行的情况下，可能会产生冷却水出口温度短时过高的现象。而在主机停机时间过长，或备车时，需要使用暖缸加热器，以确保冷却水温度不至于过低。

2. 船舶机舱冷却水系统

船舶机舱冷却水系统的基本特点是由高温淡水、中央冷却水、海水三个分系统组成：闭式

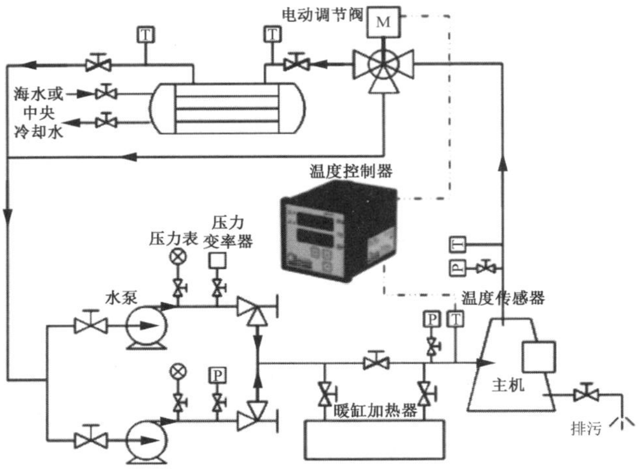

图 1-5-13　主机冷却水温度自动控制系统原理图

的高温淡水（80～85 ℃）用于冷却主柴油机、气缸盖、废气涡轮增压器；中央冷却水（30～45 ℃）用于冷却高温淡水、发电柴油机气缸套、增压空气、活塞冷却油、柴油机系统滑油、空气压缩机、船舶空调冷凝器、船舶伙食装置冷凝器、蒸汽冷凝器；受热后的低温淡水在一个中央冷却器中由开式的海水系统进行冷却。

中央冷却水系统多由两台海水泵、两台低温淡水泵和相关管系组成。中央冷却水先冷却温度较低的滑油，再去冷却温度较高的主机高温冷却水。如图 1-5-14 所示，另外中央冷却水还要去冷却主机扫气空气冷却器和发电机组的柴油机冷却水。

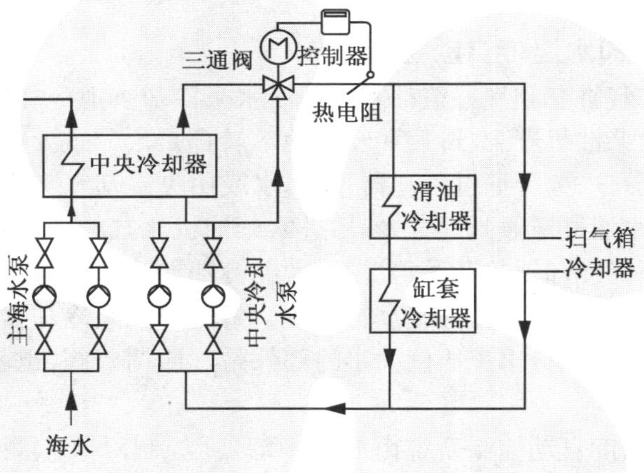

图 1-5-14　中央冷却水系统图

在大多数船舶上，中央冷却水温度控制系统多以三通阀调节冷热水混合比来实现单个温度参数的调节，而各水泵的控制是独立的，与温度控制无关。中央冷却水的控制多数还是使用热电阻、控制器、三通阀、冷却器的方式，在温度调节过程中，主海水泵始终运行，并保持一定的冷却流量。这种方式比较耗能，无论是否需要冷却，都要海水泵运行。有的船舶也有根据负载情况调节海水泵的流速来配合温度调节的系统，在主要以三通阀控制冷却水温度的同时，海水泵的流速得到调节控制以配合优化温度调节。这样可以适当地调节海水泵的流量和功率，达到一定的节能作用。但是由于海水泵会随工况变化适时自动起停控制或速度切换控制，经常给操作维护带来困惑。现代船舶的设计中,出现来用变频器驱动海水泵的运行,调节海水的流量,从而改变冷却水的冷却量,甚至可以取消三通阀的执行,单独由海水泵的变频调速即可实现冷却水温度的自动调节。系统简化的同时,海水泵的运行可实现最佳的节能。为保证系统的可靠,往往配置两套以上的海水泵变频控制,并配置辅海水泵以做安全备用。

第六节　程序控制

一、程序控制的特点

针对不同的控制要求,程序控制有的是闭环控制,有的是开环控制。开环控制一般是逻辑控制,闭环控制是给定值按事先设定的变化规律变化的反馈控制系统。两者的特点都是按照设备或系统的运行规律事先确定来的,当条件或时序满足后,相应地输出去控制对应的执行部件。程序控制多通过微机、PLC 或计算机等实现。

二、程序控制在船舶上的应用

以主机遥控的起动控制为逻辑程序控制的实例,以主机转速的负荷程序控制为例说明闭环的程序控制。

1. 主起动逻辑控制

主起动逻辑控制回路是主机遥控系统完成遥控起动功能的最基本控制回路,它能检查起动条件是否得到满足,这些条件包括起动准备逻辑条件及起动鉴别逻辑。

(1)起动准备逻辑条件

起动准备逻辑条件多数是在“备车”时完成的,为方便起见,可用字母和符号来表示各种准备逻辑条件,大致如下:

TG:盘车机脱开信号,脱开为 1,未脱开为 0;

MV:主起动阀位置信号,在自动位为 1,否则为 0;

P_A:起动空气压力信号,压力正常为 1,太低为 0;

P_C:控制空气压力信号,压力正常为 1,太低为 0;

P_L:滑油压力信号,压力正常为 1,太低为 0;

ES:遥控系统电源信号,电源正常为 1,否则为 0;

PS:操纵部位转换信号,转换完成为 1,否则为 0;

TS:模拟实验开关位置信号,在工作位置为 1,在实验位置为 0;

$\overline{ST}$:无故障停车信号,无故障且已复位为 1,否则为 0;

$\overline{F}_3$:三次起动失败信号,无三次起动失败为 1,三次起动均失败为 0;

$\overline{T}_M$:起动限时信号,未到限时时间为 1,达到起动限时时间为 0;

N_I:发火转速逻辑鉴别信号,主机转速低于发火转速为 1,高于发火转速为 0。

不同机型和遥控系统使用的起动准备逻辑条件不完全相同,有的多一些,有的少一些。但是,起动准备逻辑条件之间全是与的关系,即选择的逻辑条件必须都满足后,才能使起动准备逻辑条件完成,其逻辑表达式为(下面逻辑算符“·”表示“与”逻辑,用“+”表示“或”逻辑,有

时“·”常被忽略）

$$Y_{SC} = TG \cdot MV \cdot P_A \cdot P_C \cdot P_L \cdot ES \cdot PS \cdot TS \cdot \overline{ST} \cdot \overline{F_3} \cdot \overline{T_M} \cdot N_I \quad (1\text{-}25)$$

Y_{SC} 为 1，表示满足起动准备逻辑条件，Y_{SC} 为 0，表示不满足起动准备逻辑条件，不能对主机进行起动。

（2）起动鉴别逻辑

起动鉴别逻辑判定车令与凸轮轴位置是否一致。有动车指令时，只有车令与凸轮轴位置一致才允许起动，否则是不允许发起动信号。用 Y_{SL} 表示起动的鉴别逻辑，其逻辑表达式为

$$Y_{SL} = I_H \cdot C_H + I_S \cdot C_S \quad (1\text{-}26)$$

$Y_{SL}=1$，表示车令与凸轮轴位置一致，满足起动鉴别逻辑；$Y_{SL}=0$，说明车令与凸轮轴位置不一致，不满足起动鉴别逻辑，不允许发起动信号。

（3）主起动逻辑回路

主起动逻辑回路发出起动信号，必须满足起动准备逻辑条件，还要满足起动鉴别逻辑，这两者是与的关系，其逻辑表达式为

$$\begin{aligned} Y_{SO} &= Y_{SC} \cdot Y_{SL} \\ &= TG \cdot MV \cdot P_A \cdot P_C \cdot P_L \cdot ES \cdot PS \cdot TS \cdot \overline{ST} \cdot \overline{F_3} \cdot \overline{T_M} \cdot N_I \cdot (I_H \cdot C_H + I_S \cdot C_S) \end{aligned} \quad (1\text{-}27)$$

$Y_{SO}=1$，表示满足所有的起动逻辑条件，主起动阀正在开启对主机进行起动。当主起转速达到发火转速 n_I 时，N_I 为 0，$Y_{SC}=0$，Y_{SO} 立即变为 0，关闭主起动阀停止起动。如果从发出起动信号（$Y_{SO}=1$）开始，在规定的时间内，主机仍达不到发火转速，$\overline{T_M}=0$，要终止起动，发出起动失败的声光报警信号。起动失败信号另一种情况是，在起动时，主机能达到发火转速，N_I 为 0，但撤销起动信号（$Y_{SO}=0$）后，主机转速立即下降，以至下降到零，使 N_I 由 0 又变为 1。第一次起动失败后，间隔一段时间自动进行再起动。但是，当第三次起动仍然失败时，$\overline{F_3}$ 为 0，将终止起动，发出起动失败的声光报警信号，此故障报警应答后，车钟只有回到停车位置，$\overline{F_3}$ 才能自动复位。$\overline{ST}$ 是无故障停车信号，如果主机由于某些故障而自动停车，则 $\overline{ST}$ 为 0，不允许起动主机，待故障排除后，必须把车钟手柄扳回到停车位置，且故障停车复位按钮按下后，才能使 $\overline{ST}$ 由 0 变为 1。只有复位后才允许起动，这就避免了在排除故障期间主机突然动车而造成的危险。主机遥控系统一般都有一块模拟实验板，可模拟主机转速、正倒车凸轮等基本状态信息给遥控系统，依次来检验主机遥控系统的各种功能。一般模拟实验是在停车状态下进行的，并须把模拟实验开关 *TS* 转至“实验”位置。在这个位置是不准许实际动车的，做完实验后，须把该开关转至“工作”位置方可起动主机。*PS* 是操纵部位转换信号，只有在操纵部位转换装置处于指定的部位时，起动逻辑输出才能有效，其他操纵部位则不受该逻辑控制，如机旁控制。*PS* 为 1 一般是指驾驶室控制，但有些集控室控制选择“自动”控制时也是需要该信号。其余的起动逻辑条件是明显的，这里就不再详细说明。

2. 程序负荷

图 1-6-1 是一种主机遥控系统的程序负荷原理示意图，与其他遥控系统不同，程序加、减速控制需借助于离港与进港按钮方可实现，但实现方法与其他电子遥控系统一样，采用计数式程序负荷控制。图 1-6-1 中，频率控制回路根据进港与离港信号来选择时钟脉冲发生器的定时回路，以控制其输出相应频率的脉冲作为程序计数器的计数脉冲。程序计数器在加、减速控

制回路的控制下，在加速时做减数计数，在减速时做加数计数。而程序计数器输的二进制计数值还需经 D/A 转换器转换成相应的电压 U_{LP}，然后再由选小器将 U_{LP} 与车令设定转速 I_n。进行选小，使主机的设定转速在离港或进港时按预先调定的程序负荷速率加速或减速。

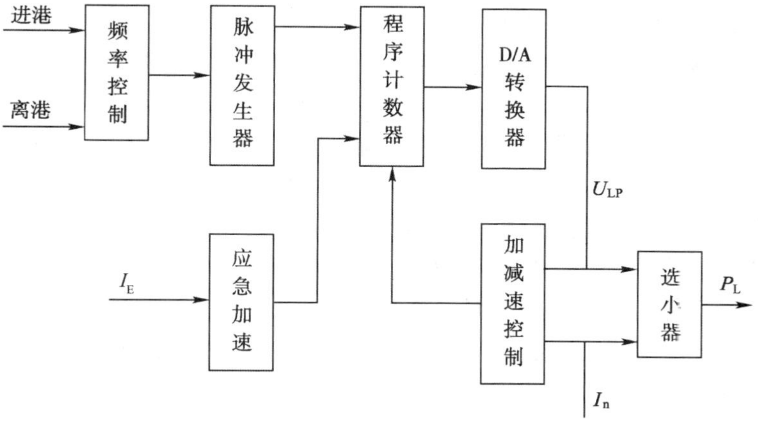

图 1-6-1　程序负荷原理框图

第七节　过程值测量

一、热工参数的检测

热工参数的检测包括温度、压力、液位、流量等的测量和仪表显示，通过传感器和信号变换电路将热工参数转换为电信号输出给显示单元或控制系统。

1. 温度检测

(1)热电阻式温度传感器

热电阻式温度传感器是根据热电阻材料的电阻率随温度的增加而增加的原理工作的。热电阻由电阻体、绝缘体、保护套管和接线盒四部分组成。常用铜丝或铂丝双线并绕在绝缘骨架上，再把它插入保护套管内，装在要检测的管路或设备中。

常见的热电阻有铜热电阻和铂热电阻两种，其电阻值和测量温度一一对应，且具有较好的线性关系。例如，Pt100 是船舶机舱常用的铂热电阻，当测量温度为 0 ℃时，电阻值为 100 Ω，而在 100 ℃时的电阻值为 138.5 Ω。忽略非线性的话，其大致关系为 $R_t=100+\alpha t$。

如果仅用电阻 R_1 和 Pt100 热电阻 R_t 串联，利用电路中的 R_t 上的分压 U_a 来测量温度，由于温度与 R_t 呈线性关系，U_a 的大小可以反映温度变化，但是温度为 0 ℃时，电阻为 100 Ω，输出电压不为零。另外，由于温度变化后，电阻变化较小，相对于 0 ℃时的 U_a 值，温度变化引起的 U_a 变化过小，所以热电阻串联电路测量温度的方法极少采用。常用的电路采用两个桥臂构成电桥，如图 1-7-1 所示，左边由电阻 R_1 和 Pt100 热电阻 R_t 串联，称为测量桥臂，右边由电阻 R_2 和可调 R_0 串联，称为调零桥臂。两个桥臂的中间分压 U_a 和 U_b 引出得到输出差分电压 U_{ab}。电路设计中，R_1 和 R_2 的值一样，比 R_t 和 R_0 大 2 个数量级以上，所以两个桥臂的电流基本上不变，可以认为不受 R_t 和 R_0 变化的影响。假设两个桥臂的电流为 I，则当 $R_0=100\ \Omega$ 时，可以得到：

$$U_{ab}=U_a-U_b=IR_t-IR_0=I(100+\alpha t-R_0)\overset{R_0=100}{=}I\alpha t \tag{1-28}$$

可见，电桥的输出电压 U_{ab} 与温度成比例，且温度为 0 ℃时的 U_{ab} 为 0。如果实际电路受环境等影响，可以通过 R_0 调整得到零点。

热电阻式温度传感器常采用电桥电路将被测温度的变化转换成相应的电压输出。但热电阻安装在所要检测的管路或设备中，若与转换电桥之间有一定的距离，则由于连接导线的电阻值也会随环境温度的变化而变化，引起一定的测量误差，为此，热电阻通常采用“三线制”接法来实现对环境温度变化的补偿，如图 1-7-1 所示。“三线制”接法采用两根材料、长度和截面积相同的导线（同一根电缆）分别接在测量桥臂和调零桥臂，以保证导线的电阻值相等。当环境温度变化时，两根导线阻值的变化量相等而抵消，使电桥输出 U_{ab} 保持不变。热电阻式传感器在船上常用于测量冷却水温度和轴承温度等。

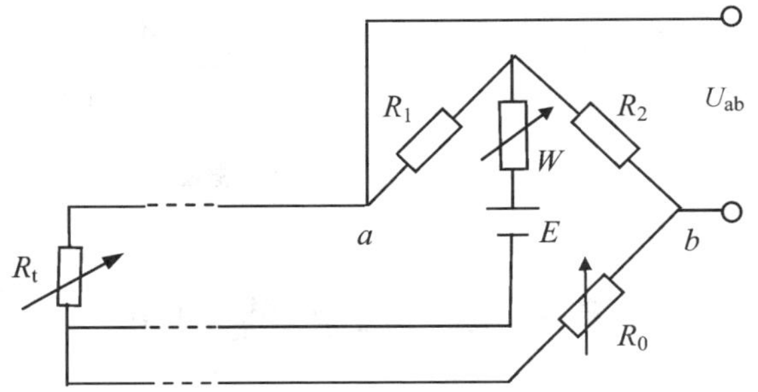

图 1-7-1　热电阻式温度传感器接线原理图

(2)热电偶式温度传感器

热电偶是由两种不同的金属导体把其端点焊接在一起，并插入护套制成的。焊接端称为热端，与导线连接端称为冷端。热端插入需要测温的测量点，冷端置于环境温度中，若热、冷两端温度不同，则在热电偶回路中产生热电势 e。当冷端温度不变时，其热电势随热端温度的升高而增大。由于冷端温度是随室温变化的，若热端测量温度不变而环境温度升高，则因热、冷端之间的温差减小使热电势 e 也减小，影响测量精度。为了消除冷端温度变化对测量精度的影响，常选用较长的热电偶传感器，以确保冷端尽可能不受热端高温影响；同时还需要采用冷端温度补偿电路。如图 1-7-2 所示的电桥补偿法是常用的补偿方法。图中 R_0、R_1 和 R_2 是锰铜丝绕制的电阻，其电阻值基本不随温度变化。R_{Cu} 是铜丝绕制的补偿电阻，其电阻值随环境温度升高而增大。温度补偿电桥的输出 U_{ab} 与热电偶输出电势 e 串联，只要补偿电阻和电路参数调整合适，补偿电桥的输出正好可以抵消由于冷端温度变化而引起的测量误差。

热电偶式传感器适用于检测高温的场合，如应用于主机排气温度的测量等。常用的热电偶有：铂铑 10－铂热电偶，测温范围 0～1 600 ℃；铂铑 30－铂铑 6 热电偶，测温范围 0～1 800 ℃；镍铬－镍硅热电偶，测温范围 0～1 300 ℃。为避免连接热电偶的导线与热电偶的导体相差太大，造成新的感应电动势，影响测量精度，热电偶在使用中往往需要配合使用对应配套的补偿导线，所以更换热电偶时不仅需要测量范围一致，而且要注意其型号不能更换。

2. 压力检测

压力传感器用于将压力信号转换为监视报警系统能够接收的电信号。船舶机舱需要检测的压力信号很多，如控制空气压力、起动空气压力、主机各缸冷却水进出口压力、主机燃油入口

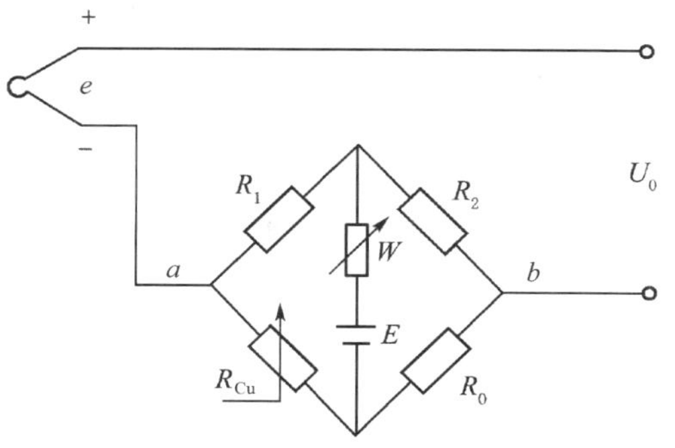

图 1-7-2 热电偶的冷端补偿原理图

压力、主机滑油入口压力以及各种泵的出口压力等。

根据不同的测压原理，压力传感器的种类较多，如常见的压力传感器有弹簧管式压力传感器、应变片式压力传感器、扩散硅压力传感器和电磁感应式压力传感器等。

(1) 滑动电阻式压力传感器

滑动电阻式压力传感器是由弹簧管、传动机构、电位器及测量电桥组成的，其结构和工作原理如图 1-7-3 所示。滑针把电位器电阻分成两部分，一部分串联在 R_4 的桥臂上，另一部分串联在 R_3 的桥臂上。当所测量的压力变化时，通过弹簧管和位移传动机构使滑针绕轴转动，改变两个相邻桥臂的电阻值，使测量电桥输出的电压信号 U_{ab} 与输入压力变化成比例。

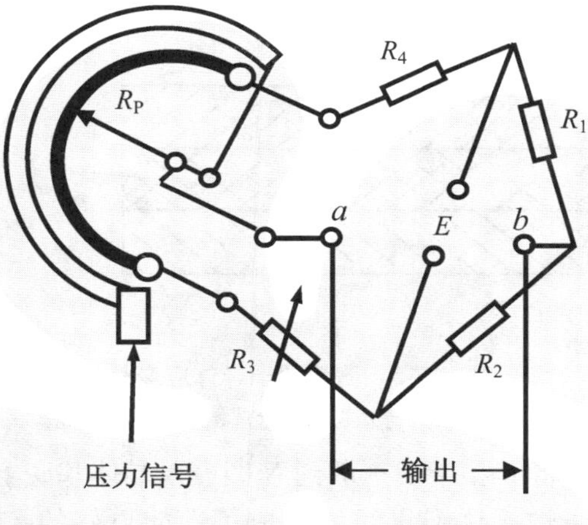

图 1-7-3 滑动电阻式压力传感器原理图

(2) 金属应变片式压力传感器

金属应变片是用铜镍或镍铬等金属丝绕成栅状，并用黏结剂贴在基板上，两端焊接镀银或镀锡铜线作为引出线而制成的。应变片黏结在压力感受器的测压部分，当压力发生变化时，应变片随同感受器一起发生形变。应变片具有一定的电阻值，它作为测量电桥的一个桥臂，如图 1-7-4 所示。在测量压力为零时，调整 R_4 的电阻值使电桥处于平衡状态，输出电压为零。当测量压力增大时，应变片要弯曲变形，栅状金属丝被拉长，使其电阻值增大。电桥失去平衡并输出一个与测量压力成比例的电压信号。

应变片式压力传感器的优点是：结构简单，使用方便，工艺成熟，价格便宜，性能稳定，可靠性高，测量速度快，适合动态和静态测量。但应变电阻受温度影响，测量时需加以补偿修正。

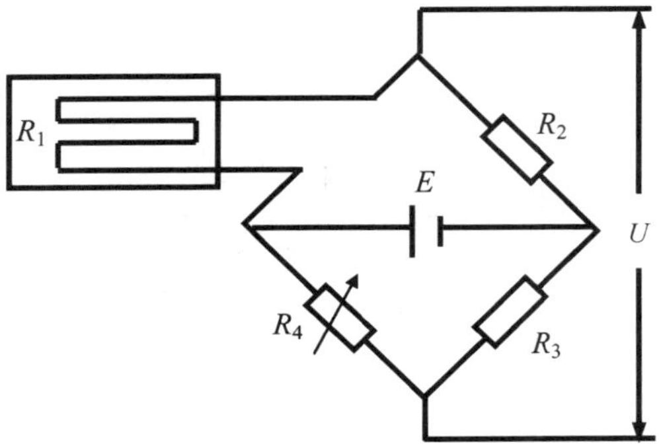

图 1-7-4　金属应变片式压力传感器原理图

另外应变片需黏结在弹性元件上，存在敏感层与基片形变传递问题、零点漂移、机械滞后、蠕变等问题。

(3) 硅压力检测器

与应变片式压力传感器类似，可用半导体应变片作压力传感器。半导体应变片有体型、扩散型和薄膜型三种，其中因硅的压阻效应较大，又多采用硅材料，故通常又称半导体应变片为硅压力传感器。薄膜型半导体应变片是利用真空沉积技术将半导体材料沉积在带有绝缘层的试件上而制成。薄膜压力传感器的敏感元件直接镀在弹性基片上，如图 1-7-5 所示，相对粘贴式而言，应变传递性能得到改善，几乎没有蠕变，具有稳定性好、可靠性高、成本低等优点。

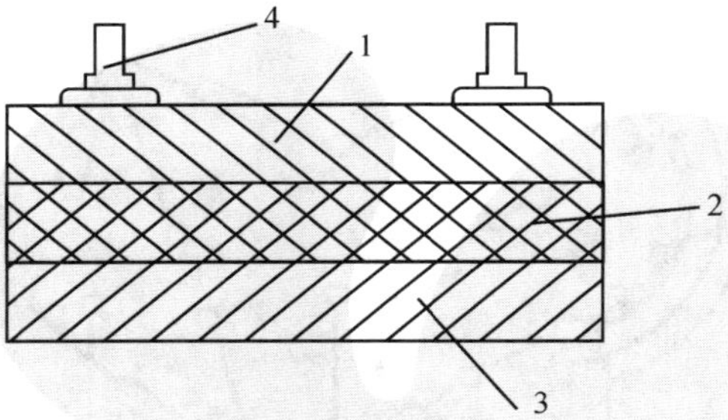

图 1-7-5　薄膜型半导体应变片

1—锗膜；2—绝缘层；3—金属箔基底；4—引线

扩散型半导体应变片是将 P 型杂质扩散到 N 型硅单晶体基底上，形成一层极薄的 P 型导电层，再通过超声波和热压焊接法引出线就形成了性能更好的扩散性半导体应变片，如图 1-7-6 所示。

硅单晶材料在受到外力作用产生极微小应变时，其内部原子结构的电子能级状态会发生变化，从而导致其电阻率剧烈变化。用此材料制成的电阻也就出现极大变化，这种物理效应称为压阻效应。利用半导体的工艺和技术将敏感元件和应变材料合二为一，采用集成工艺技术，经过掺杂、扩散，形成 4 个阻值相等的电阻条，并将它们连接成测量电桥，电桥电源端和输出端引出，用制造集成电路的方法封装起来，制成扩散硅压阻式压力传感器。平时敏感芯片没有外加压力作用，内部电桥处于平衡状态，当传感器受压后芯片电阻发生变化，电桥将失去平衡，给电桥加一个恒定电压源，电桥将输出与压力对应的电压信号，这样传感器的电阻变化通过电桥转换成压力信号输出，即制成了一个基于压阻效应的扩散型压阻式传感器。由于其应变电阻和基底都是硅做成的，在半导体基片上还可以很方便地将温度补偿、信号处理电路制成一体，

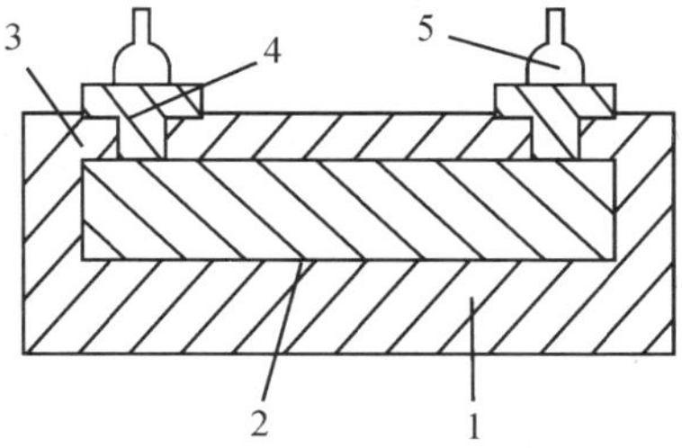

图 1-7-6　扩散型半导体应变片

1—N 型硅;2—P 型硅扩散层;3—二氧化硅绝缘层;4—铝电极;5—引线

如图 1-7-7 是目前应用最多的二线制电流输出型压力传感器。

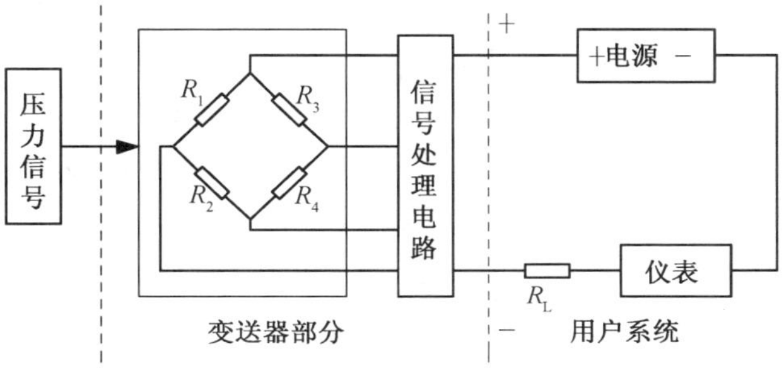

图 1-7-7　扩散硅压力传感器原理图

(4)电容式压力传感器

电容传感器有三种基本类型,即变极距型、变面积型、变介电常数型。用空气作为电介质,其在极宽的频率范围内介电常数几乎不变,温度稳定性好,损耗极小,因而压力传感器中多用变极距型、变面积型。电极形状通常有平板、圆柱和球面性三种。

用电容作压力传感器,其优点是需要的能量低、测量范围大、能在恶劣条件下工作可靠耐用、本身发热小、动态响应快、灵敏度高、测量精度高、抗震性好等优点,但也有输出特性非线性、分散电容的影响等缺点。常用的电容式压力传感器有:

①变极距电容传感器

图 1-7-8 所示为圆形固定电极和弹性膜片组成的平板电容。弹性膜片在均匀压力 p 的作用下产生位移,此时固定极板与膜片即构成了变极距式电容测压器。

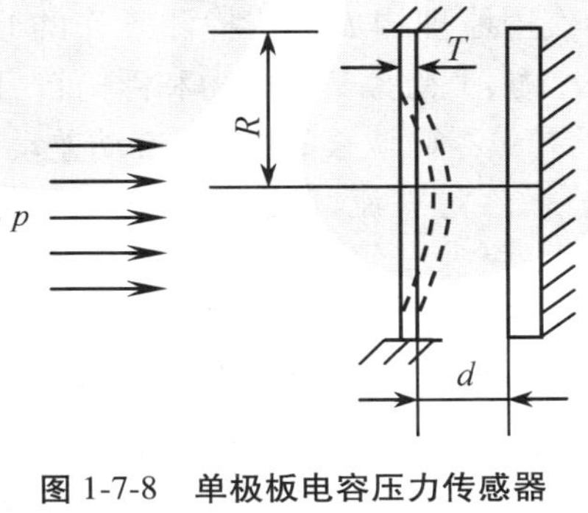

图 1-7-8　单极板电容压力传感器

由此可见，当极板面积和介电常数一定时，极距的变化量可通过检测电容的变化量获得。但电容的变化量与极距的变化量之间是非线性的，且极板间距越小，灵敏度越高。为了提高灵敏度，改善非线性，减少电源电压、环境温度等外界影响，一般采用差动形式。

②差动电容

差动式电容压力传感器结构如图 1-7-9 所示。对称的不锈钢基座左、右两边外侧焊上了波纹密封隔离膜片，不锈钢基座内有玻璃绝缘层，不锈钢基座和玻璃绝缘层中心开有小孔。玻璃层内侧的凹形球面上除边缘部分外镀有金属膜作为固定电极，中间被夹紧的弹性膜片作为可动测量电极，左右固定电极和测量电极组成了两个电容器，其信号经引线引出。测量电极将空间分隔成左右两个腔室，其中充满硅油。当隔离膜片感受两侧压力的作用时，通过具有不可压缩性和流动性的硅油将差压传递到弹性测量膜片的两侧，从而使膜片产生位移 d，如图 1-7-9 中的虚线所示，此时，$p_2>p_1$。因此一个电容的极距变小，电容量增大；而另一个电容的极距变大，电容量则减小，故差动电容的变化量为单个电容变化的 2 倍，与单极板电容器相比，差动式电容压力传感器的非线性得到很大改善，灵敏度也提高近 1 倍，并且减少了介电常数受温度影响的不稳定性。这种传感器不仅可测量压差，还可测真空度和微小绝对压力。采用这种原理制成的压力传感器，其最大检测位移可小到 0. 1 mm。配以合适的信号处理电路，可方便实现用途广泛的电容式差压变送器。

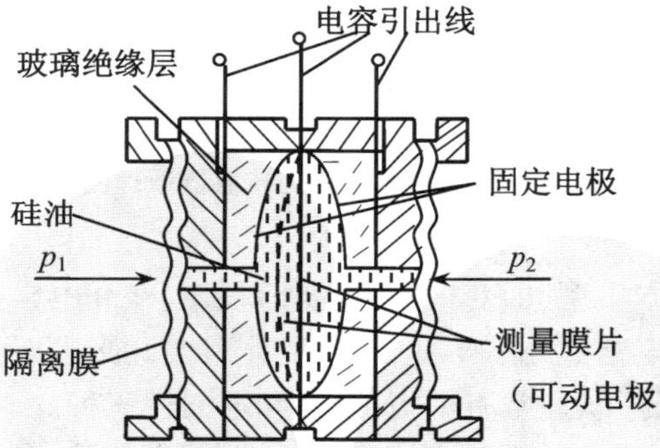

图 1-7-9　差动电容压力传感器

3. 液位检测

船上有很多液位参数需要进行测量和监视，常用的液位检测方法有：浮力式、静压式、电极式、电阻式、电容式及超声波式等。以下介绍变浮力式和吹气式两种液位传感器。

（1）变浮力式液位传感器

图 1-7-10 给出根据变浮力作用原理构成液位检测工作的原理图，其主体由浮筒、平衡弹簧和差动变压器组成。浮筒的浮力、平衡弹簧的弹力和浮筒自身重力形成力的平衡关系，当液位发生变化时，浮力的变化必然导致浮筒位移的变化，带动差动变压器的铁芯产生位移，差动变压器的输出电压 U_{OUT} 发生改变，经过整流，输出与液位变化成比例的直流信号。

（2）吹气式液位传感器

吹气式液位传感器是属于静压式液位传感器，其结构原理如图 1-7-11 所示，由过滤减压阀 1、节流阀 2、导管 3、平衡气室 4 及差压变送器 5 等元件组成。调整节流阀 2 使液位在最高位置时，从平衡气室中有微量气泡逸出，使得导管 3 中压力始终与平衡气室压力相等。平衡气室的压力就是液位的静压力，即与液位高度成比例，因此，液位变化时，导管内的压力也随之变化。导管内的压力信号经变送器转换为与液位高度成比例的标准压力信号（对于气动变送

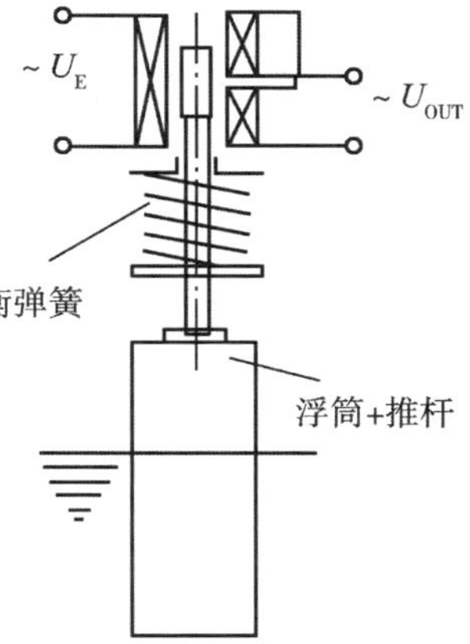

图 1-7-10 变浮力式液位传感器原理图

器)或标准电流信号(对于电动变送器)。该传感器常见压载舱液位或油舱液位的远距离检测上,使用中需要通过节流阀 2 的调节来确保导管 3 有微量气流通过。

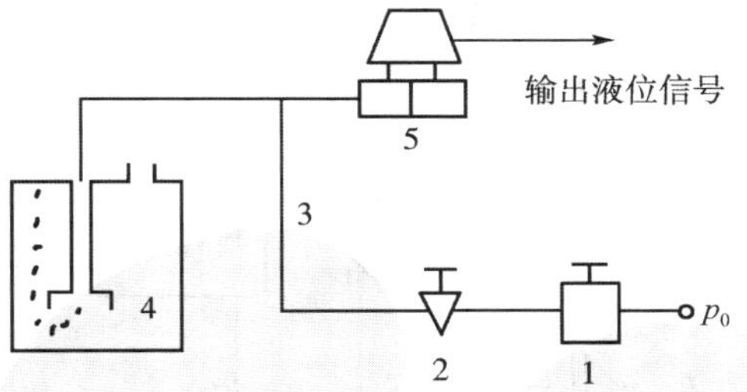

图 1-7-11 吹气式液位传感器

1—过滤减压阀;2—节流阀;3—导管;4—平衡室;5—差压变送器

4. 流量检测

流量传感器有容积式、电磁式和差压式等几种。

(1)容积式流量传感器

容积式流量传感器在船上主要用来检测油流体的流量。它由检测齿轮 1、转轴 2、永久磁铁 3 和干簧继电器 4 组成,如图 1-7-12 所示。当流体自下向上流过时,由于有摩擦力存在,因此有压力损失,使进口流体压力 p_1 大于出口流体压力 p_2,检测齿轮在压力差的作用下,产生作用力矩而转动,通过的流量越大,齿轮转速越快。齿轮转动经轴 2 上端的永久磁铁 3 驱动干簧继电器 4,使其触点闭合或断开,其电脉冲通断的频率反映出流量大小。

(2)电磁式流量传感器

电磁式流量传感器是根据电磁感应原理来检测流量的,所以只适用于测量导电液体的流量。如图 1-7-13 所示,传感器主要由一对磁极、一对电极和检测放大电路组成。一对磁极置于管道两侧,以产生磁场,导电液体在磁场中垂直于磁通方向流动时,切割磁力线,于是在两个电极上产生感应电势,其电势的大小与液体的体积流量成比例。感应电势经检测放大电路处理和放大后输出。

(3)差压式流量传感器

差压式流量传感器原理如图 1-7-14 所示,利用流体通过孔板等节流装置时产生压力差来

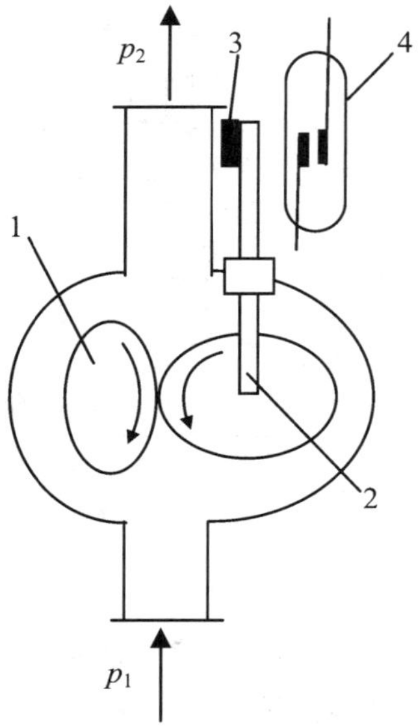

图 1-7-12　容积式流量传感器原理图

1—检测齿轮；2—转轴；3—永久磁铁；4—干簧继电器

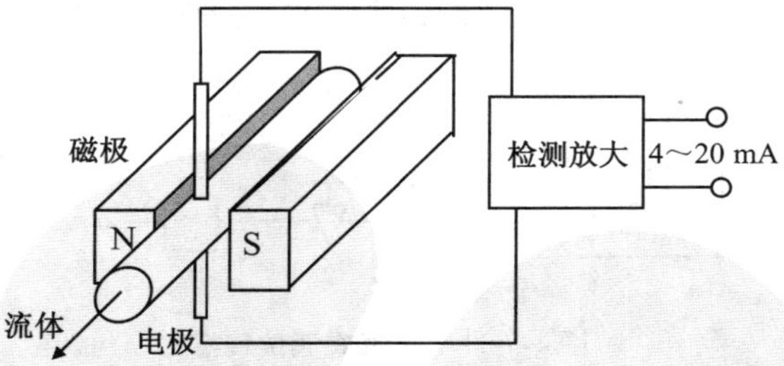

图 1-7-13　电磁式流量传感器原理图

反应流量变化。膜片两侧承受压力差信号 $\Delta p=p_1-p_2$，通过膜片硬芯使差动变压器铁芯偏离中间位置向左移动，差动变压器输出的电信号就与流量有一定的关系。通常也可以使用前述的电容式差压变送器来测量该差压所反应的流量。

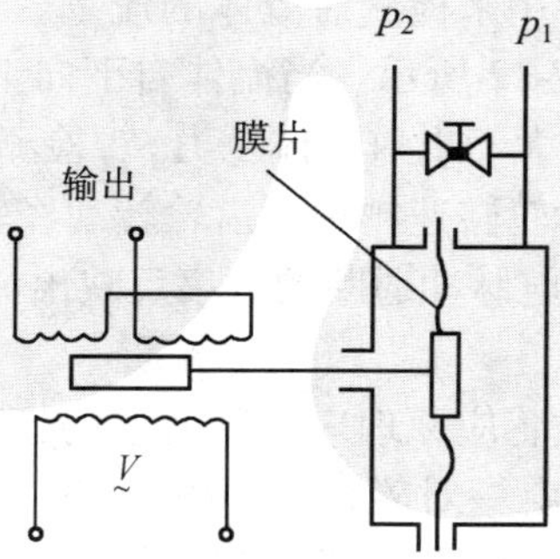

图 1-7-14　差压式流量传感器原理图

二、运动相关传感器

1. 转速表

转速传感器主要用来检测主机的转速和转向、发电原动机转速和涡轮转速等。常用的转速传感器有测速发电机和磁脉冲式转速传感器。

(1)测速发电机

测速发电机利用导体切割磁力线所产生的感应电势与转速成比例的原理,把转速变换成相应的感应电势。测速发电机有直流和交流两种形式。

直流测速发电机输出的是直流电压,其电压大小与转速成正比,即 $U = k \cdot n$,式中 k 为比例系数。U 的大小反映了主机转速的高低,U 的极性反映了主机的转向,如图 1-7-15(a)所示。

由于直流测速发电机存在电刷等部件易引起故障,故在新型船舶中越来越多地采用交流测速发电机。交流测速发电机输出的电压信号是交变的,需要对它进行相敏整流和滤波后变成直流电压信号,使该电压信号可反映主机的转速和转向。

测速发电机测得的转速信号可送至转速表来指示主机的转速和转向,但作为控制系统中的转速反馈和转速逻辑鉴别信号,因不需要使用负电压的转速信号,故必须经过整流把倒车负极性电压信号转换成正极性电压信号,如图 1-7-15(b)所示。

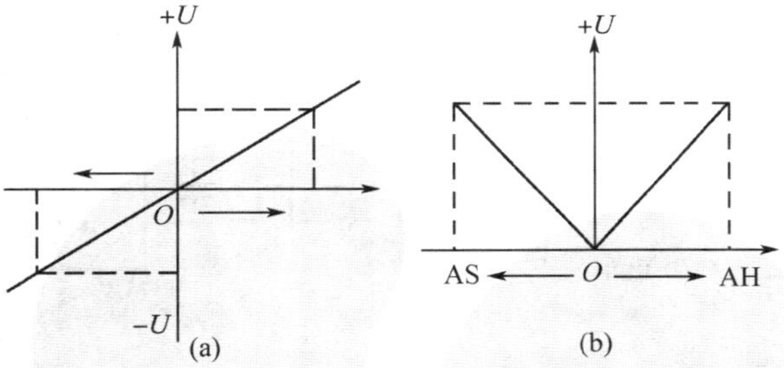

图 1-7-15　整流后正、倒车转速对应的电压值

(2)磁脉冲式转速传感器

磁脉冲式转速传感器属于非接触式测速装置,它没有运动部件,不会发生磨损,具有使用寿命长、检测精度高的特点。它由永久磁铁 1、软磁芯 2、线圈 3 及非导磁性外壳 4 组成,如图 1-7-16 所示。

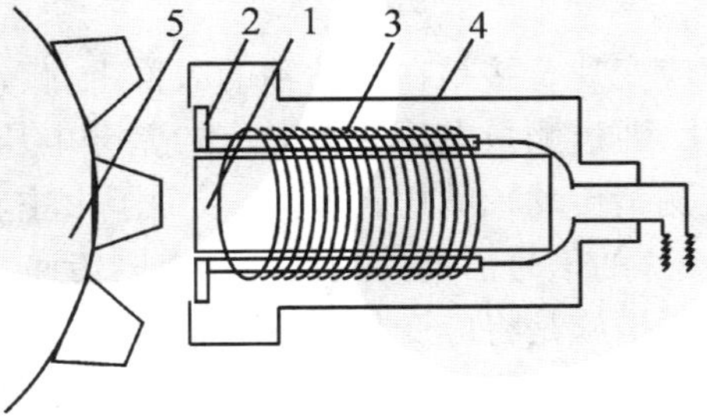

图 1-7-16　磁脉冲传感器结构原理图

1—永久磁铁;2—软磁芯;3—线圈;4—非导磁性外壳;5—飞轮

图中 5 是一个安装在主机主轴上的铁磁材料齿轮(通常是柴油机飞轮),传感器靠近齿轮安装,齿顶之间保持一个较小的间隙。主机转动时,齿顶和齿谷交替经过,引起线圈内的磁通

交替变化，使线圈感应出一系列脉冲信号。脉冲频率 f 取决于齿数 Z 和转速 n，即 $f = Z \cdot n/60$。

传感器输出的感应电势脉冲信号较弱，其波形也不理想，所以要把脉冲信号送入整形放大电路，使其转换成同频率的有较大幅值的矩形波。然后，再把该矩形波送到如图 1-7-17 所示的频率/电压转换器电路中，把它转换成与矩形波频率成比例的直流电压信号来表示主机的转速。

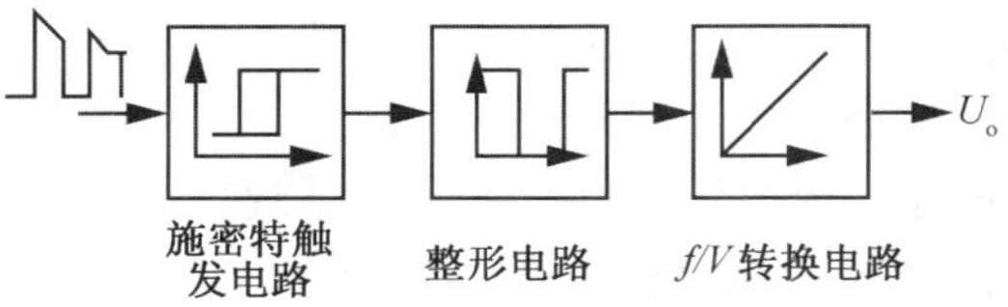

图 1-7-17　脉冲整形转换电路

为了检测主机的转向，需安装两个磁头，且它们之间错位 1/4 齿距，使两个磁头所产生的脉冲信号在相位上相差 1/4 周期。这两个磁头输出的脉冲信号经整形放大后分别送至 D 触发器的 D 端和 CP 端，由其输出端 Q 是 1 或 0 来判别主机是正转或反转，其原理如图 1-7-18 所示。

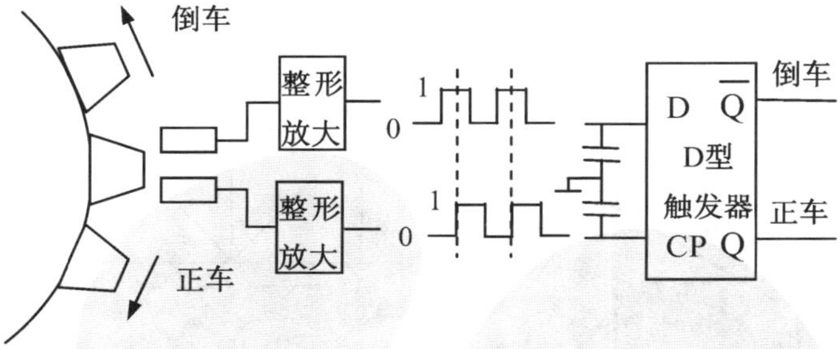

图 1-7-18　磁脉冲传感器检测主机转向的原理图

当齿轮沿正车方向转动时，D 触发器 D 端的正脉冲总比 CP 端超前 1/4 周期，即 CP 端在脉冲上升沿时，D 端总是 1 信号，所以输出端 Q 保持 1 信号，表示主机在正车方向运转。当齿轮倒车方向转动时，D 触发器 CP 端的正脉冲总比 D 端超前 1/4 周期，即 CP 端在脉冲上升沿时，D 端总是 0 信号，所以输出端 Q 保持 0 信号，表示主机在倒车运转。

2. 扭矩仪

目前测量扭矩主要采用应变片直接粘在传动轴的表面上，传动轴的扭矩作用产生微量变形，使应变片的阻值发生变化，通过测量电桥获得对应的差分电压信号，经调理处理后可计算出扭矩值。其优点是可直接测量传动轴的扭转变形，减少了由主轴功率和转速推算的间接影响。因传动轴旋转运动，应变片的信号需要使用滑环和电刷传递，从而造成因接触和振动问题引起的误差和不稳定。改进的措施是将应变片、电桥和信号处理电路全部装在传动轴上，将获得扭矩电压信号再通过振荡器调制转换成与扭矩成比例的输出频率信号，然后通过传动轴上无线发射和接收器无线接收，经鉴别器把信号解调并转换成电压信号，进行显示、控制和记录等。采用上述无线传输的方式，可有效避免旋转轴引线困难和接触滑环接触电阻的不良影响。

3. 测功仪

测功仪也称测功器，主要用于测试发动机的功率，也可作为齿轮箱、减速机、变速箱等旋转动力机械的加载设备,用于测试它们的传递功率。小功率的测功机有磁滞测功机和磁粉测功机,大功率负载的测功有电涡流和水力测功两种类型。

测功机工作时,通过控制器提供激磁电流给磁滞测功机,磁滞测功机内部线圈通电时则产生磁力线,通过定子齿极、气隙、转子磁滞杯,形成一闭合磁路,由于磁力线在齿凸极部分分布较密,齿间分布较稀,当转子旋转时,磁滞杯上感应电势并产生涡流,涡流和磁场相互作用而产生转矩,该转矩即为负载力矩。该力矩的大小只与控制器加在测功机线圈上的电流大小有关,而与被试电机拖动测功机旋转的速度基本无关。但由于磁性较小,磁滞测功机主要应用于微小功率高转速的电机加载测试,如一些微小电机。

各种电测功机的磁力产生的原理和大小不同,在具体的性能上有所差异。如磁粉测功机适用于低速大扭矩,中小功率的加载测试,如小型电机或者减速机的加载;电涡流测功机则适用于中高转速,功率范围适用更大一些的加载测试,如电机、减速机、发动机等,所用于发动机试验。

水力、电涡流测功机的基本原理是将原动机产生的机械能通过涡流转化为热能,再由水冷却后把热量带走,原动机发出的能量不能回收,转换过程中亦需耗费能量。

4. 黏度计

利用一定黏度的液体流过毛细管时,在毛细管的两端产生差压的原理,可以通过差压变送器检测该差压得到相应的黏度信号。但是由于毛细管内液体因温度下降,黏度太大,甚至堵塞毛细管,易造成其维护困难,现代船舶使用较少。常用的谐振式黏度传感器,是利用黏度对谐振物体的幅度和相位的影响来测量。

燃油黏度控制系统采用 EVT20 黏度传感器,整体上由两部分组成,一是传感器本体部分,二是含控制和信号处理的电路板部分。本体装在燃油输送管道内,电路板安装在控制箱内部,也可以单独封装置于传感器旁。传感器本身由不锈钢制成,安装在油路中,其工作原理是基于流动燃油的黏性对钟摆的旋转振动有阻尼作用。在传感器内还内置了一个温度传感器 Pt100 用于检测钟摆内的温度,供微机校正和补偿黏度测量中由温度引起的误差。传感器配有约 5 m 长的信号电缆用于与电路板之间连接(即传感器与电路板间布线的最长距离约为 5 m)。

黏度传感器由两块单独的电路板组成,下边的一块为电源板,输入双路 17 V AC 电源,通过整流滤波稳压后向黏度检测主板提供±15 V 和 5 V 电源。该主板与黏度传感器的连线包括 2 对线用于检测振动的压电元件,1 对线用于压电元件的振动源,还有 3 根线用于温度传感器 Pt100,因此,共需要用到电缆线中的 9 芯。主板采用单片机控制系统,检测转换响应时间小于 1 min,将检测到的信号转换为 4~20 mA,则对应的黏度为 0~50 cSt,瞬时误差范围为±2%。黏度传感器内的温度传感器 Pt100 除自身需要黏度校正使用外,还可通过本电路板转换,选择输出 4~20 mA 供其他控制装置使用。

5. 振动检测

工程振动检测可以分成机械式光学式和电测三类,常用的电测是将工程振动的参量转换成电信号,经电子线路放大后显示和记录。电测法的要点在于先将机械振动量转换为电量(电动势、电荷或其他电量),然后再对电量进行测量,从而得到所要测量的机械量。这是目前应用最广泛的测量方法。其组成包含拾振、测量放大线路和显示记录三个环节。

(1)拾振环节。把被测的机械振动量转换为机械的、光学的或电的信号,完成这项转换工作的器件叫传感器,有时也称它为换能器、拾振器等。传感器按机电变换原理可分为电动式、压电式、电涡流式、电感式、电容式、电阻式、光电式;按所测机械量可分为位移传感器、速度传感器、加速度传感器、力传感器、应变传感器、扭振传感器、扭矩传感器等。

(2)测量放大线路环节。测量放大线路的种类甚多,但都是针对各种传感器的变换原理而设计的。比如,专配压电式传感器的测量线路有电压放大器、电荷放大器等。此外,还有积分线路、微分线路、滤波线路、归一化装置等。测量线路的作用是将传感器的输出电量最后变为后续显示、分析仪器所能接收的一般电压信号。

(3)信号分析及显示记录环节。从测量线路输出的电压信号,可按测量的要求输入给信号分析仪或输送给显示仪器(如电子电压表、示波器、相位计等)、记录设备(如光线示波器、磁带记录仪、X-Y 记录仪等)等。也可在必要时记录在磁带上,然后再输入信号分析仪进行各种分析处理,从而得到最终结果。

例如电涡流传感器是一种相对式非接触式传感器,是通过传感器端部与被测物体之间的距离变化来测量物体的振动位移或幅值的。电涡流传感器具有频率范围宽(0~10 kHz),线性工作范围大、灵敏度高以及非接触式测量等优点,主要应用于静位移的测量、振动位移的测量、旋转机械中监测转轴的振动测量。而电感式是依据传感器的相对式机械接收原理,把被测的机械振动参数的变化转换成为电参量信号的变化。如果要检测突变性质的振动信号,如柴油机气缸爆压,可采用压电式加速度传感器,其原理是某些晶体(如人工极化陶瓷、压电石英晶体等)在一定方向的外力作用下或承受变形时,它的晶体面或极化面上将有电荷产生,这种从机械能(力,变形)到电能(电荷,电场)的变换称为正压电效应。而从电能(电场,电压)到机械能(变形,力)的变换称为逆压电效应。

三、光电式传感器的应用

光电式传感器是一种将被测量通过光量的变化转换成电量的传感器,在把被测量的变化转换成光信号的变化后,通过光电效应,借助光电元件参数的变化将光信号转换成电信号。光电传感器一般由光源、光学通路和光电元件三部分组成。在检测时,被测量使光源发射出的光通量变化,因而使接收光通量的光电元件的输出电量也做相应的变化,最后用电量来表示被测量的大小。其输出的电量可以是模拟量,也可以是数字量。光电检测方法具有精度高、反应快、非接触等优点,有多种参数都可测量。传感器的结构简单,形式灵活多样,因此在检测和控制领域内得到广泛应用。作为光电传感器的光电池在船舶机舱中应用较多,如污水排放中油分浓度、机舱火警报警用烟度、主机曲轴箱油雾浓度探测、辅锅炉的火焰等,还有前述提到的速度和转角检测用的光电编码器等。

1. 光电传感器的类型

根据光电效应,光电传感器通常可分为四类:

(1)外光电效应:在光线作用下,使电子逸出物体表面而产生光电子发射的现象。基于外光电效应原理的器件属于真空光电元件,有光电管、光电倍增管等。

(2)内光电效应:在光线作用下,使物体的电阻率改变的现象。基于内光电效应原理的器件属于半导体光电元件,有光敏电阻、光敏晶体管等。

(3)光生伏特效应:在光线作用下,物体产生一定方向电动势的现象。基于光生伏特效应原理的器件属于半导体光电元件,有光电池等。

(4)热释电现象:热电材料受红外光等照射时,若其表面温度上升或下降,则该表面产生电荷的现象。

2. 光电池的特性

光电池是一种自发电式的光电元件，受到光照时自身能产生一定方向的电动势，在不加电源的情况下，只要接通外电路，便有电流通过。

光电池的种类有硒、氧化亚铜、硫化铊、硫化镉、锗、硅、砷化镓光电池等，其中应用最广泛的是硅光电池，因为硅光电池具有性能稳定、光谱范围宽、频率特性好、转换效率高、能耐高温辐射等优点。另外，由于硒光电池的光谱峰值处于人眼的感觉范围，所以很多分析仪器、测量仪表也常用到它。其光电特性如图 1-7-19 所示，可见其短路电流与光通量称正比。

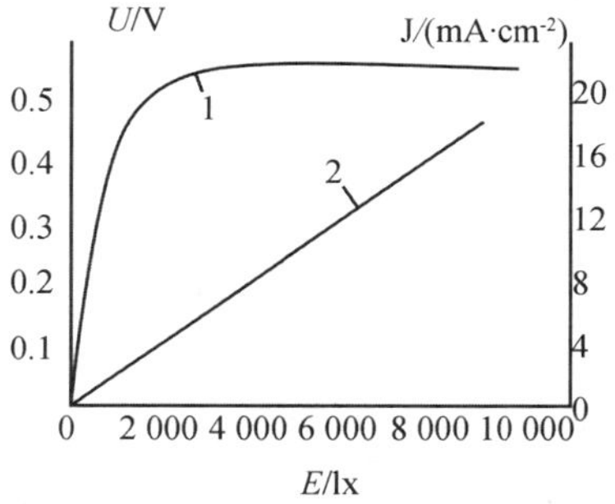

图 1-7-19　硅光电池的光电特性

1—开路电压特性曲线；2—短路电流特性曲线

如图 1-7-20 所示，光电传感器在工业应用中可归纳为直射式、透射式、反射式和遮蔽式等四种基本形式。

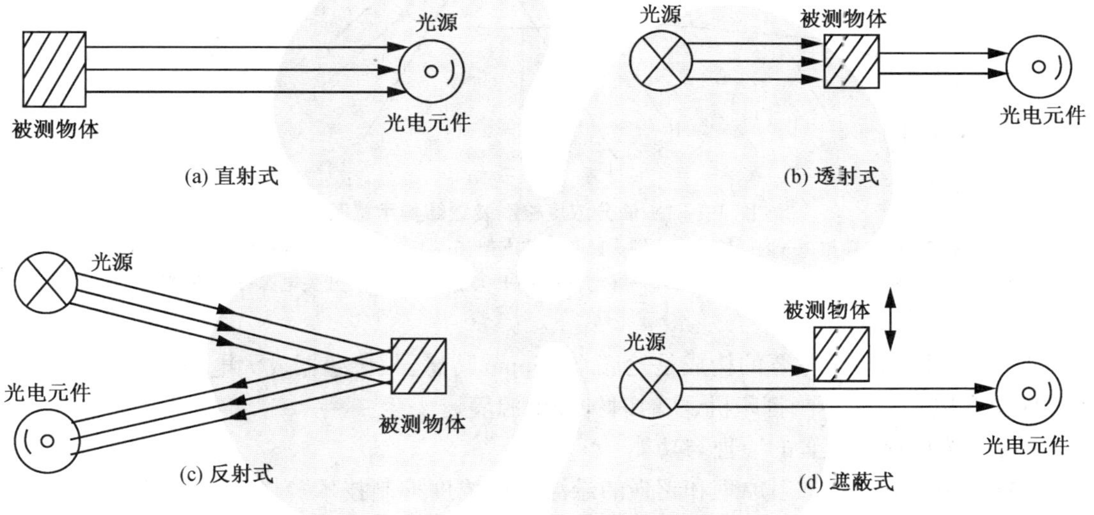

图 1-7-20　光敏器件在工业应用中的基本形式

(1) 直射式如图 1-7-20 (a) 所示，光源本身就是被测物体。被测物体的光通量指向光敏器件，产生光电流输出。这种形式常用于光电比色高温计中作光电器件。

(2) 透射式如图 1-7-20 (b) 所示，光源的光通量一部分由被测物体吸收，另一部分则穿过被测物体投射到光敏器件上。该形式常用于测量混合气体、液体的透明度、浓度等。

(3) 反射式如图 1-7-20 (c) 所示，光源发射出的光通量投射到被测物体上，被测物体又将部分光通量反射到光敏器件上。反射的光通量取决于被测物体的反射条件，该形式一般用于测量工件表面的粗糙度及测量转速等。

(4)遮蔽式如图 1-7-20 (d)所示,光源发射出的光通量投射到被测物体上,被测物体遮蔽光通量改变,则投影到光敏器件上的光通量也随着改变。这种形式常用于测量位置、位移、振动、频率等,在自动控制中用作自控开关。

3. 光电池在船舶中的应用

(1)油分浓度检测装置

①油分浓度检测装置的结构

油分浓度检测装置结构紧凑、牢固,电气元件及探测器均安装在一个符合防护措施(IP44)的金属箱体内,完全适合于船舶机舱等恶劣环境下长期工作油分浓度检测装置结构,如图 1-7-21 所示。

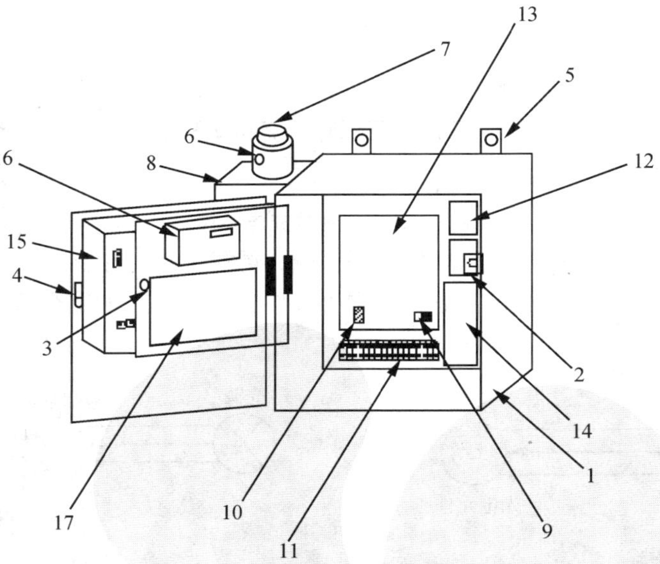

图 1-7-21　油分浓度检测装置结构示意图

1—箱体;2—内门锁扣;3—内门锁头;4—锁头;5—安装支架;6—出水口;7—调流板盖;8—测量室;9—电源开关;10—保险丝座;11—接线端子;12—继电器;13—Pt06 放大板;14—开关电源;15—触摸屏;16—打印机;17—CPU 板

油分浓度检测装置主要的构成是舱底水 15ppm 传感器、传感器放大电路、微处理器系统、FLASH 储存电路、触摸屏、打印机、实时时钟和电源等。

②油分浓度检测装置的原理与功能

装置采用先进的光散射原理和超强的悬浮固体浓度抑制技术。样品水先经过细滤器后,再使用超声波震散样品中的悬浮固体颗粒,减小悬浮颗粒和浊度对检测的影响。处理后的样品送达测量管后,如图 1-7-22 所示,红外光穿过样品,光学传感器测量检测直射光外,还检测被样品中的油颗粒散射和折射的光信号,该信号经过处理并通过微处理器进行数学模型的运算,得到油分浓度值,与 15ppm 比较判断,并控制舱底水的流向。微处理器连续监测传感器的成分和传感器连接的电子单元的状况,使校正精度在长时间以及极端恶劣的环境下都可以得到保证。

油分浓度检测装置实现的功能有检测和显示舱底水油分浓度,监视 15ppm 舱底水分离器

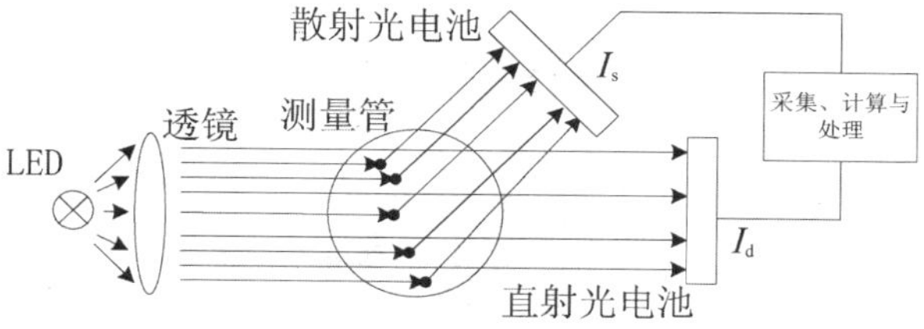

图 1-7-22　油分浓度检测原理图

的运行状态、报警状态及记录各种事件发生的日期、时间；记录装置能储存数据至少 18 个月，并能显示或打印所有记录。具体的记录信息有：油水分离器关（Separator off）、油水分离器开（Separator on）、报警仪关（System off）、报警仪开（System start）、启用新时钟时间（New data）、15ppm 正常（Alarm cancel）、15ppm 报警（15ppm alarm）、回舱底阀关（Valve close）、回舱底阀开（Valve open）、测量室故障（Test unit abnormal）、测量室正常（Test unit normal）、清洗阀开（Clean valve open）、清洗阀关（Clean valve close）等。

③零位和量程的调节

测量室装满清水，ppm 应该显示“0ppm”。如果不是“0ppm”，就要调节信号放大板内的零位可调电阻，使 ppm 显示为“0ppm”。

测量室内清水放空，ppm 应该显示某固定的 ppm 值，如果不是设备要求的 ppm 值，可调节放大电路板上的电位器使 ppm 达到要求值。

测量室内装满样品水样，ppm 应该显示该水样的 ppm 值，如果偏差较大，可调节放大电路板上的对应的电位器使 ppm 达到要求值。

（2）VISATRON 曲轴箱油雾浓度探测器

ME 主机常配有主机曲轴箱油雾浓度探测器为 VISATRON 系列的产品，集控室有该装置的远程指示器。其作用是在油雾浓度报警情况下，油雾浓度探测器必须以此为条件延时几秒钟做出反应，并停止主机，以减少直接或间接损坏。相应的继电器触头接通以触发警报安全系统。

如图 1-7-23 所示，1 为空气喷射泵，其作用是使得测量室产生负压，抽取各主机气缸的气样，2 为包括光路检测的测量部位，3 为测量控制盖，可以通过打开该盖子测试该装置，4 为电气接口，5 为阀箱，用于选择测量气样的来源。曲轴箱中的空气以取样的方式不断地被抽出并直接通过一个光学不透明度测量路径，在这种测量通道内，被抽出的曲轴箱空气的不透明度（浊度）由红外线光电传感器使用透射式采集。主要构成成分：

①为产生必需负压的带有空气喷射泵的基座和主连接插头；

②带有电子模块的测量头，显示窗口和检查盖；

③取样室连接或支管。

探测器可以显示一油雾浓度报警，确定在阀箱窗口内单个曲轴箱中已出现故障。设备供电为 24 V 直流电源，消耗电流 3 A，由 4 A 自恢复熔断器保护，以下几种情况需要轮机员操作：

①油雾浓度报警被确认；

②油雾浓度探测器故障被确认；

③油雾浓度探测器需维修。

探测器的显示如图 1-7-24 所示，故障时，VISATRON 显示器上显示故障代码和油雾浓度值。正常时，绿色“Ready”灯及最低位置红灯（对应 0%）亮；油雾浓度百分比的变化参照显示

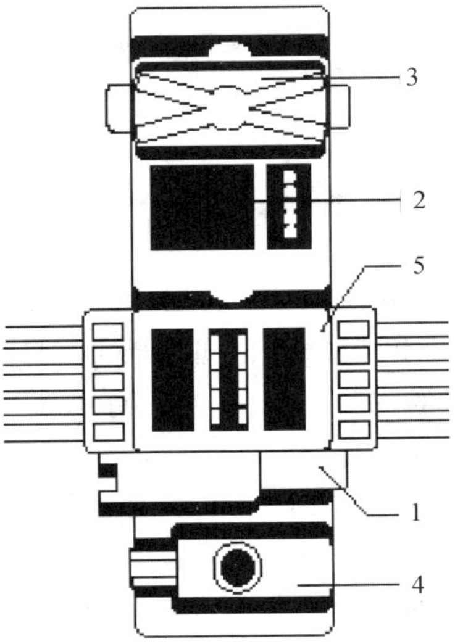

图 1-7-23　VISATRON 曲轴箱油雾浓度检测仪

1—空气喷射泵；2—测量部位；3—测量控制盖；4—电气接口；5—阀箱

于浓度显示上的基本浓度；"Test""Alarm"熄灭；准备完毕继电器通电；报警继电器关闭；阀箱中的所有阀被开启，可见标志显示于阀箱的检查窗内。当油雾浓度进一步升高到报警值后，报警红灯闪亮；准备完毕后，继电器通电；报警继电器通电；阀箱的检查窗内有 1 个红色标志表明该取样曲轴箱内油雾浓度高。确认故障后，排除故障，使设备重新回到正常，还需要按下复位按钮。如果存在一个装置故障，如驱动空气源衰弱，则"Ready"灯熄灭。如果设备自身故障，将会出现：绿色准备指示灯灭，浓度显示中的设定故障指示灯闪亮；试"Test""Alarm"熄灭，报警继电器失电，此时按下复位按钮将锁定故障指示。在装置故障的情况下，维修过程注意电子模板装有感光元件，防止静电放电。更换器件必须由专业人员操作。不得接触红外镜头或电路！操作人员应利用接地带缚住自己的手腕。

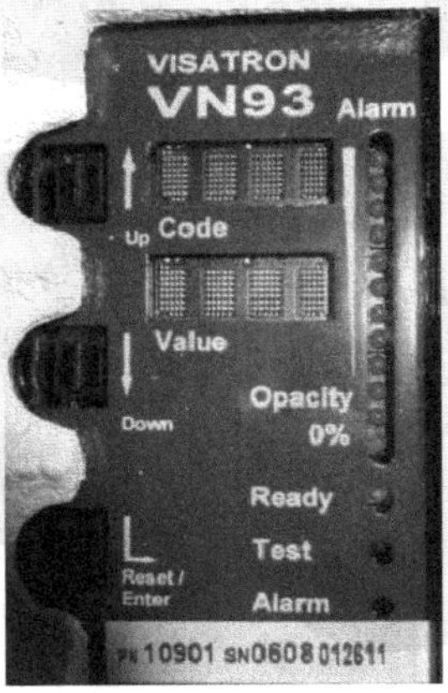

图 1-7-24　VISATRON 显示器

（3）网络型曲轴箱油雾浓度监视报警系统

以 Mark 6 型油雾浓度探测器为例，其最主要的改进设计是取消了采样管路、每个检测点用一个传感器单独进行检测，并通过通信总线将信号都送到控制装置，由于一个传感器为独立的一个测量回路，所以不需要计算机扫描，提高了检测速度。该系统仍然使用光学传感测量方法，但用散射光测量取代了透明度的测量，从而实现传感器的小型化，通过标准的接口安装固定在机器上，各个采样点独立且不用采样管路，传感器内部多光源的设计使得当一个光源损坏时传感器仍能正常使用。模块化设计使在很短的时间内就能完成故障探头的更换。

Mark 6 系统可以安装多达 64 个分布于 8 台柴油机上的探头。在没有报警的正常情况下全系统扫描时间为 1.2 s。

传感器电缆直接连接安装于柴油机上的接线盒，然后通过两根电缆（通信电缆和电源线）分别连接到位于集控室的控制单元及显示单元或其他合适的地方。该系统采用数字传输技术，这意味着显示及控制部分可以安装在位于集控室的控制单元内，在有报警发生时没有必要到现场进行操作。系统由三部分组成：传感器（探头）、接线盒及控制单元，如图 1-7-25 所示。

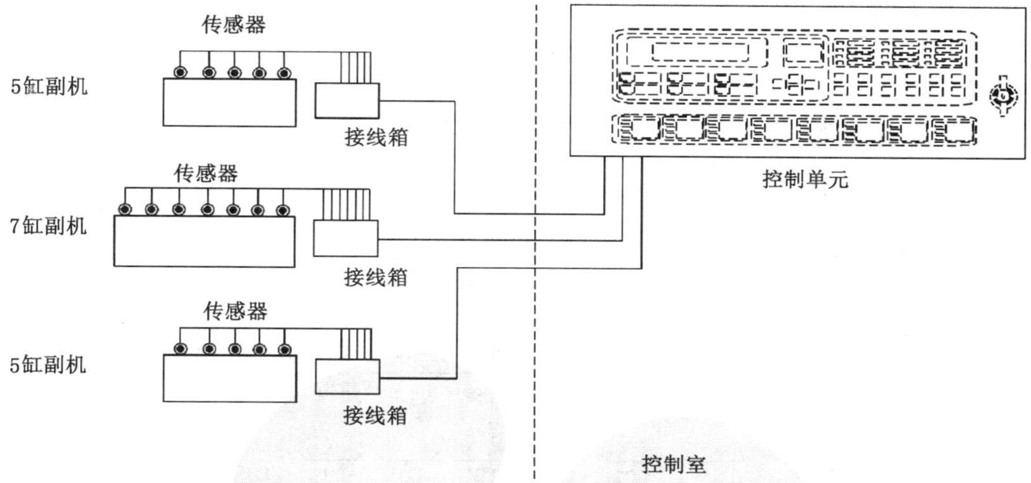

图 1-7-25　Mark 6 系统结构框图

每个传感器通过一根 5 芯线的电缆接到接线盒，如图 1-7-26 所示，图中符号说明如下：

①每个传感器都有两电源线，0 V 和+24 V。

②C+和 C-为两根 CAN 总线通信线，连接所有传感器。

③AL BCK UP 为故障信号线。

④所有的传感器都通过接线盒再与控制单元连接，传感器之间通过 CAN 总线连在一起。除最后一个外，其他的探头上有两根电缆，分别用于接到前一个传感器和后一个传感器。这样，如果中间拆掉一个传感器，总线系统接线断开，系统可探测到回路故障。

每个传感器连续不断地监视它所连接的曲轴箱内部的油雾浓度，此外传感器本身要进行自检。控制单元将按顺序扫描传感器内以数字量形式存储的各种信息，包括传感器的地址码。控制单元根据这些信息分别处理每台机器，计算油雾浓度平均值及相对于平均报警值的偏差值，再与预设的平均报警值及偏差报警值进行比较。

控制单元通过两根电缆与接线盒连通，其中一根是 24 V 直流电源线，另一根是 CAN 通信线，内含一根 ABU 报警备用线。每台机器配一个接线盒，控制单元中每台机器对应一个继电器故障停车信号，NC 为常闭触点，NO 为常开触点，C 为公共触点。控制单元可最多同时与 8 个接线盒连通，即可同时监视 8 台设备，而每个接线盒可接 8 个油雾浓度探测器。

控制单元配有 LCD 显示器，可显示每台机器的单缸和平均油雾浓度，在报警状态下根据

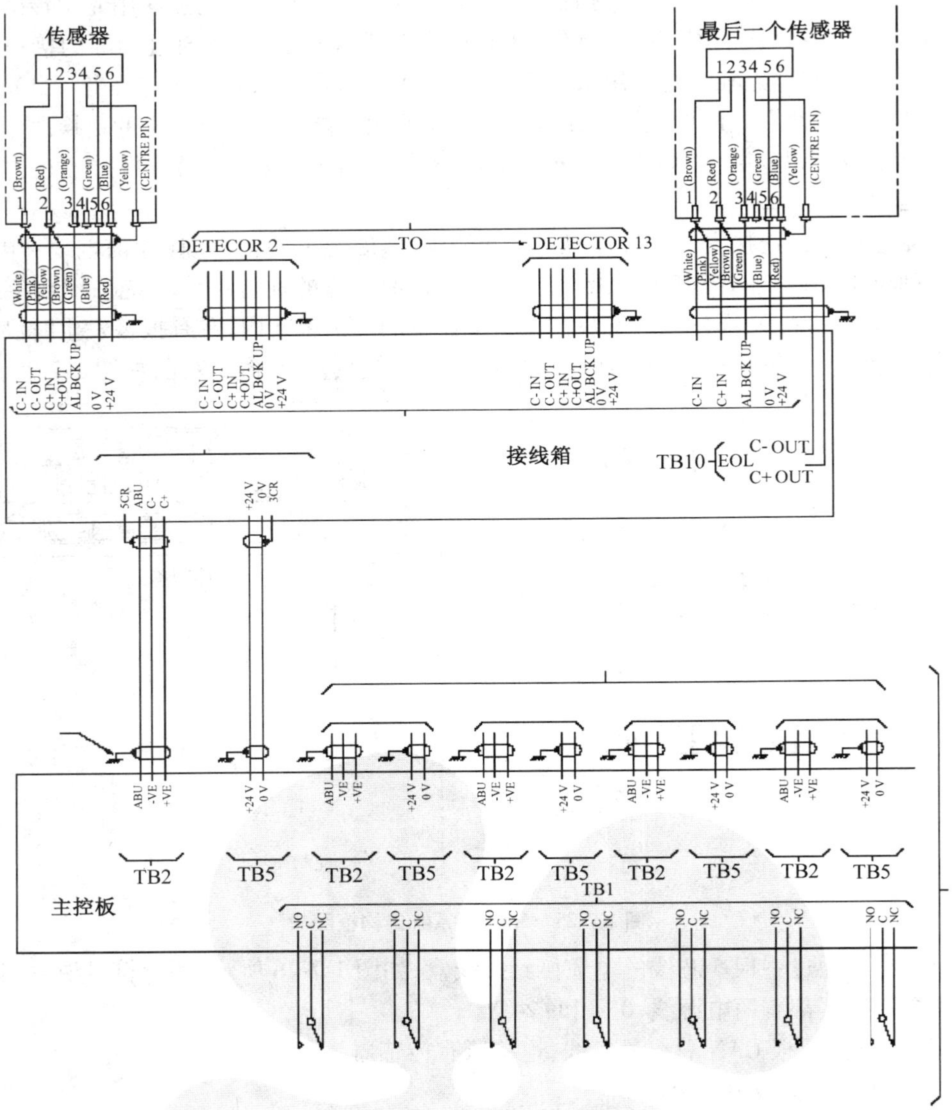

图 1-7-26　传感器接线图

需要自动显示报警点的油雾浓度值及相应的机器的油雾浓度平均值。

油雾浓度探测器可以通过软件设置使之适应二冲程机或四冲程机或其组合，软件菜单提供各种功能的实现方法，它有三个操作级别：用户、工程师及服务商。

用户级别的操作只能实现查询功能，不能进行报警设定及系统设定。工程师级别的操作受密码保护，输入密码后可以完成很多设置，但不可以对事件及历史记录进行更改及复位。服务商级别的操作受密码保护，但不同于工程师级别的菜单，允许进行所有操作，这种操作必须有厂家的授权或代理授权。

为了安全，所有的系统控制及报警显示与输出都在控制单元实现，每个传感器上装有三个指示灯：绿色灯指示电源状态，红色灯指示报警状态，淡黄色指示灯指示故障状态，探头上还有设置地址码的开关。

任何一个传感器的工作都是独立的，一个传感器出现故障或者保养并不影响其他传感器的工作，一个传感器或者一个柴油机油雾浓度检测系统都可以被隔离，从而便于维修保养，并不影响其他部分的正常工作，探头之间及控制单元之间采用 CAN 总线连接完成彼此之间的信息交互。

（4）感烟管式火灾探测器

感烟管式火灾探测器如图 1-7-27 所示，是利用不同浓度烟雾浓度的透光程度不同的原理来探测的。抽风机 2 把所监视大舱内的气体通过集烟管 1 抽出，光源 3 经透镜变成平行光分别照射在测量光电池 4 和基准光电池 5 上。当气体中的烟雾浓度增大时，测量光电池 4 产生的电信号减小，而基准光电池 5 产生的电信号不变。把这两个电压信号送至检测电路 6，当两个电压差达到设定值时，发出火灾探测信号。

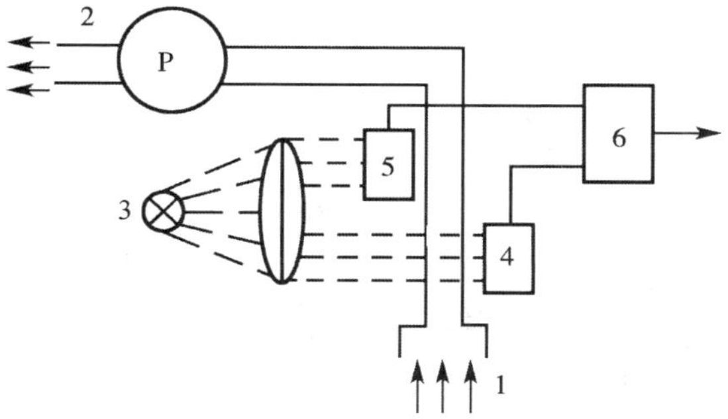

图 1-7-27　感烟管式火灾探测器原理图

1—集烟管；2—抽风机；3—光源；4—测量光电池；5—基准光电池；6—检测电路

（5）火焰感受器

火焰感受器用来监视炉膛有无火焰。当点火失败或在持续燃烧期间熄火时，为避免再向炉内喷油引起故障，要求立即关闭燃油电磁阀停止喷油，并发出声光报警。因此，自动化锅炉都装有火焰感受器来监视炉膛内的火焰。辅锅炉上常用的火焰感受器有光敏电阻、光电池和紫外线灯泡等。

①光敏电阻

光敏电阻是由涂在透明底板上的一片光敏层，经金属电极和导线引出而制成的，如图 1-7-28（a）所示。光敏层由铊、镉、铅的硫化物或硒化物制成。光敏电阻的主要特性是，接受光照射时其电阻值很小，无光照射时其电阻值较大。因此，在光敏电阻两端所加电压不变的情况下，有光照射和无光照射时流过光敏电阻的电流相差很大，其伏安特性如图 1-7-28（b）所示。用光敏电阻组成的光焰感受器如图 1-7-29 所示。为了防止光敏电阻接受高温炉墙所辐射的可见光和红外光使光敏电阻动作迟延或误动作，在安装时要避免高温炉墙辐射线直接照射在光敏电阻上。此外，光敏电阻不能承受高温，否则会影响使用寿命。因此，光敏电阻火焰感受器装有散热片并用空气冷却，磨砂玻璃可阻挡红外线的透入。

②光电池

光电池是一种半导体材料，是利用有光照射后在两极间产生电压的原理工作的。图 1-7-30 为光电池的控制电路。其中，图 1-7-30（a）采用 RAR 型硒光电池作为光敏元件，当接受光照射时，正、负两极之间将会产生小于 1 V 的电压，经磁放大器 MV 放大后足以激励继电器 FR 动作；图 1-7-30（b）采用 2CR11 型光电池，当接受光照射时，光电池两极间能产生 0.5 V 的

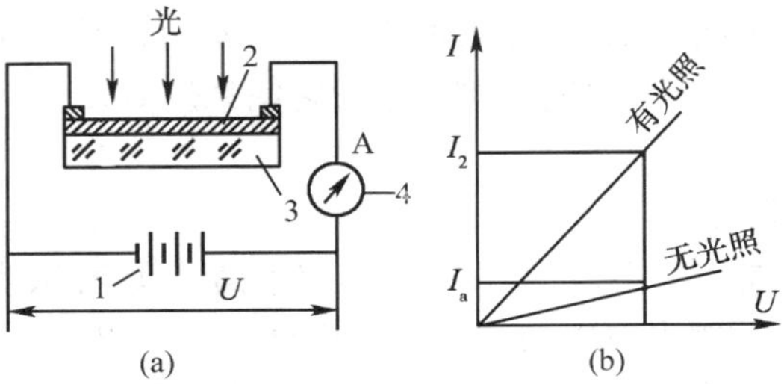

图 1-7-28　光敏电阻及其伏安特性

1—金属电极；2—光敏层；3—透明底板海；4—电流表

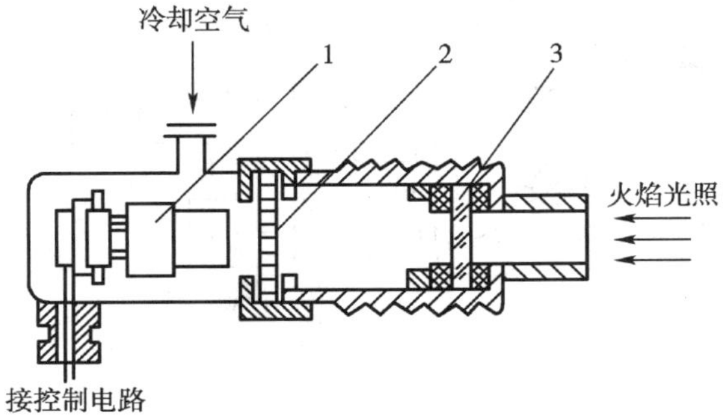

图 1-7-29　光敏电阻火焰感受器

1—光敏电阻；2—磨砂玻璃；3—耐热玻璃

电压，经晶体管放大器放大后，可使继电器 J 通电动作。光电池使用寿命长，而且它的光谱敏感范围仅限有于可见光，而不包括红外线。这对监视炉膛内火焰是非常合适的。

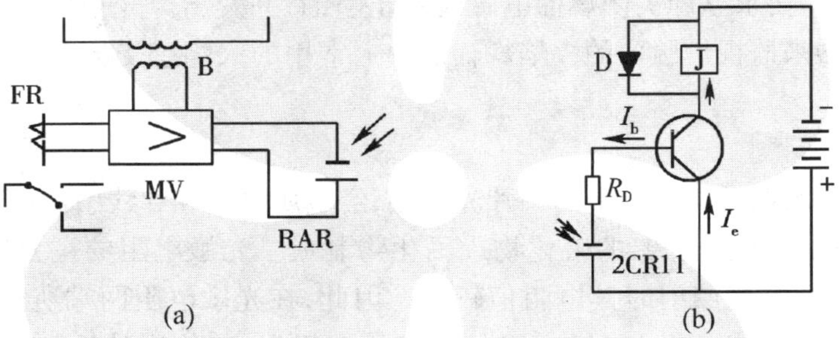

图 1-7-30　光电池控制电路原理图

③紫外线管

紫外线管的外形及结构如图 1-7-31 所示。管泡是用能透过紫外线的石英玻璃制成的，泡内充以惰性气体，两个电极对称放置。当阴极接收到足够数量的紫外线时会发射出光电子。在外电场的作用下，光电子加速运动使惰性气体电离，管子导通；若无光照射，紫外线管截止。紫外线管的优点是不受高温炉壁辐射的影响，它的特性较光敏电阻好，且在交、直流控制线路中均可使用，但使用中需提供 100~220 V 的工作电源以产生外电场。

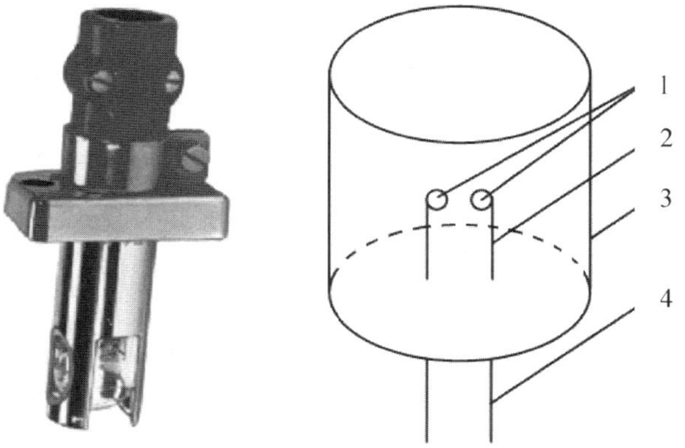

图 1-7-31 紫外线管外形及结构示意图

1—电极；2—引脚；3—石英玻璃外壳；4—管脚

四、火灾探测器的常见类型

1. 火灾探测方法

在火灾发生之前，普通可燃物燃烧过程会产生大量烟雾，温度将急剧上升，并且出现火光，因此根据火灾前兆的物理现象，火灾探测方法可分为烟探测法、热（温度）探测法和光探测法。

在滚装船、消防船和油船的货舱或某些舱室可能会聚集较多的易燃气体。在易燃气体的浓度超过燃烧下限时，遇明火会产生燃烧或爆炸。为了检测易燃气体是否达到危险浓度，在这些船上一般装有易燃气体探测报警系统，对易燃气体的火灾探测方法为气体浓度探测法。

2. 火灾探测器

火灾探测器是火灾自动报警系统的检测单元，一旦在所监视的环境中有火情，就将火灾的特征物理量，如烟雾、温度、火光等转换成电信号向火灾报警中央单元发送。对普通可燃物按其探测火灾参数的不同，可以划分为感烟式、感温式和感光式火灾探测器等类型，而船上主要采用感烟式和感温式火灾探测器。对易燃气体的探测较多的是采用气敏半导体探测器。

（1）感烟式火灾探测器

船上常用的感烟式火灾探测器主要有感烟管式（或称光电式）和离子式两种。感烟管式主要用于大舱内的火灾探测，离子式主要用于机舱等处的火灾探测。

离子式火灾探测器如图 1-7-32 所示，由内、外电离室和检测电路组成，内电离室 FSY_1 是封闭气室，充有标准气体，外电离室 FSY_2 开有小孔与所监视的舱室相通，每个电离室中放一块同位素镅 241 和一个电极。同位素镅 241 能发射 α 射线使空气电离，并在电场作用下产生离子电流。当有烟雾的气体进入外电离室时，烟雾颗粒能吸附一部分离子，使其离子电流减少，相当于等效电阻值增大，而内电离室的等效电阻不变。随着外电离室的烟雾浓度增大，A 点电位 U_A 要提高，经场效应管 BG_1 源极耦合到晶体管 BG_2 的基极放大后输出。当烟雾浓度达到一定值时，输出电压相应提高到某一动作电压，通过起门槛作用的稳压管 DW_1 去触发可控硅管 SCR_1 使之导通，继电器通电发出火灾探测信号。所以离子式火灾探测器是利用烟雾颗粒能吸附离子的原理来探测的。

光电感烟式火灾探测器利用火灾产生的烟雾改变光敏元件受光的强弱而发出警报信号。根据烟雾粒子对光的吸收和散射作用，光电感烟式火灾探测器可分为遮光式和散射光式两种

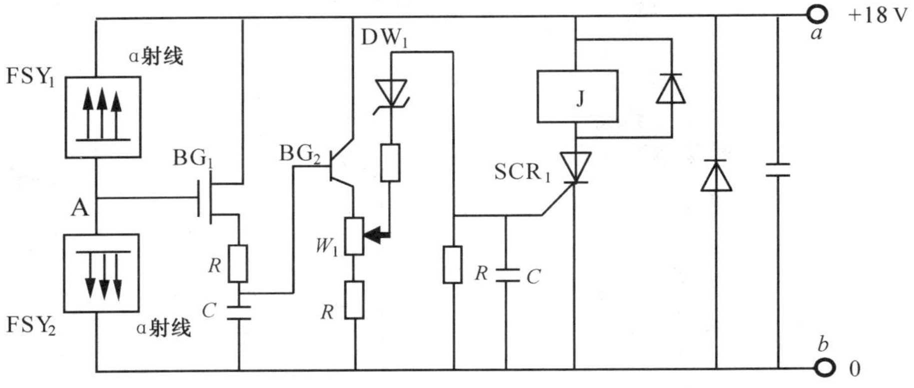

图 1-7-32　离子式火灾探测器

类型。

①遮光式光电感烟探测器：如图 1-7-33(a)所示，进入光电检测暗室内的烟雾粒子对光源发出的光产生吸收和散射作用，使通过光路上的光通量减少，从而在受光元件上产生的光电流降低。光电流相对于初始标定值的变化量大小，反映了烟雾的浓度大小，据此可通过电子线路对火灾信息进行放大比较或火灾参数运算，最后通过传输电路产生相应的火灾信号。

②散射光式光电感烟火灾探测器：如图 1-7-33(b)所示，进入遮光暗室的烟雾粒子对发光元件(光源)发出的一定波长的光产生散射作用(按照光散射定律，烟粒子需轻度着色，且当其粒径大于光的波长时将产生散射作用)，使处于一定夹角位置的受光元件(光敏元件)的阻抗发生变化，产生光电流。此光电流的大小与散射光强弱有关，并且由烟粒子的浓度和粒径大小及着色与否来决定。根据受光元件的光电流大小(无烟雾粒子时光电流大小约为暗电流)，即当烟粒子浓度达到一定值时，散射光的能量就足以产生一定大小的光电流，可以激励遮光暗室外部的信号处理电路发出火灾信号。显然，遮光暗室外部的信号处理电路采用的结构和数据处理方式不同，可以构成不同类型的火灾探测器。

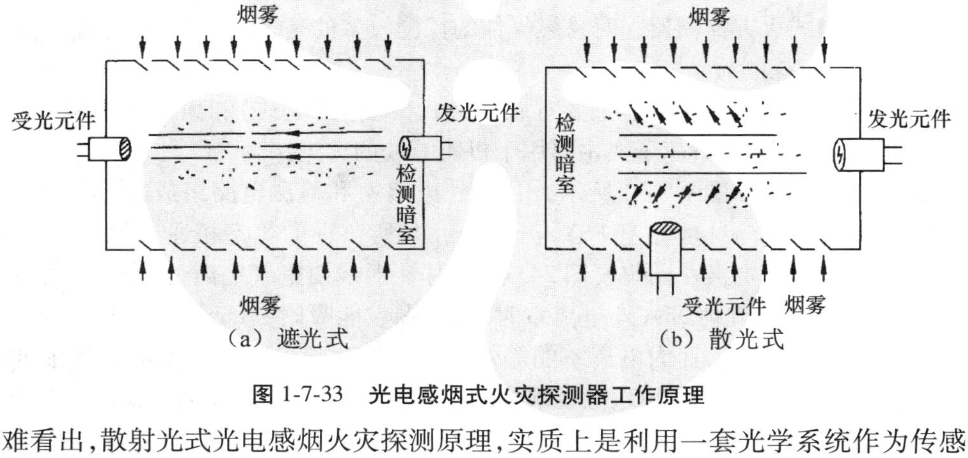

图 1-7-33　光电感烟式火灾探测器工作原理

不难看出，散射光式光电感烟火灾探测原理，实质上是利用一套光学系统作为传感器，将火灾产生的烟雾对光的传播特性的影响，用电的形式表示出来并加以利用。由于光学器件特别是发光元件的寿命有限，因此，在电-光转换环节较多采用交流供电方案，通过振荡电路使发光元件产生间歇式脉冲光，并且发光元件和受光元件多采用红外发光元件砷化镓二极管与硅光敏二极管配对。

（2）感温式火灾探测器

船上常用的感温式火灾探测器有定温式、差温式和差定温式三种。感温式火灾探测器主要用于住室、走廊、控制室和舱室容积较小场所的火灾探测。

①定温式火灾探测器

定温式（或称恒温式）火灾探测器是根据监视点温度达到某个设定值来探测的。常用的定温式火灾探测器有低熔点金属丝和双金属片，分别如图 1-7-34（a）和（b）所示。

当监视点温度达到设定值时，低熔点金属丝被熔断；或利用膨胀系数不同的双金属片，受热弯曲使触头断开，即发出火灾探测信号。

②差温式火灾探测器

差温式（或称温升式）火灾探测器是根据监视点温度升高变化率来探测的，如图 1-7-34（c）所示。在火灾前期温度上升较快，如温度升高变化率每分钟超过 5.5 ℃时，使气室内的气体快速膨胀，由于小孔放气量很小，气体来不及从小孔泄放，其压力升高，波纹膜片下弯使动触头与静触点闭合发出火灾探测信号。

温升式火灾探测器也可以是采用热敏电阻及电子电路制成的。

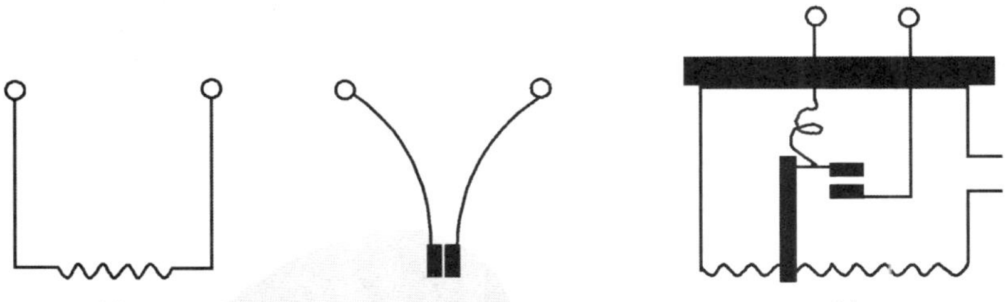

图 1-7-34　感温式火灾探测器

③差定温式火灾探测器

差定温式火灾探测器是将定温式和差温式组合在一起，兼有两者的功能，扩大了使用范围，提高了可靠性。差定温式火灾探测器一般多是膜盒式或热敏电阻式等点型结构的组合式火灾探测器。差定温式火灾探测器按其工作原理又可分为机械式和电子式两种。

（3）智能型火灾探测器

智能型火灾探测器能对火灾特征信号进行直接分析和处理，从而大大减轻了中央单元的信息处理负担，提高了整个火灾报警系统的响应速度。智能型火灾探测器一般具有以下特点：

①火灾探测器的输出信号与火灾状况（烟雾浓度变化、温度变化等）成线性变化。探测器能够按预报警、火灾报警、联动警报三个阶段来传送信号。探测器变脏、老化、脱落等故障状态信息也传送到中央单元，以进行检测识别并发出故障警报信号。

②火灾探测器内配置高集成度的微型智能模块（内含 CPU、A/D 转换器、串行通信接口），并具备通信功能。

③火灾探测器具有地址编码功能。有的探测器的编码地址采用硬件拨码开关设定，有的由系统软件程序决定，在火灾报警控制器上可根据需要命名或更改火灾探测器的地址。

④具有很高的环境适应能力与稳定性。智能型火灾探测器具有抗灰尘附着、抗电磁干扰、抗温度影响、抗潮湿、抗腐蚀等特点。

⑤各种工作原理的探测器都有配套的火灾识别软件。探测器的灵敏度和警戒值可以灵活

设定。

⑥具有自动故障测试功能。无须加烟或加温测试，只要利用报警控制器键盘上的按键，即可完成对探测器的功能测试。

(4)气敏半导体火灾探测器

目前在易燃气体探测的实际应用中，采用的气敏半导体（或称金属氧化物元件）是在铂金丝上涂以金属氧化物，在高温中焙烧而成。气敏半导体品种很多，主要有氧化锡、氧化锌、氧化钴、氧化铁和氧化镍等，其中氧化锡使用较广。用这些氧化物制成的气敏半导体，按其性质可分为N型和P型两大类。N型气敏半导体元件，在遇到敏感气体时，其电阻值减小；而P型气敏半导体元件，在遇到敏感气体时，其电阻值增大。

五、环境检测传感器

通常称的环境检测包括温度、湿度、盐度、水分pH值等基本信息，在船舶上，尤其是一些特种船舶上，还需要检测气体，包括氧气、二氧化碳，相对湿度，溶解氧分等。配置的在线实时检测的仪表和仪器需要配套的转换和计算，比较专业和复杂，但基本上也有配套的检测仪器，使用过程中需要特别注意其操作手册，参数设置等，除定期清洁保养外，还需定期测试其检测效果，并做好记录。

第八节　信号变送

一、变送器的原理及功能

1. 变送器的构成原理

变送器主要由测量部分、放大器和反馈部分组成构成原理，如图1-8-1所示，。测量部分的作用是检测被控量 x，并把变量 x 转换成电压、电流、位移、作用力或力矩等物理量，作为放大器的输入信号 z_i。反馈部分则把变送器的输出信号 y 转换成反馈信号 z_f，输入信号 z_i 与调零信号 z_0 的代数和同反馈信号进行比较，其差值 ε 送给放大器进行放大，并转换成标准的气压或直流电流输出信号 y。

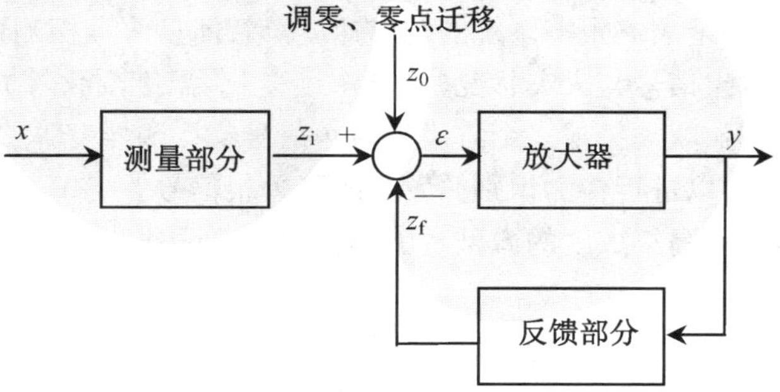

图1-8-1　变送器的组成框图

根据负反馈放大器原理，由图1-8-1可以求得整个变送器输出与输入关系为

$$y = \frac{K}{1 + KF}(Dx + z_0) \quad (1\text{-}29)$$

式中，D 为测量部分的转换系数；K 为放大器放大系数；F 为反馈部分的反馈系数。

当放大器的放大系数足够大，且满足 $KF \gg 1$ 时，式(1-29)变为

$$y = \frac{1}{F}(Dx + z_0) \quad (1\text{-}30)$$

由此可知，在满足 $KF \gg 1$ 的条件下，变送器的输出与输入关系仅取决于测量部分和反馈部分的特性，而与放大器的特性几乎无关。只要测量部分转换系数 D 和反馈系数 F 确定，变送器的输出与输入就为线性关系，如图 1-8-2 所示。

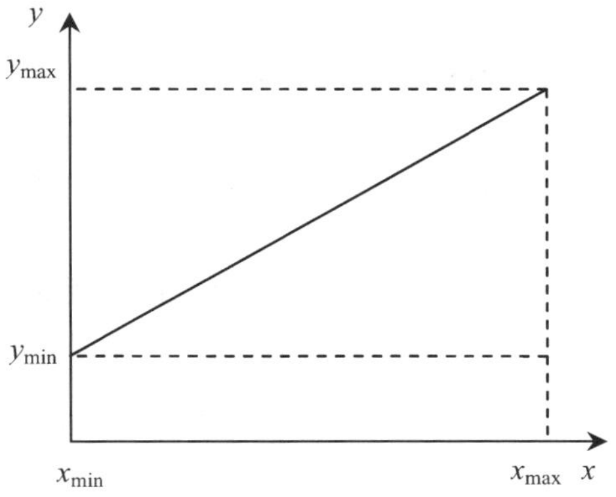

图 1-8-2　变送器输入输出特性图

图中，x_{max}、x_{min} 分别为变送器测量范围的上限值和下限值（图中 $x_{min}=0$）；y_{max}、y_{min} 分别为输出信号上限值和下限值。$y_{min} \sim y_{max}$ 必须符合标准信号的要求，即为 0.02～0.1 MPa 的气压信号或 4～20 mA 的电流信号；$x_{min} \sim x_{max}$ 是变送器的测量范围，称为量程；而 x_{min} 是量程的起点，也称作零点。为了将信号变换成统一的标准信号，在使用前必须对变送器进行调校，其主要内容包括变送器的零点调整、量程调整和零点迁移。

2. 变送器的零点调整、量程调整和零点迁移

(1)零点调整

零点调整的目的，是使变送器输出信号为下限值 y_{min} 时的测量信号的下限值 x_{min} 与要求的零点一致。零点调整的方法是在负反馈放大器的输入端加上一个零点调整信号 z_0，如方框图 1-8-1 所示。只要调整 z_0 的大小，总可以使当 $x=x_{min}$ 时，$y=y_{min}$。

(2)量程调整

量程调整的目的是使变送器的输出为 $y_{max}-y_{min}$ 时测量范围 $x_{max}-x_{min}$ 与要求一致。量程调整的方法，通常是改变反馈部分的反馈系数 F。F 越大，量程就越大；F 越小，量程就越小。有些变送器也可以用改变测量转换部分的转换系数 D 来调整量程。

图 1-8-3 为变送器量程调整前后的输入输出特性。由图可见，量程调整相当于改变输入输出特性曲线的斜率，也就是改变变送器输出信号 y 与输入信号 x 之间的比例系数。

(3)零点迁移

在实际应用中，被控量测量的起点往往不是零，即 $x_{min} \neq 0$。此时需要将测量的起始点迁移到某一正值或负值，称为零点的迁移。零点迁移的方法和零点的调整方法相同。在未加迁移时，测量起始点为零；当测量的起始点由零变为某一正值，称为正迁移，如 x''_{min}；反之，当测量

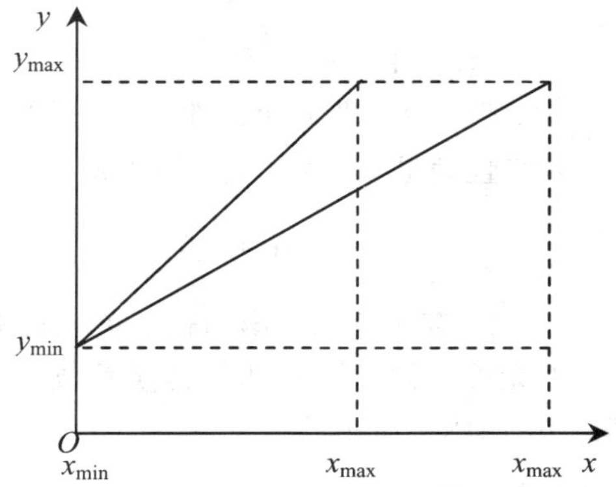

图 1-8-3　变送器量程调整前后的输入输出特性图

起始点由零变为某一负值，称为负迁移，如 x'_{min}。

图 1-8-4 为变送器零点迁移前后的输入输出特性。由图可见，零点迁移后，变送器的输入输出特性曲线沿 x 坐标向右或向左平移了一段距离，其斜率并没有改变，即变送器的量程不变，若采用零点迁移后，再辅以量程调整，可以提高仪表的测量精度和灵敏度。

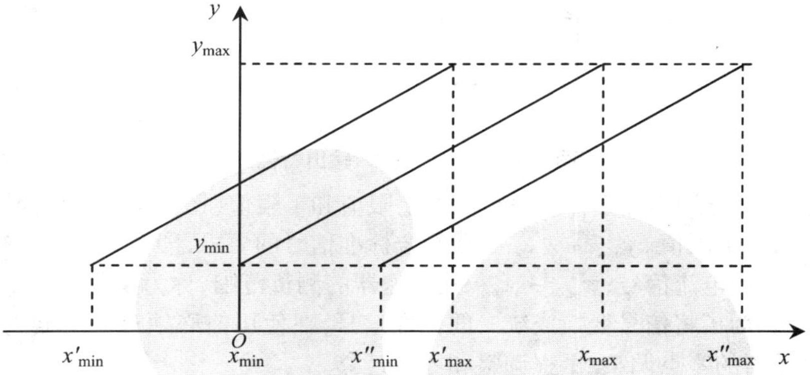

图 1-8-4　变送器零点迁移前后的输入输出特性

从前面的公式可看出，零点的调整与迁移不会影响变送器的量程。但如果通过调整反馈系数 F 而使量程发生变化之后，则零点还需要重新调整。因此，变送器零点和量程的调整往往是一个反复的过程。

根据被测量物理量的不同，变送器包括温度变送器、压力变送器和差压变送器等，但差压变送器是船舶机舱中最常见的变送器。差压变送器是专门用于测量各种压差信号的一种测量仪表，用它可以间接地测量温度、压力、液位、流量和黏度等物理量，并按比例转变成统一的标准信号输出。

二、气动差压变送器

气动差压变送器将被测量的物理量转化为 0.02~0.1 MPa 的标准气压输出信号。

1. 气动差压变送器的结构和工作原理

气动差压变送器的结构有多种，图 1-8-5 所示为采用力矩平衡原理的杠杆式差压变送器，它包含测量和气动转换两个部分。

测量部分由杠杆 9、密封簧片 13、测量膜盒 16 和基体等组成。其中，测量膜盒 16 把测量

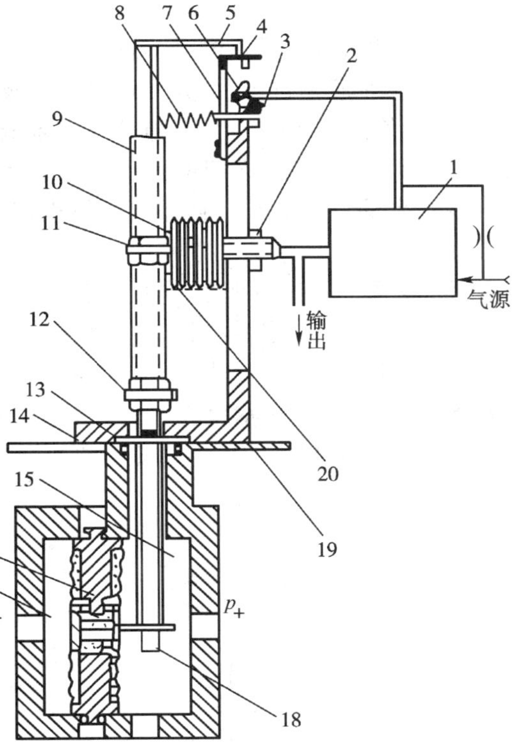

图 1-8-5 单杠杆气动差压变送器结构图

1—气动功率放大器;2、11—锁紧螺母;3—调零螺钉;4—顶针;5—顶针架;6—喷嘴 7—挡板;
8—调零、迁移弹簧;9—杠杆;10—反馈波纹管;12—静压误差调整螺母;13—密封簧片;14—支架;
15—正压室;16—测量膜盒;17—负压室;18—锁紧螺母;19—底板;20—反馈波纹管

室分成正压室 15 和负压室 17,并分别承受 p_+和 p_-压力信号;密封簧片 13 一方面对测量室的工作介质起到密封作用,另一方面也兼作杠杆的支点,使杠杆能绕之转动,称为弹性支点;杠杆下端与测量膜盒通过弹性连接件连接。

压差 $\Delta p=p_+-p_-$作用于测量膜盒产生的轴向测量推力通过连接件作用到杠杆下端,形成以密封簧片为弹性支点的测量力矩,测量力矩与 Δp 成正比例。如无与之相反的力矩用来平衡,将带动杠杆产生偏转,使其上端挡板与喷嘴间出现偏移。

气动转换部分主要由喷嘴挡板机构、气动放大器、反馈波纹管和调零弹簧等组成,其功能是把测量部分产生的位移信号转换为标准的气压信号作为差压变送器的输出。例如,当作用在测量膜盒上的压差信号 Δp 增大时,测量膜盒连同主杠杆的下端一起左移,主杠杆绕弹性支点 13 顺时针转动,顶针架 5 和顶针 4 右移,挡板 7 靠本身弹性靠近喷嘴 6,喷嘴背压升高,经气动功率放大器 1 放大,差压变送器的输出压力信号 $p_{出}$增大。在将该信号送至显示仪表和调节器的同时,还直接送入反馈波纹管 10,$p_{出}$与反馈波纹管 10 的有效面积相乘就等于波纹管对主杠杆产生的推力。当这个推力对弹性支点 13 产生的反馈力矩与测量膜盒对弹性支点产生的测量力矩相等时,主杠杆不再移动,喷嘴与挡板之间的开度不变,差压变送器输出信号 $p_{出}$稳定不变。若测量信号 Δp 减小,主杠杆 9 将绕弹性支点 13 逆时针转动,顶针架 5 和顶针 4 左移,使挡板 7 离开喷嘴 6,喷嘴背压下降,差压变送器输出 $p_{出}$减小,反馈波纹管 10 对主杠杆产生的反馈力矩将使主杠杆顺时针转动。当测量力矩与反馈力矩相等时,差压变送器的输出将稳定在比原来低的值上。

在上述描述中，测量力矩仅可通过改变膜盒的受力面积来改变，显然，不同等级的测量范围需要采用不同的膜盒来配合。但是膜盒选定后，只可通过改变反馈波纹管位置进行量程的适当调整。向上移动反馈波纹管将使反馈力矩增大，意味着需要有较大的 Δp（即被测量的压差信号要变化较大的范围）才能使杠杆平衡，亦即增大了变送器的量程；反之，向下移动反馈波纹管将使反馈力矩减小，变送器的量程减小。在需要大量程调整的场合，需要增加反馈力矩，可以采用双杠杆差压变送器。

图 1-8-6 示出双杠杆差压变送器的工作原理图，它的工作原理与单杠杆相仿，不过由于多了一个副杠杆 5，力的传递过程略有不同。当主杠杆 7 顺时针转动时，通过连接杆 10 使副杠杆 5 绕量程支点 8 顺时针转动，挡板 12 靠近喷嘴 11，变送器输出压力信号 $p_{出}$ 增大。这个信号，一路作为变送器输出送至调节器和/或显示仪表，另一路送入反馈波纹管 14，使副杠杆 5 对量程支点 8 产生一个与测量力矩方向相反的反馈力矩。当这两个力矩平衡时，差压变送器的输出就稳定在某个值上。

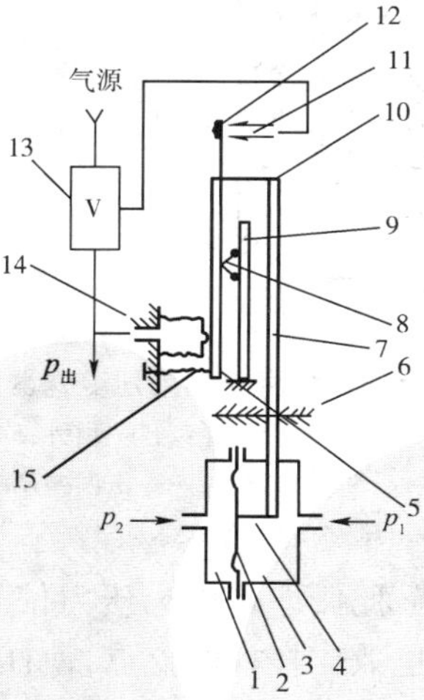

图 1-8-6　双杠杆差压变送器原理图

1—负压室；2—膜盒；3—正压室；4—弹簧片；5—副杠杆；6—弹性支点；7—主杠杆；8—量程支点；9—支架；10—连接杆；11—喷嘴；12—挡板；13—放大器；14—反馈波纹管；15—弹簧

在双杠杆差压变送器中，副杠杆的作用实质上是对主杠杆顶端的位移进行二次放大，改变量程支点 8 的上下位置，可以改变副杠杆的放大系数。当量程支点处于副杠杆中间时，量程等于单杠杆差压变送器的最大量程。若把量程支点向上移，放大系数减小，这时双杠杆差压变送器的量程比单杠杆最大量程还要大。

2. 气动差压变送器零点和量程的调整

差压变送器在正常工作时，应该确保测量信号 Δp 在最大变化范围内变化时，其输出能在标准信号范围，即 0.02~0.1 MPa 内变化。因此在投入工作以前，要根据测量信号 Δp 的最大变化范围调整好零点和量程。具体气动差压变送器的零点和量程的调整方法如下：

零点调整：当测量信号 $\Delta p=0$ 时，确保差压变送器的输出 $p_{出}=0.02$ MPa。调整方法是通过调整调零弹簧的预紧力，强制改变挡板与喷嘴之间的初始开度，使 $\Delta p=0$ 时，$p_{出}=0.02$ MPa。

量程调整：当测量信号 Δp 达到最大值时，调整量程支点的上下位置，使 $p_{出}=0.1$ MPa。若

$p_{出}=0.08$ MPa，说明量程大了，则可拧动量程支点螺帽，使之沿着副杠杆上的螺纹下移，反之亦然。

由于量程的调整会影响零点，因此量程调整后，需重新调零，然后再看量程是否合适，重复上述操作，直到零点与量程准确为止。有经验者经 2~3 次调整，即可把零点和量程调准。变送器的支架上贴有量程刻度表，刻度表上的量程值可以作为量程的粗调依据。

3. 气动差压变送器实例

为便于实际操作和管理，下面给出一个气动差压变送器实例。图 1-8-7 所示是 P10 系列差压变送器，常用于船舶锅炉水位测量和燃油黏度测量等场合。图中，(a)为变送器的外形图；(b)为变送器的结构原理图，图上标明了变送器各个组成部分的名称。

从图 1-8-7(b)可以看出，这是一个双杠杆差压变送器，其工作原理与前面所述的双杠杆差压变送器类似。

(a)实物图

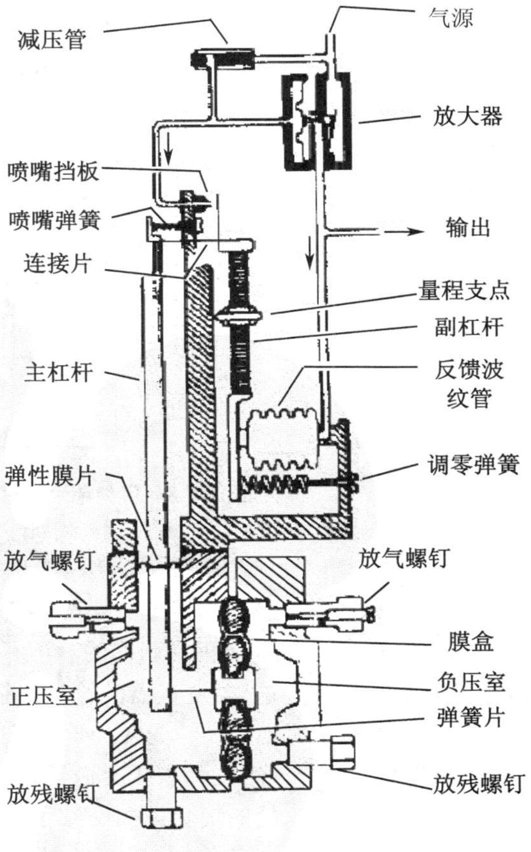

(b)原理图

图 1-8-7　P10 系列气动差压变送器实例

4. 船舶差压变送器的应用

测量锅炉水位普遍采用参考水位罐装置，如图 1-8-8 所示。参考水位罐上端与锅炉的蒸汽空间相通，下端有测量水位管 3 和参考水位管 4 分别接在差压变送器的正、负压室。其中测量水位管还与锅炉的水空间相通，其管伸进参考水位罐里面，管口的位置调整到与锅炉的最高水位一致。由于蒸汽的不断冷凝，参考水位罐中水位不断升高，当水位升至测量管的管口位置时，蒸汽再冷凝成的水，会经测量管的管口流回锅炉的水空间。因此，参考水位罐将保持一个与锅炉最高水位一致，且固定不变的水位，称为参考水位。而测量管中的液面与锅炉的实际水位一致，叫测量水位。参考水位管 4 接到差压变送器的压力是蒸汽压力加上参考水位的水柱高度，测量水位管 3 接到差压变送器的压力是蒸汽压力加上测量水位的水柱高度。因此，差压变送器正、负压室所承受的压差信号 Δp 将是参考水位与测量水位之间的水柱高度 H。因参考水位不变，所以随着测量水位（即锅炉的实际水位）的升高，H 将减小，即 Δp 减小；反之，测量水位降低，H 增大，Δp 增大。但是，由于此时 Δp 是负值，差压变送器不能正常工作。

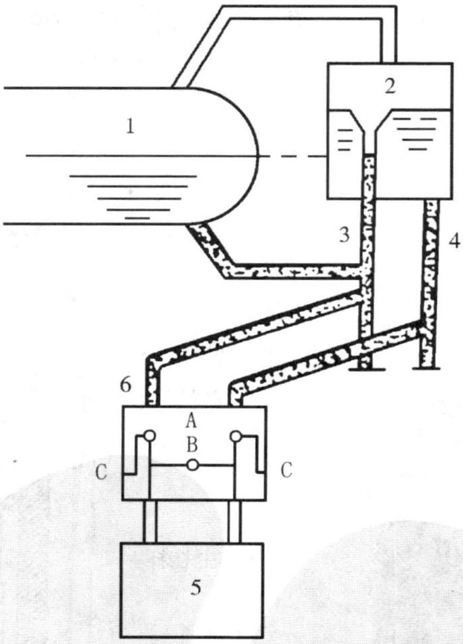

图 1-8-8　用参考水位罐检测锅炉水位装置

1—锅炉；2—参考水位罐；3—测量水位管；4—参考水位管；5-差压变送器；
6—阀箱；A—截止阀；B—平衡阀；C—泄放阀

如果把参考水位管 4 接正压室，测量水位管 3 接负压室，这时差压变送器输入的压差信号 Δp 为正值，差压变送器是能正常工作的。但是，随着锅炉测量水位的上升，Δp 减小，变送器的输出信号也随之减小。这样，变送器的输出与锅炉测量水位的变化方向正好相反，显示仪表指示锅炉的水位方向也必然相反。这不符合人们的习惯，容易造成错觉。所以还是要回到前述连接方法，把参考水位管 4 接到差压变送器的负压室，把测量水位管 3 接到正压室。现在变送器的输出与锅炉测量水位的变化方向一致了，即随着测量水位的升高，变送器正压室的压力不断增加。但是，由于 Δp 是负值，差压变送器是不会有输出的，为此可调整迁移弹簧，进行负迁移。例如，锅炉水位的最大变化范围是 600 mm，当锅炉水位处于最低水位时，$\Delta p=-600$ Pa（600 mmH_2O）。本来当 $\Delta p=0$ 时，差压变送器的 $p_{出}=0.02$ MPa，现在当 $\Delta p=-600$ Pa（600 mmH_2O）时，通过调整迁移弹簧（图 1-8-7 中的调零弹簧）的拉力使挡板靠近喷嘴，直到 $p_{出}=0.02$ MPa 为止。这就保证了锅炉水位处于最低水位时，差压变送器的输出 $p_{出}$ 等于 0.02 MPa。以后，随着锅炉测量水位的升高，Δp 负值不断减小（相当于正压室的压力增加），挡板不断靠近喷嘴，变送器的输出 $p_{出}$ 也会不断增大。当锅炉测量水位上升到最高水位（与参考水位一致)时，$\Delta p=0$，变送器的输出 $p_{出}=0.1$ MPa，这就是迁移原理。在上述的例子中，把变送器的零点从 $\Delta p=0$ 迁移到 $\Delta p=-600$ Pa(600 mmH_2O)，这是负迁移，迁移量为-600 Pa(600 mmH_2O)，如图 1-8-9 所示。从图中可见，变送器迁移后，量程的起点和终点均改变，但量程没有变，仍为 600 Pa(600 mmH_2O)。

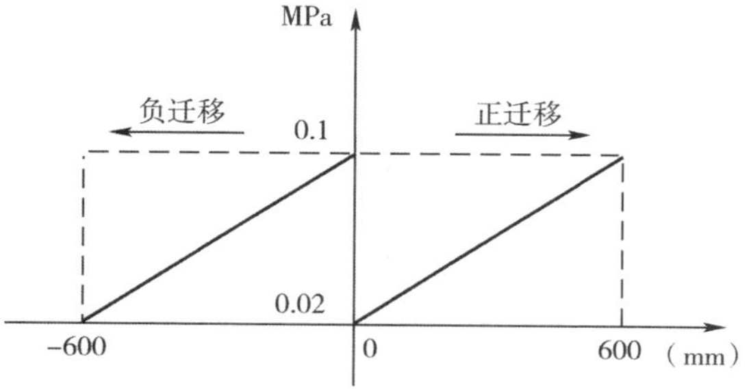

图 1-8-9　差压变送器的负迁移特性

实际上，不仅差压变送器可以迁移，压力、温度等变送器也可以迁移，都可以负迁移或正迁移。如锅炉的蒸汽压力最大变化范围是 0.6~1.0 MPa，若不使用迁移，必须选用量程为 0~1.0 MPa 的压力变送器。若采用迁移，需在迁移前，先把压力变送器的量程减小为 0~0.4 MPa，再把压力变送器的零点由 $p_{入}=0$，正迁移至 $p_{入}=0.6$ MPa。这时，压力变送器的输入压力为 0.6~1.0 MPa，所对应的输出压力为 0.02 ~ 0.1 MPa。可见迁移后，量程的起点和终点都改变了，但 0.4 MPa 的量程未变。通过迁移不仅能使变送器适应不同测量范围的要求，还能提高仪表的精度和灵敏度。例如，选用 1 级精度的变送器，不用迁移其仪表的绝对误差是 $(1.0-0)\times1\%=0.01$ MPa，采用迁移后，其绝对误差为 $(1.0-0.6)\times1\%=0.004$ MPa，可见仪表的测量精度提高了 2.5 倍。因为灵敏度 $S=\Delta y/\Delta x$，现 Δy 不变，而 Δx 由 1 MPa 变为 0.4 MPa，所以仪表的灵敏度也提高了 2.5 倍。

5. 差压变送器的使用保护

差压变送器在投入工作或退出工作时，如果正压 p_+ 和负压 p_- 不能同时作用在测量膜盒上，就会在测量膜盒的一侧突然受到一个很大的作用力，有可能使膜盒和挡板等元件损坏。为了防止差压变送器发生单向过载而损坏，除了在测量膜盒的结构上采取了抗单向过载的保护措施外，还必须在差压变送器的测量管路上安装三通平衡阀(或称三通导压阀)，三通平衡阀是由截止阀(导压阀)1、3 和平衡阀 2 所构成，如图 1-8-10 所示。为了达到保护变送器的目的，三通平衡阀必须按如下步骤正确的操作：变送器在投入工作时，即接入信号时，应先开平衡阀 2，后开截止阀 1 和 3。这样无论是先开截止阀 1 或 3，测量管中的高压经平衡阀将同时作用于膜盒两侧，使膜盒两侧的压力相等，不会产生单向受力情况。当截止阀 1 和 3 都打开后，再关闭平衡阀 2，使 p_+ 和 p_- 同时接入正、负压室，变送器开始正常工作。当变送器退出工作时，也须先开平衡阀 2，后关截止阀 1 和 3，使 p_+ 和 p_- 同时切除。图中 4 和 5 是测量管路的冲洗阀，冲洗时，也要注意先开平衡阀 2。在锅炉参考水位罐式差压变送器的应用中，注意平衡阀的打开将引起测量的变化。打开平衡阀后，使输出信号变成最大 0.1 MPa；关掉平衡阀后，参考水位罐的参考水位需要长时间才能达到其固定值，在该过程中，实际水位未变，但输出会逐渐减小。所以在调试中，需要注意参考水位罐的参考水位，在确认满了以后才能调试其零点和量程。

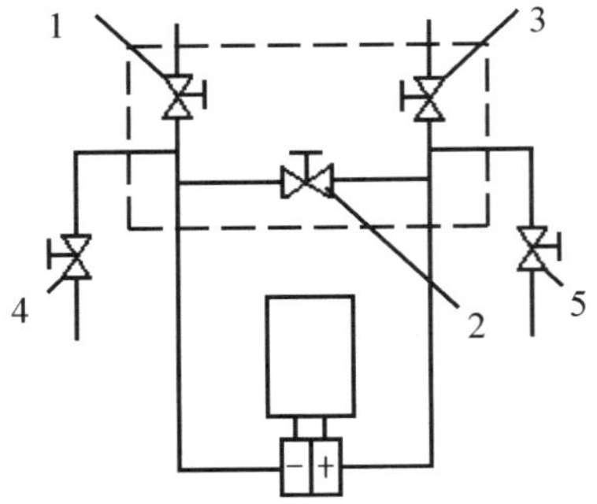

图 1-8-10　差压变送器的阀组

1,3—截止阀;2—平衡阀;4,5—冲洗阀

三、电动变送器的结构和工作原理

电动差压变送器将被测量的物理量转化为 4~20 mA 的标准电流输出信号，目前在船舶机舱中主要以电容式电动差压变送器为主。

电容式差压变送器的基本组成可用方框图 1-8-11 表示，它分成测量部分和转换放大电路部分。输入差压 Δp 作用于测量部件的感压膜片，使其产生位移，从而使感压膜片（即可动电极）与两固定电极所组成的差动电容器之电容量发生变化。此电容变化量由电容-电流转换电路转换成直流电流信号，电流信号与调零信号的代数和同反馈信号进行比较，其差值送入放大电路，经放大得到变送器的输出电流 I_o。

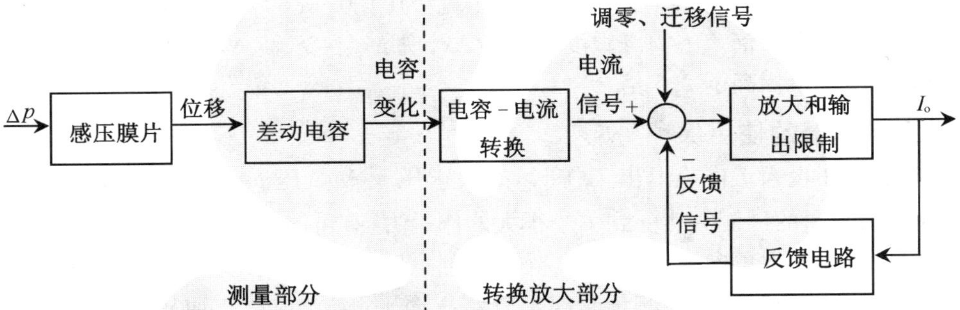

图 1-8-11　电容式差压变送器组成方框图

电容式差压变送器的整个结构无机械传动与调整装置。它采用差动电容作为检测元件，并用全封闭焊接的方式将测量部分进行固体化。因此仪表结构简单，整机性能稳定、可靠，且具有较高的精度。

1. 测量部件

测量部件的作用是把被测差压 Δp 转换成电容量的变化，其核心是差动电容敏感元件。差动电容敏感元件包括中心感压膜片（可动电极），正、负压侧弧形电极（固定电极），电极引线，正压侧、负压侧隔离膜片和基体等。在差动电容敏感元件的空腔内充有硅油，用以传递压力。中心感压膜片和其两边的正、负压侧弧形电极形成电容 C_H 和 C_L，当作用在正、负压侧隔离膜片上的压力相等时，$C_H=C_L$。

当正、负压室引入的被侧压力 p_+ 和 p_- 作用于正、负压侧隔离膜片上时，p_+ 和 p_- 之差即 Δp 使中心感压膜片产生位移，从而使中心感压膜片与其两边弧形电极的间距不相等，结果使一个电容的容量减小，另一个电容的容量增加。

2. 转换放大电路

转换放大电路的作用是将上述差动电容的相对变化值，转换成标准的电流输出信号。此外，还具有零点调整、量程调整、正、负迁移和阻尼调整等功能。其原理框图如图 1-8-12 所示。

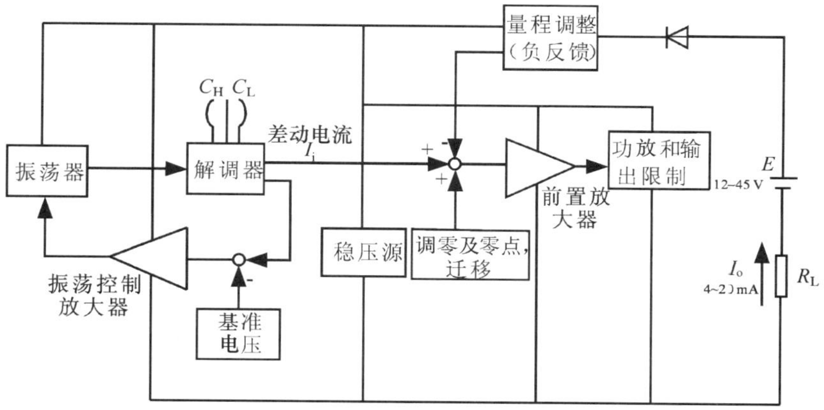

图 1-8-12　电容式差压变送器转换放大电路原理框图

该电路包括电容-电流转换电路及放大电路两部分。电容-电流转换部分主要有振荡器、解调器、振荡控制放大器，它的作用是将与差压 Δp 成正比的差动电容的相对变化值 $(C_H-C_L)/(C_H+C_L)$ 成比例地转换成差动电流信号 I_i，并实现非线性补偿功能。放大电路部分主要由前置放大器、调零与零点迁移电路、量程调整电路、功放与输出限制电路等组成，该部分电路的作用是将差动电流 I_i 进行放大，并输出 4~20 mA 的直流电流。

3. 数字式转换电路

其工作原理如图 1-8-13 所示，核心部件是 CPU 回路，其作用是将 A/D 转换采集到的数据进行滤波和线性化处理，再经过量程和零点的调整实现信号与输入成比例关系，并通过 D/A 转换并输出需要的 4~20 mA 信号。在需要的场合，还可配合数字通信器将信号以数字通信方式向外传递。由于采用单片机技术，该仪表具备的特点有：功能强，灵活性好，稳定性好，零点和量程可在外部调节，正负迁移范围广，具备自诊断能力，带 HART 通信规约的通信接口。

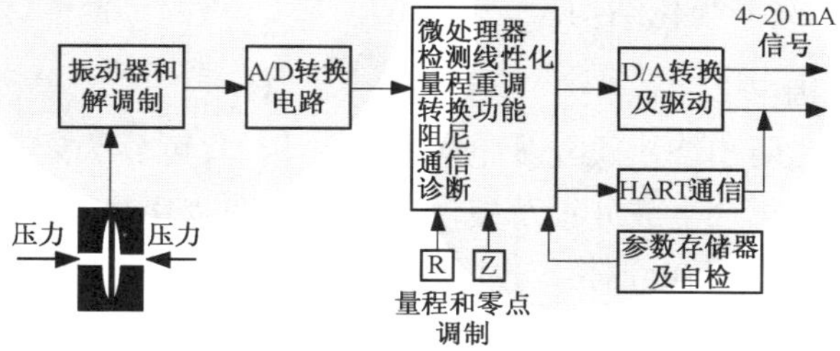

图 1-8-13　数字式转换电路原理框图

四、旋转变压器的基本工作原理

旋转变压器(resolver/transformer)是一种电磁式传感器,又称同步分解器。它是一种测量角度用的小型交流电动机,用来测量旋转物体的转轴角位移和角速度,由定子和转子组成。其中定子绕组作为变压器的原边,接受励磁电压,励磁频率通常用 400 Hz、3 000 Hz 及 5 000 Hz 等。转子绕组作为变压器的副边,通过电磁耦合得到感应电压。

1. 旋转变压器的原理

如图 1-8-14 所示,定子绕组 D1–D2 接交流电源激磁 U_f,转子绕组 Z1–Z2 输出电压 U_o 接负载 ZL。当主动轴带动转子转过 θ 角时,转子绕组中产生的感应电压为

$$U_o = kU_{r1}\sin\theta \tag{1-31}$$

式中,k 为一相定、转子绕组的有效匝数比(变比)。如用转子绕组激磁,定子绕组输出时表达式相同(只是 k 值不同)。采用不同接线方式或不同的绕组结构,可以获得与转角成不同函数关系的输出电压。采用不同的结构还可以制成圆函数、锯齿波函数等特种用途的旋转变压器。

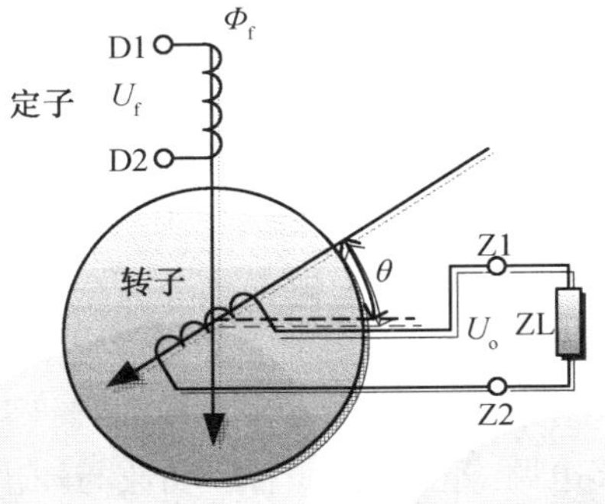

图 1-8-14 旋转变压器原理图

利用两台相同的正、余弦旋转变压器可组成单通道测角系统。一台旋转变压器为发送机,由交流电源激磁,另一台为控制变压器,输出为角度 θ 的函数。应用双通道测角系统可组成双通道伺服系统,当误差角 δ 较小时用精通道信号控制,误差角 δ 较大时用粗通道信号控制。因此系统的控制精度最高可达 3″~7″。为了减少减速器齿轮间隙造成的非线性误差,可采用电气变速式双通道测角系统,即采用多极旋转变压器。它是在一个机体内安装单极和多极两台旋转变压器,而共用一根轴。用单极变压器组成粗通道系统,多极旋转变压器组成精通道系统。这样既能提高精度,又能简化结构。

2. 旋转变压器结构

旋转变压器的结构和两相绕线式异步电机的结构相似,可分为定子和转子两大部分。定子和转子的铁芯由铁镍软磁合金或硅钢薄板冲成的槽状铁芯片叠成。绕组分别嵌入各自的槽状铁芯内。定子绕组通过固定在壳体上的接线柱直接引出。转子绕组有两种不同的引出方式。根据转子绕组两种不同的引出方式,旋转变压器分为有刷式和无刷式两种结构。

图 1-8-15 是有刷式旋转变压器。它的转子绕组通过滑环和电刷直接引出,其特点是结构简单,体积小,但因电刷与滑环是机械滑动接触的,所以旋转变压器的可靠性差,寿命也较短。

图 1-8-16 是无刷式旋转变压器,分为两大部分,即旋转变压器本体和附加变压器。附加变压器的原、副边铁芯及其线圈均成环形,分别固定于转子轴和壳体上,径向留有一定的间隙。

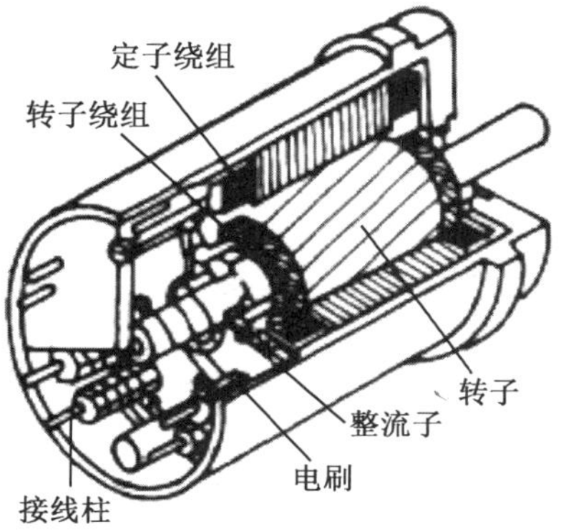

图 1-8-15　有刷式旋转变压器

旋转变压器本体的转子绕组与附加变压器原边线圈连在一起，在附加变压器原边线圈中的电信号，即转子绕组中的电信号，通过电磁耦合，经附加变压器副边线圈间接地送出去。这种结构避免了电刷与滑环之间的不良接触造成的影响，提高了旋转变压器的可靠性及使用寿命，但其体积、质量、成本均有所增加。

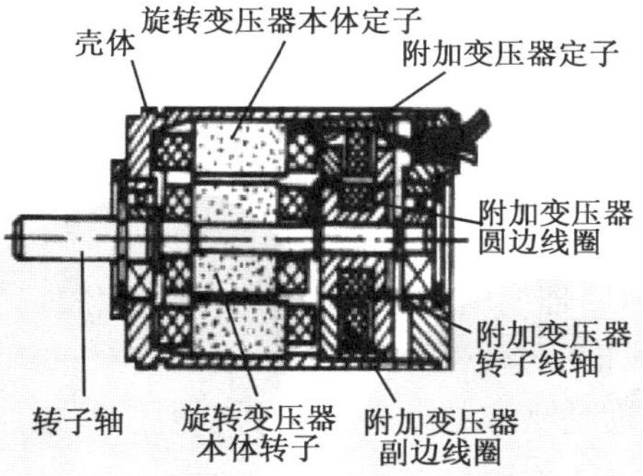

图 1-8-16　无刷式旋转变压器

常见的旋转变压器一般有两极绕组和四极绕组两种结构。两极绕组旋转变压器的定子和转子各有一对磁极，四极绕组则有两对磁极，主要用于高精度的检测系统。除此之外，还有多极式旋转变压器，用于高精度绝对式检测系统。

3. 应用

旋转变压器是一种精密角度、位置、速度检测装置，适用于所有使用旋转编码器的场合，特别是高温、严寒、潮湿、高速、高震动等旋转编码器无法正常工作的场合。旋转变压器由于具有以上特点，可完全替代光电编码器，被广泛应用在伺服控制系统、航空航天、船舶等领域的角度、位置检测系统中，也可用于坐标变换、三角运算和角度数据传输、作为两相移相器用在角度-数字转换装置中。图 1-8-17 为其端盖拿掉后的外形图。

图 1-8-17　旋转变压器外形图

第九节　执行元件

一、气动执行元件的结构和工作原理

气动执行机构是将调节器输出的气动控制信号转换为机械位移或其他驱动。在船舶机舱中，气动执行机构除前述的气动薄膜调节阀和电气转换阀外，还有各种逻辑控制用和数字控制配套的气动阀件。

1. 气动二位三通阀

气动二位三通阀的结构原理如图 1-9-1(a)所示，图 1-9-1(b)为其逻辑符号图。该阀的用途是当控制口 Z 有压力信号时，可使工作口 A 通入压缩空气（P_1 为压力口），或使工作口 A 排气（P_1 为大气）。其工作原理是当控制口 Z 有控制压力信号，则活塞 1 克服弹簧 2 的弹簧力向下运动，在顶杆 3 随之一起向下运动的过程中首先使 A 口与 P_2 口的通路截断，然后使阀芯 4 从其阀座上向下离开，从而使 P_1 口与 A 口相通，在逻辑符号图上相当于上位通。如果控制口排气，活塞 1、顶杆 3 和阀芯 4 均在复位弹簧作用下复位，则有接口 A 和 P_2 接通，而接口 P_1 截止，在逻辑符号图上相当于下位通。

根据动作阀芯力的性质不同，也就是控制信号 A 的种类不同，二位三通阀可分为机械动作、手动操作、单气路控制、双气路差动控制和电动控制等类型，图 1-9-2(a)、(b)、(c)、(d)、(e)分别画出了它们的逻辑符号图。电动二位三通阀即常称为的电磁阀，经常使用在各种逻辑控制回路中。

2. 三位四通阀

在遥控系统中，三位四通阀常作为主机的换向控制阀。图 1-9-3(a)和(b)分别示出了该阀的结构原理和逻辑符号。它由阀体、左右滑阀及弹簧组成，A 口和 B 口分别为正车换向和倒车换向输出口，7 口接联锁信号，只要有联锁信号，该阀就被锁在中位通的位置，此时气源口 P 截止，A 口和 B 口均通大气，该位置是不允许进行换向操作的。联锁信号 7 撤销（7 口通大气）后，若 5 端通控制信号，6 端通大气，该阀右位通，B 口输出 1，A 口输出 0，气源经 B 口进入倒车换向油缸进行倒车换向。若 6 端通控制信号，5 端通大气，该阀左位通，A 口输出 1，B 口输出 0，气源经 A 口进入正车换向油缸进行正车换向。换向完成后，7 口通联锁信号，三位五通阀立即被锁在中间位置。

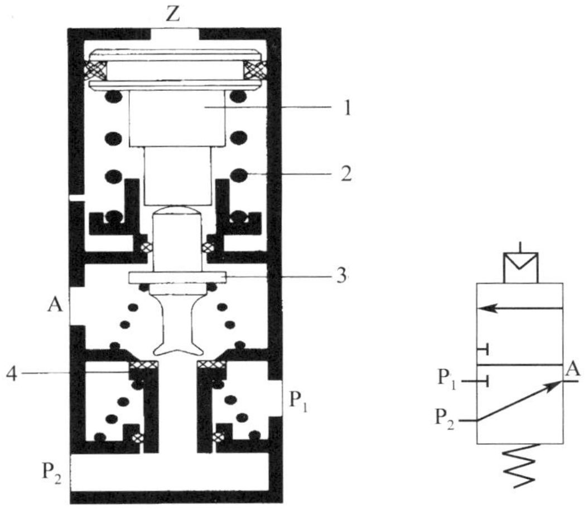

(a) 结构原理图 (b) 逻辑符号

图 1-9-1 气动二位三通阀结构原理及逻辑符号图

1—活塞;2—弹簧;3—顶杆;4—阀芯

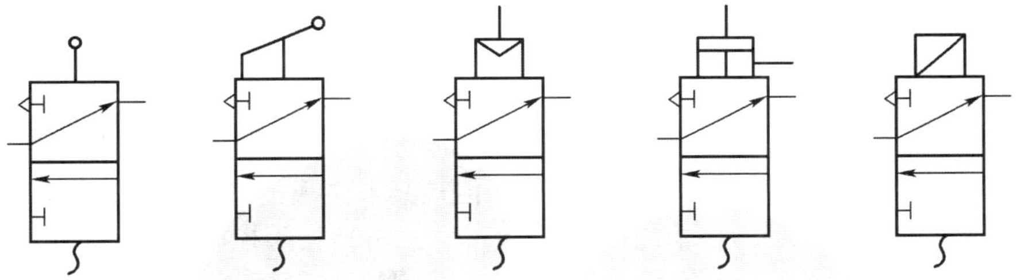

(a) (b) (c) (d) (e)

图 1-9-2 各种两位三通阀逻辑符号图

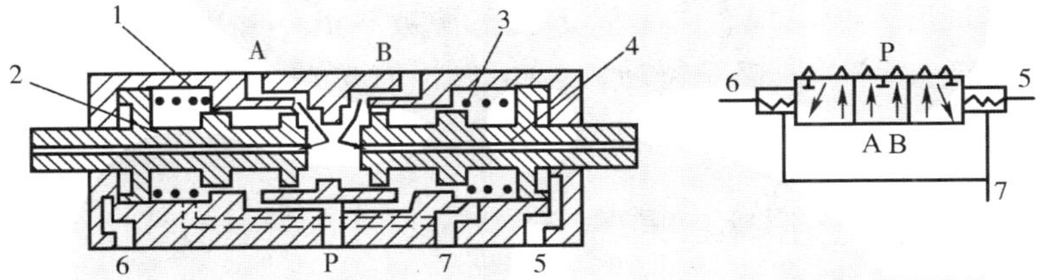

(a) 结构原理图 (b) 逻辑符号

图 1-9-3 三位四通阀结构原理及逻辑符号图

三位五通阀还有很多的变形,如将排大气的两个口合在一起,即成为三位四通阀;将两边的气动控制端 5、6 改成电磁线圈控制,即成为电动三位五通阀,可用来执行电动调节送来的控制信号。

3. 开度可控的主起动阀

控制主起动阀开度可实现慢转起动,其回路如图 1-9-4 所示。当形成慢转指令时,慢转起动电磁阀 V_{SL} 通电右位通。当有起动指令 $Y_{so}=1$ 时,起动控制阀 V_A 受控下位通,使主起动阀上面的控制活塞被起动空气压下,从而限制了主起动阀的开度。由于进入起动系统的起动空气压力较低、流量较少,因此主机只能慢慢转动,进行慢转起动。当主机缓慢运转 1~2 转后,撤销慢转信号，电磁阀 V_{SL} 断电左位通，控制活塞上面的气压经阀 V_A 下位放大气，解除对主起动阀的限位作用，使主起动阀全开，进行正常起动。直到主机达到发火转速时，$Y_{so}=0$，撤销起动信号，阀 V_A 失控上位通，则关闭主起动阀停止起动。

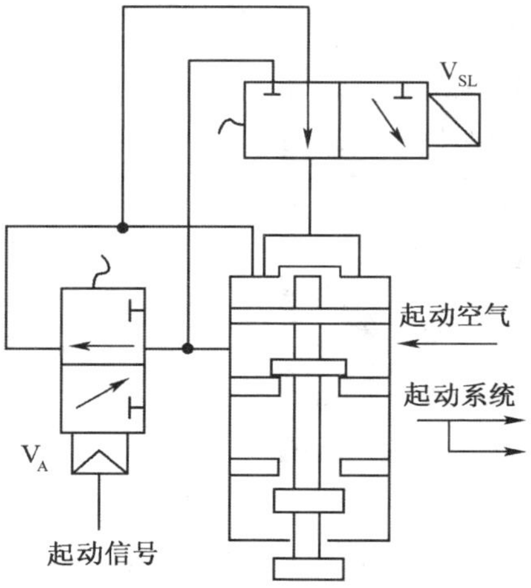

图 1-9-4　控制主起动阀开度的慢转起动回路图

4. 主、辅起动阀

采用主、辅起动阀可实现主机的慢转和正常起动控制，其回路如图 1-9-5 所示。当形成慢转指令时，慢转起动电磁阀 V_{SL} 通电下位通。当有起动指令 $Y_{so}=1$ 时，起动控制阀 V_C 受控右位通，输出气源信号。该气源信号一路到阀 V_{SL}，但被其下位截止，主阀控制阀 V_B'的控制端经阀 V_{SL} 下位放大气而右位通，则关闭主起动阀 V_B；另一路到辅阀控制阀 V_A'的控制端，使它受控右位通，则打开辅起动阀 V_A。因流过辅起动阀 V_A 的起动空气量较少，所以主机只能慢慢转动，进行慢转起动。当主机缓慢运转 1~2 转后，撤销慢转指令，电磁阀 V_{SL} 断电上位通，使主阀控制阀 V_B'受控左位通，则打开主起动阀 V_B。这时主、辅起动阀均打开，进行正常起动。当主机达到发火转速时，$Y_{so}=0$，阀 V_C 失控左位通，气源被截止。阀 V_A'和 V_B'的控制端信号均经阀 V_C 的左位放大气，阀 V_A'失控左位通，阀 V_B'失控右位通。使主、辅起动阀均关闭，停止起动。

二、电动伺服马达的结构和工作原理

1. 基本结构和工作原理

电动执行机构由伺服放大器和执行单元两大部分，其结构原理方框图如图 1-9-6 所示。伺服放大器将输入信号 I_i 和反馈信号 I_f 相比较，得到偏差信号 ΔI。当偏差信号 $\Delta I>0$ 时，ΔI 经伺服放大器功率放大后，驱动伺服电机转动，再经机械减速后，使输出转角 θ 增大。输出轴转角位置经位置发送器转换成相应的反馈电流 I_f，反馈到伺服放大器的输入端使 ΔI 减小，直至 $\Delta I=0$ 时，伺服电机才停止转动，输出轴就稳定在与输入信号相对应的位置上。反之，当 $\Delta I<0$ 时，伺服电机反方向转动，输出轴转角 θ 减少，I_f 也相应减小，直至使 $\Delta I=0$ 时，伺服电机才停止转动，输出轴稳定在另一新的位置上。

2. 伺服放大器

伺服放大器主要由前置磁放大器、触发器和可控硅交流开关等构成。它与电机配合工作

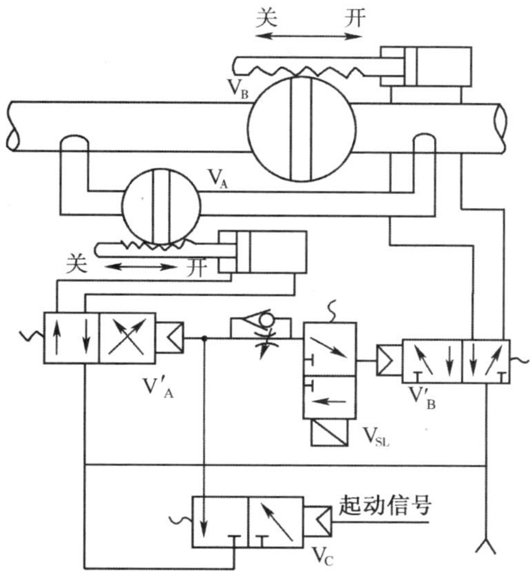

图 1-9-5　采用主、辅起动阀的慢转起动回路图

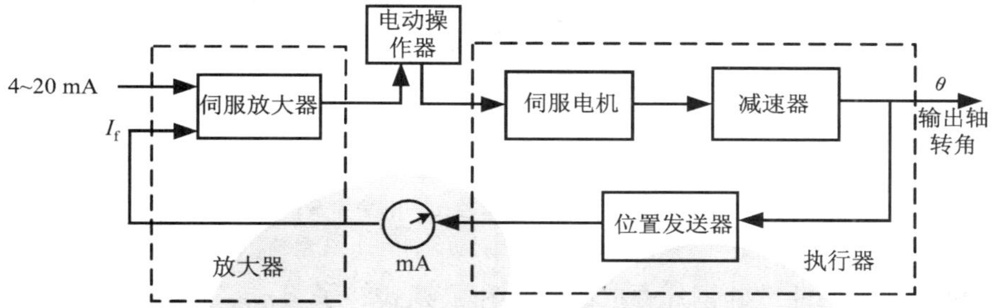

图 1-9-6　电动执行机构的结构原理框图

的伺服驱动电路如图 1-9-7 所示。

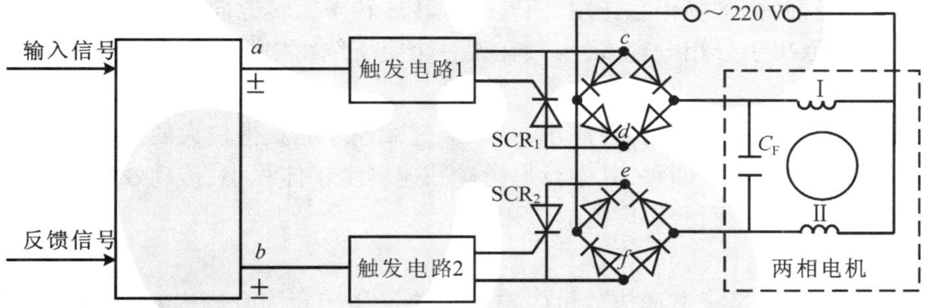

图 1-9-7　伺服放大器组成示意图

前置放大器是一个增益很高的放大器，根据输入信号与反馈信号相减所得的偏差极性，在 a、b 两端的输出不同极性的电压。当前置放大器输出电压的极性为 $a(+)$、$b(-)$ 时，触发电路 1 使可控硅 SCR_1 导通，桥式整流器的 c、d 两端接通，220 V 的交流电压直接接到伺服电机的绕组Ⅰ，并经分相电容 C_F 加到绕组Ⅱ上。这样，绕组Ⅱ中的电流相位比绕组Ⅰ超前 90°，形成旋转磁场，使电机朝一个方向转动。若前置放大器的输出电压极性和上述相反，即 $a(-)$、$b(+)$ 时，则触发电路 2 使可控硅 SCR_2 导通，使另一桥式整流器的两端 e、f 接通，电源电压直接加于

电机绕组Ⅱ,并经分相电容 C_F 供电给绕组Ⅰ,电机朝相反的方向转动。由于前置放大器的增益很高,只要偏差信号大于不灵敏区,触发电路便可使可控硅导通,电动机以全速转动,这里可控硅起的是无触点开关的作用。当 SCR_1 和 SCR_2 都不导通时,伺服电机停止转动。

3. 执行器

执行单元由伺服电机、机械减速器和位置发送器三部分组成。执行单元接收伺服放大器或电动操作器的输出信号,控制伺服电机的正、反转,经机械减速器减速后输出力矩推动调节机构动作。与此同时,位置发送器将调节机构的角位移转换成相对应的 0~10 mA 直流电流信号,作为阀位指示,并反馈到前置放大器的输入端作为位置反馈信号以平衡输入信号。

(1)伺服电机

图 1-9-8 表示的是一个两相电容异步伺服电机的结构原理,它将伺服放大器输出的电功率转换成机械转矩,作为执行器的动力部件。

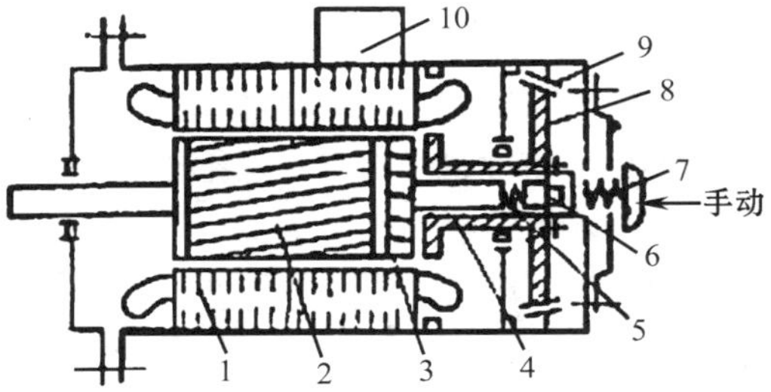

图 1-9-8 伺服电机的结构原理图

1—定子;2—转子;3—衔铁;4—套轴;5—压缩弹簧;6—调节螺钉;7—手动按钮;8—制动轮;9—制动盘;10—出线盒

伺服电机由一个用冲槽硅钢片叠成的定子和鼠笼式转子组成。定子上均布着两个匝数、线径相同而相隔 90°电角度的定子绕组Ⅰ和Ⅱ。由于分相电容 C_F 的作用,定子绕组Ⅰ和Ⅱ的电流相位总是相差 90°,其合成向量产生定子旋转磁场,定子旋转磁场又在转子内产生感应电流并构成转子磁场,两个磁场相互作用,使转子旋转。转子旋转方向取决于定子绕组Ⅰ和Ⅱ中的电流相位差,即取决于分相电容 C_F 串接在哪一个定子绕组中。

(2)减速器

由于交流伺服电机的转速高、力矩小,必须经过减速才能获得较大的推动力矩。常用的减速器有行星齿轮和蜗轮蜗杆两种,其中行星齿轮减速器由于体积小、传动效率高、承载能力大、单级速比可达 100 倍以上而获得广泛的应用。

(3)位置发送器

位置发送器的作用是将电动执行机构输出轴的位移转变为 0~10 mA 直流电流反馈信号的装置。其主要部分是差动变压器,如图 1-9-9 所示。

差动变压器的铁芯与凸轮斜面靠弹簧相互压紧,当输出轴转动时带动凸轮使铁芯左右移动,凸轮斜面在设计上能保证铁芯位置与输出轴之转角呈线性关系,因此,变压器负边的输出电压将与输出轴的转角呈线性关系。这一交流信号经进一步处理获得 0~10 mA 的直流电流信号。

以上分别介绍了气动和电动执行机构的结构和工作原理。一般来说,气动和电动执行机构分别与气动和电动调节器相匹配,但控制系统的设计是非常灵活的,在船舶机舱中往往会出现电动和气动仪表相混合的形式。图 1-9-10 所示为较为复杂的各种可能组合方式。

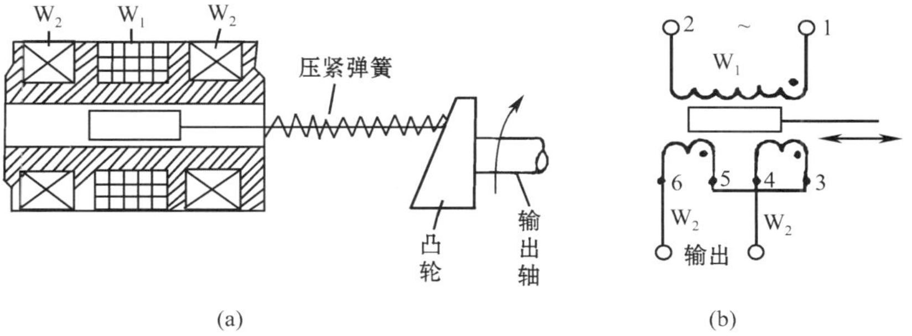

图 1-9-9 执行机构的位置反馈原理图

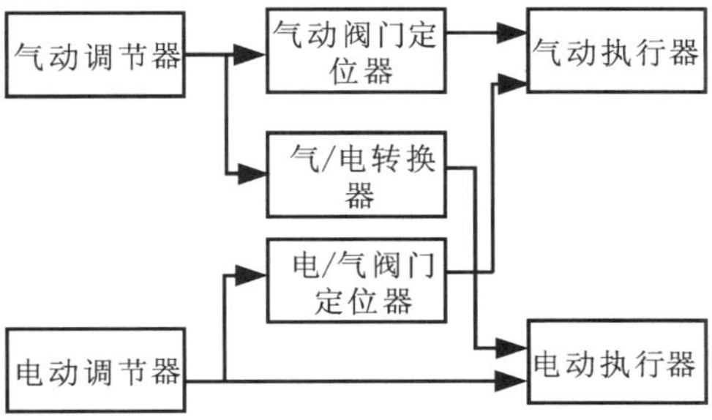

图 1-9-10 电/气动执行机构的组合方式

三、液压伺服机构的结构和工作原理

逻辑控制用的液压电磁阀结构原理同前述气动阀件，只是排大气口需要使用管路接回到油柜，常用在船舶压载水阀门控制系统、舵角调节控制和甲板液压系统中。液压伺服机构可将各种信号（包括电动、气压或液压）转换为机械位移或其他驱动信号。常用的电液伺服器就是将 4～20 mA 信号转换为转角位移信号去控制阀门，电喷柴油机中使用共轨柴油喷射控制则是将计算机给出的 PWM 信号转换为供油量。

在采用电子调速器的遥控系统中，调速器输出的电压控制信号必须进行信号变换才能送至控制油门杆动作的执行机构。少数遥控系统采用气动执行机构去动作油门，绝大多数遥控系统采用液压执行机构，它需要把调速器输出的电信号转换成液压信号，经放大后去执行油量调节任务，这就是电/液伺服器。较为常用的是 Hagenuk 电/液伺服器，其组成和工作原理如图 1-9-11 所示。

在铸铁的箱盖上面装有一台电机 13，它带动主阀 8 高速旋转，同时带动先导泵 14、主泵 15 和平衡泵 16 三个泵工作，先导泵 14 排出的油压经滤器 23 进入由先导阀 4 控制的主阀上、下路油口 24 和 22。当先导阀 4 处于中间平衡位置时，先导阀上、下控制边缘刚好把主阀上、下路油口 24 和 22 打开少许，使其压力油流回低压油柜。这时，主阀 8 处于中间位置，主阀上的凸面封住 A 口和 B 口，主泵打出的高压油被封住在主阀两凸面之间。先导阀与主阀之间的动作关系是，主阀始终跟踪先导阀移动，电/液伺服器的工作过程就是依据这一动作特点进行的。

电子调速器输出的电压信号，要经过电压，电流（U/I）转换器，把电压信号转换成 0～10 mA 或 4～20 mA 电流信号，送至与先导阀连在一起的力线圈 N 中，在永久磁场 M 中载流线圈会产生一个向下的电磁力。这个力与流过力线圈 N 的电流大小成比例。加速时，电流增大，力线圈和先导阀克服反馈弹簧 2 的拉力下移。关闭油口 24，开大油口 22，主阀腔室油压大

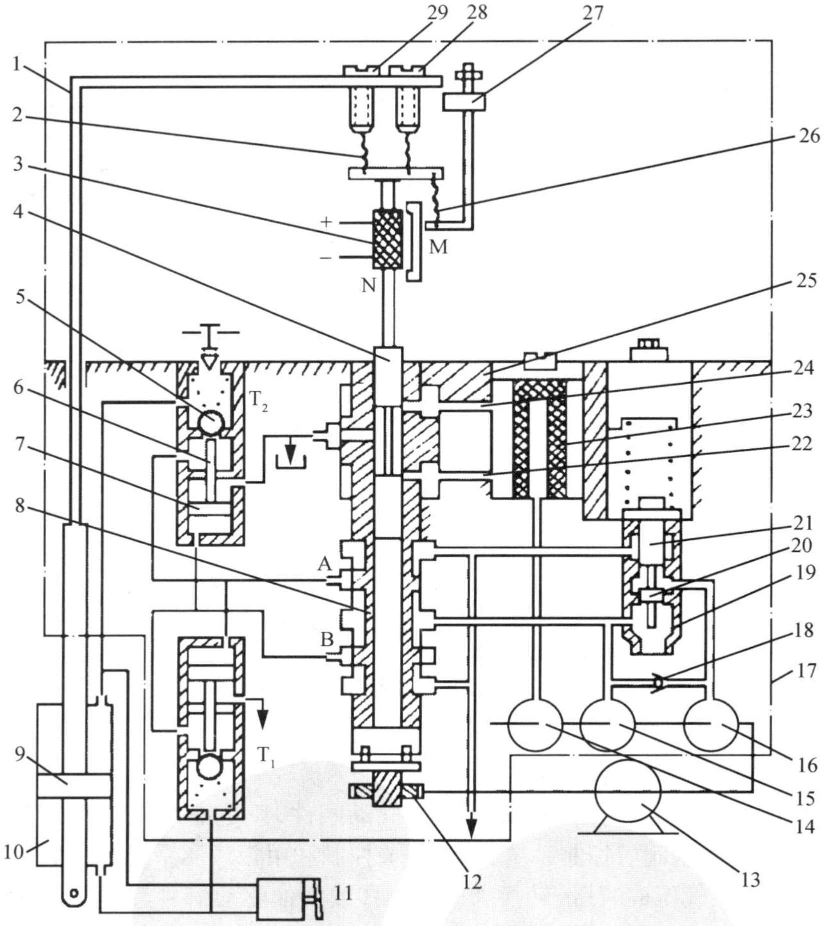

图 1-9-11　电/液伺服器的组成和工作原理图

1—反馈杆；2—反馈弹簧；3—线圈；4—先导阀；5—单向阀；6—顶杆；7—活塞；8—主阀；9—伺服活塞；10—伺服油缸；11—旁通阀；12—传动齿轮；13—电机；14—先导泵；15—主泵；16—平衡泵；17—伺服器壳体；18—单向阀；19—油压控制阀；20—活塞；21—滑阀；22—主阀下路油口；23—滤器；24—主阀上路油口；25—阀体；26—调零弹簧；27—调零螺钉；28，29—反馈弹簧调节螺钉

于腔室的油压，主阀在这一油压差作用下跟踪先导阀下移，直到油口 24 和 22 的开度相等为止。由于主阀 8 下移，A 口与低压油箱相通，B 口通主泵打出的高压油。该压力油顶开联锁阀 T_1 的单向阀进入动力油缸伺服活塞 9 的下部空间。同时，B 口输出的高压油顶开联锁阀 T_2 中的单向阀，使伺服活塞 9 上部空间的油压经 A 口流回低压油箱，动力活塞和活塞杆一起上移，即向加油方向移动，随着活塞的上移，将增大反馈弹簧的拉力使力线圈和先导阀逐渐上移，封住油口 22，开大油口 24，于是主阀又跟先导阀上移。当力线圈受到向下的电磁力与反馈弹簧向上的拉力相等时，力线圈和先导阀又回到中间的平衡位置，这时，主阀也必定跟踪到中央平衡位置，主阀上的两个凸面又把 A 口和 B 口封住，动力活塞不再移动，油门就稳定在新的开度上。减速时，流过力线圈的电流减小，其向下的电磁力减小。在反馈弹簧的拉力下，力线圈与先导阀一起上移，封住油口 22。开大油口 24，使主阀跟踪先导阀上移，直到油口 24 和 22 开度一样为止。主阀上移 B 口与低压油箱相通，A 口通主泵打出的高压油，则动力油缸中伺服活塞 9 连同活塞杆一起下移，减小主机油门降速。活塞杆下移时，减小了反馈弹簧的拉力。当电磁

力与反馈力相等时，先导阀又回到中央的平衡位置，主阀也必定跟踪到中央平衡位置，主阀上的两个凸面又封住 A 口和 B 口，动力活塞不再下移，油门开度就稳定在比原来小的位置上。

平衡泵的作用是补充主泵供给的压力油，起稳定压力作用。当力线圈接收一个较大电流变化信号时，A 口和 B 口会有较大的开度，压力油会大量进入动力伺服活塞 9 的上部或下部空间，油压会降低。这时平衡泵打出的压力油顶开单向阀予以补充。在 A 口和 B 口开度很小或全被封住的情况下，主泵打出的油压升高。这时高压油会顶开活塞阀，使一部分油流回低压油箱。

Hagenuk 电/液伺服器在出厂时已经调好，使用时不要轻易扭动有关螺钉。经较长时间使用，确实发现零点和量程不准，方可进行调整。电/液伺服器的零点，是指当输入电流为 0 mA（或 4 mA）时，动力活塞所在位置应保证供最低稳定转速油量，若零点不准，可通过调零螺钉 27 调整调零弹簧 26，改变力线圈的初始位置来调整。电/液伺服器的量程，是指当输入电流为 10 mA（或 20 mA）时，动力活塞所在位置应保证供主机在额定转速下的油量，若量程不准，可通过反馈弹簧调节螺钉 28 和 29 加以调整，增大反馈弹簧的预紧力，负反馈强可增大量程；反之，可减小量程。

Hagenuk 电/液伺服器工作是可靠的，但要经常检查油质的变化情况，如果油中含有过量的水、杂质、氧化物等，或油温太高，都会引起运动部件的磨损，造成控制失常或转速波动等现象。最好每年对电/液伺服器清洗一次，并更换新油。换油时要注意油的品种是否正确，且把陈油除净，绝对不允许混用两种不同的油。

第十节　过程值测量实操

一、温度和压力测量仪表的使用和保养

各种温度检测在工业应用时，会遇到各种各样的情况，为了避免产生较大的误差，在安装与使用中要采取各种措施以保证测温的准确性。

1. 热电阻温度计的使用

1）使用注意事项

（1）为了减少热电阻的时效变化，应尽可能避免处于温度急剧变化的环境。

（2）为保证测量准确度，应在经过充分接触换热，即在外壳完整保护的基础上传热要尽可能快。

（3）在测量热电阻时，需要通以微小电流，使用时电流应受到限制，不应施加过电流，避免误差或损坏。

（4）当热敏电阻采用金属保护管时，为减少由热传导引起的误差，要保证有足够的插入深度。

（5）当引线间或者绝缘体表面上附着有水滴或灰尘时，将使测量结果不稳定并产生误差，因此，要满足热电阻防水、耐湿、抗振等要求。

2）误差分析

对于一般的热电阻测温系统，应从以下几方面进行误差分析：

（1）传热误差。传热误差是由于测温时未与被测对象充分接触，未达到热平衡等而造成

的误差，使用时应该按照相关说明多加注意。

（2）分度误差。标准化的热电阻分度表是由统计分析产生的，然而具体所采用的热电阻会因为材料、制造工艺而有所不同，这就形成了分度误差，如 R_0 与标称电阻值不符而引起的误差。

（3）自热误差。自热误差是由于测量过程中电流流经热电阻时产生温升而引起的附加误差。它与电流大小及传热介质有关。我国工业上用的热电阻限制电流不超过 6 mA，这样可以把温度误差限制在 0.1 ℃以内。

（4）测量线路和显示仪表的误差。它是由显示仪表本身的准确度等级和线路电阻决定的。如用 Cu50 型铜电阻测温，在规定条件下铜导线的电阻为 5 Ω，仪表指示被测温度为 40 ℃。若此时环境温度变化 10 ℃，则两线制连接的导线会给测量值带来约 2 ℃的误差，三线制连接会带来 0.1 ℃的误差。此外，引线电阻、连接导线的阻值变化也将引起误差。

（5）其他误差。这是指除上述误差以外的，由屏蔽绝缘不良、插入深度不够、热电阻劣化等所引起的误差。

2. 热电偶温度测量仪表

1）热电偶的结构

热电偶的结构分为普通型、铠装型和薄膜型等。普通型热电偶由热电极、绝缘管、保护套管和接线盒等组成，如图 1-10-1 所示。铠装型热电偶是由热电极、绝缘材料和金属套管三者组合经拉伸加工而成的坚实组合体。

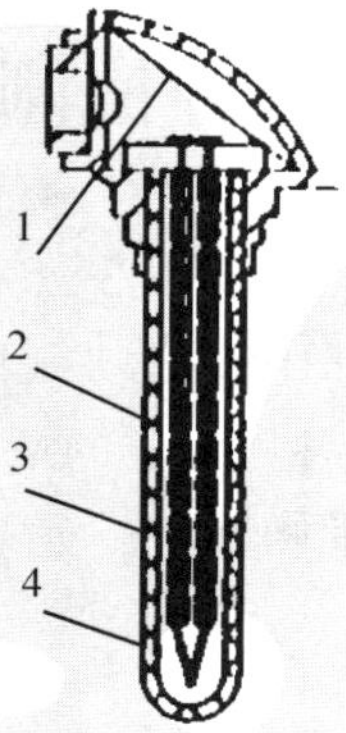

图 1-10-1　热电偶的结构

1—接线盒；2—保护套管；3—绝缘管；4—热电极

2）热电偶冷端温度补偿

由热电偶的原理可知，只有当热电偶冷端温度保持不变时，热电势才是被测温度的单一函数关系。但在实际应用时，冷端是暴露在空气中的，容易受到周围环境温度波动的影响，因而冷端温度难以保持恒定，选用传感器应足够长，使其冷端尽可能少受热端温度的影响，并同时采用冷端温度补偿的方法。

3）热电偶的安装与使用

（1）热电偶的安装原则

安装热电偶时，应遵循下列原则：

①热电偶应迎着被测介质的流向插入，至少应与被测介质成正交，使热电偶与被测介质形

成逆流，以增强对流换热，减小测量误差。

②热电偶要有足够的插入深度，并使其工作端处于管道中流速最大处。

③热电偶安装在负压管道中时必须保证其密封性，以防外界冷空气吸入，使测量值偏低。

④热电偶接线盒的盖子应朝上，应防止雨水或其他液体的侵入，影响测量的准确性。

(2)热电偶的使用注意事项

①为减小测量误差，热电偶应与被测对象充分接触，使两者处于相同温度。

②保护管应有足够的机械强度，并可承受被测介质腐蚀。选用保护管的外径越粗，耐热耐蚀性越好，但热惰性也越大。

③当保护管表面附着灰尘等物质时，热阻增加，使指示温度低于真实温度而产生误差。

④应选用传感器配套的补偿导线连接，防止不同金属导体接线造成额外的误差。

⑤防止测量线路绝缘电阻下降而引起误差。应设法提高绝缘电阻，或将热电偶的外壳做接地处理。

⑥冷端温度的补偿与修正。热电偶冷端应保持 0 ℃，而在现场条件下使用的仪表则难以实现，必须采用补偿方法准确修正。

⑦电磁感应的影响。热电偶的信号传输线，在布线时应尽量避开强电区（如大功率的电机、变压器等），更不能与电力线近距离平行敷设。如果实在避不开，要采取屏蔽措施。

3. 温度检测传感器的测试与校验

传感器真实反映实际参数的变化，是监测和控制系统的一个基本条件，因而，必须定期对传感器进行测试、校验和调整。如果传感器的测量误差不断扩大，可能会使监控系统频繁出现误动作、误报警，容易造成难以预料的严重事故。

传感器的校验要有一套切合实际的测试方法，配备一些必需的测试工具和仪器设备，具体方法有：

(1)实效测试法

实效测试法检测温度也是实验室常用的一种检测方法，如图 1-10-2 所示，配置一套加热容器和温度校验的检测设备，如电热容器（俗称电热槽）、标准温度计等。在电热槽中盛以水或油，把温度计及被拆卸的温度传感器安装在电热槽内，逐步加温，并使电热槽内的温度比较均匀。对加温过程中的各点温度进行记录和对比，可得出温度传感器检验的结论。

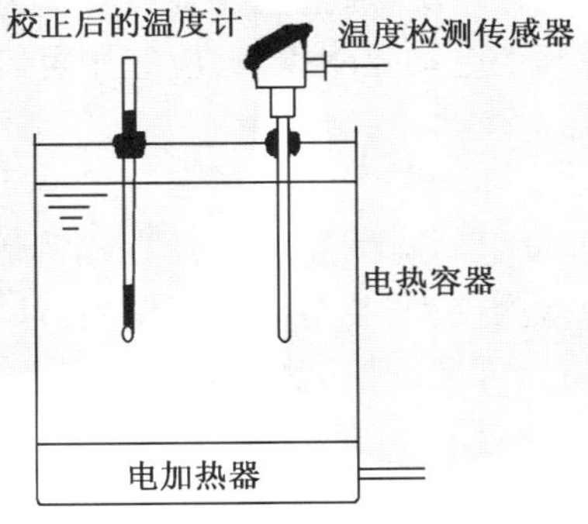

图 1-10-2　实效法测试示意图

在测试过程中，应特别注意电热容器内的温度平稳、均匀，如果加热过快，则需要控制加热速度的同时，适当加以搅拌，使容器内部温度均衡。

（2）直接测试法

对于热电偶温度传感器，其输出信号为毫伏级电压信号。由于被测温度高，难以实现高温模拟，因此可直接用直流电位差计测量其在各种实际温度下的输出电压，然后再与该型传感器的"温度-毫伏"特性曲线进行比较，进而判断该传感器的测量是否准确。

（3）可变电阻或电位器的取代测试法

对于 Pt100 温度传感器或热敏电阻温度传感器，可以采用替代的办法，即以可调电阻器来替代温度传感器，把原先接在 Pt100 的接线连到可调电阻器上去，然后根据电阻值与温度之间的对应关系做出记录，据此查看该通道的温度显示值，记录对应的电阻值。然后通过查分度表做出测试结论。

这种测试方法需要知道传感器的类型，需要查到对应的分度表。另外，该方法对传感器的后续处理电路进行了校验，对传感器本身无法进行检测。

4. 压力仪表的安装与使用

压力测量系统应看作由被测介质、取压口、导压管和压力仪表等组成。压力检测仪表的正确选择、安装和校准是保证其准确可靠测量的重要环节。

1）压力检测仪表的选择

压力检测仪表（包括压力传感器、变送器）的选型，要根据生产过程要求的工艺指标、压力的大小、允许误差、介质的性质等因素，结合各类检测仪表的特点，合理选择仪表的类型、测量范围和准确度等级。

（1）仪表类型的选择

压力检测仪表类型的选择主要介质从被测的性质、对仪表输出信号的要求及使用环境条件三方面综合考虑。

①考虑被测介质的性质

被测介质的性质包括温度、黏度、腐蚀性、易燃易爆性、脏污程度等。对于没有腐蚀性的水、汽、油等介质，可选用普通测压仪表；对于腐蚀性强的介质，可选择耐腐蚀（耐酸、耐硫）测压仪表；对于炔、烯、氨及含氨介质，应该选择氨用测压仪表；对于氧气，应选择氧气测压仪表，对于黏稠、易凝、易结晶的介质，宜选用法兰式结构的压力传感器或变送器；等等。

②考虑对仪表输出信号的要求

对于只需要就地观察压力变化情况，应选用如弹簧管压力表等直接指示型仪表；如需要将压力检测信号传送到控制室或其他电动显示仪表，应选用可以远传的压力传感器；如果需要输出标准信号，应选用压力变送器。

③考虑使用环境

环境条件包括环境温度、湿度、爆炸性、腐蚀性及振动等因素。对于易燃、易爆环境，应该选择隔爆型或安全防爆型压力检测仪表，甚至本安型仪表；对于环境温度特别高或特别低的场合，应该选择温度系数小的敏感元件和转换元件构成的测压仪表；对于振动较大的环境，应选用抗振性能的测压仪表。

对于差压检测，要考虑高、低压侧的实际工作压力，即静压，仪表能够承受的静压应该是实际最大静压的 1.5~2 倍，以确保仪表的安全。

（2）仪表测量范围的选择

压力检测仪表测量范围的选择，一方面要保证仪表在安全范围内工作，另一方面要考虑被测压力可能发生异常的超压情形，因此对仪表测量范围的选择要留有余地。但是仪表的量程又不宜过大,否则在满足同一允许误差要求时需要选择更高准确度等级的测压仪表而不经济。

①测量范围的选择原则

根据国家相关规定,检测比较稳定的压力时,最大工作压力不应超过仪表测量上限值的2/3;检测波动较大成脉动压力时,最大工作压力不应超过仪表测量上限值的 1/2;检测高压时,最大工作压力不应超过仪表测量上限值的 3/5。为了保证仪表输入输出之间的线性关系,保证测量准确度和灵敏度,一般被测压力的最小工作压力不应低于仪表量程的 1/3。在最大工作压力和最小工作压力不能同时满足上述要求时,仪表测量范围应首先满足最大工作压力条件。

②测量范围的确定

根据被测压力的最大工作压力和上述原则计算仪表的上限值,但是不能以计算值直接作为仪表的上限值,必须在国家规定生产的标准系列中选取,一般所选仪表的上限值大于(最接近)或等于计算的上限值。选择仪表的测量范围后,一般要满足最小工作压力不低于仪表量程的 1/3 要求。

目前我国生产的压力(差压)检测仪表测量范围的规定系列有-0.1~0 MPa,-0.1~0.06 MPa,0~0.15 MPa;(0~1.0、1.6、2.5、4.0、6.0)$\times10^n$ kPa(n 为整数或零)。选择时可查阅生产厂家的产品目录。

(3)仪表准确度等级的选择

①准确度等级的选择原则

压力检测仪表准确度等级的选样,即仪表精度的选择,主要根据生产过程中允许的最大绝对误差来确定,即仪表的基本误差应不超过被测压力允许的最大绝对误差。在确定仪表准确度等级时要考虑经济性,不必盲目追求高准确度。一般在满足生产要求的情况下,尽可能选用准确度等级低、价廉耐用的测压仪表,以免造成不必要的投资浪费。

②准确度等级的确定方法

根据生产过程中允许的最大绝对误差和已经选定仪表的测量范围,计算出仪表允许的最大测量误差,在国家规定的准确度等级系列中确定仪表的准确度等级。所选仪表准确度等级加上“±”“%”符号后,应小于(最接近)或等于工艺允许的最大测量误差。

例如,某一反应器的最大工作压力为 0.6 MPa,允许的最大绝对误差为±0.02 MPa。现用测量范围为0~1.6 MPa、准确度等级为 1.5 级的压力检测仪表进行测量,能否满足工艺上的误差要求?若采用一只测量范围为0~1.0 MPa、准确度等级为 1.5 级的压力表,能否符合误差要求?说明理由。

对于测量范围为 0~1.6 MPa、准确度等级为 1.5 级的测压仪表,基本误差为:

$$\Delta=\pm1.6\times1.5\%\ \text{MPa}=\pm0.024\ \text{MPa}$$

超过了工艺上允许的最大绝对误差,故不符合工艺上的误差要求。

对于测量范围为 0~1.0 MPa、准确度等级为 1.5 级的测压仪表,基本误差为:

$$\Delta=\pm1.0\times1.5\%\ \text{MPa}=\pm0.015\ \text{MPa}$$

显然,满足工艺允许的最大绝对误差要求。

2)压力表的安装

(1)取压管口与工质流速方向垂直,与设备内壁平齐,不应有凸出物和毛刺。测点要选择在其前后有足够长的直管段的地方,以保证仪表所测的是介质的静压力。

(2)防止仪表传感器与高温或有害的被测介质直接接触,测量高温蒸汽压力时,应加装冷凝盘管;测量含尘气体压力时,应装设灰尘捕集器;对于有腐蚀性的介质,应加装充有中性介质的隔离容器;测量高于 60 ℃的介质时,一般加环形圈(又称冷凝圈)。

(3)取压口的位置,对于测量气体介质的压力表,一般位于工艺管道上部;对于测量蒸汽的压力表,应位于工艺管道的两侧偏上处,这样可以保持测量管路内有稳定的冷凝液,同时防止工艺管道底部的固体介质进入测量管路和仪表;对于测量液体的压力表,应位于工艺管道的下部,这样可以让液体析出少量气体顺利地返回工艺管道,而不进入测量管和仪表。

(4)取压口与压力表之间应加装隔离阀或三通阀,以备检修或校验压力表用。

(5)对于水平敷设的压力信号导管应有 3%的坡度,以便排除管道内积水(当被测介质为气体时)或积汽(当被测介质为水时)。信号导管的长度般不超过 50 m,一般内径为 6~10 mm,可以减少测量的滞后。

3)压力检测仪表的校准

压力检测仪表在使用中的仪表会因弹性元件疲劳、传动机构磨损及腐蚀、电子元器件的老化等造成误差,所以必须定期进行校准,以保证测量结果有足够的准确度和可靠性。

(1)静态校准

压力检测仪表的静态校准是在静态标准条件下,采用一定标准等级的校准设备,对仪表重复(不少于 3 次)进行全量程逐级加载和卸载测试,获得各次校准数据,以确定仪表的静态基本性能指标和准确度的过程。

①静态校准条件

温度 20 ±5 ℃,湿度不大于 80%,大气压力为 $(1.01 \pm 0.106) \times 10^5$ Pa,且无振动冲击的环境。

②校准方法

校准方法通常有两种:一种是将被校表与标准表的示值在相同条件下进行比较;另一种是将被校表的示值与标准压力比较。无论是压力表还是压力传感器、变送器,均可采用上述两种方法。一般在被校表的测量范围内,均匀地选择至少 5 个以上的校验点,其中应包括起始点和终点。

③标准仪表的选择原则

标准表的允许绝对误差应小于被校表的允许绝对误差的 1/5~1/3,这样可忽略标准表的误差,将其示值作为真实压力。采用此种校验方法比较方便,所以实际校验中应用较多。常用的压力校准仪器选用如图 1-10-3 所示,分别是有高准确度标准表的台式和移动式压力校验泵。

(2)动态校准

在一些工程技术领域常会遇到压力动态变化的情况,例如,柴油机气缸的燃烧压力在喷油燃烧的瞬间,压力变化大、变化快。为了能够准确测量压力的动态变化,要求压力传感器的频率响应特性要好。实际上压力传感器的频率响应特性决定了该传感器对动态压力测量的适用范围和测量准确度。因此,对用于动态压力测量的仪表或测压系统必须进行动态校准,以确定其动态特性参数。

压力检测系统的动态校准首先需要解决标准动态压力信号源问题。产生标准动态压力信号的装置可分为两类:一类是稳态周期性压力信号源,如机械正弦压力发生器、凸轮控制喷嘴、电磁谐振器等;另一类是非稳态压力信号源,如闭式爆炸器、快速卸载阀等。

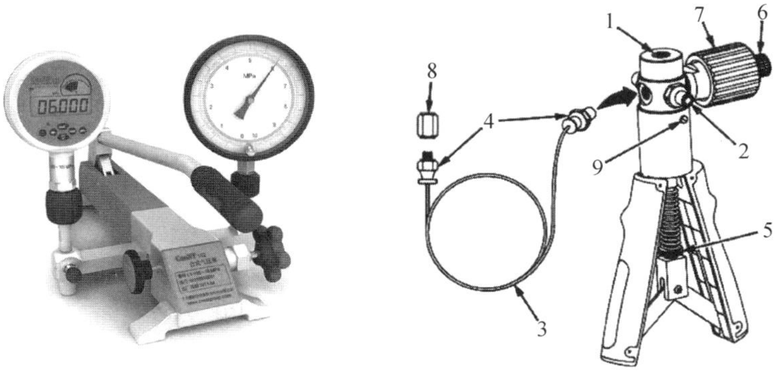

(a) 台式　　(b) 手持式

图 1-10-3　校验泵外形

1—校准表连接口;2—压力/真空选择开关;3—压力测试软管;4—快速接头;5—最大行程限制旋钮;6—压力释放旋钮;7—微调旋钮;8—适配接头;9—清洁口

5. 压力传感器的测试与校验

压力传感器的效能好坏,可以依据其工作原理、输出信号的类型和测试时的实际情况综合决定,一般对压力传感器或其相关环节可以采取如下方法进行校验:

(1)实效测试法

实效测试法要求设有一次压力仪表(标准压力表)作为基准,这种测试方法是指:以逐渐给被监视对象实施加压或减压,压力传感器感受压力变化而使输出信号有相应变化,直到该传感器最大量程为止。这时,一方面记下系统给出的压力指示值,另一方面读取一次仪表的显示值。把这两个压力值进行比较,从而判断该压力传感器是否准确。

标准压力表必须定期送交国家计量单位进行鉴定,以保证实效测试的可靠和准确。实效测试法的特点是:它对所有压力传感器均适用,除了标准压力表以外,几乎无须其他测试工具。测试时,压力检测通道上相关功能环节都得到测试。但是其适用性受到很大限制,因为改变被测设备的压力工况,这不仅不便于实现,而且有些设备不允许这样做。

(2)泵压(压缩空气)测试法

这是一种常见的实验室测试方法,它要求依照图 1-10-4 对被测压力传感器进行安装,用装有标准压力表的手摇泵,通过系统设备上原先配置的三通阀,给压力传感器逐渐泵压,直到检测到最大值为止。如果原先没有三通阀,则必须自行进行改装。

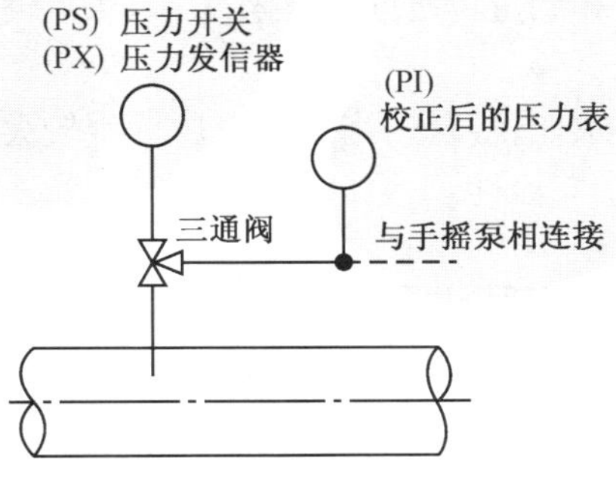

图 1-10-4　泵压测试法的检测安装

该方法的特点是对模拟量和开关量传感器均适用,测试时,只要保证不漏气,其测量结果肯定是准确可靠的。同样，在该检测通道上各相关功能环节都能进行有效测试。

（3）压差信号的泵压测试法

从图1-10-5可以看到，差压信号的泵压测试的工作原理与泵压法大体相同。在进行差压测试时，首先打开平衡阀，向压力传感器泵压至正常压力，这时的差压为零。然后关闭平衡阀，再逐渐泵压，使传感器获得差压，直到差压传感器最大工作差压。

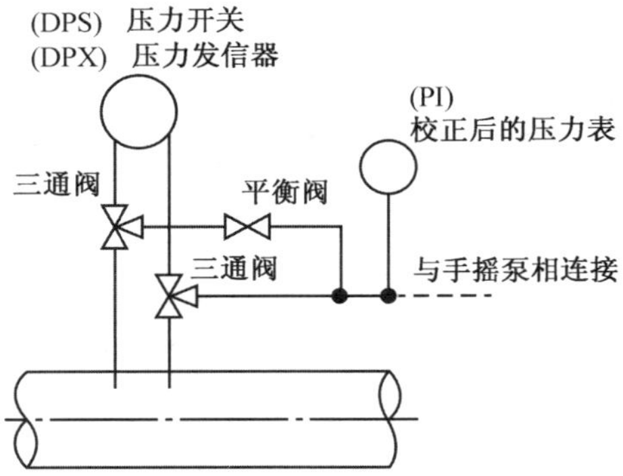

图1-10-5　压差信号的泵压测试法

这种测试方法对模拟量和开关量传感器均适用，同样，在该检测通道上各相关功能环节均可以得到测试，其测试结果是准确可靠的。效验传感器的过程中，还需要注意以下问题：

①在对模拟量压力传感器的测试过程中，有时会发现其检测值不甚准确，这时经初步判定后，必须对传感器进行调试，调试时，可以参照图1-10-6所示输入-输出特性曲线进行。

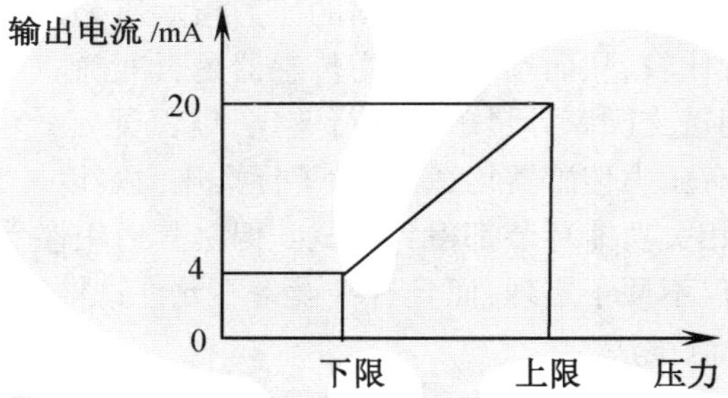

图1-10-6　模拟量输入-输出特性曲线

②有的传感器还提供工作电流的调节，在进行调节时，应先调整好空载工作电流，然后进行零点和量程调节。由于调零和调量程之间会互有影响，因此零点和量程的调整工作必须交叉地反复进行。

③传感器对工作电压的要求比较严格，当工作电压发生较大变化时，将引起传感器的输出也会发生变化，而且这种变化呈非线性。

二、电动差压变送器的操作和调整

电动差压变送器是将被测的差压信号通过转换电路输出标准的4~20 mA的信号输出。典型的电容式差压变送器，其零点和量程的调整方法如下：

1. 气路与电路连接

图1-10-7所示为气路与电路连接方法。气路连接的目的是给变送器提供被测信号，信号

的大小由调节阀和减压阀调定。变送器一般采用二线制接法，一般电源正极接到变送器的正端，变送器另一端外接出来接 4~20 mA 电流表的正极，电流表的负极接电源的地，即 0 V 端。差压变送器的正负端切勿接错，否则将会损坏变送器。

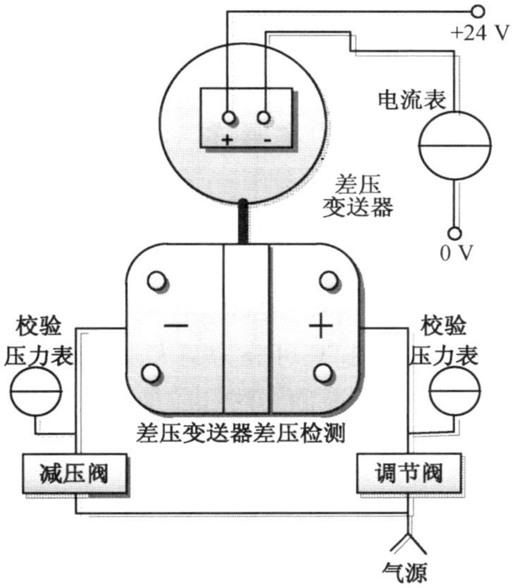

图 1-10-7　差压变送器的校验

2. 零点和量程的调整方法

在变送器的转换电路中设有两个电位器分别用于调整零点和量程，它们位于电气壳体的铭牌后面，移开铭牌即可调整。调零电位器旁标有“Z”；量程电位器旁标有“R”（见图 1-10-8）。当输入信号不变时，顺时针转动两个电位器，均使变送器的输出电流增大，逆时针转动则使输出减少。

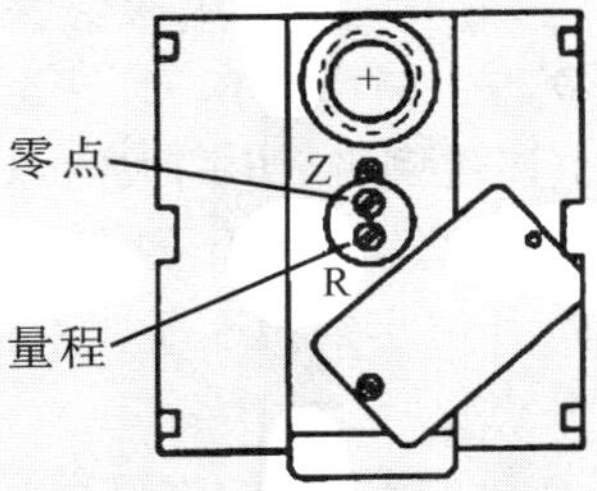

图 1-10-8　零点和量程调整螺钉

设量程范围为 $\Delta p_{min} \sim \Delta p_{max}$，则零点和量程的调整方法的步骤如下：

(1) 使 $\Delta p = \Delta p_{min}$（下限值），调整调零电位器，直到变送器输出为 4 mA；

(2) 使 $\Delta p = \Delta p_{max}$（上限值），调整量程电位器，直到变送器输出为 20 mA；

(3) 重复步骤(1)和(2)，直到 $\Delta p_{min} \sim \Delta p_{max}$ 测量范围与 4~20 mA 标准输出相对应。

3. 线性、阻尼调整

除零点和量程调整外，放大器板的焊接面还有一个线性调整电位器和阻尼调整电位器。线性调整电位器已在出厂调到了最佳状态，一般不在现场调整，时间常数调节不影响变送器的零点和量程。

三、数字式 PID 调节器的操作和调整

除了气动和常规电动控制系统之外,船舶机舱中越来越多的参数控制系统都采用微型计算机进行控制。在计算机控制系统中,调节器的作用规律是采用软件编程来实现的,称为调节器作用规律的数字实现。

数字 PID 的结构如第五节所述,可根据传感器和执行阀件合理选择数字调节器,根据要求接好外围接线,配合被调对象的特性,设定调节规律和调节参数,可实现被控参数的自动调节。

数字调节器参数的整定是指决定调节器的比例系数 K_p(或比例带 PB)、积分时间 T_i、微分时间 T_d 和采样周期 T_s 的具体数值。整定的实质是通过改变调节器的参数,使其特性和过程特性相匹配,以改善系统的动态和静态指标,取得最佳的控制效果。

整定调节器参数的方法很多,归纳起来可分为两大类,即理论计算整定法和工程整定法。工程整定法有经验法、临界比例带法、衰减曲线法和响应曲线法等。工程整定法特点是不需要事先知道过程的数学模型,直接在过程控制系统中进行现场整定方法简单、计算简便、易于掌握。

1. 经验法

经验法又叫现场试凑法,即先确定一个调节器的参数值 PB 和 T_i,通过改变给定值对控制系统施加一个扰动,现场观察判断控制曲线形状。若曲线不够理想,可改变 PB 或 T_i,再画控制过程曲线,经反复试凑直到控制系统符合动态过程品质要求为止,这时的 PB 和 T_i 就是最佳值。如果调节器是 PID 三作用式的,那么要在整定好 PB 和 T_i 的基础上,加进微分作用。由于微分作用有抵制偏差变化的能力,所以确定一个 T_d 值后,可把整定好的 PB 和 T_i 值减小一点再进行现场凑试,直到 PB、T_i 和 T_d 取得最佳值为止。显然用经验法整定的参数是合适的,但花时间较多。

(1)置调节器积分时间 $T_i=\infty$,微分时间 $T_d=0$,按经验设置初值比例带 PB,将系统投入运行,由大到小整定比例带 PB,直到获得衰减率为 0.75,衰减比为 4∶1 的过渡过程曲线。

(2)引入积分作用(此时应将上述比例带 PB 调大约 20%),将 T_i 由大到小进行整定。

(3)若需引入微分作用时,则先将比例带和积分时间都调小到原来的约 80%,再将 T_d 按经验值或按 $T_d=(1/4\sim1/3)T_i$ 设置,并由小到大逐渐加入。

为缩短整定时间,应注意以下几点:

(1)根据控制对象特性确定好初始的参数值 PB、T_i 和 T_d。可参照在实际运行中的同类控制系统的参数值,或参照表 1-10-1 所给的参数值,使确定的初始参数尽量接近整定的理想值。这样可大大减少现场试凑的次数。

表 1-10-1　经验法经验参数表

被控量	控制对象特点及 PID 使用要点	PB	T_i /min	T_d /min
流量	控制对象 T 小,PB 应较大,T_i 较短,不用 D	40%~100%	0.1~1.0	
温度	控制对象 T 大,τ 不太大,通常可用 D	20%~60%	3.0~10.0	0.5~3.0
压力	控制对象 T、τ 都不大,不用 D	30%~70%	0.4~3.0	
液位	在允许有静差时,不用 I 和 D	20%~80%		

注:(1) T 为时间常数,是衡量控制对象惯性大小的一个参数;

(2) τ 为控制对象的迟延,是从控制量发生变化到被控量开始发生变化所需的时间。

（2）在试凑过程中，若发现被控量变化缓慢，不能尽快达到稳定值，这是由于 PB 过大或 T_i 过长引起的，但两者是有区别的：PB 过大，曲线漂浮较大，变化不规则，T_i 过长，曲线带有振荡分量，接近给定值很缓慢。这样可根据曲线形状来改变 PB 或 T_i。

（3）PB 过小，T_i 过短，T_d 太长都会导致振荡衰减得慢，甚至不衰减，其区别是 PB 过小，振荡周期较短；T_i 过短，振荡周期较长；T_d 太长，振荡周期最短。

（4）如果在整定过程中出现等幅振荡，并且通过改变调节器参数而不能消除这一现象时，可能是阀门定位器调校不准，调节器或变送器的放大器调校不准，调节阀传动部分有间隙（或调节阀尺寸过大）或控制对象受到等幅波动的干扰等，都会使被控量出现等幅振荡。这时就不能只注意调节器参数的整定，而是要检查与调校其他仪表和环节。

2. 临界比例带法

用临界比例带法整定调节器参数时，先要切除积分和微分作用，让控制系统以较大的比例带，在纯比例控制作用下运行，然后逐渐减小 PB，每减小一次都要认真观察过程曲线，直到达到等幅振荡时，记下此时的比例带 PB_K；（称为临界比例带）和波动周期 T_K，然后按表 1-10-2 给出的经验公式得出调节器的参数值：按该表算出的参数值后，要把比例带放在比计算值稍大一点的值上，把 T_i 和 T_d 放在计算值上，进行现场运行观察，如果比例带可以减小，再将 PB 放在计算值上。

表 1-10-2　临界比例带法经验公式表

控制规律	PB	T_i/min	T_d/min
P	$2.0PB_K\%$		
PI	$2.2PB_K\%$	$0.85T_K$	
PID	$1.7PB_K\%$	$0.50T_K$	$0.125T_K$

这种方法简单，应用比较广泛。但对 PB_K 很小的控制系统不适用，对被控参数不允许振荡的系统也不适用。临界比例带法整定注意事项：

（1）有的过程控制系统临界比例系数很大，使系统接近两式控制，调节阀不是全关就是全开，对工业生产不利；

（2）有的过程控制系统，当调节器比例系数调到比例带 PB 最小时，系统仍不产生等幅振荡，对此就把此时最小的 PB 作为临界比例带 PB 进行调节器参数整定。

3. 采样周期的选择

数字调节器根据输入信号调节，但是输入信号是通过 A/D 转换得到的。A/D 转换过程是需要时间、定期实现的，每次转换所需时间称为采样周期。采样周期的选择，通常按照过程特性与干扰大小适当来选取采样周期，即对于响应快、波动大、易受干扰的过程，如流量、压力，应选取较短的采样周期；反之，当过程响应慢、滞后大时，如温度、成分，可选取较长的采样周期。

采样周期的选取应与 PID 参数的整定进行综合考虑，采样周期应远小于过程的扰动信号的周期，在执行器的响应速度比较慢时，过小的采样周期将失去意义，因此可适当选大一点；在计算机运算速度允许的条件下，采样周期短，则控制品质好；当过程的纯滞后时间较长时，一般选取采样周期为纯滞后时间的 1/8～1/4。

4. 参数调整规则的探索

PID 控制参数的调整是经验的总结，具体应依据以下几点来适应系统的动态过程。

（1）在偏差比较大时，为使尽快消除偏差，提高响应速度，同时为了避免系统响应出现超调，*PB* 可取较小值，T_i 取较大值；在偏差比较小时，为继续减小偏差，并防止超调过大、产生振荡、稳定性变坏，*PB* 要增大些，T_i 略调小些；在偏差很小时，为消除静差，克服超调，使系统尽快稳定，*PB* 值继续增大，T_i 值不变或稍调小。

（2）数字调节器的参数可通过编程实现，意味着其参数可根据对象参数的变化自动地做一定的调整，如偏差较大时，比例作用可加强，积分作用降低，微分作用降低；当偏差较小时，可考虑降低比例作用，增加积分作用，以消除静态偏差；如果偏差较小时，又希望快速抑制偏差的变化，可增加微分作用，如舵角的自动控制过程。

（3）现代先进的数字调节器能够根据被控参数的过渡过程自动调整比例积分和微分参数，以适应对象参数的变化，使控制达到最佳的效果，称为自适应或自校正数字调节器。

四、PLC 控制电动机起停的编程和测试

在广泛使用的生产机械中，一般都是由电动机拖动的，也就是说，生产机械的各种动作都是通过电动机的各种运动来实现的。因此，控制电动机就间接地实现了对生产机械的控制。

生产机械在正常生产时，需要连续运行，但是在试车或进行调整工作时，往往需要点动控制来实现短时运行电动机单向起动、停止控制线路如图 1-10-9 所示，它能实现电动机直接起动和停车的控制功能。

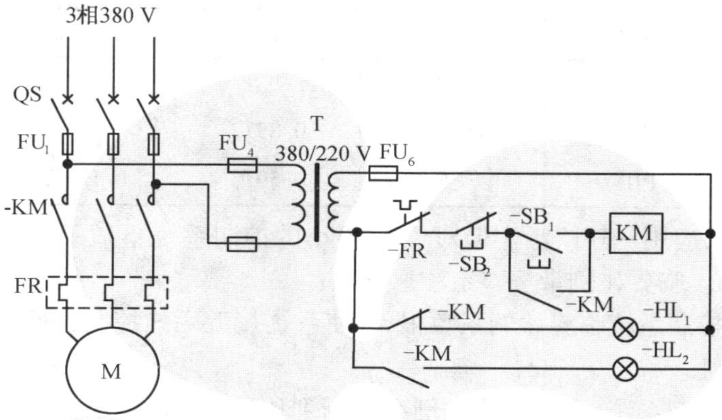

图 1-10-9　电动机控制线路

在图 1-10-9 中，断路器 QS 起接通电源和隔离电源的作用，熔断器 FU_1 ~ FU_3 对主电路起短路保护作用，接触器 KM 的主触点控制电动机的起动、运行和停车。熔断器 FU_4 ~ FU_6 对控制电路起短路保护作用，SB_1 为起动按钮，SB_2 为停止按钮，热继电器 FR 用作电动机的过载保护。

可用 PLC 指令对上述电路的控制电路进行改造，而主电路保持不变。图 1-10-9 中控制电路的功能可由 PLC 执行程序取代。在 PLC 的控制系统中，需要对 PLC 的输入输出端口进行设置即 I/O 分配，根据 I/O 分配情况完成 PLC 的硬件接线，直到系统调试符合控制要求为止。

1. I/O 分配表

PLC 配置的 I/O 分配情况如表 1-10-3 所列。

表 1-10-3　PLC 配置的 I/O 分配

输入		输出	
I0.0	停止按钮 SB_1	Q0.1	控制接触器 KM
I0.1	起动按钮 SB_2		
I0.2	热继电器动合触点 FR		

2. PLC 硬件接线图

PLC 的硬件接线如图 1-10-10(a)所示。

3. 控制程序

控制程序和运行结果分析如 1-10-10(b)所示。需要注意的是,PLC 外围 I/O 接线中,起动按钮使用常开,停止按钮如常规使用常闭,热继电器保护控制的触点也如常规使用常闭。所以程序中,I0.1、I0.2 分别对应停止按钮和热继电器保护触点,程序中需使用常开触点,即正常情况下,硬件电路 I0.1、I0.2 是接通的,所以控制程序是在 I0.0 起动按钮按下后,控制输出继电器 Q0.1 可以受控,并自保。同时线路中采集了接触器的辅助触点输入 I0.3,所以可以使用其信号,使用其常闭和常开触点去控制停止和起动的指示灯 HL_1 和 HL_2。

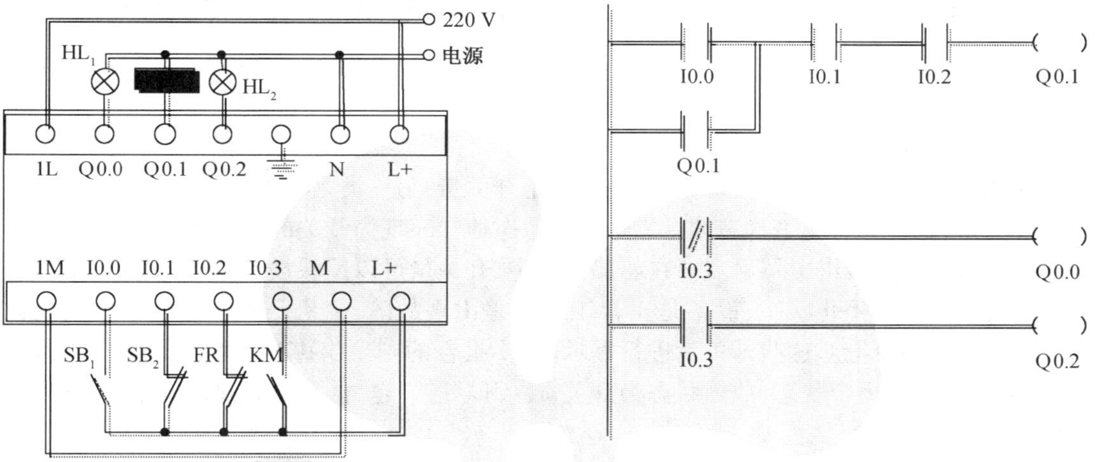

(a) PLC接线图　　(b) PLC控制程序

图 1-10-10　PLC 硬件接线图及其程序

4. 系统调试

(1)完成接线并检查、确认接线正确;

(2)输入并运行程序,监控程序运行状态,分析程序运行结果;

(3)程序符合控制要求后再接通主电路试车,进行系统调试,直到最大限度地满足系统的控制要求为止。

第二章
船舶机舱监测与报警系统

第一节　船舶机舱监测与报警系统的类型与组成

一、参数类型

在机舱中需要监测的参数可分两类：一类是开关量，另一类是模拟量。

开关量，是指只有两个状态的量。这两个状态通常表现为开关的断开和闭合，而开关的形式可以是机械开关或继电器触点。在船舶机舱中，开关量可以反映设备的运行状态，如设备是处于运行状态还是停止状态、设备是正常工作还是出现故障、主机凸轮轴位置以及阀门位置等。监测报警系统能对这些开关量进行显示，需要报警的则发出声光报警。一般在设备正常状态下，开关量为闭合状态，故障状态为开关量断开状态。这样，一旦线路出现断线故障，可以同样得到报警信号。

模拟量是指连续变化的量，如温度、液位、压力和转速等参数均为模拟量。监视报警系统应能对这些模拟量进行实时显示，如果参数超过预定的范围，则应发出越限声光报警。越限报警分为两种情况：有些参数是不允许超过某一上限值的，当超过这一上限值时发出的报警称为上限报警；另为一些参数则不允许低于某一下限值，当低于这一下限值时发出的报警称为下限报警。通常，温度参数的报警为上限报警，压力参数的报警为下限报警，而液位参数的报警则既有上限报警也有下限报警。机舱中模拟量常采用 4～20 mA 的标准信号，有的甚至采用两线制，这样可以通过监测参数是否超标准来判断传感器是否故障。

应当指出的是，对于有些设备，其运行参数虽然为模拟量，但并不是把这些模拟量直接送入监测报警系统，而是通过压力继电器、温度继电器或液位开关等转换为开关量信号再送至监测报警系统。对于这类参数，监测报警系统将以开关量的形式进行处理。

二、监测系统的类型方法

监测与报警系统的种类很多，但所采用的监测方法无非有两类：一类是采用连续监测方法，另一类是采用扫描监测方法。

1. 连续监测

连续监测是指机舱中所有监测点的参数并行地送入监测与报警系统，同时对所有监测点的状态及参数进行连续监测。系统中的核心单元是报警控制单元，它由各种测量和报警控制电路组合而成。每个监测点需要一个独立的电路进行测量和产生报警信号，测量结果和报警信息送至公共的显示和报警电路，但在设计上通常将多个同类型参数的电路制作成一块电路板。

对于连续监测的方法，由于每个监测点采用单独的电路，因此各监视点之间的相互影响较小，当某一监视点通道发生故障时，不会影响其他通道的工作，监视点的数量增减在原则上也不受限制。但所需硬件较多，造价较高。

2. 扫描监测

扫描监测也称为巡回监测，这种方法是以一定的时间间隔依次对各个监测点的参数和状态进行扫描，将监测点信息逐一送入监测报警系统进行分时处理。因此无论监测点有多少，仅需要一个测量和报警控制单元。

巡回监测方法可通过常规集成电路和微型计算机来实现，但由于微机具有采样速度快、检测精度高、体积小、数据处理功能强大、显示手段先进等优点，大多数船舶均采用基于微机技术的监视报警系统。此外，计算机网络技术的成熟应用已经使监视报警系统朝着分布式网络结构的方向发展。

三、监测报警系统的组成与功能

一个完善的监测与报警系统由三大部分组成：(1)分布在机舱各监视点的传感器；(2)安装在集中控制室内的控制柜和监视仪表或监视屏；(3)安装在驾驶台、公共场所、轮机长和轮机员居室的延伸报警箱。典型监测报警系统的组成及其分布如图 2-1-1 所示。

不同的监测报警系统，由于实现手段不同，在功能上也略有差异，但原则上都应该具有以下几个方面的功能：

1. 声光报警

声光报警是监测报警系统最根本的功能，只要监测点的状态发生异常或者出现参数越限，系统就应该发出声光报警，以便问题得到及时处理。大多数导致报警发生的原因均无法在报警发生之后自行消失，只有进行了相应的处理才能使状态恢复正常，这类报警称为常规报警或长时报警。对于某些具有主/备切换功能的设备，当主用设备出现故障并发出报警时，备用将自动运行，往往由于运行参数恢复正常而在短时间内自动消失，这类报警称为短时报警。监测报警系统对这两种情况一般采用不同的处理方法，图 2-1-2 示出了一般的报警处理流程。

在正常运行期间，监测与报警系统不会发出报警指示和声响报警。当被监测点发生异常时，若该监测点未被闭锁，则系统立即发出声响报警，同时相应的报警指示灯(或屏幕文本字块)快速闪烁，指示报警内容。报警发生后，要求值班人员按消音按钮进行消音(一般情况下，消音按钮对于所有报警都是共用的)和报警确认(按确认按钮或点击闪烁文本)。报警确认后，报警指示灯由闪烁转为平光(或者闪烁文本转为高亮)。当监测点状态或参数恢复正常时，报警指示消失，即报警灯熄灭(或者高亮消失)。当出现短时报警时，系统也会立即发出声光报警，但往往由于监测状态在短时间内自动恢复正常，报警指示将由“快闪”转为“慢闪”，但

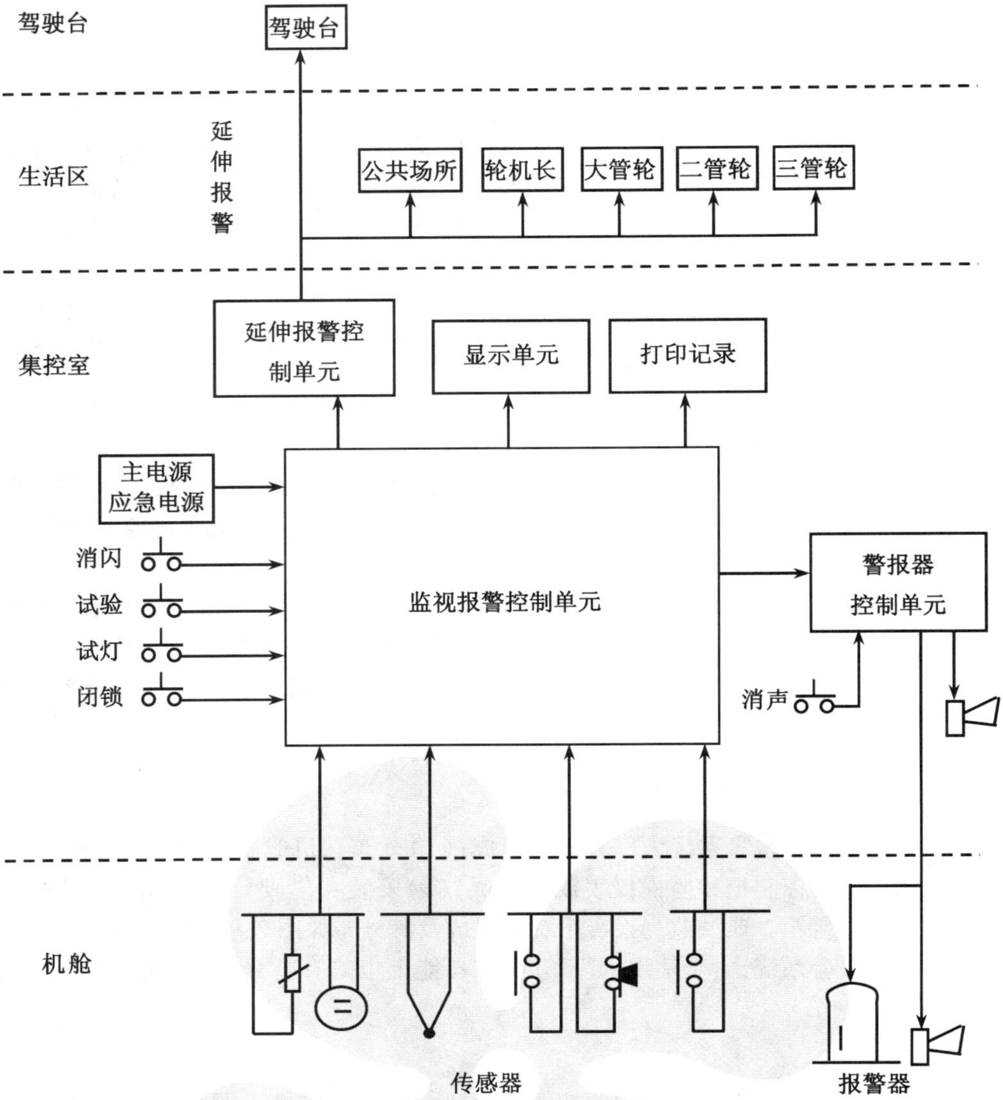

图 2-1-1　机舱监测与报警系统的组成

声响报警还将继续，直到按下消声按钮。

2. 参数与状态显示

参数显示是指通过模拟仪表、数字仪表或者计算机屏幕对所有监测点的运行参数进行显示，即模拟量显示。状态显示指的是反映设备运行状态的开关量显示，通常采用绿色指示灯（灯泡或发光二极管）表示系统或设备的正常运行，红色灯指示灯表示报警状态。对于采用计算机屏幕的系统，则还可以采用“ON”“OFF”“HIGH”“LOW”“NORMAL”“FAIL”等文本来进行状态显示。

3. 打印记录

打印记录一般有参数打印和报警打印两种。参数打印又分为定时制表打印和召唤打印，定时制表打印是打印机以设定的时间间隔自动将机舱内需要记录的全部参数打印制表，轮机

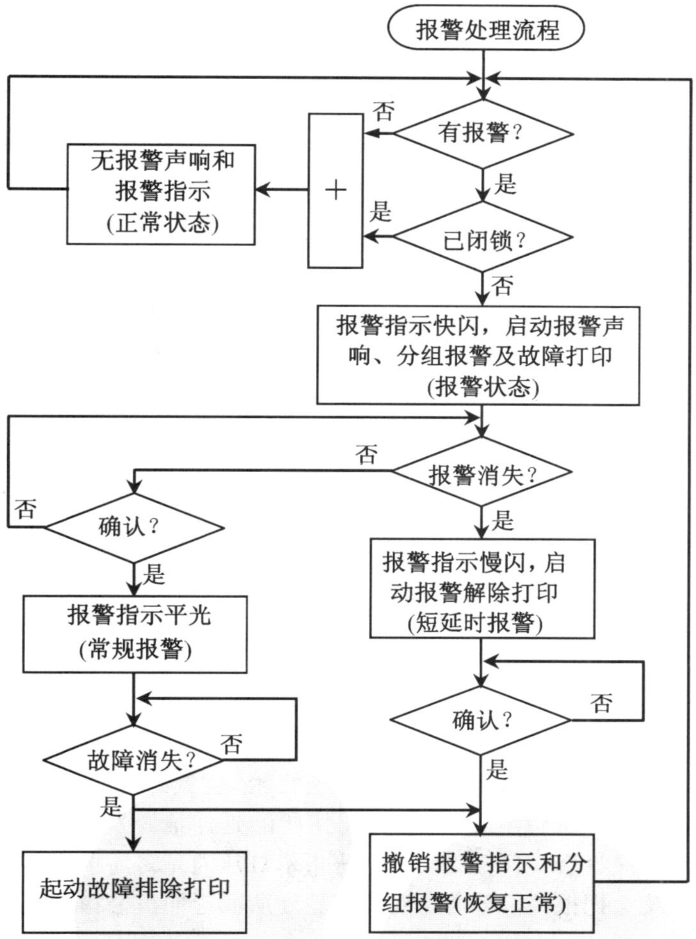

图 2-1-2　监测点报警处理流程图

人员只要将打印纸整理成册，即可作为轮机日志。召唤打印是根据需要，随时打印当时的工况参数，可对监测点参数进行全点或选点打印。报警打印是由系统自动进行的，只要有报警发生，系统就会把报警名称、报警内容和报警时间进行自动打印输出。在报警解除时，则自动打印报警解除时间。

许多监视报警系统的软件功能还具有“事件”(Event)记录和打印功能。当对系统进行了设置、组态或上、下限报警值等参数的修改时，这些操作都会以“事件”的形式在数据库中进行记录或进行打印输出。

4. 延时报警

在报警装置中，一般均设有延时报警环节，以免发生误报警。根据所监视的参数不同，其延时时间有长延时和短延时之分。例如在监视液位时，由于船舶的摇摆，容易反复造成虚假越限现象，导致频繁报警。类似这些情况可采用 2～30 s 的长延时报警，在延时时间之内越限不报警。另外，在运行期间，某些监测开关的状态会由于环境干扰的原因而发生瞬间变化，例如船舶在激烈振动时，某些压力系统的压力波动容易使报警开关发生抖动。为避免误报警，可采用 0.5 s 的短延时报警。

5. 闭锁报警

闭锁报警就是根据动力设备不同的工作状态，封锁一些不必要的监视点报警。例如，船舶在停港期间，由于主机处于停车状态，主机的冷却系统、燃油系统、滑油系统等均停止工作，与这些系统相关的参数都会出现异常。因此，有必要对与这些系统有关的监视点进行报警闭锁。

6. 延伸报警

延伸报警功能是为无人值班机舱设置的。在无人值班的情况下，必须将机舱故障报警信号分组后传送到驾驶台、公共场所、轮机长及值班轮机员住所的延伸报警箱。延伸报警通常是按故障的严重程度来分组的，可把全部监视点的报警信息分为四组：主机故障自动停车报警，主机故障自动降速报警，重要故障报警，一般故障报警。有时为了简化延伸报警，在值班轮机员住所的延伸报警箱上仅设置重要故障报警和一般故障报警两个报警指示灯。

7. 失职报警

在无人值班的情况下，监视与报警系统在发出故障报警的同时，还会触发 3 min 计时程序。若值班轮机员未能在 3 min 内及时到达集中控制室完成确认操作，即使已在延伸报警箱上进行过确认，仍将被认为是一种失职行为，报警系统就使所有延伸报警箱发出声光报警信号。报警系统发出失职报警后，只能在集中控制室进行消声，复位 3 min 计时器后才能撤销失职报警。

8. 值班呼叫

值班呼叫功能主要用于轮机员交接班时进行信号联络。例如，大管轮与三管轮进行交接班时，大管轮只要在集控室把“值班选择”指向“三管轮”位置即可。这样，系统就会撤销大管轮的值班信号，而向驾驶台、公共场所和三管轮住所的延伸报警发出三管轮值班呼叫声响信号，值班指示灯闪光。应答后，报警声消失，值班指示灯从闪光转为平光，表示三管轮进入值班状态。以后，监视系统会把报警信号传送到三管轮住所的延伸报警箱，而不再送到大管轮处。

9. 测试功能

在集中控制室的操纵台上，一般都设有试灯按钮和功能测试按钮。按试灯按钮，所有指示灯都要亮，不亮的指示灯需要换新。按功能测试按钮，所有监视点均进入报警状态，否则，未报警的监视点表示相应监视通道有故障。测试功能可协助进行故障定位。

10. 自检功能

监视报警系统正常工作的前提是系统本身没有故障。为了确保监视报警系统本身的工作可靠性，对诸如输入通道、电源电压和保险丝等重要环节，应具有自动监测功能。出现异常时，系统将自动发出相应的系统故障报警。

11. 备用电源的自动投入

要使监视系统在全船失电的情况下能正常工作，就必须配备相应的备用电源。在主电源失电压或欠电压时，系统能自动启用备用电源，实现不间断供电。

第二节　监测系统的组件

船舶机舱监视与报警系统基本上都采用计算机实现。根据计算机监控系统的结构特点，船舶机舱监视与报警系统可分集中型系统、集散型系统和全分布式系统。

集中型系统采用单台计算机的结构，可靠性较差，一旦计算机发生故障，则整个系统完全瘫痪。有的系统为提高其可靠性，采用 PLC 进行数据的采集与处理，然后通过通信将数据发给一台监控计算机。集散型系统采用集中和分散相结合的系统结构，将监视任务合理地分散成由多台微机进行分别监视的子系统，各个子系统与上层计算机进行通信连接，以便集中管理和信息共享。初期的集散型系统，在各子系统各自独立采集模拟信号，即在子系统计算机与机旁仪表或模拟量传感器之间使用模拟量进行信号传输，由于子系统管理的设备还是比较多，所以在设备和子系统之间需敷设大量的电缆。另外，模拟信号长距离传输所引起的干扰也较严重，系统的可靠性变差。

随着计算机和 PLC 控制技术对集散型报警系统的升级改造，即在控制对象附近放置现场处理单元来实现模拟信号的输入和输出，而现场处理单元与监控系统计算机之间则通过 MODBUS、RS485 等串行通信进行数据交换。有的在现场使用可扩展的 PLC 模式的监控系统来采集参数，根据各参数特性要求进行报警监控，其本身就可以独立实现报警和监视的功能，同时，通过通信接口将信号送给集控室监控计算机。

随着现场总线技术的不断完善，越来越多地采用现场总线作为各个子系统的内部控制网络，上层网络采用工业以太网构成局域网，形成全分布式的网络型监控系统。K-Chief 500 是典型的网络监测系统，采用 CAN(Controller Area Network)现场总线和以太网(Ethernet)相结合的网络结构。

一、K-Chief 500 的结构组成

K-Chief 500 主要由操作站(Operator Station, OS)、便携式操作站(Midi Operator Station, MOS)、集控室操作面板(Control Room Panel, CRP)、值班呼叫系统(Watch Calling System, WCS)和分布式处理单元(Distributed Processing Units, DPU)等组成。

1. 操作站(OS)

K-Chief 500 操作站(OS)的操作面板和操作界面介绍如下。

(1)操作面板

K-Chief 500 的操作面板把操作功能设计成显示窗口的菜单键，主要由报警控制按钮、操作权控制按钮、数字/字母小键盘和轨迹球等部件组成。操作面板的结构如图 2-2-1 所示，图中标明了各个按键的名称和功能。

(2)操作界面

K-Chief 500 采用 Windows XP 作为操作系统，系统开机后将自动进入一个叫作浏览器(Navigator)的主界面。浏览器主要由各种软件按钮组成，图 2-2-2 所示为浏览器的一个典型样例。针对不同的船舶，可以设置不同的按钮数量和定义不同的按钮功能。

显示界面大致包括文本显示界面、图形显示界面和访问控制界面。

①文本显示界面用于输出报警信息和监视机舱设备运行的实时状态或实时参数，分为报警显示窗口和监视窗口。其中，报警显示窗口分为分组报警窗口、报警汇总窗口和历史报警窗口。监视窗口有分组显示窗口、选点显示窗口、测量点属性窗口。

②图形显示界面包括机舱主要系统的 Mimic 模拟窗口、柱状图窗口和设备状态窗口等，主要包括管路系统 Mimic 窗口、柱状图窗口、备用泵汇总显示窗口、控制器和阀位状态汇总窗口、参数曲线趋势图窗口、电站管理窗口和主配电板和发电机窗口。

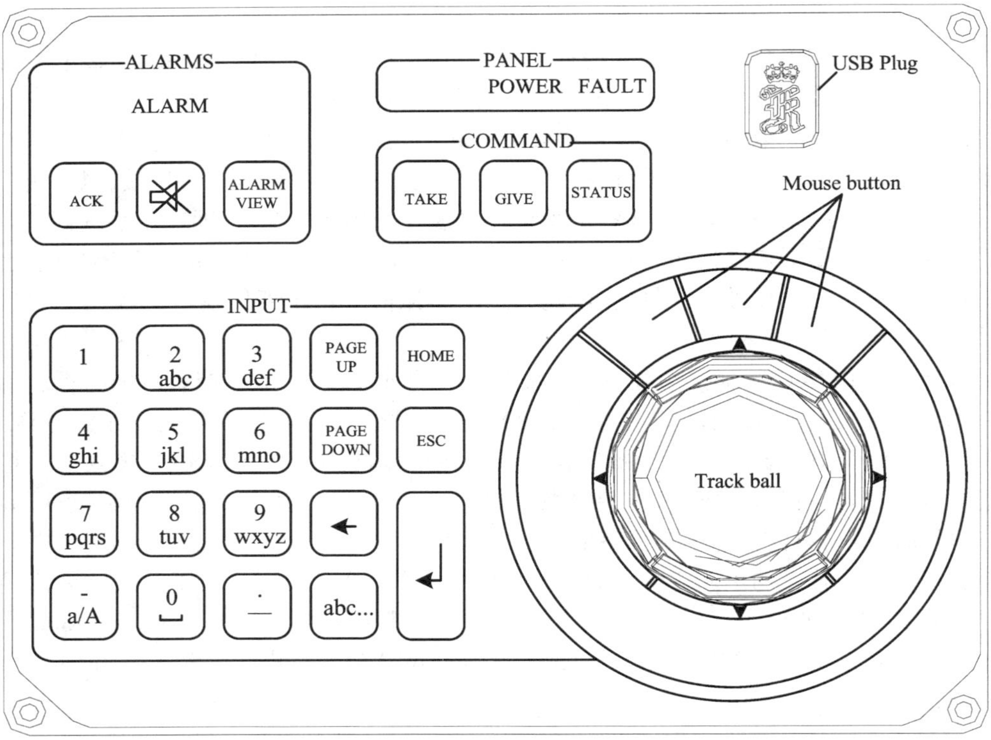

图 2-2-1 K-Chief 500 操作面板

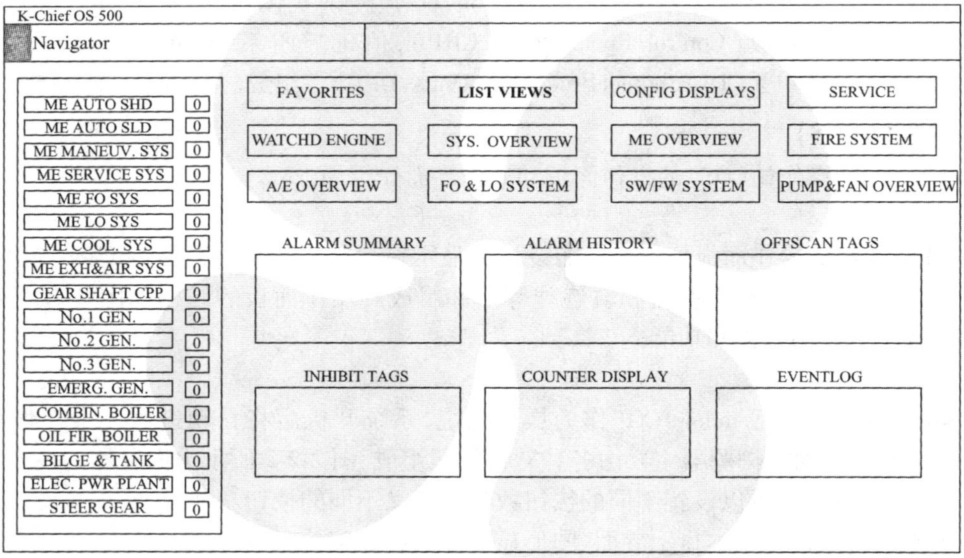

图 2-2-2 K-Chief 500 主界面

这些窗口实时显示设备的工作状态,如阀门的开闭状态、设备的起停状态、液位或其他参数的高低等。图形显示界面具有可交互的性质,即在图形界面上可以对实际设备进行操作和控制。

③访问控制界面:为了安全考虑,系统可以通过访问密码来设置对系统进行操作和控制的

权限,包括报警值修改在内的参数调整,以及对系统所进行的其他所有操作,并以事件记录的形式进行保存。

浏览器分为2个操作区域,左侧区域为报警浏览器,右侧区域为图形显示浏览器。在报警浏览器中,可对报警进行分组操作和显示。图中当前分组内容分别为"主机自动停车(ME AUTO SHD)""主机自动降速(ME AUTO SLD)""主机气动操纵系统(ME MANEUV. SYS)""主机日用系统(ME SERVICE SYS)""主机燃油系统(ME FO SYS)""主机滑油系统(ME LO SYS)""主机冷却水系统(ME COOL. SYS)""主机排气和空气系统(ME EXH & AIR SYS)""轴系和调距桨(GEAR SHAFT CPP)""1号发电机组(No. 1 GEN.)""2号发电机组(No. 2 GEN.)""3号发电机组(No. 3 GEN.)""应急发电机组(EMERG. GEN.)""组合锅炉(COMBIN. BOILER)""燃油锅炉(OIL FIR. BOILER)""污水柜和液舱(BILGE & TANK)""应急电源装置(ELEC. PWR PLANT)""舵机系统(STEER GEAR)",按钮右侧的数字显示各个分组的报警总数(当前的报警数均为0)。点击每个分组按钮即可显示相应分组的参数和报警状态,例如,点击"ME AUTO SHD"将显示与主机自动停车有关的各个参数名称、参数值、报警设定值和当前报警状态等信息。

图中右侧上方小按钮为主按钮组,下方大按钮为二级按钮组。在主按钮组中,点击"收藏夹(FAVORITES)"可进行值班轮机员的个性显示及其管理,点击"列表查看(LIST VIEWS)"可以列表的形式查看监视参数,点击"显示配置(CONFIG DISPLAYS)"可对各种显示进行自定义配置,进入"服务(SERVICE)"菜单可显示系统信息、说明书查阅、背景亮度调节和报警测试等,进入"值班(WATCHD ENGINE)"菜单可操作对值班呼叫系统,进入"系统总览(SYS. OVERVIEW)"可查看整个系统的网络布局及网络工作状态(若采用了AC C20主机遥控系统,则在这里还将显示AC C20的网络结构,并可对主机遥控系统的参数进行设置),"主机总览(ME OVERVIEW)""火警系统(FIRE SYSTEM)""发电机总览(A/E OVERVIEW)""燃滑油系统(FO & LO SYSTEM)""海淡水系统(SW/FW SYSTEM)""泵与风机总览(PUMP&FAN OVERVIEW)"等则以mimic图的形式显示相应系统的工作状态。

二级按钮组的内容与当前激活的主按钮相对应,若二级按钮指向的目标为列表或mimic图,则该二级按钮将以所指向的列表或mimic图的缩略图形式显示。图2-2-2中当前激活的主按钮为"LIST VIEWS",其对应的二级按钮包括"报警汇总(ALARM SUMMARY)""报警历史(ALARM HISTORY)""离线测量点标签(OFFSCAN TAGS)""报警抑制标签(INHIBIT TAGS)""计时/计数显示(COUNTER DISPLAY)""事件记录(EVENTLOG)"等。点击任意一个二级按钮,都将进入相应的显示页面,例如,点击"ALARM SUMMARY"将显示当前报警的汇总列表。

(3)OS主要功能

OS除了安装在集控室外,还安装在驾驶室、货物控制室、船员办公室以及船舶的其他部位。OS通过局域网(以太网)和现场总线(CAN)与分布式处理单元(DPU)相连接。所有的OS都是并行连接的,没有主站和从站之分,它们之间的通信是通过双EtherNet网进行的。

集控室远程操作站OS在监控系统中可以完成以下四个任务:

①可以通过CAN总线向现场的分布式处理单元收发数据。

②对报警信息进行监测和显示,并且具有应答功能。

③在机舱无人值班的情况下,可将报警信号通过CAN总线传送给延伸报警系统。

④作为通向局域网LAN的网关。

OS使用的是Windows操作系统,不仅可以提供给操作者一些报警信息,如报警显示、报警历史记录、报警分类等,还可以显示一些柴油主机和其他设备的模拟图。操作者通过这些模拟图可方便地对运行设备进行监测和控制,以及修改相应参数。若在一台 OS 中修改了报警上、下限设定值或设备参数,系统将自动更新其他 ROS 中的相应数据。所有操作者的动作,例如泵的起动或停止,报警极限的改变,都将以时间为标记记录在 OS 中。

OS 的一些重要功能会根据其所安装的部位不同而不同。例如安装在船员办公室的 ROS 只能用于监测,而不允许对报警信号进行接收和发出控制命令。所有的模拟图只能查看,而不能对其进行操作。当分布式处理单元所采集到的数据发生变化时,它将通过 CAN 总线自动更新每一个 ROS 中的数据库,因此 OS 中所显示的数据都是实时的。OS 用于存放一些处理数据、工程数据和软件等。船员房间的 OS 还可以与船舶外部通信系统连接,以便与岸上进行数据交换。岸上的计算机通过专用软件,也可以监测主机遥控系统、电力管理系统、火灾探测系统和油量控制系统的运行状况,并且能够显示船舶的实时数据和模拟图、报警汇总内容、报警历史记录、阀门的开或关状态,设备的运行或停止等。

(4)打印设备

OS 可以配置打印设备进行必要的打印输出。通过设置,打印设备可以按定时或者即时召唤的方式打印各种记录。记录内容包括报警或者事件的名称以及发生的具体时间等。对于报警信息,还包括报警消失的时间。

2. 分布式处理单元(DPU)

DPU(Distributed Processing Unit)是采用模块化设计、具有通信功能的智能化远程 I/O 单元,常用的 DPU 有 RDi-32、RDo-16、RAi-16、RAo-8、RAi-10tc 和 RIO-C4 等。它们分布在机舱各处,一方面作为传感器和执行器的 I/O 接口,直接与传感器和执行器相连,另一方面通过 CAN 总线与上层网络相连,从而实现上层网络对机舱设备的监视和控制。连接 DPU 和上层网络的 CAN 总线采用双冗余结构,即具有两套 CAN 总线,这两套 CAN 总线总是互为热备份,当主用网络出现故障时,备用网络自动切入工作,充分保证系统工作的可靠性。

按照数据输入输出类型的不同,DPU 模块也分为不同的类型,主要有模拟量输入模块、热电偶输入模块、模拟量输出模块、开关量输入模块、开关量输出模块以及输入输出混合模块等。一个实际系统中所包含的模块类型及模块数量根据实际情况而定。

尽管不同 DPU 的输入输出类型及其功能不同,但它们都有共同的特点,主要特点如下:

①所有 DPU 模块均采用统一的机械和电气设计。作为一个例子,图 2-2-3 给出了模拟量输入输出模块的外观结构图和正面视图。从图(b)可以看出,模块的正面包括接线端子、状态指示灯和各种说明符号。其中,X10 为两路 24 V 电源端子、X1 为模拟量输入端子、X3 为计数输入端子、X7 为 RS-422/485 通信端子、X8 和 X9 分别为 CAN 总线 1 和 CAN 总线 2 的接线端子,每个端子上均标有端子号,端子的名称和端子号的编排规则适用于所有 DPU。例如,X1 端子的编号共有 3 位数,其中第 1 位和第 2 位为通道号,第 3 位为端子号(如 011~014 表示第 1 通道的 1~4 号端子,161~164 表示第 16 通道的 1~4 号端子)。

状态指示灯包括通道状态指示灯和模块状态指示灯,通道状态指示灯用于指示相应输入输出通道的工作状态,每个指示灯对应一个通道;模块状态指示灯有“RUN”“Watch Dog”“Info.”“End Init.”“Power”等,它们组合起来表示模块的不同状态,如表 2-2-1 所示。

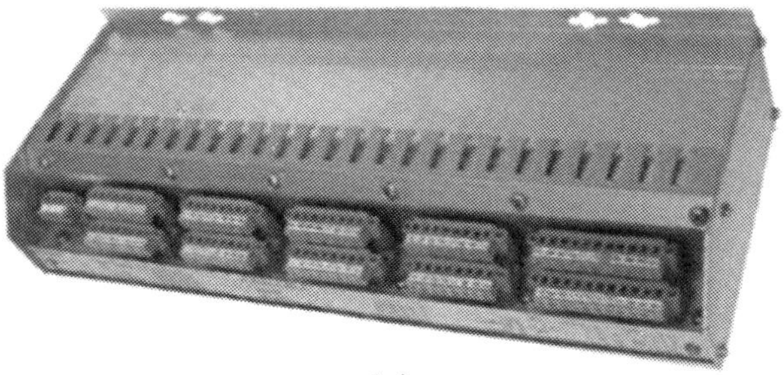

（a）

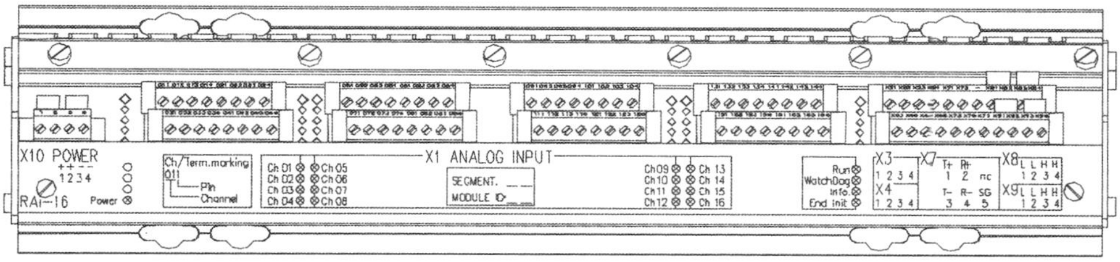

（b）

图 2-2-3　DPU 模块示例

表 2-2-1　DPU 模块不同状态下的指示灯标志及说明

LED 指示灯名称标志	工作正常	应用程序未加载	未初始化	工作停止	电源极性错误
RUN	绿	灭	灭	灭	灭
Watch Dog	灭	红	红	红	灭
Info.	黄(闪烁)	灭	灭	灭	灭
End Init.	绿	绿	灭	绿	灭
Power	绿	绿	绿	绿	红

②DPU 具有参数储存功能，能够独立完成参数的监视、报警和控制。当 ROS 出故障时，DPU 的工作不受影响。

③DPU 具有完备的通信功能，支持双冗余 CAN 高速多主通信网络协议，具备 CAN 网络状态、容错管理功能。DPU 单元之间通过冗余的 CAN 总线进行通信。很多 DPU 还配备了一个 RS-422 或 RS-485 串行接口，以便和其他外部设备进行数据通信。

④通过 OS，可将用于 DPU 硬件组态和编程所需的软件下载到 DPU 中，并在 OS 上对 DPU 单元进行遥控组态。在更换 DPU 后，需要给新单元下载参数。在 OS 上，可以实现对 DPU 的监视、控制和参数调整。

⑤所有的 DPU 单元均用 24 V 直流电源供电，DPU 单元的硬件无须进行设置和调整，所有连接均可即插即用。DPU 的电源、通信、I/O 通道连接都采用光电隔离。

⑥具有强大的自检功能（检查模块内部温度、存储器性能以及 CAN 总线状态）。若 DPU、过程总线、电缆或传感器有故障，则会产生相应的报警信号。

（1）模拟量输入模块（RAi-16）

RAi-16 是一个具有 16 个通道的模拟量输入模块，每个通道的输入类型可以是电压、电流或电阻信号，具有内建的量程和量纲转换功能和参数越限报警功能。除此之外，模块还包含一个计数器通道，计数频率为 5～500 Hz。此模块适用于检测机舱的各种温度、压力、液位和转速等模拟量信号。必要时，RAi-16 也可当作开关量输入模块来使用。

（2）热电偶输入模块（RAi-10tc）

RAi-10tc 是为各种热电偶传感器专门设计的模拟量输入模块，共有 10 个输入通道，特别适用于检测柴油机的排烟温度。具有内建的热电偶冷端补偿和量程、量纲转换功能和参数越限报警功能。如果采用外部冷端补偿，则需采用外部放大电路，并以 RAi-16 模块进行输入。

（3）模拟量输出模块（RAo-8）

RAo-8 是一个具有 8 个通道的模拟量输出模块，输出信号可以选定为±10 V DC 的电压信号或者是±20 mA 的电流信号。此模块适用于模拟量指示输出和控制量信号输出。

（4）开关量输入模块（RDi-32、RDi-32A）

RDi-32 和 RDi-32A 都是具有 32 个通道的开关量输入模块，RDi-32 为触点输入，即通俗的干接点输入，RDi-32A 为 24 V 交流或 24 V 直流电压信号输入，即可以使用接近开关等晶体管接点信号输入。当输入状态异常时，能够发出开关量报警，并由发光二极管（LED）指示每个输入通道的输入状态。适用于检测各种机舱设备的运行状态、阀门位置等开关量信号。

（5）开关量输出模块（RDo-16）

RDo-16 是一个具有 16 通道的开关量输出模块，设有发光二极管（LED）指示每个通道的输出状态。最大输出电压为 230 V 交流，最大输出电流为 3 A（电阻性负载），支持脉冲输出。适用于各种开关量指示输出和开关量控制信号的输出。

（6）混合模块（RIO-C1、RIO-C2、RIO-C3、RIO-C4）

这里说的混合模块是指单个模块中既包含模拟量或开关量输入通道，又包含模拟量或开关量的输出通道。

①RIO-C1

RIO-C1 具有模拟量、开关量的输入、输出和脉冲输入功能，表 2-2-2 所示为模块所包含的通道类型、通道数量和相应的功能特点。

从表 2-2-2 可以看出，RIO-C1 的模拟量输入通道可直接测量单相交流电的电压和电流信号，通过测量或计算，可以获得船舶电站系统中发电机和电网电压、发电机输出电流、发电机和电网频率、发电机和电网电压之间的相位差、电网的有功功率和无功功率；2 个计数器输入通道可分别接收来自两个磁脉冲传感器的脉冲信号，从而计算出回转设备的转速值；输出通道可分别输出模拟量指示信号和开关量控制信号。因此，RIO-C1 特别适用于对发电机组的监测和控制。同时，也适用于船舶主机或辅机的安全保护系统。

表 2-2-2　RIO-C1 的通道类型

通道类型	通道数	功能描述
模拟量输入（AC 电压）	2	单相交流电压输入，Max. 30 Vrms，50/60 Hz
模拟量输入（AC 电流）	1	交流电流输入，Max. 1 A，50/60 Hz
模拟量输入	4	同 RAi-16
计数脉冲输入	2	24 V DC 计数脉冲输入，检测磁脉冲转速探头
开关量输入	4	同 RDi-32
模拟量输出	2	4～20 mA 电流输出
开关量输出	6	Max. 3 A（电阻性负载），直接驱动电磁阀或继电器

②RIO-C2

RIO-C2 包含 8 个开关量输入和 8 个开关量输出通道，每个通道均设有 LED 进行输入和输出的状态指示。其输入信号可以是自由触点或 24 V 交流或直流电压，输出为继电器触点输出，特别适用于泵和阀门的控制。

③RIO-C3

RIO-C3 专门用于船舶发电机的安全保护，其输入输出通道设计成可与各种电流、电压变换装置以及配电板设备进行连接，具有短路、过流、逆功率自动脱扣和有功功率、功率因数计算等功能。

④RIO-C4

RIO-C4 也是专门用于船舶电站系统的发电机监控模块，其主要功能包括发电机并车、发电柴油机自动起停、发电柴油机转速定值控制、发电机功率计算、机组间负荷分配、主配电板仪表驱动、柴油机预润滑控制（可选）、燃油选择控制（可选）和发电机电压定值控制（可选）等。RIO-C4 是 RIO-C1 的升级产品。

（7）dPSC、PSS 和 MSI

dPSC 是一个具有双处理器的网段控制器，全称为 dual Process Segment Controller，用于 CAN 网络的扩展；PSS 类似以太网的集线器 HUB，全称为 Process Segment Starcoupler，用于 CAN 总线分支，此外还具有分段隔离的作用；MSI 是 Multi Serial Interface 的简称，当系统中的 RS-422/485 通信接口不够用时，可采用 MSI 来实现系统与其他设备的数据连接。

3. 其他组成

值班呼叫系统 WCS（Watch Calling System）。系统在驾驶台和轮机员舱室及公共场所设有延伸报警装置。驾驶台的延伸报警装置称为 WBU（Watch Bridge Unit），而舱室及公共场所的延伸报警装置则称为 WCU（Watch Cabin Unit）。WBU 和 WCU 通过 CAN 总线与 OS 进行通信连接，形成值班呼叫系统 WCS（Watch Calling System）

系统中的其他辅助设备包括不间断电源（UPS）、以太网集线器（HUB）、现场操作站（Local Operator Station，简称 LOS）和便携式操作站（Midi Operator Station，简称 MOS）。

UPS 确保在短时间失电的情况下能够继续给系统中提供 220 V 交流和 24 V 直流电源。HUB 用于以太网内各个 ROS 联网。

LOS 用于在机舱现场对各个 DPU 模块进行操作，在 LOS 面板上可以选择和访问挂在同一 CAN 总线上的任意 DPU，例如查看 DPU 中的过程变量、对所辖设备的现场操作、参数调整和模块自检操作等。

MOS 是一个特殊设计的移动式操作站，通过 MOS 面板可以方便地实现各种操作站功能，可用作 LOS、OS 或驾驶台值班监视系统的显示单元。

二、监测系统的网络及各 DPU 接口

K-Chief 500 的模块化设计和总线型的网络结构使之容易配置成从简单到复杂的各种监视与报警系统，适用于不同类型的船舶。

1. 网络连接

一个典型的 K-Chief 500 网络结构如图 2-2-4 所示，它由 2 台集控室 OS（OS1 和 OS2）、7 个 DPU、1 个 MOS、1 个 WBU、5 个 WCU 和 1 个报警记录打印机组成。

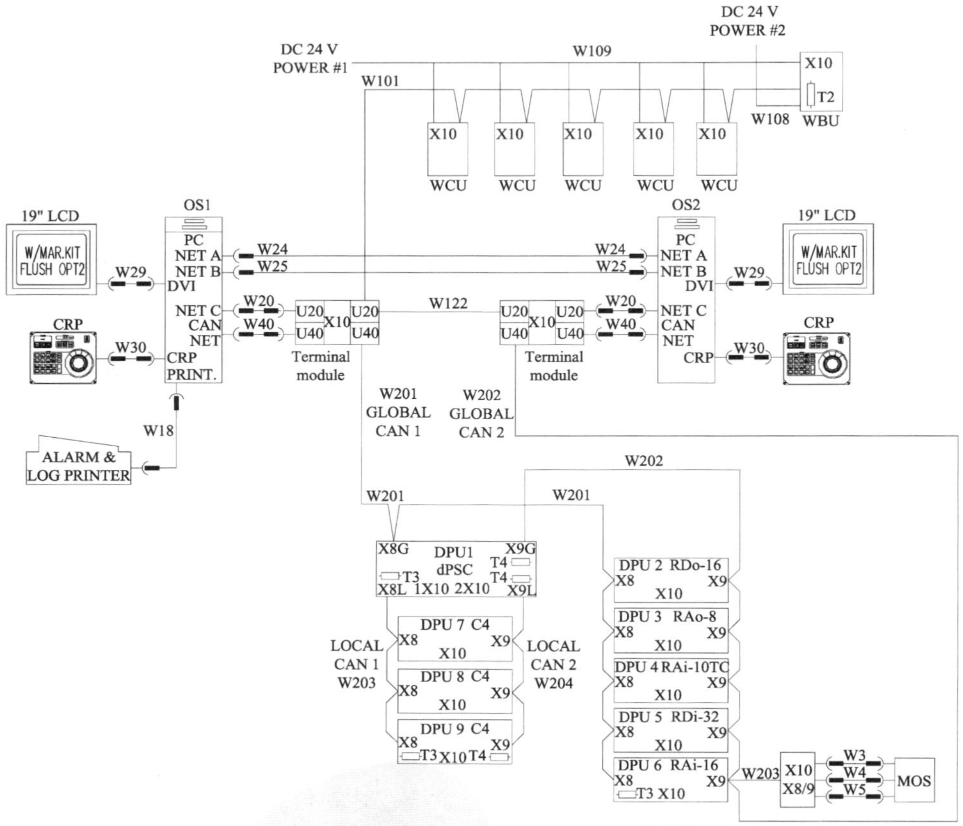

图 2-2-4　K-Chief 500 系统网络结构图

OS1 和 OS2 的主机为 2 台专用 PC 计算机，19 英寸 LCD 通过电缆 W29 连接计算机的 DVI 接口，集控室面板 CRP 通过电缆 W30 与计算机的一个 CRP 接口相连，报警记录打印机连接 OS1 计算机的打印机接口。

两台 OS 主机均设有 NET A、NET B、NET C 和 CAN NET 共 4 个网络接口，其中 NET A 和 NET B 分别通过交叉 LAN 网线 W24 和 W25 对连（若需要 3 台以上的 OS，则需要通过集线器 HUB 连接，并采用直通 LAN 网线）；NET C 和 CAN NET 分别通过直通 LAN 网线 W20 和 W40 接至“Terminal module”模块的 RJ45 插口 U20 和 U40，经 ETHERNET/CAN 转换后连接 2 组 CAN 总线接线端子 U20 和 U40，其局部连接关系如图 2-2-5 所示。

来自 2 台 OS 的 CAN 端子 U20 通过双绞线电缆 W122 并联对接，并通过双绞线电缆 W101 连接 WBU 和 WCU，为值班呼叫系统提供 CAN 网络通信；OS1 的 CAN 端子 U40 经双绞线电缆 W201 连接 GLOBAL CAN 1 网络的各个 DPU 模块，OS2 的 CAN 端子 U40 经双绞线电缆 W202 连接 GLOBAL CAN 2 网络的各个 DPU 模块，形成两套互为冗余的 CAN 总线。

K-Chief 500 的 DPU 都至少有 2 个 CAN 接口（即 CAN 1 和 CAN 2），如图 2-2-6 所示。每个接口设置 4 个接线端子，CAN 1 的端子名称为 X8，编号为 X81～X84，X81 和 X83 连接网络中相邻的上一个模块，X82 和 X84 连接相邻的下一个模块，若模块为网络中的最后一个模块，则必须在 X82 和 X84 之间接入一个 120 Ω 的终端电阻；CAN 2 的端子名称为 X9，编号为 X91～X94，用法与 CAN 1 类同。CAN 1 和 CAN2 与 DPU 的连接参见图 2-2-4，应特别注意 CAN 1 和 CAN 2 是相向布线的，这种布线方法可以确保网络中任意一个节点出现故障时均能使 CAN

网络覆盖所有 DPU。

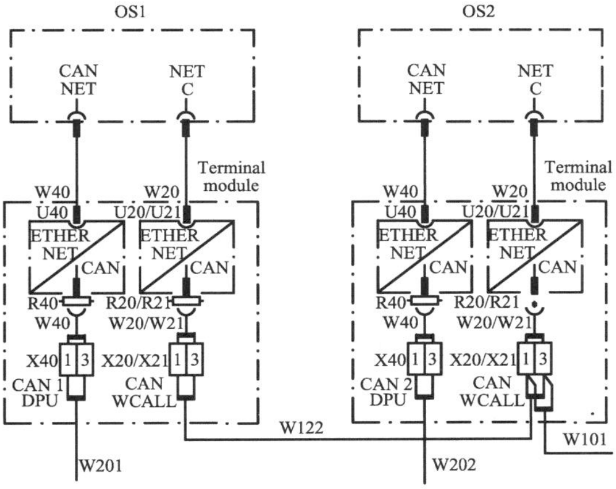

图 2-2-5 ETHERNET/CAN 转换局部接线图

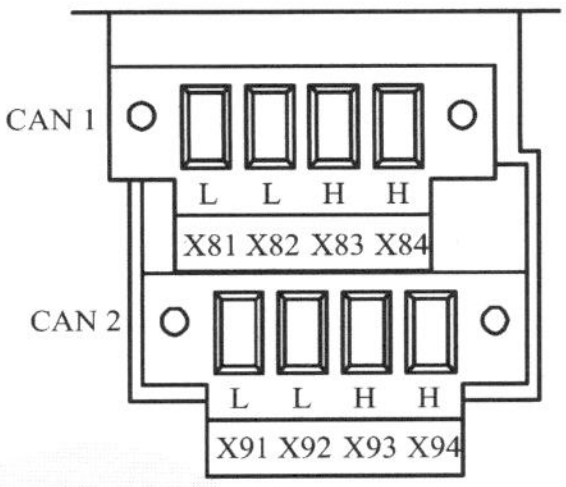

图 2-2-6 DPU 的 CAN 接口

本系统中还配置了一个电站管理系统 PMS。由于 PMS 是一个相对独立的子系统,因此采用 dPSC 对 GLOBAL CAN 进行了扩展,得到 2 套 LOCAL CAN 网络(即 LOCAL CAN 1 和 LOCAL CAN 2)。dPSC 具有 4 个 CAN 接口(即 CAN 1~CAN 4),CAN 1 和 CAN 2 分别对应接线端子 X8G 和 X9G,连接 GLOBAL CAN;CAN 3 和 CAN 4 分别对应接线端子 X8L 和 X9L,连接 LOCAL CAN。LOCAL CAN 挂接了 3 个混合 DPU 模块 C4,分别对 3 台发电机组进行控制和管理。

便携式操作站 MOS 在理论上可连接至任意一个 CAN 总线节点,但必须注意的是 MOS 不能同时与 2 套 CAN 网络连接,要么连接 X8,要么连接 X9。

在 K-Chief 500 系统中,即使对于不同的项目,其电缆编号及 DPU 端子名称和编号都是统一的。例如,电缆 W201、W202 和 W101 总是分别对应 GLOBAL CAN 1、GLOBAL CAN 2 和值班呼叫 CAN 总线;DPU 的 X1、X8、X9 和 X10 总是分别对应输入输出接口、CAN 1、CAN 2 和 24 V DC 电源端子。

2. DPU 与输入输出设备连接

根据模块种类的不同,DPU 与输入输出设备的连接也各不相同。但从总体来看,开关量的输入输出和模拟量的输入输出占绝大多数。这里仅以开关量和模拟量的输入输出模块为例说明 DPU 与外部输入输出设备的连接方法。

(1) RDi-32 和 RDo-16 与外部设备的连接

RDi-32 和 RDo-16 分别是 DC C20 和 K-Chief 500 系统中典型的开关量输入和输出模块,

图 2-2-7(a)和(b)分别给出了 RDi-32 与输入开关的连接和 RDo-16 的开关量输出接线方法。

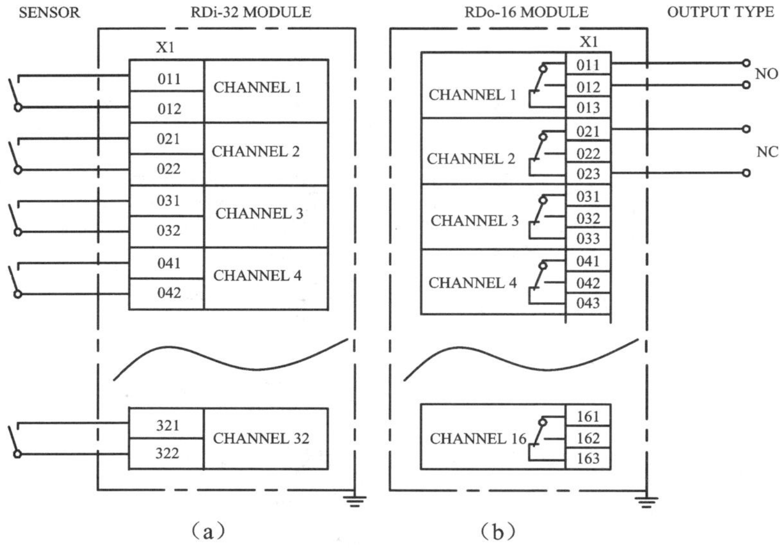

图 2-2-7　RDi-32 和 RDo-16 的外部连接

RDi-32 共有 32 个开关量输入通道，每个通道对应 2 个接线端子。端子编号为 3 位数，个位为端子号，十位和百位为通道号，如 011 和 012 为第 1 通道的 1 号和 2 号端子。这种端子编号规律适用于其他所有 DPU 模块。

RDo-16 共有 16 个开关量输出通道，均为继电器触点输出，可对外部设备进行开关控制或输出脉冲信号。每个通道对应 3 个接线端，其中端子 1 和端子 2 之间为常开（Normally Open，NO）触点，端子 1 和端子 3 之间为常闭（Normally Closed，NC）触点。具体使用常开触点还是常闭触点需要根据实际应用情况确定。

（2）RAi-16 与传感器的连接

RAi-16 是典型的模拟量输入模块，共有 16 个模拟量输入通道和 1 个计数器输入通道。图 2-2-8 仅给出了 RAi-16 模拟量输入通道与外部传感器连接方法。1 个模拟量输入通道包括 4 个接线端子，端子 1 可为外部传感器或变送器提供工作电源，端子 2 和端子 3 用作测量输入，端子 4 为信号地。通过在 ROS 上对不同的通道进行软件设置，每个通道都适用于输入各种类型的模拟量，但对于不同的输入信号类型，其连接方法不同。在图 2-2-8 中，通道 1 和通道 2 所示分别为采用内部电源和外部电源的±20 mA 电流输入，通道 3 和通道 4 所示分别为采用内部电源和外部电源的±1 mA 电流输入，通道 5 和通道 6 所示分别为采用内部电源和外部电源的±10 V 或±1 V 电压输入，通道 7 为热电阻输入，通道 8 为电位器输入，通道 9 为带断线检测功能的开关量输入，通道 10 为 4~20 mA 电流输入，通道 16 为干触点开关量输入。其中，通道 9 和通道 16 输入的虽然是开关量，但其开关状态是通过检测在开关的不同状态下所输入的模拟量大小来判断的。应当指出的是，图 2-2-8 的接线方法只是一个示例，各个通道接入的信号类型可根据实际需要确定。另外，模拟量信号容易受到电磁环境的干扰，因此信号电缆必须采用屏蔽电缆，并确保电缆屏蔽层与机壳的可靠连接。

（3）RAo-8 与外部设备的连接

RAo-8 模块专门用在需要模拟量输出的场合，其输出类型包括 0~10 V DC 或 2~10 V DC 的电压信号和 0~20 mA 或 4~20 mA 的电流信号。RAo-8 共有 8 个模拟量输出通道，1 个通

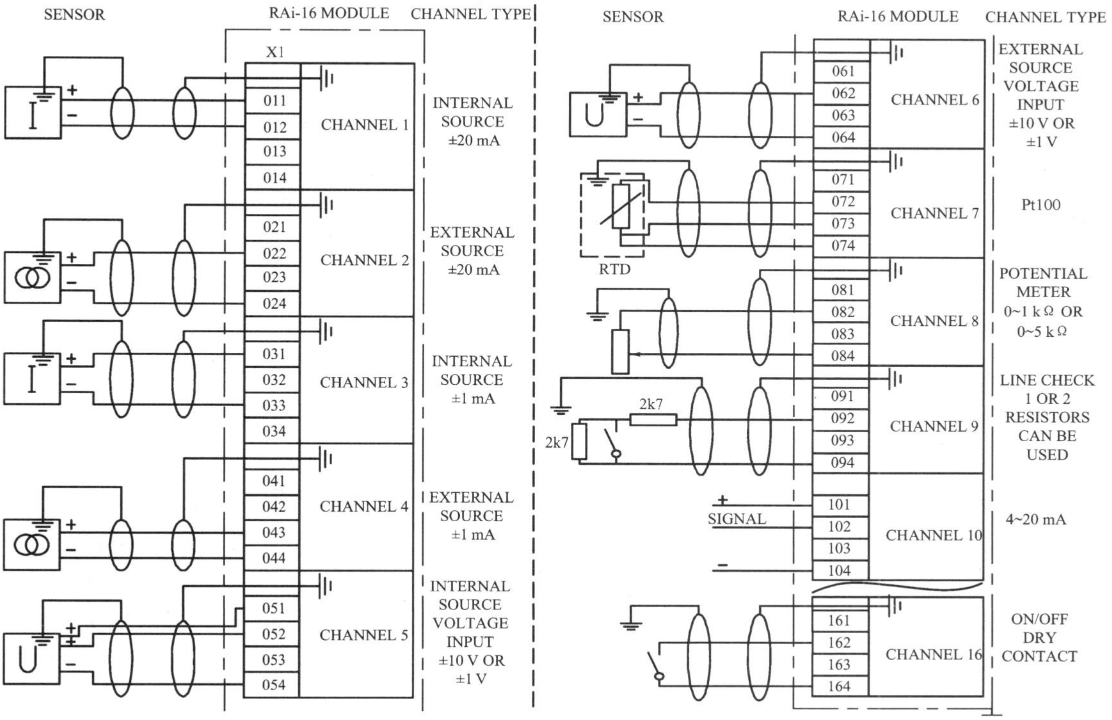

图 2-2-8 RAi-16 与传感器的连接

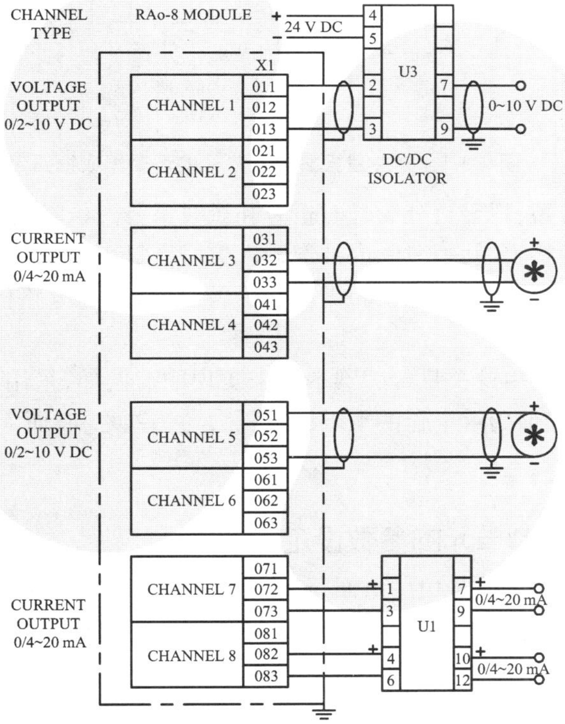

图 2-2-9 RAo-8 的外部连接

道包括 3 个接线端子，其中端子 1 输出电压信号，端子 2 输出电流信号，端子 3 为信号地。图 2-2-9 中的通道 3 和通道 5 所示分别为电流输出和电压输出直接驱动外部设备的例子，通道 1 所示为经过电压隔离器进行的电压输出，通道 7 和通道 8 为经过隔离器的电流输出。

以上介绍的是几个通用模块的输入输出接线方法，对于一些混合模块（如 RIO-C1、C2、C3、C4，DGU 和 ESU 等），在单个模块上同时设有不同的输入和输出通道，其接线方法和通用模块相应的输入输出通道类型相同。

第三节　监测系统的参数设定

一、开关量报警控制单元的参数设定

开关量报警控制单元是由输入回路、延时环节和逻辑判断环节所组成的，其逻辑原理框图如图 2-3-1 所示。其中，输入回路用于接收开关量传感器送来输入信息（即触点是闭合还是断开），并且在输入异常时发出报警信号；同时还可接收“试验”信号，当输入试验信号时同样输出报警信号，以模拟监视点的故障信号。延时环节用于对报警信号产生适当的延时，实现延时报警功能，以避免误报警。逻辑判断环节用来完成逻辑运算、状态记忆和报警控制。

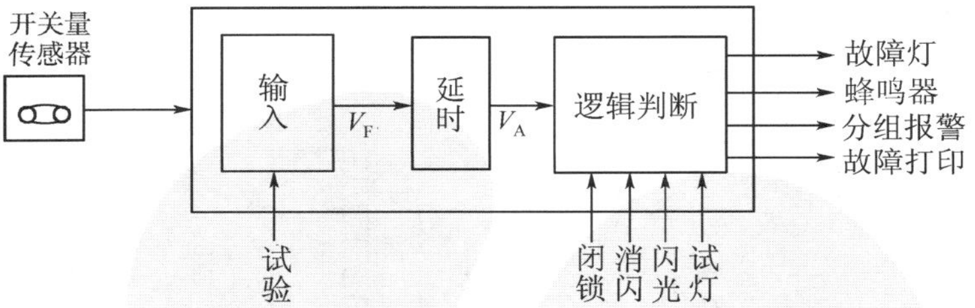

图 2-3-1　开关量报警控制单元的逻辑组成框图

根据持续时间的长短，报警可分为长时报警和短时报警。长时报警是指报警长时间存在，而短时报警则是指发生报警后，短时间内外部输入信号恢复正常，报警自行消失。开关量报警控制单元需要调整的参数仅为延时时间，需根据报警对象，通过电路板上对应的电位器，设定相应的延时时间。

开关量报警设定值是由开关量传感器本身来实现的。例如，采用压力继电器作为压力传感器时，其上限报警设定值为继电器的下限设定压力与幅差之和，而下限报警的设定值就是其下限设定压力。

二、模拟量报警控制单元的参数设定

模拟量报警控制单元主要是由测量回路、比较环节、延时环节和逻辑判断环节组成的，其原理框图如图 2-3-2 所示。图中，测量回路用于把传感器送来的模拟量信息转换成相应的电压信号，以作为监视点参数的测量值 U_i，并在模拟量传感器发生短路或开路时，向自检单元发出传感器故障信号。比较环节用于故障报警鉴别，它将测量值 U_i 与电位器整定的报警设定值 U_L 进行比较，若参数越限则输出报警信号至延时环节。在功能试验时，比较环节接收到“试验”信号，若能输出被监视点参数越限的报警信号，则说明控制单元工作正常；否则，说明单元有故障。延时环节和逻辑判断环节的作用与开关量报警控制单元中的环节完全相同。其中延时环节不是所有的模拟量报警控制单元都设置,而只适用于需要延时报警的监视通道中。

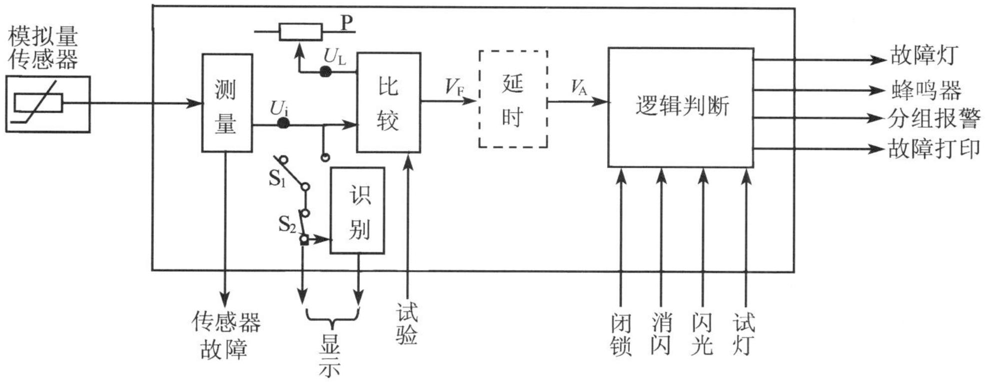

图 2-3-2　模拟量报警控制单元的逻辑组成框图

显然,模拟量报警控制单元需要调整的参数有报警值、恢复正常值、报警延时时间等参数。实际上测量电路中还有转换电路,除用于判断越限外,还需输出参数显示。所以测量电路中包括零点和量程的调整。由于采用独立连续监测,所有参数均为电路板上的电位器调整。

三、分布式监测系统中 DPU 的参数设定

分布式监测系统的参数都直接设置在对应的 DPU 中,在集控室操作站 OS 上可进入参数点设置界面,通过 OS 可修改其参数值,修改后的数值直接保存在对应的 DPU 中,其他 OS 可同步反映参数的变化。

在 OS 的操作界面上,可通过报警界面、参数列表界面、mimic 界面等多种途径进入相应的参数修改界面,但进入前需要密码授权确认。通过密码授权后,可对具体参数进行修改,包括模拟量输入信号的类型、零点、量程、高限、高高限报警值、低限、低低限报警值、对应的报警恢复值、报警延时时间、延伸报警分组、闭锁报警逻辑关联等进行设置。有些参数需要服务工程师的授权,使用者常用的参数修改为延时时间、报警设定、闭锁关联等几个。

第四节　典型监测系统的管理

K-Chief 500 是一个集监测报警和控制功能于一体的分布式计算机网络系统,不论是进行日常的操作还是进行管理维护,都需要有一定的计算机基础知识和操作经验,还要熟悉被控对象的控制原理。其中最主要的是 OS 和 DPU 的管理维护。

一、OS 的管理维护

1. 熟悉系统

OS 的软件系统具有内建的在线测试和程序自诊断功能,只要与 OS 相连的内部或外部设备出现故障,多数情况都可以在屏幕上显示出故障代码。因此,必须充分熟悉说明书,以便在需要时能够快速查阅故障代码所对应的可能的故障原因及其排出方法。

2. 定期进行系统测试

说明书推荐每周进行一次系统测试,以确定系统本身是否工作正常。对于 K-Chief 500 系统,可在系统的主界面(Navigator)上进行。方法是点击“SERVICE”主按钮,在随后出现的二级按钮组中点击“TEST”二级按钮。

测试过程如下:

(1)按下“报警测试(Alarm Test)”按钮,系统报警点按延时时间逐个发生报警,指示闪光,蜂鸣器响;

(2)按下“报警确认(Alarm Acknowledgment)”,相应指示变为平光,蜂鸣器停响;

(3)再次按下“报警测试(Alarm Test)”按钮,按钮恢复正常,各报警点恢复其原来的状态,即原来正常的监测点指示熄灭,原理已报警的监测点指示灯保持平光指示。

如果测试不成功,则应参照设备说明书所述步骤进行故障诊断。

3. OS 的系统设置

OS 运行的是 Windows 操作系统,为使系统能够正常工作,要进行各种系统设置,特别是网络设置和 CAN 节点设置。这需要专门的知识,但系统调试好之后,如果没有进行设备的更换和维修,除非系统崩溃,一般不需要进行特别的操作。因此,为防患于未然,必须对 OS 软件进行必要的备份。

4. OS 的停机操作

某些时候,如对系统进行电气维护时,有必要对 OS 进行停机。为避免系统故障,说明书规定了严格的停机操作步骤,因此停机操作必须严格按照规定的程序进行。

二、DPU 的管理维护

所有 DPU 模块均采用统一的金属外壳密闭式封装,在内部电路上采用智能化设计,因此不存在任何用户可维修的部件,也无须进行任何的跳线设置。

当 DPU 模块出现异常时,在 OS 屏幕上将出现模块“通信错误(Communication error)”报警,根据报警显示信息可确定相应模块所在的物理位置。所有 DPU 模块均设有 5 个状态指示灯,根据指示灯的不同状态组合可以分别采取模块断电重启或从 OS 对模块进行重新加载等措施,若故障依然存在,则应考虑更换模块。更换 DPU 模块时需要考虑以下问题:

(1)模块更换要按说明书规定的步骤进行,更换完毕要对新模块进行初始化设置。

(2)一旦由于某种原因导致两个 DPU 的节点 ID 发生冲突时,将会使系统出现严重问题。此时,应首先把其中一个从 CAN 总线断开,对另一个进行断电复位,并在 OS 上利用 RioLoad 工具软件对节点 ID 进行更正。

(3)若诊断结果显示只是 DPU 模块中个别通道出现故障,则可考虑启用同一模块的空闲通道,而不必更换整个模块。如果同一模块内的空闲通道不足,则还可以考虑采用其他模块的空闲通道。但无论哪种情况,都需要对所涉及的模块进行重新设置。

三、现场操作站的操作

系统的现场操作站(LOS)如图 2-4-1 所示。现场操作站实际上是一个人机交互式操作控制面板,包括一个可显示 4 行 40 个字符的液晶显示器(LCD 显示)和一些操作者使用的按钮。其主要功能是使操作者能够在现场对分布式处理单元的输入/输出模块进行访问,查看 DPU

上所处理的数据，对设备进行现场操作，对输入/输出信号进行仿真、参数调整，以及查看系统内置的自诊断程序。

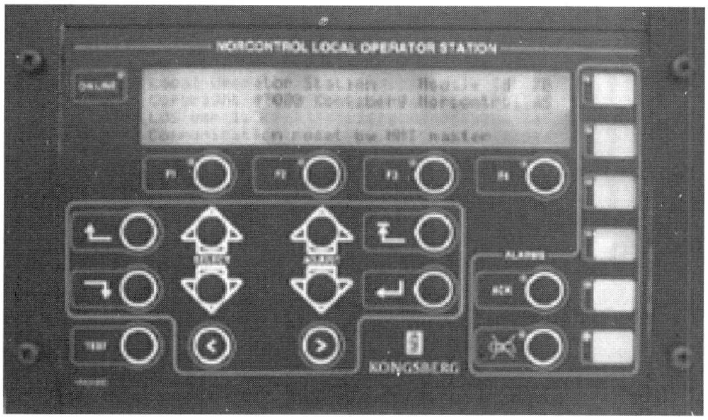

图 2-4-1　现场操作站

所有的 DPU 模块与 LOS 都连接在同一条 CAN 总线上，对 DPU 模块的访问是通过操作面板上液晶显示屏中的菜单来实现的，面板上所显示的内容会因不同的 DPU 模块而不同。当某个 DPU 模块由于通信线断开而与整个系统失去了联系，或者 OS 出现故障时，所有的监测和报警功能可以通过 LOS 就地完成。在 LOS 上还可以显示报警信号的详细信息。

四、网络的管理

1. 局域网（LAN）

如图 2-2-4 所示，两台 OS 之间通过 10 Mb/s 的双冗余以太局域网连接，其接口为 NET A 和 NET B，两条路径都处于激活状态。以太局域网采用双绞线，也可采用光纤电缆。通信软件遵循 TCP/IP 标准。该以太网还可连到路由器或交换机，其他 OS 也可以连入系统，如轮机长房间的监控计算机，从而可实现远程监视。

2. CAN 现场总线

双冗余的 CAN 现场总线用于连接分布式处理系统的不同单元，它通过系统网关与局域网连接。CAN 总线的最高传输速率为 1 Mb/s。CAN 总线采用普通的船用型双绞线，软件协议遵循开放式 CAN 总线的定义。

DPU 分布在机舱各处，一方面作为传感器和执行器的 I/O 接口，直接与传感器和执行器相连，另一方面通过 CAN 总线与上层网络相连，从而实现上层网络对机舱设备的监视和控制。连接 DPU 和上层网络的 CAN 总线采用双冗余结构，即具有两套 CAN 总线，在图 2-2-4 中分别标识为 CAN Bus1 和 CAN Bus2。这两套 CAN 总线总是并联运行，构成互为热备份，当主用网络出现故障时，备用网络自动切入工作，充分保证系统工作的可靠性。

3. 网关（GW）

网关包括系统网关（SGW）和双处理通信控制器（dPSC）两种类型。网关的主要目的是对不同网段进行隔离以及在大型系统中连接现场总线，通过网关信息可在不同网段中进行传输，也可对挂接在 CAN 总线上的一些设备（如 DPU 模块、LOS、WBU 等）进行保护。如果某个节点的通信失败，网关将产生一个系统失败信息，并确定失败的节点。

(1)系统网关(SGW)

系统网关有四个通信接口,即 CAN 和 LAN 之间的网关,由集控室的 2 台 OS 兼系统网关 SGW(System Gate Way)的功能,使局域网中的各个 OS 能够通过以太网和系统网关 SGW 与 CAN 总线相连。通过 SGW 和 CAN 总线,各个 OS 一方面可以接收各个 DPU 单元送出的机舱现场信息,另一方面经过授权的 OS,还能向 DPU 发送操作指令、控制参数和程序包。SGW 的主要功能是从双 CAN 总线上采集信息,用以实时更新 OS 的数据库。同时,通过系统网关可以把 OS 中的程序命令和参数下载到 DPU 模块中,实现 DPU 和 ROS 之间的双向信息传输。一般监测系统中所有的软件都安装在集控室 OS 中。

系统网关还具有电磁隔离的功能,可隔离 24 V 电源对 SGW 的 CAN 总线接口的干扰。

(2)双处理通信控制器(dPSC)

dPSC 是一个具有冗余结构的网关,用于主 CAN 网与子 CAN 网的连接,其网络扩展如图 2-4-2 所示,把 CAN 网络扩展成上、下两层,上层一般称作全局 CAN 总线(Global CAN Bus),下层则称作局部 CAN 总线(Local CAN Bus)。dPSC 包含两个处理器,每个处理器都带有两个 CAN 接口。两个处理器都有独立的电源,它们通过双口 RAM 共享内存。dPSC 的主要功能是处理来自子 CAN 网的信息,并且将处理后的信息发送到主 CAN 网,这些信息同样可以被其他的 dPSC 或 SGW 所接收。dPSC 还处理由系统网关发给子网节点的命令以及由系统网关向子网节点下载参数和软件。dPSC 还带有一个双串行通信接口(RS-422/485),用于同其他厂商的设备进行通信。dPSC 在电源与 CAN 接口之间,CAN 与 CAN 之间都设有电磁隔离,因而,一个 CAN 通道的短路或故障不会影响其他的通道。dPSC 具有开放式主控制器的能力,能够管理连接到总线上的所有 DPU。如果与某个 DPU 的通信出了故障,dPSC 将在 Global CAN Bus 上产生系统故障信息。当 dPSC 的两个处理器控制同一个 DPU 时,它们处于并联运行状态,因而可为 CAN 总线通信和逻辑控制提供冗余功能。

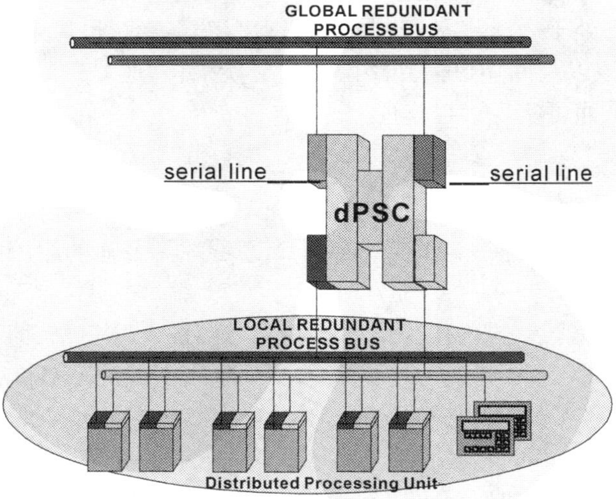

图 2-4-2 dPSC 用于主 CAN 和子 CAN 的连接

dPSC 的主要任务是:

①处理来自于 Local CAN Bus 的信息并将其送往 Global CAN Bus,进而通过系统网关 SGW 供 ROS 使用;

②管理由系统网关 SGW 或 ROS 发送到 Local CAN Bus 的指令、参数和程序。

五、值班呼叫系统

按照无人机舱的基本设计原则,监测系统在驾驶室和轮机员舱室及公共场所设有延伸报警装置。驾驶室的延伸报警装置称为 WBU(Watch Bridge Unit),而舱室及公共场所的延伸报警装置则称为 WCU(Watch Cabin Unit)。WBU 和 WCU 通过 CAN 总线(在图 2-2-4 中标识为 CAN Bus 3)与 ROS 进行通信连接,形成值班呼叫系统 WCS(Watch Calling System)。

第五节　船舶内部通信系统

船舶内部通信及信号装置一般分为两类:一类是传递语言的称为船内通信设备,如各种电话、对讲机、广播系统;另一类是传递信号的称为信号装置,如各类呼叫装置、传令钟、火灾报警器、通用报警铃等。船舶内部通信及信号装置的作用是传递工作指令,了解发生的问题,使全体船员能随时根据所在的岗位、所处的位置和应负的责任采取相应的措施。

一、船内电话通信系统

船内电话通信系统是指挥航行、传达命令,协调工作、方便日常工作和生活中的事务联系的主要设备,是自动化船舶内部通信设备的重要组成部分。常用的船用电话一般分为三种:船用声力电话、船用指挥电话、船用自动电话。

根据 CCS《钢质海船入级规范》的要求,船内电话通信系统的技术要求如下:

(1)重要电话系统应保证在船舶各种工况下通话清晰。

(2)下列处所之间应设有电话系统:

①驾驶室-机器控制室;

②驾驶室-舵机舱内操舵装置控制位置;

③驾驶室-无线电室:如不用电话就能通话,则不需设此电话;

④驾驶室-螺旋桨通常控制位置:如设有应急主机传令钟系统,则不需设此电话;

⑤驾驶室-螺旋桨各其他控制位置:如这些位置设有主机传令钟的复示器,则不需设此电话;

⑥机器控制室-螺旋桨各其他控制位置:如这些位置上设有主机传令钟的复示器,则不需设此电话。

(3)上述所列各项电话系统均应是单独直通线路,如驾驶室在任何时候都能进行插入忙线通话则可以例外,但重要电话系统应是一独立的系统。

(4)凡安装在机舱(机器控制室除外)内的电话系统均应设有双向呼叫设备,并应设计成在主推进装置全功率运行情况下,机舱内的任何位置都能听到,还应附加上视觉信号。

(5)在主电源失电情况下重要电话系统应仍能工作。

(6)应急情况下的通信:

①在应急控制站、救生艇筏集合和登乘地点与驾驶室等重要位置之间,应设有能传送命令的相互通信系统。

②该通信系统可由可携式设备或固定安装的设备组成,并应在主电源失电情况下仍能工作。

1. 船用声力电话

声力电话也称直通电话或对讲电话，是两个重要工作部位之间的快速通话与联络通信专用电话，由两台声力电话机直接连接在一起组成。声力电话机由三个部分组成：①通话设备：担负着声、电互相转换作用，包括送话器、受话器、混合线圈、消侧声装置等。②信号设备：担负着发出和接收呼叫信号的作用，包括手摇发电机、拨号盘装置、电铃、氖灯等。③转换和附属设备：担负着信号电路与通话电路的转换，包括叉簧开关、按键和用以改善通话条件所用的电阻器、电容器等。声力电话机是靠改变磁路中的气隙大小，实现声电之间的转换。声力电话机不需要电源，凭借人们讲话的声音使送话器的振膜随声音而振动，改变了磁路中气隙的大小，引起磁路中磁通的变化，从而在送话器线圈中产生感应电流，实现了声电之间的转换。这个感应电流传输到收话方受话器的线圈中，从而引起磁通同样的变化，使受话器的振膜振动，发出声音。声力电话所用的送话器和受话器的灵敏度较高，而且多数采用全封闭型的。

声力电话机所带的永磁式手摇发电机是供发话人呼唤受话人而设的。发话人摇动手摇发电机，使对方话机电铃或电笛鸣响，对方闻铃摘机即可通话。有的声力电话是几台话机连在一起的，声力电话机上设有选择开关或按钮组，是发话人选择受话用户用的。声力电话通话距离短，联系部门有限，只作为个别部门的专用电话。

目前在船舶中越来越多的使用增声式声力电话，其主要特点如下：

（1）增声状态、声力状态用呼叫键和声响发生器代替传统的手摇发电机。

（2）多采用运算放大器代替原分离元件组成的放大器，性能稳定，维护方便。增音状态呼叫和通话用 24 V 直流电，声力状态呼叫用机内干电池，通话由换能器实现。

（3）分为选通型和直通型两类，分别用以完成多用户的互选通话和两个用户之间的直接通话。

2. 船用自动电话

船用自动电话是为了有关舱室进行日常工作和生活上的联络通话而装设的。这种通信系统由一台自动电话交换机（也称总机）和若干台带有拨号盘（或按键）的单机（也称自动电话机）组成。当打电话时只要先拿起耳机，然后拨号，如果对方话机忙，就能听到忙音，如果对方话机不忙，对方话机响铃唤人，对方摘机后双方便可通话，因此。自动电话机是由主唤用户拨动拨号盘自动与被唤用户接通的。

自动电话设备的布置根据工作需要和使用要求而定。通常总机安装于总机室或通道内，自动电话机分别安装于包括驾驶室、集控室、驾驶员、轮机员、公共场所等重要场合的各舱室内。

为了保证船长或轮机长室电话在必要时能优先于其他用户进行呼叫和通话，船长室或轮机长室电话应为特殊用户。在船舶停靠码头时，自动电话系统能与岸上电话网相连。

3. 船用指挥电话

船用指挥电话是驾驶室与航行有关部位之间进行指挥通话使用的，包括总机和单机。总机安装在驾驶室内，单机安装在各航行有关部位，如主机舱、辅机舱、应急发电机舱、广播室、报务室、船长室、轮机长室、船首、船尾和消防控制站等。

指挥电话具有声力电话直通的特点，还具有总机和单机，单机和单机，总机同时和所有单机通话的特点。在容量上可分为四门、八门和十二门三种。总机和单机都有双向半导体放大器，通话声音响亮，并且有闪光器，能适应机舱内噪声较大的环境。这种电话的单机与单机通话必须经过总机转接，较不方便，但总机和单机，总机同时和所有单机通话很方便，因此，它成为船舶下达命令、指挥航行的重要通信设备。有的船用指挥电话和船用自动电话混在一个装置中，驾驶室通过拨动特殊号码达到下达命令的作用。

二、船舶操纵信号设备

船舶操纵信号设备是供船舶驾驶员了解各种航行机械运行情况，正确指挥并进行操纵，提高船舶操纵性能，实现船舶正常安全航行的重要设备。

1. 船舶操纵信号设备的分类及作用

用于操纵和指示船舶航行和运动的信号设备，根据不同用途，分为下列几种：

（1）电气传令钟：用于驾驶室和机舱主机操纵处之间传送改变推进装置运转情况的命令。

（2）舵角指示器：用于驾驶室和操舵站指示舵板转动角度，即舵板对中剖面的相对位置。

（3）主机转速表：用于驾驶室、机舱和其他有关部位指示主机的转速。

（4）变距桨传令钟和指示器：在设有变距桨的船上，控制变距桨的角度以实现对船的航速、前进和后退的控制。变距桨传令钟用于驾驶室和机舱之间传递控制命令，其工作原理与电气传令钟相似；变距桨的桨角指示器用于驾驶室和机舱之间传递执行的桨角信号，其工作原理与舵角指示器相似。

（5）船舶航行信号设备：船舶航行信号设备主要包括航行灯、信号灯和自动雾号汽笛，三者均是保证船舶安全航行的重要信号设备。

2. 船舶操纵信号系统的技术要求

（1）供电电源的电压应符合电动传令钟、舵角指示器的额定电压，并要保证航行期间不断电。

（2）传令钟系统中若有两个及两个以上的驾驶传令钟时，其间应设有机械式电轴联动装置，或电气转换装置。

（3）由于机舱噪声较大，在设计机舱传令钟系统时，应考虑到安装在机舱的音响信号需有足够的响度，并需附有灯光信号。

（4）布置双主机传令钟时，应使左边传令钟操纵左主机，右边传令钟操纵右主机。其操作手柄的动作方向与船舶的运动方向相同，手柄处于垂直位置即相当于“停车”的命令。

（5）舵角发送器布置在舵机舱，与主舵杆的连接应无滑动和虚程。

（6）舵角指示器布置在操舵部位的正前方，应使其指针与舵板的转角转向相一致。

（7）在舵角指示器系统中，为避免自整角机绕组的过载损坏和便于线路的连接，可采用带有热保护器的接线箱。

（8）电动转速表的刻度值，其最高值应不小于主机推进轴额定转速的110%。

（9）在转速检测与显示系统中，从发送器到指示器的连接电缆，其电阻值应不超过10 Ω。

（10）在驾驶室内布置驾驶传令钟和转速指示器时，应考虑尽可能远离磁罗经。

（11）选用指示器时，在不能使用外部灯光照明的地方，需考虑选用有内部照明的指示器，在有外部灯光照明的地方，则可选用无内部照明的指示器。

（12）船舶操纵信号设备有两个及两个以上的设备并联工作时，当其中一个或几个分断后或发生故障时，不应影响其他配套设备的正常工作。

（13）船舶操纵信号系统的外部连接电缆，需根据线路电压、电流，所需芯线数和敷设地点等来选择,多芯电缆必须具有一定数量的备用芯线。

3. 电气传令钟

电气传令钟又称电车钟,按其传信原理可分为:利用指示灯系统传信原理的灯光传令钟;利用直流同步传信原理的直流电动传令钟;利用交流自整角机同步传信原理的交流电动传令钟;采用微处理器技术的传令钟。后两者是当前使用较多的传令钟。调距桨传令钟和指示器也是电气传令钟,采用的是同样的技术,只是另外还单独配一套直接加减螺距的控制按钮,需要时可通过切换开关使其有效。

驾驶台传令钟的数量须根据驾驶操纵部位的数目和主机的台数来确定,如果船舷两侧都装有操纵台,则相应配有传令钟,这样,驾驶室就有三套传令钟。机舱传令钟的数量则需根据船上主机的台数确定,一般机旁有一套,集控室有一套。

采用微处理器技术的传令钟系统基本组成是:数字输入扩展模块,输入数字信号;数字输出扩展模块,输出数字信号;继电器报警输出;串行通信口。

传令钟具有 9 挡传令挡(正、倒车各 4 挡和停车挡)和 3 挡辅助传令挡(海上、备车、完车),其主要功能有:

(1)控制站的转换功能,每个单元上均有 3 个指示灯:驾驶台、控制室和应急。控制站的转换由检测主机气控系统中压力开关的信号来实现,只要转换控制系统中的气动转换阀,传令钟就将跟踪主机的控制站。如未设压力开关,则应另设控制站转换开关。

(2)错向报警。错向由数字输入信号来检测。传令钟提供前进和后退的指令信号,与前进后退的转向信号相连接。当指令与达到的机器的响应有偏差,即发出错向报警;

(3)遥控系统未准备好的报警。由遥控系统输入信号,指示系统的准备状态。如遥控系统未准备好,且控制在桥楼,则传令钟不接受驾驶台控制方式,而仍作为控制室与驾驶台之间的传令钟。如在驾驶台控制方式时,遥控系统发生故障,则在传令钟面板上发出报警指示。

(4)与指令打印机的接口。这种传令钟可在串行数据线上与指令打印机接口,传送的数据有:传令钟信号 9 种,辅传令钟信号 3 种,均包括指令和应答,还有传令钟系统的故障报警信号等。

(5)与检测报警系统等接口。传令钟系统的报警信号,可传送至检测报警系统,进行显示。

4. 舵角指示器

在船舶航行时用来传送操舵命令和检测舵叶转向和转角的设备称为舵角传令钟。只用来检测舵板转向和转角的设备称为舵角指示器,舵角指示器是保证船舶安全航行的重要设备之一。舵角指示器可分为交流型和直流型两类,前者由同步传动的一对自整角机组成,后者由电位器和永磁式自整角机组成,前者较常用。舵角指示器分为两部分,发送器安装在舵机上,其转子与舵杆机械相连;接收部分安装在驾驶室内、驾驶台两翼、机舱集控室、舵机舱等处,其转子与舵角刻度盘上的指针机械相连从而指示了舵角的实际位置。

一般在驾驶台天花板上装有三面舵角指示器($-35°\to0°\to+35°$),带内部照明,其调光器可安装在指示器上,也可独立布置,如布置在控制台上。

通常在三相整步绕组间三根连线上接有热保护装置,作为过载保护,当电流太大时,热保护装置即熔断动作,切断连线。当检查舵角指示器的故障时,应首先注意这一点。

指针式舵角指示器指示舵叶位置允许偏差在 1°之内。当舵角指示器的偏差大于 1°时,应进行调整。调整的方法是:起动舵机,把舵叶置于零度,观察舵角接收器的指示,如偏差大,可松开接收器的定子固定螺钉,缓慢转动定子,使接收器指示亦为零度。然后暂时固定定子,开动舵机,扳动操作手轮,在左、右满度之间进行同样校准。直到接收器指示与舵叶位置偏差均小于 1°时,则调整完毕,将定子按原状固定好。

交流型的舵角指示器及电车钟都是基于力矩式自整角机同步传动原理进行工作的,对于这种自整步系统,常见的故障和排除方法如下:

(1)发送器和接收器转向相反。这是由于两只自整角机的三相整步绕组相序接错,可把任一只自整角机中的三相接线互换任意两根。

(2)接收器和发送器同步失调,力矩小。这可能是三相整步绕组电路中有一相断路或开路。首先应检查三相接线中过载保护是否已断,排除电路开路故障,若不能解决,则可更换绕组断路的自整角机。

(3)发送器和接收器定子三相绕组过热,且接收器指示误差大。这可能是由于有一只自整角机励磁绕组不工作,应检查励磁绕组是否开路或电源断路。

(4)接收器不转动。可能是两自整角机励磁绕组断电,应检查电源保险丝是否已烧断。

(5)交流噪声过大。这可能是两者失调角较大。应检查接收器转子转动是否灵活,排除其转动不灵活的因素,如检查其轴上的机械负载情况,轴承转动是否灵活等。

5. 主机转速测量系统

主机转速测量系统为主机遥控、安全系统提供转速信号,主机安全保护装置用的转速测量装置应设置独立的传感器,并与转速指示、控制用的传感器分开。

主机转速表是通过转换装置远距离测量主机转速的一种仪表。一般由测速装置、转速指示表和接线箱组成,其结构原理如图 2-5-1 所示。其中 1 是测量主轴转速的传感器,产生的信号与推进轴转速成正比;2 是信号转换和放大装置;3 是转速指示表,它由直流电压表或直流电流表构成,但刻度是已转换成主机每分钟转数的转速值,它通常安装在驾驶室、机舱集控室、驾驶台两翼、操机部位、轮机长室等处;4 是可调电阻,用于电压表指示转速,为了使并接至一个发电机上的几个指示器,安装在不同距离上,却能指示一致的读数,在每个指示器内装有调整电阻以便船上调整,使指示器指示一致的转速值,并与主机的实际转速值相符。主机的实际转速从机械转速表上测得。

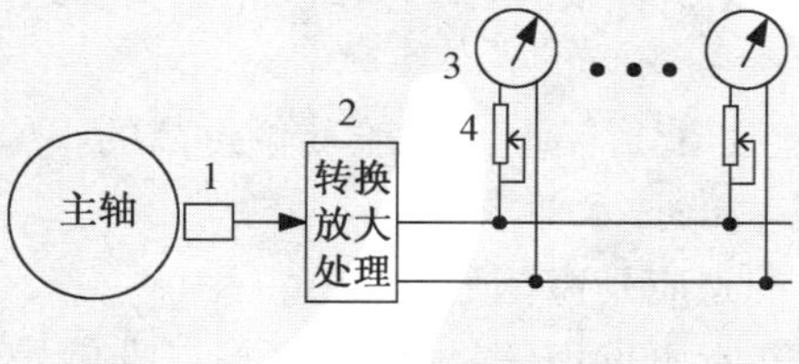

图 2-5-1　主机转速测量指示系统

1—传感器;2—信号转换和放大装置;3—转速指示表;4—可调电阻

在 AC C20 主机遥控系统中,专门采用了 2 个 DPU 模块 RPME1 和 RPME2 对主机转速进行检测和处理,它们安装在一个转速控制箱(RPMD)内。转速检测系统分 2 组,共 4 个脉冲式检测探头(NPN 输出或 PNP 输出),一组接至 RPME1,另一组接至 RPME2,二组测速装置互为冗余。RPME1 和 RPME2 对探头输入的信号进行计算和处理后得到主机转速的测量值,一方面通过 CAN 网络送至数字调速器(DGU)和网络中的其他 DPU(如 ACP),另一方面还以 RS-

422/485 通信方式直接送给 DGU。当发生主机超速时，RPMD 将输出一个开关量信号送至主机安全单元（ESU），在 ESU 的输出控制下进行应急停车。图 2-5-2 给出了 RPME 与转速传感器的连接及其与 DGU 之间的 RS-422 连接关系。

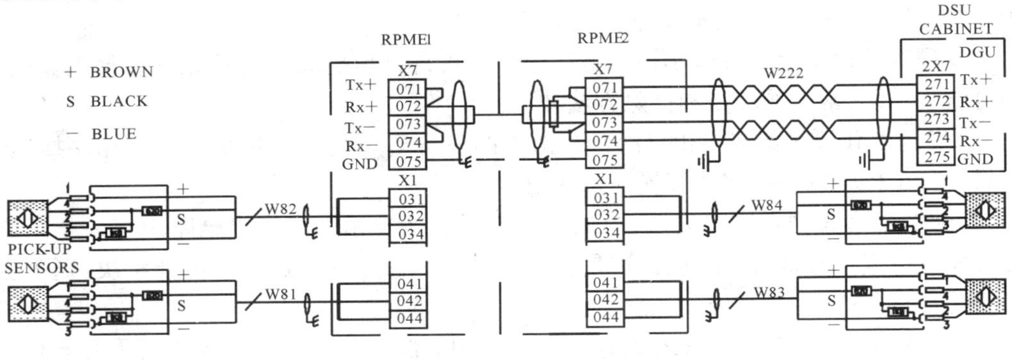

图 2-5-2　转速传感器的连接

三、电气信号装置

1. 电气信号装置的分类与技术要求

船舶内部电气信号装置是用于向旅客、船员传送与安全有关的声光信号和指示的装置。

1）电气信号装置的分类与作用

（1）通用紧急报警。由驾驶室操作，在紧急情况下向全船人员发出的、召唤全船人员至集合部位的紧急报警。

（2）失火报警。由驾驶室或消防控制站操作，在失火时，向全船人员发出的紧急报警。

（3）灭火剂施放报警。对将充满 CO_2 或其他灭火剂的处所，如机舱、泵舱，在施放之前和施放过程中发出的紧急报警。

（4）火灾报警。由手动或自动火灾报警装置发出的报警。

（5）机舱设备报警。由机械系统的故障或类似的情况而引起的报警，常称机舱监视报警系统发出的报警。

（6）呼叫。由一个人向另一个人或一群人要求联系、支援、和（或）采取行动，为此发出的信号和指示。如冷库呼叫系统、轮机员安全呼叫系统、轮机员值班呼叫系统、病室呼叫系统、驾驶员安全呼叫系统等。

除上述呼叫系统之外，还有如液货船上液货舱液位过高的报警和散货船货舱进水报警等。

2）报警系统对电气信号装置的技术要求

（1）所有报警、呼叫信号，首先应是声信号。

（2）在环境噪声级大得可能听不见声信号之处，应辅以光信号。

（3）为了指明信号的意义，可发出附加信息，如状态指示，或详细的指示。

（4）声信号应在通常预期人员会停留的所有处所中，均能清晰地听到和区别，要高于背景噪声且能有效地听到。频率为 200～2 500 Hz。间断信号的脉冲频率应在 0.5～2 Hz，也适用于双音声信号、颤音或类似信号。

（5）光信号应在通常预期人员停留的所有处所中均能清晰可见和区别。闪光指示的脉冲频率为 0.5～1.5 Hz。

（6）新的报警或呼叫应当用闪光指示的办法，以便能与原有的指示明显地相区别。

(7)应答与否可用闪光变为稳定光来表示,如报警或呼叫状态不再存在,指示信号就消失。

2. 通用紧急报警系统

通用紧急报警是在紧急情况下,向全体船员发出的、召唤旅客、船员至集合部位的紧急报警。除上述的技术要求外,还必须注意下述各点:

(1)报警装置的设置处所和数量,必须保证全船所有起居处所、通常船员的工作处所以及开敞甲板均应听到该系统的报警。报警装置在被触发后应一直保持报警状态,直至人工将其关闭或在广播系统工作时暂时中止。

客船上通用紧急报警信号应采用两个独立的线路分别向船员和旅客发出,即不能用一个线路。

(2)应由两路电源供电,当主电源供电失效时,应能自动转换至应急电源供电。

(3)通用紧急报警系统应能在驾驶室、消防控制站控制。

(4)通用紧急报警系统的分电箱应设在舱壁甲板以上的适当处所,白分电箱引出的每一分路均需设熔断器保护。

(5)当所有的门和通道都关闭的情况下,在居住舱室内睡眠位置和距声源 1 m 处,声响报警信号的声压级至少应达到 75 dB(A),并至少要比船舶在较好天气状况下航行时的正常设备操作的环境噪声级高出 10 dB(A)。声压级应在基频附近的三分之一倍频带之内。在任何情况下,某一处所内的声响报警信号声压级应不得超过 120 dB(A)。

(6)通用紧急报警和火灾报警可以共用一个或几个声信号装置,如集采用汽笛或号笛时,通用紧急报警应为连续的,火灾报警应为间断的;如用电子报警器时,则声调应予以区别。

3. 火灾自动报警系统

众所周知,早期发现的火灾很容易扑灭,火灾造成的损失也很小。特别是在茫茫大海中航行的船舶,如果一旦火灾蔓延,由于孤立无援,其后果不堪设想。

火灾初起阶段的征兆,一般是产生烟雾、不正常的温升和火光。因此为了及早地发现火灾,防微杜渐,可以通过各种传感器(自动探测器)将烟、热或光信号变换为电信号,然后送入报警控制单元进行信号处理,发出报警及其他控制信号。目前随着科学技术的发展,单一的火灾报警器逐渐被既能发现火灾并报警,又能联动灭火、排烟,还能联动防火分隔等智能化程度越来越高的火灾自动报警系统所取代。

在滚装船、消防船以及液化气体船等特殊船舶中,往往在某些舱室内装设可燃气体探测器,用来监测可燃气体浓度,以防止可能引起的燃烧和爆炸。

火灾自动报警系统的型号很多,按系统中火灾探测器的分布形式可将火灾自动报警系统主要分为分路式和环路式两种。

1)火警报警系统的基本要求

(1)任何所要求的具有手动报警按钮的固定式探火和失火报警系统应能在任何时候立即动作。

(2)应对系统操作所必需的电源和电路在断电或故障时作监控。故障发生时应在控制板上发出声、光故障信号,这一信号应与失火信号有区别。

(3)供探火和失火报警系统操作时使用的电气设备的电源应不少于两套,由专用的独立馈电线供电。其中一套应为应急电源,并在火警系统控制板上有配套的自动转换开关。

(4)探测器和手动报警按钮应被分成若干分区，任何探测器或手动报警按钮动作时，应在控制板和指示装置上发出声、光火警信号。如果 2 min 内信号未引起注意，则应向所有船员起居处所和服务处所、控制站以及 A 类机器处所（指装有主机、辅机、锅炉、惰性气体发生装置的地方和通道）自动发出声响报警。这一声响报警系统不必作为探测系统的组成部分。

(5)控制板应位于驾驶室或主防火控制站内。

(6)作为最低要求，指示装置应表明已经动作的探测器或手动报警按钮所在的区域。至少有一套指示装置应位于船员在航行中或在港内的任何时候都能容易到达的地点。如果控制板位于主防火控制站内，则应有一套指示装置装在驾驶室内。

(7)应定期试验探测系统的功能，并使主管机关满意。试验方法是用某种设备产生按探测器设计要求，做出反应的适当温度的热空气或烟，或具有适当密度或颗粒大小的悬浮微粒，或其他与早期火灾有关联的现象。所有探测器应是这样一种类型，它能进行正确动作试验，并能恢复到正常工作状态而不更换任何部件。

(8)具有区域编址识别功能的探火系统，应按如下要求布置：

①失火时，探测回路损坏部位不得超过 1 个；

②应采取措施以确保发生在回路中的任何故障（如动力被切断、短路、接地）将不会导致整个回路失效；

③整个布置应能使系统在发生故障时（电子、电气、信息）恢复到最初结构状态；

④最先发出的火灾警报信号应不妨碍任何其他探测器激发另外的火灾报警信号。

2)分路式火灾自动报警系统

分路式火灾自动报警系统主要由火灾报警中央装置和火灾探测器两部分组成，如图 2-5-3 所示。

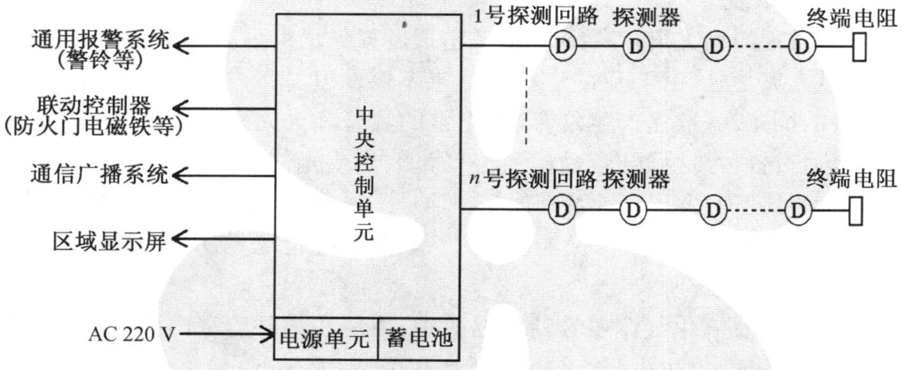

图 2-5-3　舱室火灾自动报警系统示意图

(1)基本功能

探测器监测周围环境的情况，并将信号传输给中央装置。火灾报警中央装置的基本功能是：当它接收到探测器传来的火警信号后，发出声、光报警信号，并指示出火源部位，起动外部报警控制设备。还能对系统进行故障监测，当系统发生故障时发出故障声、光信号，指示出故障类型，其故障声、光信号与火警声、光信号有明显的区别。火警与故障信号有记忆功能，只有在火警和故障已消除，并经人工复位后，方能恢复正常。另外还具备手动模拟测试功能，检测设备是否正常。每个探测分路均可切断，切断后有相应的灯光指示。主、副电源可以自动转换，保持不间断对系统供电。

(2)工作原理

此类系统的探测器为开关量型,探测器在非报警状态时工作电流为零或很小(微安级)。当发生火灾、探测器动作时,内部机械或电子开关闭合,流经探测器的电流迅速上升。探测器的连接电缆多为二芯线,所有同一分路上的探测器均并联在一起,为了监视探测分路的正常工作,系统采用如图 2-5-4 的方式。

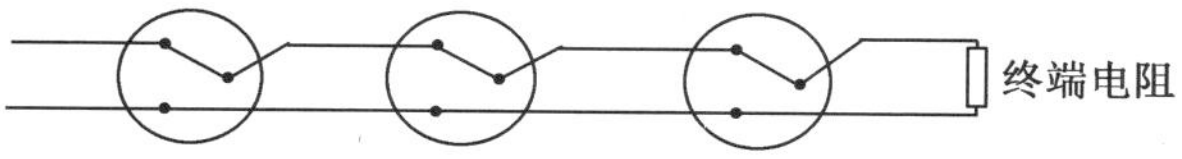

图 2-5-4 火警系统探测分路结构图

每个探测器内有一根短接线,分路最末一个探测器内接一个终端电阻 R ,分路正常工作时有个监测电流流经终端电阻,当任意一个探头从底座上脱落或电缆断线时,分路中不再有监测电流。火警中央装置根据探测分路上流经电流的大小可检测出其处于正常、报警或故障状态。

分路式火灾自动报警系统的主机面板如图 2-5-5 所示。其主机为模块式结构,可根据系统的不同需要选用相应模块,以组成大小、功能各异的系统。基本模块有中央单元、分路单元、报警控制单元和电源单元。每个分路单元有 8 个探测分路,选用 n 块分路单元可组成具有 $8n$ 个探测分路的系统。每个分路有一个开关控制此分路的接通和关断,有红、黄两个指示灯分别指示其处于火警或分路断开的状态。每个分路单元上有两个开关用于此单元上 8 个分路火警和故障的模拟试验功能。主机与探测器的连线为二芯线,探测器工作电压为 DC 24 V。每个探测分路的最末一个探测器内接一个 10 kΩ 的终端电阻。分路单元内还设有短路保护电路,当探测分路发生短路现象时此电路动作,以避免电流过大。短路现象消除后,短路保护电路自动复原。

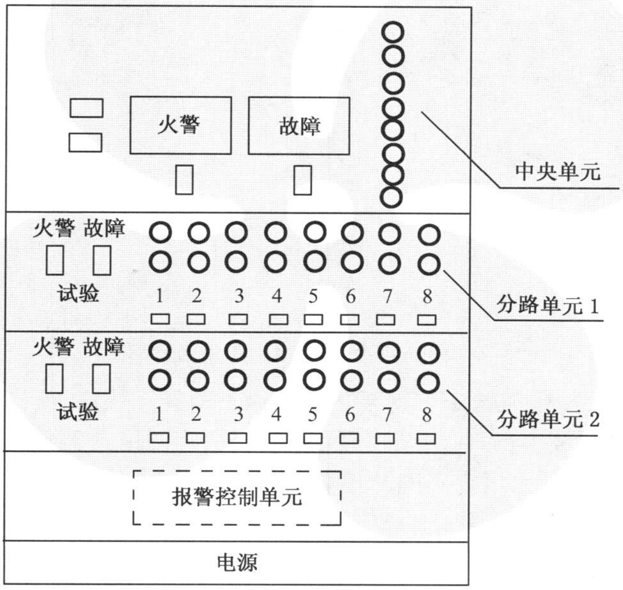

图 2-5-5 分路式火灾自动报警系统的主机面板

当系统发生火警或故障时,中央单元上发出相应的声光报警信号。因为火警系统是一个安全系统,所以必须保证其本身系统处于正常的工作状态,为此控制箱内有各种故障自检功能。中央单元右侧有一排指示灯，分别指示分路开路故障、警铃回路故障、接地故障、电瓶故障、保险丝故障、电网故障、分路关断和主机门开。分路关断和门开指示灯提醒操作者在正常的工作状态时应将所有分路接通，并关上控制箱门。

报警控制单元用以连接外部各种报警、控制设施，如全船通用报警系统、各种报警灯、报警铃和防火门电磁铁等。输出信号种类各异，有源或无源，延时或不延时，连续或断续，常开或常闭，能满足各种不同要求。主机上有“报警关断”“外控关断”“延时关断”开关，用以控制对外报警、控制信号。

3）环路式火灾自动报警系统

环路式火灾自动报警系统框图如图 2-5-6 所示。该系统采用单片计算机技术，由中央处理单元、操作单元、探测环路等部分组成。

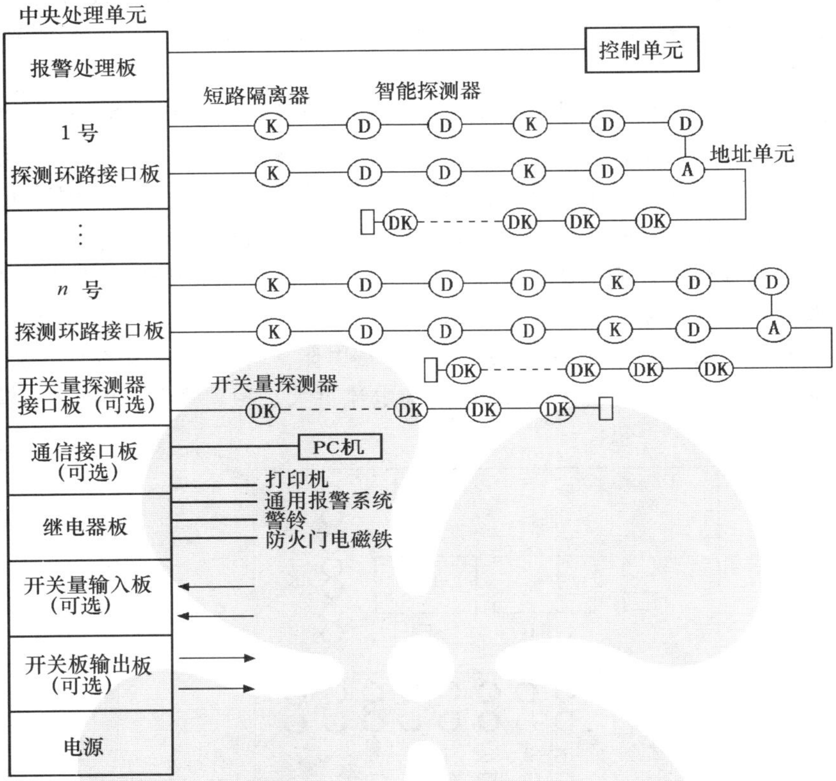

图 2-5-6　环路式火灾自动报警系统框图

由于计算机技术的发展，在火灾探测器内装上微型智能模块后，就构成了智能探测器。内有微处理器、A/D 转换器及串行口。地址所探测到的烟雾浓度或温度是一个模拟量，所以可根据探测器安装场所的不同来设定不同的报警阀值，以取得最佳的效果。

在环路中装上地址单元后，通过地址单元可连接普通开关量型的火灾探测器，在这条支路上的火灾探测器具有相同的地址。中央单元上的串行口可以与 PC 机通信，利用 PC 机上丰富的软件来完成许多功能。如经过软件编程后可在 PC 机的屏幕上显示各层甲板上探测器、按钮的安装位置。当发生火警时，指示出报警点的位置，向值班人员提示最佳灭火方案，通过打印机记录各种事件的发生。由于中央单元上输出的报警、控制信号是可编程的，因此可以设定较为复杂的报警控制功能，如某几个探测器动作触发某扇防火门经某段时间的延时后关闭等。

中央单元为模块式结构，由几种功能不同的模块所组成，可根据系统所需选用相应的模板。所有线路板安装在一个标准的框架中。中央单元由以下几个部分组成：

(1)报警处理板

此板是中央单元的核心部分，板内有一个内部和两个外部串行通信口。内部串行口用于接收来自探测环路接口板的信息，控制其相应动作。外部串行口用于和操作单元等通信。此板还通过继电器板完成相应的报警、控制功能，通过通信接口板实现与外部计算机、打印机等的串行通信，控制开关量输入、输出板完成相应功能。

(2)探测环路接口板

此板用于与探测环路中的探测器通信，并将探测器的状况传至报警处理板。每块板可连接 2 个探测环路，一个中央单元中最多可插入 95 块探测环路接口板。板上的多位开关用以设定其地址。

(3)继电器板

它受报警处理板所控制，驱动外部报警、控制设备。如通用报警系统、警铃、防火门电磁铁等。板内有 2 路 DC24 V/2A 电源输出，3 路 DC24 V/2A 有源信号输出，4 路容量为 2A 的继电器信号输出，2 路以集电极开路形式输出的信号。

(4)通信接口板

此板内有 2 个 RS232 和 2 个 RS485 串行通信口，它受报警处理板所控制，用于与外部计算机、打印机通信。

(5)开关量输入板

此板可接收 24 路经光电隔离的开关量信号，受报警处理板所控制。

(6)开关量输出板

此板可输出 24 路经光电隔离的开关量信号，受报警处理板所控制。

(7)开关量探测器接口板

此板用于连接以非智能型的开关量探测器所组成的探测分路，每块板可连接 4 个分路。

(8)电源单元

电源单元包括整流电源和蓄电瓶，两路电源可自动切换。

(9)探测环路

在该系统中，一个中央单元最多可连接 190 个探测环路，每个环路中最多可安装 99 个模拟量探测器或地址单元。一个环路可覆盖船上几层甲板。一般采用二芯船用通信电缆连接。

(10)操作单元

操作单元是操作者与系统进行人机对话的装置，其面板图如图 2-5-7 所示。

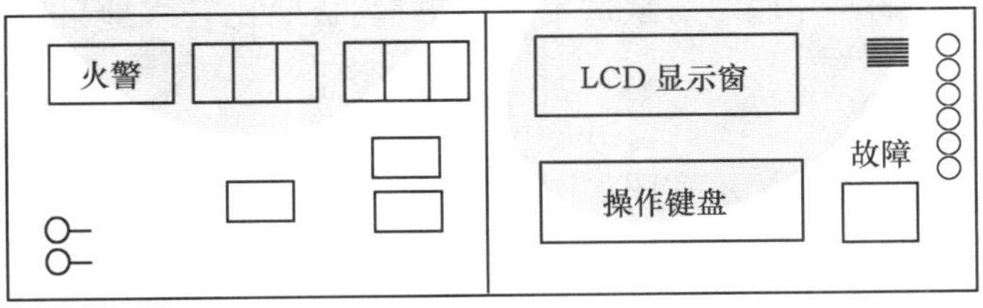

图 2-5-7　环路式火灾自动报警装置面板图

当系统发生火警时，左上角的火警大灯闪亮，其右侧的二组三位数码管分别显示报警的环路号和探测器号。操作单元右部的液晶显示屏显示系统的信息，液晶窗下方的键盘用以输入操作者的各种控制命令，如设置日期、时间，设置某个探测器的灵敏度，在某段时间内关断某几个探测器等。有的操作功能需输入相应的密码后才能实现，以避免非相关人员的误操作。当系统发生故障时，操作单元右下方的故障灯闪亮，其上方相应的发光二极管指示故障类型。

4）固定式机舱 CO_2 灭火系统

机舱 CO_2 灭火系统由 CO_2 钢瓶组（钢瓶数量取决于机舱的容积）、控制箱、报警箱、机舱 CO_2 施放延伸报警、气控释放小钢瓶 2 个（一个控制释放总阀开启、一个控制 CO_2 钢瓶瓶头阀开启）、释放管路、控制管路和布置在机舱的 CO_2 喷嘴组成。控制箱面板如图 2-5-8 所示。

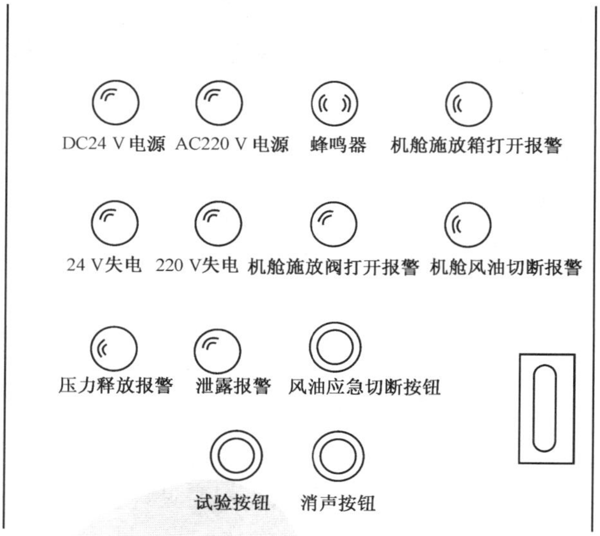

图 2-5-8　CO_2 灭火控制箱面板

当机舱失火，手提式灭火器无法扑灭时，要使用机舱固定式 CO_2 灭火系统。首先按下遥控释放控制箱上的风油切断按钮，机舱风机、油泵停止，风油切断报警指示灯亮；控制遥控释放控制箱报警蜂鸣器。接着关闭机舱风机防火闸、关闭机舱防火门，待人员全部撤离后，打开遥控释放控制箱箱门，遥控释放控制箱打开报警指示灯亮，并接通控制箱上的蜂鸣器。此时接通机舱 CO_2 施放报警指示灯和蜂鸣器，发出 CO_2 施放声光报警。然后，打开用于控制气控释放阀的小钢瓶阀门，CO_2 施放总管路上的释放总阀打开，机舱释放阀打开报警指示灯亮。另外，控制箱配有声光报警测试按钮、消声按钮供测试使用。

5）干货舱自动探火及报警系统

干货舱自动探火及报警系统形式较少，因为装货后的航行途中，货舱一般是无人到达的，货舱已构成了一个独立的密闭舱室。从这个特点出发，货舱比较多地采用了感烟式自动探火及报警系统。

（1）系统的基本组成

干货舱自动探火及报警系统示意图如图 2-5-9 所示。它由抽风机、管道、烟雾探测器和报警指示设备等部分组成，如货舱发生火情，烟雾通过管道被抽吸到安装在驾驶室的烟雾探测器，则报警指示设备发出声、光火警信号。此时，驾驶台值班人员便可根据控制箱屏上的相应指示，判断失火货舱，采取相应消防措施。此外，被抽吸的烟雾可以通过旁路控制开关，直接排放到驾驶室，以便值班人员可以嗅闻，证实是否属于火灾的烟雾。

(2)工作原理

如图 2-5-9 所示，烟雾探测装置的控制柜共分为四层：第一层主要有舱位选通电机、舱位指示器、各种操作开关、指示灯、火警继电器、电源变压器等；第二层是观察窗，内有照明灯，安装有检测各舱是否堵塞的小旋转风叶；第三层安装有控制电路、光电检测装置、模拟试验烟雾吹入口以及风压检测开关等；第四层装有各选通电磁阀以及各舱气体吸入管。

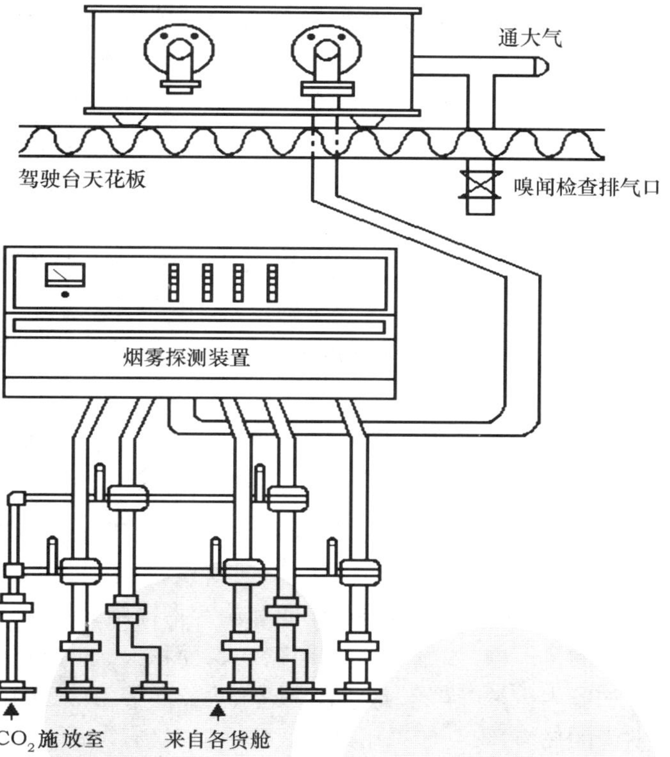

图 2-5-9　干货舱自动探火及报警系统

正常监视状态时，由于无烟雾，没有散光到达光电池（光电池安装在测量管的侧面），其输出电压很小；当货舱火警发生时，有烟雾通过，由于烟雾颗粒的散射作用，光电池输出电流增大。此电流带动电流表指示外，吸动触点闭合，一方面使警铃动作，使外部警铃接通，相应报警指示灯亮；另一方面使舱位选择电磁阀保持，舱位选通指示停在火警发生的货舱；在火警发生时断开故障报警信号电路，保证火警的优先级。火警消除后，按复位按钮使火警得到复位。

(3)自检功能

由于系统具有较强的自检功能，一旦发生故障报警，管理人员只需根据线路原理查找相应故障点排查即可。常见的自检功能包括主电源失电报警、风压未建立或压力开关故障、光电池的光源故障等。

4. 驾驶台值班监视报警系统

驾驶台值班监视报警系统的组成部分有：桥楼板、桥翼板（选用）定时单元、蜂鸣器、复位按钮等。其目的是监视驾驶台操作情况是否正常，操作者的值班能力是否正常，导航仪器工作是否正常。如有异常情况，则向其他航海人员、公共场所发出报警。这一系统是为了满足一人值班驾驶台的要求而设计的，其主要功能是：

(1)按一定的时间间隔的检查，要求在预定的时间间隔内，由人工复位一次，因而可检查值班的驾驶员是否在位。如在预定的时间间隔内未进行人工复位，按一次按钮，则在驾驶台发出声光报警，在报答后的 30 s 内仍不给予处理，则在船长室、公共场所等发出报警。

除了人工复位按钮外，在有些综合驾驶台系统，当驾驶员操作这一系统时，则可自动地将选择的时间间隔复位置零。

(2)导航仪器的报警系统，具有必要通道，连接各导航仪器。如某导航仪器发生报警，报警信号送至这一系统。若驾驶员对此报警信号不予处理，则在 30 s 后，报警信号将传送至船长室、公共场所等处。

(3)报警的复位必须在驾驶台进行。

四、船用广播系统

船用广播是向全船发送指挥命令和通知的重要工具之一，也是收听各地电台广播，加强船岸联系，丰富船员和旅客在旅途中生活的不可少的设备。

根据船舶的吨位、类型、工作舱室和生活舱室的数目、面积，以及对装设广播设备的要求的不同，对船用广播系统的技术要求如下：

1. 扬声器的选择

扬声器的选择是依据其安装地点、舱室面积来确定。例如，对外喊话、指挥作业、旅客上/下船使用而安装在露天甲板桅杆上、两舷的扬声器，由于地处空旷，声音没有反射和回响，不能间接增强声能，只能直接听声，且要求传声距离较远，所以，一般采用具有方向性的号筒式喇叭。对外喊话用 100 W 或 50 W 高声扬声器，作业和旅客指挥用的为 15 W 高声扬声器。

安装在工作舱室内的扬声器，如舱内机械噪声较大，面积大，如主辅机舱，一般采用具有方向性的号筒式喇叭。如舱内机械噪声不大，如驾驶室、集控室等，一般采用纸盆式低声扬声器。

安装在生活舱室内的扬声器，一般采用纸盆式扬声器，且有声量调节和保证在任何时候能强迫放声。如线路上装用扬声器数量较多，为了合理分配放大器的输出功率，亦可将扬声器输入功率接成 0.25 W、0.5 W 或 1 W。

2. 放大器容量的选择

放大器容量的选择根据船上装设扬声器的数目和实用功率的乘积来确定，其额定容量应大于或等于全部扬声器实用功率之总和，否则会使放大器过载而造成有效输出功率下降和影响使用寿命。

3. 扬声器线路

船上扬声器线路根据其用途、性质来划分，分为四路：

(1)喊话线路：用于对外喊话，连接安装在露天甲板的喊话扬声器。

(2)舱面线路：用于指挥作业和旅客上、下船，连接安装在露天甲板的扬声器，但喊话扬声器除外。

(3)舱内线路：用于生活舱室、公共场所收音、拾音、送话的放音广播，连接各住舱、走道、餐厅等的扬声器。在客船上分两组：一组供旅客用，一组供船员用。

(4)岗位线路：用于工作舱室的收音、拾音送话的放音广播，连接各工作舱室的扬声器。喊话扬声器线路和舱面扬声器线路采用双线制，舱内和岗位扬声器线路采用三线制。

4. 扬声器的配接

船上广播系统设计时，要注意系统放音有足够响度，好的音质，不失真，就要使扬声器输入和放大器输出合理的配合和连接。扬声器与扩音机的连接通常多采用并联连接法。

因为串联连接的缺点是，当线路中有一点损坏时，将造成整个线路中全部扬声器的中断，不能放音。

对于定压输出方式的扩音机来说，其与扬声器的配接方法是较简单的，只要注意到扬声器箱内线路变压器的标志电压等于扩音机的输出电压；扬声器实用功率之和不大于扩音机额定输出功率；或不小于扩音机额定输出功率的 80%，就可连接使用。

5. 系统要求

(1)系统应保证使用遥控站或广播站话筒讲话时，能使其送话传送到各工作舱室、住舱、走道、公共场所、露天甲板等处，并有足够响度和好的音质。

(2)广播设备应设在单独舱室，如广播室内，或驾驶室内。

(3)遥控站一般设在驾驶室、值班室、船首、船尾等处，如安装在露天甲板处，则需加装水密箱。

(4)扩音机的输出功率应等于或大于全部扬声器实用功率之和。

(5)广播扬声器线路可按不同对象和用途分为 4 路。

(6)低音扬声器为全、变音量工作，故其安装高度应使收听者能用手转动声量调节旋钮。

(7)广播室内设备的布置应便于操作使用和维护修理。

(8)扬声器和扩音机的连接建议采用并联接法。

(9)应由两路电源供电，在主电源失效时，自动转换至应急电源供电。

第三章 船舶自动控制系统

第一节　船舶自动控制系统的组件

船舶自动控制系统同样也是由传感器、变送器、调节器、执行器和被控对象及相关的辅助环节组成。控制系统离不开电源、辅助机械,有的被控对象是体形很大的对象,如柴油主机。虽然控制系统的各组件相对外形较小,但是由于需要检测感应参数的传感器输出变化,并做出对应的有效控制规律演算,并给出控制命令去控制执行环节,所以,调节器是整个系统的核心。

一、调节器

1. 数字调节器

目前船上配置的温度调节装置的功能强大,这主要得益于数字(电子)PID 调节器技术的发展和普及。如图 3-1-1 所示为 262MC 多功能控制器,它是一种船上应用较为典型的电子 PID 温度调节器,采用微控制器控制,内部整合了大量的控制功能。同时,控制面板上设置有按钮和 LED 数码显示,可方便进行实际温度显示、控制过程参数显示、功能选择、手动控制和参数设置等。控制器第一排设有自动模式指示灯和实际控制温度数码显示。自动状态指示灯亮表示控制器工作在自动控制模式下,如果指示灯熄灭则为手动或应急手动模式,通过下部的 Man 和 Auto 按钮可以进行选择。如果选择了手动控制模式,则需要通过第三排的"+"和"-"按钮来改变调节阀的开度,"+"按钮可以控制执行器开阀,"-"按钮则控制执行器关阀。实际控制温度显示则与温度测量传感器 Pt100 直接连接。控制器面板的第二排设有一个 LCD 显示屏,分两行显示过程数据和控制参数,图上显示的是设定温度值和调节阀的旁通开度值。下部的 Prgm 按钮可以用于参数选择和存储,按下 Prgm 按钮,LCD 显示屏切换到菜单显示,选择设定菜单进入,LCD 的第一排将显示参数名称,第二排则显示参数值。配合旁边的向上和向下的箭头按键可以滚动选择参数、对参数值进行增减调整。修改操作可以如流程图 3-1-2 所示。

通过按键进入相应的菜单可以对控制类型、控制器 PID 参数进行修改。262MC 温度控制器的控制功能包括两点控制、三点控制、三点式步进控制、连续控制、级联步进控制等。比较典型的三点控制如图所示，控制器输出以正脉冲和负脉冲的方式控制两个输出继电器动作，继而控制调节阀开大或者关小。脉冲的宽度还可以调整调节阀动作的幅度。

和其他单片机控制系统类似，362MC 控制器集成了自检功能。在程序起动期间或在程序正常运行期间，后台监视控制器是否正常、输入输出是否出现故障。一旦检测到故障出现，相应的故障信息将以文本形式出现在 LCD 显示屏上。故障信息通常以闪烁状态(周期约 1 s)与操作显示交替显示。如果确定的故障会损害控制器的功能，在报警的同时停止控制程序。如果自检出现故障，控制器将自动进入输出冻结状态，避免调节器输出变化造成执行阀件动作幅度过大，引起的被控参数严重偏离。此后可改为手动调整输出，使被控参数继续受控。

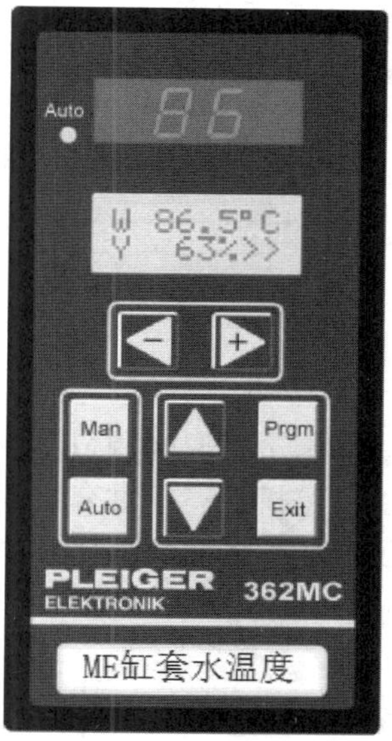

图 3-1-1　362MC 调节器外形图

如图 3-1-3 所示的实际应用中，温度控制器一般采用 PI 调节规律足以实现调节过程稳定性和准确性的要求。如果需要加入微分控制，可以将温度参数 X 作为微分调节的输入信号，用于超前调节，以检测温度的波动。控制单元、执行机构、控制对象以及测量单元构成了典型的反馈控制系统。比例、积分和微分三部分的控制信号综合后，图 3-1-3 所示输出开关信号控制电动执行器动作，也可以输出一个阀的开度信号(4～20 mA 电流或 0～10 V 电压)给电动执行器。

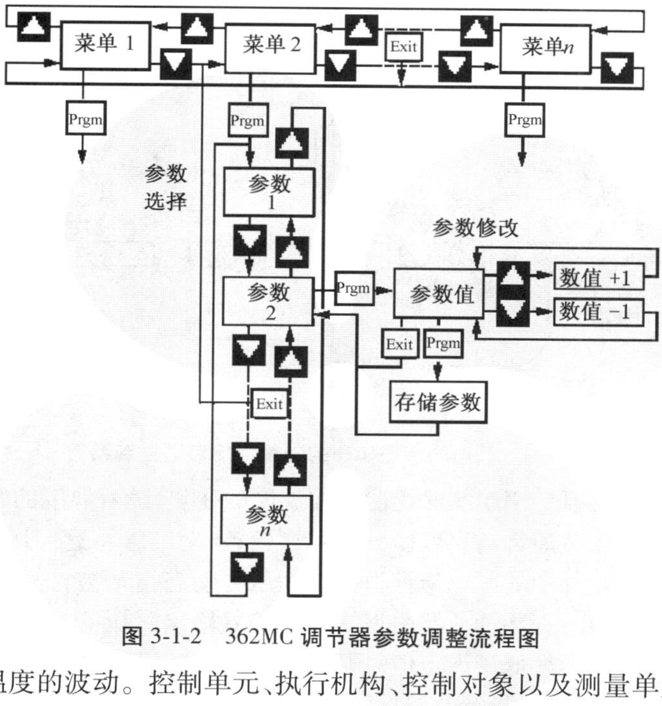

图 3-1-2　362MC 调节器参数调整流程图

搭配数字 PID 温度控制的调节机构通常是电动执行器，电动执行器的种类较多，但要与控制器的输出信号相一致。由于前面已经做了详细的介绍，这里不再赘述。

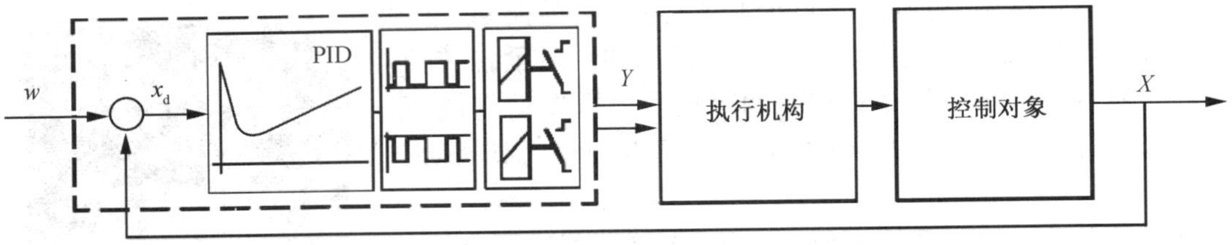

图 3-1-3　数字调节器构建的温度控制系统

2. 气动调节器

除采用三通阀调节温度的方式外，船上也常通过调节蒸汽量让加热温度符合要求。比如柴油机停机状态下缸套水的暖缸温度控制、油柜的温度控制、燃油和滑油分油前的加热温度控制等。船上较多选择气动 PID 控制器搭配气动调节阀来实现控制，控制系统的组成如图 3-1-4 所示。

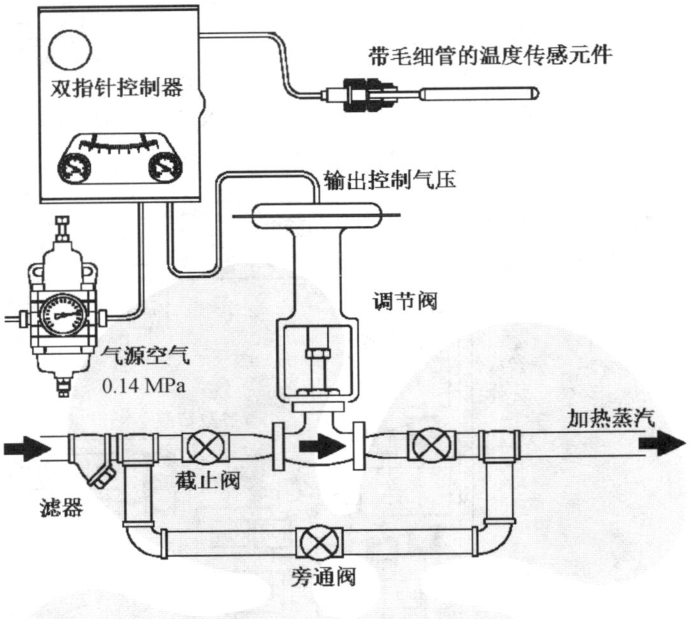

图 3-1-4　气动调节器构建的加热温度自动控制系统

带毛细管的温度传感元件用于实时检测被控温度的变化，随着温度的升高，毛细管内压力呈比例增加。双指针控制器通常离温度传感装置比较近，毛细管将这一压力信号直接送到控制器内部的弹簧管。双指针中的黑色指针根据这一压力动态指示被控温度的变化，而红色指针则显示所设置的温度值。气动调节器根据二者的偏差输出气压信号给气动调节阀，进而改变蒸汽阀的开度大小。在温度低于设定值时开大蒸汽阀，在温度超过设定值时关小蒸汽阀，最终让二者相等，黑色指针与红色指针位置保持一致。

双指针温度控制器的内部结构如图 3-1-5 所示。控制器下部设有两个压力表分别显示气源压力和输出控制信号压力。气动温度控制系统所需的气源压力为 0.14 MPa，而输出的信号通常为标准的 0.02~0.1 MPa。输出气压直接与气动薄膜调节阀上部的空气管相连，当输给气压为 0.02 MPa 时，调节阀全应处于某一极限（全开或全关）位置，而当输出气压为 0.1 MPa 时，调节阀处于另一极限（全关或全开）位置。有些气动控制器设有自动/手动模式选择旋钮，当选择在手动模式下工作时，可以通过调压控制旋钮手动调节输出气压的大小，从而直接改变调节阀的开度。

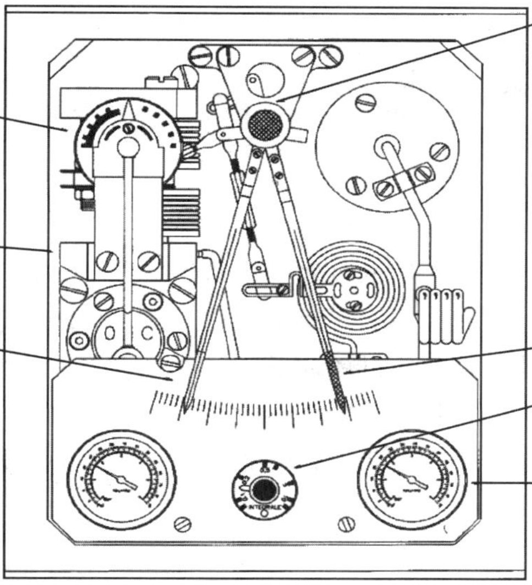

图 3-1-5 气动调节器内部结构示意图

在气动调节器中还设有比例带、积分时间调节的旋钮，用于使调节器符合各种不同控制系统的特性和调节要求。通常情况下这个参数在出厂时已经调节好，在船上尽量不要随意做改变。在红色指针的末端有一个设定值调节旋钮，可用于改变设定温度的大小，调节旋钮时红色指针会跟随转动，指针则指示设定温度的具体值。

二、船舶机舱特殊传感器

一般的传感器和变送器在第一章中已有较为详细的说明，本节主要针对船舶机舱中的特殊应用。

1. 燃油黏度传感器

燃油的黏度是控制系统一路十分重要的信号，整个燃油供油单元的控制核心是对燃油黏度的控制。对于重质燃油来说，整个燃油供油系统主要进行加压升温控制。重油在日用柜的油温一般控制在 70~90 ℃，经过加压加温后，燃油的进机黏度通常控制在 10~15 cSt。而对于轻质燃油而言，本身黏度就很低，加上温度容易受到重油日用柜的影响，黏度会更低。为了使黏度不影响管路泵送、润滑、密封的要求，通常要设置冷却器进行冷却降温，控制其黏度不低于 2 cSt。

燃油黏度传感器主要有 VAF 和 EMERSON 两种品牌，其中 VAF 的黏度测量装置应用较广泛，下面以其最新型的 EVT-30 黏度传感器为例进行介绍。EVT-30 黏度测量装置由组合式黏度和温度测量传感器和接口电路板组成。如图 3-1-6 所示，测量传感器本体由不锈钢制成，传感器内部检测的装置主要是一个带弹性扭振管的检测头，检测头内部设置有压电元件和热电阻元件。检测头上涂有特殊的特氟龙材料，用于保护它免受燃油的脏污、腐蚀。检测头的外部依靠一个带椭圆形开孔的不锈钢导流管进行机械保护，防止油流对检测头产生冲击。

EVT-30 黏度传感器的检测是基于扭转振动的钟摆原理。在检测头内部，一对压电元件

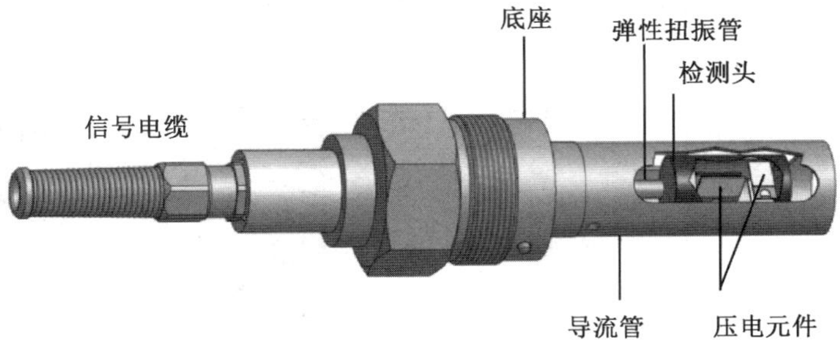

图 3-1-6　EVT-30 黏度传感器外形图

（驱动压电陶瓷）在外接电压的作用下驱动检测头以某一共振频率做扭振运动，而另一对压电元件（接收器压电陶瓷）则受检测头部的实际运动影响受压变形输出反馈电压信号。在低黏度介质中（空气），振动频率达到 1 600 Hz，但在高黏度介质中，探测头的运动因受液体的阻尼作用，其共振频率略微向低频移动，而共振波峰的宽度增加，根据这个变化关系，就可以测得介质的黏度值。在测量头内部还设有温度传感器 Pt100 用于检测钟摆内的温度，供微机校正和补偿黏度测量中由温度引起的误差。

在 EPC60 控制台内设有一个接口电路板，用于对黏度传感器的信号进行控制和处理。EVT-30 转换电路板及接口如图 3-1-7 所示，接口主要包含 J1、J4、J5 和 J6。其中 J1 与 EPC60 控制器连接，以 4~20 mA 的标准信号对应 0~50 cSt 黏度值。J6 则是接口电路板与黏度传感器的接口端，总共有 9 根接线，分别用不同的颜色进行了标注，方便接线时进行区分。如果更换传感器，除了接线外，需要在接口电路板中对传感器进行设置。通常与传感器备件一起供应的有一个迷你 SD 卡，SD 卡与特定的传感器序号相对应，将 SD 卡插入到接口电路板上，电路板会自动检测并完成相应的设置。

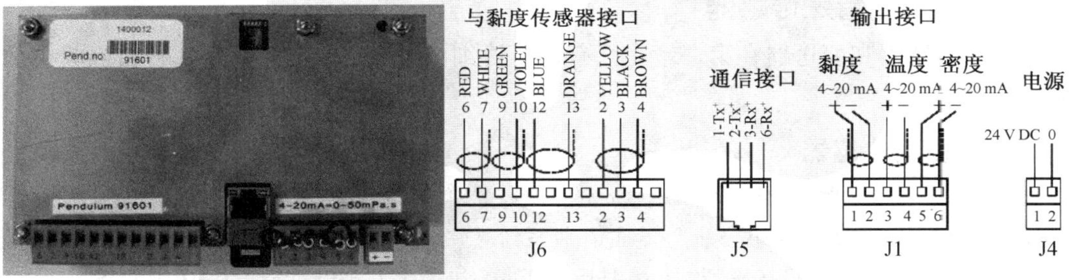

图 3-1-7　EVT-30 转换电路板及接口图

接口板上设有一个 7 段 LED 数码窗（图的上部中间位置），用于提供诊断指示。如果出现故障和错误，则用闪烁的数字或字符显示。没有故障、错误或警告，则显示符号（不闪烁）来指示程序的状态。

2. 锅炉水位检测装置

（1）参考水位罐差压变送器

如图 3-1-8 所示，水位差压变送器模块垂直安装在锅炉一侧，包括两个截止阀和一个平衡阀的三阀组、两个水位罐。位置居上的一个为参考水位罐，下方则为检测水位罐，两者通过截止阀与锅炉内部相连。炉水位一般位于两个截止阀之间，因此参考水位罐连通的是蒸汽空间，而检测水位罐连通的是水空间。差压变送器的负压室(-)通过管路和阀件与参考水位罐相连,正压室(+)则与检测水位罐连接。由于两个水位罐内部承受相同的锅炉蒸汽压力,而参考水位罐内的水位保持恒定,因此差压变送器两侧的压差与参考水位与锅炉实际水位的高度差直接相关,虽然是负差压,但是差压大小与水位成正比。压差变送器将检测水位转换成4~20 mA 的标准电流信号,经过差压变送器的调试校准之后,4 mA 电流信号与锅炉水位的量程起点(检测水位罐与锅炉连接管的中心线)对应,20 mA 电流信号与水位满量程(参考水位罐与锅炉连接管中心线)对应。根据输出的电流信号,就可以获得锅炉实际水位的测量值,将这个检测信号送到水位控制系统可以实现锅炉给水的监测报警和控制,将它送到集控室还可以实现锅炉水位的远程显示。

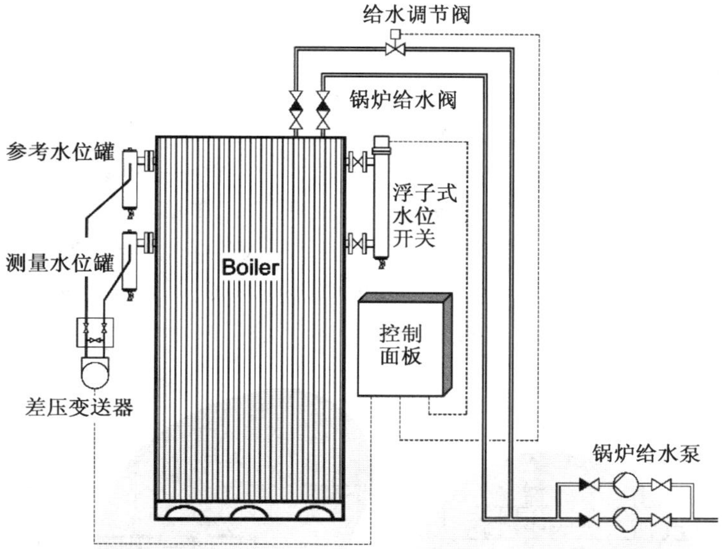

图 3-1-8　参考水位罐差压变送器水位检测及浮子检测水位系统图

锅炉在正常使用过程中,每一个月至少应该对水位差压变送器进行一次功能试验。试验的目的是检查关联的报警、停炉保护、控制功能正常。进行试验时,锅炉处于正常工作压力,水位正常,燃烧器正常工作。手动控制锅炉给水,使锅炉水位缓慢升高至“高水位”位置,查看报警指示,观察自动补水是否切断。继续增加水位至“超高水位”标记处,检查停炉保护指示,确认燃烧器停止工作。切断锅炉给水,开启下排污阀,使锅炉水位降低至“低水位”位置,查看报警指示,观察自动补水是否投入工作。继续降低锅炉水位至“超低水位”位置,检查停炉保护指示,确认燃烧器停止工作。功能测试结束后,恢复至自动控制状态。

(2)液位浮子开关

第一章介绍过一种常见的浮子开关,锅炉水位检查中还常用如图 3-1-9 所示的液位浮子开关。浮子室垂直安装在锅炉外部,上部和下部设置截止阀与锅炉的汽水空间连接。根据连通器的原理,当锅炉水位位于两个截止阀之间时,浮子室内的水位始终与锅炉的实际水位保持一致。浮子室内的浮子跟随水位上下浮动,通过浮子杆实时推动上部的磁铁上下运动。磁铁外部安装有磁性开关(干簧管)。当磁铁达到磁性开关位置时,开关被触发,并保持在该位置,直到再次相反方向的浮子移动再触发,磁性开关恢复原始状态。

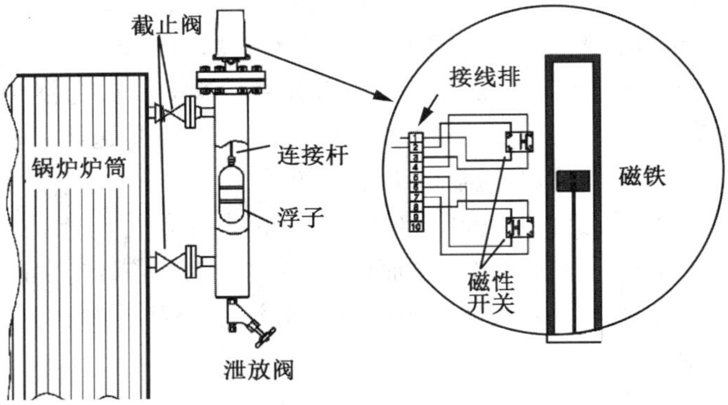

图 3-1-9　液位浮子开关检测水位原理图

（3）电极式液位开关

一个液位电极和一个液位开关共同组成独立的锅炉超低水位安全保护装置。如图 3-1-10 所示，水位电极安装在锅炉顶部的电极架上，液位开关则设置在控制系统内。液位电极的 1 号端子接锅炉外壳，2 号端子用于判断超低水位，3 号端子则用于检测该电极是否正常，或作为超低水位的备用电极。液位开关发出信号包括正常运行（水位正常）、停炉（过低水位）、停炉（水位电极或液位开关故障）。锅炉常设置 1~2 套安全保护装置，其功能在于持续监测锅炉水位，当水位过低时，发出停炉指令，关闭燃烧器。

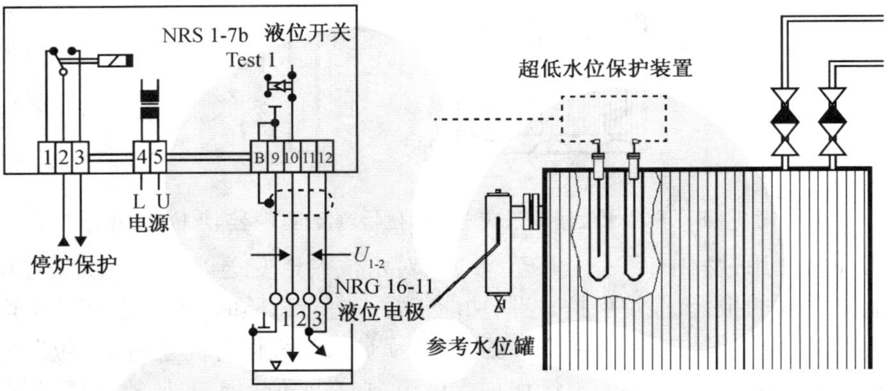

图 3-1-10　电极式超低水位检测原理图

安全装置带有自检功能，在电极、供电电缆、液位开关或电源发生故障时切断燃烧器电路。安全装置带有一个内置的响应延迟，可以消除因喷溅、水位波动等干扰造成的燃烧器电路意外中断。

现场测试操作如下：

①开启排污阀降低锅炉水位，直到水位降到过低水位线以下。在响应延迟时间（参见铭牌上标注）后，液位开关上的两个红色 LED 灯亮起。如果燃烧器正在运行，将会立即停止，如果燃烧器停止工作，控制回路将被阻塞。

②模拟测试，按下“Test 1”按钮可以模拟过低水位测试，按住“Test 1”按钮直到延迟时间结束，这时两个红色 LED 灯都会点亮。这项检查应当经常进行。

3. 水中含油检测装置

在热水井中通常设置有含油检测装置,实时监测汽水回路中是否有燃油存在。一旦检测到燃油信号,则会发出报警并发出停炉保护指令。含油检测装置由一个超声波传感器和控制单元组成,如图 3-1-11 所示。超声波传感器内包含两个压电晶体,一个是超声波发射晶体,另一个是接收晶体,两个压电晶体间由间隙隔开。控制单元产生的高频信号通过同轴电缆传输到其中一个压电晶体(发射晶体),压电晶体将电信号转换成超声波振荡。当间隙充满液体时,液体对超声波信号造成衰减,压电接收晶体将接收到的超声波转换成电信号,并传回控制单元。黏性液体、乳状液和含有固体颗粒的液体比透明液体具有更大的超声波衰减。因此,如果水中含油,对超声波的衰减就会增强,导致接收晶体无法接收到超声波信号。控制单元就可以发出报警并输出停炉保护指令。

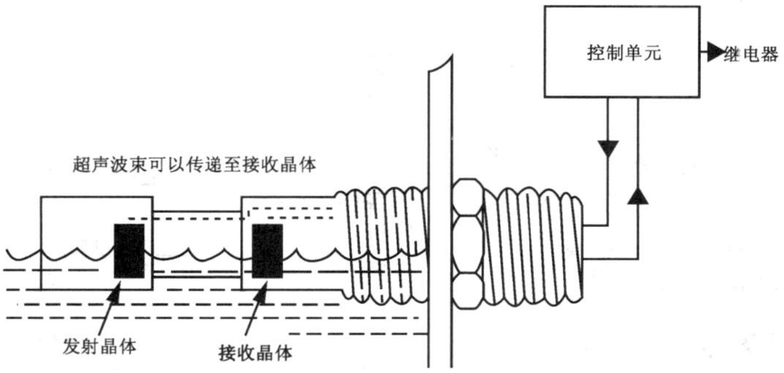

图 3-1-11　含油检测装置结构示意图

4. 火焰探测器

锅炉控制系统中常用到光敏电阻、光电池、光电管等进行火焰检测。如图 3-1-12 所示为常见的 RAR 光电池火焰探测器控制继电器,通过该继电器输出开关触点去实现锅炉的熄火保护功能。图中 RAR 光电池将检测到的光信号送到继电器内运算放大器处理后,控制继电器动作,其触点可通过指示灯 L1 显示。测试时,常常将火焰探测器从探测孔中拔出,并遮住外界光来模拟锅炉熄火的情形,此时,锅炉应当发出报警并自动停炉。

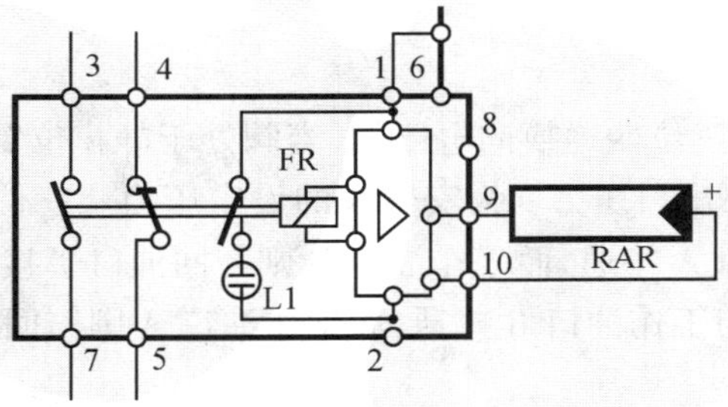

图 3-1-12　火焰探测器检测继电器原理图

三、船舶机舱特殊执行器

1. 电气转换器

电气转换器是将电信号成比例转换成气压信号的装置,目前在船上主要用在传统 MC 型主机高压油泵 VIT 控制装置中。其内部构成和工作原理如图 3-1-13 所示，其中包含由两个运算放大器 V_1、V_2，一个脉冲发生器 G，两个 D 触发器 T_1、T_2，两个功率放大器 V_3、V_4，以及两个电磁阀 M_1、M_2。此外，在输出气压的回路中设置了一个压力传感器，检测气压信号用于与输入控制信号进行比较，实现反馈控制。输入的电信号通常是设定值，输出气压反馈的电信号则是测量值，经过差动运算放大器处理后获得偏差值。V_2 是加法器，由 V_1 输出的偏差信号与 G 发出的一系列幅值不大的正、负脉冲信号信号叠加，再经运算放大后送到两个 D 触发器中。当设定信号增加时，则 T_1 被触发，而当设定信号减小时，T_2 被触发。输出信号经功率放大器 V_3 和 V_4 分别驱动电磁阀 M_1 和 M_2，M_1 电磁阀可以控制气源往输出端充气，M_2 电磁阀则控制输出管路往外放气。如此，输出气压会跟随输入电信号增加或减小，最终与设定电信号保持一一对应关系。

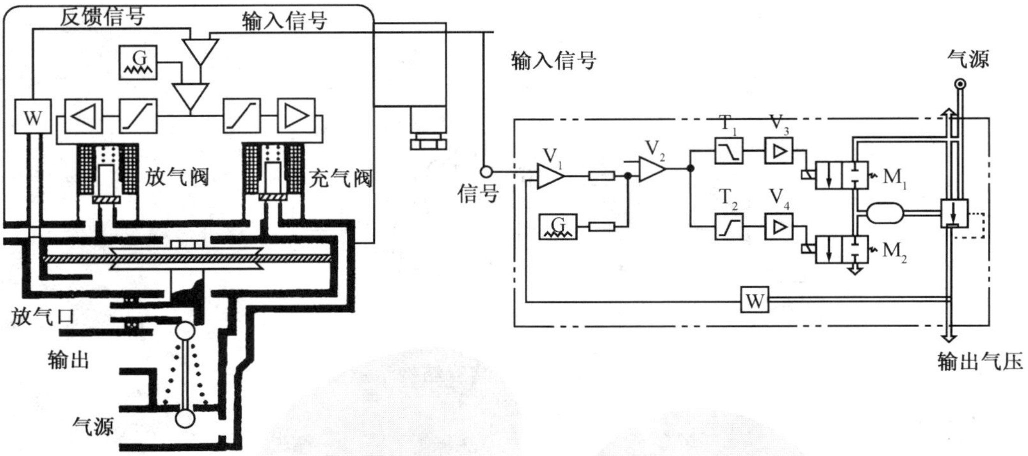

图 3-1-13　电气转器换外形和原理图

值得一提的是，在设定信号变化的初期，由于输入电信号与反馈的测量信号相差较大，电磁阀 M_1 或 M_2 会保持通电，气源连续向输出管路进行充气或输出管路连续放气。但当两者差值较小时，在脉冲发生器的影响下，电磁阀会转换成断续通电状态，气源断续向气容充气，直至输入电信号与输出气压对应一致。

2. 电液控制阀

如图 3-1-14 所示电液三位四通换向电磁阀，当阀处于静止位置时，除了泄油口 T 外，其他所有油口都关闭，而液压泵出口压力 p 为安全阀的设定压力。三位四通换向阀受控向右换向时，则进油口 P 与工作油口 A 接通，而工作油口 B 则与回油口 T 接通。相反，当三位四通换向阀向左换向，则进油口 P 与工作油口 B 接通，而工作油口 A 则与回油口 T 接通。

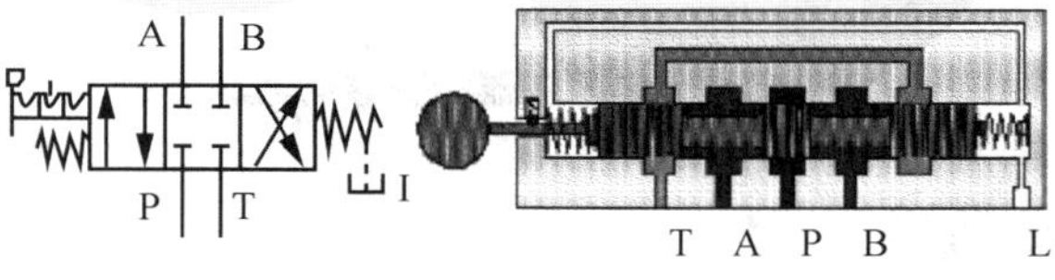

图 3-1-14　电液控制三位四通阀

根据阀芯在中间位置时油路接通情况，换向阀的中位有许多形式，其机能如图 3-1-15 所示。机能是表示标准型三位四通换向阀中位所具有的功能,可按不同需要来选择,常用的有O型、M型、Y型、P型、X型等十几种。常用的O型阀在中位如图3-1-14所示,P、A、B、O口均封闭(O口即为回油口T),泵不卸荷,可以向其他油路供油,执行元件进、出口(A、B)封闭而固定不动,不能对其进行调整;如果选择M型阀在中位,则P口与O口相通,A、B口封闭,泵卸荷,系统能耗少,效率高,并可利用M型阀串接可实现一泵向多油路供油而简化了油路,M型阀是较为常用的一种换向阀。

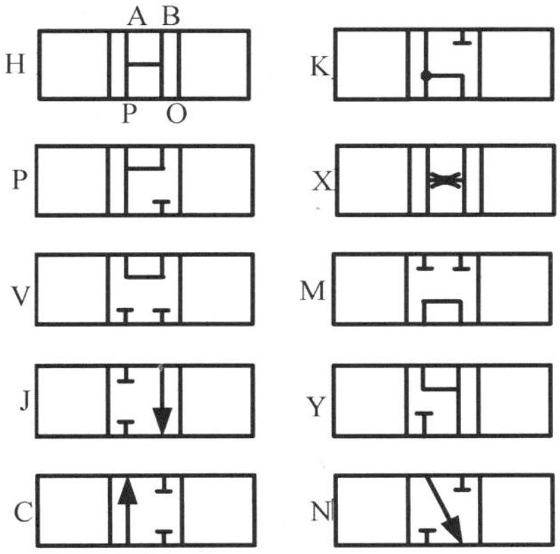

图3-1-15 三位四通阀中位机能图

Y型阀在中位,P口封闭,泵不卸荷,可一泵多用,A、B、O口互通,使执行元件(控制对象)处于浮动状态,可在外力作用下调节其位置,电液换向阀中的电磁阀常采用该型机能,以便主阀在对中弹簧作用下回至中位。

机能也可分为泵卸荷型、非卸荷型,执行元件浮动型与非浮动型。

凡中位使P、O油口相通的能使油泵卸荷;凡中位使油口A、B相通的,能使执行机构浮动,不通则锁闭。

换向阀换向冲击大的主要原因有:换向速度过快;对于大流量的换向阀应采用液压操纵或电液操纵;电液换向阀换向冲击大,一般是控制油路中单向节流阀开度过大造成的。

油液流经换向阀时流动阻力过大的主要原因有:经过阀的流量超过额定值,或是阀的开度不足,一般要求在额定流量下的压力损失不大于0.3~0.5 MPa。

第二节 自动控制系统在船舶机舱中的应用

自动控制系统在辅锅炉、分油机、冷却水温度、燃油黏度等船舶机舱设备中存在大量的应用,甚至一个系统中包括多个自动控制系统,如辅锅炉控制系统中包括水位、蒸汽压力、点火燃烧时序及安全保护等自动控制。各个自动控制之间相互还有一定的关联,所以有必要就实际设备,对其自动控制系统进行分析。

一、冷却水温度自动控制系统

船舶柴油机冷却水温度自动控制方式有直接作用式、基地式、单元组合式和现场总线微机控制方式几种。其中小型柴油机上多使用简单的直接作用式,基地式和单元组合式在现在使用的船舶中还有使用，但在新造船舶中，现在使用的多为现场总线微机控制方式。

1. 直接作用式冷却水温度控制系统

直接作用式冷却水温度控制系统，就是不需要外加能源，利用装在气缸冷却水出口管路中的感温元件内充注的低沸点工作介质，其压力随温度成比例变化的原理，直接动作三通调节阀，来改变经冷却器冷却水的流量和不经冷却器旁通冷却水的流量，以控制冷却水温度。直接作用式温度控制系统类型很多，其中 WALTON 恒温阀具有典型性，其结构原理如图 3-2-1 所示。

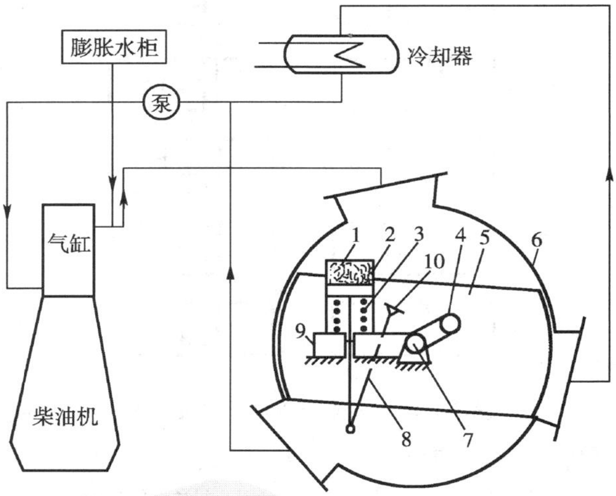

图 3-2-1　WALTON 恒温阀结构原理图

1—感温盒；2—活塞；3—弹簧；4—转轴；5—滑板；6—阀体；7—轴；8—连杆；9—托板；10—铰接点

WALTON 恒温阀又称石蜡式调节阀，由阀体、传动机构、滑板和感温盒组成。感温盒内充有石蜡混合液作为感温介质。其动作原理是利用石蜡混合液的体积随温度变化的性质，利用体积膨胀产生的作用力来推动执行机构，改变滑板的位置来控制冷却水的温度。

（1）WALTON 恒温阀的工作过程

若冷却水温度升高，石蜡混合液体积增大，感温盒 1 内的活塞 2 下移，经活塞杆、连杆 8 及连杆与滑板 5 相连的铰接点 10，使滑板 5 绕轴 7 逆时针转一个角度，减少旁通水量而增加经冷却器的水量，从而使冷却水温度下降，逐渐向给定值恢复，随着感温盒活塞的下移，弹簧 3 被压缩，当感温盒、内石蜡混合液因体积膨胀产生的向下的力与弹簧 3 向上的张力相平衡时，滑板 5 不再转动，旁通管口和经冷却器管口的开度不再改变。冷却水温度又重新稳定在给定值附近。当冷却水温度降低时，石蜡混合液体积收缩，在弹簧 3 作用下，活塞 2 上移，滑板 5 绕轴 7 顺时针转动一个角度，开大旁通管口，关小通冷却器管口，使冷却水温度升高，并逐渐向给定值恢复。当弹簧 3 的张力再次平衡石蜡混合液体积膨胀力，滑板停止转动，系统又达到一个新的平衡状态。

直接作用式冷却水温度控制系统是把测量单元、调节器和执行机构都组装在一起，成为不可分割的整体。直接作用式调节器结构简单，但只能实现比例作用，存在静差。同时，它的控制精度低，误差大，在对被控量精度要求比较高的情况下，使用直接作用式调节器是不适宜的。

给定值的调整是通过改变滑板的初始位置来实现的。在实物中，感温盒 1、托板 9 和轴 7

紧固在一起的，转轴4伸出前端盖并装一个指针，该指针指示冷却水温度的给定值，转动这个指针可改变滑板5的初始位置，即可改变给定值。对恒温阀进行手动控制时，也是通过转动这个指针，改变滑板5的位置来实现的。

(2)管理和维护要点及故障分析

①安装时，注意管道对中，上紧连接法兰螺栓时，用力要均匀，以避免阀体产生变形，造成滑板5卡阻使阀动作失灵。

②在运行期间，每隔3 000 h要对阀的内部进行一次检查和清洗，防止污物卡住滑板。拆装时，一定要将前端盖和整个内部部件一起拉出来，尤其不得将感温盒和传动机构拆开。装复时，上紧前端盖螺栓后，要通过手操指针来回转动几次。若无异常现象，再把指针转至正常运行的位置上。

③在运行过程中，若发现冷却水温度不可控制地升高，首先要检查恒温阀，看是否因其出故障所致。检查方法是，将通往冷却器的管口手动全开，旁通管口全关。过数分钟后，如果冷却水温度下降，说明恒温阀有故障，较大的可能性是感温盒中的石蜡混合液漏泄。若温度仍不下降，说明不是恒温阀的问题，应另找原因；若发现冷却水温度不可控制地降低，故障的最大可能性是，弹簧3发生断裂或滑板5卡在冷却器的管口开的较大位置。

2. 带海水流量控制的中央冷却水温度控制系统

在现代大型船舶上，主机高温冷却水温度控制系统以三通阀调节冷热水混合比来实现单个温度参数的调节，而各水泵的控制是独立的，与温度控制无关(参见图1-5-13)。中央冷却水也是通过调节三通阀来控制冷却水的出口温度的，但是也有根据负载情况调节海水泵的流速来配合温度调节的系统(参见图1-5-14)，如ENGARD控制器采用单片机控制系统取代了常规的电动调节器，在主要以三通阀控制冷却水温度的同时，海水泵的流速得到调节控制以配合优化温度调节；现代船舶中央冷却水系统甚至使用变频海水泵，通过无级调速控制海水流量来实现冷却控制。

(1)中央冷却水温度控制系统的组成

ENGARD冷却水温度控制系统原理图如图3-2-2所示，ENGARD冷却水温度控制系统主要由中央冷却器(常用板式冷却器)、LT回路调节阀3、冷却海水泵组5、低温淡水泵6、LT回路温度传感器2和SW回路温度传感器4、ENGARD控制器1等组成。其中Pt100温度传感器TT1和TT2分别用来检测低温淡水温度和海水温度。

作为系统的核心部件，ENGARD控制器的主要任务是：①通过低温淡水温度调节阀实现低温淡水的温度定值控制；②通过控制海水泵的台数及运转速度实现冷却海水流量的控制。系统按照控制器设定的参数，通过海水流量的有级调节和调节阀的开度变化来控制低温(LT)淡水系统的温度，以达到节能的效果。

海水回路的三台海水泵中，一台是单速的，另两台由双速电动机拖动、可进行变极调速。双速电动机拖动两台海水泵都在50%的负荷下并联运行时，也可以达到冷却系统的最大海水流量(100%)。ENGARD控制器管理这三台泵的运行状态，根据负荷大小变化自动地控制海水泵的并联、解列和调速，以得到合理的海水流量、满足中央冷却器在不同负荷下的控制需要。由流体力学可知，当水量减少、水泵转速下降时，其功率要降低很多。与传统的流量节流调节或旁通调节相比，ENGARD控制系统具有明显的节能效果。

(2)ENGARD控制系统的特点

除常规的PID控制外，使用海水泵多速控制使ENGARD控制系统还具有：

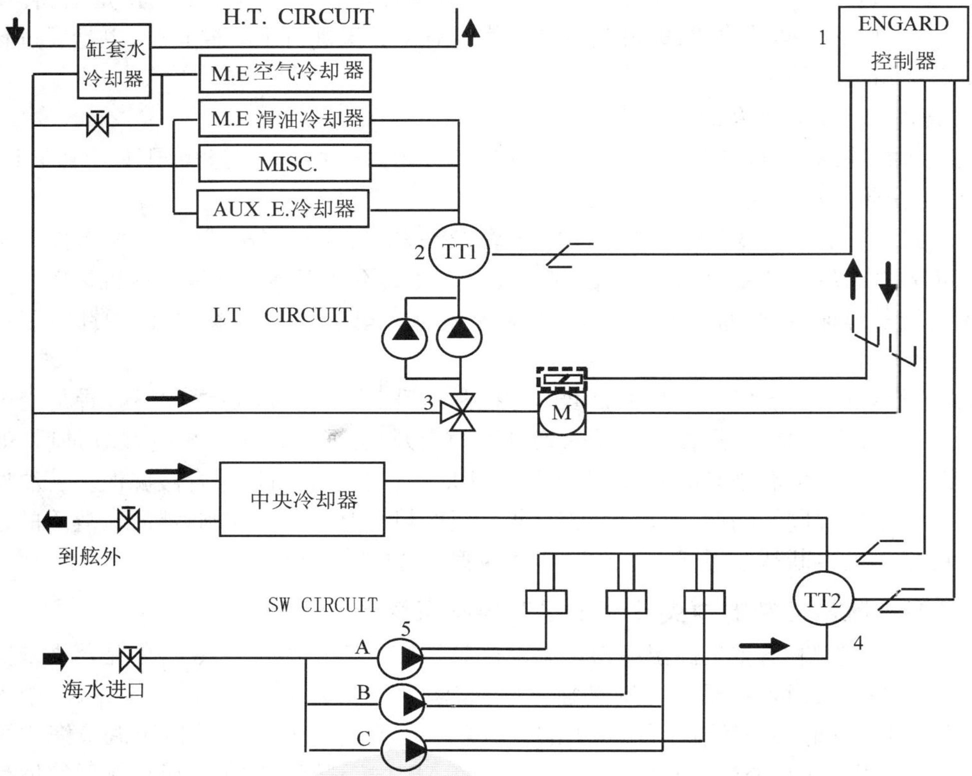

图 3-2-2 ENGARD 冷却水温度控制系统原理图

1—ENGARD 控制器;2—LT 回路温度传感器(TT1);3—LT 回路调节阀(V1);4—SW 回路温度传感器(TT2);5—冷却海水泵组;6—低温淡水泵;M—执行机构伺服电机

①节能效果明显。例如,100%流量时,功率为 50 kW;75%~85%流量时,功率为 22 kW;40%~60%流量时,功率为 4 kW。

②使用有级调速后,水泵电机温升明显下降,同时减少了机械磨损和维修工作量。

③保护功能可靠,消除电机因过载或单相运行而烧坏电机的现象。

④ENGARD 控制器采用单片机,具有完善的自检、控制、显示、多种故障报警等功能,提高了系统的可靠性。

⑤海水泵电机与低温淡水温度调节阀通过控制系统的相关参数进行控制,具有很强的适应性和灵活性,但同时也增加了海水泵自动控制引起的复杂性,对设备的管理带来一定的困难。

⑥系统还可以通过 RS-232 与上位机进行通信,便于全船动力装置的集中控制与监视。

二、燃油黏度自动控制系统

燃油供油单元 FCM 是为燃油系统的自动监视和燃油黏度控制而设计的,控制系统中最核心的设备包括黏度传感器、温度传感器、控制器、蒸汽调节阀(或电加热供电单元)和燃油加热器,可实现燃油黏度或温度的自动控制;除此之外,系统还对供油泵、自动滤器、循环泵、“柴油-重油”自动转换实现全面的自动控制和监测。

系统中可采用蒸汽加热器,也可采用电加热器或两者兼用。柴油或重油经转换后,由控制器根据选择的加热器控制加热，并同时在线测量油温和黏度，由控制器根据选择的控制方式进行温度或黏度的自动控制。

1. 燃油供油单元的组成

燃油供油单元的组成原理图如图 3-2-3 所示。总体上可以分为供油处理系统、燃油黏度或温度自动控制系统、油泵电机和滤器自动控制系统等部分。

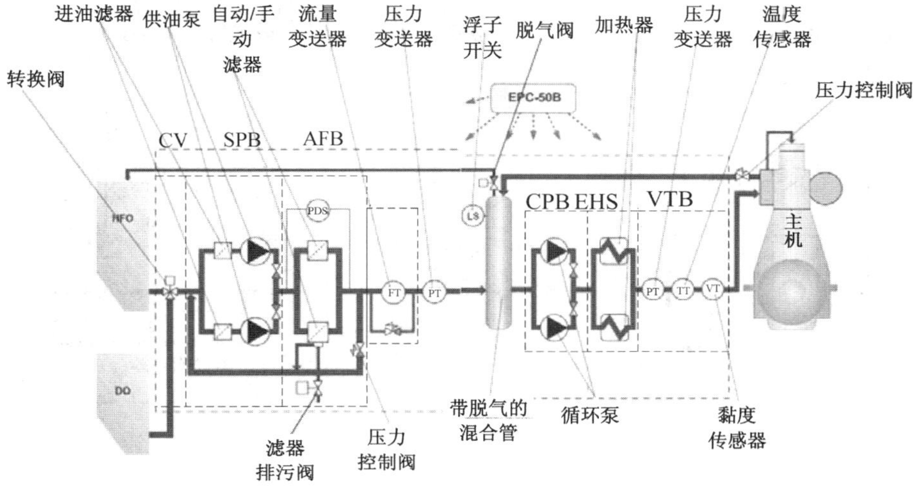

图 3-2-3　燃油供油单元的组成原理图

VTB—黏度温度测量模块；EHS—电加热器；CPB—循环泵组合模块；EPC-50B 控制单元；FTB—流量计模块；AFB—自动滤器模块；PDS—压差开关；SPB—供油泵模块；CV—重油/轻油切换阀

(1)供油处理系统

供油处理系统由重油日用柜、柴油日用柜、“柴油－重油”转换阀、燃油供给泵(供油泵)、燃油自动滤器、流量变送器、压力变送器、集油井(混油筒)、燃油循环泵、燃油回油管系等设备组成。燃油供给泵的压力由压力变送器 PT 集油井检测，用于控制器分析判断供给泵的状态。供给泵的流量由流量变送器 FT 检测，用于控制器分析柴油机的耗油情况。在自动滤器的前后装有压差开关 PDS，用于滤器脏堵报警的检测，当滤器进出口压差达到设定值时控制器发出报警。滤器排污电磁阀可执行滤器自动排污。脱气模块包括带脱气的集油井、浮子开关和脱气阀，用于供油与加热后从主机的回油混合，并使油气分离，当气体达到一定量时，浮子开关动作，控制系统控制脱气阀打开，将油路中的气体放回日用柜 HFO。循环泵组合模块 CPB 用于向柴油机提供需要的油压，可以通过压力变送器来检测。主机的回油通过压力控制阀和管系回送到集油井，进行脱气处理。

(2)燃油供油单元的加热控制

在燃油黏度或温度自动控制系统中，若采用电加热器 EHS，则由两个电加热供电单元分别对两个电加热器的燃油进行加热：一是提供足够的加热量，确保燃油能够得到加热；二是可以方便地控制加热速度的快慢，需要快速加热时，两个可同时满额工作；三是两个加热器可互为备用，保障了加热器的安全使用。若采用蒸汽加热，也是由两个加热器组成，电加热器 EHS 被蒸汽加热器 SHS 代替。蒸汽从外部引入，经过蒸汽调节阀送到两个蒸汽加热器，然后从本系统流出至热水井。由 EPC 控制器通过比例积分调节器输出继电器触点，控制伺服电机 M 动作，从而改变蒸汽调节阀 SRV 的阀门开度。另外，加热器还可选择使用热油作为加热源，控制方式与蒸汽加热相同，也是用调节阀来控制加热量。有的系统配置两个不同类型的加热器，典型的配置是一个蒸汽加热器和一个电加热器，即可方便控制加热，又能实现互为备用。系统以蒸汽加热（或热油加热）为主，电加热装置为备用，即刚投入使用期间用蒸汽加热器 SHS，由增加或减少信号控制蒸汽调节阀；当来自 EPC-50B 的信号指示系统需要更高加热量且蒸汽调节阀已全开时，控制器输出控制信号使电加热器 EHS 投入工作，以继续保持系统运行在设定的参数上。当加热功率需要减少时，首先减少电加热功率直至零后，如需再降低加热功率则自动关小蒸汽调节阀。在实际系统中除采用并联外，还常采用串联配置，如图 3-2-4 所示的是常见的 3 个加热器配置方案。

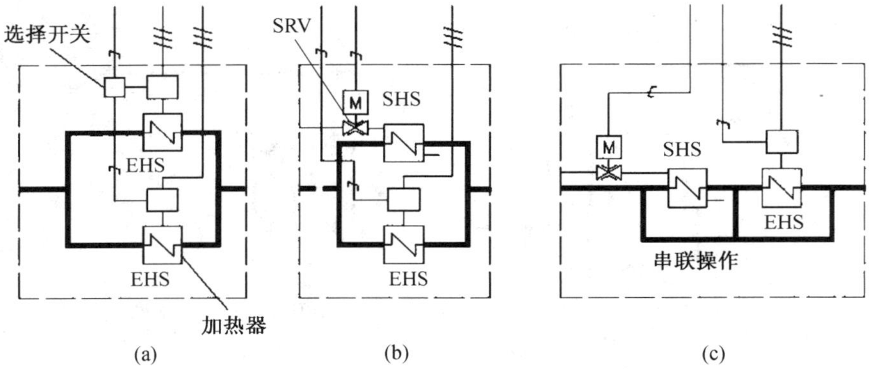

图 3-2-4　两个加热器的配置方案

无论采用哪种加热方式，燃油温度均由温度传感器 TT（Pt100）检测，由控制器 EPC 按照事前设定的 PI 控制规律调节加热器的加热量，从而实现燃油温度自动控制。如果系统选择黏度控制方式，不仅需要黏度传感器 VT 检测燃油黏度，还需要温度传感器 TT 检测燃油温度，并由控制器按照 PI 控制规律来调节加热器的加热量，实现燃油黏度自动控制。如果执行器件是蒸汽调节阀 SRV，则控制器给出"增加"或"减小"信号去控制伺服电机动作，直到阀门开度检测信号（0～2 kΩ 电阻信号）与输出要求一致；如果是电加热供电单元，则 EPC 控制器输出最多 5 挡加热控制（根据加热器容量和控制输出档位设定决定），由温度控制系统实现温度闭环控制。另外，控制器上配有手动/自动选择操作和手动加热量增加/减小（或加热挡位选择）操作，可以在需要时通过操作面板采用手动加热控制。控制系统除了燃油黏度或温度的自动控制以外，还能对"柴油－重油"转换阀进行自动控制，为保证转换正确可靠，实际回路中装有限位开关来检测转换阀的具体位置，并将检测信号送给控制器。

（3）油泵控制

由油泵电机起动箱实现电机的起动、停止控制，每个起动箱对应一台电机，带电源开关、电流表和指示灯，还配有选择开关安装在本地操作面板上，用于选择"Manual""Stop""EPC""Remote"。当选择"EPC"时，即油泵由 EPC 控制器自动控制，两套油泵之间互为备用可实现备用油泵自动切换运行控制。另外，自动滤器也是由本地操作面板选择"手动清洗""手动关""自动控制"，当选择自动控制时，由 EPC 根据设定时间和压差开关 PDS 来控制滤器的自动清洗。当油泵电机或自动滤器选择"Remote"时，则由 FCM 的远程（集控室）操作面板或微型计算机进行控制。

（4）控制器

EPC 控制器是整个系统的核心单元，由主控制板、本地基本操作面板 OP 组成，如图 3-2-5

所示的是 EPC-50B 的面板及选配的 FCM 远程操作面板 OP，如图 3-2-6 所示的是 EPC-60 的人机界面及主界面的画面布置图。

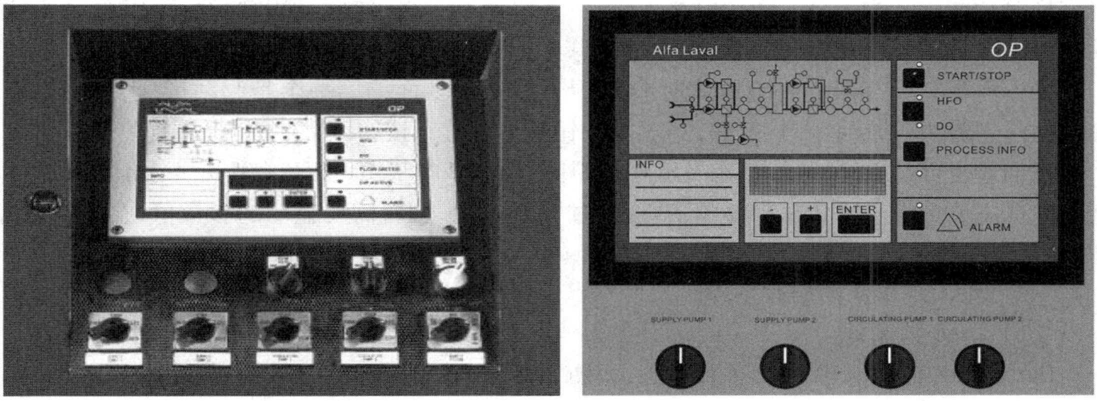

(a)　　　　　　(b)

图 3-2-5　控制器 EPC-50B 的面板及选配的 FCM 远程操作面板 OP

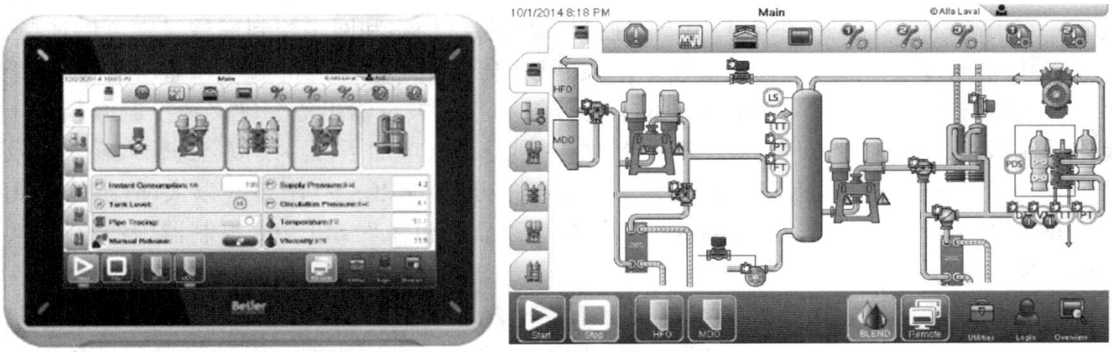

(a)　　　　　　(b)

图 3-2-6　控制器 EPC-60 的人机界面及其主界面

①EPC-50B 控制器

EPC-50B 控制器的主控制板与下节分油机控制中的 EPC 硬件上是一样的，也是微型计算机（单片机）控制系统。但是由于控制对象的不同，外围输入、输出不同，输出继电器扩展板和通信扩展板因需求不同也配置不同，所以配置的软件不同，故在本系统中用 EPC-50B 来表示。另外，有 4 个不同级别的操作模块，分别为基本级、扩展级、高级扩展级和全自动级。基本级即本地操作面板，是基本配置，可实现“柴油－重油”转换控制、燃油加热控制、报警控制、油泵自动切换控制、自动滤器控制及 OP 上相关状态和测量值的信息显示等功能，其他级则扩展为可远程控制。

控制器 EPC-50B 主要分为三个部分：一是电源，由滤波装置和多输出变压器实现；二是主控制板，安装在 EPC-50B 控制箱内；三是操作面板 OP。主控制板与操作面板通过异步串行通信实现数据交换。主控电路板接收安装在燃油供油单元 FCM 管路上的各种变送器和传感器信号，经分析和处理后，输出控制信号使各种阀件或电器动作，实现“柴油－重油”转换控制、燃油温度或黏度控制、报警控制、油泵自动切换控制、自动滤器控制等。同时，燃油供油单元 FCM 的运行状态也可通过在主控电路板通信接口与 OP 联系，由 OP 上的一系列发光二极管及信息显示窗进行指示，实现良好的人机交互。

EPC-50B 的操作面板 OP 采用单片机 P80C32 实现显示控制、按键输入处理和与主板信息交换等功能。结构上分为两块电路板，一块为单片机主板，包括 CPU、内存、字库存储器、通信接口和显示驱动模块等，另一块为专用信息显示控制器，显示需要的 LED 和字符。

操作面板右面有四个按钮和对应的状态指示灯，最上面的第一个是起动/停止按钮，第二个按钮是“柴油 - 重油”转换按钮，第三个按钮是过程信息按钮，第四个是报警复位按钮。

正面左上部是 FCM 基本状态及流程模拟图，当前基本状态可以完整显示。具体参数可以通过左侧下方的信息显示窗来显示，并可通过“+”“-”来翻看需要显示的参数值；在发生故障时，显示立即起动切换到显示当前最新故障内容；另外，还可用“Enter”翻看主要参数，配合“+”“-”可以实现参数的修改操作。

②EPC-60 控制器

EPC-60 控制器采用 PLC 进行控制，如图 3-2-7 所示，主要由 CPU 模块、输入输出接口模块以及 HMI 控制面板组成。包含的控制功能包括：燃油转换阀实现换油控制，燃油供给泵和循环泵的备用控制功能，混油筒除气，黏度和温度控制（蒸汽阀、冷却器调节），自清洗滤器的间隔冲洗等。EPC-60 控制器除了在本地采用转换开关和 HMI 面板进行操作之外，也可以另配置一个 HMI 面板实现遥控，遥控有基本控制、硬件接线控制和网络控制三种级别可供选择，通过 HMI 功能设置界面可以修改。在基本控制级，会增设一些开关量输入和输出信号，用于燃油种类的选择，燃油供给泵和循环泵的运行反馈和一般报警输出等。硬接线控制级相比于基本控制级则具备更完整的解决方案，它扩展了接口模块，增加了多路模拟量的输入输出以及开关量的输入、输出通道，相应也增设了一些额外的功能。EPC-60 配备有以太网端口，使用 Modbus TCP/IP 网络协议。通过网络通信，同样可以监视和修改 EPC-60 控制器内的数据，实现网络控制。

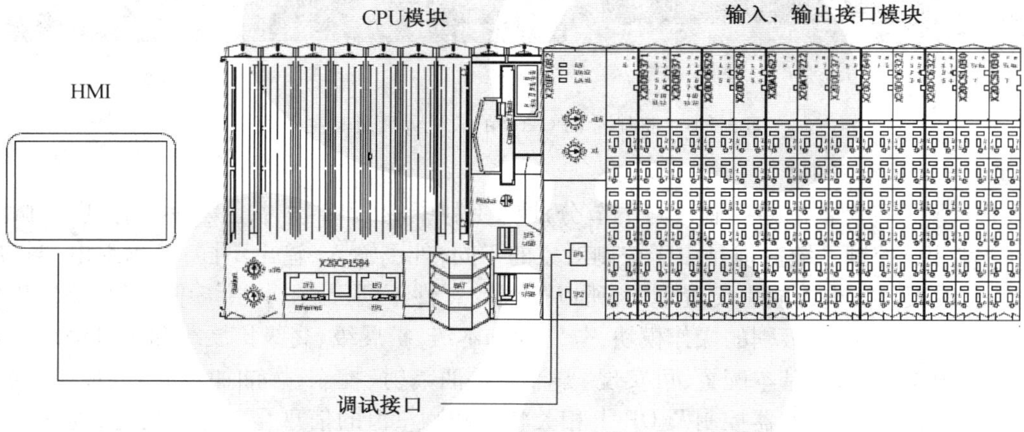

图 3-2-7　控制器 EPC-60 的组成

PLC 的输入、输出模块中提供了开关量的输入、输出模块，用于连接各种选择开关、操作指令、继电器触点、状态指示、故障报警等，模拟量的输入、输出模块则连接各种检测反馈信号、阀的调节信号等。EPC-60 控制器配备 HMI 操作界面，它内部带有软件程序，采用 7 in 的触摸显示屏，只需用指尖或触笔轻触面板即可操作。HMI 操作界面包含许多不同的窗口，通过图标或标签可以进行不同窗口的切换，如图 3-2-6 所示。操作界面的标签采用矩阵排列，顶部一排从左至右排列为一级标签（主标签），左侧一列从上到下排列为二级标签（子标签），选择一级标签栏内的相应二级标签即可进入相应的界面。界面的下方设置为控制栏,设有系统起停、轻重油选择、手动/遥控选择、权限设置等浮动按钮。当进行密码输入时,界面上会弹出计算机键盘,而如果只需要修改数字,则弹出数字键盘,按 ESC 即可关闭键盘。

操作界面的主标签包括 FCM 系统和设备、报警和事件、趋势图、控制系统信息、工作时间和流量记录、参数设置、报警设置等。图示界面为整个 FCM 系统的设备总览图,如果该设备处于起动过程中,相应的图标显示为闪烁发光状态表,在设备稳定运行后则以发亮的状态显示,如果出现故障会显示为红色边框;如果设备停止工作,则显示为虚化的状态。

2. 燃油供油单元的自动控制系统

(1)EVT 黏度传感器的组成

FCM 中燃油黏度控制系统采用 EVT 黏度传感器,整体上由两部分组成,一是传感器本体部分,二是含控制和信号处理的电路板。本体装在燃油输送管道内,电路板安装在 EPC 主板上。传感器本身由不锈钢制成,安装在油路中。传感器的探头及流管经过表面特殊涂层。自带约 5 m 长的信号电缆用于与电路板之间连接(即传感器与电路板间布线的最长距离约 5 m)。

黏度传感器本体采用有专利的检测原理测量,工作原理是基于流动燃油的黏性对钟摆的旋转振动有阻尼作用。在传感器内还内置了一个温度传感器 Pt100 用于检测钟摆内的温度,供微机校正和补偿黏度测量中由温度引起的误差。

由于该 EVT 是第三方产品,可以单独安装,有的系统单独置于一个金属控制盒内。在 FCM 系统中,将 EVT 的电路板安装在 EPC 主控制板上,是两块单独的电路板叠放在 EPC 的主板上,其中下边一块为电源板,输入双路 17 V 交流电,通过整流滤波稳压后向黏度检测主板提供±15 V 和 5 V 电源。该控制板与黏度传感器的连线包括 2 对线用于检测振动的压电元件,一对线用于压电元件的振动源,还有三根线用于温度传感器 Pt100,因此,共需要用到电缆线中的 9 芯。电路板内采用单片机控制系统,检测转换响应时间小于 1 min,将检测到的信号转换为 4~20 mA,则对应的黏度为 0~50 cSt,瞬时误差范围为±2%。由于黏度传感器及其电路板是第三方提供,所以系统采用简便的 4~20 mA 信号实现传感器向 EPC 主控制微型计算机传送。黏度传感器内的温度传感器 Pt100 除自身需要黏度校正使用外,还可通过本电路板转换,选择输出 4~20 mA 供 EPC 使用。

(2)EVT 黏度传感器的显示

黏度传感器的电路板上有一个数码 LED 显示,用于显示传感器的状态。EVT 电路板对诊断指示有规定,故障和错误用闪烁数字或文字显示在数码 LED 的第 7 段上(即数码管的中间一横)。根据故障、错误或警告的类型,黏度或温度输出将为 0 mA、4 mA、20 mA 或输出保持正常(4~20 mA 与实际黏度对应)。如果没有故障、错误或警告,数码管用不闪烁的符号指示程序状态,如电源开用“-.”,正在初始化硬件用“O.”等,具体可参考黏度传感器的说明书。

黏度传感器在正常使用中常出现传感器本身没有问题,而是系统环境或条件发生不良状态,导致测量出现极端情况。该情况传感器本身可能没有报警,但是送给 EPC 的信号出现失常。

3. 燃油供油单元的控制过程

1)EPC-50B 控制构建的控制系统

(1)黏度自动控制系统概述

在燃油供油单元 FCM 的自动控制系统中,采用黏度或温度定值控制是基于同一燃油温度的变化要比黏度的变化灵敏这一事实，特别是在温度传感器经改进后，检测温度很敏感的情况下，可大大提高系统的灵敏性，改善系统的动态特性，同时，两种定值控制可以互为备用，从而也可提高系统的可靠性。燃油黏度控制系统是由黏度传感器、温度传感器、控制器 EPC-50B 和加热器构成。黏度传感器和温度传感器分别检测燃油加热器出口燃油的黏度和温度，两者将黏度和温度值按比例转换成标准电流和电压信号送到控制器。控制器内置具有比例积分(PI)控制规律的软件，可以对重油的黏度或温度进行定值控制，而对柴油只能进行温度定值控制。但在控制系统开始投入工作或换油切换过程，EPC 控制器则根据燃油温升斜坡速率实现温度程序控制。系统除可现场自动控制外，还可选择遥控；在需要时，还可在本地经转换选择后，实现本地手动调节。信息显示窗可以显示系统中燃油的黏度、温度值或其他需要的测量值，另外也可显示参数值和故障信息。燃油黏度或温度控制系统就是一个典型的单参数反馈控制系统。

(2)重要控制参数

从 DO 转换到 HFO 并工作状态稳定后，EPC 对 HFO 进行温度或黏度的定值控制。当 HFO 模式且系统处在温度控制方式时，即参数 *Pr*19＝Temp，参数 *Pr*30 作为温度设置点，此时的 *Pr*30 应为所需黏度对应的温度值。在从低温开始的加温过程中，系统控制加热量，实现按设定的温升参数 *Fa*30 来控制加热。当温度程序控制加热到设定 *Pr*30 减去 3 ℃的温度值后，系统开始温度定值控制。而当 HFO 模式且系统处在黏度控制方式时，即 *Pr*19＝Visc，*Pr*20 作为黏度设置点，而此时的 *Pr*30 应为所需黏度对应的温度值减去 2～4 ℃（一般设为 3 ℃），这样，在从低温开始的加温过程中，按温升参数加热到该 *Pr*30 后，系统自动转为黏度控制。所以 *Pr*20 与 *Pr*30 有对应关系，在换用不同的 HFO 时，一般要求黏度不改变，但要调整 *Pr*30 以适应黏度控制设定值 *Pr*20 的需要。

在燃油黏度定值控制过程中，系统根据黏度变化按控制器内 PI 调节参数进行自动控制。系统根据加热器的不同设置有两套 PI 调节参数，如参数 *Fa*25、*Fa*26 为蒸汽或热油加热的比例带和积分时间，参数 *Fa*27、*Fa*28 为电加热的比例带和积分时间。一般出厂后调试工程师整定的参数应可靠保存，以备需要时恢复原始设定。如果调节过程中出现偏差过大，包括黏度和温度的偏差，系统都将给出报警信号。

(3)控制方式

系统除上述的黏度或温度定值控制外，还有 DO/HFO 的转换控制，燃油供油泵的运行/备用控制，燃油滤器的自动控制，回油的脱气自动控制，燃油循环泵的运行/备用控制及远程控制等功能，全部由控制器 EPC 来协调综合控制。

2)EPC-60 控制器构建的控制系统

EPC-60 控制器能够控制多达四种不同的燃油和一种混合燃油。每种燃料，包括混合燃油，需要设置相应的名称、规格、设定值和报警限值。在 HMI 下方的控制图标栏中设有相应燃油的图标软按钮，按钮上以绿色 LED 指示所选燃油处于工作状态。船舶加油后，如果燃油的性能指标发生变化，需要对燃油参数进行适当调整。修改的参数主要为燃油密度参数和温度设定值参数。燃油密度值在黏度测量过程中需要用到。如果更换不同密度的燃油，则必须更改密度参数，以获得最精确的黏度测量值。温度设定点参数可以使燃油加热到不同的温度以获得相同的黏度值。使用黏度控制时，如果温度设定值不相符可能会导致系统不稳定。

(1)控制方式

每种燃油（包括混合燃油）可有黏度控制、温度控制和带黏度反馈的温度控制三种控制模式。黏度控制时是按照黏度设定值用于控制燃油系统的加热或冷却，温度控制则按照温度设定值用于控制燃油系统的加热和冷却。带黏度反馈的温度控制是一种这种混合控制系统中，燃油系统的加热和冷却依靠温度设定值来控制，但是黏度设定值用于在不满足黏度设定值的情况下自动修改温度设定值。通常对 HFO 建议进行黏度控制，对 MDO 进行温度控制，而 MGO 使用带黏度反馈的温度，以避免低黏度问题。

需要注意的是，即使设置为黏度控制，在系统起动和燃油切换期间，此时会按照温度斜坡进行温度控制。当燃油黏度在黏度设定值±*P*973 范围内时，也会使用温度控制。即使设置为温度控制，高黏度和低黏度警报也会激活。

(2)燃油选择

燃油的转换操作时，只需要按下 HMI 中的对应燃油按钮，系统就会弹出一个窗口要求确认。如果转换阀是手动的，则需要将阀转换到相应的燃油日用柜。如果安装了自动转换阀，该阀随即开始向转换的燃油管路切换，自动转换阀可以通过参数设置阀门切换到位的时间。对于装有冷却器的燃油系统，切换阀将根据需要自动在加热和冷却回路间进行切换。柴油机在不同的负荷下工作，其燃油的消耗量不同，燃油转换的时间也会有差别。在换油前应根据管路存有量留有足够的换油时间，以保证换油彻底。在燃油转换的过程中，燃油温度将按照升温或降温程序，根据参数设置的值进行加热或者冷却，直到所需的燃油温度设定值。在换油过程中，温度上限和下限报警值会随燃油种类发生变化，黏度上限和下限值则保持固定不变。

EPC-60 控制器还带有一种掺混油功能，混油的目的主要是使混合油的硫含量满足排放法规的要求。但在混合燃油之前，需要进行燃油相容性测试，混合不兼容的燃油可能会导致系统不稳定和堵塞！混合模式由参数 P317 设置，用于混合的两种燃料由参数 *P*311 和 *P*312 设置，每种燃料的理论硫含量由 *P*304、*P*305、*P*306 和 *P*307 参数设置，最终硫含量由参数 *P*310 设定。设置好相应的参数，就可以进行燃油混合作业。

4. 燃油供油单元的操作与管理

(1)在系统投入工作之前，要先检查燃油和加热系统有没有漏泄或损坏的情况，各阀件是否开关正确；把控制方式选择开关打到 OFF 位置，合上主电源，观察 EPC 主板和黏度检测电路板指示是否正常；观察比较测量值与实际值有无异常情况；手动检测各电磁阀或电动切换阀是否正常、灵活。准备确认后，起动燃油供给泵，然后根据燃油系统具体配置情况将控制模式切换到 DO 或 HFO 位置，使用参数 *Pr*19 选择选择温度或黏度定值控制。这时可通过信息显示窗显示出燃油温度或黏度的实际测量值，系统正式投入调节控制工作。

(2)EVT 黏度传感器的工作情况，可通过设在传感器电路板上的数码管显示内容来检查。清洗 EVT 传感器时需要特别小心，防止个人受伤和损坏传感器。首先要切断通过 EVT 传感器的供油；切断控制箱电源；尽可能排出和排空管系中燃油。把 EVT 传感器从罩壳上拆除后，再拿下 EVT 传感器，旋出两套固定保护管的螺钉，以拆下保护管，最后用一块干净的软布清洁钟摆。小心钟摆，不要被机械力损坏或弯曲，更不要用研磨材料，如砂纸、锉刀等来清洁钟摆头。

(3)在系统新安装后或工作条件改变时，要对系统运行的参数进行重新设定和修改，以适应新的需要。对于不同的燃油，需要调整一些参数设置，尤其是重油特性相差较大时，对应的参数设置也要相应改变，以期获得最佳调节效果。具体可参考相应的说明书。

(4)系统故障显示

报警系统是为了确保一个安全的黏度控制系统而设计的。所有报警都显示在操作员面板屏幕上，大部分有发光二极管补充。报警按发生的次序显示。FCM 燃油控制系统中有两种类型的报警：

①报警显示在 EPC 上，由普通报警输出特征输出“Axx”，例如：A40 表示“黏度高”。

②仅给出警告在 EPC 上，显示“Wxx”，例如：W75 表示“转换控制模式（Pr19），传感器失灵”。

在发生了多个故障情况下，需要读取历史报警列表，但 EPC-50B 中的 CPU 只存储了最后的 32 次报警。通过按“ENTER”键，即可进入该故障有关信息的显示，通过按“+”来翻看，每个故障的具体内容有：

报警号：如 1 号报警是最新发生的报警，2 号是上次发生的报警……；

报警时间：从报警发生后计时，小时，分钟；

报警编码：用 Axx 或 Wxx 表示，具体含义参考说明书；

复位时间：如果故障发生到报警复位的时间为 0，表示刚一发生故障就被复位了，也就是第一个复位的故障。

三、分油机自动控制系统

1. 分油机自动控制系统的组成

分油机自动控制系统的组成原理如图 3-2-8 所示。它由 EPC-50 控制箱、电机起动箱、工作水阀组、控制气动执行阀的电磁阀组、分油机和油路等组成。

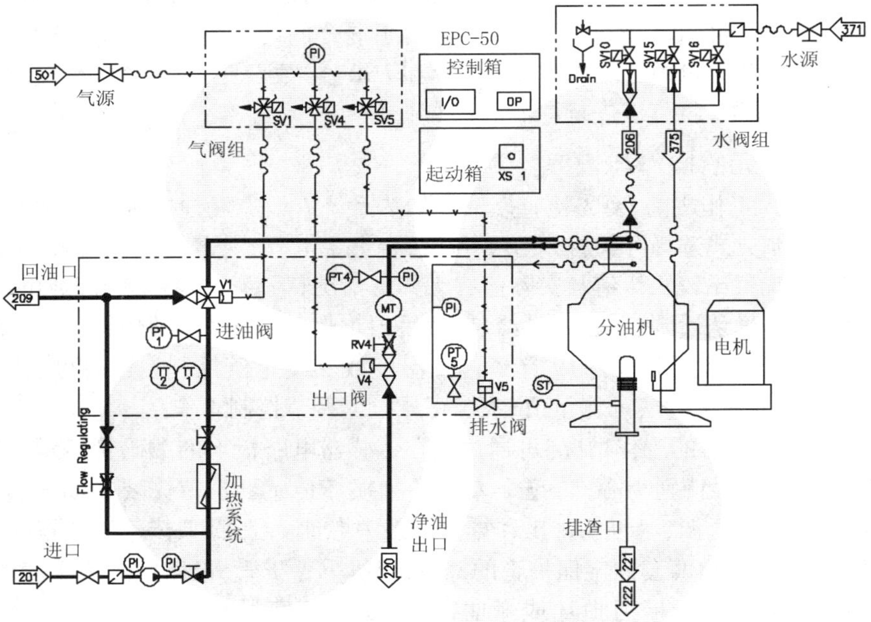

图 3-2-8　分油机自动控制系统的组成原理图

系统分为燃油回路、工作水回路、气动回路、分油机、电机起动箱和 EPC-50 控制器，如果系统自带电加热器，还会配有电加热控制器。燃油回路中有加热系统（Heating System）、温度传感器（TT1、TT2）、压力传感器（PT1）和待分油控制阀 V1，分油机的出口还配有净油出口阀 V4，排水出口阀 V5。工作水回路包括置换水（有的称冲洗水）电磁阀 SV10，开启水电磁阀

SV15，补偿水或密封水电磁阀 SV16，S 型分油机的 SV15 和 SV16 输出同一根水管，由于控制水量的不同，实现的作用也不同；在 P 型分油机中 SV15 和 SV16 是两根水管作用在分油机不同的进水部位，实现开启和关闭的作用。气动回路包括控制待分油阀的电磁阀 SV1、控制净油出口电磁阀 SV4 和排水管电磁阀 SV5。分油机和待分油循环输送泵可由 EPC-50 控制箱上的起停按钮控制运转或停止。分油机全速运行后，控制器 EPC-50 开始控制分油过程，包括控制待分油控制阀 V1、净油出口阀 V4 和排水阀 V5、各工作水电磁阀等，实现密封、分油、排渣、保护停止等控制。根据自动控制的分析方法，将 EPC-50 构成的控制系统分为如下几个部分：

1）主要的输入信号装置

在该控制系统中，输入信号和输出信号是比较多的。这些信号能准确地监视分油机的工作状态，同时也能控制分油机的各种操作。

（1）水分传感器 MT50

在净油出口管路上装有 MT50 型水分传感器，能随时检测净油中的含水量。EPC-50 控制器根据净油中含水量来判断是否超设定值，另外还可判断 MT50 是否故障：如信号小于 4 mA 表示传感器断线，而如果水分过低，可以判断净油出口油中有空气，如果水分过高，可以判断分油机内部油和水的状态，经延时后，由 EPC-50 决定是打开排渣口还是开启排水电磁阀。因此水分传感器是监控系统中很重要的部件，是由圆筒形电容器和由振荡器电路及信号调理电路组成的电路板两部分所组成。电容器实际上是两个彼此绝缘的同心圆筒，净油全部流过内圆筒，在内外圆筒的电极间电容量与油中的水分成比例。EPC-50 控制器为水分变送器提供直流电源，它使水分变送器内部的振荡器工作，产生频率为 1 MHz 的振荡信号源。当振荡器产生固定频率及幅值的交流电信号后，流过电容器中的电流大小就完全取决于电容器的介电常数。纯矿物油的介电常数只有 2～4，而水的介电常数高达 80。因此净油中含水量的增加，由于介电常数的增大使其流过电容器的电流也会增大。MT50 的电路板通过交流电桥检测电容该电容量变化，并将信号处理后转换为 4～20 mA 的电流信号送给 EPC-50。该水分变送器检测精度是比较高的，一般精度可达±0.05%。同时，EPC-50 可判断该电路板和传感器的好坏，如果故障，则需要更换。在 EPC-50 控制器中可以通过调整参数来取消该传感器功能，取消 MT50 功能后分油机将按特定程序运行，并且每隔 24 h 系统将会发出警报提醒。

（2）待分油压力传感器 PT1

装在燃油加热器出口，待分油控制阀 V1 前端，用于检测循环输送泵的出口压力是否建立，是否可以进行后续的分油操作控制以及判断加热器是否有油，是否可以进行加热控制。传感器采用扩散硅，内置信号调理电路，二线制输出给 EPC-50 的信号是 4～20 mA，所以 EPC 可以判断该传感器是否有断线故障，并且控制器可以根据信号的大小判断是否断流（过低压力）或管路堵塞（压力过高）。

（3）待分油温度传感器 TT1 和 TT2

TT1 和 TT2 采用 Pt100 温度传感器，属于热电阻式温度传感器。这种传感器是利用金属材料电阻值随温度升高而增大，且在检测范围内它们之间保持良好线性关系的特性制造的。利用测量电桥把测温元件（金属丝）电阻值变化转换成电压信号，该电信号与所检测的温度成比例。测量电阻 R_t，是测量电桥的一个桥臂，它是安装在所要检测的管路中，离测量电桥较远。为补偿环境温度变化所产生的测量误差，在实际测量电路中往往把“两线制”接法改为“三线制”。

Pt100 热电阻外形如图 3-2-9 所示，在结构上与以往使用的温度传感器有所不同。检测元件1直接插入被检测介质中，不用壳体防护，以避免热电阻与壳体之间的空气影响传热速度。为了防止更换或检修传感器时介质外逸，采用了特殊的弹簧囊结构。若要拆下传感器7，应先松开锁紧螺帽5，随后可旋出传感器。与此同时，止回帽2在弹簧3和燃油压力作用下，将导向管4下端口盖住，从而可防止管路6中燃油的逸出。这种改进后的温度传感器的热惯性很小，能及时感受温度的变化。

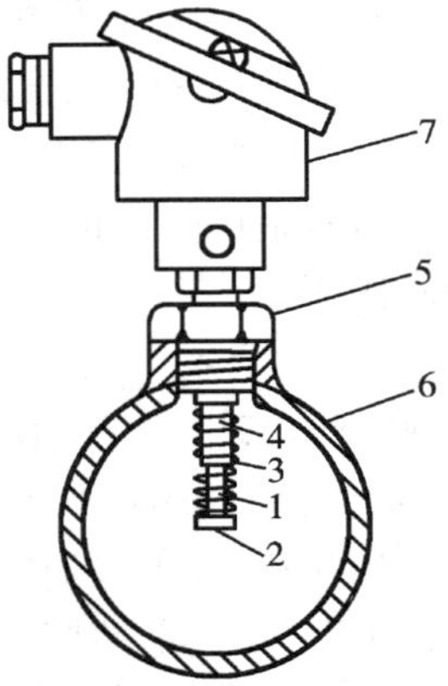

图3-2-9　Pt100温度传感器结构原理图

1—检测元件；2—止回帽；3—弹簧；4—导向管；
5—锁紧螺帽；6—管路；7—传感器

在正常运行期间，Pt100热电阻检测燃油温度实际值，当油温超过设定上、下限值时，控制器发出油温超限报警。另外，控制器能够检测温度传感器的状态，可以判断传感器是否有短路或断线故障。两个信号各有用途：一是TT1送至EPC-50控制器作为越限逻辑判断使用，除由数字显示窗显示待分油温度外，当发生油温上下限报警时，还可实现报警和保护控制；二是TT2送至EPC-50，由其中的燃油加热油温控制系统，作为温度偏差PI调节器的反馈信号，实现对燃油温度进行比例积分控制，把油温控制在给定值上。

（4）净油出口压力传感器PT4

检测原理同PT1，也可检测传感器本身是否故障。装于分油机净油出口处，检测出口背压。当出现超限时，需要调整相关分油等状态，甚至需要检测分油机内部。不同时间段出现的超限还需要注意油路或水路的状态。

（5）排水压力传感器PT5

检测原理同PT1，也可检测传感器本身是否故障。装于分油机排水出口处，检测出口压力。当出现超限时，可以判断分离盘是否正确到位，并用于控制和监视排水阀V5的动作。

（6）分油机速度传感器ST（Speed Transmitter）

采用磁脉冲式检测分油机的旋转速度，二线制送到EPC-50，通过电流检测，EPC-50可以判断出该传感器是否处于故障或断线状态。如果传感器故障，一时又没有备件，可以通过修改EPC-50内部参数取消该传感器功能，但是，这时的分油机全自动模式也进不去了。该传感器在P系列分油机中可以不用。

速度传感器用来检测分油机的转速，安装位置如图3-2-10所示。如转速发生下列情况之一，分油机应按一定的模式自动停止，同时发出相应的警报。

①转速超过设定的分油机最高转速；

②转速低于设定的分油机最低转速；

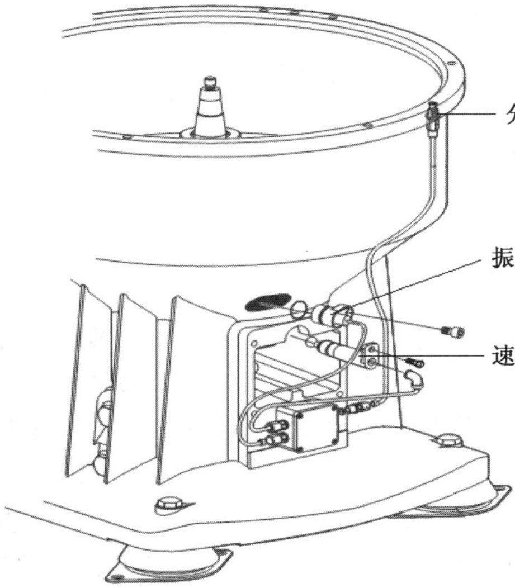

图 3-2-10　速度传感器、振动传感器和
分油机盖的联锁开关的安装位置图

③转速控制系统经常检查速度传感器检测到的脉冲情况，一旦检测异常；

④分油机起动时在设定的时间内，转速达不到设定的转速范围。

（7）分油机振动传感器 VT（Vibration Transmitter）

这是一个可选项，该三线制传感器将信号送给 EPC-50。一旦发现振动过大，控制器给出一个故障停止信号，控制分油机停止。另外，由 EPC-50 可以判断传感器的好坏，如果传感器故障，一时又没有备件，可以通过修改 EPC-50 内部参数取消该传感器功能，但是，这时不能实现分油机的全自动模式了。

安装在分离筒的立轴旁径向位置的振动传感器（可选择）如图 3-2-10 所示。振动传感器用来监测分油机立轴的原始位置和运行状态，从而可监测分油机任何异常的不平衡状况。振动报警级别设置了两个报警级别，如振动超过第一级别应发出警报，振动超过第二级别，分油机按安全停止模式自动停止，因为大量振动会缩短轴承的预期寿命，因此，振动应予以消除后方可起动。

（8）分油机盖的联锁开关（Cover Interlocking Switch）

分油机盖的联锁开关（可选择）用来检测分油机盖安装是否正确，其安装位置如图 3-2-10 所示。在分油盖被关闭的后给控制系统送出信号，控制系统关闭此联锁回路，这样才允许起动分油机。

2）输出信号装置

在控制系统中，EPC-50 控制器输出的信号有：控制对分油机操作的各种电磁阀；显示分油机控制系统状态的指示灯及由显示器所组成的信息显示窗。

（1）工作水阀组

所有的电磁阀均采用 24 V 交流供电，电磁阀 SV16 是用于控制进分油机补偿水和密封水的。在分油机排渣口密封期间，EPC-50 输出的信号将使电磁阀 SV16 断续通电，工作水经管 375 断续进分油机，把滑动底盘托起，并使滑动圈下面的工作水维持在泄水孔附近。电磁阀 SV15 是用于控制开启水的。当需要排渣时，EPC-50 将使电磁阀 SV15 通电打开 3 s，由管 375

向分油机进开启水，滑动底盘的外边缘向下移动，打开排渣口进行排渣。在排渣口密封期间，电磁阀 SV15 保持断电。电磁阀 SV10 是用于控制进分油机置换水，与待分油进入分油机是同一个进口，在需要排渣前，常通入冲洗水挤出分离筒内已分离的净油，确保排渣或排水操作时，不会将净油也排出。上述三个水阀组成一个整体阀组，当电磁阀通电时，电磁阀上带有旋转指示表示阀体动作，便于观察。其中进水口一个，SV10 出水口一个，SV16 和 SV15 的出口合在一起。

（2）气动控制阀组

电磁阀 SV1 是进油电磁阀，当控制该阀动作时，控制空气经节流控制后，送到供油阀 V1，控制 V1 缓慢打开供油。电磁阀 SV4 是净油电磁阀，当控制该阀动作时，控制空气控制出油阀 V4 关闭，在该阀断电或没有控制空气时，出油阀是保持打开状态。电磁阀 SV5 是排水电磁阀，通电后控制空气经过该阀驱动排水阀 V5。随着分油机正常分油的进行，分油机内油水分界面将不断内移。当需要向外排水时，EPC-50 将使电磁阀 SV5 通电打开，向外排一次水。上述三个电磁阀构成一个阀组整体，控制空气为阀组的进口，三个出口分别接到对应的阀上。

（3）温度控制输出

EPC-50 对待分油的温度也有控制信号输出，可以根据蒸汽加热、电加热或热油加热方式来输出相应的控制信号，如果是蒸汽加热或热油方式，EPC-50 通过伺服机构控制加热介质阀门的开度来调节加热量；如果是配套的电加热，则需加装与电加热配套的电源单元（POWER UNIT），由 EPC-50 输出相应的控制信号到电源单元实现温度控制。

当待分油温度在正常范围内，且没有发生使分油机停止工作的故障信号时，EPC-50 控制单元一直输出一个信号使电磁阀 SV1 通电，控制空气进入阀 V1 的动作气缸，使三通活塞阀接通在待分油进分油机状态，切断在分油机外面打循环的回路。当分油机发生故障或停止分油机工作时，电磁阀 SV1 断电，三通活塞阀动作气缸的控制空气从阀 SV1 放掉，将切断待分油进分油机的通路，使待分油回沉淀柜。

（4）报警及继电器控制输出

除温度控制采用继电器控制伺服电机改变阀门开度外，EPC-50 还提供多种用途的继电器触点输出，包括循环泵电机和分油机电机的停止控制，系统配置需要的触点输出，远程状态显示和报警用的触点输出等。

3）EPC-50 控制器的组成

在 S 型分油机中，组成其控制系统的重要设备是 EPC-50 控制器。EPC-50 控制器主要分为三个部分：一是电源，由滤波装置和多输出变压器实现；二是主控制板，安装在 EPC-50 控制箱内；三是操作面板（OP），主控制板与显示操作板通过异步串行通信实现数据交换。主控电路板接收装在分油机待分油管路上和净油出口管路上的各种传感器信号，经分析和处理后，由输出端输出控制各种阀件或电器对分油机进行操作，同时分油机的运行状态也可通过在主控电路板通信接口与 OP 联系，由 OP 上的一系列发光二极管及信息显示窗进行指示，实现良好的人机交互。

如图 3-2-11 所示，EPC-50 的操作面板（OP）继承了其传统的布置特点，其右面有四个按钮和对应的状态指示灯。最上面的是加热器（HEATER）按钮，按下此按钮将接通加热器电源，对待分油进行加热，待分油在分油机外面打循环。第二个按钮是程序起动（SEPARATION）/停止（STOP）按钮，按一次该按钮，EPC-50 运行预定的程序，程序运行（绿色）LED 亮，它首先监视待分油的温度，当加热器把待分油加热到正常温度值时，开始对分油机进行分油、排水、排渣等操作的正常程序的运行；再按一下停止分油程序，停止程序工作，其指示灯（黄色）点亮。第三个按钮是手动排渣（DISCHARGE）按钮，按一次该按钮对分油机执行一次排渣程序。第四个也是最下面的按钮是报警复位（ALARM）按钮，当分油机和控制系统出现故障时，对应的总报警指示（红色）点亮，EPC-50 型装置将输出停止分油机工作或停止程序运行信号。待故障排除后，须按此复位按钮才能撤销故障信号，并使程序恢复到起动前的状态。其中第四个 LED 灯是操作面板激活指示灯，表示当前显示控制器有效工作。

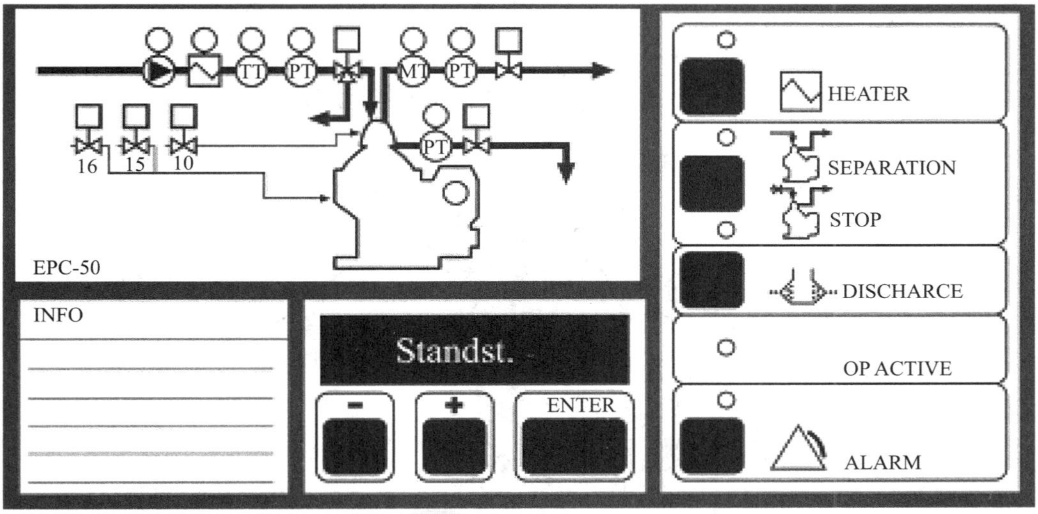

图 3-2-11　EPC-50 操作面板布置图

正面左上部是分油机基本状态及分油流程模拟图，当前基本状态可以完整显示。具体参数可以通过左侧下方的一条信息显示窗（图示显示"Standst"）来显示，并可通过"+""-"来翻看需要显示的参数值；在发生故障时，显示立即起动切换到显示当前最新故障内容；另外，还可用"ENTER"翻看主要参数，配合"+""-"可以实现参数的修改操作。

作为控制分油系统的 EPC-50 控制箱，除 EPC-50 操作面板外，还配有循环输送泵和分油机的起动和停止按钮，应急停止按钮，分油机运行模式选择开关及相关指示灯，其中分油机模式开关分为自动、手动和 CIP 方式，其中"自动"是由远程 OP 面板操作分油机系统运行，"手动"是指在本控制箱上实现系统运行控制，"CIP"是清洗分油机时使用的模式。

电机起动箱门上装有一个主电源开关、一只分油机马达电流表。起动箱内布置的是分油机及供油泵的起动电路。

系统总体组成如图 3-2-12 所示，待分燃油从燃油进口 5 到燃油转换阀 2，分油时，进入分油机，没有分油时，燃油通过回油管 3 回加热器循环。分好的油通过出油管 13，出口压力 PT410，MT50 水分传感器和出口调节阀 V48 送干净油。图中还可看到水阀阀组和气阀阀组，另有控制器对所有电气部件进行控制。

2. EPC-50 分油机控制系统的控制过程

（1）待分油的温度控制

为了保证分油机的分离效果，必须对待分油进行加热。加热器可选用电加热器，也可选用蒸汽加热器或热油加热。在 EPC-50 主板上有个加热器板选件来控制待分油的温度，传感器 TT2 作为温度控制的反馈信号，TT1 作为温度报警和保护的信号；作为反馈控制的传感器配合

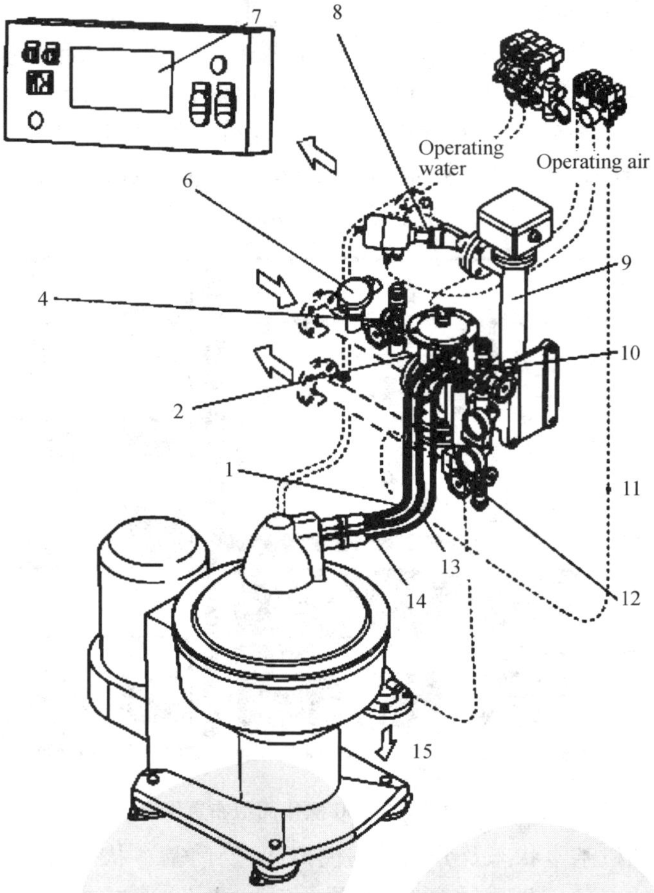

图 3-2-12 分油机元件布置图

1—进油管;2—燃油转换阀;3—回油管;4—进口压力 PT1;5—燃油进口;6—温度传感器;7—EPC-50 控制器;8—出口调节阀 V4;9—MT50 水分传感器;10—出口压力 PT4;11—出水口压力 PT5;12—放残阀 V5;13—出油管;14—出水口;15—排渣口

EPC-50 实现温度的自动控制,其中 EPC-50 通过加热器板输出“加”或“减”两个继电器触点,去控制伺服电机调节阀门开度,从而控制加热量;同时可通过电位器检测开度位置;即 Pt100、EPC-50 和温度调节阀构成了一个温度自动控制系统;其 PI 调节参数在 EPC-50 中,可以根据实际情况予以调整。当选用电加热器时,由 EPC-50 将温度设定信号送给电加热器电源单元(POWER UNIT)控制加热,电加热器电源单元单独配有检测加热待分油温度的 Pt100 传感器,用于电加热器过热保护,即由 Pt100、EPC-50、POWER UNIT 和电加热器构成温度控制系统。而 EPC-50 配有的温度传感器 TT1 和 TT2 起到检测温度的作用,确保加热在正常的工作范围内。当待分油温度在正常范围内,且没有发生使分油机停止工作的故障信号时,EPC-50 根据时序控制要求,使电磁阀 SV1 通电,控制气压源(压力为 0.5~0.7 MPa)通过 SV1 和一个节流阀后控制三通活塞阀 V1 缓慢打开,使待分油无冲击进油。当分油机发生故障或停止分油机工作时,电磁阀 SV1 断电,三通活塞阀 V1 将切断进油通路,使待分油在分油机外面通过循环泵循环并保持加热。

(2)分油机的时序控制

刚开始投入工作时,应先按加热器按钮,开始将待分油进行加热,同时确认温度自动控制系统投入工作。当确认温度上升后，按一次程序起动/停止按钮，EPC-50 从初始化程序开始执行，首先它监视待分油温度，当油温达到正常温度值时，EPC-50 将对分油机进行密封排渣口、设备自检、分油、间断排水、排渣等操作。EPC-50 增加了对设备状态的自检功能，可以根据被控制阀件的动作及相应参数变化的检测，智能地判断设备的故障，或对操作时序自动做适当的调校，以适应工况的变化。操作程序流程可参考相应的说明书。

3. EPC-50 的面板操作与参数调整

EPC-50 的操作需要面板指示灯“OP ACTIVE”点亮后才能进行，该灯表明操作面板 OP 与主控制器已建立好通信联系。在循环泵和分油机的电机起动后，分油操作就可在本地控制面板上来操作或可通过远程通信来操作。在操作和参数修改过程中，用到最多的是“+”“-”和“ENTER”三个键，其中“ENTER”键用于显示参数序号与内容切换、确认、进入或退出参数表、接收或储存参数值等。“+”“-”用于翻看参数序号或修改参数使用，状态显示时，可以翻看到一直需要观察的参数。

正常运行过程中，显示当前工况和当前工况进行到的时间。当报警发生时，报警信息显示在显示窗口左侧，系统准备排渣，而到下次排渣前的时间将显示在显示窗口的右侧。正常情况下，可通过“+”键来切换显示内容，如显示“TT198 ℃”。系统中所有模拟量传感器的测量值都可以显示。

系统设有三种参数类型：安装参数（*Inxx*）、工艺参数（*Prxx*）和工厂设置参数（*Faxx*），分油时序用时间参数（分离开始、排渣、停止）列在“工厂设置参数”下，但称为“*Tixx*”。不同类型参数可以通过同时按“ENTER”和“+”来切换。安装参数必须在初次起动之前且先于工艺参数进行设置。这些参数极少需要重新调整。如果要存储新的参数值，则需要浏览整个列表，并在列表结尾处确认。工艺参数可以按所需（即使在运行过程中）轻松调整，以满足运行条件的变化（如两次排渣之间的时间、油温以及报警点）。工厂设置参数可以根据实际运行过程中状态的变化来进行调整，尤其是有关分油时序的时间参数。其中“起动”对应的计时器为 50~59；“分油”对应的计时器为 60~69；“排放”对应的计时器为 70~79；“停止”对应的计时器为 80~89。参数的修改可通过按“ENTER”进入。具体面板的操作和参数的修改可参考设备说明书。

水分传感器值会受温度变化影响。可以根据待分油的不同使用不同的参数对其进行补偿。具体操作步骤如下：

(1) 记下传感器值，注意要进行此测试，传感器值必须稳定，并确认油中无水、无气。

(2) 在正常稳定运行温度下，将温度降低 10 ℃。

(3) 在稳定的新温度下，读出温度和传感器值。

例如：当温度下降了 10 ℃时，传感器测量值变化了 + 1（如从 82.6 到 83.6），则由于传感器值增大了，实际值未变，必须通过将 *Fa*34（对应 HFO）设置为负数来进行补偿。具体值为 $Fa34=-(1.0\times10)/10=-1.0$。

由于控制系统的程序大多依赖水分传感器，所以该传感器非常重要。如果该传感器故障，但又要分油操作，可以应急设置参数 *Pr*4 从“On”调整为“Stb”，即进入分油备用控制工况，此后水分传感器 MT-50 功能禁用。但程序每 15 min 进行一次“排渣”，而 Pr1 分油时间设定无效；并且排渣过程不加冲洗水和置换水，即只实现简单的分油和排渣操作。

4. EPC-50 中的报警控制与功能测试

EPC-50 在运行中如果发生故障报警，相应的总报警发光二极管和有关状态指示灯闪亮，同时在显示及操作控制板(OP)中的信息窗中将会显示出完整的故障名称。故障复位需要消除掉故障后按“ALARM”按键才能复位。如果有多个故障,则当前显示为最新故障,为读取存储的警报列表,可以按“ENTER”键后用“+”“-”键翻看,中间可用“ENTER”键查看故障号、发生故障处于当前多长时间之前,故障名称和对应的参数设置值,以及故障发生后的复位时间。最后可再“ENTER”键用回到正常显示。显示窗口中显示的内容及对应的含义如下:

Alarm No. 5	(5 号警报)警报编号;
0:13	此警报在 13 min 前发出;
Feed pressure low	(进油压力低)警报类型;
Pr1 60	参数 Pr1 设为 60 min;
00:02:13	2 分 13 秒后复位了该警报。

5. 分油机控制系统的操作与管理

(1)分油机手动起动与停止

①检查分油机的电源是否正常,油底壳的油位是否正常,进出油管路的阀是否处于正常的位置。

②若以上都正常,起动分油机燃油供给泵,将蒸气加热阀打开。从操作面板上开启加热器。

③待温度达到要求以后,要起动分油机,先按 SEPARATION/STOP (分离)按钮激活 EPC-50,显示窗口中将滚动出现几个问题,必须先回答这些问题才能起动分离设备。回答问题后起动分油机,待分油机的转速达到全速及油温超过低温报警设定值以后,EPC-50 控制系统将自动进入分油起动程序直到分油机正常分油。

④观察分油机供油以后工作是否正常,有无异常的振动或是噪声。通过 EPC-50 上的显示数据,来判断分油机的状态,如果一切都正常,说明分油机开始正常的工作。

⑤如果中间发生故障或需要停止分油时,可通过按下“SEPARATION/STOP”按钮,实现停止控制。分离设备停止序列对应的黄色 LED 将开始闪烁。起动排渣。排渣完成后,停止序列 LED 将变为稳定的黄色,而分离系统运行对应的绿色 LED 将熄灭。显示 STOP(停止)。如果加热器由 EPC-50 控制,它将自动关闭。当供油温度开始下降时,进油泵将自动停止。当分离设备完全停止运转时,将显示“Standst.”(停止运转)。

(2)控制系统在使用中的注意事项

开启分油机前需检查分油机运转方向是否正确。检查有无异常的振动,在起动之初当分油机通过临界转速时会有振动,这都属于正常现象,在使用中要逐渐了解振动的表现和规律。如果分油机在正常的工作中有异常的振动,那么就要立即停止分油机,并查找分泊机振动的原因,在未找到故障的原因之前不能开启分油机。若是开启,因为分油机内部的高速旋转,严重时会造成分油机部件的损坏甚至伤人。在分油机刚起动时,起动电流会比分油机正常工作时的电流大很多,但是随着分油机转速大升高分油机的电流会逐渐地降低并维持在一个稳定的数值上。如果分油机的工作电流维持在较高的数值上不变,则说明分油机跑油,这种情况必要时要停止分油机进行检查。分油机正常工作以后要检查供油流量是否正常,调节出口压力为 0.2 MPa。注意在没有完全停止之前不能进行拆卸工作,因为其内部高速旋转时会有伤人的危险。

在对分油机控制系统的日常使用和巡班检查时,经常检查电源是否正常,应急操作是否有效;定期检查各种传感器,检查相关的工作水、控制空气及电磁阀。定期检查分离筒的状况。

如果油渣空间中的硬油渣量不十分明显，则排渣间隔可以适当延长。但排渣间隔太长会使油渣不均匀地积聚在分离筒内，引起分油机振动。运行中注意水分传感器的变化规律，注意电机起动时转速变化情况，包括振动情况。特别是要注意跑油检测信号是否完好，排渣通道是否淤塞等。对控制板和显示板要定期检查，防止受潮或有关电线脱落等。

（3）故障处理

当分油机系统出现故障时，首先考虑的是故障对整个供油系统的影响。如果到了不能克服的状态，则需要考虑应急措施。故障可以分为传感器故障、参数越限、状态故障设备故障等几类，具体可通过说明书中的“Alarm and Fault Finding”查找原因和找到解决措施。

如果分油机因故障报警，那么在分油机的 EPC-50 控制单元上，相应的警报指示灯就会发出红光，并不停地闪烁，机舱内同时伴有警报的汽笛声。处理操作首先是要确认警报，按下警报确认按钮，把汽笛和报警灯停掉。然后根据分油机的警报去查找原因，等把故障排除以后，再按一下警报确认按钮。若是故障已经解除，则分油机就可以接着正常工作。分油机的警报有很多种，而每一个警报的原因有很多，因此解决分油机报警的时候一定要细心观察，除说明书确认的原因外，有时还需要根据分油机故障时的外在表现来判断故障的原因。例如排渣失败可能原因是没有工作水或工作水很少，也可能是开启水阀 SV15 出现问题，所以首先就需要检查供水系统，如果可以确定工作水系统没有问题，那么问题就可能是分油机内部的机械故障。因为就一般情况来说，分油机的故障也就无非是控制系统和机械故障两个部分。其中机械故障一般都是由于分油机长期的工作，没有及时地保养，以致内部脏污，从而导致了机械的故障。分油机最常见的跑油故障（Oil leaking from bowl）原因及处理如下：

①补偿水供应系统中的滤网被堵塞，处理措施是清洁该滤网；

②补偿水系统中没有水，检查补偿水系统并确保任何供应阀均处于开启状态；

③供应阀与分离设备之间的软管安装不正确；

④水分传感器测量误差偏大，造成控制系统频繁进行排渣动作；

⑤滑动圈中的堵头有缺陷，造成密封不严，应更换堵头；

⑥开启水管的供应阀 SV15 出现泄漏情况或相应的控制回路故障，造成排渣口打开，应及时校正该泄漏情况或检查该阀的控制线路。

四、辅锅炉自动控制系统

锅炉是船舶动力装置最早实现自动控制的设备之一。它包括水位的自动控制、蒸汽压力的自动控制、锅炉点火及燃烧的时序控制和安全保护控制等。

在蒸汽动力装置中，船用锅炉称为主锅炉，所产生的蒸汽用来驱动汽轮机，由于蒸发量较大，蒸汽压力较高，对水位和蒸汽压力要求比较严格，水位和蒸汽压力不准许有较大的波动。一般都采用带有积分作用的调节器实现定值控制。在内燃机动力装置中所使用的锅炉称为辅锅炉。其中，大型油船辅锅炉所产生的蒸汽要加热货油；驱动货油泵及其他甲板机械，其蒸发量和蒸汽压力都比较大，其工作特点接近主锅炉。柴油机货船辅锅炉所产生的蒸发量小（一般小于 5 t/h），蒸汽压力低（一般低于 1.0 MPa），对水位和蒸汽压力的波动要求不严格，一般多采用双位控制。可见，货船辅锅炉和油船辅锅炉的工作特点是很不相同的。无论是哪种辅锅炉，其控制大多是全自动的。

如图 3-2-13 所示船用辅锅炉为立式针形管燃油锅炉，用于生产饱和蒸汽，主要用作各种船舶上的重油、主机缸套水、油舱、生活用水、空调等的加热介质，亦有油船上驱动货油泵、洗舱加温、生产二氧化碳、惰性气体等用途。加热过程中燃烧器将燃油雾化送入炉膛，同时将空气送入，控制点火后稳定燃烧，使炉膛水冷壁和对流换热针形管组吸收燃烧的热量并传递给炉水，使之蒸发形成蒸汽。主蒸汽阀设在锅炉顶部，可将锅内蒸汽输送到蒸汽总管。安全阀也设在锅炉顶部，在锅炉超压时，可排出满负荷下产生的全部蒸汽。水位表及水位检测设在汽水分界面上下，水位表示出锅炉内水位，供锅炉管理人员监察；水位检测将水位信号送给控制箱，控制给水泵的运行、停止和紧急切断燃烧。压力开关装于锅炉的中下部，通过铜管接到锅炉的顶部蒸汽空间，控制锅炉的起动和停止。

图 3-2-13　船用辅锅炉外形图

1. 船舶辅锅炉水位自动控制

(1)货船辅锅炉水位的控制及其管理

柴油主机干货船辅锅炉由于蒸发量小、蒸汽压力低，为简化其控制系统，一般对水位都是进行双位控制。当水位下降到允许的下限水位时，自动起动给水泵向锅炉供水，锅炉水位会逐渐升高。当锅炉水位达到允许上限水位时，自动停止给水泵的工作，停止向锅炉供水。因此，锅炉在工作期间，其水位是在允许的上、下限之间波动，不会稳定在某一个水位上。这种双位控制水位的检测元件常用浮子式和电极式，电极式双位水位自动控制系统的原理参见图1-3-2，并在第一章中已有介绍。实际系统中，一般辅锅炉都装有两个电极室，一个工作，另一个备用。电极室由于长期使用，其中水的纯度会提高，电极及电极室壳体会结水垢，使电极及电极室的导电性能降低。因此，电极室要定期放水和清洗。清洗前，要转用备用电极室，然后关闭电极室与锅炉水空间和汽空间相通的截止阀，再打开电极室底部的放水阀放掉电极室中的水。清洗时可拔出电极，打开电极室上盖，清洗电极室壳体上的水垢和电极上的水垢，并要检查电极与电极室上盖之间的绝缘是否良好。如果绝缘不好，要更换绝缘材料。电极室装复后，打开与锅炉汽和水空间相通的截止阀，电极室的水位就与锅炉的实际水位一致了。

(2)油船锅炉水位控制的特点

锅炉水位会随船舶的摇晃而波动，但实际水位并没有变化，这对控制系统而言，是一个周期性的干扰源，控制过程需要考虑该因素的影响。

锅炉在运行期间，炉水中有一部分是气泡。这种气泡不断在受热面上形成，随后脱离受热面升起并进入锅炉的蒸汽空间。水面下的总蒸汽量可达到全部水容积的15%～20%。因此锅炉在稳定工况时，水位与水面下的蒸汽容积有关。锅炉在过渡工况时，水位不仅受蒸发量和给水量的影响，还受水面下蒸汽容积变化的影响。特别是在负荷突然变化的短时间内，水位的变动主要取决于水面下蒸汽容积的变化，而实际锅炉内的水量没有变化。假如蒸汽流量突然增大，而炉膛中的燃烧情况还未来得及随之变化，锅炉蒸汽压力降低，蒸汽的饱和温度也随之下降，这样会使水面下蒸汽比容增大，造成水面下蒸汽总容积增大；另一方面，由于炉水变成过热水，将产生更多气泡也使水面下蒸汽容积增大。由于这种自蒸发现象，尽管在蒸汽流量大于给水量的情况下，水位却虚假地上升；反之，当锅炉负荷突然减小时，尽管给水量大于蒸汽流量，水位会虚假地下降。

所以，船舶锅炉水位的控制需要考虑蒸汽流量和船舶摇晃的影响，并且微分作用不能使用。

(3)锅炉水位的双冲量控制

仅仅根据锅炉水位来控制给水阀开度的控制系统称为单冲量水位控制。它是连续给水自动控制中最简单、最基本的一种形式。在蒸汽压力较高、负荷变动较大、炉水容积相对小的情况下，只用单冲量水位控制会在短时间内加大蒸汽流量与给水量之间的差值。这时采用双冲量的水位控制对克服虚假水位能取得良好效果，其控制原理如图3-2-14所示。它的检测装置有两个：一个是检测水位变化的水位冲量信号3；另一个是检测蒸汽流量变化的蒸汽流量冲量信号4。这两个冲量信号都送到双冲量调节器5。蒸汽流量信号是前馈信号，它与扰动变化大小成比例，控制作用在扰动发生的同时就产生，而不是等到扰动引起被控量发生波动后才产生，因此采用前馈控制可以改善控制的质量。对于双冲量给水自动控制系统，当蒸汽流量发生变化时，就给调节器发去一个信号，使给水量和蒸汽量同方向变化，因此可以减小或抵消由于虚假水位现象而使给水量与蒸汽流量相反方向变化的误动作，使调节阀一开始就向正确的方向移动，从而减小了给水量和水位的波动，缩短了调节时间，可以改善水位的控制品质。

船用水管主锅炉常采用双冲量，甚至是三冲量(水位、蒸汽流量和给水量作为调节器的输入量)的给水调节器。而船用辅锅炉，大多数采用单冲量或双冲量水位控刮系统。

(4)水位自动控制中的双回路给水

油船锅炉给水系统通常由汽轮机给水泵从热水井把水抽出来，经给水调节阀打进锅炉里去。控制给水量可通过改变给水阀的开度来实现。通过给水阀的给水流量 G 与给水阀的流通面积 F 和给水阀前后压差 Δp 有关，关系为 $G=\mu F\sqrt{\Delta p}$，其中 μ 称为流量系数，给水系统选定以后 μ 是一个常数。改变给水阀的开度实际上就是改变给水阀的流通面积 F。可见，只有在给水阀前后压差 Δp 基本不变的情况下，给水流量 G 才能与给水阀的流通面积 F 成比例。但对汽轮机给水泵来说，如果其蒸汽调节阀开度不变，则给水泵浦的排量基本不变，不管开大或关小给水阀，进入锅炉的给水量基本上是不变的，因此仅仅改变水阀的开度往往达不到控制给水量的目的。这样，锅炉水位连续自动控制系统除了具有根据水位偏差来控制给水阀开度的水位控制回路外，还应设有维持给水阀前后压差恒定的给水差压控制回路。这样，给水量就

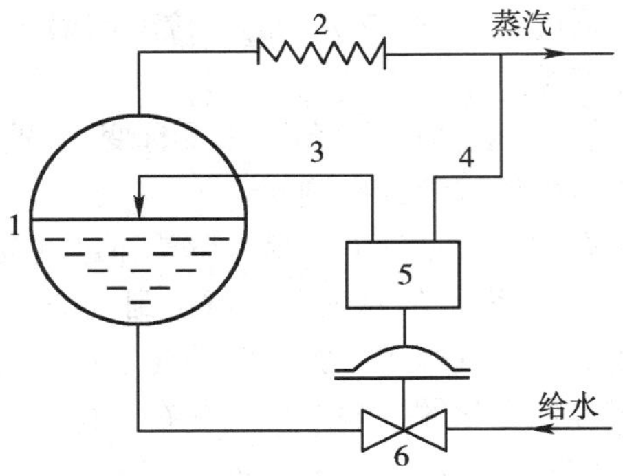

图 3-2-14　双冲量水位控制原理图

1—锅炉；2—加热器；3—水位冲量信号；4—蒸汽流量冲量信号；5—双冲量调节器

直接与给水阀的开度成比例了。其控制原理如图 3-2-15 所示。

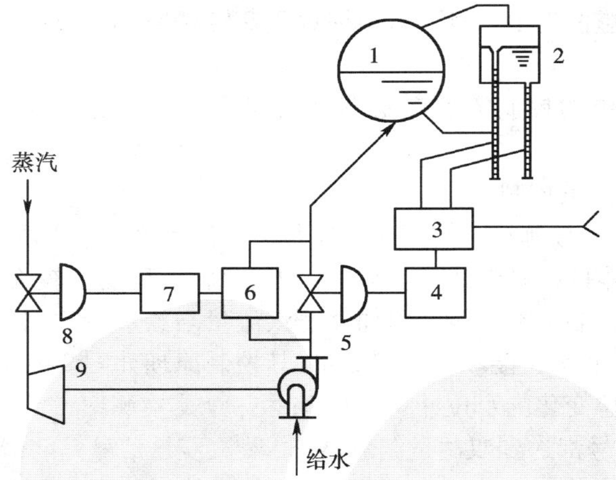

图 3-2-15　双回路水位控制系统工作原理

1—锅炉；2—参考水位罐；3—差压变送器；4—水位比例积分调节器；5—给水调节阀；6—差压变送器；7—比例积分调节器；8—蒸汽调节阀；9—涡轮给水泵机组

若锅炉水位低于给定值，水位调节器 4 输出的控制信号开大给水阀 5。由于给水阀开大使其前后压差减小，给水差压调节器输出的控制信号开大蒸汽调节阀 8，提高汽轮机给水泵的转速，使给水阀前后压差保持恒定，确保给水量得到提高。

有的锅炉还有给水温度控制，如果给水系统用除氧器代替给水加热器，则还要有除氧器压力和水位控制。

2. 蒸汽压力的自动控制

（1）辅锅炉蒸汽压力和燃烧的双位自动控制

对锅炉的蒸汽压力控制，是通过改变向炉膛的喷油量和送风量，控制锅炉的燃烧强度来实现的。对蒸发量不大的货船辅锅炉蒸汽压力自动控制系统的要求是简单、可靠，对经济性的要求并不严格。因此，大多数货船辅锅炉均采用蒸汽压力的双位控制，少数采用比例控制。并保证在锅炉不同负荷下，其送风量基本上适应喷油量的要求。

在燃烧的双位控制系统中，锅炉的蒸汽压力不能稳定在某一值上，而是在允许的范围内波动。其中，最简单的方案是，在蒸汽管路上装一个压力检测开关。当蒸汽压力上升到允许的上限值时，压力检测开关断开，切除油泵和风机的工作，停止向炉膛喷油和送风，即自动停炉；当蒸汽压力下降到允许的下限值时，压力检测开关闭合，自动起动油泵和风机，即自动起动锅炉进行点火燃烧，实现锅炉蒸汽压力的双位控制。

上述控制方案虽然简单，但由于锅炉起停频繁，对锅炉运行不利，所以很少采用，大多数是在上述情况下，再增加燃烧双位控制。在蒸汽管路上装两个压力检测开关，它们动作的整定值不同。如图 3-2-16 所示，当蒸汽压力下降到允许下限值 p_1 时，两个压力检测开关都闭合，控制系统自动起动锅炉，开始燃烧过程中，风门电机使风门开得最大，其同轴所带动的回油阀关得最小（这是采用一个油头工作的情况，对采用两个油头的锅炉其控制是打开两个供油电磁阀，使两个油头同时喷油）。这时喷油量和送风量都最大，即对锅炉进行“高火燃烧”。当蒸汽压力上升到正常上限值 p_3 时，一个压力检测开关仍闭合，但另一个压力检测开关断开，控制风门电机把风门关得最小，同轴带动的回压阀则开得最大（或关闭一个燃油电磁阀，使一个油头喷油工作）。这时，喷油量和送风量都是最小的，即锅炉进行“低火燃烧”。当锅炉负荷变化时，蒸汽压力就在允许的下限值 p_2 和正常的上限值 p_4 之间波动，但是锅炉燃烧过程保持低火稳定燃烧。如锅炉负载增加，使蒸汽压力下降，当蒸汽压力下降到低于设定压力 p_2 时，高火压力检测开关闭合，自动再次进入高火燃烧。当锅炉负荷很小时，即使在“低火燃烧”的情况下，蒸汽压力仍然会继续升高，此时当蒸汽压力升高到高压设定压力 p_4 时，两个压力检测开关均断开，自动停炉。而停炉后，当蒸汽压力下降到允许的下限值 p_1 时，两个压力检测开关均闭合，控制系统重新起动锅炉。

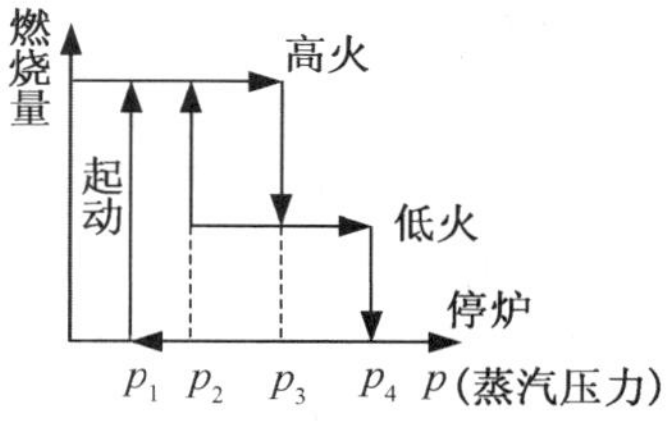

图 3-2-16　燃烧双位控制过程

（2）油船辅锅炉蒸汽压力自动控制

锅炉蒸汽压力自动控制也就是燃烧自动控制，即根据蒸汽压力的高低自动改变进入炉膛的喷油量和送风量，维持锅炉蒸汽压力恒定或在允许的范围内波动。蒸发量大、蒸汽压力较高的辅锅炉都采用该定值控制方案，如船用主锅炉和大型油船辅锅炉等。

①蒸汽压力控制的特点

由于燃烧自动控制系统中的被控量是蒸汽压力，所以首先要有蒸汽压力调节器，又称主调节器。在锅炉不同负荷下、主调节器接收蒸汽压力的偏差信号并输出一个控制信号，通过伺服器控制进入炉膛的燃油量和空气量，即控制炉膛内的燃烧强度，以便保持蒸汽压力为恒定值。主调节器一般采用比例积分调节器。

对于供应饱和蒸汽的锅炉，主调节器的输入信号管路都接在与汽包相连的蒸汽管路上。如果主调节器采用比例调节器，在零负荷时，调节器使汽包内保持额定蒸汽压力；在满负荷时，因比例调节器有静差，故汽包内的压力要比额定蒸汽压力低 10%左右，但这对用汽设备不会有什么影响。对于供应过热蒸汽的锅炉，主调节器的输入信号管路应接在过热器后面。如果输入信号管路仍接在与汽包相连的蒸汽管路上，则在满负荷时，除由于调节器静差使蒸汽压力降低 10%左右外，蒸汽流经过热器管道后，蒸汽压力又会降低 10%左右，这对用汽设备的工作是不利的。

要保证燃油的完全燃烧，在喷油量改变的同时，必须相应地改变进入炉膛的空气量。从锅炉的热计算和热工实验中可以预先知道，在每一个喷油量下，喷油器前应保持对应的风压。因此，燃烧自动控制系统还需设有空气压力或空气量调节器，严格地根据喷泊量的变动来控制进入炉膛的空气量。这时空气量调节器得到来自蒸汽压力调节器的一个反映供油量大小的信号，即空气量调节器的给定值要根据不同的喷油量，按预先规定好的喷油量与空气量的配比关系来变化。这种控制关系与保持恒定的被控参数的定值控制不同，在控制系统分类中，称为随动控制。

主调节器也可以直接控制进入炉膛的空气量，或同时直接控制进入炉膛的燃油量和空气量。但是，燃油量与空气量的关系应满足需要，图 3-2-17 示出了由实验测定的空气压力与喷油量之间的关系曲线。图中横坐标 F_O 为喷油量，纵坐标 p_B 表示在每一个喷油量下所需要的空气压力。如果空气量调节器采用比例调节器，每一个喷油量所对应的实际供气压力如图中虚线所示，虚线与实线之间的距离就是调节器的静差。

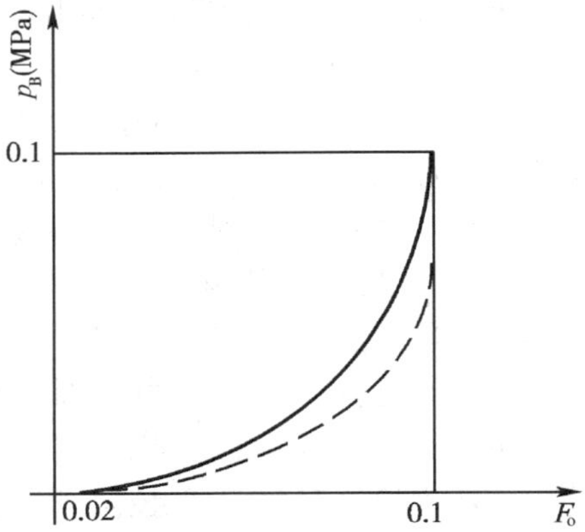

图 3-2-17　喷油量与风压的关系

空气量调节器最终控制风门挡板或鼓风机，需要相当大的作用力，一般采用专用的风门控制机构。

燃油能否完全燃烧，还取决于燃油雾化的情况，燃油压力和温度是影响燃油雾化的两个因素。为此，在燃烧控制中，还应装有燃油温度和燃油压力调节装置和相应的报警保护。

②蒸汽压力自动控制系统的组成及工作原理

以蒸汽压力为被控量的蒸汽压力自动控制系统，要求满足锅炉在不同负荷下，蒸汽压力都能稳定在给定值上。其控制系统框图如图 3-2-18 所示，由图中可见，油船锅炉蒸汽压力自动控制系统是由两个控制回路组成的。其中一个回路是根据蒸汽压力的偏差值经比例积分的 PI 调节器来控制燃油调节阀的开度，即改变向锅炉的喷油量。喷油量的改变必须同时改变向炉膛的送风量（空气量可用风道与炉内之间的压差来表示），为了保证燃油完全燃烧并得到较高的经济性，对应某一喷油量要有一个最佳的送风量（最佳的空气压力）与之相匹配，即在某一喷油量下要求有一个最佳的风油比。经实验已测定空气压力与喷油量之间近似平方关系（即图 3-2-17 所示曲线）。这样，燃烧控制系统的另一个控制回路是根据喷油量对空气压力进行控制的回路。在这个回路中，空气压力的给定值是随喷油量而变化的。燃油量变送器输出的气压信号代表喷油量，函数发生器输出与喷油量平方成比例的信号，这一信号是代表该喷油量下最佳空气量的气压信号。该信号一路直接送到高压选择阀，另一路与微分控制阀的微分部分输出信号相加后再送入高压选择阀。因此，当锅炉负荷从一个平衡位置突然增加时，燃油控制阀的输入信号也随之增加，此时微分部分也将随增加的燃油控制阀输入信号而有一个较大的输出信号，然后与函数发生器的输出信号相加（由于函数发生器具有一阶延迟特性，此时输出的变化量是较小的）后送入高压选择阀，高压选择阀的作用是自动地选择这两个信号中的较大者作为输出，从而使空气压力控制回路有一个突然增加的设定空气量信号。由于设定空气量信号及时调到函数发生器延迟后对应输出的信号，使过量空气优先于喷油量增加而进入炉内，从而维持了稳定的燃烧。当锅炉负荷突然减小时，送到燃油控制阀的信号也突然减小，这时，用高压选择阀切除微分控制阀和函数发生器输出相加一路信号，并选用函数发生器输出信号，使空气量随油量的下降后再下降。总之，使炉内处于空气过剩状态。

送入炉膛的实际空气量是用风道与炉内的压差来反映的，经差压变送器输出一个代表送入锅炉空气量实际值的气压信号与高压选择阀送出的给定值相比较，得到空气量的偏差信号，采用比例积分的空气量调节器去控制风门调整机构以改变向锅炉的送风量。

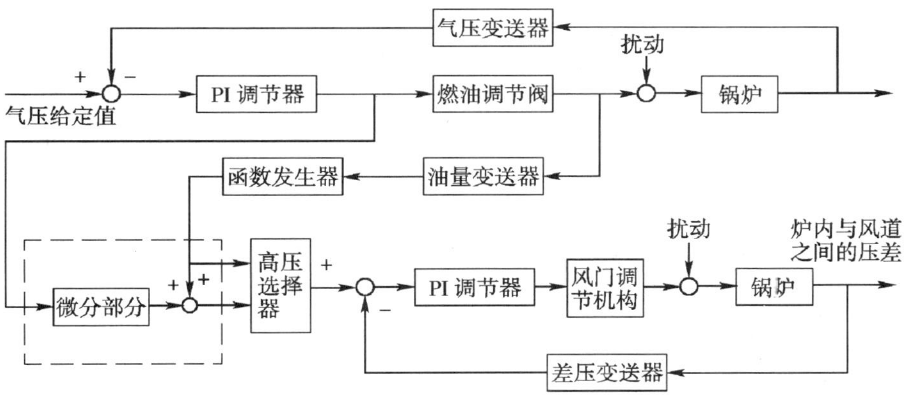

图 3-2-18　油船辅锅炉燃烧控制系统框图

该系统中使用的蒸汽压力调节器和空气量调节器的类型与水位控制系统中的调节器完全相同。蒸汽压力变送器、油量变送器及风压差变送器的工作原理、调零、调量程的方法与测量水位用的差压变送器是相同的，只是在结构上略有差异，故不再重述。

③燃油控制阀

气动燃油控制阀的结构和工作原理如图 3-2-19 所示。p_1 是由蒸汽压力调节器输出的控制信号，作为燃油控制阀的输入信号。p 是燃油控制阀输出的燃油压力，它与燃油量成比例。p_0 是燃油控制阀前的压力。假定，膜片 3 的有效面积为 F；反馈波纹管 4 的有效面积为 f；预紧弹簧 1 的预紧力为 N。在稳态时，燃油控制阀的输入信号压力 p_1 与输出的燃油压力 p 之间的关系为：$p_1F+N=p\times f$。在工作中，F、N、f 是不变的，因此燃油控制阀输出的燃油压力 p（即燃油量）只取决于信号压力 p_1。所以燃油输出压力 p 与控制信号 p_1 保持良好的线性关系，而不受阀芯摩擦力、阀前油压变化等因素的影响。

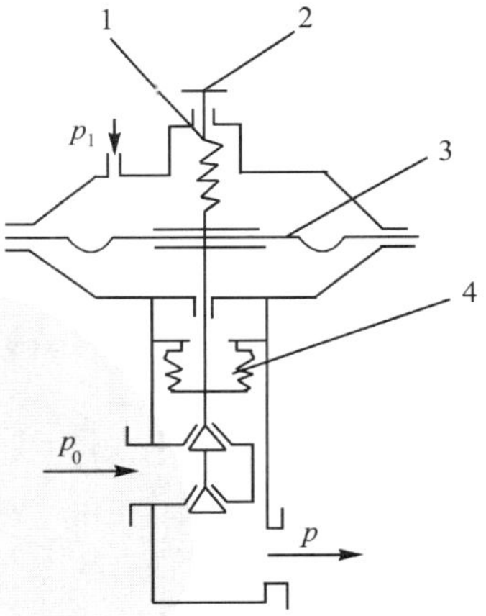

图 3-2-19　燃油控制阀结构和工作原理图

1—预紧弹簧；2—调整旋钮；3—膜片；4—反馈波纹管

3. 燃烧器

自动控制燃烧器可分为供风系统、燃料供给系统、控制系统、燃烧系统。燃料要完全燃烧须提供足够的氧气，不同的燃料有不同的风量要求，如：0 号柴油热值为 10 200 kcal/kg，标准气压状态下每千克油要完全燃烧须配送 15 m^3 的助燃空气；热值为 9 550 kcal/kg 的重油要完全燃烧须配送 15 m^3/kg 的助燃空气。供风系统主要部件有：壳体、风机马达、风机叶轮、风枪火管、风门控制器、风门挡板、扩散盘。燃料要完全燃烧须提有合理的燃烧空间和混合空间。燃料的输送方式可分为高压输送和低压输送。其中压力式雾化燃烧器采用高压输送方式，压力要求为 1.5~2.8 MPa。介质雾化燃烧器采用低压输送方式，压力要求为 0.5~0.8 MPa。控制系统包括点火系统、风门（油量）的调节和检测系统。点火系统的功能在于点燃空气与燃料的混合物，其主要部件有：点火变压器、点火电极、点火高压电缆。点火变压器是一种产生高压输出的转换元件，其输出电压一般为：2×5 kV、2×6 kV、2×7 kV，输出电流一般为 15~30 mA。风门（油量）的调节有单段火式手动调节风门、双段式液压缸或伺服电机控制、比例调节式燃烧器使用伺服电机控制风门。监测系统的功能在于保证燃烧器安全的运行，其主要部件有火焰监测器、压力监测器、监测温度器等。燃烧火焰的形状、燃烧的完全基本取决于燃烧系统。燃烧器火焰一般可根据用户要求来定制，火焰要求大概直径一般要求不大于炉膛的二分之一，长度是炉膛的三分之一，具体根据加热炉的要求来调节匹配。火焰直径太大、太长时会造成炉筒上形成严重积炭，烧坏耐火砖或炉壁。以下以单体转杯燃烧器为例说明。

单体转杯燃烧器适于燃烧重油，即使采用高黏度燃油时仍能保证优质燃烧。该燃烧器在起动和停机时也可以用轻油。该燃烧器采用旋转雾化原理。雾化器逆时针旋转，而燃烧器可由右侧摆出（两者均向着火焰方向看）。

（1）燃烧器的整体组成

如图 3-2-20 为转杯式燃烧器，主要有调节风量和油量用的复合调节器，带吸声肘管的燃烧空气风机，紫外线火焰监控单元，带点火燃气电磁阀的燃气-电点火器，燃油供给系统（如泵和加热器），燃烧器监控设备，重油注水设备（主要用于减少烟气中的粉尘量，也用于减少锅炉污垢）。

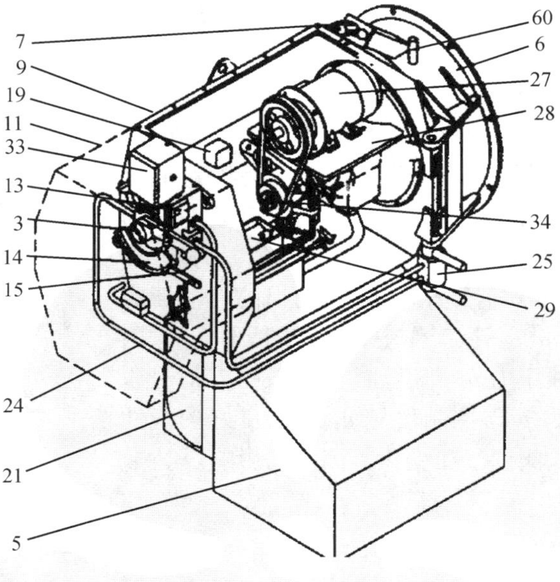

图 3-2-20　单体转杯燃烧器结构图

3—旋转油阀；5—空气肘管；6—外调风器环；7—点火器；9—燃烧器外壳；11—保护罩；13—复合调节器；14—控制盘单元；15—控制杆支承；19—点火变压器；21—燃烧空气风机；24—带阀和附件的管路；25—燃油铰链；27—旋转雾化器驱动装置；28—铰链平台；29—二次空气风门；33—风门电机；34—轴装皮带；60—紫外线火焰探测器

（2）燃烧器的工作原理

①重油供给、流量设定和雾化

所需的燃油储存在油柜中，储油柜及其到燃烧器之间的燃油管路应设有加热设施，加热温度的设定值应确保重油具有相应的黏度，从而使储油柜中的油可以输送、燃烧器前（加热器后）的供油管路确保燃油可以被雾化、供油管路所需的压力可用压力控制器设定。

②燃烧器中燃油的流动路径

燃油经燃油铰链 25 进入燃烧器的加热管路，燃油流经：复合调节器的旋转油阀 3、流量计（24 内附件）、两只电磁阀（24 内附件）、燃油分配器和旋转雾化杯。

由于雾化杯高速旋转产生的离心力及杯的特殊形状,重油形成一层均匀的薄膜。然后重油从杯的边缘径向扩散。沿中心导入的一次空气确定了油滴尺寸和雾化角。

一定量的热重油循环流经复合调节器和回油管路,有助使系统保持一定的温度。循环油经燃油铰链离开燃烧器而进入燃油主回路。加热系统用于加热燃油,燃油分配器只有在扫风阶段才被加热。

③燃烧空气

燃烧空气由风机从锅炉房中吸入,并流经空气肘管5、燃烧空气风机21。燃烧空气的主要部分,即二次空气和三次空气,经过二次空气风门29和燃烧器外壳9。二次空气通过空气内环来支持燃烧,而三次空气通过轴向导口流入。

④油和空气量的配比

复合调节器13在重油和燃烧空气量之间提供最佳的比值。在刻度位置1,燃烧器烧“小火”,而在位置10为全负荷。负荷控制器作用于风门电机33,后者使复合调节器处于所要求的负荷位置。

油量由旋转油阀3的位置控制,而空气流量由风门控制。风油比调节机构由燃烧复合调节器通过该风门电机33来执行,另外设备还配有燃油电磁阀、燃油压力监视器、燃油温度控制器、燃烧空气压力监视器、温度监视器等。

(3)安全和监控系统

燃烧器配有安全装置,从而保证连续监控所有重要的操作并避免操作失误。

①紫外线火焰探测器60用于监控火焰。在火焰力度不够时,它将燃烧器关断。

②压力监控器用于监控风机工作是否正常。当压力降到设定值以下时,它将燃烧器关断。

③压差监控器用于监控一次空气风机和转杯雾化器的旋转。当压力降到设定值以下时,它将燃烧器关断。

④摆出开关。当燃烧器外壳摆出时,它将燃烧器关断。

(4)燃烧器常见故障现象及排除方法

①能够正常点火但着火几十秒钟后自行熄灭

典型原因是燃烧器内的火焰传感器脏污。火焰传感器探头位于燃烧器的风道内,由于冒黑烟、回火、送风尘土等原因,其表面很容易脏污从而失去感光功能。发生故障后应检查传感器探头,必要时用酒精或清洗剂清洁其表面。

②着火正常但排气烟色不正常

喷入燃烧器的燃油是一边混合一边燃烧的,当送风量合适时雾化CO_2和水蒸气排气是无色的,当送风量不足时会造成柴油不完全燃烧生成CO和炭粒从而出现排气冒黑烟现象。但如果进风量过大强大的风力可能会把来不及燃烧的油雾吹走,形成白色烟雾排出。

排气冒黑烟的常见原因是燃烧的进风门开度过小,冒白烟的常见原因是进风门开度过大,这两种情况均应重新调整进风门。调整时可一边观察排气烟色一边调节风门的开度,直到排气烟色接近于无色。

排气冒黑烟还有一种原因是燃油雾化不良,油雾中含有较大的液滴,不能与空气充分混合,导致局部燃烧不完全而产生黑烟。

当燃油供给不足时,随着火焰的忽强忽弱,燃烧器中常伴有“呼哧”的声音。这时供油管道内可能伴有气泡使喷油压力不稳,燃烧也就不稳定。另外当油管内有气泡存在时,油泵的运转阻力会随之忽大忽小,使燃油雾化不好,不能完全燃烧。

冬季经常出现的情况是供油系统堵塞，因为气温低时燃油的流动性差，易析出蜡质，堵塞管道、滤芯、油泵滤网、喷嘴滤网等，使供油系统不畅通，造成着火不稳或灭火。

③燃烧器点不着火

燃烧器的点火与内燃机的点火类似，需要两个最基本的条件：一是要有雾化良好的燃油；二是要有高压火花。前者要求柴油泵供油量充足，喷油嘴前后能建立起稳定的喷油压力差，形成精细的油雾，点火期间送风量宜小，防止吹散火花和油雾。后者要求高压火花有足够的点火能量，火花能顺利跳过电极间隙点燃柴油油雾。燃烧器点不着火一般是燃烧器喷油嘴不喷油或没有点火高压。不产生高压火的原因：一是点火变压器没有通电（可能是供电线路或控制器内的继电器接触不良）；二是两点火电极间由于积炭而绝缘不良，高压被泄漏，没有产生放电火花。一般要求点火电极间的距离应为 3 mm 左右，点火电极距喷嘴前端面的距离为 5～7 mm，且两电极间必须绝缘良好。

4. 燃烧时序控制

辅锅炉燃烧时序控制是指，给锅炉控制系统一个起动信号后，能按时序的先后，自动进行预扫风、预点火和喷油点火，点火成功后对锅炉进行预热，接着转入正常燃烧的负荷控制阶段。同时对锅炉的运行进行一系列的安全保护。

辅锅炉燃烧时序控制功能框图参见图 1-2-2。锅炉的控制元件主要有程序控制器、水位传感器、蒸汽压力传感器、蒸汽比例调节器、风门控制器、监控用的温度及压力传感器、PLC 控制系统等。为了实现辅锅炉的时序控制，常用的主要元部件有信号发信器，包括起动和停炉按钮、转换或选择开关等，其中自动信号发信器包括压力开关、限位开关、温度开关，还包括检测水位的差压变送器、检测锅炉蒸汽压力和风压的压力变送器等；程序控制器是辅锅炉燃烧时序控制的核心部分，是根据起动信号发信器送来的电信号，接通或切断电路，或者根据规定的时间来接通或断开电路，用以实现预扫风、预点火、点火及转入正常燃烧等一系列时序动作，传统的方法是采用凸轮式程序控制器，也有内置多个时间继电器控制电路板的专用燃烧程序控制器，而现代多使用 PLC 实现各种程序控制，具体如第一章第四节所述。

火焰感受器执行机构用来监视炉膛有无火焰。当点火失败或在持续燃烧期间熄火时，为避免再向炉内喷油引起故障，要求立即关闭燃油电磁阀停止喷油，并发出声光报警。因此，自动化锅炉都装有火焰感受器来监视炉膛内的火焰。辅锅炉上常用的火焰感受器有光敏电阻、光电池和紫外线灯泡等，具体如第一章第七节所述。

燃烧时序控制系统的功能是自动地根据时间顺序与过程状态和控制指令对执行机构发出控制信号，对被控制对象锅炉进行控制。在 PLC 时序控制系统中，各种物理量（如：风压、火焰状态、蒸汽压力和水位等）都是以电气信号的形式输入 PLC，由 PLC 中预先输入的用户程序进行处理，具体如第一章第四节所述。

当系统的功能不符合该系统的规定时，则往往是系统出现了故障。在故障查找时，一般先看电源是否正常。如果电源正常，再看故障的影响范围，是整个系统（包括 PLC 设备的显示信息和被控制的设备）都瘫痪，还是局部的故障（此时，PLC 模块的 RUN LED 仍然亮，PLC 设备基本没有问题）。如果是局部故障，则使用提供的技术资料图纸，找到该项出问题的功能所涉及的外部逻辑条件及其所对应的具体 I/O 通道和具体设备，进行检查测量。

辅锅炉 PLC 的故障排除方法和注意事项如下：

（1）在进行故障判断前要熟悉系统的结构、工作原理、功能和操纵方法，熟悉操作开关的用途，显示灯的含义，熟悉各种操纵方式之间的转换方法和相互关系，系统运行的条件和结果，仔细阅读说明书。充分利用显示灯、LED 的信息，尤其是自检显示的信息。发生故障时，可以首先查看 PLC 的 CPU 模块 POWER LED 显示，判断是否是电源故障。如果 POWER LED 亮，再查看 RUN LED 是否亮，如果灯灭，表示 PLC 运行停止，可能是扩展模块或外部通信连接不好所致。

(2)如果 PLC 硬件故障，可通过换用 PLC 模块备件的方式进行解决。若硬件无故障，而系统的控制功能不符，应根据故障的具体现象，考虑其他原因。如：锅炉点着火后，但很快又出现火焰故障报警，随后停炉，则可检查火焰监测器前面的隔热玻璃是否脏污。又如：锅炉点火过程中两点火电极间不打火，则应检查点火变压器的输出，或拆下点火电极进行清洁并重新调整两电极间的间隙到合适的距离。

(3)当经过测试，输出点的 LED 显示表明系统的输入/输出信号控制关系正常，而执行机构没有随其动作时，应根据电气原理图和接线图检查外部的继电器、电磁阀或者外部电气连接。

(4)在使用键盘修改系统工作参数或通过印刷板上的微调电位器修改系统工作参数之前，最好记录其原始数据或原始位置，以便在修改无效时，恢复初始值。

(5)拔插印刷电路板或模块时，要关闭电源。记住模块或印刷电路板的型号和在插槽的原始位。要将新模块上的可设置的拨动开关、跳线、电位器设置的与原有模块一致。

(6)还有许多注意事项，如保证系统可靠，正确地接地；避免电磁干扰(如大负载电缆靠近 PLC 系统)；等等。

5. 船舶蒸汽锅炉的安全保护

蒸汽锅炉是船舶机舱重要的辅助设备，其运行情况直接关系船舶机舱用汽设备的正常工作；另外，锅炉属于压力容器，一旦发生爆炸，将对人身和财产安全造成重大事故。因此，船舶蒸汽锅炉要采取严格的安全保护措施，主要包括以下几个方面：

(1)蒸汽压力保护

蒸汽压力保护的目的主要是防止蒸汽压力超过汽包的设计压力，避免爆炸事故。压力保护的手段是在锅炉上安装安全阀，一旦蒸汽压力超过安全阀的设定压力，安全阀能够自动开启，对炉内压力进行泄放。

锅炉一般安装有 2 个安全阀，通过安全阀的调压弹簧可以调整安全阀的开启压力，开启压力可大于实际工作压力的 5%，但应不超过锅炉的设计压力。安全阀在开启状态的泄压能力有相应的规范要求，这要通过设计和制造环节加以保证。从管理的角度来讲，应对其进行定期试验。试验时可关闭主蒸汽阀，对锅炉进行升火，观察压力表，确定是否能够正常开启；若不能，则需调整安全阀的调压弹簧，直到能在希望压力开启为止。

为保证应急情况下能够手动开启安全阀，必须设有远距离操作装置，必要时可通过远距离手动操作的方式将安全阀强制打开。

(2)水位安全保护

在正常情况下，锅炉的水位在控制系统的控制下将保持正常水位，对于水位连续控制的锅炉，水位能稳定在设定水位附近；若是双位控制，则其水位应该在水位的上限和下限之间波动。

在故障情况下，若出现低水位报警后，水位还继续下降，则会出现锅炉干烧的情况。为此，锅炉必须设有危险水位保护装置。当水位下降到危险低水位时，保护装置应能切断锅炉的燃烧，并发出报警。

锅炉的危险水位报警和保护装置一般独立于水位自动控制系统，包括专门的浮子室、浮子开关和控制电路。

危险低水位保护装置也应该定期检查和试验。对于控制电路，可以通过短接浮子开关输出接线端子，模拟浮子的动作，试验自动停炉功能。对于浮子室及浮子开关，可以关闭浮子室的通汽和通水阀，再打开浮子室泄放阀，让浮子室水位下降，测量浮子开关输出接线端子之间的通断情况。

（3）熄火保护

熄火保护的目的是在锅炉非正常熄火时，能及时切断锅炉的燃油系统，并发出声光报警。熄火保护装置是锅炉点火时序控制系统的一部分，主要由火焰探测器及其控制电路组成。不仅在中途非正常熄火时起作用，而且在点火过程中还用于判断点火是否成功。熄火保护装置的试验可以在正常燃烧过程中人为断开火焰探测器的接线，以试验其熄火停炉功能。

（4）风压保护

锅炉燃烧过程中，为保证喷油完全燃烧，应保证有一定的供风流量，即喷油器前应保持一定的风压。一般采用风压开关来检测供风量，实现风压的保护。如果燃烧过程中，风机的风压过低，压力开关动作，则锅炉应该及时保护停炉并发出报警信号。

五、机舱其他设备的自动控制系统

船舶机舱辅助设备有许多，需要对应的控制系统加以控制，有的使用简单的开环控制，有的需要闭环反馈控制，还有的需要使用 PLC 控制。除前述典型的机舱辅机控制系统外，船舶机舱还有自清洗滤器、阀门遥控和液货舱的遥测、船舶空调、焚烧炉等自动控制系统。

1. 自清洗滤器的自动控制系统

目前，在自动化船舶上广泛采用自清洗滤器。自清洗滤器有两种类型，即空气反冲式和油反冲式。主机滑油自动反冲洗滤器如图 3-2-21 所示，滑油系统由滑油泵、冷却器、自动滤器、备用旁通滤器和滑油柜组成，滑油泵（一台工作，一台备用）通过冷却器后送达滤器，滤器分为自动和手动两个，其中自动滤器采用已过滤的油来对滤器内部的滤筒进行反冲洗，冲洗后的油回到滑油柜。

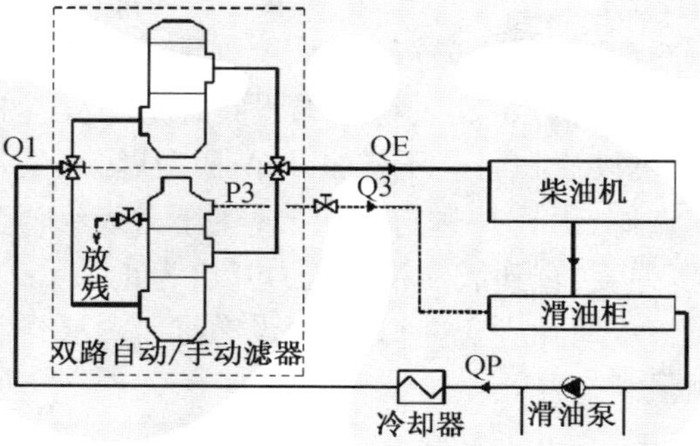

图 3-2-21　主机滑油自动反冲洗滤器

空气反冲式自清洗滤器的结构原理如图 3-2-22 所示。该滤器由四个滤筒 1、一个旋转本体 5 及驱动电机 2 等组成，滤筒中装有滤网等滤清元件。在清洗时，由电机驱动旋转本体依次对准每个滤筒。在同一时间只有一个滤筒处于清洗状态，其他三个滤筒在进行正常的过滤工作。被清洗的滤筒由旋转本体切断进油通路。此时电磁阀 S_1 通电，控制活塞 9 上部空间通大气，下部空间通气源 P_0 经减压阀 4 送来的压缩空气，抬起控制活塞，打开控制阀 8 和排污阀 7。压缩空气进入冲洗滤筒，并从滤筒内向滤筒外冲洗，这与油的流动路线（从滤筒外向滤筒内）正好相反，故称空气反冲式自清洗滤器，被冲洗下来的污物经打开的排污阀 7 从排污口排出。大约冲洗 1 min，电磁阀 S_1 断电下位通气源 P_0 经减压阀 3 送至控制活塞 9 的上部空间。活塞上面的受压面积大于下面的受压面积，使活塞向下的作用力大于向上的作用力，故把控制活塞 9 压下，关闭控制阀和排污阀，停止对该滤筒的清洗，然后驱动电机 2 带动旋转本体 5 转动并对准下一个滤筒进行清洗。每当滤器进出口压差高于某值（如 0.09 MPa）时开始清洗，当滤器进、出口压差低于某值（如 0.03 MPa）时，电磁阀 S_1 不再通电，停止对滤筒的清洗。

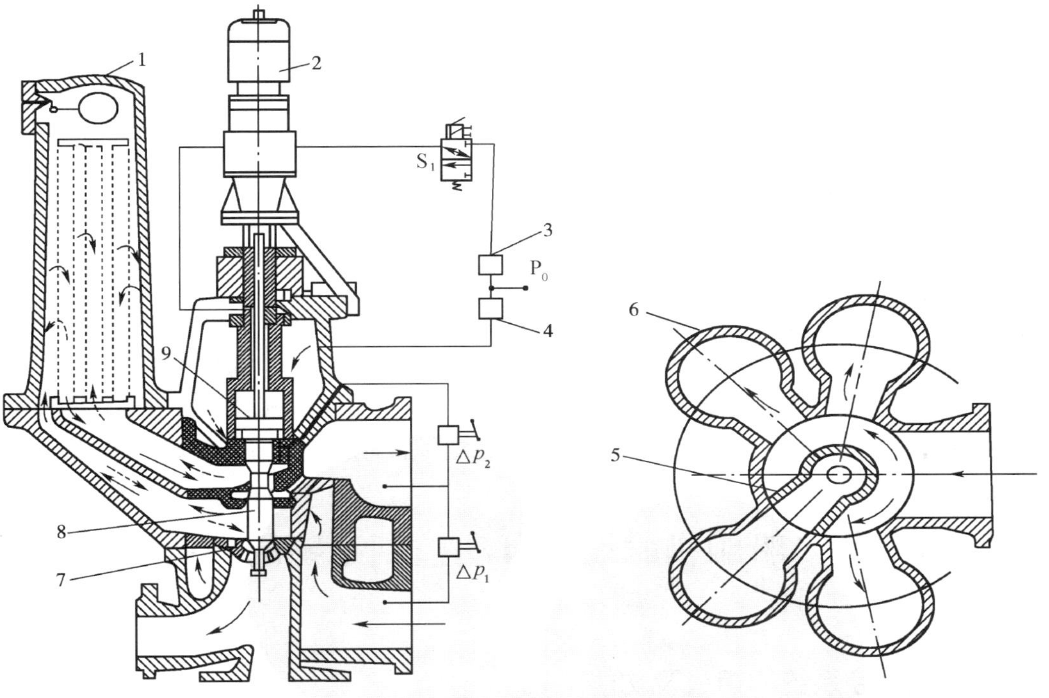

图 3-2-22　空气反冲式自清洗滤器结构原理

1—滤筒；2—驱动电机；3，4—减压阀；5—旋转本体；6—叶轮；7—排污阀；8—控制阀；9—控制活塞；P_0—通气源；S_1—电磁阀

2. 阀门遥控与液货舱的遥测自动控制系统

根据国际规范的要求和船舶自动化程度的提高，采用先进自动化技术的船舶阀门遥控及液舱遥测系统已经在各类型新造船舶中得到广泛应用。阀门遥控系统主要用于监控船舶压载水系统、舱底水系统以及货油装卸系统等管路上的遥控阀门状态，而液货舱遥测系统则主要用于监测船舶各压载舱、淡水舱液位以及船舶吃水状态。对于新造液货船舶，包括原油船、成品油船、化学品船等，为了达到密闭装卸的要求，液舱遥测系统不仅需要监测液舱内的液位，还要随时监测舱内的温度、气体压力、液货密度、重量等参数，以确保船舶装卸与航行的安全和液货质量。

阀门遥控系统的阀门驱动方式一般有电动、液压和气动三种。在机舱舱底、管隧等潮湿环境和油船上的危险区域，一般不采用电动方式。气动装置结构简单、造价低，即使漏泄也不污染环境，可以利用船上压缩空气系统的气源，比较适用于中小型船舶。但是由于气源压力有限，驱动器体积较大，气动遥控阀工作时有冲击性，难以保持中间开度，空气中的水分会造成气动元件锈蚀。根据船舶建造规范，油船油舱内不能使用气动驱动器，因此，目前大型船舶阀门遥控系统主要采用液压方式，可选择集中或分散的控制系统。

液货舱遥测系统根据船舶液舱传感器采集到的信号，转换为电信号后来测量。目前用于液位测量的方法主要有压力传感器式和雷达式。为了减少安装于液舱中传感器的数量，可以根据需要选用集测量温度、压力以及液位等参数于一体的多功能传感器，构成完整的液舱遥测系统。一般液舱遥测系统由信号处理单元、操作单元、显示器、打印机、压力/度传感器（或者雷达式加上压力、温度传感器）组成。液货船还要把燃油舱的信息传送至机舱集中控制台，并使用仪表显示燃油舱的液位、温度、重量、容积等，便于轮机部门及时了解燃油舱燃油消耗情况。在全自动化系统中，需将测量系统作为液货管理、船舶受力及稳性监测的计算机子系统，通过网络加入全船监控系统中。

阀门遥控及液舱遥测系统日常管理的关键是检测各个传感器能否正常工作。在对传感器的管理中需要注意以下几个方面的问题：

（1）经常调整各传感器的零点，使显示数据更加准确，每次调整零点后要进行备份，以防止信息丢失。

（2）各舱室在装入液体物质前应经常仔细检查各传感器的连接及密封情况，防止因密封不好造成传感器不能正常工作或损坏。

（3）对于上位监控机，应该严格按照说明操作，不要按与系统无关的各功能键、组合控制键，虽然系统有很大的容错功能，但也有限度，乱操作有可能造成死机或不可预测的结果。

（4）保证至少有一套系统软件的备份，一旦系统文件丢失或出现其他事故，可以恢复。

（5）在进行其他维修工作时应该注意保护通信电缆，否则会造成严重的后果。

第三节　船舶机舱设备自动控制系统的功能测试

一、主机遥控系统的组成及功能

通过主机遥控系统实现主推进动力装置的起动、停车、换向控制，以及对转速进行调节。在主机的操纵和运转控制中，为了保证安全性和可靠性，需要对主机的转速和负荷进行必要的限制。如果出现异常状况，还要采取停油或降速等保护措施。

1. 主机遥控系统的组成

主机遥控系统主要包括操纵单元（包含车钟系统）、逻辑控制单元、调速单元、转速检测装置和安全保护系统等五大部分。其中操纵单元负责发出操纵指令，指示主机状态，实现人机交互功能；逻辑控制单元负责完成起停换向的控制；调速单元则负责调节油门使实际转速和车钟设定转速一致；转速检测装置实现对主机转速和转向的检测，供起动控制、转速调节和安全保护使用；安全保护系统是相对独立的一套装置，但它也和逻辑控制中的停车、调速系统中的限速相联系。

除此之外，主机遥控系统还包括 UPS 供电电源、数据通信网络、打印机等附属设备。

如图 3-3-1 所示为 Auto Chief C20（缩写为 AC C20）主机遥控系统总体框架，由多个模块通过 CAN 总线构成一个控制网络。这些控制模块分布在驾驶台、集控室和机舱的各个不同位置上。

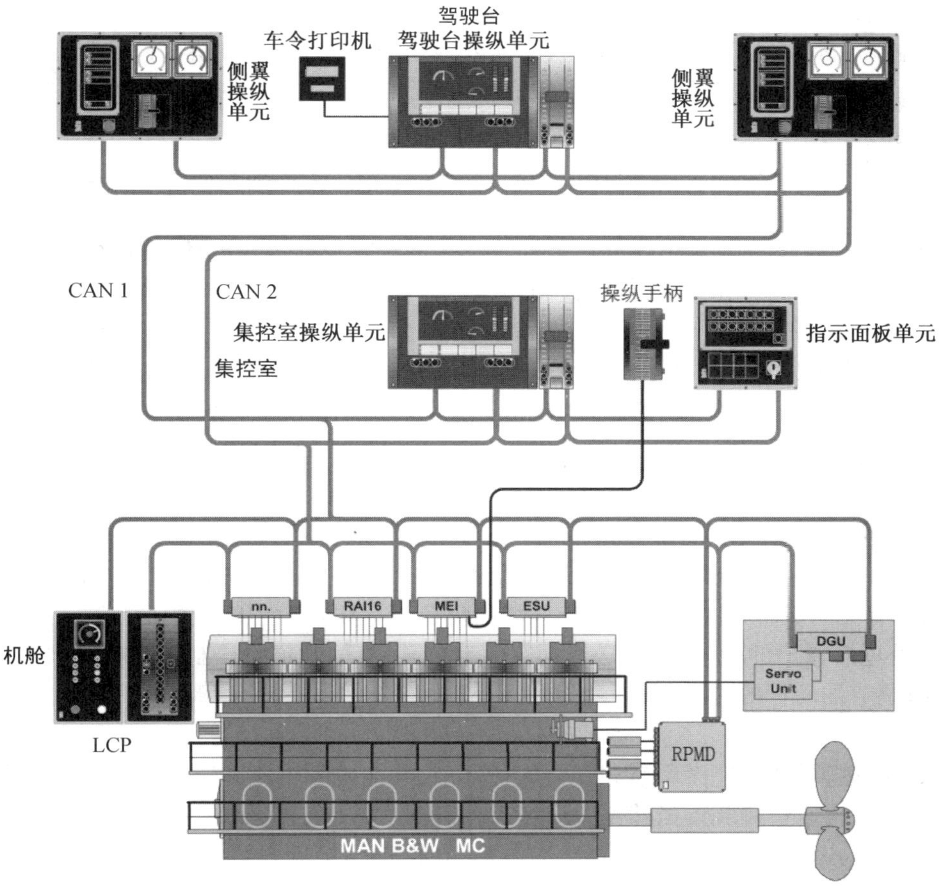

图 3-3-1　AC C20 主机遥控系统结构图

(1)操纵单元(Maneuvering Unit)

操纵单元通常包括控制面板和车钟。主机的操纵位置有三处,因此操纵单元包括驾驶台操纵单元(BMU)、集控室操纵单元(CMU)以及侧翼操纵单元。实际操纵主机只能选择一个位置进行操纵,即选择驾控、集控和侧翼应急控制。在侧翼设置有一个转换开关,实现侧翼和遥控的转换。在集控室设置有另一个转换开关,以实现集控和驾控的转换。

AC C20 系统的 BMU 和 CMU 基本相同,都是由 ACP(Autochief Control Panel)和 LTU(Level Telegragh Unit)组合而成的。在集控室还设有一个操纵手柄和一个指示面板单元(IPU),操纵手柄用于轮机员根据车钟指令对主机进行起停换向以及速度设定操纵,IPU 模块则对主机及遥控系统状态进行直接显示,另外还兼有辅助风机的控制和状态指示功能。

车钟系统是实现驾驶台与集控室驾驶台与机旁之间进行车令传送与应答的重要设备。它由驾驶台车钟、集控室车钟和机旁应急车钟组成。车钟系统包括操控和传令两种工作模式。在驾控时驾驶台车钟处于操控模式,此时驾驶员操纵车钟直接控制主机,集控室和机旁的车钟不需要人员操纵。在集控室或者机旁控制时驾驶台车钟处于传令模式,通过车钟系统将驾驶台发出的车令传递到集控室或机旁,轮机员需要操纵车钟完成应答(跟随)后,再对主机进行相应的操作。

（2）逻辑控制单元

逻辑控制单元是主机遥控系统的主体，需要根据车钟的指令、主机的凸轮轴位置、转速的大小和方向等信息，结合气动操纵系统，完成主机停油、换向、起动、制动的逻辑条件判断，并完成相应控制的一系列装置。

AC C20 主机遥控系统中，主机接口单元（MEI）是专门为主机遥控系统的电磁阀输出与主机的气动操纵系统接口而设计的，模块提供了各种与气动操纵系统相接口的开关量和模拟量输入、输出通道。MEI 模块输出信号给停油、正车、倒车、起动、慢转起动等电磁阀，配合气动操纵系统，可以控制停油、换向和起动的控制功能。

（3）调速单元

主机的转速调节和控制是主机遥控系统另一块重要的功能。从接到车令设定转速开始，调速的过程中要包含转速限制、转速调节、负荷限制、油门调节等环节。通常调速单元也是主机遥控系统中最为复杂的一块内容。调速单元一方面需要通过反馈控制使主机的实际转速与设定的转速信号一致，另一方面要使主机在运行过程中机械负荷和热负荷不超标，以确保主机运转稳定、安全。

AC C20 主机遥控系统中，数字调速单元（DGU）负担主机的转速与负荷控制。DGU 具有与主机调速有关的所有功能，如加速速率限制、负荷程序限制、增压空气压力限制和自动调速等。DGU 处理后输出的油门信号，送给伺服驱动单元，由伺服单元控制电动执行器（交流永磁同步电机）调节油门杆的位置，改变油门的大小。

（4）转速检测装置

在主机的逻辑控制、速度调节和安全保护环节，柴油机的转速和转向信号是非常重要的反馈信息。因此，转速检测装置虽然是一个传感器，但是主机遥控系统中非常关键的一个环节。目前船上所用的速度传感器多采用磁脉冲传感器（也称为接近开关），将两个磁脉冲传感器按照一定的间隔装设在飞轮齿轮的上方或侧面，通过信号处理电路可以获得转速和转向信号。

在 AC C20 系统中，设置了一个转速检测装置（RPMD），专门用于对主机转速、转向进行检测和处理。RPMD 模块内部包含 2 个速度检测模块，分别与 2 个脉冲式检测探头相连，2 组测速装置互为冗余。RPMD 模块对探头输入的信号进行计算和处理后得到主机转速的测量值，可以通过 CAN 网络送至 DGU、MEI、ACP 等模块，进行转速调节、判断和显示。RPMD 模块本身也可以判别转速是否超速，如果超速，RPMD 将输出一个开关量信号送至 ESU，再由 ESU 的控制输出安保停车保护。

（5）安全保护系统

安全保护系统主要通过监视主机运行中的一些重要参数来保护主机。一旦某个重要参数发生严重越限，安全保护装置就会增加对速度的限制迫使主机减速，或直接切断主机燃油供应迫使主机停车，以保障主机安全。安全保护装置是一个相对独立的系统，即使车钟系统、逻辑控制单元、调速单元出现故障，必须使用机旁操纵时，保护系统仍能保障主推进的安全。

2. 主机自动遥控系统的主要功能

总体上讲，主机自动遥控系统的主要功能应包括三个方面：逻辑程序控制功能、转速与负荷控制功能、安全保护与应急操纵功能等。

1）逻辑程序控制功能

（1）停油（逻辑）控制

如果车钟处在正车位置，而凸轮（包括燃油凸轮和空气分配器凸轮）位置不在正车位置，或者主机处于倒车运转状态，说明柴油机的实际工作状况与指令不符。此时需要切断燃油的供应，让主机停下来。同样的道理，如果给出的车令是倒车，而主机的凸轮位置却处于正车位置，或者主机还在倒车运转，也要停止喷油。此外，如果车钟位于停车位，或安全保护系统发出保护停车信号时，也必须停油。

(2)换向(逻辑)控制

假定主机处于停止状态，当车钟手柄从停车位置移至正车或倒车的某一位置，遥控系统首先要对比车令位置与实际凸轮的位置是否一致。这是因为主机的起动、喷油、排气正时均受到凸轮的控制，如果凸轮位置不合适，起动和喷油就没法正常进行。如果车令位置与实际凸轮位置不符，需要对主机进行换向，也就是将控制各种正时的凸轮轴或凸轮换到要求的位置。只有当实际凸轮轴位置与车令位置一致，换向才算结束，才能进行后续的进起动空气的操作。如在规定的时间内，主机凸轮轴未能换到车令所要求的位置，遥控系统将发出换向失败报警信号，同时禁止起动主机。

(3)起动(逻辑程序)控制

船舶柴油主机采用的是压缩空气起动，控制起动的关键设备有主起动阀、空气分配器和气缸起动阀。主起动阀控制起动空气的供应，空气分配器则控制着各缸气缸起动阀开启的时间和顺序。主要空气分配器凸轮的位置正确，开启主起动阀，柴油机的起动也就开始了。因此，起动的控制主要是对主起动阀的控制。

①主起动逻辑控制

换向控制完成后，遥控系统还要对主机的各个系统准备状况进行检测，判断是否满足运转的条件。其中的内容大多跟主机备车的各项操作相关，如盘车机脱开、主起动空气压力正常、控制空气压力正常、滑油压力正常、辅助鼓风机开启等，不一而足。当满足起动主机所需的各项条件时，打开主起动阀，在起动空气的推动下，主机开始转动。当主机转速达到油气切换转速(可以保证柴油机自行压缩发火的某一转速设定值)时，关闭主起动阀，起动过程结束。在切断起动空气的同时，设定的起动供油量将在燃油凸轮的控制下喷入气缸内燃烧做功，提供柴油机继续运转的动力。如果因为某种原因，主机不能达到油气切换转速，或者油气切换后主机不能维持一定的转速，则视为起动失败。对前一种情况，遥控系统直接发出起动失败的警报，对后一种情况会尝试再一次起动，即重复起动。由于起动的成功与否与柴油机的实际转速大小相关，因此，转速检测装置的正常工作也是主起动逻辑判别的重要一环。

②重复起动(程序)控制

考虑到柴油机起动过程中气缸状况以及燃油喷射因素可能导致主机在起动过程中出现发火失败的情况，遥控系统针对发火失败的情况提供了三次起动的机会，也就是重复起动(re-start)程序。重复起动发生的前提是起动空气系统没有问题，主机在起动时转速能够达到油气切换转速。在第一次起动出现发火失败后，遥控系统会自动开启第二次起动，而且通常会采取加强的措施，也就是重起动(heavy start)。若第二次起动仍出现点火失败，则自动进行第三次起动。如果第三次起动仍然点火失败，遥控系统将发出起动失败报警，终止起动过程。

③重起动(逻辑)控制

在应急起动、倒车起动或有重复起动的情况下，为了提高主机起动的成功率，遥控系统将采取增大起动供油量或者提高油气切换转速的措施。增加起动的供油量可以提高燃油燃烧做功的动力，而提高油气切换转速则可以提高燃油压缩发火的成功率。但是重起动同时也会带来一些不良的影响，如增加起动供油量可能会造成燃烧粗暴、冒黑烟，提高油气切换转速则会消耗更多的起动空气。

④慢转起动(逻辑)控制

在船舶机动操纵过程中,主机有时停车时间较长(超过30~60 min),此时主机各个轴承表面的润滑油膜已经基本消失,不适合快速运转。需要缓慢转车将润滑油膜重新分布到摩擦面上。慢转起动(slow turning)即慢慢转车,它是通过起动系统利用压缩空气的动力带动主机缓慢运转1~2转。这种方式既省去了盘车机操作转换的麻烦,又测试了起动系统的可行性。慢转起动通常需要搭配具有慢转功能的主起动阀,并在主起动控制中加设慢转阀。当主机满足主起动逻辑条件,并且满足慢转起动的条件,由慢转阀配合主起动阀控制阀让主起动阀通过的空气量减小,进入气缸的压缩空气动力减弱,主机的转动速度也就变慢。慢转结束,慢转阀关闭,起动空气的动力恢复到正常大小,转入正常的起动。若慢转起动失败,将发出起动失败报警并结束起动。

(4)制动(逻辑程序)控制

当船舶全速航行遇到紧急情况时,需要将船舶停下来并且倒车运行,驾驶台会直接给出倒车的指令。按照之前的停油控制逻辑,遥控系统会切断燃油供应。但由于船的惯性很大,船舶的滑行距离很长,主机转速也会因为螺旋桨的水涡轮作用而保持相当长的时间,这对紧急避碰来说是极为不利的。为了解决这个问题,现在的主机遥控系统一般都设有制动功能。

当主机在正车运行中车钟手柄突然从正车拉到倒车位置时,遥控系统会发出紧急倒车(crash astern)指令,开启制动的操作。遥控系统开起停油→换向→制动→倒车起动→倒车加速的一系列操作。首先,主机会在转速下降到某个转速(制动转速)时开启凸轮换向的操作。当换向空气分配器凸轮换向到位,遥控系统将控制主起动阀开启往气缸内进起动空气。由于此时柴油机处于正转状态,而气缸内的空气推力却是倒车的动力,因此称为制动过程。由于制动中使用了外力干预,这个制动常称为强制制动。当主机转速下降到零,制动过程结束,但此时主起动阀仍然保持开启进气,主机在起动空气的推动下开始倒车运转,为倒车起动,倒车起动按照重起动的方式进行。最后,当倒车转速达到油气切换转速,主起动阀关闭,主机进入喷油燃烧运转的控制过程。

可以看出,强制制动在遥控系统中不是独立存在的,它附加在起动控制回路上,通过起动进气加快降速停车过程。

2)转速与负荷控制功能

遥控系统在调节主机转速的过程中,通常从车钟接收转速指令信号(command RPM),经过转速的限制环节(setpoint limiter)处理后,将处理结果作为速度调节的转速设定值(RPM setpoint)。调速器将设定值与实际测量的转速值进行比较,获得转速偏差,并选择适当的调节规律进行运算,输出油门调节量(增减油门)。计算得到的油门值将直接影响柴油机的机械负荷和热负荷,这个油门值还需要经过负荷限制环节(Fuel limiter)的处理,才能最终作为实际的油门给定值(Fuel setpoint)。油门调节装置通常由专门的执行机构(电动执行器)来完成,它实际上也是一个设定-调节-测量反馈的闭环调节系统。特殊情况下,也可以不经转速偏差的计算处理,而是直接将车钟指令转速信号与油门一一对应,让油门固定在某一设定值上。当外界阻力发生变化时,主机的转速就会上下波动。这种调节方式没有对转速进行控制,称为直接负荷控制。

可以看出,在整个转速和负荷的控制功能中,涉及转速限制、转速调节、油门限制、油门调节的多个模块。而且考虑到起动时的转速和油门控制、加速和减速的控制、低负荷和高负荷的控制具有不同的特点，整个控制功能至少包括以下方面的内容：

（1）加减速程序控制

主机在进行变速操纵时，车钟改变指令通常迅速而直接，但柴油机的转速却不能突变。在加速的过程中，燃油的喷射量需要增压空气压力的配合才能完全燃烧并转换成柴油机加速的动力。废气涡轮增压器将废气能量装换成增压空气压力增加需要一定的延时，因此，加速的过程就存在一个加速时间控制的问题。通常的做法是在车令转速和设定转速之间增加一个加速速率控制的环节，即设定转速值随时间主机增加。设定转速从原有转速增加到新的车令转速需要经历一段时间，实际的转速在调速器的作用下同样要经历一段加速的时间，加速的速度因此就控制住了。同样的道理，当主机减速时，为了减缓受热部件的热应力，同样需要给予一定的过渡时间要求，特别是在高负荷运行区间，需要对减速速度进行限制。

加减速过程控制包括发送速率限制（acceleration limit）和负荷程序（load program）两种主要形式限制。其中发送速率针对的是主机在70%额定转速以下的加速控制，对应机动航行中港速（harbour speed）范围内的变速控制，加速速率较快，减速基本没有限制。负荷程序针对的是超过70%额定转速的加、减速控制，对应港内全速到海上全速的加、减速控制。由于此时，主机的油门本身比较大，根据推进特性，较小的转速变化也会造成油门的较大变化，因此，为了保持机械负荷和热负荷的稳定变化，需要缓慢加减速。负荷程序包括负荷程序加速（load up）和负荷程序减速（load down）两方面的内容。通常情况下，主机从港内全速加到海上全速需要30 min，而从海上全速降到港内全速需要15 min。

（2）转速限制

为了保证主机安全、可靠地运行，遥控系统还要对经过加减速程序处理后的转速进行限定，避开临界转速区，不低于最低稳定转速，不超过最高设置转速等，之后才能作为转速设定值送给调速器。具体转速限制包括：

①临界转速自动避让

临界转速是柴油机的共振转速区，也称为转速禁区。为了防止共振造成的船体结构和机器损坏，要求快速通过转速禁区。为了使主机转速不在临界转速区中停留时间过长，通常避免将临界转速区的转速作为调速器的设定转速值。当送过来的转速指令处于临界转速区间时，遥控系统将自动地把设定转速限制在临界转速区之外。实际处理的措施包括避上限、避下限、避上、下限等方法，不管哪一种方法，设定转速从临界转速的下限和上限之间的变动是瞬间的，此时调速器会迅速动作加减油门，柴油机的实际转速则快速经过临界转速区。

②最小转速限制

当车令设定转速值小于主机最低稳定转速时，主机会出现喷射不良、发火不稳，甚至熄火停车等现象。为了避免这种异常出现，遥控系统自动将设定转速限制在主机最低稳定转速以上。

③起动转速的设置

在柴油机起动结束时，主机通常要在一个固定的转速上持续运转一定的时间。这个固定的转速称为起动转速，它只在起动时起作用。在这段时间内，车令转速信号的传输通道被隔离，调速器按照起动转速调节主机的供油量。延时时间到达后，调速器的设定转速恢复到车令转速的设定路径上。

④最大转速限制

当车令设定转速较高时，为防止主机超速，遥控系统自动将设定转速限制在主机所允许的最大转速以下。此外，由于主机倒车运行工况较正车运行差，有些遥控系统还设置了最大倒车转速限制。

⑤轮机长最大转速限制

考虑到船舶和主机实际工况的需要，遥控系统还设有轮机长最大转速限制，将设定转速进一步限制在轮机长最大转速以下。在应急操纵时，可以通过“取消限制”按钮取消这一设定转速限制。

（3）转速的调节

有了设定转速值，与主机的转速测量装置获得的测量值进行比较，可以得到转速偏差，再经过 PI 或 PID 等控制规律运算，即可获得主机油门调整的输出值。在一般航行条件下，采用 PI 调节即可满足稳定性、准确性和快速性的需要。遭遇到风浪天时，由于外界扰动较大，转速波动幅度较大，通常增加调节的强度，加入微分调节，以抑制转速的波动。但这样会造成主机油门的调节幅度变大。为了防止转速出现超速触发停车保护，调速器还会增加极限调速器的功能，即当主机转速接近“超速”转速时，自动切断燃油供给；当主机转速下降到某个较低的安全转速时，再恢复燃油供给。

为了减少调速器的频繁动作，转速调节环节中常设有转速死区（RPM deadband）控制功能。当主机转速偏差在预定的死区范围内时，调速器并不改变油门输出，高压油泵齿条的位置维持不变。在转速小幅度波动的过程中，调速器和齿条机构处于短暂的休整状态，柴油机的工况变得更加稳定。

（4）负荷限制

调速器为了把主机的转速调节到设定转速，有可能使主机因供油量太大而超负荷。为此，遥控系统需要根据情况对主机的供油量进行限制，即负荷限制。负荷限制主要包括如下几个方面：

①起动油量的设定

在主机起动过程中，当转速达到油气切换转速，起动空气切断的同时需要往气缸内喷油燃烧。此时喷入气缸的油量称为起动油量。若要使主机顺利且平稳地起动起来，起动油量必须要恰当。过大的起动油量可能会造成冒黑烟、燃烧粗暴；过低的起动油量则会造成动力不足、主机发火失败。与起动转速设定相同，起动油量有时也设有保持时间。不过由于起动时转速维持在起动转速，起动油门很快就会被调速器输出的油门代替。

②转矩的限制

为了保证主机的机械负荷不超标，遥控系统设置有转矩限制功能。对于某个转速（设定转速或实际转速），都有一个最大的允许供油量与之对应。通常转速越高，最大允许供油量也会提高。如果调速环节输出的油门超过了这个最大设定值，则只能按照最大设定值输出，同时给出转矩限制报警。

③增压空气压力限制

为了保证主机的热负荷不超标，遥控系统将根据增压空气压力大小限制主机的供油量。对应一个扫气空气压力，主机有一个固定的进气量，它能够提供充分燃烧的燃油量存在一个最大值，超过这个最大值，主机燃烧就会冒黑烟。因此，增压空气压力限制值会随着扫气压力的增加而增加。

④轮机长最大油量限制

在负荷限制环节，设置有轮机长最大油量限制环节。根据柴油机的工作状况，由轮机长设置一个最大的油量。主机遥控系统在控制油门输出时，限制供油量低于轮机长设定的最大供油量。

3）安全保护与应急操纵功能

（1）安全保护

安全保护是主机遥控系统的重要组成部分，当主机的某个系统重要参数越限时，它能控制主机降速或停车以保护主机的安全，并发出报警信号提醒操作人员。安全保护的主要措施包括自动降速（slow down）和停车保护（shut down）。

（2）应急操纵

在应急情况下，为了保证船舶的安全需要对主机进行一些操纵，目的是让主机保持运转或快速达到运转工况。应急操纵主要包括以下四个方面：

①机旁操纵

船舶都设置有机旁操纵台（操纵面板），以防在主机遥控系统失灵的情况下，保证主机能够完成简单的起停换向动作和速度调节功能。只要将主机操纵位置切换到机旁，即可实现机旁手动操纵。

②应急运行

为了安全起见，在主机的运行中设置了诸多的限制。但在紧急情况下，这些限制可能会耗费掉宝贵的时间。为了缩短这些时间，就需要取消这些限制，即为应急运行。应急运行包括应急换向、应急起动及应急加速。应急换向指的是主机在较高转速下开启换向操作。应急起动主要是采用重起动并取消一些限制环节。应急加速主要指的是取消负荷程序进行快加速，同时取消轮机长最大转速限制、增压空气压力限制、转矩限制等。有的船舶使用“取消限制”的功能来代替应急运行。

③强迫运行（越控）

安全保护系统动作后，主机会自动减速或停车。但有些紧急情况下，不允许主机减速或停车，只能采取“舍机保船”的措施，选择强迫运行。为了配合强迫运行的需要，在某些安保降速和安保停车的项目中设置有延时动作，如果在延时时间内，按下了取消减速和取消停车的按钮，主机将继续维持原有运转状况。不过对于主机滑油低压和超速，安保系统会立即触发停车保护，此时无法强迫运行。

④手动应急停车

在驾驶台、集控室和机旁的车钟处均设置有“应急停车”按钮，当遇到遥控系统故障，正常停车无法实现时，随便在哪个位置按下“应急停车”按钮，主机都会立即断油停车，同时发出报警。手动应急停车一般设置有位置锁定装置，需要进行复位操作才能取消应急停车指令，复位操作前无法再次起动主机。

3. 主机自动遥控系统的功能测试

各种主机遥控系统几乎都设置了相应的模拟试验装置。除用于显示遥控系统的运行工况，如电磁阀的状态、主机凸轮轴的位置以及起动过程等；还能测试和调整遥控系统的各种参数，检查遥控系统的各种功能是否正常。若遥控系统存在故障，可利用模拟试验来查找和判定故障部位。

尽管主机遥控系统有各种各样的模拟试验装置和多种试验方式，但其中最基本的试验方式是在主机停车时（或运行中，但是不建议在运行中测试）利用车钟（实际车钟或模拟车钟）和主机转速模拟旋钮配合操作，使遥控系统完成一系列动作。停车试验中，主起动阀要确认关闭，以防止出现主机误运转动作。在做好相关的油、水、气、电等准备工作后，遥控系统的各种阀和部件都可以在模拟试验中动作，并得到检验。

测试过程必须保障主机及其推进装置始终处于安全状态，尤其是在进行安全保护功能测试时，必须保证主机不会真实出现飞车或滑油低压等现象，只能使用模拟的信号来代替实际，从而观察设备的保护动作情况。测试中主机尽可能保持原有状态，最好是原来就是停止状态。但如果在主机运行中进行测试，需要保障主机滑油、转速、供油量、阀件等均处于合理稳定的正常工况。如主机运行中的测试，需要首先固定供油量，避免测试中油量变化太大，甚至失控造成主机飞车等故障；主动力空气压力要保持正常，以便需要时可随时起动主机。

测试过程最好单次进行一个功能的测试，不要多个功能同时进行测试，除非功能具有一定的相关和顺序。测试前应记录和备份好主机遥控系统的相关参数，确定关键的控制阀件（如紧急停车阀、正车/倒车阀、起动阀、停止阀等）的状态，测试过程必须得到轮机长的确认才能进行。测试后，需要再次确认所有的控制参数是否处于合理状态。

二、发电及配电控制系统的组成及功能

发电机的控制相对主机而言，比较简单，逻辑控制只有起动、停止；转速控制是手动怠速/自动定速控制，没有主机转速控制的各种限制，而是在需要时，尽可能快地达到设定转速，并稳定在该转速下运行。多台发电机组同步运行时，还希望各发电机的调速器为有差调节控制，以便于负载动、静态的分配控制。控制位置也有机旁、集控室远程和 PMS 自动控制多种，现代船舶电站的控制已实现了无人控制。当然，安全保护控制和主机的功能基本一样，也有飞车、滑油低压、冷却水高温等超限停机保护，但是发电机组虽同样有排气高温、冷却水高温等报警，但不设相应的故障减速或故障减载的保护控制，而是通过配电 PMS 系统自动实现备用机组的起动、同步并车、负载转移和切换控制，然后再停机维护。

1. 发电机组控制系统的组成

发电机组的控制系统包括电源、控制单元、输入信号、输出执行、显示单元、保护控制等。如图 3-3-2 所示为某发动机组控制单元的方框图，左面均为输入，右侧为输出。

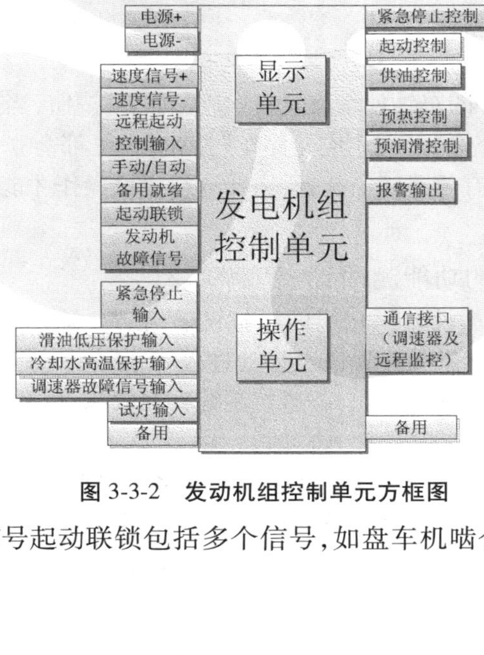

图 3-3-2　发动机组控制单元方框图

图 3-3-2 中的输入信号起动联锁包括多个信号，如盘车机啮合、起动空气压力低、前次故

障停车未复位等；备用就绪则包括发动机机体、油、水、气、电均处于正常状态；发动机故障信号指引起故障停车外的一般故障，如排气温度高、冷却水温度偏高等，虽不至于引起停机，但是应通过控制器给出报警，并准备相应的控制。紧急停止与供油控制是不同的两路，虽均能实现停油控制，但是紧急停止控制是单独控制电磁阀的，引起紧急停止控制的信号包括图示中的滑油低压、冷却水高温，调速器故障，还包括通过速度信号采集到的超速信号；预热和预润滑控制均是在停机状态下，对发动机本身的保护定时断续控制。通信接口可与船舶电站 PMS 系统联系，也可通过该接口，使用监控计算机对其程序或内部参数进行修改设定。

船舶发电机组一般选择起动空气作为起动能源，有压力开关检测其压力状态，由电磁阀直接控制起动阀来控制起动，发动机运转速度由脉冲传感器检测，并有控制单元判断是否起动成功，是否进入正常运行，并根据起动信号来控制供油电磁阀，实现油气切换起动。停止时，控制停车电磁阀直接关断供油直至转速检测确认发动机已停止。

调速控制由控制单元与调速器分别提供供油和供油量的控制实现。图 3-3-3 为调速器及其输入和输出信号，输入包括模拟量（或脉冲量）和开关量，模拟量如速度和速度设定，负荷信号等，其中速度和负荷信号多使用脉冲信号，速度信号来自飞轮旁磁性接近开关，负荷信号由船舶电站 PMS 提供，为调速器实现双脉冲调速提供发动机的负荷变化信号；开关量则包括加载、减载、怠速/额定等。其中定速/速度降控制用于发电机是单机定频运行还是多台机组并车带速度降特性的运行，定负荷/变负荷是用于不同机组的不同组合使用，多数同型号、同容量发动机选择变负荷以适应负载变化时的分配均衡。调速器输出除供油量控制外（现代电喷柴油机后续配 CCU 来每个缸具体实现供油控制），还有通信接口与发动机控制单元或编程器联系，实现数据交换和参数设置。

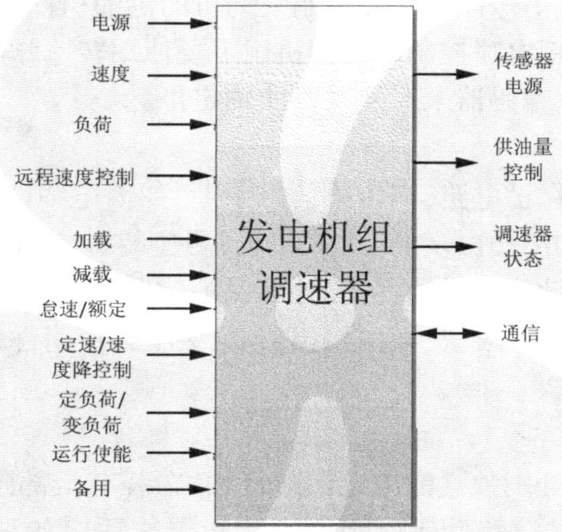

图 3-3-3　发动机组调速器控制方框图

2. 发电机组控制系统的调速控制

电子调速器是一种电子控制系统。凡转速感测元件或执行机构采用电气方式的调速器，习惯上通称为电子调速器。通常有全电子、电-液或电-气、液-电双脉冲调速器三种。

（1）电子调速器的组成

由转速定位电位器、转速传感器、控制器、执行器和保护电路等组成，其结构如图 3-3-4 所示。

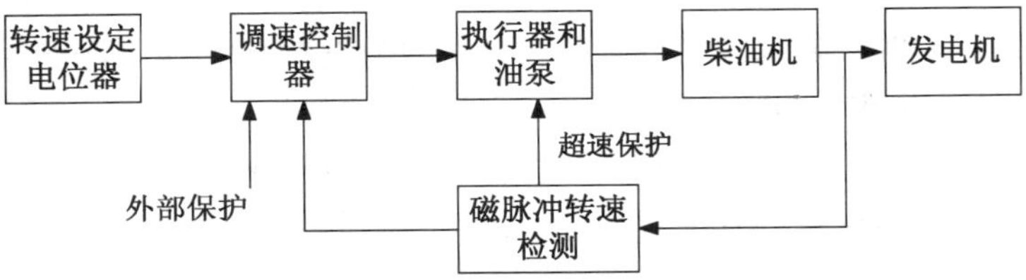

图 3-3-4　电子调速器系统结构图

①转速传感器

采用磁脉冲装置测量，其脉冲信号与转速成正比。设计采用最高的信号频率为 12 000 Hz 发动机转速与频率关系的计算关系为 $f=nz/60$。式中：f 为频率；n 为发动机的转速；Z 为传感齿轮齿数（或飞轮外圈齿数）。

传感器最好是从飞轮处测量转速，安装时传感器与飞轮齿圈齿顶的间隙为 0.4~0.8 mm。

②控制器

控制器的作用是根据传感器测出的转速实际值与其中设定值，进行比较，并驱动执行器执行。转速定位电位器作为转速设定控制调速器的运行。

③执行器

执行器主要由直流电机、传动齿轮、输出轴及反馈部件组成，执行器由直流电机驱动，其扭矩通过一个中间齿轮传至输出轴；反馈部件将执行器的工作状态传入控制器以形成闭环控制系统。执行器的输出轴摇臂通过调节连杆与喷油泵齿杆相连。

电动比例调节阀的使用简化了执行器的机械结构，实现供油量与控制电磁线圈的电流成正比，调速器输出脉动的电流信号即可直接控制发动机的供油，有的较大发动机甚至可以直接控制每个气缸的供油量。使用电喷控制的发动机组需要使用转速脉冲传感器来具体定位曲轴的角度，当然也可以单独选用编码器来对发动机曲轴定位。

④保护电路

在电子调速系统中设有保护电路，当传感信号中断，如因电缆断裂发动机停止远行时，可以使执行器停止工作，并使油门输出恢复至“0”位置；测速装置测到的转速与最高安全转速比较，如果发生超速，将同样自动停止供油；另有外部保护信号送入，直接控制停油。

电子调速器还配有多种附件装置，根据机组需要，装上相应附件，可以实现自动同步、负荷分配及负荷预置等功能要求。

（2）调速器的调整

电子调速器的特点是可分别独立的决定调速特性，在装有全部附件的情况下能够确定最佳的扭矩特性、怠速特性和过渡特性等。用电子调运器能适应各种不同机型的要求。如图 3-3-5 所示面板图，A、B 送出电流信号给执行器，C、D 为转速脉冲检测信号，E、F 为电源，G、H、J 为外加转速设定电位器端子，K、L 为带有速度降要求的开关量信号输入，M 为怠速命令输入，N 为辅助输入，P 为 10 V 输出电源，1、2、3 为一常开一常闭输出触点。面板上三个黑色保护盖下有起动供油（STARTING FUEL），速度斜坡（SPEED RAMPING），比例增益（GAIN），稳定度（STABILITY），额定转速（SPEED）、怠速（IDLE）和速度降（DROOP）设置。

①怠速调整。将运行/怠速开关置怠速位置，起动发动机，调 IDLE，直到转速为要求的怠速，额定转速为 1 500 r/min 的柴油机，怠速一般为 600~650 r/min；

②增益调整。起动发动机，加大约 1/4 的额定负载，如果发动机转速稳定，则顺时针方向

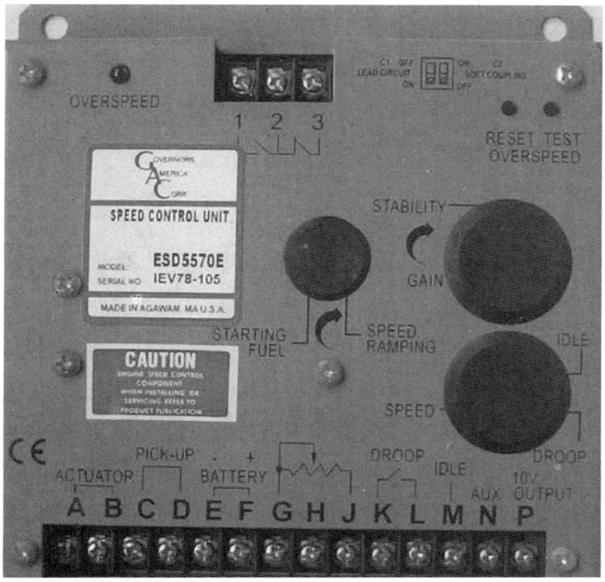

图 3-3-5　电子调速器面板图

慢慢转动 GAIN，直到转速不稳为止，然后再反时针方向慢慢转动 GAIN，直到转速稳定为止。

③转速调整。将运行/怠速开关置运行位置，起动发动机空载运行。a. 调 SPEED 使转速为额定转速。b. 并车换电后单机运行，确认 50%负载时，调 DROOP 使转速为要求的速度降的 50%；如要求速度降为 5%，发动机额定转速为 1 000 r/min，则此时速度应该是 975 r/min。c. 调整负载至 80%，调整并确认速度降是否为要求速度降的 80%。d. 重复上述过程 2~3 次，直到满意。

（3）双脉冲电子调速器

电子调速器还能够采用双脉冲调节，即将转速变化信号（称单脉冲）和负载变化的电脉冲信号这两个单脉冲信号叠加起来调节燃油量，亦称频载调速器，这种双脉冲调速器能在负载一有变动而转速尚未明确变化之前就开始调节燃油量，因而具有较高的调节精度，适用于对供电要求特别高的柴油发电机组。

电子调速器不使用机械机构，动作灵敏，响应速度快，响应时间只有液压调速器的 1/10~1/2；动态和静态精度很高；无调速器驱动机构，装置简单安装方便，便于实现遥控和自动控制，是近代发展起来的精密调速器。

双脉冲电子调速器的基本组成如图 3-3-6 所示。双脉冲电子调速器接收两个信号：图中转速检测单元用于监测柴油机轴系的转速，并按比例产生电压输出；负荷检测单元监测柴油机有功功率并按比例转换成电压输出；发电机组调速系统属于速度定值控制系统，由双脉冲调节器由转速和功率检测环节、综合放大环节、PID 调整环节及电液转换器等四部分组成。

设转速测量环节的输出电压为 U_n、转速给定电压为 U_{nR}，经比较放大后，其转速偏差为 $K_1(U_{nR}-U_n)$，其中转速给定为系统提供给调速器的转速设定值。功率测量环节输出电压 U_p，给定功率值为 U_{pg}，经比较放大后，功率偏差值为 $K_2(U_{pg}-U_p)$，给定功率应该是原来平衡状态下的实际功率。当调节终了时，应满足 $K_1(U_{nR}-U_n)=0$，$K_2(U_{pg}-U_p)=0$，但在转速稳定情况下，负荷功率突加变化，则由于转速变化前，$K_2(U_{pg}-U_p)$ 的存在，使调速器输出供油增加，以满足功率的需要，同时减小转速的下降。这种调速系统由于功差信号能参与原动机油门的控

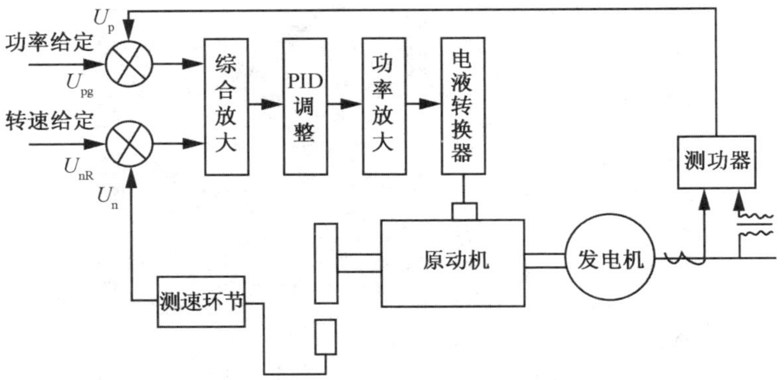

图 3-3-6　双脉冲电子调速器基本组成

制，会降低调速过程中转速的波动范围，具有良好的动态调速性能。

3. 发电机调压控制

发电机的电压控制可通过自动电压调节器（AVR），利用电压设定与实际电压的比较，按设定的调节规律计算出励磁电流的大小，并通过相复励装置实现励磁电流的调节，以保证发电机电压基本稳定。理论上可实现电压的无差调节，尤其是在单机运行情况下，电压的无差调节是保证电压静态稳定的最优方案。但是船舶发电机组多需要使用多机同步并车运行，需要负载和无功功率的自动平衡控制。而为了并联运行，要求发电机的外特性是有差的，即负载电流升高时，端电压有所下降。标准的 AVR 按电压偏差信号进行调节的励磁装置，只要电压偏离给定值，就自动地调节发电机的励磁电流，使端电压保持不变，这种励磁装置实际上使发电机的外特性接近于无差特性。为保证并车运行的稳定，常需要在 AVR 的基础上配电流稳定装置。

电流稳定装置的基本原理是在发电机自动电压调节器（AVR）的电压测量回路中，附加一个与发电机电流成比例的电压，使其测量比较环节的输入电压随发电机无功电流而变化。当无功电流增加时，输入测量比较环节的电压也增加，通过 AVR 去减少发电机的励磁，这样发电机的电压调节就成为有差调节了。这个附加的电压是由发电机电流互感器回路所取得的电流在串联于电压检测回路的调差电阻上产生压降，所以也称该装置为调差装置。通过改变调差电阻，可整定调差系数。

按电压偏差与复合控制的自励恒压装置，因其静态电压调整率在±1%以下，近似于无差特性，不利于稳定运行，加之为了使无功分配均匀，尽量使并联机组调差系数相等，所以很多发电机都装设了该电流调整装置，在并联运行时，适当地增大调差系数，使无功负载的总的增量按机组容量稳定地分配给各台发电机组。

电压自动调整器的作用是实现测量到的电压与设定电压一致，由于内部采用 PI 调节规律，所以调节的结果是无差，即实际电压与给定一致。但是图 3-3-7 所示的是在电压自动调整器的电压测量回路中加入一个电流信号环节，有 $\dot{U}_p \approx K\dot{U}_{BC}+\dot{I}_{A2}R_1$，$K$ 是线电压 U_{BC} 在测量环节上的分压比，I_{A2} 是线电流 I_A 通过电流互感器对应的二次侧电流，并考虑测量电压 U_p 主要随无功负荷 I_{AQ} 而变化，可简单描述为测量电压 $U_p=U_{BC}+I_{AQ}R_1$。可见当无功负载 I_{AQ} 增加时，电压测量环节输出电压 U_p 也相应增加，为使 U_p 保持与给定一致，电压校正器应送出减弱励磁的信号，使发电机端电压 U_{BC} 有所下降。所以随着无功负载的增加，发电机端电压成比例地下降，从而得到电压调整的有差特性。调节电阻 R_1 的大小，可使发电机的调差度在 0～6% 范围内变化，并可调整各台发电机组的调压特性一致，或接近一致，以保证任何无功负载情况下，并联运行发电机间无功功率得到均匀分配。

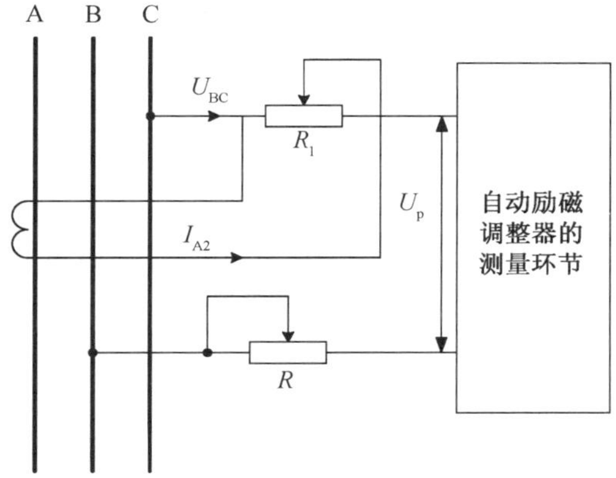

图 3-3-7　加在电压测量回路的调压电路

4. 发电机组的测试

(1) 发动机的操纵部位及起动停止测试

发动机的本地/远程选择开关位于本地发电机组控制器上，选择对应的位置，并在对应位置进行起动/停止测试，观察选择本地/远程效果。在选择远程时，在船舶电站 PMS 中设定手动/自动选择，手动可直接测试其起动和停止；在自动时，需要船舶电站创造条件，如增加或减小负荷，以产生起动或停止信号，观察发动机的起动/停止情况。

起动测试过程中，需要观察起动空气进入柴油机的大致时间、达到的起动切换转速值、起动时间、起动次数、加速至稳定运行的时间。停止测试过程中，观察停止电磁阀动作后，发动机完全停下来需要的时间。有时在自动停止控制过程中，自动控制系统会在停止过程中加入怠速运行几分钟的程序，此时需要观察和测试怠速运行的时间，以确保停止有效。在任何操作部位时，都需要测试应急停车的效果是否实现。

(2) 发动机的调速测试

对发电机组的调速测试应该是在单机运行时进行。起动成功，转速稳定后，手动并车，并调整电网频率为额定，测试发电机组功率为零，不再去调节加减载旋转开关。减小并联的其他负载，直至全部脱离，负载全部加载测试大单机中，观察其负载和频率。仍然保持手动，并保持不要调节加减载选择开关，继续起动其他电动机负载直至该单机负荷达到 85% 左右，记录此时的发电机组的频率和转速。这样可得到空载（或接近空载）和满载（接近满载，为 85% 左右），发动机调速器给出的供油量和发动机的速度降，即可得到发动机的负载调节特性。

同样，可从满载逐渐减载至接近为零负荷，观察发动机的速度变化，并做好记录，可以得到其调速的静态特性。

(3) 发动机的自动并车负载分配测试

选择测试发电机为远程、自动，并处于备用就绪状态，增加电网负载直至需要起动备用机组，观察延时时间、起动时间、并车同步时间、负荷分配调节时间和调节效果，记录相关的电压、电流、频率、功率和无功功率等电气参数。稳定运行后，减载至该发动机组自动停止退出运行，同样观察具体的过程，并做相应的记录。

《钢质海船入级规范》对并联运行的各交流发电机组的有功功率的分配要求为："并联运行的各交流发电机组均应能稳定运行，且当负载在总额定负载的20%～100%范围内变化时，各机组所承担的有功负载与总负载按机组定额比例分配值之差，应不超过下列数值中的较小者：①最大机组额定有功功率的±15%；②最小机组额定有功功率的±25%。"

（4）发动机的联锁功能测试

发动机停机状态下，模拟盘车机啮合、起动空气压力低、调速器故障、故障发生后未复位等情况，观察发动机是否能进入"备用就绪"。测试一般故障（如冷却水压力低、排气温度高、预润滑失败等）时，发动机是否受起动联锁影响。

确保该联锁必须不能起动，仅报警的信号又不能影响发动机起动。

（5）发动机的安全保护测试

发动机空载运行过程中，并保持主开关脱扣状态，可测试发动机滑油低压、冷却水高温和飞车故障保护功能。滑油低压可通过对应的滑油低压压力开关的进口压力模拟，替代实际的滑油信号，即测试过程中，实际滑油压力仍是正常的，只是检测传感器的进口压力被模拟调整至一定的低值后，观察发动机是否故障停机；冷却水高温的保护测试可拆下温度传感器，并置于可加热带温度指示的容器中，在观察到故障停机时记录该温度值；比较复杂的是飞车保护，不能进行实效测试，可通过设定控制单元中的保护参数来测试，即调整飞车保护的设定值为当前额定转速略高一些，然后手动调整油门，使发动机转速上升，触发故障停车信号和停车动作。记得测试后，需要将参数恢复至原始值，并复位飞车故障。

其他保护控制类似滑油低压或冷却水高温，需使用模拟信号来实现。

（6）发动机的突加突减负荷测试

《钢质海船入级规范》规定，带动发电机的原动机（包括柴油机和汽轮机）须装有调速器，其调速特性应符合下列规定：当突然卸去额定负载时，其瞬时调速率不大于额定转速的10%，稳定调速率不大于额定转速的5%，即频率的变化率不大于5%，稳定时间（即转速恢复到波动率为范围的时间）不超过5 s。

（7）发电机的突加突减电压测试

《钢质海船入级规范》规定：发电机突加或突减60%额定电流，功率因数不超过0.4（滞后）的对称负荷时，当电压跌落时，其瞬态电压值应不低于额定电压的85%；当电压上升时，其瞬态电压值应不超过额定电压的120%，而电压恢复到与最后稳定值相差3%以内所需的时间，则不应超过1.5 s。

《钢质海船入级规范》对并联运行的各交流发电机组的无功功率的分配要求为："并联运行的各交流发电机组均应能稳定运行，且当负载在总额定负载的20%～100%范围内变化时，各机组所承担的无功负载与总无功负载按机组定额比例分配值之差，应不超过下列数值中的较小者：①最大机组额定无功功率的±10%；②最小机组额定无功功率的±25%。"

（8）发电机组的报警测试

可通过对应传感器的模拟来进行测试，具体可参考传感器的测试有关内容。

三、锅炉自动控制系统的功能测试

锅炉自动控制系统的组成、功能及相关操作已在前述内容中阐述，在不影响船舶安全运行的情况下，尤其是在停泊期间，具体功能的测试可以使用实际运行来直接测试。如水位的自动控制，可观察实际水泵运行或停止时的水位来判断其相关的检测即控制是否正常；蒸汽压力控制可通过蒸汽总阀门的开关来模拟蒸汽用量的变化，观察锅炉燃烧控制过程中供油变化及蒸汽高压自动停炉、蒸汽低压自动起动的功能；在蒸汽低压或故障复位后自动起动锅炉过程中，可观察自动点火的效果，判断点火时序是否正常；但是锅炉的安全控制需要模拟来测试，不建议实效测试，以避免锅炉本体受损。

锅炉的危险水位报警和保护装置一般独立于水位自动控制系统，包括专门的浮子室、浮子开关和控制电路。

危险低水位保护装置的功能试验，可以通过短接浮子开关输出接线端子，模拟浮子的动作，试验自动停炉功能。对于浮子室及浮子开关，可以关闭浮子室的通汽和通水阀，再打开浮子室泄放阀，让浮子室水位下降，测量浮子开关输出接线端子之间的通断情况。

熄火保护的目的是在锅炉非正常熄火时，能及时切断锅炉的燃油系统，并发出声光报警。熄火保护装置是锅炉点火时序控制和燃烧保护控制的一部分，主要由火焰探测器及其控制电路组成。它不仅在中途非正常熄火时起作用，而且在点火过程中还用于判断点火是否成功。熄火保护装置的试验可以在正常燃烧过程中，人为断开火焰探测器的接线或人为遮挡探测器的光线，以试验其熄火停炉功能。

锅炉燃烧过程中，为保证喷油完全燃烧，应保证有一定的供风流量，即喷油器前应保持一定的风压。一般采用风压开关来检测供风量，实现风压的保护。如果燃烧过程中，风机的风压过低，压力开关动作，则锅炉应该及时保护停炉并发出报警信号。

四、辅助机械的功能测试

大多数不影响船舶正常航行的辅助机械自动控制可以采用实效测试，即模拟真实情况实际操作来观察控制系统的动作效果。但是如果有些信号会影响到设备的安全或造成故障，则需要针对性地做好保护措施，并对对应的传感器进行模拟测试。一般测试分为功能测试和安全保护测试，功能测试多可以对指定的传感器进行故障模拟测试，而安全保护测试需要对特定的设备进行有效安全处理，确保设备的安全后，才能进行测试。

第四节 常用的电子控制设备的控制原理

微型计算机(Microcomputer)从20世纪70年代中期开始应用于船舶机舱的集中监测系统。如今，微机技术已经渗透到船舶自动化领域的方方面面，从单台设备的自动控制到机舱设备的分布式监控，再到全船的网络化管理，都已经离不开微型计算机。

一、综合自动控制及监测系统

船舶综合自动控制及检测系统已普遍使用微处理器系统或PLC来实现，专用的PID控制也都有微处理器构建的单片机系统实现。

1. 微处理器系统

如图3-4-1所示，微型计算机由运算器、控制器、存储器、输入设备和输出设备等五部分组成。其中，中央处理器CPU包含运算器和控制器，通过地址总线AB、数据总线DB和控制总线CB与存储器、输入/输出接口(简称I/O接口)相连；存储器包括RAM和ROM，分别用于存储数据和程序；CPU通过I/O接口与输入设备、输出设备进行数据交换。微型计算机体系结构的主要特点就是采用总线结构，通过总线将 CPU、存储器（RAM 和 ROM）、I/O 接口电路连接起来，而外围输入或输出设备则通过 I/O 接口实现与 CPU 的信息交换。总线是指微机中各功能部件间传送信息的公共通道，是微型计算机的重要组成部分，其物理上可以是带状的扁平线，也可以是印刷电路板上的一层极薄的金属连线，系统中各部件都是“挂”在总线上的，所有的信息都通过总线传送。根据所传送信息的内容与作用不同，总线可分为数据总线、控制总线和地址总线 3 类。

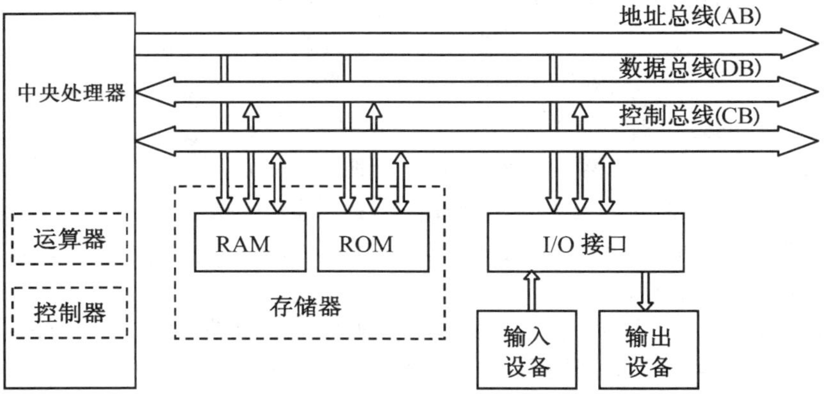

图 3-4-1　微型计算机结构框图

（1）中央处理器 CPU

中央处理器 CPU 是微型计算机的核心，其基本结构包括控制器、运算器和寄存器三个主要部分。

①控制器

控制器协调整个微型计算机的有序工作，是 CPU 的指挥控制中心。其组成包括指令寄存器（IR，Instruction Register），指令译码器（ID，Instruction Decoder）和操作控制器（OC，Operation Controller）。控制器按时钟脉冲依次从存储器中取出指令，放在指令寄存器 IR 中，通过指令译码器 ID 确定应该进行的操作，再通过操作控制器 OC，向相应的部件发出控制信号。各条指令集合在一起，由 CPU 依次执行，即 CPU 根据预先编好的程序完成指定的任务。

控制器执行一条指令的第一步，是由程序计数器（PC，Program Counter）给出该指令的地址，并寄存到地址寄存器（AR，Address Register）中，地址寄存器把这个地址码通过地址总线送至存储器的地址译码器，从该地址的存储器中取出指令放在 IR。由于指令的第一个机器周期取出的是操作码而不是数据，所以这一个字节的信息经数据寄存器送至指令寄存器，而不是送到累加器或通用寄存器。控制器将寄存在指令寄存器的操作码进行译码，通过可编程序逻辑阵列，按照时序发出执行指令所需的各种控制命令。当一条指令执行完后，又再次进入下一条取指令的阶段，开始前述一个过程，一直循环进行。如果程序的最后一条指令是跳转到程序的开始或程序指定处，程序又开始新一轮循环的工作。

②运算器

运算器在控制器的控制下，对二进制数进行算术和逻辑运算。运算器通常由算术逻辑单元（ALU，Arithmetic Logic Unit）、累加器（A，Accumulator）、通用寄存器（HL）和标志寄存器（F，Flag）等部件组成。其中，ALU 是运算器的核心，在控制信号的作用下可完成加、减、乘、除四则运算和各种逻辑运算；累加器 A 配合 ALU 工作，与运算的一个操作数一起送给 ALU 进行运算，并存储 ALU 的运算结果；通用寄存器 HL 可寄存参与运算的一个操作数，或寄存 ALU 运算的中间结果，或寄存参与运算的一个操作数所在存贮单元的地址；标志寄存器 F 用于记录运算结果的状态特征，如结果为零、正、负、溢出等。

③寄存器阵列

寄存器阵列也称寄存器或寄存器组，是微处理器内部的一组 RAM 单元，可以单个使用，也可以成对使用（即寄存器组），甚至有些可以按位来使用。有些被定义为特定的名称，称特殊寄存器，用于如定时器设定、中断设定等。特殊寄存器寄存的是微处理器的基本信息，是微处理器的重要资源。

（2）存储器

存储器是微型计算机的存储和记忆部件，用以存放数据和程序，又叫内存或主存。

①内存单元的地址和内容

内存是由一个个内存单元组成的，每一个内存单元中一般存放一个若干位的二进制信息。内存中存放的数据和程序从形式上看都是二进制数。8 位二进制数被称为一个字节（B，Byte）；2 个字节，即 16 位二进制数称为字（W，Word）；2 个字，即 32 位二进制数称为双字（DW，Double Word）。

内存单元的字节总数称为内存的容量。2^{10}（即 1024）个字节称为 1 000 字节，记作 1 kB；2^{10} kB 称为 1 兆字节，记作 1MB；2^{10} MB 称为 1GB；2^{10} GB 称为 1TB。

每个内存单元依次按地址来存放和管理，微机通过地址即可找到相应的内存，并对其进行操作。可见，内存单元的地址和内存单元的内容是两个完全不同的概念。

②内存操作

CPU 对内存的操作有读、写两种，读写都是针对 CPU 来说的。读操作是 CPU 将内存单元的内容取入 CPU 内部寄存器，而写操作是 CPU 将其内部信息传送到内存单元。显然，写操作的结果改变了被写单元的内容，而读操作则不改变被读单元中原有内容。

③内存分类

按工作方式不同，内存可分为两大类，即随机存取存储器（RAM，Random Access Memory）和只读存储器（ROM，Read-Only Memory）。按写入方式的不同，ROM 又可分为只读存储器 ROM、可编程只读存储器 PROM、可擦除可编程只读存储器 EPROM、电可擦除可编程的存储器 EEPROM（E^2PROM）和 FLASH 存储器。

RAM 可以被 CPU 随机地读和写，所以又称为读写存储器，这种存储器用于存放用户装入的程序、数据及部分系统信息，当机器断电后，所存信息消失。

ROM 中的信息只能被 CPU 读取，而不能由 CPU 任意写入，机器断电后信息并不丢失。所以，这种存储器主要用来存放那些固定不变、不需修改的程序和数据。ROM 中的内容是由生产厂家或用户使用专用设备写入固化的。

可编程只读存储器 PROM 允许用户根据需要来编写 ROM 中的内容，但只允许编程一次。PROM 一旦写入信息后，就具有永久固定的内容，只能读出，不能重写。

可擦除可编程存储器 EPROM 可以多次改写，可通过紫外线照射擦除存储器的原来信息，之后可重新写入。

电可擦除可编程存储器 EEPROM 是用电来擦除存储器的原来信息，而不需要紫外线光源，且断电信息不会丢失，使用起来很方便。需要擦除或修改时，可通过加入相应的电压及控制信号来改写某一个字节的内容或擦除全部内容。好像是对 RAM 操作一样，只是擦写过程要比 RAM 慢得多。

FLASH 存储器又称闪存，结合了 ROM 和 RAM 的长处，不仅具备 EEPROM 的性能，还不会断电丢失数据，同时可以像 RAM 一样快速读取数据，U 盘和 MP3 里用的就是这种存储器。由于闪存编程速度快、容量大，因此得到了广泛的应用，目前主要用来构成存储卡，现已大量用于笔记本电脑、数码相机、MP3 播放器等设备中。闪存如用作内存，可存放程序或微机的 BIOS 等基本信息。

（3）I/O 接口

I/O 接口是微型计算机系统与外部设备之间的桥梁，外部输入设备和输出设备要通过 I/O 接口才能与计算机进行信息交换，完成实际工作任务。常用的输入设备有键盘、鼠标器、扫描仪等；常用的输出设备有显示器、打印机、绘图仪等。磁盘和光驱既是输入设备，又是输出设备，可读取，也可写出。使用 I/O 接口的主要原因是与 CPU 相比，外设的：

①工作速度较低；

②数据类型不同，外设处理的信息有数字量、模拟量、开关量、脉冲量等，而微型计算机只能处理数字量；

③时钟源不一致；

④电平与 CPU 的不一致。

因此，微型计算机不能直接与外设连接和交换信息，需设计一个"接口电路"以实现隔离主机与外设之间的电气连接；向外设传输控制信号和接收外设的状态信号；实现数据类型和电平的转换。

由于 I/O 接口电路处于数据总线和被选用的外设之间，用以控制被选用的外设读出或写入数据。而计算机是采用三组总线，所有器件都挂在同一组数据总线上。为了保证 CPU 与被选中的存贮单元进行数据传输，对未被选中的存贮单元就需要断开连接。因此，任何直接挂在数据总线上的器件（存储器、I/O 接口电路）的输出都必须设有三态输出缓冲器，在未被选用时，保持为高阻状态，即虽然连接在总线上，但是实际上是不通的。

不同的外设选中信号采用不同的地址，即不同的外设片选信号 $\overline{CS}$ 由不同的地址产生。但有的外设可能占用很多个地址，除片选信号外，还需要对应的地址信号，所以常用一段空闲的高位地址来译码产生外设对应的一个片选信号，而外设地址的与地址总线的低位对应。所以片选端 $\overline{CS}$ 常由高位地址译码产生，任意时刻只有一个译码输出有效，具有排他性，用于区别不同的存贮体。

（4）三总线结构

数据总线（DB，Data Bus）、地址总线（AB，Address Bus）和控制总线（CB，Control Bus）被称为三总线，指的是微型计算机系统中连接 CPU 与存储器和 I/O 接口的三组总线。在图 3-4-1 中，三总线都画成宽线，表示不止 1 根线，至少包含 2 根以上。其中，数据总线宽度取决于 CPU 的数据宽度，一般为 8 的倍数，如 8 位、16 位和 32 位等，用来传输数据信息，是双向总线，CPU 既可通过 DB 从内存或输入设备读入数据，又可通过 DB 将内部数据送至内存或输出设备。地址总线是单向的，宽度取决于 CPU 的寻址能力，对于 8 位机而言，地址线宽度一般为 16 位，用于指明与 CPU 交换信息的内存单元或 I/O 设备。控制总线是各种控制信号和状态信号的集合，包括 CPU 向外设发出命令信号和外设向 CPU 发出中断请求等信号，用来传送控制信号、时序信号和状态信息等。控制总线中每一根控制线的方向是一定的、单向的，在图 3-4-1 中将控制总线画成双向,是因为将之视为一个整体。

(5)典型的计算机系统

微型计算机系统是以 CPU 为核心,配以相应的存储器、I/O 接口、外围设备、电源、辅助电路,再根据要求在存储器内装载程序软件来构建的。

微型计算机的软件是为了运行、管理和维护微型计算机而编制的各种程序的总和。软件和硬件是微型计算机系统不可分离的两个重要组成部分。软件包括系统软件和应用软件,系统软件是指不需要用户干预的,为用户程序的开发、调试以及运行等服务的程序,是计算机裸机与应用程序及用户之间的桥梁。系统软件主要包括操作系统(OS)和系统应用程序。操作系统是控制微型计算机本身的资源(如 CPU、存储器及 I/O 设备等),用于提供人-机接口和管理计算机的所有硬件与软件资源。其中最为重要的核心部分是常驻监控程序,微机起动后常驻监控程序始终存放在内存中,它接收用户命令,并执行相应的操作。操作系统还包括用于执行 I/O 操作的 I/O 驱动程序,每当用户程序或其他系统程序需要使用 I/O 设备时,通常并不是该程序执行 I/O 操作,而是由操作系统利用 I/O 驱动程序来执行任务。操作系统是计算机系统的控制和管理中心,从资源角度来看,它具有处理机、存储器管理、设备管理、文件管理等 4 项功能。系统应用程序是指为了完成某项或某几项特定任务而被开发运行于操作系统之上的计算机程序,常常作为用户应用软件与操作系统间的接口服务程序而使用。

应用软件就是用户为解决各种实际问题而自己编写的程序,可用来编写用户软件的语言有机器语言、汇编语言和高级语言等。

如图 3-4-2 所示即为典型的微型计算机控制系统,图中间是由微处理器(CPU)、组成内存的 ROM 和 RAM 构成的主要内部设备。左边为计算机的外部设备,包括打印机(PR)、显示屏(CRT)、键盘(KB)以及外存储磁带或软盘硬盘(HD),通过相应的接口与计算机的内部总线相连。右边为被控对象,包括传感器、信号调理电路、信号驱动电路、执行器等,处理的信号有模拟量、数字量、开关量及脉冲量 4 种形式。在右边的接口通道中,包括输入接口通道和输出接口通道,配合相应的传感器电路和输出执行回路。

针对具体应用对象,图 3-4-2 所示的微型计算机控制系统可能有变化,如有的简单的系统输入设备只有一个,有的输出设备有一个或几个。在典型的微型计算机控制系统的结构基础上,可以根据用户的需要做适当的调整,并配以合适的软件来完成用户的实际需要。

2. 输入/输出(I/O)接口电路

微机 I/O 接口技术是采用硬件与软件相结合的方法,确保 CPU 与外设进行最佳耦合与匹配,以便实现高效、可靠的信息交换。接口电路有些是比较简单的,也有些是非常复杂的,有些复杂程度往往不亚于 CPU。目前,微机中常采用大规模集成电路制成的可编程接口芯片。

1)I/O 接口电路的分类

按照是否可以编程来看,I/O 接口可以分为简单和可编程接口电路。按照信息处理来分,I/O 接口电路可以分为数据信息、状态信息和控制信息接口电路,数据信息接口电路可分为有模拟量、数字量、开关量、脉冲量等四种接口形式。具体四个数据信息量定义如下:

(1)模拟量:即连续变化的量。如温度、压力、速度、位移、电流、电压等物理量,对于非电量输入,可先通过相应的传感器转换成电量,对于非标准信号,应先通过信号调理电路转换为标准的 0~5 V 或 4~20 mA 信号。对于模拟量输入,要经过模数(A/D)转换;对于模拟量输出,要经过数模(D/A)转换。

(2)数字量:即按一定的编码标准(如二进制格式或 ASCII 码标准),由若干位数(如 8 位、

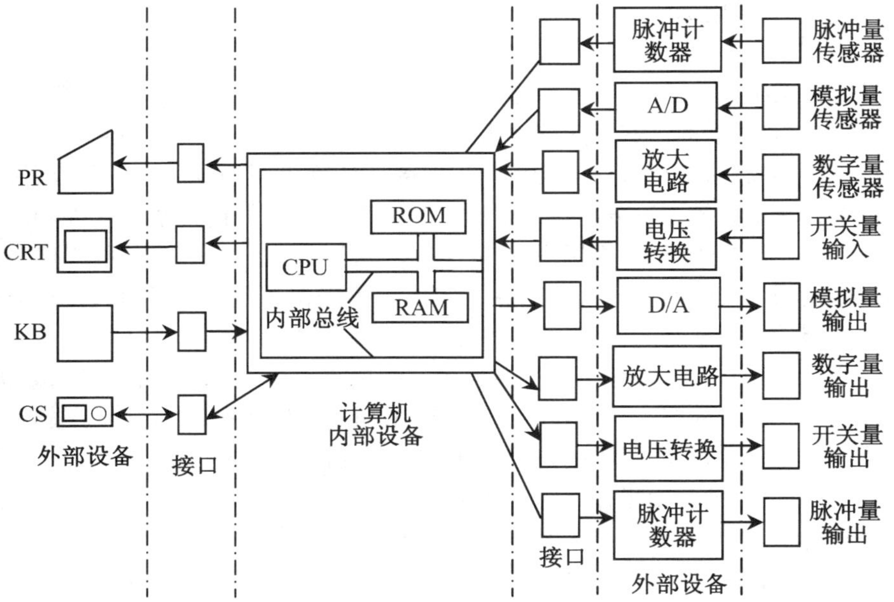

图 3-4-2　典型微型计算机控制系统

16 位、32 位）组合表示的数或字符。其中的每一位可以为 0 或 1，每 8 位（或 16 位、32 位）的组合表示一个数或字符。工业控制中常使用绝对值编码器来检测角度，如 10 位二进制数字量可表示一转为 1 024 份，精度为 0. 35°。

（3）开关量：即用一位二进制数表示两种状态的量。如用 1 表示“开”“通”“启”，用 0 表示“关”“断”“停”等。开关量也可理解为数字量的一个特例（1 位数字量）或称为逻辑量。

（4）脉冲量：瞬间突然变化，作用时间极短的电压或电流称为脉冲信号。脉冲是可以是周期性重复的，也可以是非周期性的或单次的。脉冲信号是一种离散信号，最常见的脉冲波是矩形波（也就是方波）。

CPU 与外设交换数据信息过程中的联络信息（也称“握手”信号）被称为状态信息。CPU 通过对外设状态信息的读取，可掌握其工作状态，从而决定自身的工作节奏。如 CPU 要向打印机输出数据，若 CPU 通过读取打印机的状态信息得知其尚未准备好，则暂缓送数，先去处理别的任务，待读到打印机准备好后的状态信息后再送数。因此，了解状态信息是 CPU 与外设之间正确进行数据信息交换的重要前提。

控制信息是 CPU 发给外设的命令信息，如设置外设的工作模式、控制外设的开始和停止等。

2）I/O 接口电路的功能

（1）速度匹配

CPU 运行速度与速度相对较慢的外部设备在传送数据方面是存在矛盾的，比如，CPU 输出一组数据是微秒级的，在数据线上这个信息稍纵即逝。换言之，外部设备还未来得及读取，信息已消失。为此，需要设置锁存器作为接口电路，把数据总线瞬间出现的信息锁存起来。这样，慢速的外部设备就有充足的时间来完成这个信息的操作。

（2）地址译码和设备选择

所有的 I/O 接口电路都是通过三组总线与 CPU 连在一起的。所有的输入接口都把数据放到总线上,而所有的输出接口都从数据总线上取数据,CPU 输出的数据是要送到对应设备接口的,如果不加选择,则会造成数据传输的混乱。因此,I/O 接口电路必须要根据地址来产生一个选择信号,即要有译码功能,在 CPU 发出的地址信息后,各 I/O 接口都将进行地址译码,与 CPU 发的地址一致的 I/O 接口地址才会被选中,则该接口与 CPU 接通,CPU 就与该口进行数据传送。接通时,CPU 通过控制总线发读 $\overline{RD}$ 信号或写 $\overline{WR}$ 信号,决定被选中的 I/O 接口是把数据放在数据总线上还是从数据总线上取数据。其他 I/O 接口则处在高阻抗状态,即与数据总线脱离。

(3)模拟量和数字量转换

在用微型计算机组成的控制和监视系统中,现场采集的数据除开关量可用 0 或 1 来表示开关状态外,大量的是运行参数连续变化的量,其参数值的大小一般是用电压或电流这一模拟量形式表示,必须通过接口电路把这一模拟量转变成 CPU 能接收的数字量。另外,CPU 输出的信息是数字量,用二进制的数字量来显示这个参数值是很不方便的。同时,如果 CPU 要控制一个调节阀的开度变化,必须把 CPU 输出的数字量经 I/O 接口电路转变成模拟量。把模拟量转换成数字量的电路称为模/数(A/D)转换电路;把数字量转换成模拟量的电路称为数/模(D/A)转换电路。

(4)电平和功率的匹配

CPU 常用的工作电压是 5 V,而外部设备工作电压与 CPU 是不同的,常用的是 24 V 直流电,有的输出设备还要求有较大的功率,因此,绝大多数外部设备是不能直接与 CPU 进行数据传送的,必须经 I/O 接口电路,把输入信号的电压转换成 CPU 能接收的电压范围。对输出设备来说,经输出接口电路接收到 CPU 送来的信息,要转换成输出设备的工作电压并进行功率放大。另外,为保证 CPU 的正常工作,也必须将外围设备与 CPU 隔离,防止外部故障对 CPU 造成影响。所以,系统需要 I/O 接口电路实现电平转换、信号隔离和功率匹配。

(5)为 CPU 提供外部设备的状态信号

由于 CPU 对数据传送和数据运算的速度极高,而外部设备比较慢,这样,CPU 要从某个外部设备读取数据时,这个外部设备必须准备好,否则 CPU 就不能读这个外部设备的数据。当 CPU 要把数据写到外部设备时,该外部设备必须是空闲的,如果该外部设备正在工作,处在忙的状态,或锁存器、缓冲器已有待执行的数据,即是满数据状态,CPU 是不能向该外部设备写数据的,这种“准备好”“闲”“忙”“满”等状态信息也必须由接口电路提供。

(6)信息串并行传送的转换

有些输入/输出设备与 CPU 之间是用串行通信,但 CPU 是并行的一次处理 8 位二进制数。这样,接口电路必须使这两种信息传送的格式相匹配。当外部设备以串行方式送来数据时,该接口电路能一位一位地接收,然后转成并行的数据送 CPU。当 CPU 要把数据写到外部设备时,该接口电路能并行接收 CPU 送来的数据,然后再一位一位向外部设备发送。这种数据传送方式在远距离通信中,采用是比较多的。

3)CPU 与外设间的接口电路

一个典型的 I/O 接口结构如图 3-4-3 所示, CPU 与外设经过 I/O 接口交换信息。即 CPU 通过数据总线(DB)、地址总线(AB)和控制总线(CB)与 I/O 接口连接,以实现与外设交换数据信息、状态信息和控制信息。在可编程的接口电路中,一般都设有数据寄存器、状态寄存器和控制寄存器,可分别对这三种不同性质的信息进行锁存和处理。因此,一个外设往往要占用几个端口,即数据端口、状态端口、控制端口等。CPU 对外部设备的控制或 CPU 与外部设备间的信息交换，实际上就转换成 CPU 通过输入/输出指令读/写外设备端口的数据，只是对不同的端口，读/写的数据性质也不同。在状态端口，读入的数据表示外部设备的状态信息；在控制端口，写出的数据表示 CPU 对外部设备的控制信息；只有在数据端口，才是真正地进行数据信息的交换。

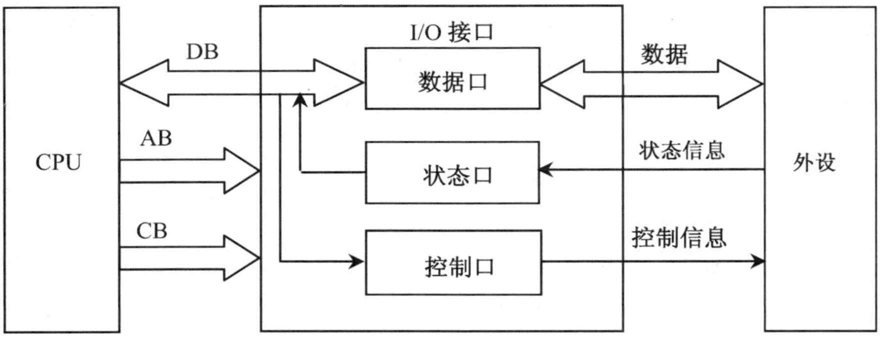

图 3-4-3　I/O 接口的典型结构

（1）开关量输入接口

在工业控制设备中，开关量往往来自操作台或控制箱的按钮、转换开关、继电器或来自现场的行程开关等的触点，而且伴有不同的电平输出和干扰噪声，因此必须经过电平转换电路，将触点的通断转换成计算机电路能够接收的逻辑电平，同时还要考虑滤波、去抖动以及信号隔离等措施，常用的微机工作电平是 TTL（Transistor-Transistor Logic）电平，不小于 2.4 V 为高电平，表示逻辑 1，不大于 0.4 V 为低电平，表示逻辑 0。

图 3-4-4 所示电路是一个采用 373 锁存器进行开关量输入的典型接口电路。图中，$S_7 \sim S_0$ 代表 8 个外部设备的开关状态，经光电隔离转换电路后送至锁存器的输入端。锁存器输入端的状态反映了开关的状态，如当 S_7 接通时，光电隔离器输出“0”（低电平），经反相后为“1”（高电平）。由于计算机的数据宽度一般都是 8 的整数，因此一般把需要输入的开关量按每 8 个为一组进行组合。这样一来，计算机每次输入的实际上是 8 个开关量。图 3-4-4 中的 373 锁存器的 11 脚 LE 端已接+5 V 高电平，8 个输入端的信息可以直接进入到锁存器内部，但什么时候可以送至输出端，则由 CPU 根据程序指令来控制。

当 CPU 执行某条指令，需要对这组开关量进行输入时，通过地址译码会使图中的片选线为低电平（逻辑“0”），由于 CPU 执行的是输入指令（即读操作），$\overline{RD}$ 也为低电平（逻辑“0”），或门输出逻辑“0”，锁存器的输出允许端 1 号脚 $\overline{OE}$ 有效，锁存器内部已输入的信息有效送至输出端，再经由数据总线送入 CPU。

开关量输入的结果是以字节的形式出现的，字节中每一位的状态（即是 0 还是 1）反映了开关的状态（即是断开还是闭合）。例如，若某次输入的结果 11H（00010001B），则说明 S_0 和 S_4 是闭合的，其余开关都是断开的。

（2）开关量输出接口

开关量输出用于控制外部设备的起停或状态指示等。通常有晶体管输出、晶闸管输出和继电器输出等几种形式。为保证计算机安全、可靠的工作，输出部分要加光电隔离电路，同时为了驱动继电器或其他执行部件，输出通道一般都要设置功率放大电路。

图 3-4-5 所示为几种典型的开关量输出电路。其中，图（a）为采用 373 锁存器作为输出接

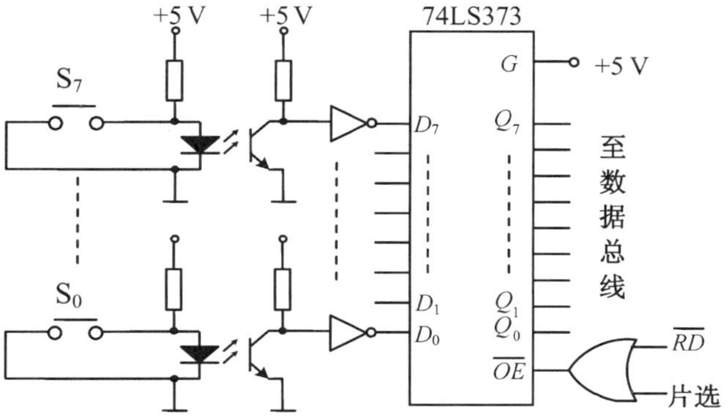

图 3-4-4　开关量输入接口电路

口的 TTL 电平输出电路，输出可以直接驱动发光二极管等低功率负载。锁存器的锁存端 C（即前述的 LE）由片选线和写信号经或非门控制，输出控制端 $\overline{OE}$ 接地，输入端来自 CPU 数据总线，输出端经光电隔离后控制 8 个指示灯的状态。当计算机对片选地址执行写操作时，片选线和写信号 $\overline{WR}$ 同时为 0，或非门输出 1，将来自数据总线的写出内容送入锁存器，由于输出控制端接地，使得锁存器输出端 $\overline{OE}$ 始终有效，因此送入锁存器的内容直接到达输出端，经光电隔离后控制各个指示灯的状态。

从图 3-4-5(a)不难看出，输出字节中，状态为 0 的位将使相应的指示灯点亮，状态为 1 的位则使指示灯熄灭。以 D_7 位为例，若 $D_0=0$，则 $Q_0=0$，光电隔离器中的发光管点亮，与其配对的三极管导通，集电极接地，指示灯 H_0 点亮；反之，若 $D_0=1$，则 $Q_0=1$，发光管关断，三极管截止，指示灯 H_0 熄灭。

图 3-4-5(b)为开关量的晶体管输出原理，D 端为输出接口电路输出的某个字节位，或为 0，或为 1。若 $D=1$，则经反相后使光电隔离器中的发光管点亮，与其配对的三极管导通，三极管 T 也导通，负载 R_L 得电；反之，三极管 T 截止，R_L 失电。它适用于控制板外供电的继电器和电磁阀等的电磁线圈，板外电源必须是直流电源。

图 3-4-5(c)为开关量的继电器输出原理。与晶体管输出的区别在于三极管 T 驱动的是继电器 K，对板外输出的是继电器 K 的触点。由于是触点输出，外界负载 RL 既可以是直流电源也可以是交流电源。

3）模/数（A/D）与数/模（D/A）转换

D/A 转换器的模拟量输出 V_{out} 与输入数字量 B 的绝对值大小关系可用式 $V_{out}=\frac{B}{2^n}\times V_R$ 表示，式中，V_R 为参考电压，也是 D/A 转换器的量程；B 为 CPU 要经过 D/A 输出的数字量，其最大数字由芯片型号决定，为 2^n；n 为 D/A 转换器的位数，通常为 10 位、12 位和 16 位。

A/D 转换是将连续变化的模拟量信号转换为二进制的数字量信号，便于计算机进行处理。

假设参考电压为+5 V，$V_X=3.75$ V，则 10 位 A/D 转换的结果是 1100000000（768），即 $AD=\frac{V_X}{V_R}\times 2^{10}$。

在实际应用中，为了节约硬件成本，往往多个模拟量共用一个 A/D 转换器，如 CD4051 芯

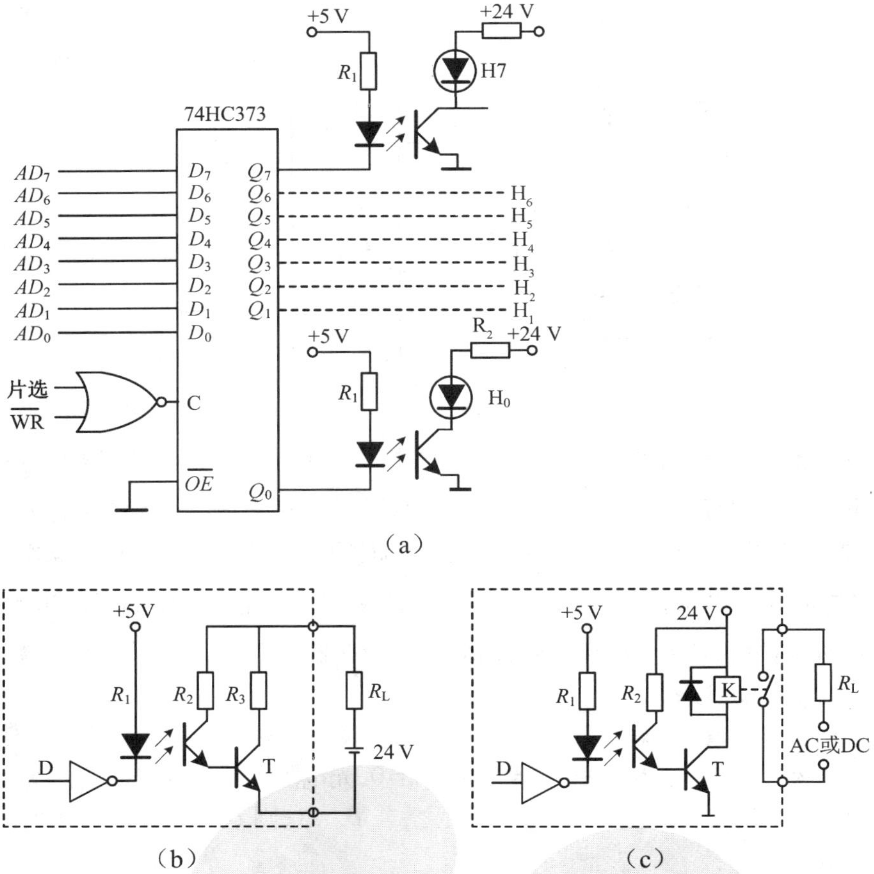

图 3-4-5　开关量输出电路

片实现 8 个输入一个输出的多路切换开关。但在同一时刻，A/D 转换器只能对一个模拟量进行 A/D 转换。其解决办法通常是采用一个多路转换开关对多路模拟量信号进行分时切换。多路转换开关的结构框图如图 3-4-6 所示，图中 $IN_7 \sim IN_0$ 是 8 个模拟量输入通道；EN 是多路转换开关的片选端，高电平有效；$A_2 \sim A_0$ 是 CPU 发出的通道选择信号，经译码器可译出 8 种状态；out 是转换开关的输出端，接至 A/D 转换器的输入端。若 $A_2A_1A_0=000$，则经译码后将使电子开关 K_0 闭合，0 号通道 IN_0 的模拟量信号与 out 端接通，送至 A/D 转换器进行 A/D 转换；若 $A_2A_1A_0=101$，经译码器使电子开关 K_5 闭合，则选通 5 号通道 IN_5，依此类推。经过多路开关选通的信号往往还要进行放大处理，使之达到与 A/D 转换器工作相适应的电压级别。

图 3-4-7 所示的模拟量输入通道原理框图是经常采用的方案。各个组成部分的功能如下：

①传感器及信号转换：将来自监控对象的物理量转换为电信号，必要时还必须包含滤波电路和线性补偿电路。

②放大电路：对微弱的电信号进行放大，为后端数据采集提供标准范围。如果各个通道的信号性质相同，例如都是来自 Pt100 传感器的缸套冷却水温度信号，经过放大处理后得到 A/D 转换需要的标准电压信号。

③多路转换开关：多路切换开关也称为多路转换器或采样单元，它的作用是在控制逻辑的协调下把多个输入信号接到放大器或采样保持器，达到 CPU 对各路模拟量进行分时采样的

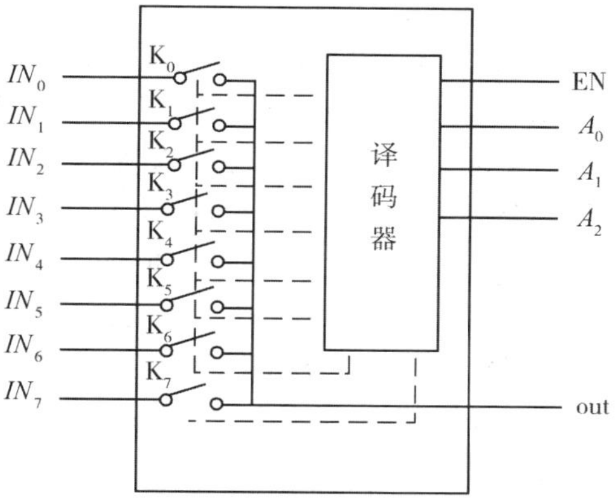

图 3-4-6　多路转换开关结构框图

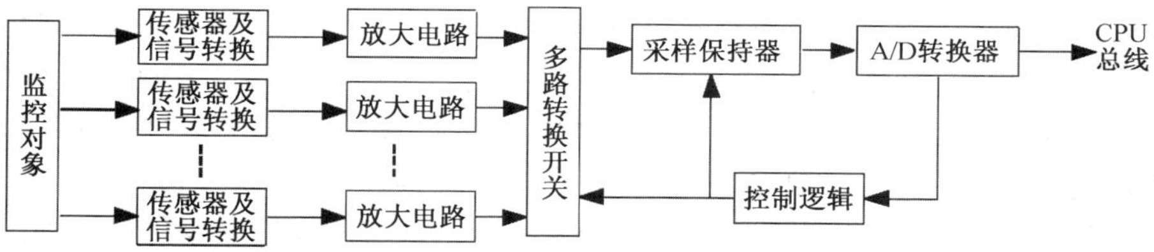

图 3-4-7　多路模拟量输入电路

目的。

④采样保持器:可以形象地理解为对模拟信号的暂时存储,以保证在 A/D 转换期间保持采样信号不变,减少采样误差。有些 A/D 转换器自带采样保持功能,此时采样保持器可以省略。

⑤A/D 转换器:即模/数转换,将模拟信号转换为计算机可以识别的二进制数字量。

⑥接口电路:提供模拟输入通道与计算机之间的控制信号和数据传输通路。

3. 微型计算机系统的软件设计

软件是相对于硬件而言的。通常,软件包括了计算机运行所需要的所有程序、数据和文档。从计算机系统角度考虑,软件可分为系统软件、应用软件和支持软件三大类。

(1)系统软件

系统软件通常是指管理、监控和维护计算机资源(包括硬件和软件)的一种软件,包括操作系统、各种程序设计语言及其解释、编译系统、数据库管理系统。操作系统(Operating System)是最基本、最重要的系统软件。它负责管理计算机系统的各种硬件资源(如 CPU、内存空间、磁盘空间、外部设备等),并且负责解释用户对机器的管理命令,使它转换为机器实际的操作,如 DOS、Windows、Unix 等。

(2)应用软件

应用软件是指利用计算机及系统软件为解决各种实际问题而编制的、具有专门用途的计算机程序,包括各种字处理软件、用于科学计算的软件包、计算机辅助软件、图形软件等。

(3)支持软件

支持软件是指在计算机硬件与系统软件的基础上,用于支援其他软件研制和开发的软件。

上述软件均是通过程序指令来编写完成的,程序指令就是一组二进制编码,由操作码和操作数两部分组成。程序是为了解决问题而编制的有序指令的集合。计算机的工作过程，就是不断地执行这些有序的指令，对信息进行加工处理的过程。而程序设计语言就是用户用来编写程序的语言，是人们与计算机之间交换信息的工具，实际上也是人们指挥计算机工作的工具。程序设计语言可分为机器语言、汇编语言、高级语言三大类。机器语言（Machine Language）是指机器能直接认识的语言，它是由“1”和“0”组成的一组代码指令。汇编语言（Assemble Language）实际是由一组与机器语言指令一一对应的符号指令和简单语法组成的。高级语言（High Level Language）比较接近日常用语，对机器依赖性低，即适用于各种机器的计算机语言，如BASIC语言、Visual BASIC语言、FORTRAN语言、C语言、Java语言等。

无任何种高级语言，最终都将转换为计算机CPU控制器可以认识编译的二进制数码，实现该步转换称为语言处理，是由编辑处理、语言处理和装配连接处理三部分组成。

编辑处理是指计算机通过编译程序将人们编写的源程序写入计算机。它可以方便地为用户提供源程序修改，包括添加、删除、修改等。

语言处理是指将源程序转换成机器语言的形式，以便计算机能够运行，这一转化是由翻译程序来完成的，翻译程序又统称为语言处理程序。共有汇编程序、编译程序和解释程序三种。编译程序把高级语言所写的程序作为一个整体进行处理，编译后与子程序库链接，形成一个完整的可执行程序。这种方法的缺点是编译、链接较费时，但可执行程序运行速度很快。FORTRAN、C语言等都采用这种编译的方法。解释程序则对高级语言程序逐句解释执行。这种方法的特点是程序设计的灵活性大，但程序的运行效率较低。BASIC语言属于解释型。

装配连接处理是指经过汇编或编译之后生成的目标程序不能直接运行，目标程序可能调用一系列内部函数、外部过程和库函数或其他程序模块，这就需要装配连接程序将全部的目标程序块、库过程和系统库连接起来，使其成为一个可调入内存运行的程序模块，这种程序模块称为可执行程序。

为使编译完毕的程序便于使用、维护和修改，需给程序写个详细的说明，这个使用说明就是程序的文档（或称软件的文档）。文档包括功能说明、程序说明、上机操作说明、测试和维护说明，是计算机编程中重要的辅助环节。

二、分布式处理单元

船舶报警监控多采用分布式总线系统，其中分布式处理单元（DPU）是整个监控系统的关键电子设备。DPU以微处理器为核心，采用单电路板结构，模块化设计，是具有通信功能的智能化远程处理单元，是系统硬件的主要存在形式。每个DPU均有各自的微处理器和输入、输出接口电路，能够对各种模拟量或开关量传感器输入的信号进行检测，并向不同的外围设备输出开关量或模拟量。DPU在机械构造、电气特性和电路原理方面采用标准化设计，但不同的DPU加载不同的应用软件，用以适应不同的任务需求。

DPU均设置有两个独立的CAN总线接口，并分别通过两套CAN总线互联。正常工作时，两套CAN总线均工作，只是微处理器的通信控制以一套CAN收发的数据为主，另一套备用，当工作网络出现故障时能够自动进行热切换。CAN总线的这种设计称为双冗余网络设计。

除在遥控系统中使用外，DPU和CAN网络结构同样在机舱监视与报警系统得到应用，甚至AC C20主机遥控系统和DC C20（或K-Chief 500）监视与报警系统的DPU模块可互为通用。全集成的船舶机舱监控系统由报警监视系统、船舶电站电能管理系统、船舶辅机控制系统、船舶主机遥控系统等组成，各单个系统均采用分布式处理单元DPU为信号处理的核心单元，构成单独的 CAN 总线网络，各系统间的 CAN 总线相互独立，又通过网段控制器连接在一个监控系统中。可使用远程监控计算机对各个分系统，各个 DPU 单元进行通信与监控，并可通过网络向各个 DPU 下载相应的软件和参数，使得不同的 DPU 具有相应的不同功能，例如，某些用于监视与报警、某些用于控制、某些用于安全保护或这些功能的混合。与传统系统相比，连接电缆的数量大大减少。

按照数据输入、输出类型的不同，DPU 模块包括开关量输入、开关量输出、模拟量的输入、模拟量输出等通用模块和专门用于主机遥控系统的专用模块。专用模块在机械和电气特性上与通用模块完全一致，只是在输入输出通道的设计上考虑了主机遥控的特殊需要。一个实际系统中所包含的模块类型及模块数量根据实际情况而定。尽管不同 DPU 的输入、输出类型及其功能不同，但它们都有如下共同的特点：

（1）所有 DPU 模块均采用统一的机械和电气设计。作为一个例子，图 3-4-8 给出了模拟量输入、输出模块的外观结构图和正面视图。从图 3-4-8（b）可以看出，模块的正面包括接线端子、状态指示灯和各种说明符号。其中，X10 为两路 24 V 电源端子、X1 为模拟量输入端子、X3 为计数输入端子、X7 为 RS-422/485 通信端子、X8 和 X9 分别为 CAN 总线 1 和 CAN 总线 2 的接线端子，每个端子上均标有端子号，端子的名称和端子号的编排规则适用于所有 DPU。例如，X1 端子的编号共有 3 位数，其中第 1 位和第 2 位为通道号，第 3 位为端子号（如 011～014 表示第 1 通道的 1～4 号端子，161～164 表示第 16 通道的 1～4 号端子）。

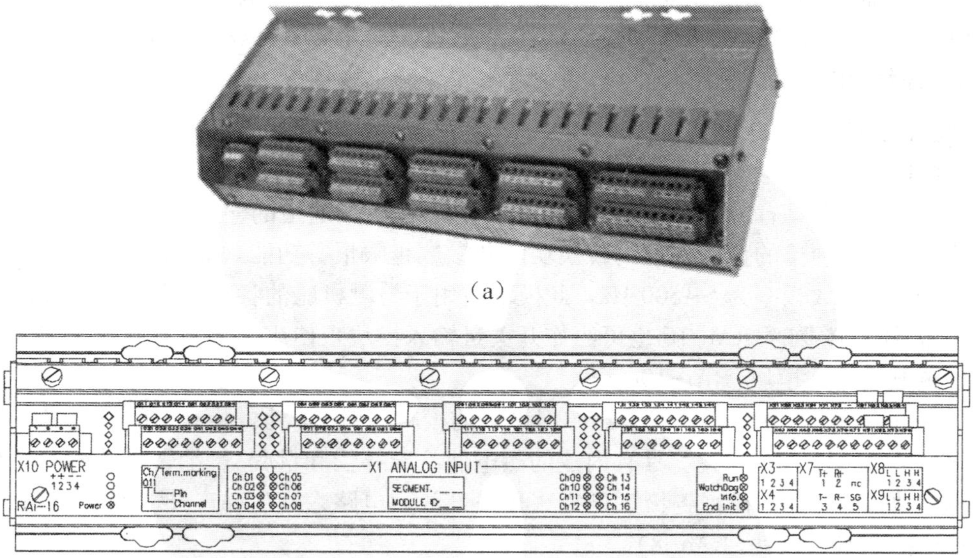

（a）

（b）

图 3-4-8　DPU 模块示例

状态指示灯包括通道状态指示灯和模块状态指示灯，通道状态指示灯用于指示相应输入输出通道的工作状态，每个指示灯对应一个通道；模块状态指示灯有“Run”“Watch Dog”“Info.”“End Init.”“Power”等，它们组合起来表示模块的不同状态，如表 3-4-1 所示。

表 3-4-1　DPU 状态指示灯的组合含义

LED 指示灯名称标识	工作正常	应用程序未加载	未初始化	工作停止	电源极性错误
Run	绿	灭	灭	灭	灭
Watch Dog	灭	红	红	红	灭
Info.	黄(闪烁)	灭	灭	灭	灭
End Init.	绿	绿	灭	绿	灭
Power	绿	绿	绿	绿	红

(2)DPU 具有参数储存功能,能够独立完成参数的监视、报警和控制。当 ROS 出故障时,DPU 的工作不受影响。

(3)DPU 具有完备的通信功能,支持双冗余 CAN 高速多主通信网络协议,具备 CAN 网络状态、容错管理功能。DPU 单元之间通过冗余的 CAN 总线进行通信。很多 DPU 还配备了一个 RS-422 或 RS-485 串行接口,以便和其他外部设备进行数据通信。

(4)通过 ROS,可将用于 DPU 硬件组态和编程所需的软件下载到 DPU 中,并在 ROS 上对 DPU 单元进行遥控组态。在更换 DPU 后,需要给新单元下载参数。在 ROS 和 LOS 上,可以实现对 DPU 的监视、控制和参数调整。

(5)所有的 DPU 单元均用 24 V DC 电源供电,DPU 单元的硬件无须进行设置和调整,所有连接均可即插即用。DPU 的电源、通信、I/O 通道连接都采用光电隔离。

(6)具有强大的自检功能(检查模块内部温度、存储器性能以及 CAN 总线状态)。若 DPU、过程总线、电缆或传感器有故障,则会产生相应的报警信号。

1. 监控系统常用的 DPU

(1)模拟量输入模块(RAi-16)

RAi-16 是一个具有 16 个通道的模拟量输入模块,每个通道的输入类型可以是电压、电流或电阻信号,具有内建的量程和量纲转换功能和参数越限报警功能。除此之外,模块还包含一个计数器通道,计数频率为 5~500 Hz。此模块适用于检测机舱的各种温度、压力、液位和转速等模拟量信号。必要时,RAi-16 也可当作开关量输入模块来使用。

(2)热电偶输入模块(RAi-10tc)

RAi-10tc 是为各种热电偶传感器专门设计的模拟量输入模块,共有 10 个输入通道,特别适用于检测柴油机的排烟温度,具有内建的热电偶冷端补偿和量程、量纲转换功能和参数越限报警功能。如果采用外部冷端补偿,则需采用外部放大电路,并以 RAi-16 模块进行输入。

(3)模拟量输出模块(RAo-8)

RAo-8 是一个具有 8 个通道的模拟量输出模块,输出信号可以选定为±10 V 的直流电压信号或者是±20 mA 的电流信号,适用于模拟量指示输出和控制量信号输出。

(4)开关量输入模块(RDi-32、RDi-32A)

RDi-32 和 RDi-32A 都是具有 32 个通道的开关量输入模块,RDi-32 为触点输入,RDi-32A 为 24 V AC 或 24 V DC 电压信号输入。当输入状态异常时,能够发出开关量报警,并由发光二极管(LED)指示每个输入通道的输入状态。适用于检测各种机舱设备的运行状态、阀门位置等开关量信号。

(5)开关量输出模块(RDo-16)

RDo-16 是一个具有 16 通道的开关量输出模块,设有发光二极管(LED)指示每个通道的输出状态。最大输出电压为 230 V AC，最大输出电流为 3 A（电阻性负载），支持脉冲输出。RDo-16 适用于各种开关量指示输出和开关量控制信号的输出。

2. 各种专用的 DPU

各种专用的 DPU 包括主机遥控系统中用于主机信号采集的 MEI 单元、主机安全单元 ESU、转速检测箱 RPMD、数字调速器 DGU 等，用于报警监视的电子控制设备还有远程操作站（ROS）、现场操作站（LOS）、值班呼叫系统 WCS 等。

3. 通信模块

通信模块包括系统网关（SGW）和双处理通信控制器（dPSC）两种类型。网关的主要目的是对不同网段进行隔离以及在大型系统中连接现场总线，通过网关信息可在不同网段中进行传输，也可对挂接在 CAN 总线上的一些设备（如 DPU 模块、LOS、WBU 等）进行保护。如果某个节点的通信失败，网关将产生一个系统失败信息，并确定失败的节点。dPSC 是一个具有双处理器的网段控制器，全称为 dual Process Segment Controller，用于 CAN 网络的扩展；PSS 类似以太网的集线器 HUB，全称为 Process Segment Starcoupler，用于 CAN 总线分支，此外还具有分段隔离的作用。

4. DPU 模块的故障处理

DPU 模块的电源接法应与要求一致，输入输出等与外围设备应正确配合与接线，CAN 总线中的两根线 CAN_H 和 CAN_L 应与模块上标注的位置一致。如果接线正确，但是 DPU 未工作，可能的原因有应用程序未加载、DPU 未初始化等。所有 DPU 模块均设有 5 个状态指示灯，如表 3-4-1 所示，根据指示灯的不同状态组合可以分别采取模块断电重启或从远程操作站 ROS 对模块进行重新加载等措施，若故障依然存在，则应考虑更换模块。更换 DPU 模块时需要考虑以下问题：

（1）模块更换要按说明书规定的步骤进行，更换完毕要对新模块进行初始化设置。

（2）一旦由于某种原因导致两个 DPU 的节点 ID 发生冲突时，将会使系统出现严重问题。此时，应首先把其中一个从 CAN 总线断开，对另一个进行断电复位，并在远程操作站 ROS 上利用 RioLoad 工具软件对节点 ID 进行更正。

（3）若诊断结果显示只是 DPU 模块中个别通道出现故障，则可考虑启用同一模块的空闲通道，而不必更换整个模块。如果同一模块内的空闲通道不足，则还可以考虑采用其他模块的空闲通道。但无论哪种情况，都需要对所涉及的模块进行重新设置。

三、可编程序逻辑控制器

可编程控制器（Programmable Logic Controller，简称 PLC）是一种专门为在工业环境下应用而设计的数字运算操作的电子装置。采用可以编制程序的存储器，用来在其内部存储执行逻辑运算、顺序运算、计时、计数和算术运算等操作的指令，并能通过数字式或模拟式的输入和输出，控制各种类型的机械或生产过程。PLC 及其有关的外围设备都应按照易于与工业控制系统形成一个整体、易于扩展其功能的原则而设计。计算机厂家在设计生产 PLC 时，在硬件和软件方面做了大量的共性工作，这样用户在使用 PLC 组成某一控制系统时，只需针对具体控制任务做少量的专门工作，从而大大简化了控制系统的设计和生产。PLC 除了具有工业控制微机的优点外，还具有自身的一些特点。在硬件方面，PLC 采用模块化结构，而且能方便地增加或更换模块，使 PLC 的功能扩展和维修变得十分简单。在软件方面，由于可采用通俗易懂的符号语言，用户可方便灵活地编制和修改控制程序。

1. 可编程序控制器特点

（1）软硬件功能强

PLC 的功能非常强大，其内部具备很多功能，如时序、计算器、主控继电器、移位寄存器及中间寄存器等，能够方便地实现延时、锁存、比较、跳转和强制 I/O 等功能。PLC 不仅可进行逻辑运算、算术运算、数据转换以及顺序控制，还可以实现模拟运算、显示、监控、打印及报表生成等功能，并具有完善的输入、输出系统。PLC 能够适应各种形式的开关量和模拟量的输入、输出控制，还可以和其他计算机系统、控制设备共同组成分布式控制系统，实现成组数据传送、矩阵运算、闭环控制、排序与查表、函数运算及快速中断等功能。PLC 的编程语言丰富，可分为梯形图语言、语句表以及控制系统流程图等多种。特别是梯形图，直观方便，类似于继电接触器电路图，很适合电气工程技术人员使用。

（2）使用维护方便

PLC 不需要像计算机控制系统那样在输入输出接口上做大量的工作。PLC 输入、输出接口是已经按不同需求做好的，可直接与控制现场的设备相连接的接口。如输入接口可以与各种开关、传感器连接；输出接口具有较强的驱动能力，可以直接与继电器、接触器、电磁阀等连接。不论是输入接口或输出接口，使用都很简单。PLC 具有很强的监控功能，利用编程器、监视器或触摸屏等人机界面可对 PLC 的运行状态、内部数据进行监视或修改，从而增加了调试工作的透明度。PLC 控制系统的维护也非常简单，只要利用其自诊断功能和监控功能，就可以迅速查找到故障并及时给予排除。

PLC 的接线十分简单，只需将输入设备（按钮、开关等）与 PLC 输入端子连接；接收输出信号执行控制功能的执行元件（接触器、电磁阀等）与 PLC 输出端子连接即可，工作量相对要少得多。

（3）运行稳定可靠

由于 PLC 采用了微电子技术，大量的开关动作由无触点的半导体电路来完成，同时还采用了屏蔽、滤波、隔离等抗干扰措施，所以其平均无故障时间在 2 万 h 以上。特别是在制造工艺上加强了抗干扰措施，例如输入、输出都采用光电隔离，能有效地隔离 PLC 内部电路与输入输出电路之间的联系，从而避免了由输入输出通道串入的干扰信号引起的误动作。PLC 还采取了屏蔽、输入延时滤波等软、硬件措施，有效地防止了空间电磁干扰，特别对高频传导干扰信号具有良好的抑制作用。所有这一切措施，都有效地保证了 PLC 在恶劣环境下能正常稳定地运行。

2. 可编程序控制器的功能

（1）开关量的控制

开关量的控制是 PLC 的最基本的控制功能，包括时序、组合、延时、计数、计时等。PLC 控制的输入输出点数可以不受限制，少则十点或几十点，多则成千上万点，并可通过联网来实现控制。

（2）模拟量的闭环控制

对于模拟量的闭环控制系统，除了要有开关量的输入输出点以实现某种顺序或逻辑控制外，还要有模拟量的输入输出点，以便采样输入和调节输出，实现过程控制中的 PID 调节或模糊控制调节，形成闭环系统。这类 PLC 系统能实现对温度、流量、压力、位移、速度等参量的连续调节与控制。目前除大型、中型 PLC 具有此功能外,一些公司的小型机也具有这种功能。

(3)数字量的智能控制

利用 PLC 能实现接收和输出高速脉冲的功能,而这个功能在实际中用途很大。在配备相应的传感器(如旋转编码器)或脉冲伺服装置(如环形分配器、功放、步进电机)后,PLC 控制系统就能实现数字量的智能控制。较高级的 PLC 还专门开发了数字控制模块、运动单元模块等,可实现曲线插补功能。最近新出现的运动控制单元,还提供了数字控制技术的编程语言,为 PLC 进行数字量控制提供了更多方便。

(4)数字采集与监控

由于 PLC 在控制现场实现控制,所以把控制现场的数据采集下来,做进一步分析研究是很重要的。对于这种应用,目前较普遍采用的方法是 PLC 加上触摸屏,这样既可随时观察采集下来的数据又能及时进行统计分析。有的 PLC 本身就具有数据记录单元,此时可利用一般的便携计算机的存储卡插入到该单元中保存采集到的数据。

PLC 的另一个特点是自检信号多,利用这个特点,PLC 控制系统可实现自诊断式的监控,以减少系统的故障,提高平均累计无故障运行时间,同时还可减少故障修复时间,提高系统的可靠性。

(5)联网、通信及集散控制

PLC 的联网、通信能力很强,可实现 PLC 与 PLC、PLC 与上位计算机之间的联网和通信,由上位计算机来实现对 PLC 的管理和编程。PLC 也能与智能仪表、智能执行装置(如变频器等)进行联网和通信,互相交换数据并实施 PLC 对其的控制。

利用 PLC 的强大联网通信功能,把 PLC 分布到控制现场,实现各 PLC 控制站间的通信以及上、下层间的通信,从而实现分散控制集中管理的目的。

3. 可编程序控制器分类

PLC 的种类很多,其实现的功能、内存容量、控制规模、外形等方面均存在较大差异。因此,PLC 的分类没有严格的统一标准,可以按照结构、控制规模、实现的功能等进行大致的分类。

(1)按结构分类

PLC 按照其硬件的结构可以分为整体式和组合式。整体式 PLC 的 CPU、存储器、输入输出都安装在同一机体内,如 S7-200、C40P 等产品。这种结构的特点是结构简单,体积小,价格低,输入、输出点数固定,实现的功能和控制规模固定,但灵活性较低。组合式(模块式)PLC 采用总线结构,即在一块总线底板上有若干个总线槽(或采用总线连接器),每个总线槽上安装一个或数个模块,不同模块实现不同功能。PLC 的 CPU 和存储器设计在一个模块上,有时电源也放在这个模块上,该模块一般被称为 CPU 模块,在总线上的位置是固定的。其他有输入、输出、智能、通信等模块,根据控制规模、实现的功能不同进行选择,并安排在总线槽中。组合式 PLC 的特点是系统构成的灵活性较高,可构成不同控制规模和功能的 PLC,维护维修方便,但价格相对较高。

(2)按控制规模分类

PLC 的控制规模主要是指开关量的输入、输出点数及模拟量的输入、输出路数,但主要以开关量的点数计数。模拟量的路数可折算成开关量的点数,一般一路模拟量相当于 8~16 点开关量。根据 I/O 控制点数的不同,PLC 大致可分为超小型、小型、中型、大型及超大型。具体划分见表 3-4-2。

表 3-4-2　PLC 按规模分类表

类型	I/O 点数	存储器容量/kB	机型
超小型	64 以下	1~2	S7-200、S5-90U、三菱 F10 等
小型	64~128	2~4	S5-100U、三菱 F-40、F-60 等
中型	128~512	4~16	S7-300、S5-115U、三菱 K 系列等
大型	512~8 192	16~64	S5-135U、S7-400、三菱 A 系列等
超大型	大于 8 192	64~128	S5-155U、A-B 公司 PLC-3 等

4. PLC 的基本结构

可编程序控制器实质上是一种专用的计算机控制系统，也由中央处理单元（CPU）、存储器、输入/输出单元（I/O 单元）、通信接口和电源等部分组成。其结构框图参见图 1-1-14。

（1）中央处理单元（CPU）

可编程序控制器中常用的 CPU 主要采用通用微处理器或单片机。通用微处理器如 INTEL 公司的 8080、8086、80286、80386 等，单片机如 8031、8096 等。可编程序控制器的档次越高，CPU 的位数越多，运算速度越快，功能指令也越强。

（2）存储器

可编程序控制器的存储器分为两种：系统存储器和用户存储器。系统存储器存放系统管理程序，用户存储器存储用户程序。

常用的存储器有 RAM 和 EPROM、EEPROM。RAM 是一种可进行读写操作的随机存储器，存放用户程序，生成用户数据区，存放在 RAM 中的用户程序可以方便地修改，为防止 RAM 中存放的程序和数据在掉电时丢失，可用锂电池作后备电源。EPROM 和 EEPROM 都是只读存储器，往往用这些类型存储器固化系统管理程序和用户程序。

（3）输入/输出单元（I/O 单元）

实际生产过程中的信号电平多种多样，外部执行机构所需的电平也千差万别，而可编程序控制器的 CPU 所处理的信号电平只能是标准电平，因此需要通过输入输出单元实现这些电平的转换。I/O 单元实际上是 PLC 与被控对象间传递输入输出信号的接口部件。I/O 单元有良好的光电隔离和滤波作用。接到 PLC 输入接口的输入器件是各种开关、按钮、传感器等。PLC 的各种输出控制器件往往是电磁阀、接触器、继电器，而继电器有交流型和直流型、高压型和低压型、电压型和电流型之分。

（4）电源

可编程序控制器的电源有的选用市电，也有很大一部分用直流 24 V 供电。PLC 内有一个稳压电源用于对 PLC 的 CPU 单元和 I/O 单元供电，而小型的 PLC 电源往往和 CPU 合为一体，中大型 PLC 都有专门的电源模块。此外，根据可编程序控制器的规模及所允许扩展接口板数，各种可编程序控制器的电源种类和容量往往是不同的，用户使用和维修时应该注意这一点。

（5）外围设备

PLC 的外围设备主要有编程器、文本显示器、操作面板、人机界面和打印机等。

编程器是一种手持设备，也是 PLC 的最重要的外围设备。现在多采用笔记本计算机作为移动编程设备，在计算机上接入适当通信硬件，安装软件包，并通过编程电缆与 PLC 的通信接口相连,即可在计算机上对 PLC 编程。

编程器或编程界面有两种工作方式,即编程工作方式和监控工作方式。编程工作方式的主要功能是输入新的控制程序,或者对已有的程序进行编辑。监控工作方式是对运行中的可编程序控制器的工作状态进行监视和跟踪。

以上是 PLC 的重要组成部分,除此之外,PLC 往往还包括以下部分,在需要时选用:

(6)通信接口

通过通信接口可以与监视器、打印机、其他可编程序控制器和计算机等相连。

当与打印机相连时,可将过程信息、系统参数等输出打印;当与监视器相连时,可将过程图像显示出来,它既可以显示静态图像,也可以显示动态图像,它与其他可编程序控制器相连时,可组成多级控制系统,实现过程控制、数据采集等功能。

使用通信接口,使可编程序控制器与外围设备的连接能力进一步加强,从而也丰富了可编程序控制器的各种功能。

(7)智能 I/O

为满足更加复杂控制功能的需要,可编程序控制器配有许多智能 I/O 接口。为满足模拟量闭环控制的需要,配有闭环控制模板。为了对频率超过 100 Hz 的脉冲进行计数和处理,配有高速计数模板。还有其他一些智能模板。所有这些智能模板都带有其自己的处理器系统。

使用智能 I/O 接口,可编程序控制器不仅可用于顺序控制,还可用于闭环控制等一些复杂的控制场合。

可编程序控制器的总线多为基板形式。无论电源模板、CPU 模板、各种输入输出模板都可插入这个基板上的相应位置,基板上各相应位置之间通过印刷电路板实现电气连接。

5. 可编程序控制器的工作原理

PLC 程序运行的基本方式是采用扫描原理,把用户程序从第一条语句到最末一条语句逐次扫描处理,直到程序结束之处,然后再返回到第一条语句开始新的一轮扫描处理。PLC 就是这样周而复始地重复上述的扫描循环。除了执行用户程序之外,在每次扫描过程中还要完成自诊断、与外部设备通信、读入现场信号、执行用户程序和输出结果等。扫描一次所需要的时间称为扫描周期。扫描周期与用户程序的长短和扫描速度有关,扫描周期范围一般为 1~100 ms。

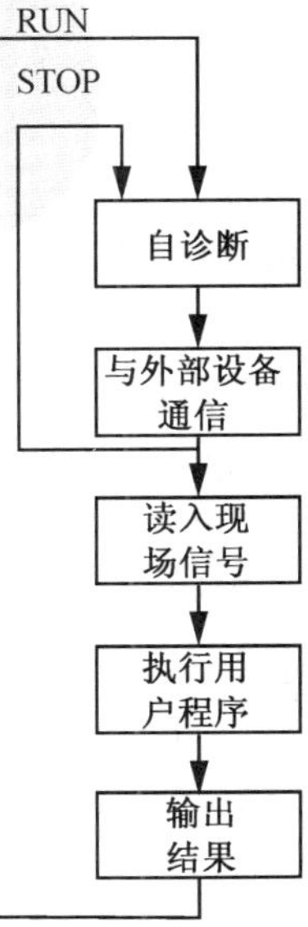

图 3-4-9　PLC 扫描过程示意图

图 3-4-9 的 PLC 扫描过程示意图。在系统软件的管理下,PLC 按图中所画的扫描顺序工作。合上电源后,首先进行自诊断,包括检查 PLC 硬件本身是否正常,将监控定时器复位等。在与外设通信阶段,CPU 与其他带微处理器的智能装置通信,响应编程器键入的命令,更新编程器的显示内容。在读入现场信号阶段,CPU 对全部的输入通道信号进行采样,并将采样结果储存在内存的输入信息状态区。在执行用户程序阶段,CPU 逐条解释和处理用户程序,需要使用输入通道信息时,则从内存的输入信息状态区读入。程序执行以后得出的运算结果,立即送至内存中输出信号状态缓冲区。当全部程序执行完毕,CPU 才做向外输出结果的工作,即把输出信号状

态缓冲区的内容送至输出通道的对应端口上，经输出模块隔离和功率放大后驱动外部负载。

以上是PLC处于运行（RUN）状态时，CPU的扫描过程。若PLC处于停止运行（STOP）状态，CPU就只执行自诊断及与外设通信两部分程序，并不断地进行循环扫描过程。

如果整个程序扫描一次所需要的时间超过监控定时器的设定值，则定时器动作，发出CPU故障信号，并对系统采取应有的保护措施。

6. PLC的输入/输出接口电路

（1）输入接口电路

各种PLC的输入电路大多都相同，主要有两种类型：一种是直流（12～24 V）输入，另一种是交流（100～120 V、200～240 V）输入。

图3-4-10所示为直流输入接口电路，PLC输入电路有光电耦合器隔离，并设有*RC*滤波器，可以消除输入触点的抖动和外部噪声干扰。当输入开关闭合时，一次电路中有电流流过，输入指示LED灯亮，光电耦合器被激励，三极管从截止状态变为饱和导通状态，这一状态经滤波电路和输入选择器由I/O总线进行输入。

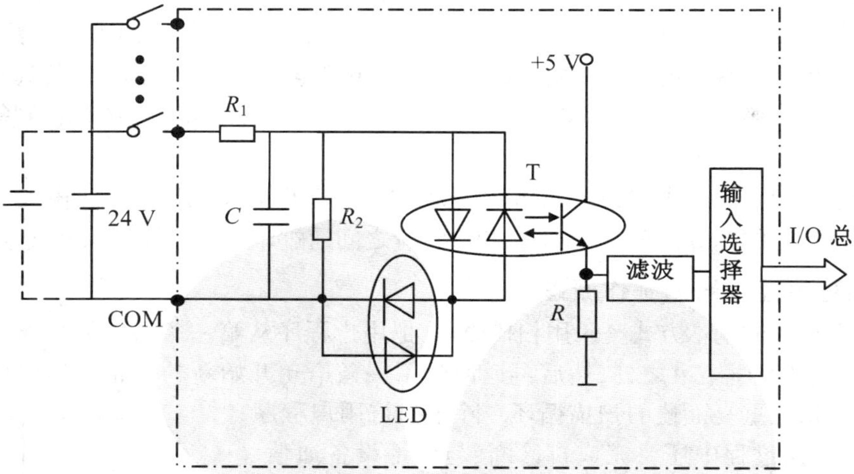

图3-4-10　PLC直流输入接口电路

由于采用的是双向光耦，因此外部接线没有极性要求，即公共端子COM（SIEMENS PLC的公共端标记为M）既可以接在电源的正极，也可以接在负极（如图中虚线电源所示）。该接口可作为交流输入接口。如果采用单个光耦，则只能选择使用直流输入。

（2）输出接口电路

①继电器输出

PLC的输出接口有三种形式，即继电器输出、晶体管输出和晶闸管输出。

继电器输出是最常用的输出类型，如图3-4-11所示。当CPU有输出时，接通或断开输出电路中继电器的线圈，继电器的接点闭合或断开，通过该接点控制外部负载电路的通断，并通过LED对输出点的状态进行指示。继电器输出方式利用继电器的触点和线圈将PLC的内部电路与外部负载进行了电气隔离。

继电器输出对外提供的是无源干触点，适用于驱动大、小容量的交、直流负载，对直流负载的接线无极性要求。其缺点是响应速度（即通断速度）较慢（约10 ms），且触点寿命有限制。

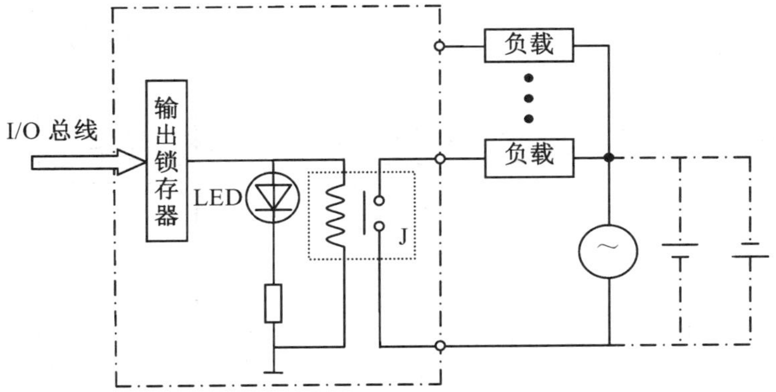

图 3-4-11　PLC 继电器输出接口电路

②晶体管理输出

晶体管输出接口如图 3-4-12 所示，它通过光电耦合使晶体管截止或饱和导通以控制外部负载电路，光电耦合对 PLC 内部电路和输出晶体管电路进行了电气隔离。LED 对输出点的状态进行指示。

晶体管输出只能带直流负载，且电源方向有极性要求。其驱动能力较弱，不适用于直接带继电器、接触器和电磁阀等大容量负载；但响应速度较快（约 0.2 ms），无触点，寿命长。

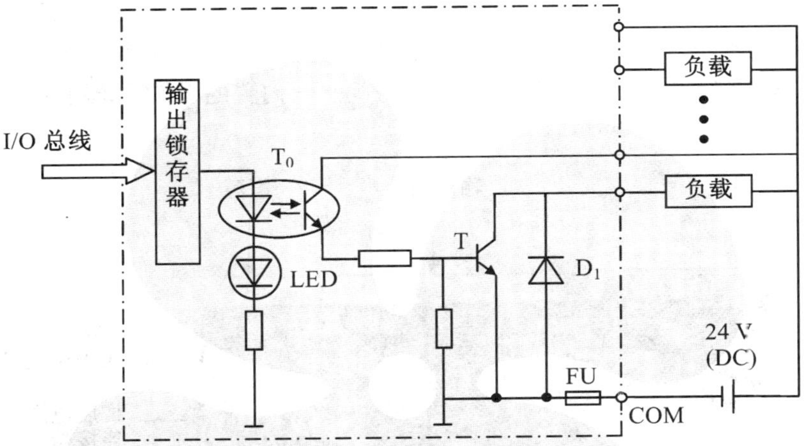

图 3-4-12　PLC 晶体管输出接口

③晶闸管输出

晶闸管输出接口电路如图 3-4-13 所示。它采用了光触发型双向晶闸管，适用于驱动交流负载。晶闸管输出适用的交流电压范围较宽，负载能力强，可直接驱动各种大容量设备，响应时间短（约 1 ms），无触点，寿命长，同样带 LED 输出状态指示。

7. PLC 常用模块及其与外部设备的连接

PLC 控制系统是由各种功能模块组装在一起形成的积木式系统，模块的种类分为 CPU 模块和扩展模块两大类。以 SIEMENS 公司的 S7-200 PLC 为例，简要说明 PLC 的常用模块及其与外部设备的连接方法。

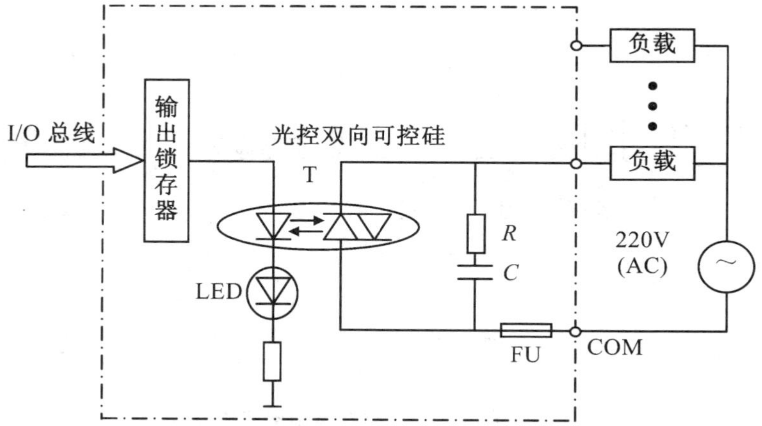

图 3-4-13　PLC 晶闸管输出接口

（1）CPU 模块的类型和功能

CPU 模块将一个微处理器、一个集成电源和数量不等（取决于不同的型号）的输入/输出通道集成在一个紧凑的封装中，独自形成一个小型的 PLC 系统。

S7-200 PLC 有 CPU 221、CPU 222、CPU 224 和 CPU 226 四种基本型号，不同型号的区别主要在于输入、输出点数和扩展能力的不同，分别适用于不同复杂程度的控制任务。图 3-4-14 示出了 S7-200 CPU 模块的外观结构。

图 3-4-14 中，RS-232/485 通信端口用于连接编程设备或用于网络连接。当 CPU 模块通过编程电缆与编程设备连接后，可编辑或载入用户程序，内置的操作系统可对用户程序进行编译和运行。

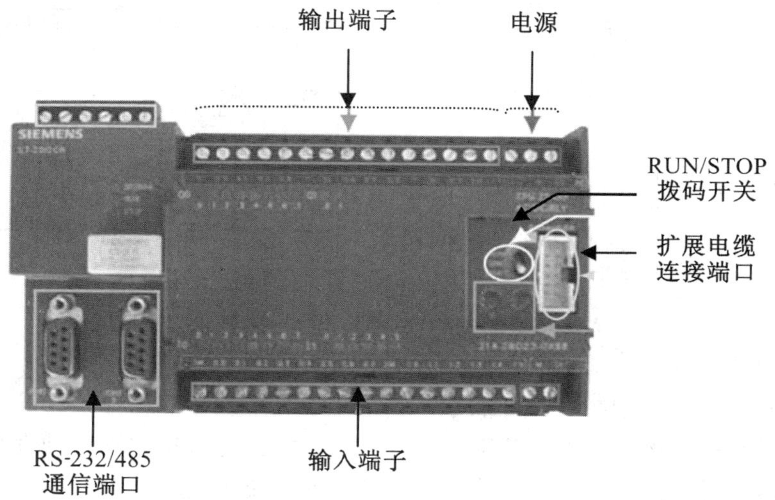

图 3-4-14　S7-200 CPU 模块外观结构

顶部接线端子为输出接线端子和电源接线端子，输出端子的运行状态可以端子下方的一排指示灯显示；底部端子为输入端子和传感器电源端子，输入端子的运行状态可以由底部端子上方的一排指示灯显示。CPU 模块本身所带的输入/输出通道以开关量为主，只有少数几个型号带有模拟量输入/输出。

"RUN/STOP"开关用于控制 PLC 的运行模式,开关打在"RUN"位置时,程序运行,"RUN"指示灯亮,此时可通过编程设备对程序的运行状态进行监视;开关打在"STOP"位置时,程序停止运行,"STOP"指示灯亮,此时可通过编程设备对 PLC 进行编程操作。

扩展电缆连接端口用于连接扩展模块,实现 I/O 扩展。

(2)CPU 模块的外部接线

CPU 模块的外部接线主要包括电源接线、输入接线和输出接线。图 3-4-15 给出了 CPU 266 的外部接线原理图。图 3-4-15 所示的型号采用交流供电、直流输入和继电器输出。有 24 个开关量输入和 16 个开关量输出,底部为输入端子排,顶部为输出端子排。

CPU 226 AC/DC/继电器(6ES 7216-2BD23-0XB0)

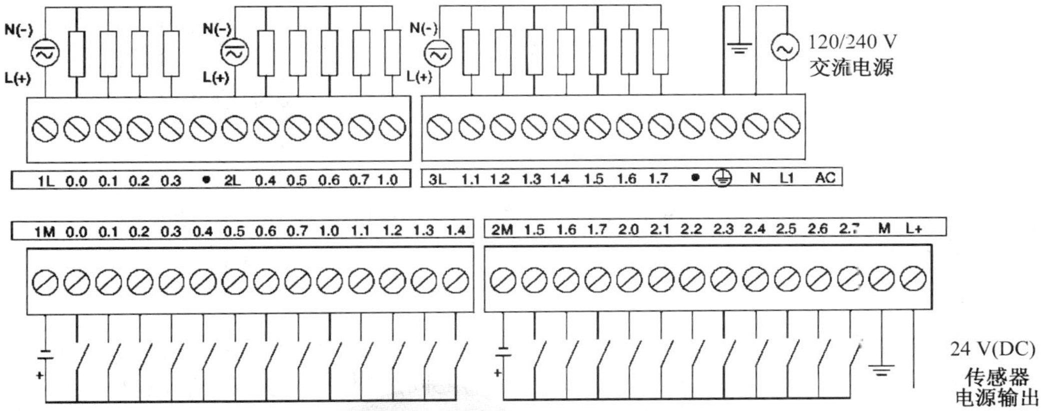

图 3-4-15　CPU 266 的外部接线

在图 3-4-15 中,24 个开关量输入分为两组,第一组由输入端子 I0. 0~I0. 7、I1. 0~I1. 4 共 13 个输入点组成,外部电源的负极接第一组的公共端 1M,正极通过外部开关接至各个输入端;第二组由输入端子 I1. 5~I1. 7、I2. 0~I2. 7 共 11 个输入点组成,外部电源的负极接第二组的公共端 2M,正极通过外部开关接至各个输入端。底部右侧的 L+和 M 是一组 24 V/400 mA 的直流电源输出,可为外部传感器提供电源,也可作为输入端的外部电源使用。

在图 3-4-15 中,16 个开关量输出均为继电器输出,分为 3 组,第一组由输出端子 Q0. 0~Q0. 3 共 4 个输出点和公共端 1L 组成,每个负载的一端与输出点相连,另一端经负载电源与公共端相连,负载电源可以是交流也可以是直流,由负载性质确定;第二组由输出端子 Q0. 4~Q0. 7、Q1. 0 共 5 个输出点和公共端 2L 组成;第三组由输出端子 Q1. 1~Q1. 7 共 7 个输出点和公共端 3L 组成。输出端子排的右端 N、L1 端子是 PLC 的供电电源,分别为 120 V、240 V 交流电源。

如果 PLC 选用晶体管输出,由于是直流输出,负载电源必须是直流电源。PLC 的直流输出接口电路原理如图 3-4-16 所示,与图 3-4-12 略有不同。

必须了解的是,PLC 和单片微机等其他计算机一样,其输入和输出也需要端口地址。在 CPU 模块的上述接线中,端子名称实际上就是端子的地址名称,并且与 PLC 用户程序中的地址名称是一致的。在 S7-200 PLC 中,开关量输入端口的地址以字母 I 开头,开关量输出的端口地址以字母 Q 开头。例如:I0. 0~I0. 7 表示开关量输入字节的 8 位,其中的某一位,如 I0. 0 表示该字节的第 0 位;Q0. 0~Q0. 7 表示开关量输出字节的 8 位,其中的某一位,如 Q0. 7 表示

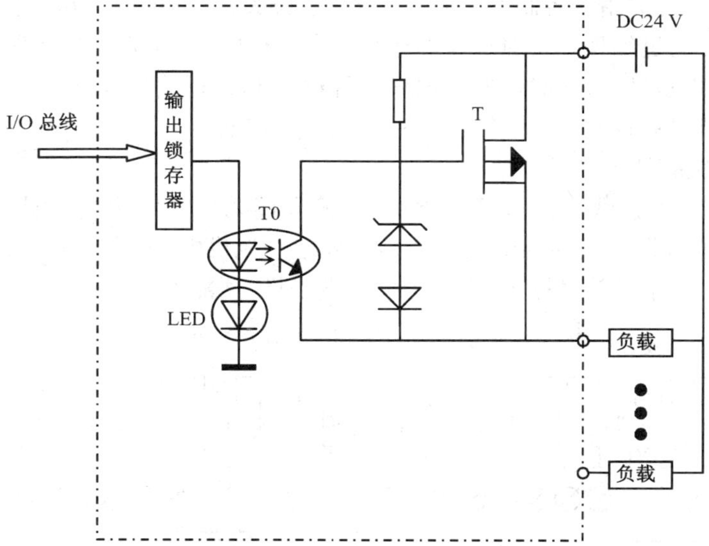

图 3-4-16　PLC 的直流输出接口

该字节的第 7 位。

（3）扩展模块

CPU 模块有时也称作本机或主机，当本机的输入、输出点不够用或有某些特殊的功能要求时，还必须用到扩展模块。扩展模块和 CPU 模块之间通过扩展电缆连接，扩展模块一边是扩展电缆，如图 3-4-17 所示，另一边是扩展槽，用于下一个模块的扩展插接使用。若要扩展多个模块，则采用扩展电缆将两个模块连接起来即可。

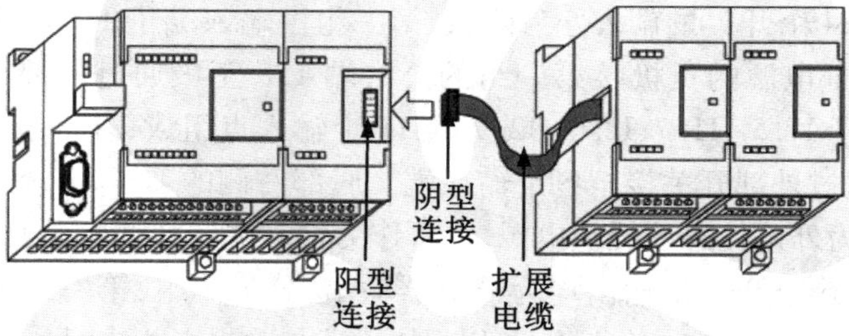

图 3-4-17　S7-200 PLC CPU 模块与扩展模块的连接

S7-200 PLC 的扩展模块包括 I/O 模块、通信模块和其他具有某种专门用途的功能模块，而 I/O 模块又包括开关量 I/O 模块、模拟量 I/O 模块。

四、模拟/数字/计算机 PID 控制器

PID 控制器由比例单元 P、积分单元 I 和微分单元 D 组成，通过 K_p，K_i 和 K_d 三个参数的设定。PID 控制器主要适用于定值自动控制系统，如冷却水温度自动调节系统。

PID 控制器是一个在工业控制应用中常见的电子控制设备。传统的模拟电子实现的 PID 原理如图 1-5-1 所示，但是现代已被数字 PID 控制器淘汰，现代控制甚至已多采用智能控制。数字或智能仪表的结构示意图如图 1-1-15 所示，其物理结构为前述微处理器系统，即由微机系统或单片机、输入输出接口单元、信号转换单元（包括 A/D、D/A 转换）组成，如图 1-1-13 所

示的数字式控制系统。具体数字 PID 控制、总线控制可参考第一章第五节内容。

第五节 电子控制设备在船舶机舱中的应用

一、PLC 型主机遥控系统

PLC 控制的主机遥控系统结构简单,其结构组成如图 3-5-1 所示,由 PLC 构成的遥控装置单独成套,一般置于集控室,控制柜内同时装有独立 PLC 控制的安保系统。遥控装置通过通信与驾驶室的操作面板、集控室的操作面板和指示面板联系,同时直接通过信号线输入驾驶室车钟和集控室车钟的信号,并将遥控处理好的速度信号送给调速器。调速器也是单独的控制单元,根据遥控装置或集控室操纵杆的输入控制主机转速。主机安保装置也通过通信与集控室安保操作面板联系,其传感器和转速测量均为独立,主机的转速指示由安保系统提供。

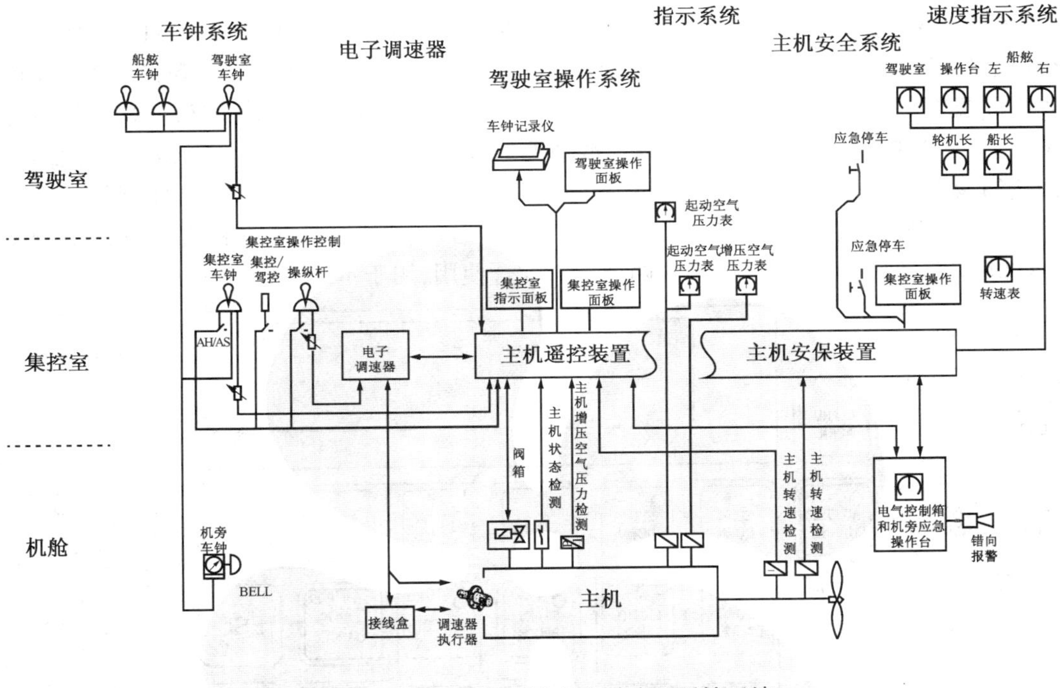

图 3-5-1 以 PLC 控制为核心的主机遥控系统

一般集控/驾控切换开关安装在集控室操纵杆附近。集控室控制时,由集控室车钟向遥控系统送正倒车信号,操纵杆送调速设定信号。图示集控室车钟也有转速信号通过电位器送遥控装置,说明在集控室选择为自动控制时,集控室车钟回令的同时,转速信号通过遥控装置也能送达电子调速器。

PLC 由电源模块、CPU 模块、开关量输入模块、开关量输出模块、模拟量输入模块、模拟量输出模块、通信模块和转速脉冲模块等组成,系统可根据需求进行扩展和选用。每个模块有相应的地址设置、指示灯状态指示,便于使用操作和维护。

1. PLC 控制主机遥控系统的特点

PLC 控制应用在主机遥控系统中,除 PLC 本身具备的安全可靠、输入/输出组合灵活、扩展方便及调试方便等优点外，还具有以下几个特点：

（1）硬件模块化结构的同时，软件集成化和标准化；

（2）与其他设备通过串行通信联系；

（3）I/O 扩展范围宽，信号类型多样，除常规开关量、模拟量外，还具有脉冲量、PWM 等接口模块；

（4）根据主机机型的不同，可选用、组合不同的软件，实现优化配合；

（5）安保系统的输入、输出回路具备自检功能，方便查找回路故障。

2. 典型实例的操作面板

以 DMS2100i 主机遥控系统为例，其控制面板如图 3-5-2 所示，右上角使用液晶显示状态与信息，其他按钮（或带灯按钮）实现各种遥控系统的功能。按下“ALARM LIST”，则液晶显示当前报警信息，如果报警信息较多，可通过按“△”“▽”键观察；“STOP HORN”为消声按钮，在出现故障报警时，按下该按钮消声；“ALARM ACKN.”为报警确认按键，在消声后，观察确认故障后再按下该按钮。“ADD. LIST”是附加信息显示按钮；“DISPLAY CHANNEL”为通道显示；“ADJUST CHANNEL”为通道调整；“BRIDGE CTRL.”“E. C. R CTRL.”“LOCAL CTRL.”为操作部位的选择与指示；“SEA MODE”“STAND BY”“F. W. E.”是副车钟按钮和指示灯。中间一大块为安保系统的信息汇总，“SLOW DOWN”为故障减速指示灯；“SHUT DOWN”为故障停车指示灯；“SLOWD. CANCEL”为故障减速取消按钮及指示灯；“SHUTD. CANCEL”为故障停车取消按钮及指示灯；“SLOWD. RESET”为故障减速复位按钮及指示灯。中间还有“START BLOCK”为起动闭锁指示灯；“LIMITS CANCEL”为各种限制取消按钮和指示灯，“SELECT”“STATUS”“CONTROL”“SETTINGS”四个按钮配合使用，用于不同工作模式。

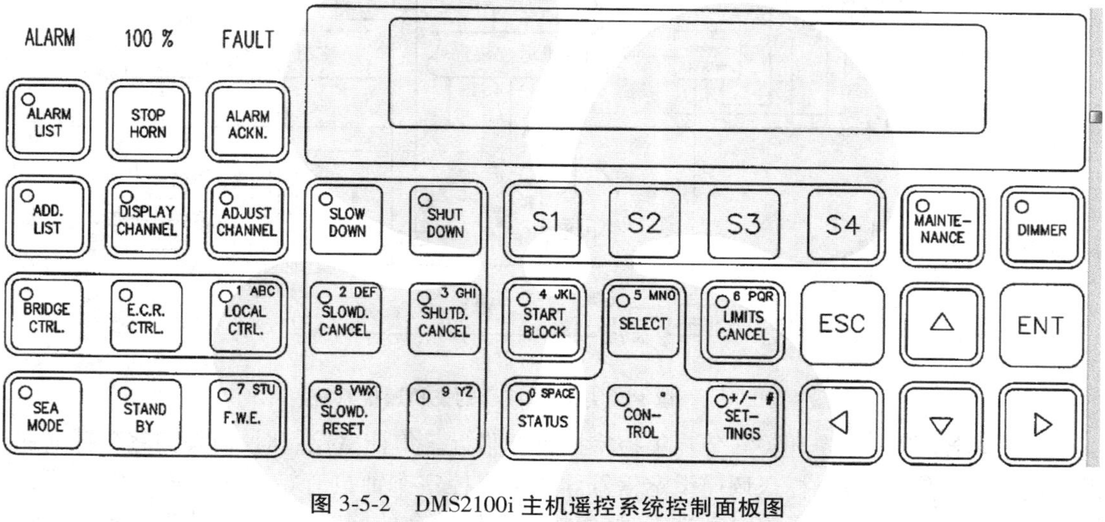

图 3-5-2　DMS2100i 主机遥控系统控制面板图

二、数字调速系统

数字调速系统是由计算机控制的全数字式调速系统，具备全制式液压调速器的所有功能，能满足低速长冲程柴油机的所有调速任务，既适于固定螺距螺旋桨（FPP，Fixed Pitch Propeller）系统，又适于可变螺距螺旋桨（CPP，Controllable Pitch Propeller）系统。数字调速系统应根据不同机型配以不同版本，以满足主机的需求。

1. 数字调速系统结构组成

数字调速系统主要由驾驶室控制转速信号和集控室转速操纵杆、数字调速单元、数字伺服单元、电源、伺服马达、转速检测装置和扫气压力传感器等部分组成。图 3-5-3 给出了它们之间的相互关系。

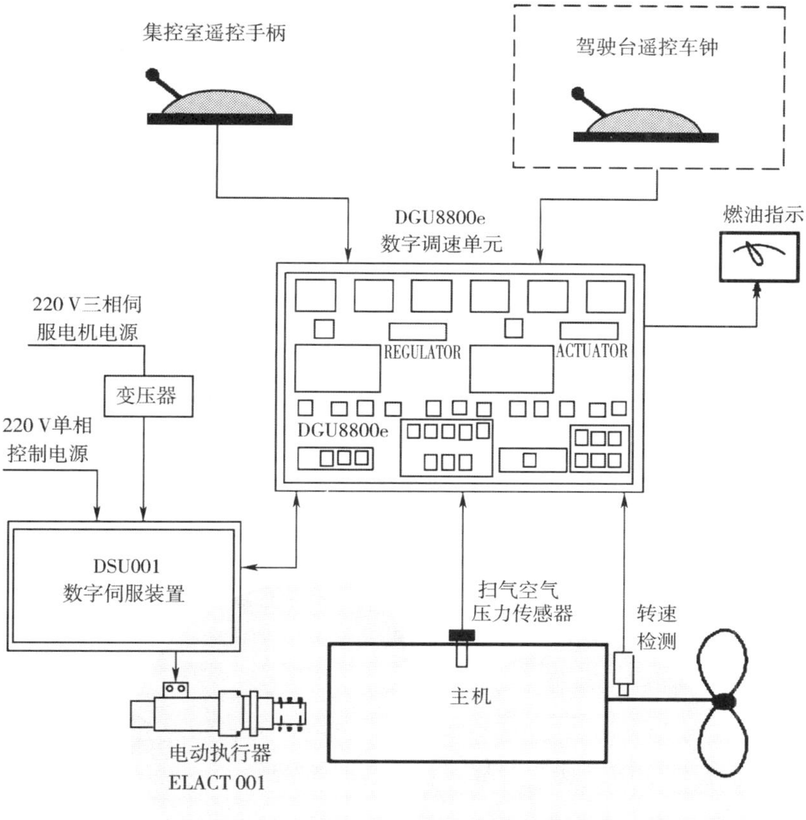

图 3-5-3　数字调速系统结构组成

(1)驾驶室控制转速信号和集控室转速操纵杆

调速系统的转速设定有两个来源:一个是驾驶室控制时,驾驶室车钟通过驾驶室控制单元、集控室控制单元后送出来的转速设定;另一个是集控室控制时,集控室主机转速操纵杆直接送来的转速命令信号,调速系统的转速设定由操纵部位选择开关选择。

(2)数字调速单元

数字调速单元一般镶嵌于集控台的立面上,它包含两个独立完整的微机子系统,分别用于主机转速调节和执行器。两个子系统所用硬件模块相同,通过 I/O 接口实现数据传送。面板的左半部分(REGULATOR)显示调速器的相关状态和参数,通过按钮操作可对调速器进行参数修改和其他操作;右半部分(ACTUATOR)则为执行器提供显示和操作接口。

(3)数字伺服装置

数字伺服装置包括电源单元、伺服放大器(主要包含变频控制单元)和供调速器使用的 24 V 直流电源,控制柜安装在集控室操纵台前方的墙上。

电源单元和伺服放大器用于执行器控制电路和执行器马达转速的控制。伺服放大器输出光滑的正弦波信号。

(4)测速传感器

两个感应式接近开关装在一个防水的盒子内，面对飞轮安装，传感器和飞轮之间的间隙为2.5 mm±0.5 mm。传感器提供转速脉冲信号，测速方波信号的幅度在低转速时接近4 V，高转速时接近10 V。

为了保证测量的可靠性，系经采用冗余设计，有A、B两个测速传感器，但对两个探头的相位无要求（不考虑转向）。装置对两个测速通道的信号进行校验，取出正确通道的值，作为调节器的反馈信号，并送显示器进行显示。

(5)变压器

三相变玉器给DSU供电，输出220 V（或135 V）电压用于执行器的转速控制。变压器输入电压为440 V（或220 V），由配电板直接供电。

(6)电子执行器

执行器主要由一个三相无刷伺服电机组成，带有减速齿轮。伺服电机由数字伺服装置中的变频器控制，经过减速后最大能够提供5 500 N的输出力，最大转角达42°，而静态精度可达0.01 mm。伺服电机有一内置式制动器，当系统故障或电源故障时动作，将油门调节杆保持在当时的位置上，使主机保持当时的转速运行。伺服电机还带有过载保护装置。

油门调节杆（执行器）的位置由一个直接安装在伺服电机上的绝对编码器进行测量，提供执行器位置反馈信号。编码器的分辨率为1024Lines/Rev或4096Pulses/Rev。另配一个三相旋转变压器，用于提供转角反馈信号，送至数字伺服装置单元。

(7)扫气压力传感器

扫气压力传感器的作用是将主机扫气空气总管内的压力成比例地转换成4~20 mA电流，该电流信号经A/D转换后供调速器软件用于增压空气压力限制。

2. 调速器系统功能

数字调速器不仅具有全制式液压调速器的所有功能，而且能充分利用微机控制的灵活性，实现多种操作方式、精确的限制功能及故障自动显示与报警，其功能的全面、强大和灵活是传统调速器无法比拟的。

数字调速器的主要功能包括：

(1)给定转速指令处理

①接收驾驶台或集控室送来的转速指令信号；

②接收安保装置SSU 8810送来的故障减速和故障停车指令；

③转速限制，包括最大车令转速限制、临界转速自动避让、轴带发电机的最低转速设定、SLOW DOWN转速、系统出故障时的"替代转速"等；

④速率限制和程序负荷控制；

⑤起动（正常起动、重起动）油量设定及起动成功后的恒定油量延时控制；

⑥操作方式和状态切换。

(2)主机转速检测

①采用低通滤波滤除高频噪声信号；

②采用自适应滤波，包括通过数字陷波器，滤除由于个别气缸缺火运行导致的特定低频转速噪声信号；最大滤波转速（约53%MCR）的自动开启和关闭，即当恶劣海况或有较大扰动发生时自动切除滤波功能。

(3)转速调节

从总体上看,转速调节属于带有前馈控制和 PI(或 PID)闭环定值控制的复合控制回路,包括 PI 或 PID 调节、死区控制、调节器增益特性控制(可变增益控制)等。

(4)燃油限制

燃油限制包括转矩限制、扫气压力限制、手动最大燃油限制和零螺距油门限制(用于 CPP 系统)、转速的非线性补偿(螺旋桨特性补偿等)、车令转速和转矩限制、扫气压力限制、手动最大燃油限制等。信号经选小器选小后输出,再经补偿及转换处理作为执行器的给定位置信号。

(5)执行器

执行器包括伺服控制回路的 PI 控制、输出信号与伺服放大器的信号匹配(输出标度变换)、监视控制信号、故障情况下锁定执行器。

(6)其他主要功能

喷油定时(VIT)控制:调速器输出的 4~20 mA 电流信号经 I/P 转换器变换成 0.05~0.50 MPa 气压信号,再用气压信号控制 VTT 机构的机械动作。

LCDL(Load Change Dependent Lubrication)控制:随着主机负荷(或气缸温度)的变化增加气缸润滑,且当负荷变化超过预定时间时开始增加气缸润滑油。

3. 调速系统的原理

图 3-5-4 为数字调速系统原理框图,数字调速系统具有三个闭环控制系统:一个是由数字调速单元中的调速系统构成的主机转速闭环控制回路,根据设定转速与测量转速的偏差按 PI 或 PID 调节规律计算控制量输出,经各种负荷限制(燃油限制)、非线性补偿和标度变换(将计算得出的控制量数值转换为具有物理单位的执行器位置刻度值)后,作为执行器位置设定值送给油门位置闭环控制;调速器中的执行器根据油门设定位置与旋转变压器测到的实际位置,计算出偏差,按照 PI 调节规律,输出执行电机需要的运转转速,送给数字伺服装置;由于伺服电机采用无刷直流电机,调速控制中需要电机转子位置,因此数字伺服装置需要绝对值编码器的位置反馈信号,同时计算出电机转速信号,即最后一个闭环是由数字伺服单元、执行电机以及绝对值编码器构成变频调速闭环控制。三个闭环分别称为外环、中环和内环。

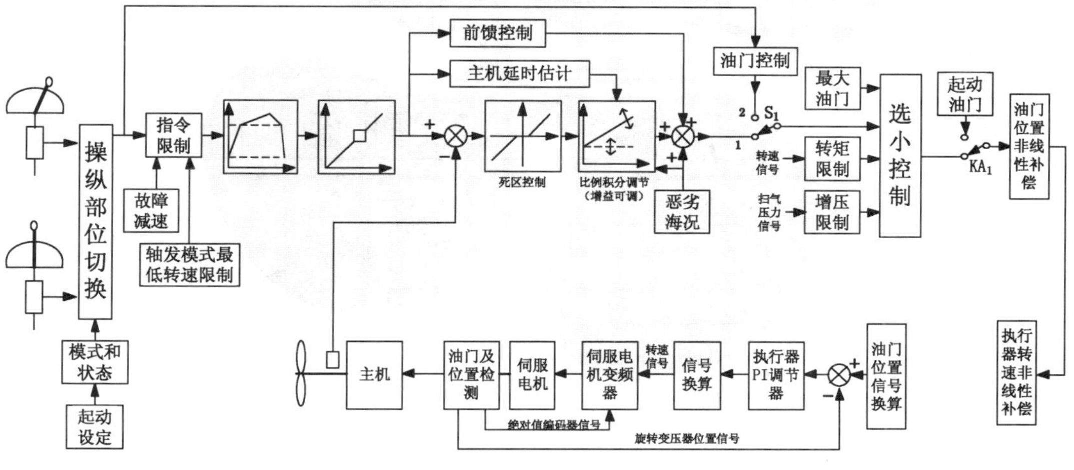

图 3-5-4 数字调速系统原理框图

三、主机安全保护系统

安全保护系统是主机遥控系统三大重要组成部分之一，是为保护主机安全运行而特设的一个功能系统，它的主要作用是在主机运行过程中出现不正常情况时，例如，主机冷却水系统、滑油系统、燃油系统的温度、压力、流量等参数异常，主机排气温度过高，增压器滑油油柜液位过低，曲轴箱内油雾浓度越限，盘车机未脱开，主机超速，转速传感器故障等情况发生时，自动控制主机减油减速或停油停机。

上述情况的感知大多采用开关量传感器来检测，一旦出现异常，则通过安保系统输出信号去控制“安保电磁阀”动作，再通过操纵系统中的气路控制停油装置进行停油停机或减油减速，同时给出报警信号。在机舱无人情况下，安保系统的重要作用是不言而喻的。

通常安保系统下达的故障减速和故障停机指令，还可以根据故障对主机的危害程度不同，分成“可取消”(CANCELABLE)和“不可取消”(NON CANCELABLE)两类，例如：推力轴承高温、主机滑油失压、超速等所引发的故障停车指令通常是不可取消的。主机排气温度过高、增压器滑油油柜的液位过低、转速传感器故障等所引发的故障停车指令通常是可取消的。对现代先进的微机主机遥控系统而言，有些故障还可采取智能处理方法。例如，微机型主机遥控系统中采用两套转速传感器，在正常情况下对两套转速传感器信号择优选用：若一套传感器故障，选用另一套；若两套都故障，则采用被处理后的转速设定进行开环式转速控制等。图 3-5-5 所示为 SSU 8810 主机安全保护系统的控制面板，面板上大多是各种报警指示灯，少数是状态指示灯及复位与显示器操作按钮等。

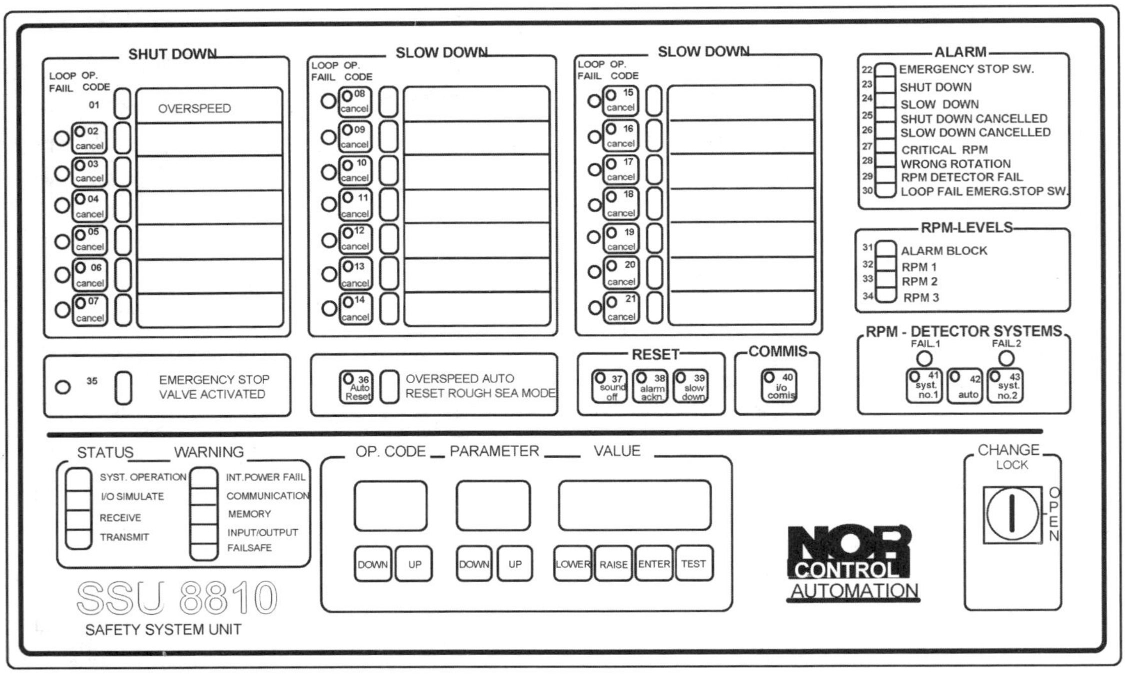

图 3-5-5　SSU 8810 主机安全保护系统的控制面板

1. 故障停机和故障减速保护功能

(1)SHUT DOWN 故障停机保护

本系统实现的故障停机(SHUT DOWN)保护项目是:

①超速保护 OVERSPEED;

②主机滑油低压保护 MAIN LUBRICATION OIL LOW PRESSURE;

③凸轮轴滑油低压保护 CAMSHAFT LUBRICATION OIL LOW PRESSURE;

④推力块高温保护 THRUST PAD HIGH TEMPERATURE;

⑤涡轮增压器进口滑油压力低 TURBOCHARGER LUB. OIL INLET LOW PRESSURE。

其中,不可取消的故障停机保护项目(NON CANCELABLE)有:“超速保护”“主机滑油低压保护”。

可以取消的故障停机保护项目(CANCELABLE)有:“凸轮轴滑油低压保护”“凸轮轴滑油低压保护”“推力块高温保护”和“涡轮增压器进口滑油压力低”,SHUT DOWN 的取消权在驾驶台控制面板。

当上述故障停机项目发生时,主机遥控系统将控制操纵系统中的“应急/安全保护停油电磁阀”有电动作,控制停油机构停油停机,同时控制面板上 EMERGENCY STOP VALVE ACTIVATED 指示灯亮。

关于停油机构,对 MAN B&W 主机而言,控制燃油泵泄油阀打开泄油;对 NEW SULZER 主机而言,控制燃油泵停油伺服机构动作关闭油门。

如果所发生的故障停机项目是可以取消的,在规定时间内,驾驶员根据需要按下了驾驶台控制面板上的“SHUT DOWN CANCELED”按钮,或集控室轮机员按下本面板“SHUT DOWN”“SLOW DOWN”左方“CANCEL”按钮,即可取消该项故障停机保护功能。

(2)SLOW DOWN 故障减速保护

本系统实现的故障减速(SLOW DOWN)保护项目是:

①曲轴箱油雾高(OIL MIST IN CRAKCASE HIGH);

②气缸套冷却水进口低压(JACKET COOL WATER INLET LOW PRESSURE);

③活塞冷却水进口低压(PISTON COOLANT INLET LOW PRESSURE);

④活塞冷却水出口高温(PISTON COOLANT OUTLET HIGH TEMPERATURE);

⑤扫气空气高温(扫气箱失火)[SCAV. AIR HIGH TEMPERATURE (FIRE)];

⑥活塞冷却水出口流量低(PISTON COOLANT OUTLET LOW FLOW);

⑦推力块高温(THRUST PAD HIGH TEMPERATURE);

⑧曲轴箱油雾高温(OIL MIST HIGH TEMPERATURE);

⑨排气出口高温(EXHAUST GAS OUTLET HIGH TEMPERATURE)。

以上故障减速(SLOW DOWN)保护项目都是可以取消的保护项目,在上述保护项目发生时,驾驶员都可以在驾驶台上根据船舶安全航行的需要,随时取消这些保护功能。

应该指出的是,当“SHUT DOWN”“SLOW DOWN”故障现象解除后,必须按下集控室或驾驶台上的复位按钮(RESET)才能恢复正常的控制状态。

除“OVERSPEED”以外,每项“SHUT DOWN”“SLOW DOWN”参数检测回路都带有故障检测回路(LOOP FAIL),并在每项保护指示的最左方设有一个回路故障 LED 指示灯,以指示“SHUT DOWN”“SLOW DOWN”参数采集回路工作是否正常。

2. 其他状态与报警指示

(1)综合报警指示

综合报警指示灯是:

①应急停机(EMERGENCY STOP SW.);

②故障停机(SHUT DOWN);

③故障减速(SLOW DOWN);

④故障停机被取消(SHUT DOWN CANCELED);

⑤故障减速被取消(SLOW DOWN CANCELED);

⑥在临界转速区运行(CRITICAL RPM);

⑦车令与转向不一致(WRONG ROTATION);

⑧转速检测装置故障(RPM DETECTOR FAIL);

⑨应急停机电磁阀回路故障(LOOP FAIL EMERG. STOP SW.)。

上述指示灯中,②、③、④、⑤四个指示灯都是报警组灯,其具体内容还要看"SHUT DOWN""SLOW DOWN"指示灯和在 LCD 显示器上查询。

(2)系统运行状态与硬件故障指示

系统运行状态 STATUS 包括:

①系统运行状态(SYST. OPREATION);

②输入/输出模拟试验状态(I/O SIMULATE);

③通信接收状态(RECEIVE);

④通信发送状态(TRANSMIT)。

硬件故障指示 WARNING 包括:

①内部电源故障(INT. POWER FAIL);

②系统通信故障(COMMUNICATION);

③CPU 主板上存储器芯片故障(MEMORY);

④输入/输出回路故障(INPUT/OUTPUT);

⑤FAILSAFE。

另外,单独设有应急停机电磁阀 EMERGENCY STOP VALVE ACTIVAED:当出现故障紧急安保停机时,主机遥控系统控制安保应急停机电磁阀动作,相应指示灯亮;如果出现回路故障,则左边的回路故障小指示灯亮。

3. SSU 面板功能按钮

转速检测系统 RPM-DETECTOR SYSTEMS:包括选择按钮及指示灯:syst. no. 1, auto, syst. no. 2,用于选择第一套转速检测系统 syst. no. 1 或第二套转速检测系统 syst. no. 2,如果按下"auto"按钮,系统将自动选择两套转速检测系统的一套工作。

4. 复位 RESET 操作

复位 RESET 操作包括消声按钮 sound off、报警确认按钮 alarm ackn、故障减速复位按钮 slow down。

四、车钟系统及操纵部位的转换

1. 车钟系统概述

车钟系统是用来在各操作部位之间发送和接收主机操作指令及传递操作信息的装置，一般由驾驶台车钟、集控室车钟和机旁应急车钟组成。根据所传递指令的不同性质，车钟指令包括主车钟指令和副车钟指令，在车钟上可以进行控制位置的切换和指示。主车钟是针对主机的操纵命令，副车钟指备车、定速、完车等信号的联系，在车钟内还设置有应急停车按钮等。现代船上的车钟系统已经集成了多方面的功能，不仅可以在不同控制位置间传递指令，还可以将指令送给柴油机控制系统，直接控制主机的运转状态。此外，车钟系统还连接一台车令打印机，通常设置在驾驶台，对车令信息进行打印。

（1）主车钟

一般有停车（Stop）、正车微速（Dead Slow Ahead）、正车慢速（Slow Ahead）、正车半速（Half Ahead）、正车全速（Full Ahead）、海上全速（Navigation Full Ahead）、倒车微速（Dead Slow Astern）、倒车慢速（Slow Astern）、倒车半速（Half Astern）、倒车全速（Full Astern）和紧急倒车（Crash Astern）等 11 个挡位。驾驶台和集控室处的车钟一般采用手柄操作，而机旁应急车钟通常采用按键车钟。如图 3-5-6 为 AC C20 遥控系统配置的手柄车钟和按钮车钟。手柄式车钟一般设有两排指示灯或两根指针，一侧指示本地手柄的位置，另一侧则指示另一操作部位的手柄位置。按键式车钟则用按键代替手柄，省去了转速设置环节，简化了内部结构。

图 3-5-6　单手柄复合车钟和按键式车钟

如果控制位置在驾驶台，驾驶台车钟改变车令后，集控室和机旁车钟不需要人员操作，驾驶台车钟发信信号经车钟报警控制箱发送到集控室车钟和机旁车钟，使驾驶台车钟、集控室车钟和机旁车钟的随动指示灯自动跟踪到驾驶台车钟手柄位置。随动指示灯尚未跟上驾驶台车钟手柄位置时，会发出短暂的错位报警声。

如果操纵位置在集控室，驾驶台车钟改变车令后，车令信号经车钟报警控制箱发送到集控室车钟和机旁车钟，相应的挡位指示灯自动跟踪到驾驶台车钟手柄位置，并发出错位报警声响。此时需要轮机员操作车钟到指示挡位，集控室的车钟信号经车钟报警控制箱发送到驾驶台，相应的挡位指示灯也会跟随集控室车钟手柄位置。当两地的车钟手柄位置与跟踪指示灯的位置一致时报警停止。在集控操作时，集控室车钟除了完成对驾驶台车钟的复令外，常兼有换向操作的功能。

如果操纵位置在机旁，工作过程与集控室控制基本相同。只是应答车令的位置换到了机旁，应答的方式是按下机旁相应闪亮的车钟挡位按钮，两地的车令位置一致，报警就会停止。机旁的按钮车钟没有发送转速信号的功能，也没有换向的功能，操纵主机需要通过机旁操纵台上的其他操纵装置完成。

（2）副车钟

副车钟（Sub-telegragh）用于传送备车（Stand by）、完车（Finished with Engine）和定速（At sea/Run Up/Sea Mode）信号。备车、定速和完车代表船舶主机处于不同的工作状态，通常由驾驶台通知机舱执行，不同状态下甲板和轮机部的人员也会相应有不同的安排和分工。备车通常在进出航道、靠离码头、风浪天，主机需要机动操纵时使用。当需要进入备车状态时，首先由驾驶台按下“备车”按钮，发出报警声响，“备车”指示灯闪光。值班轮机员在集控室按“备车”按钮予以应答，车铃声响停止，“备车”指示灯变为平光，进入备车状态。当船舶结束机动航行进入海上定速航行时，在驾驶台按“定速”按钮，车钟声响，“定速”指示灯闪光，在集控室按“定速”按钮，车铃声响停止，“定速”指示灯切换为平光，进入定速航行状态。当船舶停泊后不再需要操纵主机时，驾驶台按下“完车”按钮，集控室按“完车”按钮应答后，进入完车状态，“完车”指示灯平光指示。在副车钟操作过程中，通常是备车与完车间、备车与定速间可以相互转换，完车与定速间却不能相互转换，如图 3-5-7 所示。

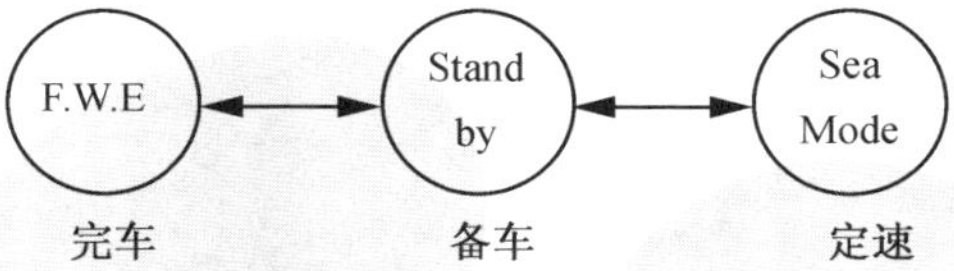

图 3-5-7　副车钟的转换

2. 车令发信装置

车钟向遥控系统发送主机操作命令的发信装置通常有气动和电动两种类型。气动发信装置内部设有气动逻辑阀件，手柄动作，相应气动逻辑阀件动作输出正车、倒车和停车信号。此外，还设有精密调压阀随手柄位置变化调节气压输出，作为转速设定信号送给调速器。不过由于目前船舶调速器主要是电子调速器或者数字调速器，气动速度设定信号已经极少见到，气动的精密调压阀已经由精密电位器取代，有的集控室内车钟仅保留正车和倒车换向的气动阀件。电动发信装置采用微动开关和相应的处理电路发出正车、倒车和停车信号，采用精密电位器与信号处理电路发出转速设定信号。

（1）气动车钟

图 3-5-8 所示为一种气动遥控车钟的结构原理及逻辑符号，主要由手柄转动装置、精密调压阀和二位三通换向阀组成，具有控制转向和设定转速的功能。通过一个可调的摩擦锁紧装置，操纵手柄可以锁定在任意位置，有些位置还带有定位槽。

当手柄转动时，底部的凸轮控制精密调压阀的输出压力（即转速设定值）与手柄位置相对应。此外，凸轮还带动两个二位三通阀发送正车或倒车命令，输出的信号分别是 I_n 和 I_H、I_S。

（2）电动车钟

电动车钟一般采用电位器式无级调速，车钟内部设置有微动开关、电位器、控制电路板。

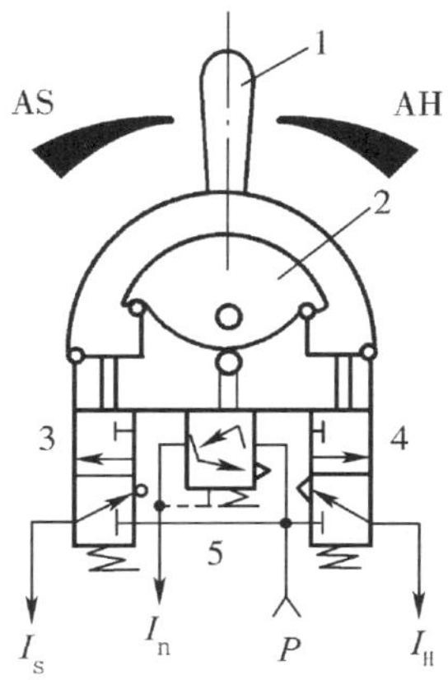

图 3-5-8　气动遥控车钟的结构原理及逻辑符号

电位器的输出可以是 0~5 kΩ 的电阻值，也可以是经放大器转换后的 4~20 mA 电流信号或 0~10 V 的电压信号，即停车时的信号为 0 kΩ、4 mA 或 0 V，正车最大或倒车最大时输出为 5 kΩ、20 mA 或 10 V，具体是控制主机正车还是倒车取决于车钟内的正倒车微动开关。

3. 操纵部位的转换及显示

主机遥控系统通常设置了三个控制位置：驾驶台、集控室和机旁。每个位置均可以对主机进行操纵，但在某个时刻，只有一个位置的操纵指令有效。也就是说，在操纵之前需要完成操纵位置的切换。操纵部位的转换开关设置有两处：机旁一般设“机旁/遥控”转换开关，集控台上则设有“集控/驾控”转换开关。只有在机旁转换开关转至“遥控”位置，才能有“集控/驾控”的选择可能。在三个操作部位中，机旁的操作优先权最高，自动化程度最低；集控室的操作优先权和自动化程度均其次；驾驶台的操作优先权最低，但自动化程度最高。

在三地的车钟面板上，通常设置有三个带灯按钮，用于操纵部位请求应答及状态指示。需要进行控制位置的切换时，在请求转换的车钟面板上按下按钮，车钟上会发出控制位置转换的报警，在当前控制位置的车钟面板上按下按钮，则表示同意位置转换，报警声音会消失，保留指示灯闪烁。当实际控制位置的转换开关动作到位后，指示灯转为常亮状态。

在完车和备车准备时，机舱需要进行转车、冲车、试车的操作，通常控制位置通常位于集控室。当主机准备妥当后，就可以将操纵位置转给驾驶台，在机动航行和定速航行时，通常由驾驶台直接操纵主机。为了安全起见，控制位置的转换通常在停车状态下完成，三个控制位置的车钟应该都位于停车位置。但在一些特殊的情况下，可能会出现主机转动过程中进行控制位置的切换情况。

为了避免因操纵部位转换而产生扰动，在正常情况下，操纵部位转换要满足车钟位置相同和设定转速一致的两个条件。这个车钟位置指的是车钟位于正车、倒车或停车位置。在电动车钟内部设置有检测车钟位置的微动开关，如果车钟位置不一致，操纵部位切换将被锁定而无法完成。如果车钟的转速设定值设置不相等，切换中因车令设定转速改变会使主机转速突然变化。为了检测设定转速的一致性，主机遥控系统通常在车钟处加设一个“Handle match”指示灯。当灯亮时，表示设定值一致，此时转换不会产生转速波动，称为无扰动切换。

在不同的操纵部位操纵主机时，主车钟的工作模式也不同。以定距桨船舶的低速主机为例，在驾驶台操纵时，驾驶台车钟直接对主机进行遥控操作，集控室车钟和机旁应急车钟只对驾驶台车令进行复示；在集控室或机旁操纵时，驾驶台车钟只用于传令操作，轮机员回复车令后,在集控室或机旁对主机进行手动操纵。应当指出的是,集控室车钟手柄通常还兼有主机的换向控制功能,而主机的起动、停车和转速控制则由集控室内单独的主机操纵手柄进行控制。

4. 单手柄复合车钟(LTU)

图 3-5-6 所示的 AC C20 主机遥控采用单手柄复合车钟(LTU),安装在驾驶台操作面板和集控室操作面板上,机舱应急车钟则为按键式车钟(Pushbutton Telegraph,PBT)。所谓复合车钟是指装置同时具有传令和主机操作指令的发讯功能,图 3-5-9 所示为 AC C20 主机遥控的车钟系统,图 3-5-10 所示为 LTU 的面板结构。

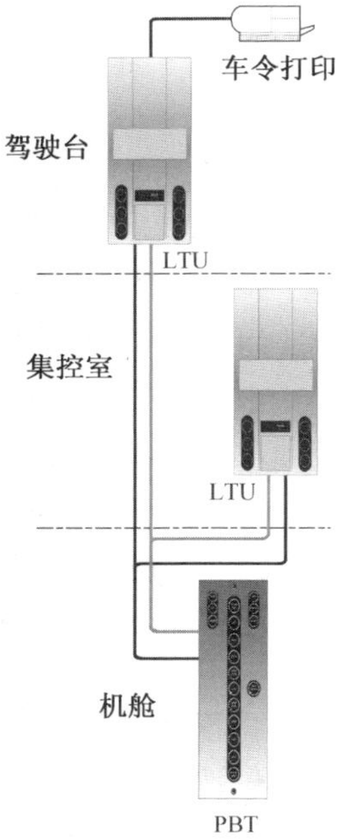

图 3-5-9　AC C20 车钟系统

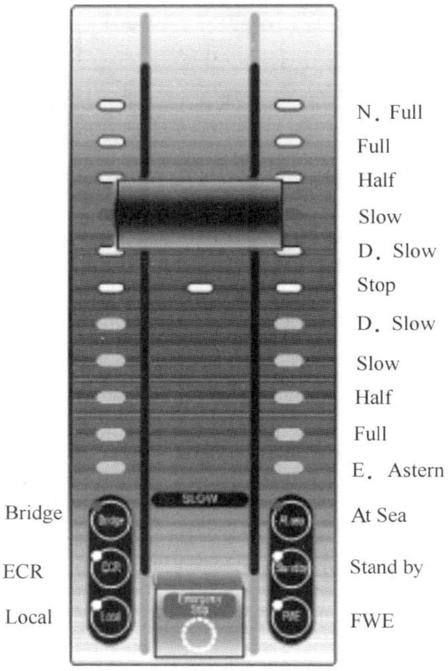

图 3-5-10　单手柄复合车钟

车钟手柄共分 11 挡,包括停车(Stop)位和正、倒车各 5 个挡位。正车的 5 个挡位包括微速(Dead Slow)、慢速(Slow)、半速(Half)、全速(Full)和海上全速(Navigation Full);倒车的 5 个挡位包括微速(Dead Slow)、慢速(Slow)、半速(Half)、全速(Full)和紧急倒车(Emergency Astern)。手柄两侧,对应各个挡位,分别布置有发光二极管(LED)指示灯,当手柄打在不同位置时,对应的 LED 点亮,并且手柄下方的文本显示器会显示相应的挡位名称。例如手柄的当前位置为"Slow",则"Slow"灯点亮,其文本显示内容也为"Slow"。尽管手柄分为不同的挡位,但手柄也可以自由地移动到两个挡位之间的任意一个位置,因此可实现精细的转速设定。

车钟左下方设有三个带灯按钮,其上标明"Bridge"(驾驶台)、"ECR"(集控室)和"Local"(机旁)标志,用于进行操作部位的指示和切换。

车钟右下方的三个带灯按钮分别为"At Sea"(海上航行)、"Stand by"(备车)和"FWE"(完车)按钮,用作辅助车钟。

车钟的正下方还设有一个保护翻盖,上面的红色标志为"Emergency Stop"(应急停车)。紧急情况下,可打开翻盖,按下应急停车按钮。此时,遥控系统将触发主机安保系统发出应急停车信号,同时也将使转速控制系统的转速设定值为 0,实现应急停车。再按一次应急停车按钮,并将车钟手柄回零,可实现应急停车的复位。

按键式车钟位于机舱机旁控制台上,用于在机旁操作时与驾驶台或集控室进行传令联络,其面板结构如图 3-5-11 所示。按键式车钟的挡位划分与单手柄车钟完全一致,区别在于它是通过带灯按钮来进行传令操作和车令指示的。

按键式车钟没有主机操作指令的发讯功能,因此它只是一个纯粹的传令车钟。当在机旁进行操作时,轮机员要通过机旁的主机应急操作装置对主机进行手动操作。

按键式车钟的左侧还设有一个试灯按钮和错向报警指示。

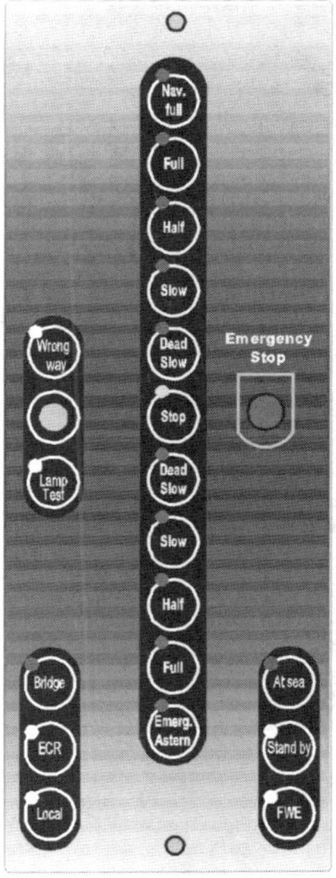

图 3-5-11 按键式车钟面板

五、总线型主机遥控系统

图 3-3-1 所示的 AC C20 主机遥控为总线型主机遥控系统,组成遥控系统的驾驶台操纵单元(Bridge Maneuvering Unit, BMU)、集控室操纵单元(Control Room Maneuvering Unit,CMU)、主机接口单元(Main Engine Interface,MEI)、电子调速器单元(Digital Governor Unit,DGU)和主机安全单元(Engine Safety Unit,ESU)等均是一个个独立的微处理器系统,并带有自己的输入接口和输出接口,能完成各自指定的功能,最重要的是各自通过互为备用的双路控制器局域网(Controller Area Network,CAN)总线连在一起,构建成一个总线控制系统。CAN 网络中的每个子系统称为网络的一个节点,不同的节点可根据方便性原则安装在船舶的不同位置,甚至可以直接安装在机器设备(如主机)上,具有分布式安装的特点,因此各单元被称为分布式处理单元(DPU)。AC C20 通过 CAN 网络中的各个 DPU 协同工作来实现主机遥控系统的各种功能。图 3-3-1 中的驾驶台操纵单元、驾驶台侧翼操纵单元、集控室操纵单元、带车钟的机旁控制屏、集控室指示屏单元、数字调速单元、主机接口单元、主机安保单元、双路转速检测单元等都是单个 DPU,相互间均以双路总线连接在一起。各个 DPU 完成既定的输入采集、逻辑和运算处理、输出控制等功能,通过 CAN 总线与其他 DPU 进行信息交换,所以整个系统没有一个中央控制单元,而是各 DPU 共同协作实现整个系统的控制功能。

1. Autochief 控制面板

Autochief 控制面板 ACP 是 AC C20 主机遥控系统的重要组成部分,它和单手柄复合车钟(LTU)一起构成驾驶台/集控室操作单元,如图 3-5-12 所示。ACP 由独立的一个 DPU 控制,内装嵌入式操作系统,通过 LCD 显示窗口、按键和多功能旋转按钮为用户提供了丰富的人机交互功能,多功能旋转按钮通过旋转选择需要显示的内容,通过按下进入需显示的界面。

(1)显示窗口

显示窗口具有丰富的显示功能,通过旋转按钮选择菜单式软按钮,调出各种 mimic 显示画面。

(2)多功能旋转按钮

多功能旋转按钮相当于计算机鼠标,可用于选择和确认显示窗口中菜单键和 mimic 图中的操作对象、移动 mimic 图中的虚拟手柄以及进行参数修改。通过左右旋转可对操作目标进行轮回选择(被选目标变为高亮),按下旋转按钮即可激活相应的功能,因此旋转按钮是驾驶台和集控室操作面板的重要操作工具。

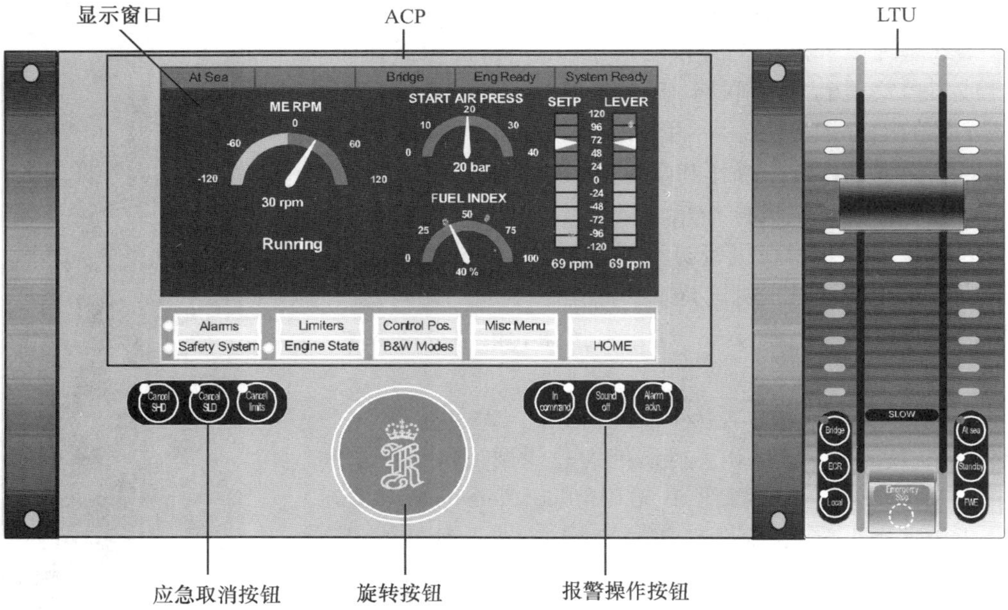

图 3-5-12　AC C20 驾驶台/集控室操作单元

（3）应急取消按钮

应急取消按钮是为紧急情况下取消遥控系统的各种限制和自动降速及自动停车功能而设置的。“Cancel SHD”键按下时将取消被设定为可取消的自动停车项目，而按下“Cancel SLD”则可取消被设定为可取消的自动降速项目，“Cancel limits”用于取消转速和负荷限制。

（4）报警操作按钮

报警操作按钮包括“Sound off”（消声）按钮和“Alarm ackn”（报警确认）按钮。当有报警事件时，显示窗口将出现报警信息的文本显示，可通过这两个按钮进行消声和确认，恢复正常后报警文本消失。与报警确认和消声按钮并排设置的还有一个“In command”绿色指示灯，灯亮表示该 ACP 具有对主机的操作权。

2. IPU 指示面板单元

IPU 指示面板单元位于集控室控制台，面板的结构和布局如图 3-5-13 所示。它由一个独立的 DPU 进行控制，其主要功能是对主机及遥控系统状态进行直接显示，另外还兼有辅助风机的控制和状态指示功能。面板上半部分指示主机及遥控系统的状态，具体内容参考面板上的各个指示灯名称；下半部分用于辅助风机的运行控制和状态显示。辅助风机的数量最多可以有三台，分别通过带灯按钮“START/RUN”“STOP”进行控制和指示。运行选择开关打在“MAN”位置时可通过“START/RUN”或“STOP”按钮进行手动起/停控制；打在“AUTO”位置时，风机将根据风压情况自动起动或自动停止，自动增加或减少运行风机的数量；而打在“STOP”位置时，将禁止对风机的操作。若有风机出现故障，则“WARNING”报警灯发出报警信号。

3. 机旁显示面板

当操作部位切换至机旁操作时，通过按键式车钟与驾驶台联络，根据驾驶台车令在机旁操作主机。此时，借助机旁显示面板能够了解主机当前运行状态、安全状态及操作部位等综合信

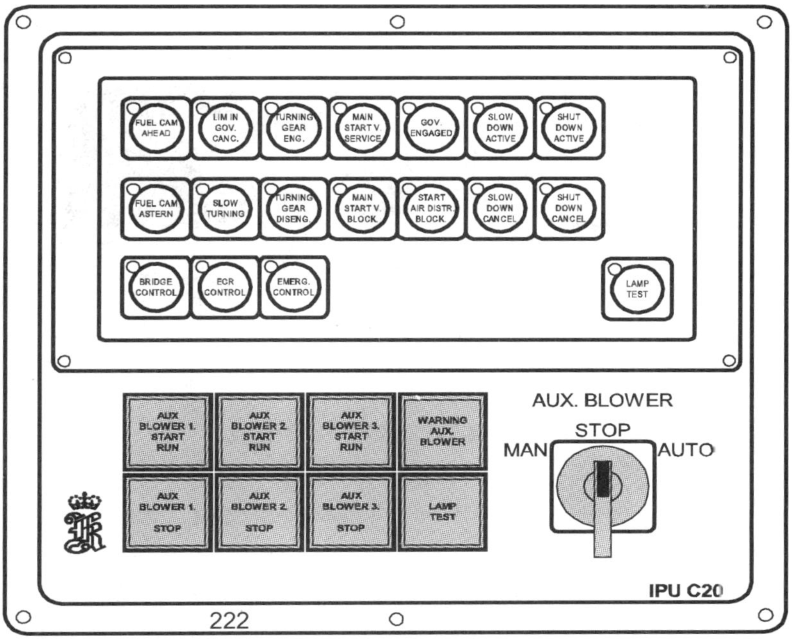

图 3-5-13 指示面板单元

息。显示内容包括主机转速、主机运转方向指示、主机当前操作部位指示、辅助风机运行指示、应急操作指示、自动停车指示和盘车机未脱开指示等，此外包括一个自动停车取消按钮和试灯按钮。

4. AC C20 遥控系统专用 DPU

如图 3-5-1 所示，AC C20 遥控系统自身设有为主机遥控系统的电动部分与主机的气动操纵系统相接口而设计的主机接口单元 MEI、主机安全单元 ESU、转速检测箱 RPMD、数字调速器 DGU 等。具体内容可参考相应的技术说明书。

六、变距桨的控制系统

由于可变螺距螺旋桨(Controllable Pitch Propeller，CPP，简称变距桨)的桨叶角度(即螺距角)连续可调，使主机负荷、推力大小、推力方向在一定范围内可任意调节，配合主机转速可改善船舶在各种航行工况下的推进效率，提高船舶的可靠性和机动性，减少主机的频繁操纵，延长主机寿命。通过螺距调节，不但可控制航速，还可实现倒航，使船舶具有更好的机动性和操纵性。与定距桨相比，变距桨具有诸多明显的优点，在具有多种航行工况的运输船舶、工程船舶(如消防艇、挖泥船、扫雷艇、拖网渔船等)以及军用舰船及大功率的大中型船舶上有着广泛的应用。

1. 变距桨控制系统的结构组成

船舶变距桨推进系统一般包括一台或多台主机、传动设备、轴系、变距桨等四个部分，如图 3-5-14 所示。主机一般采用船用中速柴油机，为了与螺旋桨所需要的较低转速配合，一般都包含减速齿轮箱、联轴器、离合器、制动器等传动设备，实现减速、离合、正反转控制及减振等功能。齿轮箱的输出法兰和螺旋桨之间是传动轴系，包括传动轴，支承传动轴用的轴承，以及其他附件。推进系统的末端是可变螺距螺旋桨，用于将主机发出的能量转换成船舶前进的推力。

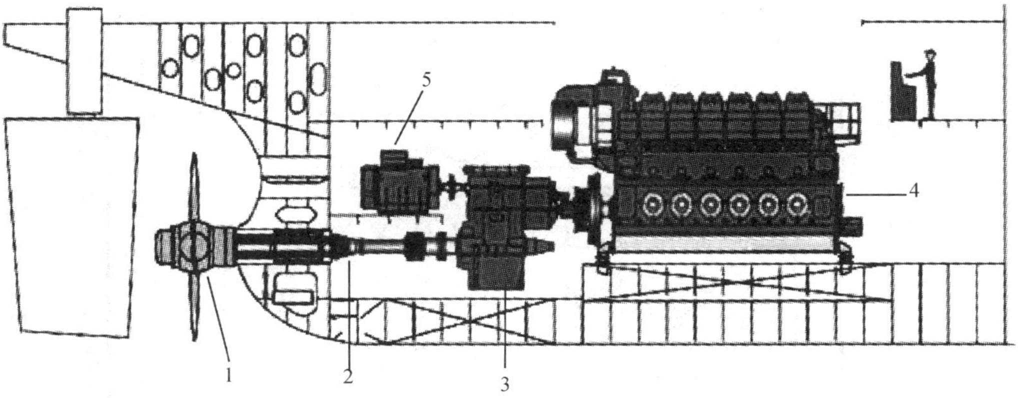

图 3-5-14　变距桨推进系统组成

1—变距桨;2—轴系;3—传动机构;4—主机;5—轴带发电机

通常情况下,变距桨在控制系统的作用下,可根据需要改变其螺距,主机可以为维持较为恒定的转速,因此,实船上,作为主推进装置的变距桨推进系统,通常都会带上一台轴带发电机,能够起到节约能源、降低造船和营运成本(使用轴带发电机则可以减少一台柴油发电机组)、减小运行时机舱内的噪声等作用。

变距桨具有操纵性能好、能实现最佳功率运转、减少油耗量、易于实现自动遥控等优点,适用于多工况变化频繁和经常需要超低速航行的船只;但变距桨装置成本高,维护、管理要求也高,并不适用于所有类型的船舶。

2. 变距桨控制系统的类型

变距桨船舶推进系统的控制,包括遥控与机旁控制。遥控通常是指远离主机,在驾驶台、集控室,通过操作车钟,选择开关来控制主机的运转、停车、改变螺距等。而机旁控制就是轮机人员在机舱通过控制手柄直接对主机转速、调距桨螺距进行操作。

遥控方式主要有气控式、液控式、电控式三大类。随着计算机技术的发展、自动控制技术在船舶遥控方面的应用日益完善,遥控方式往往不是单一的一种方式,而是几种方式有机地结合,达到最佳配合效果,而最常见的是电液控制方式,它是依电动同步、机械和液压传动来进行工作的。整个螺距遥控装置是由驾驶室操作设备、机侧手操设备、螺距操调执行部分、液压设备以及调距桨组成的。

3. 变距桨系统的控制方式

(1)联合控制

联合控制是保持主机转速和变距桨螺距角按预定不变的程序运行,通过单一控制杆同时控制转速和变距桨的螺距角。选择这种方式时,操纵是根据预先设定的联合曲线进行的,这样可以保证设定工况下最佳的操纵性能以及经济性,因为联合曲线的设定是综合考虑了螺旋桨的效率、船舶的操纵性,以及主机的负荷、最低燃油消耗率等因素的;同时它还可以保证主机在各种不同工况下安全运行,不超负荷。

但采用这种控制方式时,只有在设计工况时才能保证螺距角和主机转速的最佳匹配,一旦船舶航行状态或阻力性能发生改变,就很难保证它们之间的最佳匹配关系。尤其是在高负荷情况下,随着船舶状态的改变,吸收功率变化也很大,实际需要的控制曲线可能远离预设的控制曲线,造成调距桨的控制状态有可能比单独方式还要糟糕,此时不适于采用这种联合控制方式,因此,只适用于航行工况比较单一的船舶,如定点班船等。

(2)自动负荷控制方式(ALC)

自动负荷控制方式是用单一操纵手柄来设定主机的负荷和转速,它可以看作联合方式的一种改进。其基本原理是将实际负荷与设定负荷相比较,根据负荷偏差自动控制变距桨的螺距角,直到实际负荷与设定负荷相等。自动负荷控制的负荷设定原则是使推进系统(主机和螺旋桨)的综合效率最高,这样在额定工况下其推力也最大。在这种控制系统中,在低负荷范围内可将其自动转为恒定转速控制。由于这种控制方式在主机的所有工况下都能获得较高的效率和良好的操纵性能,因此在现今变距桨船上大多采用这种控制方式。

(3)恒定转速方式

恒定转速方式也称为轴带发电机方式、螺距控制或跟踪控制。选用这种控制方式时,保持主机转速恒定,仅通过调节螺距角来改变船速。这种方式下由于主机转速保持恒定不变,通常由它来驱动轴带发电机等辅机。

(4)非跟踪控制

这是应急操作时的控制方式。当螺距控制系统出现故障时,而电源和螺距校正系统仍能正常工作,可利用驾驶台上的应急操纵按钮切换到这种控制方式,直接控制变距桨的螺距;或者是将变距桨的螺距固定在正车某一位置,将其作为定距桨来使用。非跟踪控制作为应急操作模式,通常作为上面其他四种控制方式的备用。

4. 变距桨控制系统的功能

变距桨控制系统除了要完成定距桨控制系统的相关功能之外,还需要对螺距、离合器以及对螺距和主机转速进行联合控制等。不同厂家生产的控制系统在功能和实现上有所差异,但都能够完成如下所述功能:

(1)对推进装置实行自动控制,确保推进系统的安全和船舶操纵的可靠性能。

(2)调节螺距角,确保柴油机和螺旋桨处于最佳的匹配状态,提高经济性能。

(3)确保推进系统的快速响应和提高调距桨在机动操纵下的效率。

(4)主机的起动(包括慢转起动)和停车。

(5)主机转速和负荷的控制,临界转速规避,防止柴油机超负荷,延长推进系统的使用寿命。

(6)有利于配备轴带发电机,保证柴油机转速控制在要求的范围内,实现机-桨的最佳匹配。

(7)对于螺旋桨和轴带发电机由离合器控制的系统,还要有离合器控制功能。

(8)实现在驾驶台、集控室、机旁操纵推进装置,并能够在控制位置间进行切换。

5. 变距桨控制系统的结构

不同类型的变距桨控制系统结构会有所差异,但都要实现上述功能,因此,变距桨控制系统主要由以下几个部分组成:由驾驶台控制面板、驾驶台侧翼(左、右翼)控制面板、集中控制室控制面板、主控制单元组成,变距桨伺服控制装置和主机调速系统组成,如图 3-5-15 所示。

驾驶台和集控室控制台主要完成控制位置选择、控制指令发送、控制模式选择、控制参数设定、运行参数显示和故障报警等功能。

驾驶台和集控室都设有应急停车按钮,当按下应急停车按钮,按钮直接作用于停车电磁阀,进行停油操作,遥控系统随后将速度和螺距输出设为 0;驾驶台主控制台上设有备用控制

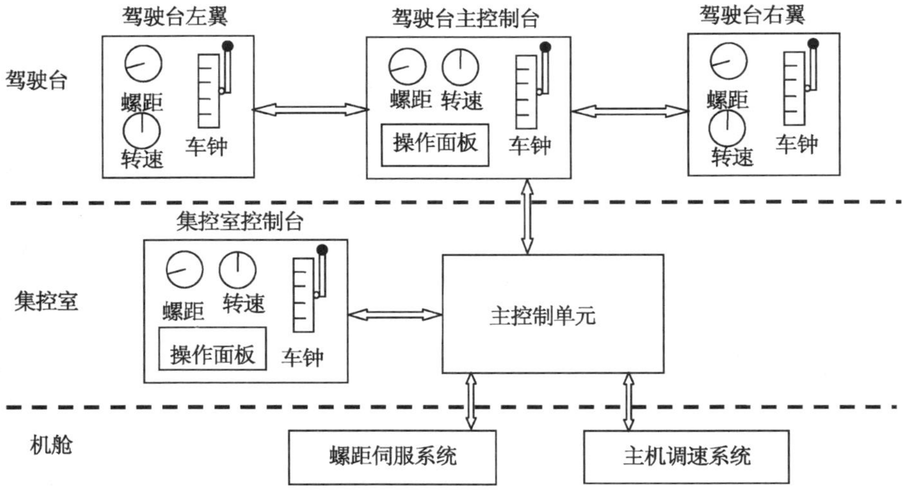

图 3-5-15　变距桨控制系统结构图

按钮，当系统出现故障时，按下备用控制按钮，车钟手柄信号不经过遥控系统控制箱，直接作用于螺距伺服装置，对螺距进行控制。

主控制单元是整个控制系统的核心部分，根据操作模式和设定信号给出最佳的控制信号，将其分别输出到螺距伺服系统和柴油机调速系统，实现对变距桨螺距和柴油机转速的控制。主控制单元能够实现螺距和转速的单独控制、联合控制及自动负荷控制，并包含主机加、减速速率限制、螺距加减速率限制、增压空气压力限制等保护和限制功能。

七、船舶电力系统的自动控制

现代船舶多以船舶电力管理系统（Power Management System，简称 PMS）来实现船舶电力系统的自动控制，PMS 是以计算机为基础的、独立的船舶电力系统的综合自动化系统，是一个集控制、监测、保护和管理于一体的综合性系统。该系统由多项先进技术结合而成，具体有传感与变送技术、计算机与网络通信技术、控制与调节技术、信息处理与显示技术、系统决策与管理技术等。

1. PMS 的结构组成

普通航行船舶的 PMS 是指自动电站系统，仅具有自动电力管理的功能，相对来说是一个小规模的功率管理系统，包含前述的船舶电站自动化的主要功能；电力推进船舶的功率管理系统，不仅是针对电力系统，而且是包括动力系统、特种机械在各种不同工况下的功率分配与协调的控制系统，具体包括了动力源装置、发电设备、主配电板、变压器、主推进器、PMS 控制器等。如图 3-5-16 所示，PMS 的主要功能是以电力优化分配和管理模块为核心，分别控制发电系统、配电系统、用电系统、系统监视 4 个主要管理模块。

（1）发电系统管理模块

动力源装置控制部位及方式的选择、发电机组的自动起动、机组的自动调压、机组的自动投网、自动调频调载、机组的自动解列、机组的自动停机、根据电网功率自动增机减机、故障增机减机等。

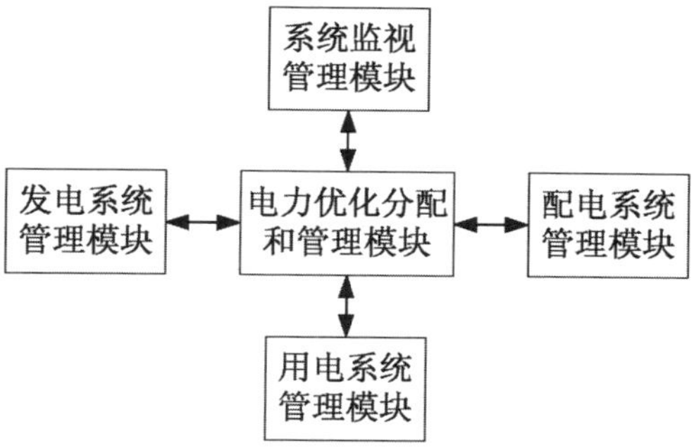

图 3-5-16 PMS 电能管理系统组成框图

(2)配电系统管理模块

多级卸载、跨接开关控制及保护、电力系统综合保护,包括过频、欠频报警,过电压、欠电压报警,短路报警,过载、过电流报警,逆功、差动报警,励磁故障保护,负载分配监管,发电机电压自动调节保护。

(3)用电系统管理模块

多级重载询问及处理、变压器的控制及保护、电网可用功率输出监控等。

(4)系统监视管理模块

信号采集、动态人机界面显示、系统参数在线设定、参数报警、打印等。

在电力推进船舶中,PMS 最重要的功能是在任何时候都能提供足够的电能。为确保系统供电连续性及能量的稳定平衡,系统有效地将电站综合保护、重载起动询问、电网可用功率输出等进行综合考虑;在需求的电功率不断变化或供电系统出现故障时,PMS 能采取各种措施,尽可能保证对负载的连续供电,避免电站断电,确保船舶的安全性。一般来说,变频器和推进电动机是船舶电站的最大负载,变频器内部控制系统根据 PMS 送出的电网最大可用功率,限制推进负荷所需功率,同时 PMS 将起动备用发电机,然后推进装置负载将上升到下一个极限值,依次循环。如果一台或多台发电机脱扣,变频器将突降推进负荷所需功率,避免造成发电机过载,全船断电。

PMS 体系结构如图 3-5-17 所示。控制系统采用 2 层冗余计算机网络,上层为双冗余以太网,它将控制管理微机互联,组成一个上层系统实现 PMS 的管理及智能操控;下层为 CAN 现场总线双冗余网,实现发电自动化、输配电监控保护、主要设备监控管理、监测报警等功能。

系统为每台发电机组各配置 1 套发电机组控制器,实现机组的智能测量及输出控制功能;配置 1 套跨接综合控制器,实现跨接开关控制及重要设备控制主开关的控制等功能;配置 1 套功率自适应控制器,实时监测电网机组及可用功率状况,实现电网可用功率输出功能;配置 2 套能量管理控制器,采用冗余技术设计,互为备用,实现对供电系统的能量管理功能;配置 2 套控制管理微机,采用冗余技术设计,互为备用,实现对整个电站的监视、集中管理并具有终端在网远程遥控等功能。

2. PMS 的主要功能

狭义的船舶电力管理系统 PMS 专指船舶发电控制和发电计划,一般船舶电力管理系统 PMS 应包括数据收集、船舶电力管理和网络分析三大功能;广义的船舶电力管理系统 PMS 还应该包括船舶电子员、轮机员培训系统功能。在船舶综合电力推进系统中,电能供给的快慢直接决定了船舶操纵的机动性,系统的操纵状态变量和运行状态变量之间有一定的时间差,而船

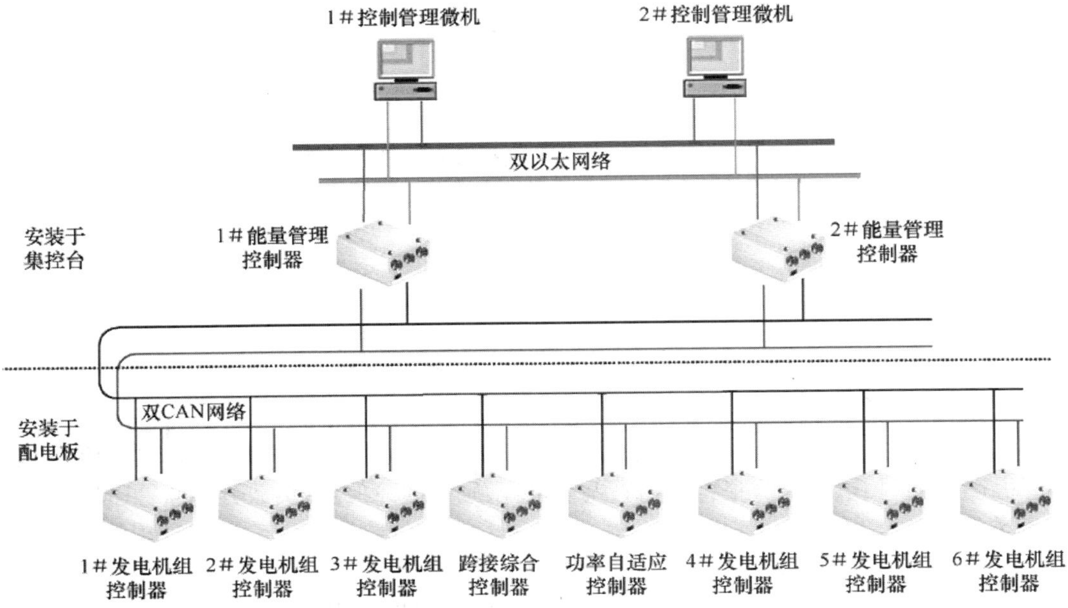

图 3-5-17 PMS 系统结构

舶电力管理系统 PMS 应充分利用这个时间差,根据操纵状态变量对能量的需求进行超前预测并主动管理配置,从而满足船舶综合电力推进系统对能量的快速需求,实现船舶操纵的机动性。PMS 的主要功能按其组成分别描述如下:

1)发电系统管理模块

发电系统管理模块主要针对船舶柴油机、船舶发电机和船舶发电机组控制屏(包含主开关)等进行的控制与管理。一般船舶电站由 2 台、3 台或更多发电机组组成,根据船舶布置要求,船舶电站可分成 1 个、2 个或更多个发电区,发电系统管理模块的主要功能如下:

(1)发电机组操作方式的选择

船舶自动电站中,每一台发电机组应有三种可供选择的操作方式:"机旁"操作、"遥控"操作以及"自动"操作,并且按次序前者应优先于后者。仅当某机确定为"自动"方式时,才被纳入 PMS 控制的范围。在机组发生故障的情况下,能自行"退出自动"(即所谓"阻塞"),只有经管理人员排除故障并手动控制"复位",才能恢复"自动"功能。实船上,只需恰当地接入操作方式选择转换开关即可。

(2)备用发电机组的控制

船舶电站中一般设 3~4 台主发电机组,且尽可能采用同容量、同型号机组,互为备用。备用机组准备就绪的条件是:①燃油、压缩空气、冷却水等基本条件已备好;②有预热和预润滑;③自动模式,且选择备用;④无封锁起动等阻塞情况。

备用机起动指令的形成包括本就就绪与接到系统增机指令。系统增机指令的形成条件有:①运行机组重载或电力系统贮备功率不足;②运行机组滑油压力不正常;③运行机组冷却水出口温度等出现故障;④前级备用机组起动失败或并车合闸失败;⑤电网电压或频率不正常,甚至电网失电。

(3)机组的自动投入及负荷分配

机组的自动投入是指电网无电时的首机自动投入及电网有电时机组自动整同步并车功能;当机组投入电网后,在网所有发电机组共同参与频率、有功和无功的自动调节控制。

单一主发电机运行时,发电系统管理模块根据电网的频率,向调速器发出增速或减速指令,控制发电机组的转速,维持电网的频率恒定。如果有几台发电机并联运行,当机组投入电网后,在网所有发电机组共同参与有功和无功功率的自动分配,维持电网的频率、电压恒定。在并车完成后,与备用机组主开关合闸的同时,给出信号使该机组接入自动调频调载系统,实现有功负荷的分配和调频。

(4)解列控制

机组的解列是指系统负荷下降达到要减机的要求或机组产生一般故障时,发电系统管理模块根据程序设定自动转移某机组负荷,负荷小于 10 $\%P_e$ 时控制该机组分闸。若分闸无效,则产生报警。分闸后根据发电机组停机要求发停机指令,停机无效产生报警。当 2 台(以上)机组并联运行,若因电网负荷降低到可以停掉一台机组时,应自动发出"解列"指令。或者,运行中的某机组因发生运行不正常(如冷却水出口温度偏高等)时,自动系统可以先起动备用机组,并车,然后解列,转移负荷。解列指令发出后,通过负荷自动分配器,将待停机组的负荷转移给其他的运行机组,这就是解列操作。

对多机组并联运行的船舶电站系统,需要解列时,应首先解列故障机组。故障一般分为两级:一级作为故障预报;另一级作为保护装置动作。预报级信号可以用来要求起动备用机,以便赢得时间,等待备用机组起动和并车而后取代"故障"的机组。如出现保护装置超限动作后,除立即停止故障机组外,立即起动备用机组并快速合闸操作,如备用机组起动并车等操作不顺利,可能会出现在网运行机组过载时间到而跳闸,从而引起全船断电。

如果时因电力系统的负荷降低形成的解列指令,为了使电站中各台发电机轮换运行、休息和尽可能使各台机组累计的运行时数趋于一致,最好做到总是解列先投入运行的机组。

(5)停机

发电机组的停机指令有紧急停机和正常停机两种。当柴油机发生滑油压力过低、冷却水温过高或超速时,为了保护机器不至于损坏,应予以"紧急停机"。一般是控制柴油机直接断油而实现停机。在这种情况下,发电机的断路器可能是逆功率脱扣(发生于并联运行情况),也可能是失电压脱扣(发生于单机运行情况)。正常停机是手动停机或自动机组解列、主开关分断后的停机。正常停机过程中应有"中速运行"的程序。

(6)在网发电机最少运行机组数

在网发电机最少运行机组数表示船舶电站要求运行发电机组的最少台数,可由操作人员通过发电系统管理模块手动设定,通过发电系统管理模块自动控制主发电机的起、停实现。当运行发电机最少台数设定后,即使电力负荷下降至很低,运行发电机台数仍会保持最少台数设定值不变,这一数值最小设定为 1。

(7)空气断路器的合闸

发电机空气断路器的合闸控制有三种情况分别是:

(1)直接合闸

当电网无电时,刚起动的发电机起动成功并建立了电压,该发电机的空气断路器可以直接合闸。

(2)自动并车合闸

备用发电机已经起动成功,并建立了电压,而电网有电。这时,应接通自动并车装置,使待并发电机经自动整步而后投入。

(3)自动重合闸

由直接合闸的条件可知,当发电机在某些非正常情况下跳闸后,若使电网失电,就可能又构成了直接合闸的条件,这就自然地可能发生“重合闸”。作为船舶自动化电站,可以设计成具有自动重合闸的功能,也可以不设置这一功能。若有重合闸的功能,应保证只有一次重合闸,以免在永久性故障的情况下,发生一再重复合闸的有害过程,同时应防止在这种情况下一连起动2台以上的机组去作合闸的尝试。

若不拟设置自动重合闸的功能,则在自动控制合闸的电路中应防止出现自动重合闸的操作。

2)配电系统管理模块

(1)电网失电监测与失电恢复

船舶电网失电是船舶电力系统最严重的故障,PMS应设有船舶电网失电监测与失电恢复的功能。一旦船舶电网失电,PMS会自动判断故障性质,如果不是短路引起的跳闸,通常所有正常的备用发电机组均会自动起动,只要发电机建压达到某一设定值(通常为85%的额定电压),该发电机就会合闸供电,如需其他发电机并联供电,则按准同步并车条件与在网发电机并车后供电。

对于短路故障造成的全船电网失电,通常自动化电站的控制系统会自动切换至“手动”状态,且发出“阻塞”信号。此时,即使各台发电机的方式选择开关仍在“自动”位,由于阻塞信号的作用,各台发电机实际已处于“手动”状态。值班人员只有找到并排除故障,手动按下“复位”按钮,才能解除“阻塞”信号,使发电机恢复“自动”状态。

(2)配电开关的集中监控及联锁功能

配电系统管理模块能对主配电系统和分配电系统的主要配电开关进行自动合、分控制及状态监测。对各区跨接开关实行指定自动合、分闸控制功能,并实现各区双跨接线下跨接开关之间的联锁保护功能。

3)用电设备管理模块

由于船舶电站负载的功率以及数量不断增加,推进装置、侧推装置、日用变压器等船舶大功率用电设备的起动、停机以及负荷的变化都会对船舶电站造成很大的影响,因此,对船舶用电设备科学管理越来越重要。

(1)重载询问功能

现代大型船舶上,单机功率达数百千瓦的动力负荷已屡见不鲜,例如推进装置、侧推装置、大型绞缆机、大型消防泵、大型提升机以及工程船舶上某些特殊用途的动力负荷,其容量往往可与发电机的单机容量相比拟。在需要使用任一个这样的大负荷时,都应事先询问一下船舶电站中已供电的发电机组,现有的功率贮备是否能满足大负荷的用电和起动要求,若不能满足时,则应先起动备用机组、并车,并经确认功率贮备足够时,才允许该大负荷接入电网。这就是重载询问功能。

(2)次要负荷自动分级卸载功能

这是尽可能保证供电连续性的一种措施。例如,对于设置了次要负荷自动分级卸载功能的船舶自动化电站,当运行机组出现过载时,发出要求增机指令的同时,发电机过载保护和次要负荷自动分级卸载保护功能也都已经起动。首先在一定的延时时间内，备用机组应自动投入，分担系统的负荷。

如果无备用机组或备用机组不在自动位，或者船舶备用机组起动时间较长，经延时确认后，次要负荷自动分级卸载保护功能将首先动作，自动卸掉部分次要负荷，以缓解运行机组的过载压力，可能在一定程度上暂时解除过载，使运行机组不致过载跳闸，从而保证供电的连续性。

所卸去的有效负荷必须足以使运行机组能退出过载工况，并使过载保护虽然已经起动，但还处于延时的时限之内，有时间在备用机组起动合闸后，解除过载并得以复位，才能保证电网不断电。这样，次要负荷自动分级卸载功能与发电机过载保护的延时时限的相互关系上应做精心的安排，才能获得满意的效果。一般必须在长延时脱扣器的延时时间内，切除电网中正在运行的一些次要负载，使发电机脱离过载状态，从而保证电站对重要负载的连续供电，这就是发电机自动卸载。用电设备管理模块一般将负载按重要程度及工作特点的不同，设置两级以上的分级卸载，这称为发电机自动分级卸载功能。

(3)重要负荷分级自动起动功能

当船舶电网处在某些故障状态(如突然短路)时，可能导致发电机跳闸，电网断电，船舶电站恢复供电以后，为了迅速地恢复电力系统的正常运行，用电设备管理模块应具有“重要负荷自动分级起动”功能。之所以要“分级起动”，是为了限制每级起动的电流值，以防起动时，电网的瞬时压降过大，或恢复时间过长，甚至使自起动成为不可能。考虑“分级”的问题，就必须对船舶电站的负荷进行分析，按照在紧急状况下各电能用户的重要性排好先后次序，并按其起动电流值分成组，然后按程序逐级起动。

依负荷的重要性排列顺序大致是照明、通信、导航、为主机运行服务的辅机、舵机、其他泵、冷冻机等。每两级起动之间的时间间隔为 3~6 s。

(4)船舶大负荷设备功率限制功能

对船舶大负荷设备(如船舶推进装置)，在其运行过程中，如果其负荷已达到供电系统设定的上限值时，用电设备管理模块将对该船舶大负荷设备实行功率限制，使其功率不超过设定的允许值。

另外，如果供电系统发生故障，用电设备管理模块也会限制船舶大负荷电力设备，控制其快速降低负荷，实现船舶电力系统的大负荷设备功率限制保护功能。

4)系统监测报警管理模块

(1)系统运行参数的监测

船舶电力管理系统 PMS 设立了信号采集单元，可以实时地采集船舶电站各设备运行的参数，这些信号参数不仅用于对船舶电站的控制，也用于对船舶电站设备运行状态的监测。各种信号参数通过传感器转换为电信号，数字信号直接传给主控制模块，模拟信号通过 A/D 转换为数字信号然后传输给主控制模块。

通常对船舶电站的设备进行的检测和监视内容有：

①柴油机

转速信号：包括零转速、点火转速、中速运行转速、运行转速信号。

润滑油压力信号：包括润滑油压力低和润滑油压力过低信号。

冷却水出口温度信号：包括冷却水出口温度高和冷却水出口温度过高信号；各缸排烟温度信号；柴油机运行时数累计信号等。

②发电机

发电机包括电压、频率，功率、电流、功率因数等信号以及断路器的储能状态、合闸断开状态等信息。

③电网

电网包括汇流排电压、频率、绝缘状态以及系统是否有接地（对于三相绝缘系统）等信息。

④船舶电站系统的状态及工作过程的监视和指示

船舶电站系统的状态及工作过程的监视和指示包括机组的预热，机组的预润滑，起动空气压力，各机组的控制方式选择，正在起动，起动成功或失败，合闸成功或失败，正在停机过程中，停机成功或失败，机组用完以及控制系统的工作电源等信息。

⑤电力负载的电压、电流、功率等模拟信号输入以及电力负载的运行状态等数字信号输入。

（2）参数的显示、打印、报警功能

当船舶电力管理系统 PMS 检测到系统运行参数不正常或船舶电站系统出现故障时，船舶电力管理系统 PMS 将立即发出声光报警，并设有消声、定光及试灯按钮，提示船舶操作者采取应对措施，同时，PMS 会按故障性质对船舶电站进行相应的保护。

PMS 的彩色显示器以图形及字符表格方式动态直观地显示系统的工作状态及各测点参数值，对于所有的监测点 PMS 都可以设定状态自动记录，报警记录和消警记录等。

船舶电力管理系统 PMS 外接打印机，可以自动打印各种故障、报警，以备操作者检查和处理故障。可进行运行参数全段、分段、召唤打印，并且可以对故障报警、故障恢复进行打印记录。

（3）参数报警处理

参数达到危险值报警时，PMS 具有声光报警功能，并设有消声、定光及试灯按钮。对系统设备正常起、停过程中引起的报警应自动屏蔽，防止误报警。所有检测点均可设定定时自动记录，报警和消警记录功能。

（4）模拟试验和自检

模拟试验是断开控制系统（或某些局部环节）的输入和它的输出（执行机构），以虚拟的信号代替其输入，在系统（或局部环节）的输出端接入相应的指示灯或仪器、仪表，用来观测该系统（或局部环节）的工作是否正常的一种试验。有了这一功能，就可以在系统正式投入工作前通过模拟试验来判断系统是否完好，甚至在系统故障时，能提供故障的位置、性质等信息，以利于检修和排除故障。

为了便于检查某些逻辑功能，最好能使控制系统的各主要部分都可以进行模拟试验。

5）船舶电力管理模块

大型船舶、特别是工程船都配备有多个大负荷重载设备，如侧推装置，PMS 需要充分考虑能量管理的经济性与电站系统备用发电机组的关系，根据其起动询问信号，结合电网可用功率、大负荷设备起动需要的功率及功率增减机设定值，输出相应重载允许起动信号，或增机成功后输出重载允许信号。增减机管理可以依据以下原则进行：

（1）恒定平均功率增减机管理原则：设定增加和减少运行机组的功率值。当电网所需负荷增加，要求运行机组的平均功率大于 85%P_e（单台发电机的额定功率）时，增机；反之，平均功率小于 30%P_e 时，减机。拥有动力定位系统的综合电力推进系统工作在恶劣海况全方位动力定位工况时，需要起动所有侧推装置，PMS 需要预留所有侧推装置额定功率，在没有侧推负荷反馈时，当侧推 0~100%负荷运行时系统均需预留所有侧推装置额定功率。

(2)恒储备功率增机、恒平均功率减机管理原则：增机原则是指设定储备功率为恒值，一般为单机组额定功率的 1/3。减机原则是指在 N 台机组并联运行时，当 1 台机组解列后，其余 $N-1$ 台机组的平均功率 P 小于某设定值，一般为单机额定功率的 1/2。

恒定平均功率增减机管理原则较方便，各发电机的设定独立。一般船舶航行时，多是 1 台机长期运行，在某些情况下才需要 2 台机并联运行，而只在进出港等特殊工况下才进行 3 台机的并联运行。这决定了大多数船舶都采用恒定平均功率增减机管理原则实现船舶电力的优化管理。

八、锅炉的控制单元 PLC

锅炉的控制系统在前述内容中已有较为详细的讨论，主要的电子控制装置为 PLC，其原理和控制应用也都在前述讨论，具体可参考有关说明书。

九、其他辅助设备的控制单元

以控制分油机和燃油单元 FCM 的核型控制器 EPC-50 为例说明。EPC-50 控制器主要分为三个部分：一是电源，由滤波装置和多输出变压器实现；二是主控制板，安装在 EPC-50 控制箱内；三是操作面板 OP，主控制板与显示操作板通过异步串行通信实现数据交换。主控电路板接收设备上的各种传感器信号，经分析和处理后，由输出继电器板输出控制各种阀件对设备进行操作，同时运行状态也可通过在主控电路板通信接口与 OP 或远程操控 OP 联系，由 OP 上的一系列发光二极管及信息显示窗进行指示，实现良好的人机交互。

OP 操作面板采用单片机 P80C32 实现显示控制，按键输入处理和与主板信息交换等功能。结构上分为两块电路板，一块为单片机主板，包括 CPU、内存、字库存储器、通信接口和显示驱动模块等，另一块为专用信息显示控制器，显示需要的 LED 和字符。

1. EPC-50 控制板

EPC-50 控制板位于控制箱内，由主板和扩展继电器输出板组成，主板分为电源、CPU 模块、开关量输入、模拟量输入、开关量输出、通信模块及扩展输出用总线接口。其中 CPU 模块采用金属外壳封装，内部使用 5 V 单一电源，内含 CPU、RAM、EPROM、晶振及总线接口等器件，实现一个小型化微机系统，配以外围接口电路，构成 EPC-50 的控制核心。开关量输入采用光耦输入，外围电源采用单独隔离的直流电源；主板上配有多路外围开关量输入，继电器输出；模拟量输入配有多路差分输入信号源，其中有两路 Pt100 温度传感器配以相应的信号处理电路作为其模拟量输入的一部分；主板还配有高速开关量输入电路，并通过 CPU 内的高速计数来测量分油机的转速；为实现与外围设备的通信，主板上配有内置双路的专用异步通信模块，其中一路通过 MAX232 转换为 RS-232 通信与操作面板 OP 进行通信，交换信息。

2. 电源

EPC-50 的工作电源来自分油机起动箱。起动箱通过变压器给出 220 V 交流主电源作为 EPC-50 的工作主电源。电源开关、滤波器、变压器在控制箱内控制板的旁边。要使分油机投入工作，首先要按起动箱上的循环输送泵起动按钮，等压力建立后，再按下分油机电机起动按钮，EPC-50 装置内部变压器输出 24 V、10 V、8 V、12 V×2 和 18 V 交流电，经整流稳压输出需要的直流电源，作为主控电路板和传感器信号处理电路板、信号调理器或变送器的工作电源。

接通 EPC-50 装置内部电源开关，就接通了主控制板和操作面板的电源。

3. 远程 OP

如果主板内参数选择为现场总线，则可选择另一个异步通信通道为 PROFIBUS 或 MODIBUS，并需要另外配有相应 PROFIBUS 扩展板或 MODIBUS 扩展板，通信扩展板内含相关通信软件，从而可实现现场总线通信。这样，在集控室等远程位置可设置一个远程 OP，通过远程可实现对设备的控制。但是需要注意的是，在远程控制有效时，设备运行发生故障，远程是不能复位的，轮机员必须到现场后，查明故障及其原因，排除故障后在本地复位，并再次将操控选择到远程，才可以恢复远程操控。如有需要，可以根据定制相应的工业以太网、Device Net 或 CAN 总线接口，以满足不同设备之间的通信联系。

其他温度、压力、液位的控制装置多采用继电-接触器加上各种开关的控制，复杂一些的采用 PLC 控制，在前述内容中已有讨论。具体设备可参考相关设备使用说明书。

第六节　自动控制系统流程图

一、常用自动控制系统流程图的符号

以特定的图形符号加上说明，表示其输出与输入关系的图，称为流程图或框图。流程图是流经一个系统的信息流、观点流或部件流的图形代表。

例如，一张流程图能够成为解释某个零件的制造工序，甚至组织决策制定程序的方式之一。这些过程的各个阶段均用图形块表示，不同图形块之间以箭头相连，代表它们在系统内的流动方向。下一步何去何从，要取决于上一步的结果，典型做法是用“是”或“否”的逻辑分支加以判断。

流程图是揭示和掌握封闭系统运动状况的有效方式。作为诊断工具，它能够辅助决策制定，让管理者清楚地知道，问题可能出在什么地方，从而确定出可供选择的行动方案。

流程图有时也称作输入/输出图。该图直观地描述一个工作过程的具体步骤。流程图对准确了解事情是如何进行的，以及决定应如何改进过程极有帮助。这一方法可以用于整个企业，以便直观地跟踪和图解企业的运作方式。

流程图使用一些标准符号代表某些类型的动作，如决策用菱形框表示，具体活动用方框表示。但比这些符号规定更重要的，是必须清楚地描述工作过程的顺序。流程图也可用于设计改进工作过程，具体做法是先画出事情应该怎么做，再将其与实际情况进行比较。

1. 常见的流程图符号

常用的流程图符号如表 3-6-1 所示。

表 3-6-1　常见的流程图符号

常用流程	标志	符号
开始和结束	椭圆	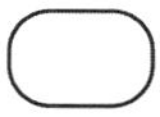或
过程(或活动)	矩形	
判定(或决策)	菱形	
连线(或流线)	带箭头导线	
文档标志	过程的书面信息	
连接标志	圆圈	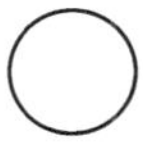
数据的标志	平行四边形	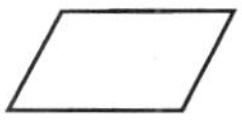
预定义过程	子流程	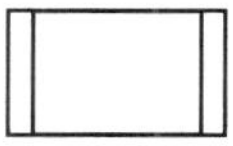
准备	六边形	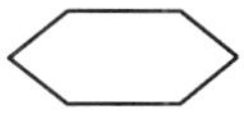
比较	带加减符号	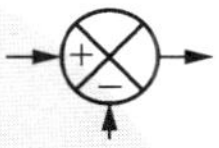
求和	带加符号	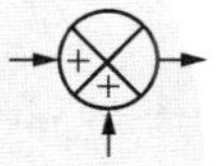

2. 仪表符号

仪表类型及位置图形符号种类繁多、功能各异,既有传统的常规仪表,又有近年来被广泛使用的 DCS 类、可编程逻辑控制器及控制计算机类等仪表;既有现场安装仪表,又有单元组合仪表、盘面安装仪表及控制台安装仪表或显示器等。自动化控制图纸中的各类仪表均是以相应的图形符号表示的,仪表类型及安装位置的部分图形符号如表 3-6-2 所示。

表 3-6-2　仪表类型及安装位置的部分图形符号

	离散仪表	共用显示 共用控制	计算机功能	可编程序逻辑 控制功能	备注
控制室操作员监视用			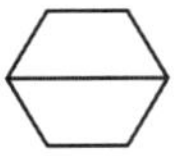	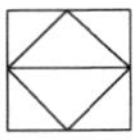	在需要时标注盘号或操作台号
正常情况下，操作员不监视或盘后安装的仪表	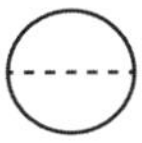		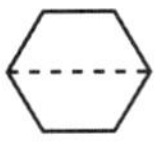		
现场安装，正常情况下操作员不监视	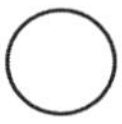	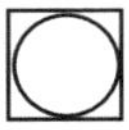	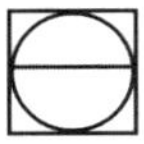		
辅助位置操作员监视用			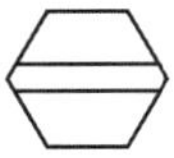		

具体检测传感器的安装符号以部分流量计的安装为例说明，如表 3-6-3 所示。

表 3-6-3　部分流量计的安装符号

名称	符号	名称	符号
流量检测		径距取压测试按头 不带孔板	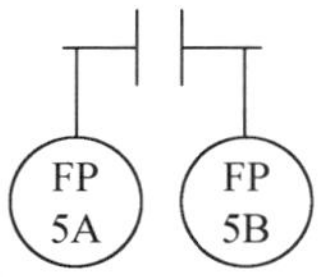
差压式流量计法兰或 角压取压孔板	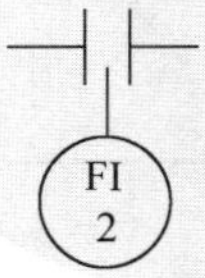	转子流量计	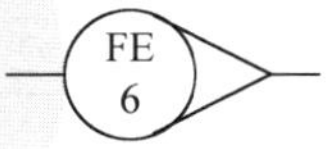
法兰或角压取压测试， 不带孔板	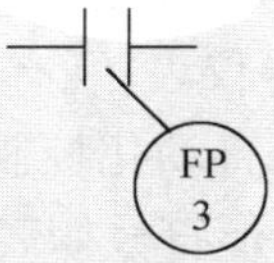	流量控制器	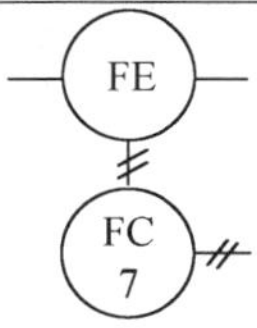
理论取压或管道取压， 差压式流量检测	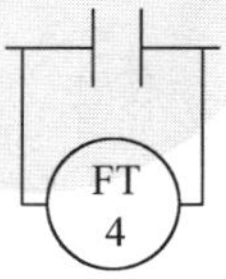	旋涡传感器	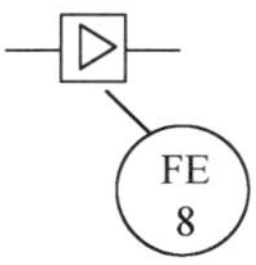

3. 执行机构等符号

部分执行机构的符号如表 3-6-4 所示。

表 3-6-4　部分执行机构符号

名称	符号	名称	符号
带弹簧的薄膜执行机构	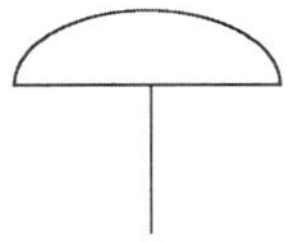	电磁执行机构	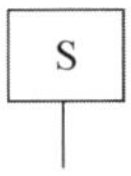
不带弹簧的薄膜执行机构	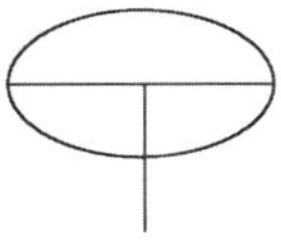	带手轮的气动薄膜执行机构	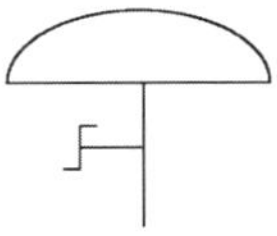
电动执行机构	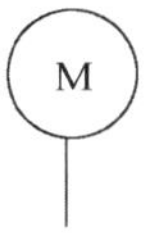	带气动阀门定位器的气动薄膜执行机构	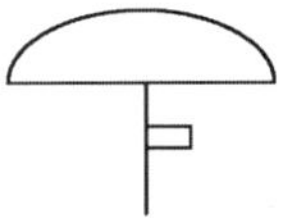
单作用活塞执行机构	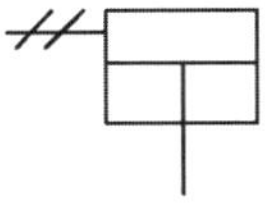	带电气阀门定位器的气动薄膜执行机构	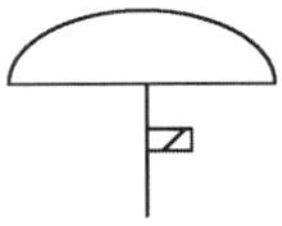
双作用活塞执行机构	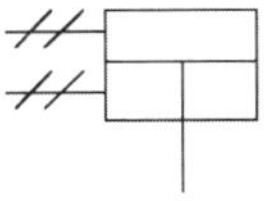	带复位的数字执行机构	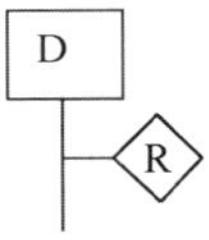

二、常用自动控制系统中符号

在带控制点的工艺流程图中，表示仪表的实线圆里面，可以用字母组合表示该仪表的功能等。如 FI 表示流量指示，F 表示流量，I 表示指示；FE 表示流量检测元件，E 表示检测元件；FP 表示流量测量点，P 表示实验点、测量点；而 PI 表示压力指示，P 在这里则表示压力；PT 表示压力变送器，T 表示的变送器；同理 TI 和 TT 分别表示温度指示和温度变送。表 3-6-5 列出了部分常见的自动控制系统的部件及系统。

表 3-6-5　部分常见的自动控制系统部件符号

名称	符号	名称	符号
自力式温度控制阀	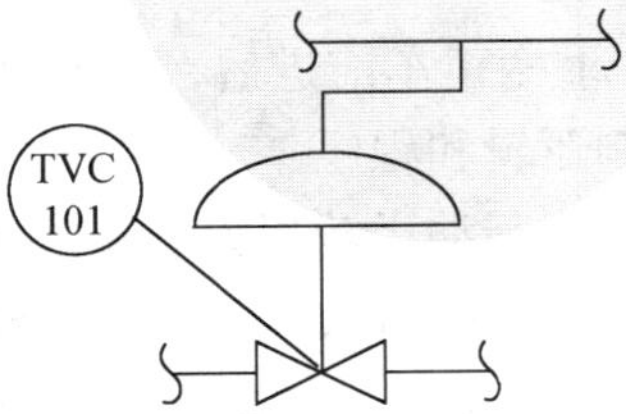	带上下限报警的闭环控制系统	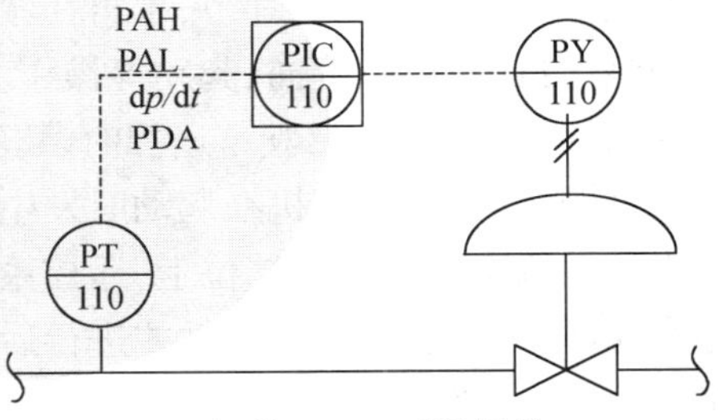 PAH 上限报警；PAL：下限报警；PDA：偏差报警；dp/dt：变化率检测

续表

名称	符号	名称	符号
温度指示、温度报警	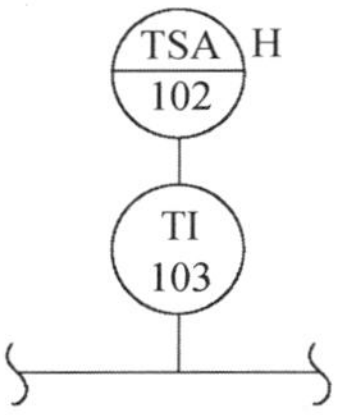	带有后备控制的微机控制系统	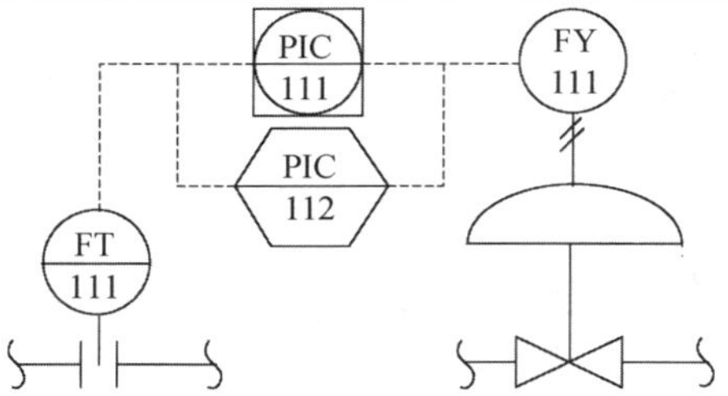
压力指示、报警与压力变送	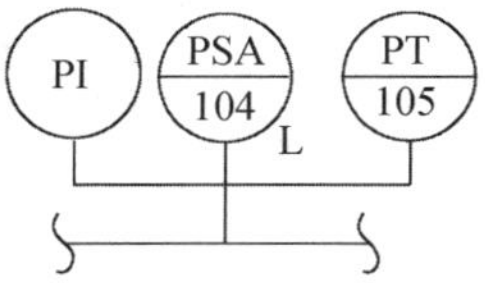	分布式总线控制系统（带通信总线、执行带定位器）	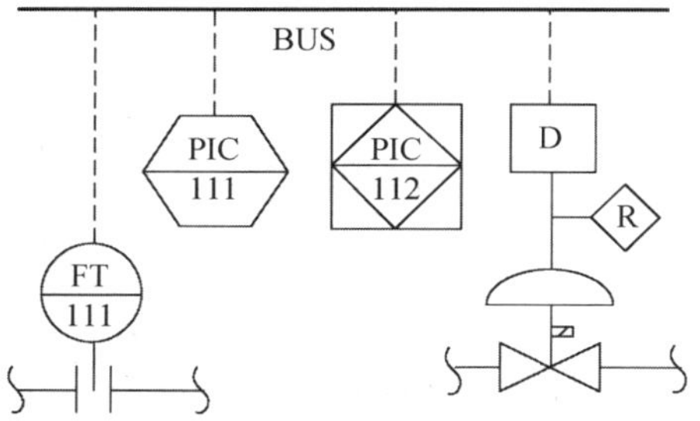
液位指示、报警	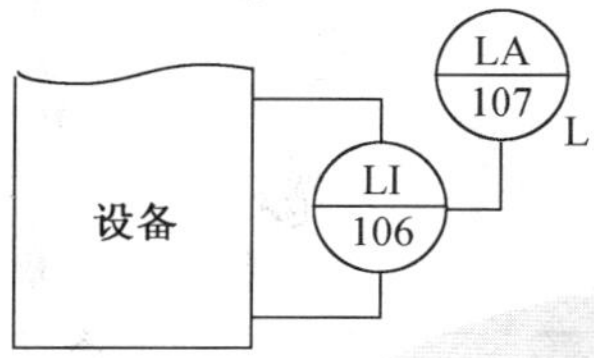		

三、主机自动控制流程

主机自动控制包括起停换向逻辑控制、转速负荷控制等。

1. 主机正常起停控制流程

在柴油机的起停换向控制中，起动控制包含了停油和换向的控制。因此，掌握了主机起动的控制过程基本上就抓住了主机逻辑程序控制的主干。主机起动控制的过程基本相同，即在操纵和管理船舶主机时，轮机人员准备好主机起动前需要满足的条件，起动过程中经历的冲车、试车、转驾驶室控制等环节，也可在集控室控制时接受驾驶室车钟命令，操纵主机控制手柄直接控制主机的停止、换向、起动等操作。

如图 3-6-1 所示为驾驶室遥控时，驾驶员推动车钟手柄正车前进后，遥控系统控制主机起动的流程图，描述的是主机在起动时发生的一系列控制逻辑和程序。

当车钟位于正车某个挡位上，遥控系统首先进行主机起动运转相关准备条件的检查判断，或称为起动逻辑运算，满足条件才进行后续的操作，否则起动闭锁起动。起动条件的准备牵涉备车过程中一系列的操作。有些主机遥控系统将不符合起动准备的情况称为起动阻塞（Start Block），而将满足条件称为起动准备好（Ready for Start），分别用红色和绿色 LED 灯进行指示。主机出现起动阻塞而导致不允许起动的情况，通常包含以下几种情况：

（1）主机故障停车。当主机安保系统检测到某种严重故障而导致故障停车时，将封锁主机的起动操作。如起动前系统滑油压力不足，主机安全系统不会允许主机运转。如果主机操

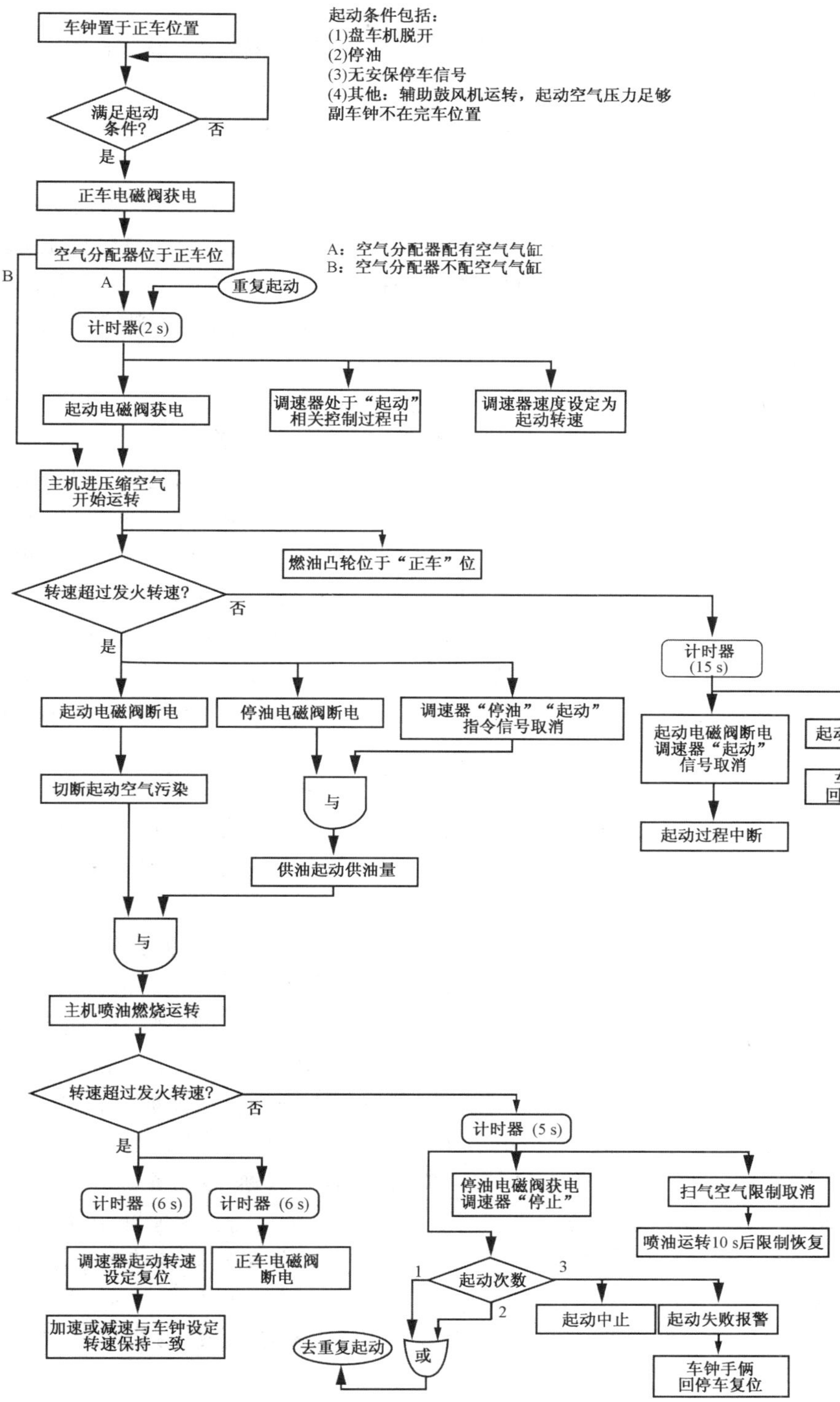

图 3-6-1　主机起动控制流程

纵中曾按下应急停车按钮而没有复位，也会出现这种不允许起动的故障状况。

(2)起动空气压力低。为保证主机的成功起动，必须保证有足够的起动空气压力。当空气压力低于设定压力时，将不允许起动。

(3)转速检测故障。转速是主机起动过程和运行的关键性参数，起动控制中需要通过转速判断何时进行油气切换。当转速检测系统发生故障时，主机不允许起动。

(4)调速器脱开。如果油门拉杆离合器从调速器执行机构断开，调速器就无法控制主机供油，因此不允许起动。

(5)主起动阀处于锁闭状态。在进行主机起动之前，必须将主起动阀上的锁闭阀置于工作位置。如果主起动阀的锁闭阀处于锁闭位置，主起动阀将无法开启，起动自然也无法进行。

(6)空气分配器处于锁闭状态。在前面主机气动操纵系统已经分析过，在主起动阀与空气分配器间设置有一个连通开关，如果这个开关不开，空气分配器处于锁闭状态而无法投入工作。失去了空气分配器的起动正时控制功能，主机起动无法开展。

(7)盘车机未脱开。盘车机处于啮合状态下，主机如果运转将导致机损事故和人员伤亡，后果十分严重。为了安全起见，在盘车机的啮合装置上设有行程开关进行保护。盘车机没有脱开，气动操纵系统无法为后续系统提供主机起动控制空气，起动自然也是无法进行的。

(8)主机未停油。主机起动通常和停油之间存在关联，在压缩空气进气起动过程中，喷油器是不允许往里喷油燃烧的，否则高压燃气会引起起动空气管过热起火等故障。有些主机遥控系统设置有相应的检测装置，检测主机处于可靠停油状态，起动才可以进行，否则不允许进气起动。这个条件也可以理解成开启起动操作前，停车电磁阀处于获电工作状态。

(9)辅助鼓风机未准备好。主机起动运转时，辅助鼓风机通常处于运转状态，如果扫气空气压力低，会导致起动发火困难，冒黑烟的情况，因此，有些主机遥控系统设置有辅助风机的联锁，辅助鼓风机不运转，不允许起动。

(10)副车钟在完车位置。遥控系统中，辅车钟的状态转换常常与某些设备的控制关联在一起，以实现自动监控。如辅助鼓风机在自动位置，当副车钟转换至备车状态时，辅助鼓风机将自动起动，而在完车状态，辅助鼓风机不会自动起动。另外，通过程序上的设置，在完车状态下禁止起动一类的操作，可以避免主机动车引发事故。

上述(8)、(9)、(10)三个条件不一定是必需的，有的船舶作为报警警告处理。当主机起动条件准备好之后，正车电磁阀获电动作，对空气分配器进行换向，大约 2 s 的延时后，起动电磁阀获电动作。主起动阀开启，空气分配器投入工作，按照正车发火的顺序和相应的起动正时，各缸气缸起动阀受空气分配器的控制开启，往气缸通入起动空气。此时，柴油机处于压缩空气起动运转状态。由于高压油泵的燃油凸轮换向装置通常采用差动换向，所以在主机转动后，燃油凸轮才会完全转换到“正车”位。在起动电磁阀获电的同时，调速器也会进入“起动”控制状态，主要是提供起动油门和设置起动转速，为后续的油气切换做准备。

主机在压缩空气的推动下，转速逐步增加，此时主机遥控系统需要将速度测量装置反馈回的转速信号与设定的发火转速（也称油气切换转速）相比较。如果实际转速超过了设定的发火转速，说明起动顺利，可以进行油气的切换。但如果转速在一定时间内(15 s)仍未达到设定的发火转速，将发出起动失败（起动时间过长）报警。不管起动成功或失败，起动电磁阀都要断电，调速器撤销“起动”控制状态。

在油气切换的控制中，首先停油电磁阀断电，调速器控制高压油泵将油门从“停止”转换至“起动供油量”位置。主机各缸的气缸起动阀关闭，切断压缩空气，喷油器则在喷油正时的控制下轮流往气缸内喷入一定量的燃油，这些燃油燃烧做功提供动力让主机继续运转。此时，主机处于供油运转状态(fuel run)。由于压缩空气的动力和喷油燃烧的动力存在差别，在油气切换中，主机的转速会升高或降低，因此，需要再次检测判断主机转速与设定发火转速的大小。如果在设定的时间（5 s）后，主机转速低于设定发火转速，则称为发火失败，此时会转入重复起动的控制。而如果在设定的时间（6 s）后，主机转速仍然超过发火转速，说明油气切换成功，调速器将按照车钟设定的转速值调节主机转速。在一定的时间（6 s）后，正车电磁阀也将断电复位。

对于空气起动时超过发火转速，而油气切换后转速低于发火转速的情况，设置有两次重复起动的机会。重复起动时扫气空气压力限制会取消，相应的起动供油量会增加。但这个限制会在主机供油运转一定时间（10 s）后恢复，以防对后续的柴油机工作造成影响。如果第 3 次起动仍然出现油气切换失败的情况，控制系统将发出起动失败（3 次起动失败）报警。不管是起动时间过长还是三次起动失败的报警，都需要将车钟手柄扳回到停车位置进行复位，否则无法继续起动。

主机紧急倒车控制流程如下：

紧急倒车是船舶应急情况下的一项操作，一般情况只在船舶避碰的情况下才使用，因此也称为避碰倒车（Crash astern）。紧急倒车的判定条件各有不同，通常包含主机正车运行的转速、车钟扳动的倒车位置以及操作的时间等。当条件满足时，在遥控系统的控制面板上会有相应的状态指示。在紧急倒车时，遥控系统将按照一定的程序进行一系列操作，如图 3-6-2 所示为某船主机的紧急倒车流程。

主机在正车方向上运转，转速高于一定的转速值（紧急倒车转速）时，将车钟从正车位置直接拉到倒车某个挡位上，系统将开启“紧急倒车”控制程序，取消扫气空气压力等限制。如果主机的运转速度低于紧急倒车转速值时，将车钟手柄从正车扳到倒车挡，此时则按照一般的倒车程序进行控制。

由于车令方向与柴油机实际转向不同，控制系统首先让停车电磁阀获电，同时调速器按“停车”控制输出，双重作用的结果是切断主机供油系，主机转速降低。当主机转速低于应急换向转速（Em. Reversing level），倒车电磁阀获电，空气分配器和燃油凸轮进行换向操作。当空气分配器换向完成后，主机转速低于制动转速（Braking level）时，控制起动电磁阀获电，调速器由“停车”转入“起动”控制状态（实际上主机转速还是正转）。起动电磁阀获电后，主起动阀开启，主机进空气进行制动，当主机转速降到零之后，制动转换成倒车起动。主机各缸继续按照起动正时和顺序进起动空气，直到主机转速上升至倒车发火转速。当主机的转速达到发火转速时，起动电磁阀断电，切断起动空气，调速器控制给出重起动油门。如果主机转速在一定的时间后仍然没有上升到倒车发火转速，则发出“起动失败”警报。主机在执行“紧急倒车”程序时，为了保证起动的成功率，通常采用重起动。

在主机供油运转后，仍旧要判断主机转速是否超过发火转速，超过则说明油气切换成功，如果转速低于发火转速，则表明发火失败，需要进行重复起动。主机发火成功，起动电磁阀失电，而此时燃油凸轮已经换向到位，倒车电磁阀断电。延时 6 s 后，调速器切换起动转速设定到车令转速设定信号，按转速速率限制和程序负荷程序控制主机转速。调速器的扫气空气压力限制在 30 s 延时后，恢复到正常限制状态。

2. 主机转速和负荷控制

（1）主机转速控制系统的组成和功能

主机的转速控制系统也称为调速器，其核心是按照设定转速和实际转速之间的偏差进行 PID 运算从而获得油门的调节值。由于主机的操纵指令通常是由驾驶室车钟或集控室操纵手

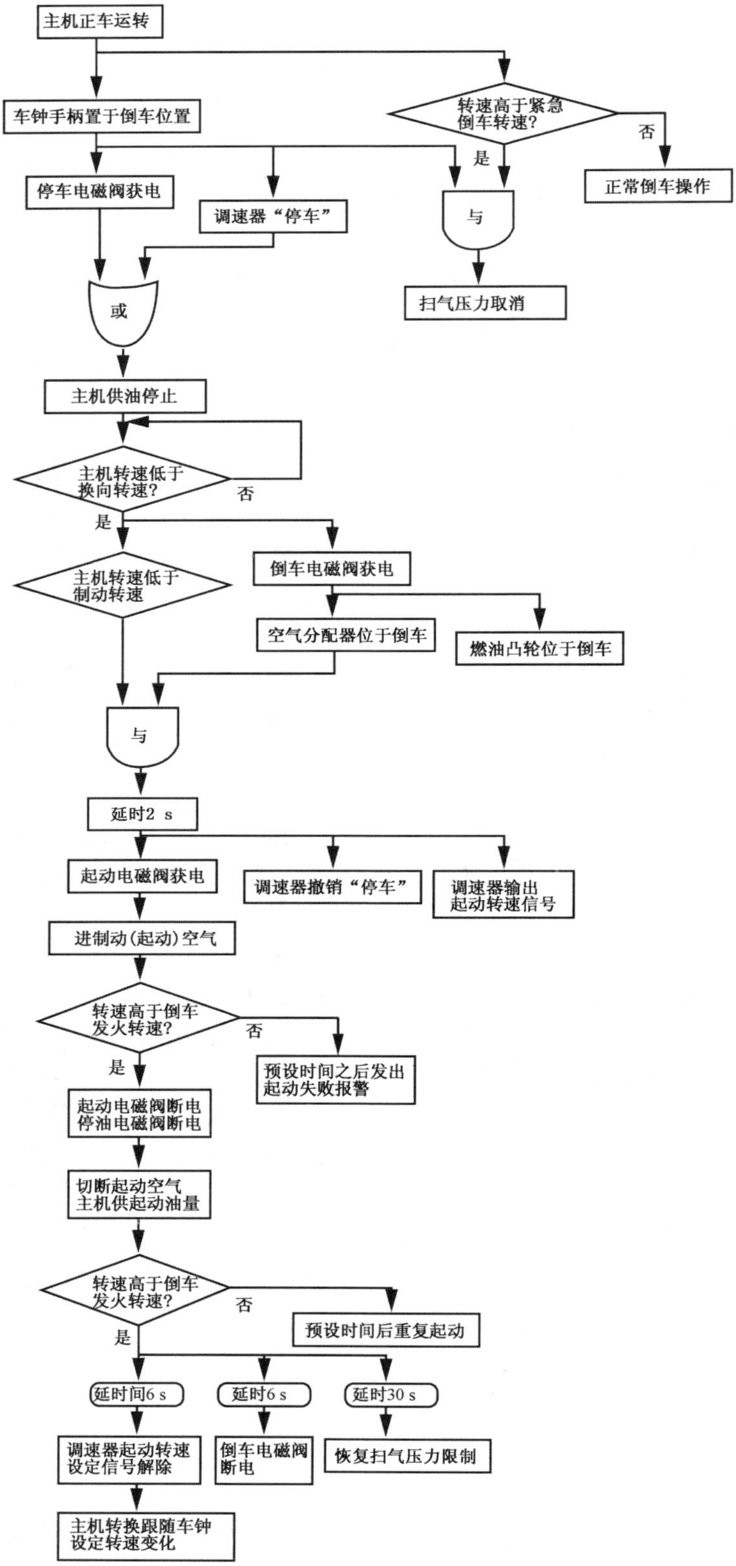

图 3-6-2　主机紧急倒车流程

柄发出,从车钟到主机调速器之间,通常设置转速限制环节对车令设定转速进行预处理,以确保设定的转速不会对船舶主机的正常运行产生不良影响。这部分限制功能包括速率限制、程序负荷限制和最大、最小及临界转速等速度限制。在完成 PID 运算获得油门调节信号之后,还要考虑油门的大小是否符合柴油机的实际工作状况,因此设置负荷限制环节对油门信号进行后处理。如图 3-5-4 所示为船舶主机速度控制系统的总体组成。从车钟发出的指令称为车令转速(Command RPM),经过转速限制环节处理后作为转速设定值(RPM Setpoint)送给调速器。如果转速设定值与车令转速不一致,则必定处于某种设定值限制下,转速控制系统将以"Setpoint Limiter"指示灯提醒操作人员。转速设定值得限制有多种,包括最小/最大转速限制、加减速速率的控制、临界转速回避等。同样的道理,后续的负荷限制也包含多个方面,包括扫气空气压力限制、转矩限制、最小最大油门限制、起动油门设置等。如果 PID 调节输出的油门触发了某个限制,则显示相应的油门限制(Fuel limiter 或 Index limiter)类型。如果 PID 调节失效或实际需要,可控制调速器实现直接油门控制,即根据车令去直接控制供油量。最终从调速器输出的油门信号需要依靠执行机构(电动执行器)控制柴油机的油门大小改变主机的实际供油量。执行机构也称油门定位系统,本身也是一个位置反馈控制系统。调速器送出的油门信号(Fuel Index)与实际的油门位置信号进行比较,驱动模块则根据偏差控制执行电机的转向和转速。

图 3-5-4 所示调速系统具有三个闭环控制系统:最主要的是由调速单元构成的主机转速闭环控制回路;调速器中的执行器根据油门设定位置与油门位置传感器测到的实际位置,计算出偏差,按照 PI 调节规律,输出执行电机需要的转速,送给伺服装置;由于伺服电机的调速控制中需要电机转子位置,所以伺服装置需要绝对值编码器测电机转子位置反馈信号,同时计算出电机转速信号,即最内的闭环是由伺服单元、执行电机以及绝对值编码器构成变频调速闭环控制。三个闭环分别称为外环、中环和内环。

(2)调速器前的转速限制

从车钟发出控制主机的转速指令到将设定转速送给速度调节模块(调速器),中间包括了一系列的转速限制(设置)环节。

如图 3-6-3 所示,每个车钟手柄位置对应一个电压信号,通过车钟的功能模块,可以将电压信号转换成正车和倒车对应的转速值(车令转速)。如果电压出现异常,车钟系统将发出故障报警信号。

从车钟发出的车令转速信号首先经过手动转速限制环节进行处理,如果转速超过设定值,则最大以限制值输出。手动转速限制是轮机长根据主机的实际运行状况设置的,因此又称为轮机长最大转速限制。

车令转速在处理的过程中,需要考虑一些特殊的情况,比如起动、停车和主机出现安保降速的情况。在这些特殊情况下,转速设定信号将短时切断车令转速的信号,而以实现保存的设置值输出。通常安保降速设置的转速值对应 SLOW 挡的车令转速,与安保降速 SLOW DOWN 中 SLOW 对应。有些主机遥控系统对安保降速的处理是限制车令转速不超过 SLOW 挡转速。主机在起动的过程中,车令转速被替换成设定的起动转速设定值。这个转速设定值往往也对应 SLOW 挡位的转速。在船舶实际起动过程中,如果车钟放在微速挡位置,主机起动后常常会出现转速降低的现象,这就是起动转速设定值超过微速挡转速的缘故。起动转速信号只在起动过程中有效,它依靠起动信号进行触发。有些系统设置还设有延时控制环节,即起动转速保持时间,只有等延迟时间过了之后主机转速才会和车令转速一致。设置保持时间的目的是

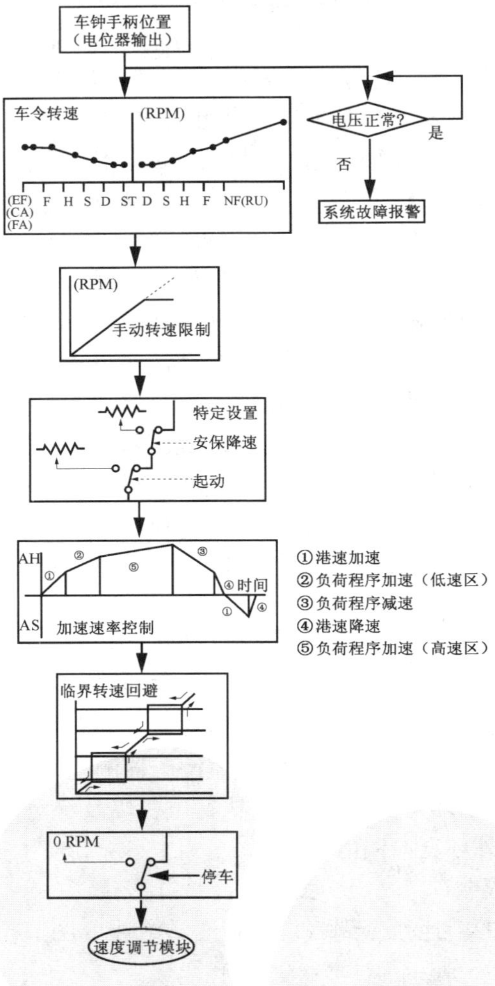

图 3-6-3　主机的加减速速率控制

使主机起动时工作状态保持稳定(Stablizing),有利于后续的机动操纵。在控制系统接收到停车控制指令时,将转速设定值设为 0,此时油门齿条也会置于零位,以保证可靠停油。

接下来,车令转速进入加减速速率控制环节,为了使车令设定转速按主机的运行规律变化,通常采用与时间关联的程序控制方式。如图 3-6-5 所示,随着时间的变化,输出的转速从原来的转速值一点点地增加或减小到新的车令转速值。每经过一定的时间间隔(步长),设定转速值就增加或减小一个特定的数值。如果步长不变,控制每步增加量或减小量,就可以最终控制加速和减速的时间。主机的实际转速在调速器的作用下跟随转速设定值也会相应变化,由此就避免了主机油门因转速突变造成大幅波动的状况,有效保证了主机工况的稳定。

根据转速所属的区间不同,加速和减速不同,图 3-6-3 所示系统设置了 5 个不同的速率:港速的加速、港速的减速、负荷程序的较快加速、负荷程序的较慢加速、负荷程序的减速。港速(Harbour speed)对应机动航行时正倒车微速、慢速、半速和全速各挡位的转速。在此区间,主机转速相对较低,船速也较慢,加减速过程较快,称为加速速率限制(Acceleration limit)。当主机从机动航行转换成海上定速航行,主机转速和船舶航速进入一个更高的区间内,根据推进特性可知,此时的加速会造成主机油门的更大变化。此时,主机的加减速过程称为负荷程序

(Load program)。负荷程序分为负荷程序加速和符合程序减速两种情况。考虑到转速越高,油门变化越大的规律,负荷程序加速通常不是统一的加速速率,往往转速越高,加速也就越慢。

柴油机在运转的过程中,当转速与其自振频率相同时将引起共振。共振对主机、船体以及船舶其他机械设备都会造成不同程度的损坏。因此,常将主机共振的转速区间设置为转速禁区(Barred speed),也称为临界转速区,柴油机在运行期间必须避开临界转速区。在柴油机全部工作转速内可能有1~2个临界转速区。避开临界转速的方法是设定转速直接跳过临界转速区。当设定转速在临界转速上、下限间突然变化时,在调速器的作用下,主机油门会突然改变,快速加减速,使主机实际转速快速越过临界转速区。只要设定转速不在临界转速内,实际转速就不会在临界转速区内长时间运转。临界转速自动回避的方式有三种(如图3-6-4所示):一是避上限,当车令转速设定在临界转速区时,遥控系统能自动使主机在临界转速的下限值运行;二是避下限,当车令转速设定在临界转速区时,遥控系统能自动使主机在临界转速的上限值运行;三是避上、下限,加速时避下限,减速时避上限,也有些遥控系统采取加速时避上限,减速时避下限的方法。

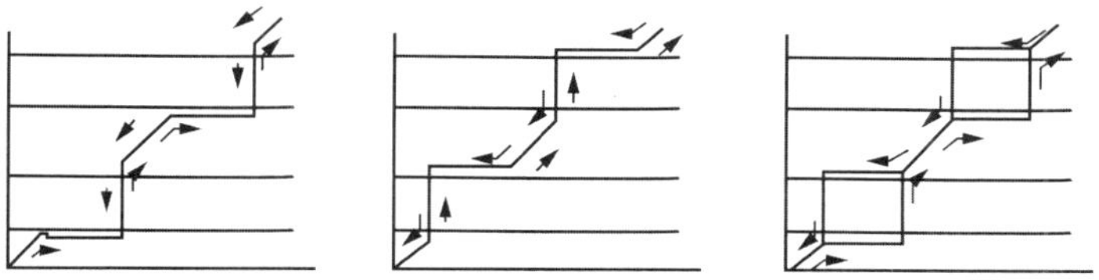

(a)避上限　(b)避下限　(c)避上、下限

图3-6-4　主机临界转速的自动回避

经过上述环节的处理后,车令转速变成了主机转速设定值送给调速器。在应急情况下,可以按下应急取消按钮取消轮机长转速限制、程序负荷限制。不过港速的加速速率限制和临界转速的回避是无法取消的。需要注意的是,临界转速的回避环节要放在加减速速率控制环节的后面,也就是说临界转速区是没有加减速速率限制的。

(3)调速控制模式和调节规律

调速控制系统的主要功能是把转速设定值与转速测量值进行比较得到转速偏差,然后对偏差进行PID运算,输出油门调节信号。目前主机的调速器通常采用计算机控制,其运算处理能力强,其PID控制器的参数还可以根据航行的状况进行选择。如在调节单元中设置转速死区,可以减少主机油门调节机构的动作频率和幅度;在恶劣海况下,船舶纵向摇摆得厉害,螺旋桨吃水变化大,为了防止主机超速,可设置有极限调速器的功能。常用的方法是在主机转速控制中的偏差转速检测后加一个死区控制,利用控制死区范围来实现三种不同的控制方式。三种控制方式通过图3-6-5可以得到体现,横坐标是偏差转速,纵坐标为死区处理后的输出,PI调节所需要的转速偏差。

①刻度控制方式。这种控制方式的死区范围最大。当主机转速偏离车令设定转速的偏差未超过最大死区范围时,死区控制输出保持为0,调速回路调节输出不变,主机油门刻度位置不变,使主机的热负荷和机械负荷基本保持不变。但主机的转速将随螺旋桨负荷变化而在一个较大的范围内波动。因此,刻度控制适用于主机高负荷范围内需维持主机进油量恒定,以获得稳定的热平衡效果的场合。

该死区也可以看成调速器的不灵敏区,当转速偏差较小时,调速器对油门输出不做调整。

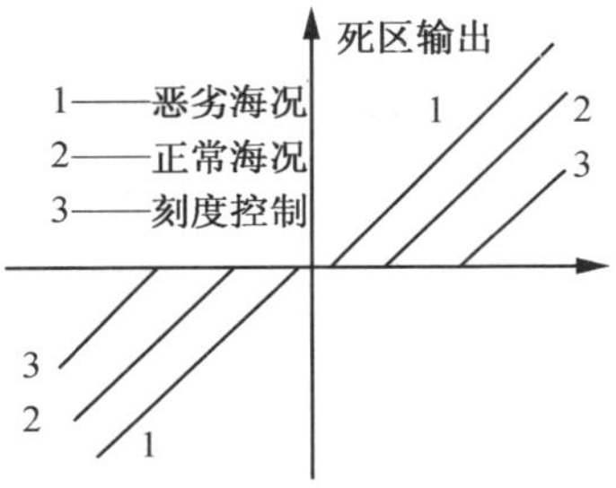

图 3-6-5　死区控制方式

如图 3-6-6 所示，当转速稳定在死区切入下限和上限间波动时，进入死区控制状态，油门保持不变，而转速在外界扰动下会波动变化。假如外界扰动加大，主机转速波动幅度超过了死区切出范围，调速器又会恢复 PID 规律对油门的调节，使转速重回到设定的死区范围内。一旦转速稳定在死区切入下限和上限间，并延时确认后，调速器又会停止对油门的调节，如此交替反复进行。显然参与 PID 计算的转速偏差为偏差减去死区，调节的输出与正常调节相比要小，调节作用减弱，调节过程稳定性增强，转速和油门的波动都会减小。该控制方式适宜一定风浪情况下主机负荷的稳定运行。

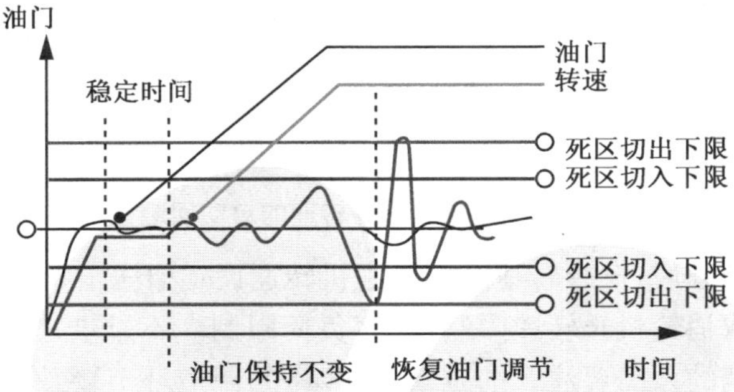

图 3-6-6　主机转速的死区控制

②正常控制方式。正常控制方式的死区范围适中，比刻度控制小得多。因此，正常控制方式能使主机的转速跟随车令设定转速，并将其偏差转速保持在正常控制方式的死区范围内。主机在稳定运行状态下，只要主机的转速波动小于正常控制死区范围，死区控制就无偏差输出，无调节作用。因此，可减小脉动转速对调速系统的影响，提高了系统的静态稳定性。但是，一旦主机转速波动超出正常控制死区，调速回路就会将其自动调节到正常控制的范围内。由此可见，正常控制是在保证所需的调节精度下尽可能减小主机油门刻度位置波动的一种控制方式，因此，它适用于主机正常运行工况。

③恶劣海况控制方式。船舶在大风浪天航行时，主机转速容易受船舶摇摆运动影响发生大幅波动。此时，按下“ROUGH SEA”按钮，调速器进入恶劣海况转速控制模式运行，主要是为防止主机在大风浪运行中发生超速。在恶劣海况控制方式中，控制回路减小主机的最大供油范围，并将死区调得最小（趋于零），并在调节规律中，增加比例作用，加入微分控制，以提高转速控制灵敏度。因此，当螺旋桨上翘露出水面时，调速系统就能以最快响应速度减小主机进油量，从而有效地防止了主机超速。

船舶在正常海况航行时，调速器通常采用正常控制方式的比例积分调节，就可以满足稳定性、准确性和快速性方面的要求。但在恶劣海况模式时，除上述减小死区、提高比例作用、加入微分控制外，在有些调速器中还加入极限调速器的功能，即当主机转速接近“超速”转速时，自动切断燃油供给，主机转速将下降；当主机转速下降到复位转速时，恢复燃油供给。如图 3-6-7 所示，在开启恶劣海况模式以后，主机的转速在某个时候可能上升至某个较高的转速设定值（超速转速），控制系统立即切断燃油供应。主机断油后转速快速下降，当转速降到复位转速（Reset speed），控制系统重新恢复燃油供应。为了主机的运行安全，主机将保持在复位转速下运转。如果想提高主机转速，需要将车钟拉回到低于复位转速的位置，解除对停油复位转速的锁定状态，再将车钟推至想要设置的转速值。

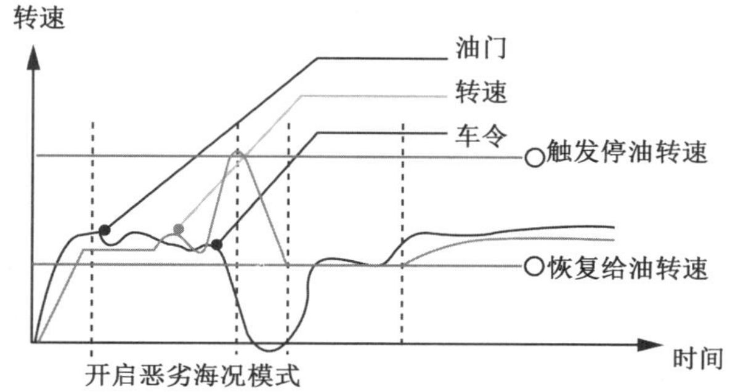

图 3-6-7 恶劣海况控制

（4）直接油门控制

在调速装置或转速检测装置发生故障的特殊情况下，控制系统常设有直接油门控制的方式，按照推进特性直接将转速设定值与主机的油门位置一一对应。但由于转速反馈不起作用，这种调节会引起转速的控制不准、转速波动加剧。此时，可通过操作台上的选择开关接通负荷控制开关，使主机的控制方式从转速控制切换到负荷控制。

直接负荷控制是指车钟发出的车令设定转速（I_n）经负荷控制器处理后输出与 I_n 成比例的主机油量控制信号 F_L 一起送到选小器，由于在正常情况下 $F_L<F_C$，所以选小器选择负荷控制输出油量（F_L），使主机的供油量仅与车令设定转速有关，因此，在车令设定转速不变时，主机的供油量也保持不变，负荷不变。但此时主机的转速无法恒定，会随着螺旋桨的吃水变化而变化。当螺旋桨下沉时，它产生的阻力矩就会大于柴油机气缸燃气所产生的驱动力矩，使动量平衡破坏，主机转速下降，以满足新的动量平衡关系；反之，主机转速就会升高。可见，负荷控制是一种定负荷、变转速的控制方式，由于它未将系统转速输出量反馈至输入，而是直接由车令给定量来控制的，所以负荷控制是一种开环控制。

单纯的定油量控制，当螺旋桨露出水面，主机会出现飞车现象。但在 3-8-3 的控制回路中，遥控系统进入负荷控制状态时，调速回路并未停止工作。在正常情况下，由于调速回路输出 F_C 大于负荷控制回路输出 F_L，故无法输出调速控制信号。然而，当螺旋桨上翘时，主机转速逐渐升高。在主机转速上升到一定值后，偏差转速出现负值，使调速控制信号 F_C 减小，而小于负荷控制器输出 F_L，选小器则选择 F_C 作为输出。于是控制系统又转化为转速控制方式，将主机油门关小，阻止主机转速进一步上升，从而避免主机超速。

（5）调速器后的负荷限制

由于调节过程中即考虑了转速的稳定，又顾及了油门的稳定，因此，常称为转速-负荷的联合控制。在转速调节单元获得油门输出后，在将其送给执行机构前，还需要对这个油门信号进行适当的限制处理，主要是防止主机在工作中出现机械负荷或热负荷超标。

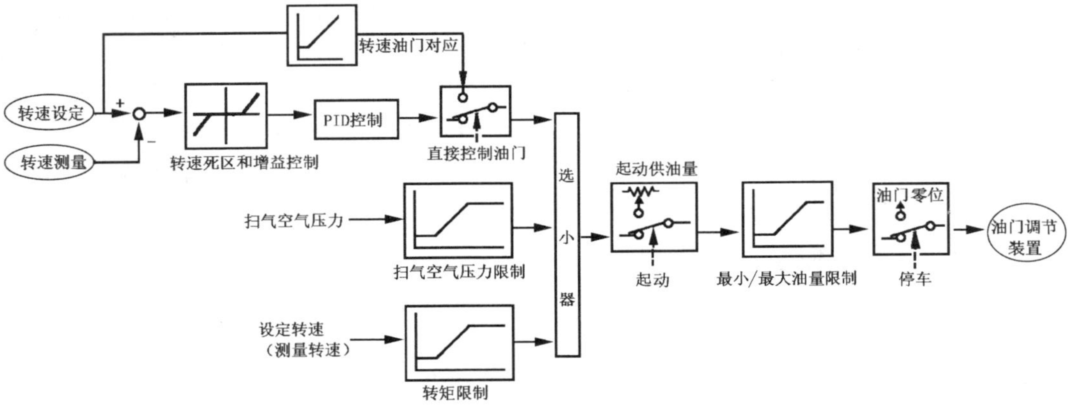

图 3-6-8　主机的负荷限制

如图 3-6-8 所示，负荷限制包括扫气空气压力限制、转矩限制、最小/最大油量限制、起动油量设置等。转矩限制的目的是限制主机的机械负荷。转矩限制通常是对某一转速下的供油量进行限制处理。随着转速的增加，限制的供油量也将增大。

在主机加速过程中，由于增压器的滞后效应，扫气空气压力往往落后于喷油量的增加。若主机喷油量过多，就会造成油多气少，导致后燃加剧，主机的排气温度升高，热负荷增加等问题。因此，为了避免主机热负荷超标，必须按增压空气压力的大小来限制主机的最大允许供油量。随着扫气空气压力的增加，油门限制值相应增加。在不同的扫气空气压力区间内，其油门限制的规律并不相同。

最大油量限制通常指轮机长根据主机的实际工作状况，结合海上航行的外部环境状况，手动设置主机的最大供油量。调速器在输出油门时不会超过这个设定值，以防主机超速超负荷，最大油量限制范围一般为额定供油量的 50%～100%。最小油量限制主要指维持各缸喷油系统正常喷射雾化的最低供油量，低于此值，主机有可能出现做功不均、气缸熄火的情况。显然，最小油量限制值是柴油机转速保持在最低稳定转速上运转的有力保障。

在主机压缩空气起动过程中，当转速达到油气切换转速（发火转速）时，需要往气缸内喷入一定量的燃油，这个燃料量称为起动供油量。这个起动油量通常跟起动转速保持一定的对应关系，但由于实际起动过程中螺旋桨的阻力存在不同，因此起动油量喷入气缸后，调速器就按照起动转速调节供油量。设置起动供油量，既可以保证起动成功率，又可以防止由于起动供油量过大而产生严重爆燃的现象。

另外，在主机停车控制时，输出油门将设定在零位，确保主机不供油。

三、发电机控制流程

发电机控制流程比较复杂，包括自动电站的备用选择、遥控有效、自动有效、手动起动、手动母排无电合闸、手动起停发电机组和并车控制、手动卸载及解列、自动母排无电合闸、自动起停发电机组和并车控制、自动负荷分配、自动转移卸载及解列、重载询问、大负荷起动控制、母排故障处理等具体流程。本文以柴油发电机组的自动起动程序为例做一简单说明，具体可参考实船船舶电站的使用说明书等资料。

如图 3-6-9 所示是某船柴油发电机组的自动起动程序。图中包括了“暖缸”工况（虚线框），这一步骤对某些柴油机可能不需要。在某些系统中，也可以做如下处理：将“起动”指令安排成两种方式:一种是“正常起动”指令,让机组有“暖缸”工况;另一种是“紧急起动”指令,例如航行中电网突然失电,要求备用机组立即起动供电,当程序控制器接到这种指令时,可以自动越过“暖缸”程序。

柴油机起、停程序可归纳为三种基本原则:(1)按时间原则控制,即模仿人的实际操作过程,按时间拟定控制程序;(2)按速度原则控制,即直接按速度拟定控制程序;(3)按滑油压力控制,即根据不同转速时滑油压力的变化拟定控制程序。一般采用综合方式控制,即在整个控制系统中,把以上三种控制原则都考虑进去。

四、其他控制系统的控制流程

船舶自动控制系统中较为典型和复杂的流程控制为辅锅炉的点火时序控制和分油机的分油时序控制流程。辅锅炉的点火时序控制前述锅炉的点火控制流程图已有说明,本处简要介绍分油机的时序控制流程。

刚开始投入工作时,应先按加热器按钮,开始将待分油进行加热,同时确认温度自动控制系统投入工作。当确认温度上升后,按一次程序起动/停止按钮,EPC-50从初始化程序开始执行,首先它监视待分油温度,当油温达到正常温度值时,EPC-50将对分油机进行密封排渣口、设备自检、分油、间断排水、排渣等操作。EPC-50增加了对设备状态的自检功能,可以根据被控制阀件的动作及相应参数变化的检测,智能地判断设备的故障,或对操作时序自动做适当的调校,以适应工况的变化。操作程序流程如图3-6-10和图3-6-11所示。

程序运行开始时,EPC-50控制器首先确认是否有过拆解保养或更换器件工作,如果通过面板操作确认进行修理后,EPC-50会在按下“分油”后进入“校准起动”程序,在确认输送泵运转、分油机电机运转、温度控制、开机一次排渣操作,分油机空筒后,首先自动进行一次置换水的水流量计算,程序是密封操作Ti58、置换水的水流量校准Ti59、排渣口打开控制Ti56、工作水排水时间Ti57。Ti59的最大值为170 s,如果在此时间内没有压力响应,则说明有泄漏或无水进入,无法建立压力,系统发出警报;而如果通过建立压力的时间,可计算出置换水(SV10)进水的流量。依据该水流量计算,EPC还计算出Ti63的设置时间(应小于120 s),以便向分离筒中加注正确的调节水量,以便排渣后,在进行分油前,使分离筒内注满水。当选择了分离设备的规格时,与分离筒相关的数据被激活。Ti63的预设值仅用于起动,在计算后,会自动为Ti63设置正确的值。该段时间主要为校准置换水量,可称“校准”。水流量校准之后,“校准起动”“不校准起动”就一样了。系统先进行一次“排渣”操作Ti60,用于防止在断电后,排渣间隔时间中断,引起两次排放之间的时间大于排放间隔设定时间*Pr*1,并在滑动圈下建立水弹簧,使分离筒内滑动圈向上运动,关闭滑动底盘下腔排水口;接着是工作水排水时间Ti61,设置时间的长短应确保滑动底盘、工作室和定量室工作水泻放完,其功能同前述的Ti57。

接着开始准备分油。分油设定时间到,排渣后的程序也是回到此处。程序先控制滑动底盘下进工作水,进行“密封”操作Ti62;之后控制SV10加水实施分离筒“注水”操作Ti63。

分离筒注水后,SV1控制供油阀V1开一小段时间Ti64和Ti65,SV4配合控制净油出口阀V4在Ti64(约60 s)关闭,Ti65打开。Ti64时有进油,但出口净油关,分油机将分离筒内侧和出油管内原来的注水全部挤到分离筒外侧,所以此时应保证出口压力PT4达到设定值,水分传感器检测的水分小于设定值,说明已置换。Ti65打开净油出口,同时检测水分仍小于设定,说明置换完全成功。Ti64时间后,如果由水分传感器MT50检测到水分偏大,说明前次置换水过多,则需要减小一次置换水量的计算值,供下次置换水使用。如果出油口中没有压力PT4

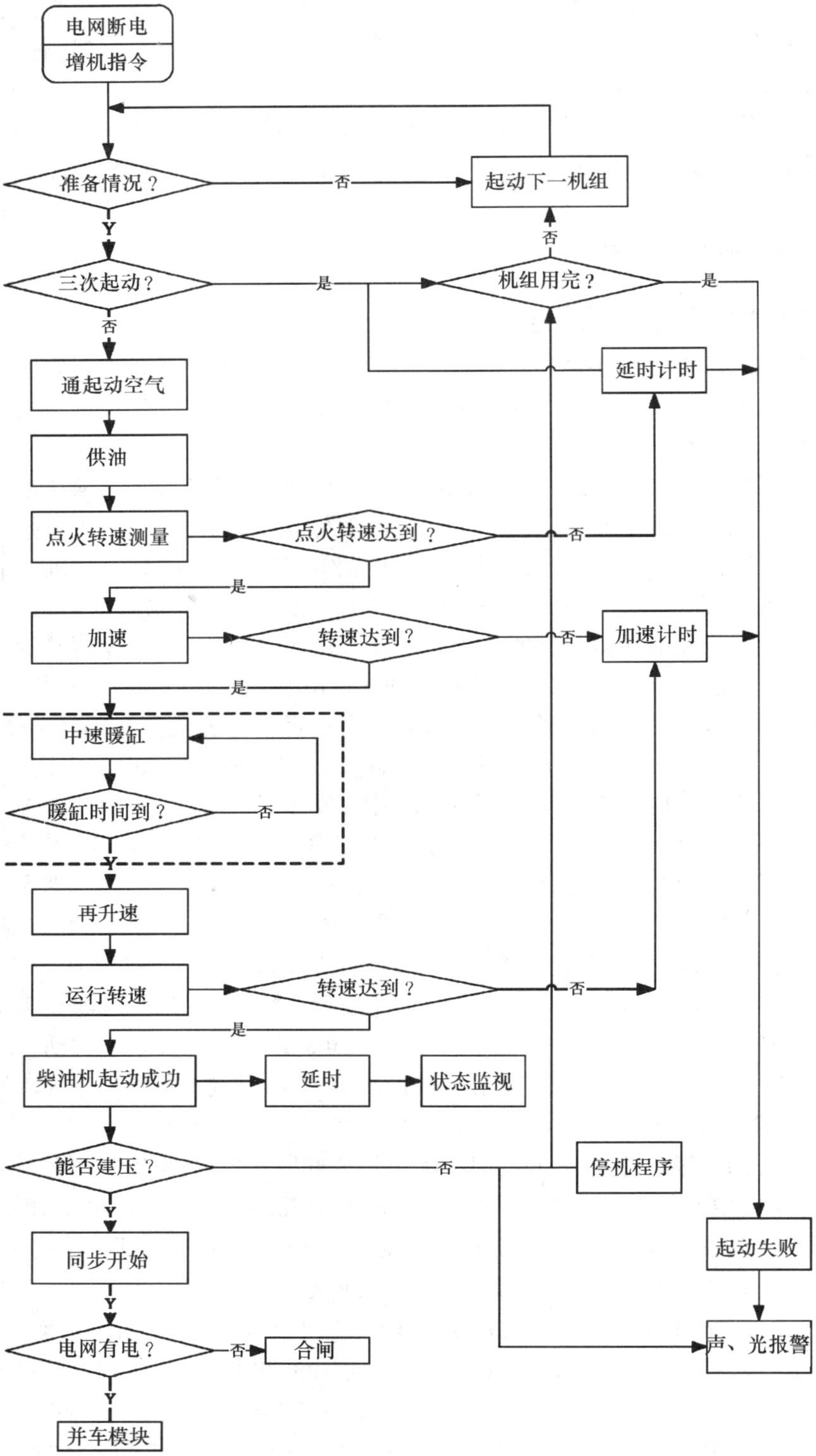

图 3-6-9　自动起动程序方框图

的响应，则在 Ti64 内将发出警报；如果 Ti65 时间内水分很大，同样引起故障，系统自动进入排放程序，所以该段程序可以称为“置换”程序。

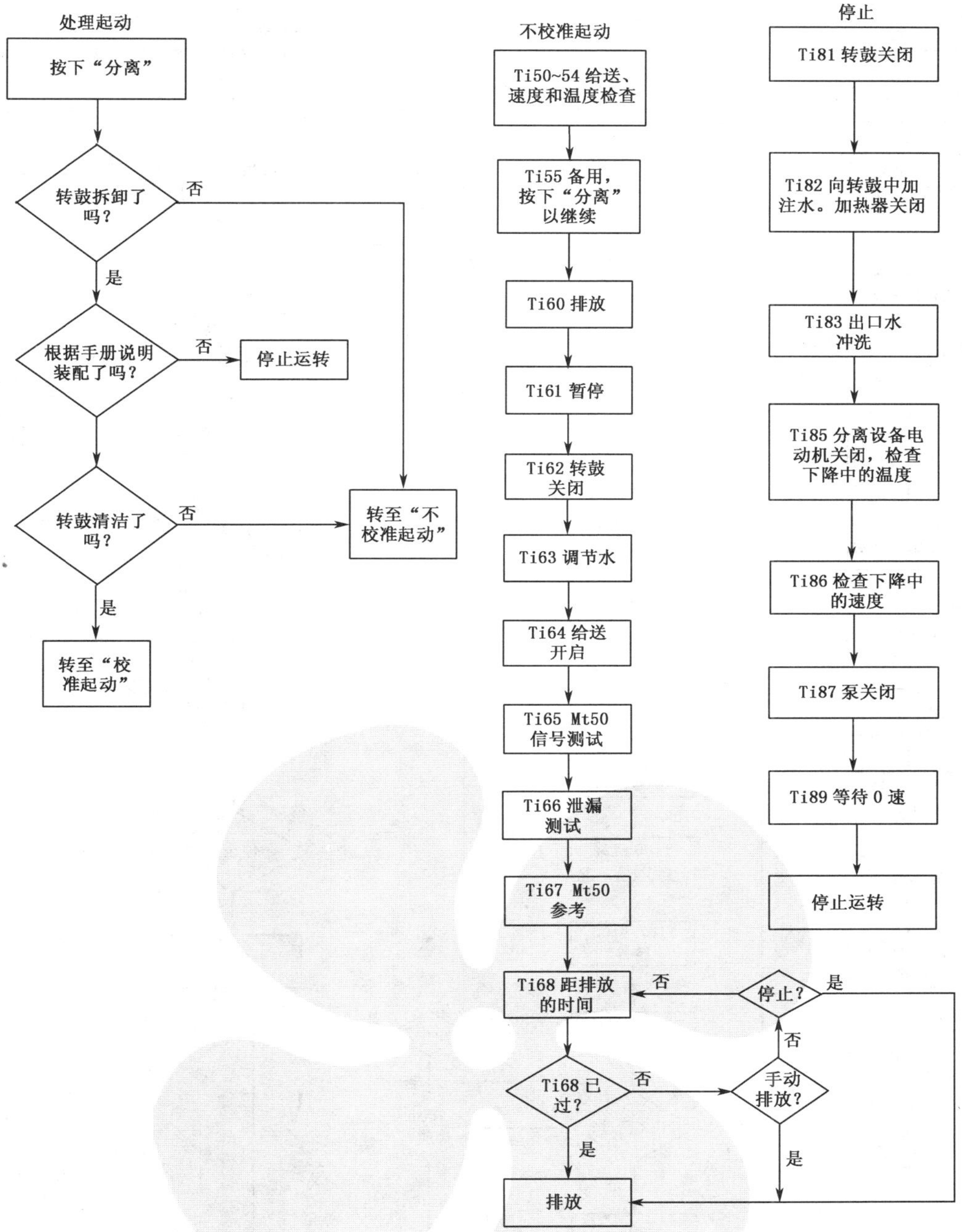

图 3-6-10　处理程序、不校准起动控制程序和停止控制程序

为保证系统可靠运行,在分油之前,还要进行一次分离筒是否泄漏的检查程序 Ti66,在该时间内供油阀 V1 关、净油出口阀 V4 关,PT4 压力应能稳住,波动值不应过大,如压力低于 0.1 MPa 以下,系统将会发出警报,说明有泄漏存在。确认没有泄漏后,重新开始供油并打开净油口,进行分油,但是出口流量突变,水分传感器 MT50 的检测值需要一点时间(Ti67)稳定,即在该段时间,保持分油,不考虑水分对分油进程的影响。可称该段时间为“检漏”程序。

之后才是正式的分油过程 Ti68。Ti68 的时间与 *Pr*1 相同。如果对其中一个进行更改,则

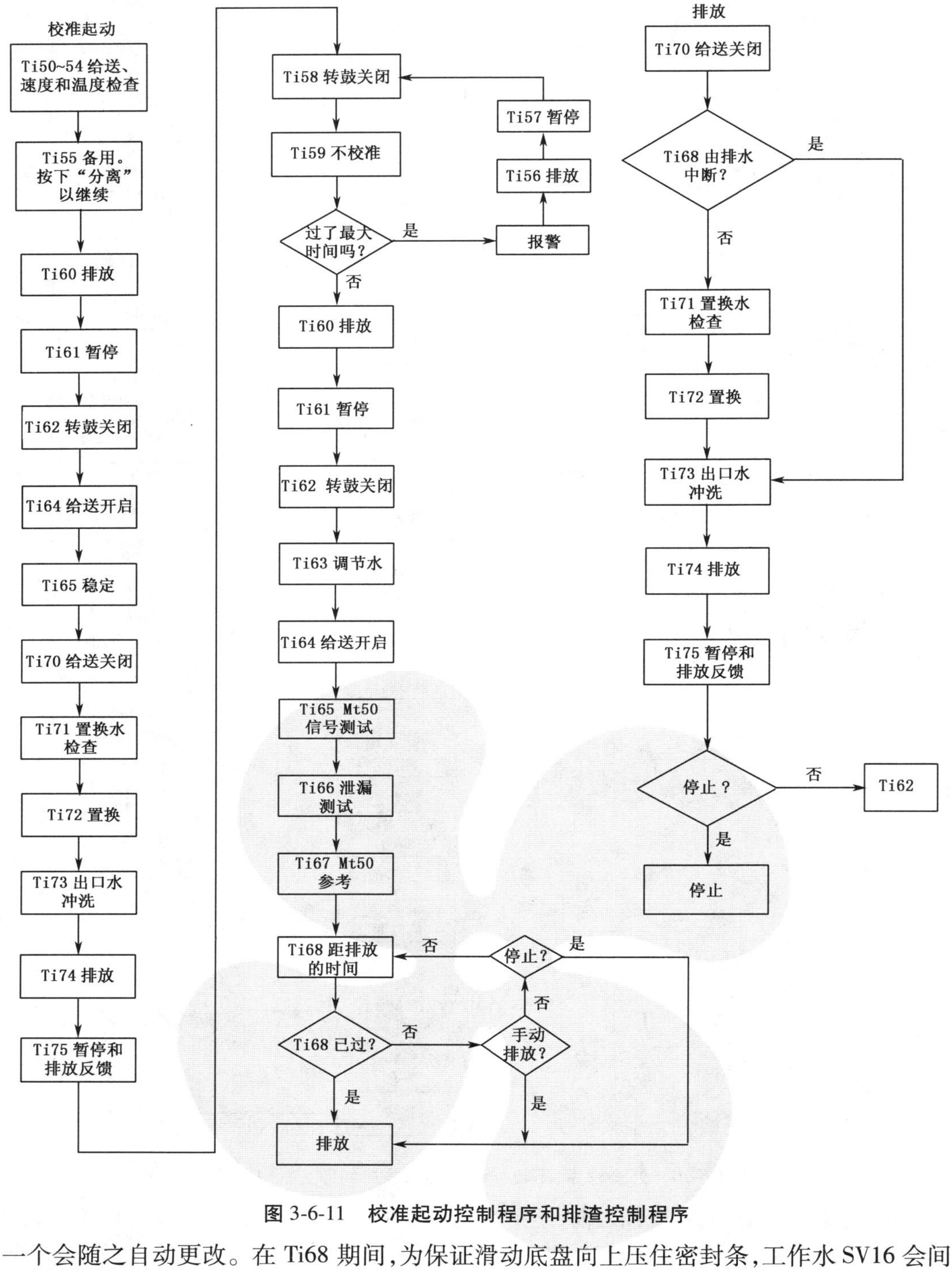

图 3-6-11　校准起动控制程序和排渣控制程序

另一个会随之自动更改。在 Ti68 期间,为保证滑动底盘向上压住密封条,工作水 SV16 会间断打开,每 5 s 打开 1 s。同时水传感器监视清洁过的油中的水分含量,如果检测值大于 100 pF,则排水阀(V5)短时间打开一次,然后会在几秒钟内再检查水分含量。当水分含量低于 70 pF 时排水将停止。最多可连续打开 5 次进行排水。在打开超过 5 次后,水分含量仍未低于 70 pF,系统程序将跳转至 Ti74 进行“排渣”控制,如排渣后水分仍未低于 70 pF,系统将再次打开 V5 排水，5 次排水后水分仍未低于 70 pF，系统将进入停止程序并报警，所以在该过程中，SV16 断续提供补偿水，SV5 控制 V5 间断排水。由于是正常分油主过程，所以称“分油”。

分油时间 Ti68 到后，或手动按了排渣按钮，程序先进入“关油”程序 Ti70（关闭供油阀 V1），此后由于没有进油，所以出口压力会下降；出口水分可能会增加，如果出现水分检测高于 100 pF，则需要进行一次排水操作，最多可进行 5 次排水操作，确保分离筒内的净油尽量排完。确认净油出口管内还是净油后，开始“进置换水”程序 Ti71：供油关，关闭净油出口阀 V4，开 SV10 置换水，出口压力 PT4 应增加至少 0.05 MPa，如果没有压力反馈，则发出警报；如增加到了 0.05 MPa，则停止 Ti71 计时，说明冲置换阀 SV10 正常。接着是“冲洗”程序 Ti72：供油关，打开净油出口阀 V4，开 SV10 冲洗水，将分离筒内和出口的进油全部排出，冲洗时间受前述水流量校准限制，即不能进太多的水，防止水冲出到净油去；之后，仅有排水阀 V5 打开进行管路的“冲洗”操作 Ti73；整个过程可称为“冲洗”程序。

完成“冲洗”后，再打开开启水 SV15 进行一次“排渣”操作 Ti74；排渣后进行工作水的排水操作 Ti75。“排渣”程序中，分离筒的转速应该会下降，但如果“排渣”后分离筒速度下降小于参数 *Fa* 设定转速，则发出排渣反馈故障警报。正常“排渣”后，EPC-50 根据有关置换水的参数是否人为修改过，来确定程序是进入水流量校准 Ti59 进行参数校正，还是准备再次分油，直接进入分离筒“密封”操作 Ti62。至 Ti75 后，系统完成一个工作循环。

如果发生故障或手动停止操作，则从“关油”程序 Ti70 开始到“排渣”操作 Ti75 后，程序再次自动进入“密封”程序 Ti81；“冲洗”程序 Ti82、Ti83，Ti82 后停止加热温度控制；Ti83 后停止分油机程序至结束。

第七节　柴油机电子控制技术

传统柴油机的燃油喷射系统需要借助凸轮轴驱动高压油泵将燃油加压后送给喷油器，喷油正时的控制受到凸轮位置及形状的限制，也会受到柴油机转速变化的影响，喷油量的控制也受到机械传动机构的制约。此外，正时受到凸轮控制的还有排气阀的开关时间、气缸起动的时间和顺序（空气分配器）。在柴油机的换向操纵中，对这三个正时的转换就涉及对凸轮或凸轮轴位置的变动。由于机械装置本身笨重的局限性，严重制约了柴油机的控制灵活性、准确性以及快速性。随着科学技术的发展，尤其是微机技术、电子控制技术、信息技术的发展，传统柴油机的控制方式逐步被电子控制方式代替。电子控制式柴油机取消了传统柴油机的凸轮轴以及相关的机械控制零部件，将燃油喷射、气阀启闭以及柴油机的起动、换向、停车和气缸润滑等功能全部由电子控制。它可以通过对相关参数的设定和修改，调整主机的运行状态和工作参数，达到使柴油机保持在最佳状况下工作的目的。此外，还可对柴油机的运行情况及零部件的状况进行实时监测，并与船上的控制系统、报警系统连接，对柴油机进行全方位的控制。

一、电子控制柴油机的工作原理和特点

如图 3-7-1 所示的 RT-flex 电子控制（电控）柴油机采用共轨（Common Rail）装置，用来建立燃油压力；采用液压控制排气阀启、闭操作；采用燃油喷射控制单元控制燃油的流量和喷射时间；采用燃油供给单元取代原有的燃油泵来提供高压共轨燃油，由液压伺服油泵提供共轨动力液压油。

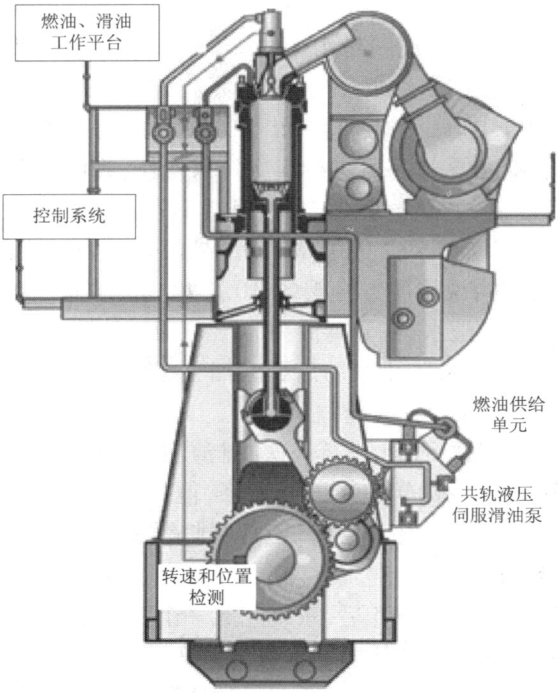

图 3-7-1　电子控制柴油机控制布置示意图

不管是 ME 电子控制柴油机，还是 RT-flex 共轨控制柴油机，都有一个共同的特点，就是用液压油搭配电磁控制阀来取代原来的机械凸轮，从而实现了从呆板的机械控制向灵活的电液控制方式的转变。针对柴油机的起动、换气、喷油、做功等过程的控制自由度显著提高。

为了获得对柴油机各种正时的控制，电喷柴油机引入了曲柄转角测量装置，即图示转速和位置检测。曲柄转角测量装置主要测量柴油机的转速和上止点位置。相关的控制系统则综合柴油机的转速、上止点位置、气缸发火顺序、各种正时（曲柄转角）信息，通过计算处理才能获得此刻每一气缸的曲柄转角位置，同时也可以计算得到距离起动、供油、排气开始的时间间隔。在充分考虑到动作延迟的因素后，柴油机控制系统就可以精确控制电磁阀/电液比例阀的动作，从而实现原来依靠凸轮控制的起动、喷油、排气、注油润滑等动作。由于这个时间的控制具有较大的灵活性，在实际工作中，就可以通过软件和参数的不同设置，使柴油机在节能、减排、寿命等方面发挥最大的优势。

对于柴油机起动控制而言，去掉了空气分配器，只是在气缸起动阀顶部气动活塞连通主起动阀的空气管路上增设了一个电磁阀。柴油机控制系统准确控制电磁阀的开关，就可以准确控制压缩空气进入各缸的时间和顺序。对于正车起动和倒车起动而言，只是电磁阀动作的时间不同而已。显然，换向机构已经变成了控制程序，换向也就变得更为简单易行。

对柴油机的喷油和排气控制而言，传统的凸轮轴不仅提供正时的控制，还提供高压油泵以及排气阀液压驱动器的动力。而在电喷柴油机的控制中，需要额外增设驱动动力，即液压结合电磁控制来代替。不过在实际的控制装置和系统构成上，Sulzer 和 MAN B&W 存在较大的差别。Sulzer 的 RT-flex 柴油机将高压油泵集中到飞轮附近，由多个油泵共同工作为柴油机提供接近 100 MPa 的燃油。在高压油泵处同时设置多台机带滑油泵，产生 20 MPa 左右的伺服油压。高压燃油轨（轨）与高压伺服油轨（管）将这两种油送到缸头处备用。利用电磁阀（共轨阀)搭配伺服油的动力(液压控制阀)可以控制各个喷油器的喷油和排气阀的开启。气缸的喷油量由油量活塞的行程进行测量反馈,排气阀的开关位置同样可以通过位置传感器测量反馈。MAN B&W 的改动相对要小一些,只是设置了液压油泵产生动力油(20 MPa 或 30 MPa),没有改变高压油泵和排气阀驱动器的整体布局,只是由电液控制阀搭配动力油来代替凸轮来驱动高压油泵和排气阀驱动器。同样设置有油量的测量反馈及排气阀位置的测量反馈装置,以实现更准确有效的监控。

对于气缸油注油润滑来说,同样通过电磁阀搭配液压动力就可以实现电子气缸油注油控制功能,因此电喷柴油机通常将气缸油注油器集成在每个气缸控制模块内。

由于每个气缸的控制设备相同,控制内容也一致,对于控制设备和控制箱的布置就可以实现模块化加工和组装,这给柴油机控制系统的加工、安装、调试、检修都带来了很大的便利。

与传统的凸轮控制的柴油机相比,电控柴油机取消了很多的机械传动和控制部件,包括凸轮轴、凸轮轴传动机构、空气分配器、油门控制机构、VIT 控制机构、换向机构等,原有的气动操纵系统也进行大幅缩减,增加的主要是动力滑油系统、控制模块和控制阀件等。电控柴油机的控制系统功能空前强大,集成了许多原来主机遥控系统的功能(起停换向、调速等)。同时将柴油机的工况检测技术有机地结合到柴油机的控制技术中,实现了自动调整和柴油机工况优化,形成了智能柴油机的概念。

与传统的机械控制柴油机相比,电控柴油机具有以下特点:

(1)具有很强的运转适应性

很强的运转适应性主要表现在燃油喷射系统上,包括:①能够自由地选择喷射压力。根据不同工况可确定所需的最佳喷射压力,从而优化柴油机综合性能,降低了柴油机在部分负荷时的油耗(SFOC)。②精确地控制燃油喷油量。柴油机由电磁阀控制喷油,其控制精度高,高压油管压力稳定,循环喷油量变动小,各缸供油均匀,柴油机工作稳定。③可独立地控制喷油正时和喷油速率变化,实现预喷射和多次喷射,达到理想的喷油规律,配合高的燃油喷射压力,既可保证良好的动力性和经济性,还能将柴油机的 NO_x 和微粒(PM)排放控制在较小的数值内,以满足排放要求。④燃料适应性好。对于不同的燃油,特别是劣质燃油,可根据燃油需要改变喷油正时和气阀定时,实现在任何负荷条件下工作无可见排烟。这些对于凸轮驱动的机械机构几乎是不可能实现的。此外,冷却系统、增压系统和气缸注油系统也具有很强的运转适应性。

(2)足够的可靠性

足够的可靠性是指发动机具有更长的寿命和维修周期,在整个发动机使用过程中具有很低的故障率和良好的维修性能,并且在整个使用期间发动机的性能维持不变。瓦锡兰公司和 MAN 公司柴油机的检修周期都可长达五年。

(3)具有各种不同的操作模式

各种不同的操作模式是指可以根据不同的要求由操作者选择机器的运转模式,如经济性式、排放控制模式、安全模式和低负荷运转模式等,并保证发动机一直处于最优化状态运转。

(4)完善的状态监测和控制系统

完善的状态监测和控制系统主要包括一体化的速度控制设备,在线的柴油机故障诊断系统,活塞工作和燃烧可靠性的监测及对气缸注油的优化等。能够在线监测柴油机的运转状况,保持各缸的负荷均匀分布,防止发动机超负荷,在故障发生前能够早期报警并起动处理程序。

二、ME 系列柴油机控制系统

目前 ME 系列的电控柴油机包括有 ME-C 和 ME-B 两个系列。ME-B 与 ME-C 机型相比简化了电控系统，采用轻型凸轮轴驱动排气阀，相应减小了液压动力单元配置，最大限度地降低了成本。ME-B 系列主要为中小缸径的主机，比如 S35ME-B、S40ME-B、S50ME-B 等。从控制系统的技术上考虑，ME-B 控制系统算是不完全的电喷系统，因此，ME 系列主要是指以 ME-C 机型的柴油机控制系统（ECS）。

ME 柴油机控制系统与主机遥控系统连接，可以接收来自驾驶台、集控室和机旁发出的控制指令，实现对柴油机所需的起停换向和调速控制。与 MC 柴油机的控制系统相比，ECS 本身集成了原来逻辑控制、调速器、气动操纵系统的许多功能。主机遥控系统相应地变得简单，主要保留了车钟系统、控制面板和安全保护的功能，不再需要配置调速器，气动操纵系统也变得异常简洁。

1. ME 系列柴油机的共轨技术

图 3-7-2 为 ME 系列电控型柴油机的共轨控制系统示意图，0.7～0.8 MPa 的燃油被送到各个气缸的二次增压泵，进行喷射前的再增压，使压力达到喷射压力，而电动控制伺服液压油动作，经过伺服液压再去控制二次增压，所以电动控制的不是燃油的高压回路，而是较低压的伺服油压回路。液压伺服油是由主滑油泵送来的滑油通过二次过滤（6 μm），再通过曲柄轴驱动的增压泵或电动驱动增压泵，增压到 20 MPa 送到阀箱，通过控制各缸的电磁阀，使伺服油分别进入各缸排气阀的液压缸单元进行排气操作，进入各缸燃油增压的液压缸单元进行增压喷油操作。

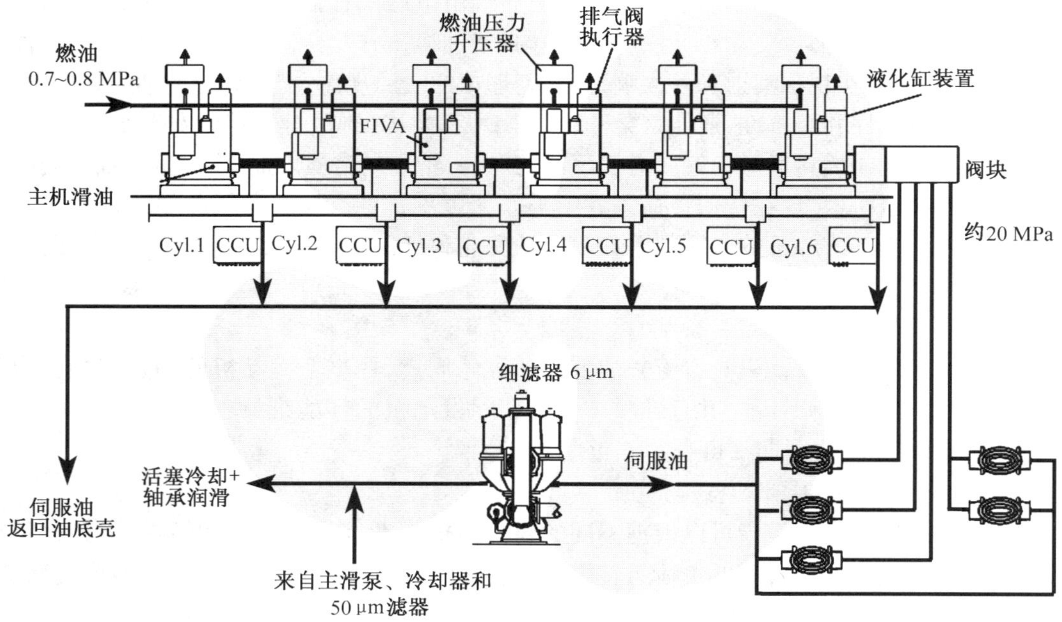

图 3-7-2　ME 共轨控制系统示意图

2. ME-C 柴油机 ECS 的组成

如图 3-7-3 所示，柴油机控制系统 ECS 主要由 MOP、EICU、ECU、ACU、CCU 等控制箱和各自的输入、输出设备组成。其中 MOP 为人机操作界面，EICU、ECU、ACU、CCU 为不同的控制单元，采用相同的多功能控制器 MPC 板。MPC 板上设置有通用的输入/输出接口、数据通信接口，通过连接不同的传感器和控制器，加载不同的控制程序软件，分担柴油机控制中不同的功能。各个控制单元通过 CAN 总线通信进行数据交换，协调工作，实现了整个柴油机控制所需的起停换向操作、速度和负荷控制、气缸润滑、参数和工况优化等功能。

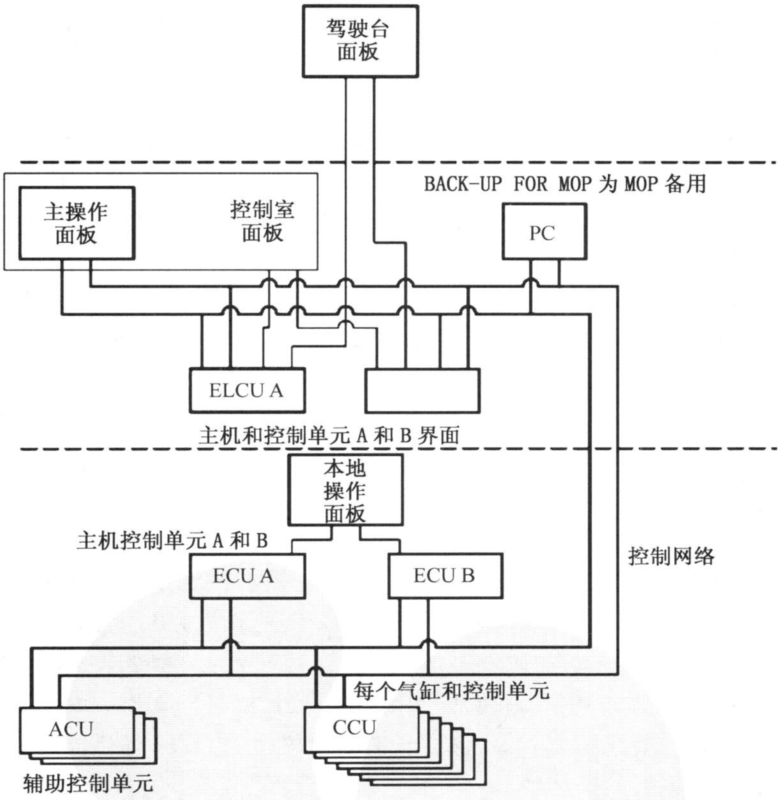

图 3-7-3　ME-C 柴油机 ECS 的组成

ME 系列柴油机的电控控制系统的组成，充分考虑了可靠性，从控制单元和数据通信线路上都设计了冗余。控制器 A 和控制器 B 具有完全的冗余功能，控制单元间的 CAN 总线也具有完全的冗余功能。

（1）EICU（Engine Interface Control Unit）为柴油机接口控制单元，通常设置在集控室，用于处理与主机遥控系统、监视报警系统、安保系统等外部系统的信息交换。处于驾控操作时，驾驶台的操作指令通过 EICU 连接到控制系统。而在集控室控制（备车和完车操作）时，集控室的操作指令同样通过 EICU 送给控制系统。

（2）ECU（Engine Control Unit）为柴油机控制单元，设置有两台，一台主用，另一台备用。柴油机控制单元实现对柴油机整体工况的控制。如柴油机的正倒车起动和停机操作，柴油机转速和负荷的控制等。ECU 本身带有调速功能，可以根据设定转速和实际转速计算得到喷油量数据，并且根据运行模式确定柴油机的喷油定时、排气阀定时参数，通过 CAN 总线送给 CCU。此外，ECU 根据柴油机工况确定液压动力油压的设定值，以便于 ACU 进行控制。

（3）ACU（Auxiliary Control Unit）为辅助控制单元，通常设置三个，主要控制机带液压油泵的供油量、电动液压油泵和辅助鼓风机的起停。

(4)CCU(Cylinder Control Unit)为气缸控制单元，通常每个缸设置一个，接收安装在曲柄轴自由端的角度编码器信号，计算出本气缸活塞位置和工作进程状态。同时，接收主机转速传感器信息，计算出活塞的运行速度信号；另外，CCU 还采集燃油增压活塞和废气排气阀的位置信号，再根据 ECU 发来的指令进行综合处理，用以控制主机各缸的起动、停车、喷油和排气等操作。其中燃油喷射和排气阀开启的控制为 FIVA(ELFI 和 ELVA)阀，包括燃油喷射控制和排气阀控制两个部分，而 ME-B 中排气阀仍采用凸轮控制。气缸起动控制为 SAV 阀，气缸注油控制为 AL 接口模块。

(5)MOP(Main Operation Panel)为主控面板，是操作者与柴油机控制系统进行互动的人机界面。MOP 由一台个人计算机和带触摸屏的显示器组成，在集控室中通常设置两台，分别为 MOP A 和 MOP B，一台主用，另一台备用。MOP 界面通过图形、文字、数据提供了丰富的信息，可以显示包括报警、柴油机状况、辅助系统、维护检修等方面的信息，也可以通过权限管理对内部的参数和控制模式进行设置，对控制单元的输入/输出信号进行测试。此外，MOP 通常通过网络与集控室的另一台电脑相连，用于故障诊断 CoCoS-EDS 及气缸示功图 PMI 检测，带有在线调整功能的系统甚至可以根据 PMI 分析结果自动调整柴油机工作性能的参数(Auto-tuning)。MOP 是轮机员操作主机的主要信息接口，虽然 MOP 通过控制网络与发动机控制系统的各控制器进行通信，但发动机的运转与 MOP 无关。因为来自机旁控制面板(LOP)或遥控的所有控制指令都直接同 EICU/ECU 通信，MOP 不会给出控制信号。

在机舱集控室，设有 MOP-A 和 MOP-B 两个屏幕，实现冗余互备。轮机员可观察实施发动机的指令，调节发动机的参数，选择运转的模式，显示控制系统的状态。图 3-7-4 为 MOP 主操作界面，图示左上主状态显示主机未闭锁，车令转速有机旁 LOP 给出，转速为 0，实际转速为 0，螺距未选，燃油量为 0，左中部为排放模式，调速器选择转速控制模式，起动空气压力 1.91 MPa，滑油进口压力 0.21 MPa，伺服滑油液压压力 24.3 MPa，扫气压力还没有，主机压力油泵系统为自动，滑油注油器为停止状态，辅助鼓风机为自动，且当前为停止状态。界面右边一列为主菜单，可根据需要选择。

(6)操纵部分。主机控制系统本身只提供机旁操作控制面板，即 LOP，通过发动机控制单元 ECU 直接控制主机。主机遥控部分是第三方供应的驾驶室控制面板，由本系统的发动机接口单元 EICU 与之进行信息交换，实现驾驶室遥控。LOP 位于发动机上，可进行基本操作，如起动、控制发动机速度、停车和换向，并显示最重要的发动机数据。

ECS 通过 EICU 与外部系统联系，EICU 与遥控系统、监视报警系统、安保系统以及集控室的车钟存在关联。ECU 则跟安保系统和机旁操作面板 LOP 存在关联。ACU 与柴油机柴油机的辅助鼓风机和电动液压油泵的起动器有关联。CCU 也与安保系统相关联。此外，ECS 系统中还可以配置一台 PMI/CoCoS-EDS，跟两台 MOP 相连接，同时也会将报警信息传输给监视报警系统。

(7)柴油机转速控制

当驾驶台或集控室的车钟发出主机转速指令，遥控系统按照主机的运行参数和本身特性参数对车钟的转速指令进行调制：如起动稳速过程、停车减速过程、最小转速限制、最大转速限制、定速航行控制、紧急停车指令、故障减速、功率与转矩最佳配合、加速速率限制、负荷程序控制、临界转速回避和转速微调等。这时车钟与调速器设定转速是不一致的，这个设定转速与主机实际转速信号进行比较，得到偏差值，送到转速调节器进行比例积分微分调节，或经过智能

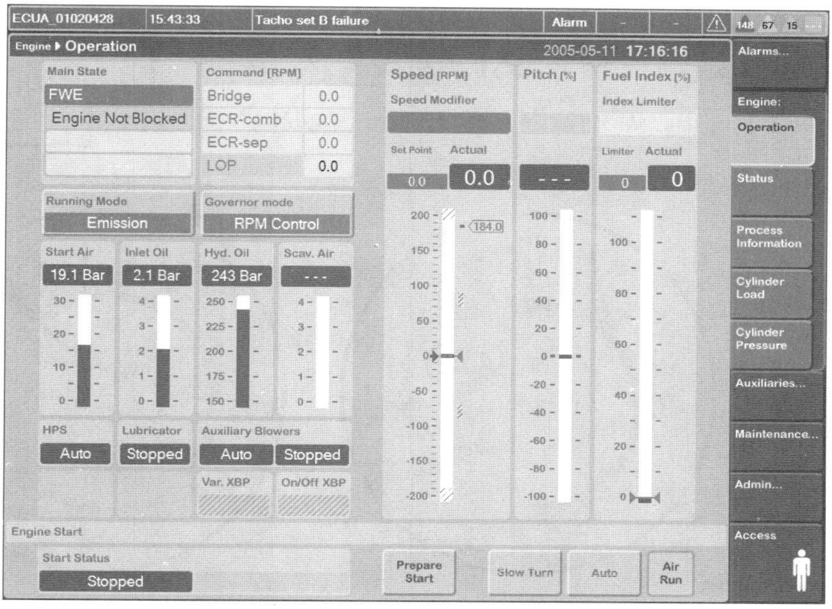

图 3-7-4　MOP 主操作界面

控制算法进行处理。其所得的调节输出信号,经过主机性能指标的限制后,得到燃油量的输出,送到气缸控制单元 CCU 作为其给定。再由 CCU 控制电动燃油喷射比例阀 FIVA,实现燃油量控制,使主机转速跟随设定转速的要求。ME 系列机型的调速控制器功能被集成在主机控制单元(ECU)中。

(9)曲柄轴角度编码器

ME 系列机型转速传感器是采用磁脉冲式输出转速传感器,它的曲柄轴角度编码器与通常编码器有所不同,其原理图如图 3-7-5 所示。曲柄角度编码器共有 8 个磁感应探头,分成 A 与 B 两组;A 组中两个为检测转速和方向,另两个为标记位检测,一个放在 0°位,另一个放在 90°位上;而 B 组,也用两个探头检测转速和方向,其他两个为标记位,但与 A 组的标记位相差 45°,一个放在 45°位上,另一个放在 135°位上。当曲轴自由端驱动一个磁性半圆环转动时,在标记位上的探头就会有输出电平的变化,若输出高电平为“1”,低电平为“0”,则可得到曲柄轴位置角度与四个探头输出电平高低的变化表,如表 3-7-1 所示。

表 3-7-1　四个标记位探送输出电平高低与角度的关系表

位置	0°~44°	45°~89°	90°~134°	135°~179°	180°~224°	225°~269°	270°~314°	315°~359°
MMA	1	1	1	1	0	0	0	0
MMB	0	1	1	1	1	0	0	0
MSA	0	0	1	1	1	1	0	0
MSB	0	0	0	1	1	1	1	0

用于检测转速的两个探头是正交的,在时间上相差 90°(1/4 周期)。这两组信号通过转速角度测量系统处理后,送到主机控制单元(ECU)和气缸控制单元(CCU),从而推算出气缸活塞的位置,做出相应控制和操作。

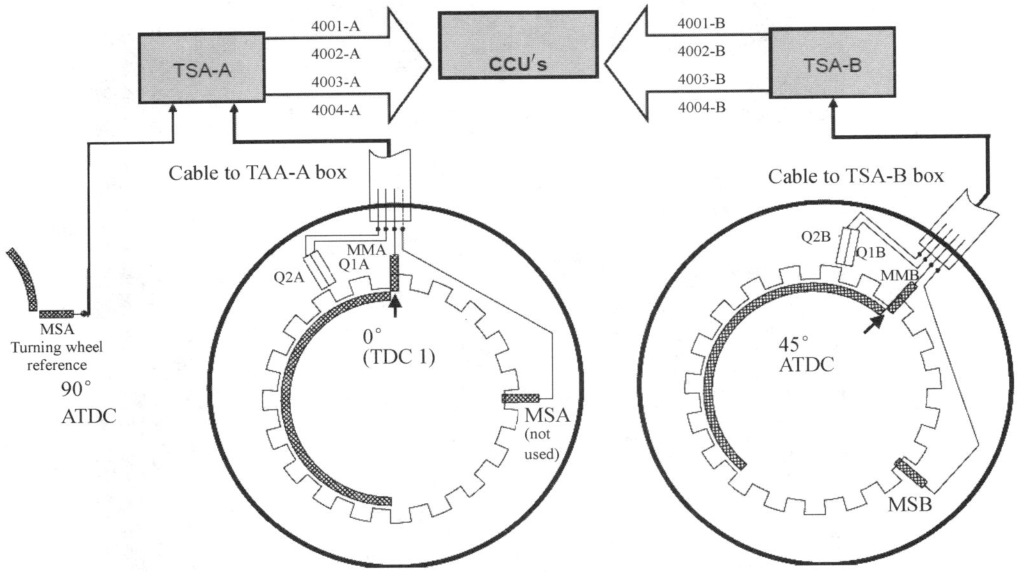

图 3-7-5　曲柄轴角度编码器原理图

（10）多功能控制器 MPC

ME 系列柴油机的控制系统包含的 EICU/ECU/ACU/CCU 单元都是采用一种通用的控制模块，称为多功能控制器（Multi Purpose Controller，简称 MPC），如图 3-7-6 所示。

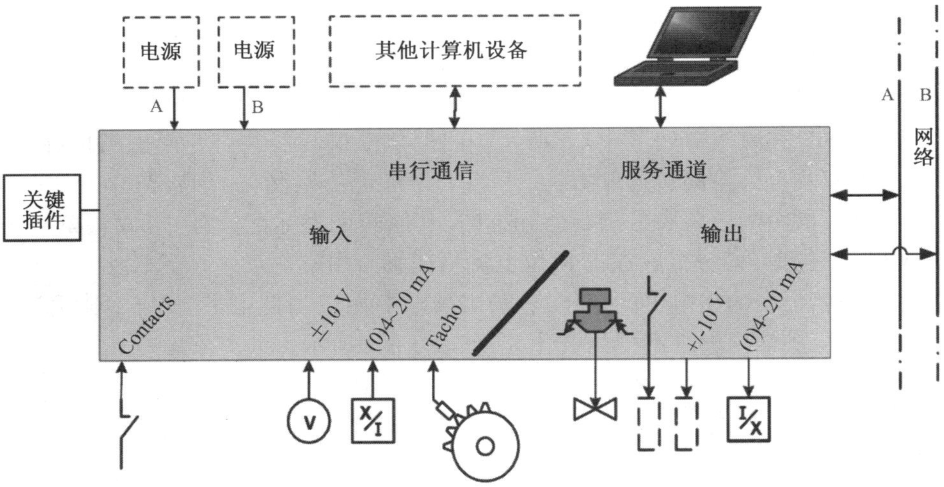

图 3-7-6　MPC 外围接口示意图

MPC 模块是一个带有多种输入输出接口的工业计算机模块，它可以接收的输入信号包括转速信号、4~20 mA 的电流信号、±10 V 的电压信号、开关信号、24 V 的二进制信号等，输出信号包括 4~20 mA 的电流信号、±10 V 的电压信号、触点和高速半导体开关器件。它不带键盘或者显示器，但设有双冗余控制网络接口、串行通信接口以及连接个人电脑的维修服务接口。

MPC 单元采用汽车工业中常用的 32 位处理器，所有可编程元件都可以在电路中编程，允许通过相对简单的工具对控制器进行程序更新。MPC 不包含硬盘或其他敏感机械部件，软件存储在非易失性闪存中，即应用软件可以通过网络发送给 MPC 并保存在控制器内。当需要更换 MPC 备件时，可以迅速恢复原有的控制功能。

所有 MPC 的时钟都通过网络同步。当安装新的 MPC 时，需要将加密狗（ID Dongle）安装在加密狗插件中。加密狗确定 MPC 的位置和功能（如 CCU1、ACU 3 或 EICUA），并确定它应该从 MOP 硬盘上传哪些软件和参数。MPC 还配备了一个发光二极管，能够显示绿色、黄色或红色的光。这个灯发出的信号指示 MPC 的工作状态。在正常运行期间，指示灯为绿色；当 MPC 重新起动或处于测试模式时，指示灯为黄色；当指示灯为红色时，MPC 不可用。如果复位后灯依旧为红色，则可能需要更换 MPC。

MPC 模块的网络通信状况和输入/输出接口的工作状况通过 MOP 界面可以查看，同时也可以使用简单的电工工具对输入/输出端口进行测量和测试。这样的布局和设计使得控制系统的故障查找、故障处理变得十分方便。

三、RT-flex 机控制系统

1. RT-flex 型柴油机的共轨技术

RT-flex 电控柴油机提出了共轨（Common Rail）的新概念。柴油机由一个统一的供应单元来提供喷射所需的高压燃油（100 MPa）和驱动所需的滑油（20 MPa），经双壁管送至柴油机的缸头位置处。图 3-7-7 为 RT-flex 型船用低速柴油机电子控制共轨系统，该系统取消了凸轮轴装置，取而代之的电子控制系统给各缸的气缸控制单元（CCU）发送燃油喷射控制信号，气缸的控制单元根据这个指令和本气缸的活塞位置等来控制燃油喷射量、喷射时间、喷射方式（一次性喷射、脉冲性喷射）以及喷射油头的个数。排气阀的控制是由电子控制系统发出指令给各缸控制单元（CCU），CCU 就根据指令给本缸的排气控制电磁阀通电，控制高压伺服油，去驱动排气阀使之排气；而柴油机的起动也是根据曲柄角度传感器送来的曲柄的位置信号，由电子控制系统来判别各缸的活塞位置，从而发出哪个缸应打开电动控制的气缸起动阀进气，进行起动。由于各缸的燃油压力都是一样的，各缸的液压伺服油压力也是一样的，因而得名共轨技术，但各大柴油机制造商设定的共轨压力和共轨方式不同，RT-flex 机型是采用 100 MPa 高压燃油压力和 20 MPa 的伺服滑油压力。

2. WECS-9520 控制系统

RT-flex 型电控柴油机控制系统的核心单元是 WECS-9520，它的结构原理如图 3-7-8 所示，由 E85 电源箱、E95 气缸控制箱、E90 备用控制箱等构成。其中 E95 控制箱装设在每个缸的共轨平台下部，E90 控制箱装设在一侧。E95 和 E90 内装设的都是 FCM-20（Flex Control Module）控制模块。WECS-9520 系统没有上位机，FCM-20 模块存储了整个 RT-flex 控制系统的程序及数据，这样在线备用模块就可以取代任一缸的故障模块，保证主机能正常工作。但备用模块需要置于 E90 接线箱一段时间后才能替换故障模块，其目的是通过 CAN 现场总线从其他模块下载系统的控制程序及数据。

每个 FCM-20 模块都是相对独立的控制单元，每个缸配置一个，主要实现对相应气缸起动、喷油、排气的控制。两个曲柄转角传感器通过通信接口将柴油机曲柄转角位置编码信号送给各个 FCM-20 模块，用于各种正时的控制。根据需要，某些 FCM-20 模块可以用于对共轨供应单元中燃油齿条和斜盘位置进行控制，使共轨燃油和伺服油的压力符合不同工况的需要。FCM-20 模块通过数据通信与手动操作面板和 flexView 操作界面建立关联，可以搭建人机接

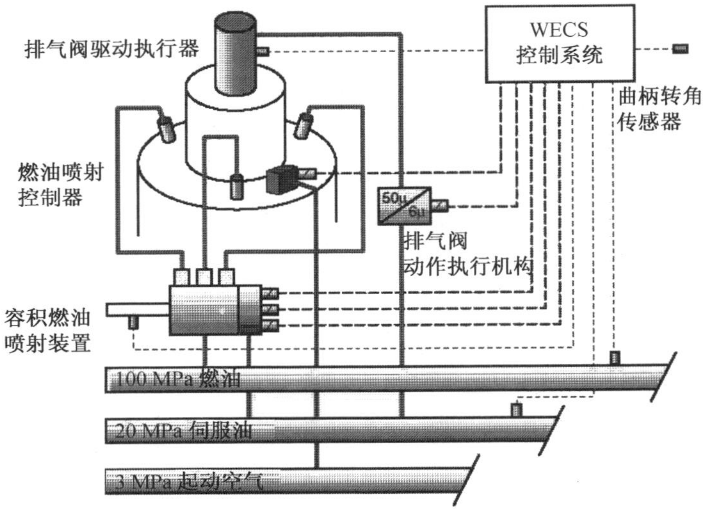

图 3-7-7　RT-flex 共轨控制系统示意图

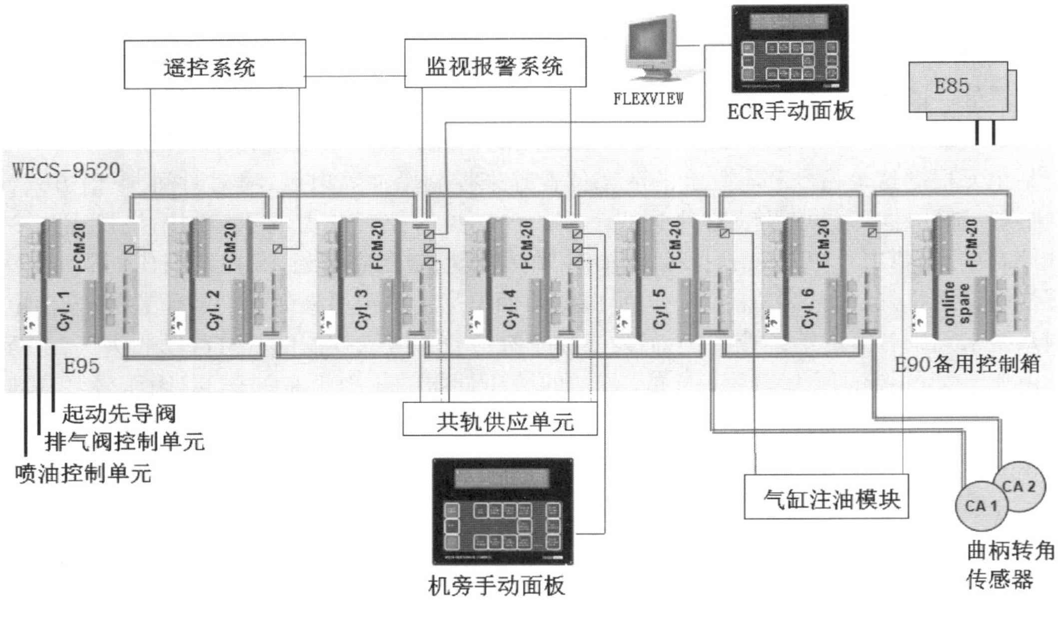

图 3-7-8　WECS-9520 控制系统

口，实现人机交互。此外，WECS-9520 通过总线通信与主机遥控系统、监视报警系统建立关联。其中，主机遥控系统通常包含调速器和安全保护的功能。WECS-9520 需要接收调速器输出的油门指令来调节喷油量。当触发安保停油条件时，安保系统通过应急停止电磁阀来泄放燃油共轨里的燃油压力。通过与气缸注油单元的数据通信，FCM-20 还可以实现对气缸注油的控制。

FCM-20 模块的右下角有 7 个接头插口（X21～X27），有些 FCM-20 模块只设置 6 个接头插口（X22～X27）。接头的分配如下：X22、X23 可以作为 CAN 系统总线、CAN Module Bus 总线、SSI 总线、ModBus 总线接口，实现数据通信功能。X24 端子用于排气阀位置反馈信号输入，X26 用于喷油量反馈信号输入。X25 和 X27 根据需要用于盘车机脱开、主机 TDC 位置信号输入，燃油共轨压力、伺服油共轨压力、扫气压力信号输入，以及燃油泵执行器位置设定信号输出。

FCM-20 模块与各缸控制相关的信号连接如图 3-7-9 所示。为了保证喷油、排气以及气缸起动的定时准确同步，每一个 FCM-20 模块均可以从 SSI 总线通信中获得曲柄角度传感器发出的转速、转向及角度编码信号，并计算该缸当前的曲柄位置。起动、喷油和排气阀动作的指令则由 FCM-20 模块运算处理后从大功率 I/O 接口输出给共轨阀或电磁阀。油量反馈及排气阀的位置反馈信号则通过小功率 I/O 接口输入给 FCM-20 模块。

图 3-7-9 中的曲柄转角传感器装在主机自由端，两个角度编码器为绝对值编码器，通过两根带齿的皮带连接到一个特别设计的驱动轴上，直接读取曲轴角度并转换成数字信号，并可通过计算得到速度信号。曲轴角度信号是主机运行不可或缺的信号，至少要有一个角度传感器正常工作。当两个传感器都故障时，主机应马上停车。需要注意的是，电喷主机在没有角度传感器信号下，应急操车也无法进行。

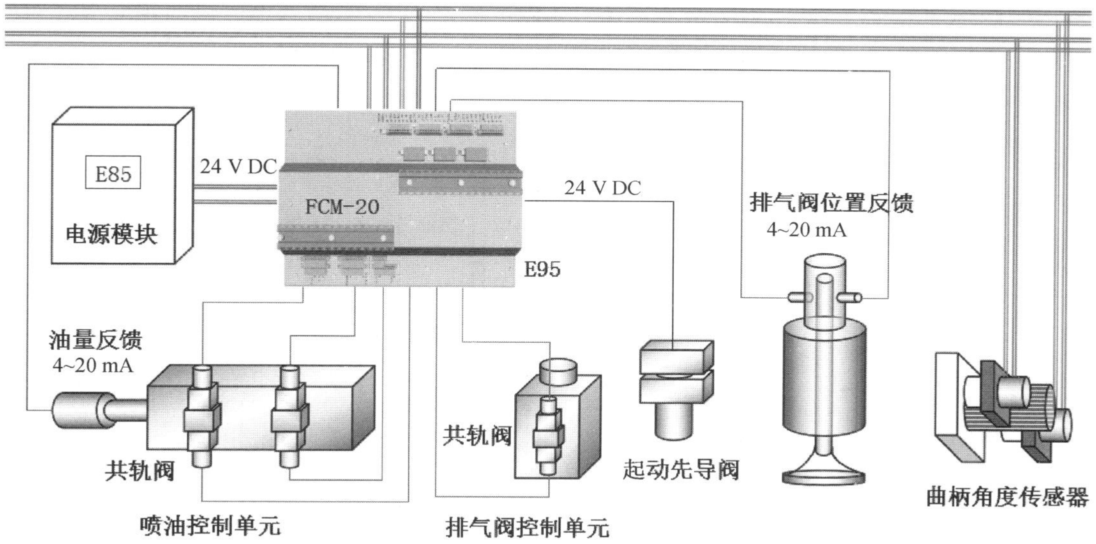

图 3-7-9　FCM-20 模块信号联系

在喷油和排气的控制过程中，喷油的开始和结束、排气阀的开和关都是经由共轨阀完成的。共轨阀组是双稳态的，两侧均设有电磁线圈，当线圈上通入短时（约 1 ms）大电流脉冲信号，阀芯就会动作到一侧位置并保持不变。由于动作电流大，电磁阀的通电时间不能太长。为了安全起见，这个通电时间（on-time）会被监测，不允许超过 4.5 ms。此外，共轨阀的阀芯位置并没有反馈信号，因此断电或更换这个双稳态电磁阀之后，阀的位置（开还是关）是不知道的。为了确保主机停车时，共轨阀一直处于安全位置（不喷油和排气阀关闭）位置。从 WECS-9520 会间隔一段时间（约 10 s）送出一个脉冲复位信号给共轨阀。

3. RT-flex 燃油的喷射控制原理

图 3-7-10 为 RT-flex 电控型柴油机的燃油喷射量控制原理图和外形图。在非喷射燃油时间段内，FCM-20 不发出喷射燃油信号，三个电磁阀无电，控制伺服油不能进入喷射控制阀的信号端，FCM-20 控制喷射控制阀下位通，共轨管路中的 100 MPa 的燃油通过三个喷射控制阀下位，进入燃油喷射量油缸中，控制好量油缸中活塞位置，就确定了该气缸燃油喷射量的大小。

燃油喷射量是电子调速器通过比较速度控制器中的喷射油量和燃油指令信号的要求推算出的。当 FCM-20 根据曲柄轴编码器送来的曲柄角度信号和 VIT 要求，可计算出喷射初始角。当到达喷射初始角时刻，FCM-20 发喷油指令，使共轨电磁阀通电（这三个电磁阀是否同时通电，取决当时柴油机的负荷和转速，如低速、低负荷时，只需一个电磁阀工作，即一个油嘴工作），这时相应的液压伺服控制油出现在喷射控制阀的信号端，使其上位通，这时共轨管路的燃油被封闭，量油缸中左侧 100 MPa 蓄好的燃油由活塞右侧 100 MPa 共轨压力油的驱动，通过喷油嘴喷入气缸进行雾化燃烧。由于各阀件启、闭是需要时间的，为了准确定时喷油，需要计算出延时时间，通常把触发信号发出时刻到有效喷射的时刻之间的差值称为喷射动作滞后时间。根据之前循环的喷射动作滞后时间可计算出下一个喷射循环。喷射系统还可以采集三个喷射阀的开启时间来监测每次的循环，从而保证不混乱。喷油时，在油量活塞右侧的油压推动下，活塞左移开始向气缸喷油，喷油的量则通过油量传感器反馈回到 FCM-20 模块。当气缸喷油量达到设定值，FCM-20 向喷射控制阀下侧的电磁线圈发送电脉冲信号，喷油停止。所有喷射控制阀均回到下位后，油量活塞又会在高压燃油的推动下回位，为下次喷油做准备。如果油量传感器损坏故障，控制系统将取代调速器的燃油指令信号，进行定量喷射。

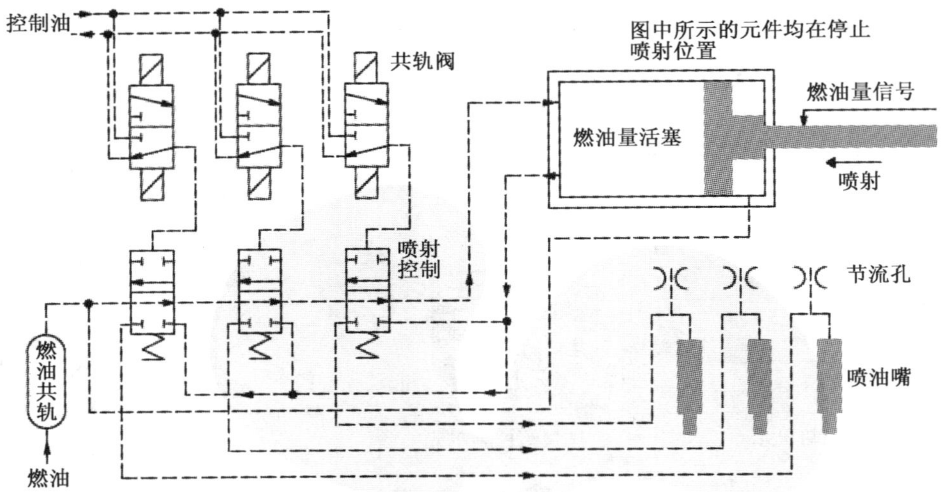

(a)原理图

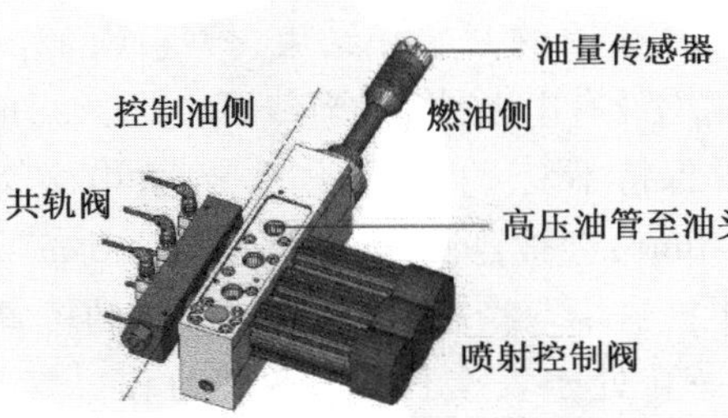

(b)外形图

图 3-7-10　RT-flex 电控型柴油机燃油喷射量控制原理图和外形图

4. 排气阀的控制

排气阀的开启和关闭控制与燃油喷射控制原理基本相同，只包含一个共轨阀和一个排气控制阀。如图 3-7-11 所示，当共轨阀下部电磁线圈通入电脉冲信号，阀芯位于下位，泄放排气控制阀控制端的油压使其处于下位。此时，排气阀驱动活塞下部的油压也被泄放而位于最低位，排气阀在弹簧空气的作用下上移处于关闭位置。在排气阀上部空间设置有位置传感器，将排气阀的行程位置信号转换成 4~20 mA 的电流送回到 FCM-20 模块，用于监测排气阀处于可靠关闭位置。当共轨阀上部电磁线圈通入电脉冲信号，阀芯动作至上位连通状态，排气控制阀在伺服油的作用下处于上位，排气阀驱动活塞在伺服油的推动下上移至最高位置。经排气阀液压油管的传导，这个液压作用力将推动排气阀开启到最大位置，位置传感器同样可以监测排气阀是否开启在最大位置。需要注意的是，排气阀液压油管内的压力仅仅起到柔性传力的效果，压力通常在 0.4 MPa 左右，与伺服油 20 MPa 油压不存在比例关系。

排气阀移动的位置由两个冗余设计位置传感器进行监测，反馈给气缸控制模块 FCM-20，监视排气阀是否开启。若一个位置传感器损坏，另一个传感器可继续使用，但这时会给出报警信号。若两个位置传感器都损坏，FCM-20 内部的固定动作程序仍然保持有效，排气阀仍能工作。FCM-20 发出排气指令到排气阀打开，也有延时，称其为排气动作滞后时间。

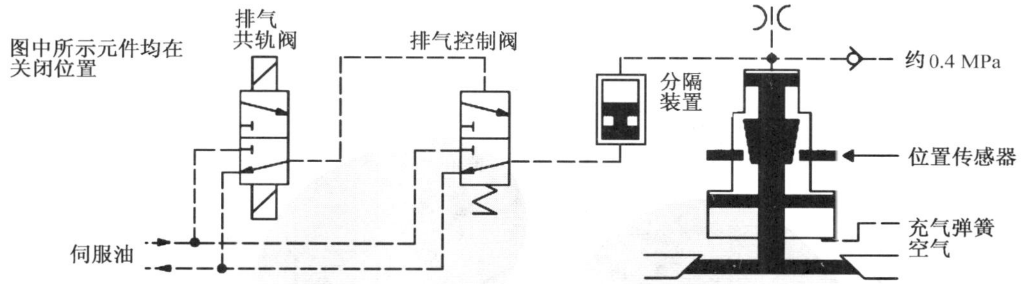

图 3-7-11 RT-flex 电控型柴油机的排气阀控制原理图

四、双燃料发动机的工作原理和特点

双燃料发动机是在柴油发动机的基础上改装而成的，一般来说，可根据所能获得的燃料情况，在气体燃料和液体燃料之间进行切换。双燃料发动机通常采用引燃的方式发火，在压缩终点，缸内的燃油压缩发火，点燃缸内天然气。通常情况下，点火燃油占比较少，发动机对外做功的能量主要由气体燃料提供。有些情况下，发动机也可根据工况变化来调整燃油和天然气的比例，以适应负荷的变化。

目前市场上常见的双燃料发动机有两种形式，一种采用低压供气，另一种则采用高压供气。就船舶二冲程双燃料发动机而言，主要是 WINGD X-DF 机型和 MAN B&W 的 ME-GI 机型，前者采用低压供气，后者采用高压供气。两种机型的控制同样采用电子控制技术。由于牵涉气体燃料的供气技术和安全，双燃料发动机的结构、工作原理和控制技术比电控柴油机更加复杂。

1. X-DF 低压双燃料发动机及其控制

X-DF 系列双燃料型发动机的原型是 X 系列电控无凸轮轴、可反转、低速二冲程柴油机，同样采用共轨喷射技术，气体燃料系统采用低压系统。发动机控制系统可以实现起动、气体燃料控制、燃油喷射、排气阀开关控制以及气缸注油润滑等控制功能。

X-DF 发动机设计以天然气燃料为主,燃油作为备用燃料。提供了三种工作模式(气体燃料模式、柴油模式和燃料共享模式)可供选择或者切换。在气体燃料模式下工作时,只需要少量柴油(不大于 1%)作为点火油,99%的能量由天然气提供。在柴油模式下工作时,则全部使用轻油或者重油作为燃料。在燃料共享模式下,5%~50%燃油和 50%~95%的气体燃料在气缸内燃烧共同提供能量。在发动机低速机动航行中,通常工作在燃油模式,而定速航行后常用气体燃料模式,或者燃料共享模式。

如图 3-7-12 所示,X-DF 发动机工作在气体燃料模式下时按照奥拓循环工作,采用预混合"稀薄燃烧",即在燃烧室内将燃料的空燃比值控制在 2~2.3,在这种方式下运转,发动机可以获得良好的动力性、经济性和排放性能。稀薄燃烧区是一个处于爆震和不发火之间的一个狭窄区间,特别在高负荷区,爆震和不发火区域非常接近。为了使各缸高效燃烧超低排放,需要根据缸内燃烧过程的持续监测并对各缸燃气浓度进行精确地控制和调整。动态燃烧控制(Dynamic Combustion Control,DCC)是在发动机稳定燃烧状态下,控制主油头喷射少量的燃油给涡轮加速,增加进气量以满足所需的空燃比。使用 DCC 控制可以保证气体燃料能够在不同环境和工况下全功率输出,气体燃料模式工作时发动机满足 Tier Ⅲ 的排放标准。

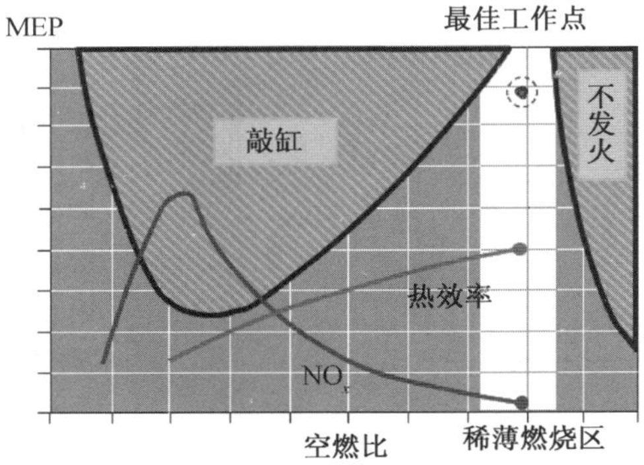

图 3-7-12 奥拓循环

与燃油柴油机控制系统相比,X-DF 发动机控制系统仍然使用电子柴油机控制系统,但是增加了气体燃料的控制模块。X-DF 双燃料主机的控制和监视报警系统如图 3-7-13 所示,其中船舶推进控制系统包含了主机遥控系统、安保系统和车钟系统等模块,这些系统通过总线通信与 X-DF 双燃料电控系统建立关联。增加了气体燃料供应系统、气体检测系统、供气阀/供气压力调节站等。这些系统与遥控系统、安保系统共同保障供气的安全。

X-DF 双燃料发动机的电子控制系统组成与燃油柴油机的基本一致,其高压燃油共轨和伺服油共轨系统的组成及控制与燃油柴油机也基本相同,排气阀的开关控制、油头的喷油控制、气缸起动导阀的控制、主起动阀的控制、辅助鼓风机的控制,以及气缸注油器的控制等也没有太大差别,系统增加的气体燃料系统和进气阀的控制是其主要特色。

X-DF 系列发动机在柴油机气缸行程中部位置增设了两个气体燃料进口阀(Gas Admission Valve,GAV)。GAV 位于扫气口的上方,每缸在废气侧和燃油侧各设置一个。如图 3-7-14 所示,某个气缸的 GAV1 和 GAV2 上的电磁阀分别与 CCM-20G 和 CCM-20A 模块相连。两个 CCM-20 控制模块接收气缸压力传感器、敲缸传感器的信号,并输出信号给点火油头、主油头和 GAV 电磁阀。当电磁阀线圈通电,在伺服油的推动下 GAV 开启。伺服油经过降压后同时也给 GAV 提供润滑和密封作用。GAV 上同时设置了阀行程传感器,控制系统根据这个反馈信号控制进气时间。每个缸的进气量随柴油机负荷的变化而变化,各缸的 GAV 可以单独调节。如果 GAV 出现泄漏,气体燃料将进入双壁管夹层,被气体探测传感器检测到后,控制系统将发出报警信号。

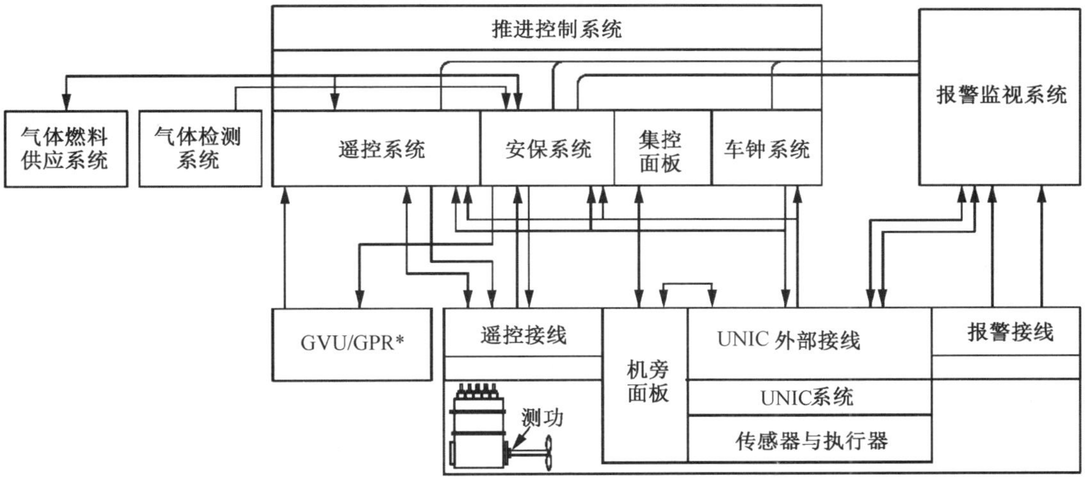

图 3-7-13 X-DF 双燃料主机的控制和监视报警系统

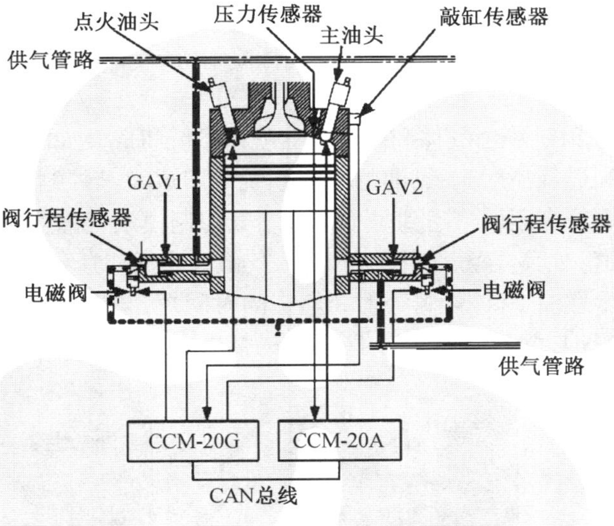

图 3-7-14 X-DF 系列发动机气体燃料系统

X-DF 发动机的气体燃料的供应采用双层管,内层通气体燃料,中间层则与外界大气相通,通风机持续对中间层进行抽空,降低了气体燃料因泄漏进入机器场所的风险。同时,在气体燃料供应管路上设置了必要的压力传感器、供气电磁阀和通风电磁阀。在进行管路检修作业后,可以通入压缩空气或者惰性气体对系统管路进行泄漏监测。如图 3-7-15 所示,压力调节站(iGPR)与气体燃料供应系统(FGSS)的管路上设有惰性气体/压缩空气接口和通风电磁阀 3,用于停机状态驱走供气管路内残留的气体燃料。iGPR 与气缸两侧的气体燃料进口阀之间布置有进气电磁阀和通风电磁阀,管路中还设有压力传感器。通入压缩空气并关闭进气电磁阀，可以根据压力传感器的检测管路泄漏的情况，通过通风电磁阀 1 和 2 可以泄放管路中残余的气体燃料。

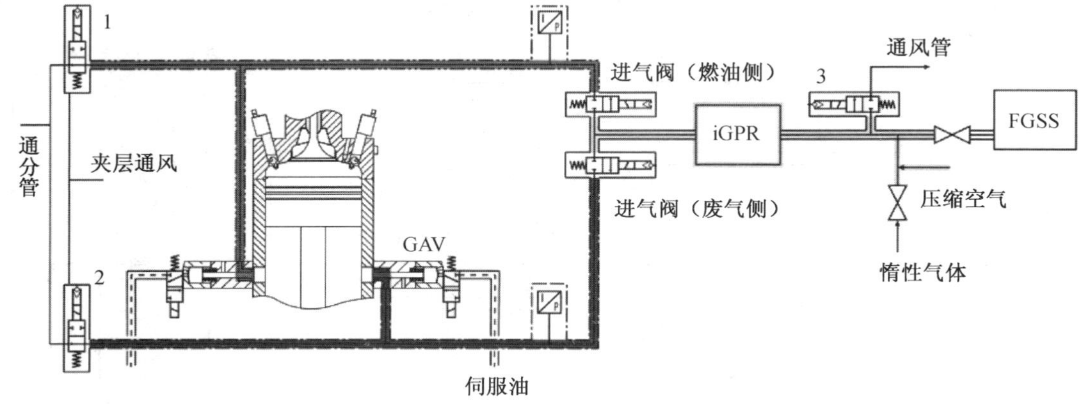

图 3-7-15　X-DF 系列发动机气体燃料系统的泄漏监测

2. ME-GI 双燃料发动机及其控制

ME-GI 系列双燃料低速二冲程发动机采用高压进气系统，天然气由专用压缩机压缩至 20～35 MPa 以上的高压。发动机的工作原理和普通二冲程柴油机一样，当活塞到达压缩终点时，高压气体燃料经气体喷射阀进入气缸，同时引燃柴油也喷入气缸，通过引燃油的压缩发火点燃天然气。ME-GI 柴油机与普通柴油机在结构上没有很大的区别，只是增设了燃气供给和喷射设备及安全设备，包括双壁气体供应管路、气体喷射阀、气体喷射控制和安全系统、惰性气体系统等。

ME-GI 柴油机的喷射系统由气体和燃油两套喷射系统组成。如图 3-7-16 所示，缸头上设置有传统滑阀式油头和燃气喷射阀，燃油的喷射系统的组成及其控制与 ME 电控柴油机完全一样。双壁管供气管路将高压燃气送到每个缸的燃气控制模块，经燃气控制模块上的多个控制阀进入燃气分配通道，然后再经燃气控制阀进入气缸。当活塞达到上止点附近，燃油和燃气均进入气缸燃烧。由于燃油、气体燃料喷射和燃烧的时间短，与空气充分难以充分混合，燃烧过程难以控制，废气中 NO_x 含量仅能满足 Tier-Ⅱ的标准。

图 3-7-16　ME-GI 柴油机的喷射系统的组成

ME-GI 柴油机的工作模式有三种，即燃油模式、最小燃油模式和定量燃气模式。若以燃油模式工作，ME-GI 柴油机就转变成一台 ME 电控柴油机，在燃气系统出现问题的情况下，切断燃气即可以燃油模式工作。最小燃油模式主要以气体燃料运行，燃油系统只喷入少量的引喷燃油，为气体燃料点火，此时燃油占比 5%～8%。使用最小燃油模式要求柴油机负荷超过 30%，否则只能按燃油模式工作。定量燃气模式则是由操作者设定气体燃料的喷射量，其他所需能量通过调节喷油量来进行调整。

ME-GI 双燃料发动机的燃气喷射控制系统如图 3-7-17 所示，在燃气控制模块上设置有 ELWI、ELGI 和窗口阀（Window valve）。ELWI 电磁阀控制窗口阀的动作，从而控制高压燃气送到燃气喷射阀前的燃气分配管路。ELGI 电磁阀则控制燃气喷射阀的开启，此时，高压燃气经燃气喷射阀进入气缸。由于窗口阀是燃气送到喷射阀前加设的一道关卡，因此 ELWI 要先于 ELGI 动作，后于 ELGI 关闭。在燃气控制模块的气体管路上还设置了泄放阀和吹洗阀，平常处于关闭状态，检修服务时才开启清除管路中残余的燃气，以策安全。

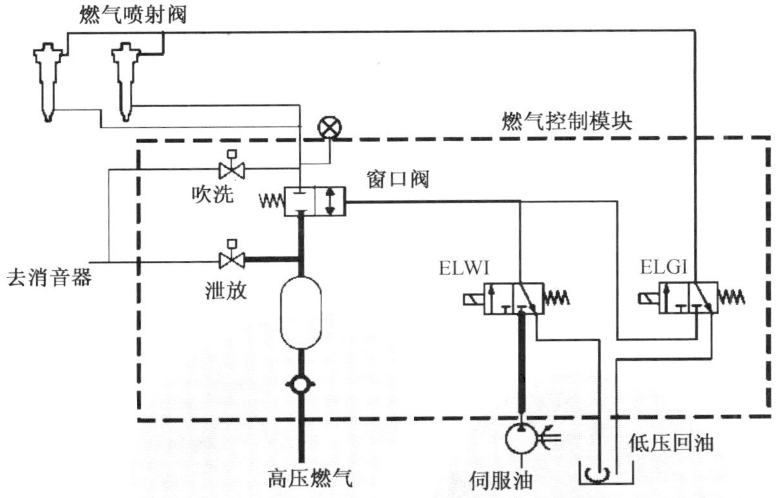

图 3-7-17　ME-GI 双燃料发动机的燃气喷射控制系统

ME-GI 发动机控制系统与 ME 柴油机 ECS 基本相同，但是增加了燃气供应和安全的扩展模块。如图 3-7-18 所示，ECS 控制系统包括 EICU、ECU、ACU、CCU 模块，其中 CCU 模块负责 ELGI 阀和 FIVA 阀的控制。而 ELWI 阀的控制则由燃气喷射安全模块 SCSU 和 SPSU 模块共同控制。SACU 和 SPCU 模块负责气体燃料供应系统的控制和安全保护。

高压系统的气体燃料供给系统的核心是高压气体压缩机。高压气体压缩机要经过多级压缩将气体燃料压力提高到 25～30 MPa。为了保证压缩机的可靠运行，一般装有两台，交替使用。

高压系统运行的费用和能耗以及对系统管路阀件的要求都比较高。相比而言，低压系统不需要增压泵或压缩机，因此大大简化了燃气系统的布置，降低了系统运行的费用和能耗。较低的进机压力还可以显著地提高系统的安全性，降低了对系统管路阀件的要求。

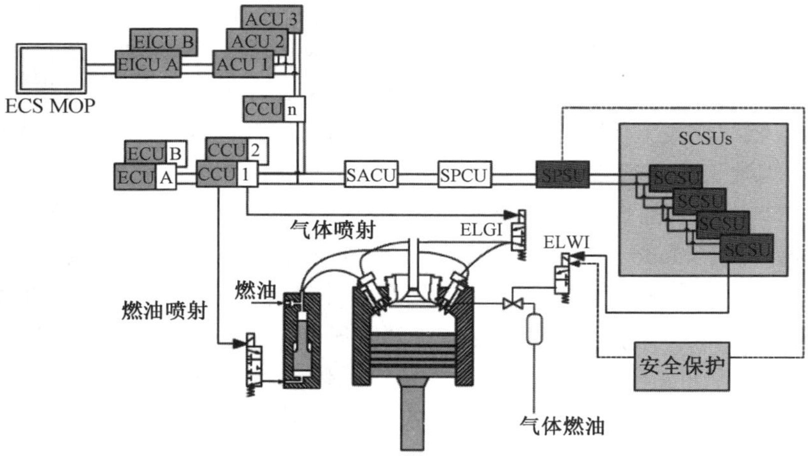

图 3-7-18　ME-GI 发动机控制系统

第四章
保护设备

第一节　保护设备的含义及工作原理

船舶动力装置在运行中可能会出现各种不正常运行状态和故障，比如主机出现滑油压力低、排烟温度高、冷却水温高、超速等故障，辅锅炉出现失水、熄火等故障，船舶发电机发生短路、过载、逆功率、欠电压等故障。这些不正常运行状态和故障发生后，往往会引起严重后果。例如，当主机滑油压力低时，若没有及时停车，可能导致严重的机损。发电机发生短路故障，若没有及时切除，有可能导致发电机和设备损坏。

因此在船舶动力装置的设计和运行中，都要采取切实有效的措施，尽量避免不正常运行状态和故障的发生。尽管如此，由于各种原因仍不免会发生不正常运行状态和故障。因此，还必须有相应的措施来防止不正常运行状态的发生和限制故障的破坏作用，其中最有效的办法就是在船舶动力装置中设置安全保护系统。

随着船舶自动化程度的日益提高，为确保船舶动力装置的正常运行，现代船舶通常采用诸多保护方式并配有各种保护装置。当检测到设备运行时的温度、压力、液位等参数超出某一范围时，安全保护系统会触发报警、停止设备运转或转为安全运行状态，最大限度地保护人身安全和避免财产损失。

一、保护设备的要求

一般来说，狭义的保护是指设备出现不正常运行状态或故障时，实施停机、切断负载或降能运行等方法，保护设备本身的安全。而广义的保护还包括故障预防、维持系统整体安全性而实施的人工干预等。

1. 完善的保护功能

(1)防护隔离

防护隔离装置将被保护对象与故障点隔开，既可以防止事故发生，也可以防止事故扩大。从隔离的能量形式可分为机械隔离、热隔离、电隔离，常见的防护隔离措施有皮带防护罩、防护栏、电气绝缘隔离等。

（2）安全联锁

当操作人员发生操作失误，安全联锁装置可以保护设备和人身安全。如分油机盖的联锁开关，只有分油机盖安装正确时，才允许起动分油机。主机盘车机也具有联锁保护，只有盘车机脱开时，才允许起动主机。

（3）参数限制

这是一种预防性保护功能，可以很大程度上防止设备进入不正常工作状态，也可以屏蔽操作人员的不安全操作。比如，主机遥控系统具有完善的转速和负荷限制功能，即使驾驶员车令给出了较高转速，有轮机长最大转速限制也能保证系统依然能工作于合适的转速；转矩限制可以限制主机的喷油量防止主机过载。

（4）故障安全保护

当设备发生故障时，通过保护装置使设备转为安全状态。如锅炉的安全阀，一旦蒸汽压力超过安全阀的设定压力，安全阀能够自动开启，对炉内压力进行泄放；又如发电机组超速保护装置，一旦机械超速，将油门杆强制推到零位，迫使发电柴油机停车。

（5）故障预警和人工干预

当船舶动力装置出现不正常运行状态且短时还不足以造成破坏时，保护装置自动发出报警信号，警示值班人员及时进行处理，以防不正常运行状态继续发展和导致事故的发生。比如，对于具有驾驶室遥控功能的主推进装置，当重要运行参数异常时，首先发出故障预警，是否进行减速或停车操作可以由驾驶员、轮机员根据船舶航行状况做出选择，避免由于自动减速或自动停车危及船舶航行安全。

这里的人工干预要从船舶的整体安全性来理解。人工干预的手段包括应急运行、应急停止、取消限制等方法。比如当前条件可能不允许主机运行，但为了给船舶提供动力，主机的“应急运行”可以忽略某些限制条件强行让主机运行。某些情况下，主机本身的运行是安全的，但是可能造成其他方面的危害，“应急停车”可以确保主机断油停车。

2. 高度的可靠性

（1）保护装置自身的可靠性

对于保护装置保护范围内的故障，不应拒绝动作。而系统正常运行或发生了不属于保护装置保护范围内的故障时，也不应该误动作。在进行重要参数的监测和故障判断时，应使用与控制系统独立的测量单元，有时候可能同时配置两套，比如主机安保系统中的转速测量单元。

（2）与动力装置控制系统充分协调

船舶动力装置的保护不能仅仅依靠停机、断电等极端手段，应结合故障预警和人工干预、备用设备自动投入等自动控制功能，提高系统整体的工作稳定性。

（3）良好的调整和恢复性能

在故障消除后，只需要经过简单的复位、调整操作，就可以恢复动力装置的运行。

（4）良好的自检和可测试性能

各级各类的保护设备可以通过效用实验、模拟实验来检查保护装置动作是否灵敏、时效性是否符合要求、可靠性是否达到设计要求。

二、保护设备的组成和工作原理

1. 保护设备的组成

保护设备通常包括以下几个部分:

(1)设备参数的监测部分

参数监测单元用于对系统的运行参数,如温度、压力、液位等参数的变化做出准确、迅速的反应,以便为系统保护提供各种原始的信息。简单的保护装置一般使用开关量传感器,当参数超出正常范围时开关状态改变,触发保护装置动作。复杂的安全保护系统需要使用精度较高的模拟量传感器,监测部分应该非常灵敏,能够检测系统参数的瞬时变化,迅速做出判断和保护决策。

(2)逻辑判断部分

功能完善的保护装置能够区分动力装置的正常和不正常状态,并做出保护决策。保护装置应该知道动力装置在发生故障前能够经受多长时间的不正常状态、能否让操作者进行"越控"取消某些限制并输出相应的警示,并做出是否停机、断电等动作命令的判断。

(3)不正常状态预警和报警部分

当动力装置参数超出正常范围而损害尚未发生,可以及时向操作人员警告可能发生的故障,以便采取适当的措施。故障发生后,报警部分可以迅速向操作人员指明发生故障的原因。

(4)故障保护动作部分

当动力装置参数超过允许极限时,保护装置能够采取紧急保护作用,停止动力装置的运行。

2. 保护设备的工作原理

(1)各类动力装置的保护执行机构

船舶上的主要动力装置如主机、副机、燃油锅炉等,当发生严重故障时,一般采取断油的方法。在动力装置的燃油系统中一般都会有多个切断燃油供应的环节,供保护装置在紧急情况下断油停机。

比如 MAN B&W MC 型主机,可通过两种措施来停油:一是通过停油气缸将油门杆推到零位;二是通过安保电磁阀使高压油泵的泄压阀动作,燃油泵停止供油。在安保系统动作时,这两个措施会同时有效来提高停机动作的可靠性。

比如燃油锅炉,当锅炉运行时出现水位过低、风压过低以及运行时突然熄火时,可通过使燃油电磁阀断电来切断燃油,甚至在紧急情况下,可通过速闭阀迅速切断供油。

(2)微机保护装置

随着计算机技术和控制技术的发展,现代船舶上各类综合保护装置一般使用微机实现逻辑判断的核心功能。微机保护具有强大的计算、分析和逻辑判断能力,有存储记忆功能,因而可用来实现性能完善且复杂的保护原理。微机保护装置可连续不断地对本身的工作情况进行自检,其工作可靠性很高。此外,微机保护装置可使保护装置模块化、标准化,通过接入不同的I/O 模块和软件模块的设置,就可以实现不同的保护功能,保护装置的制造大为简化。

在主机遥控系统、辅锅炉控制系统以及船舶电站控制系统中,都采用了微机综合保护装置。比如 AUTOCHIEF-Ⅳ的 SSU 8810 安全保护系统、AC C20 的主机安全单元 ESU、瓦锡兰 UNIC 控制系统中的 ESM(柴油机安全模块)都是基于微机实现的主机安全保护装置。

微机主系统以中央处理器为核心,运行专用的计算机系统,对各个输入信号进行处理,在需要进行紧急停机或安全运行的情况下,通过中间继电器、电磁阀或直接输出的开关量信号,驱动保护装置执行机构动作。

在微机保护装置中,为确保应急情况下能够可靠实现应急停机,有些输入通道与输出通道采用硬连线而不经过数据处理,即使微机保护装置本身故障也不会影响其保护功能,如主机安全保护系统中的超速保护、辅锅炉保护装置中的熄火保护。

第二节　保护功能在船舶推进装置控制系统中的实现

一、船舶推进装置控制系统的组成

船舶推进装置的控制系统一般由以下几个功能模块组成:人机交互模块、逻辑控制模块、参数控制模块、(推进装置)安全保护单元、推进装置操作接口。

1. 人机交互模块

人机交互模块具体是指推进装置的遥控操纵台或机旁操作站、车钟系统等,主机监测与报警系统也可以视为一个典型的人机交互系统。人机交互模块主要实现三种功能:一是向控制系统发送操作命令,如驾驶员推动车钟实现主机的换向、起动、调速,按下“CANCEL LOAD PROGRAM”可以取消起动过程中的程序负荷限制,按下应急停车可以实现主机紧急停车;二是显示控制系统参数和状态,如使用指示灯显示系统工作状态和报警状态,使用数码管显示系统参数;三是对系统参数进行整定,如主机遥控系统设定临界转速值和超速保护限制值等。

2. 逻辑控制模块

逻辑控制模块实现推进装置的状态转换控制,包括主机起动、换向、制动、停车等过程的逻辑判断和时序控制功能。主机从停车状态转换为运行状态,包括一系列逻辑条件的判断和逻辑操作,如检测起动空气压力、盘车机脱开等准备条件是否满足,执行停油、开启主起动阀等逻辑操作。

3. 参数控制模块

参数控制模块实现推进装置关键参数的闭环负反馈控制,包括主机转速控制、螺旋桨螺距控制、舵机的舵角控制等。参数控制与逻辑控制是相辅相成的,在参数调节过程中,要求控制系统的各个组件都处于逻辑“正常”的状态。如主机的调速系统,要求主机已经起动成功、各组件正常供电、传感器和执行器无故障,在调速工作过程中,这些逻辑条件是调速系统正常工作的基础。在逻辑控制时,逻辑状态也是随着参数的变化而变化的,比如在主机起动过程中,当主机转速超过发火切换转速时,起动的准备逻辑条件就自动由逻辑“1”变为逻辑“0”。

4. 安全保护单元

安全保护单元是一个特殊的逻辑控制模块,它的主要作用是推进装置在运行过程中出现不正常情况时,能够采取措施消除不正常状态或直接停机来进行保护。如主机的故障停车保护,它的各个输入是逻辑“或”的关系。常见的故障停车条件,如超速、主机滑油低压灯,只要有一个条件满足,就会激活故障停车输出。

5. 推进装置操作接口

推进装置操作接口是推进装置控制系统与推进装置之间的操作接口，也会包括一些逻辑控制环节。如主机气动操纵系统，可以视为主机遥控系统电动部分与主机之间的操作接口。传统的主机气动操纵系统以 0.7 MPa 的压缩空气为能源驱动空气分配器换向凸轮机构、燃油泵换向凸轮机构、安保系统停油机构，在这些执行机构的气路中配置两位三通电磁阀，这样主机遥控系统的电动部分就可以通过控制这些电磁阀的动作来操作主机。现代的电控柴油机以高压伺服油作为能源驱动排气机构、起动空气阀、喷油机构，在这些执行机构的油路中也配置了相应电磁阀。可以认为，推进装置操作接口的主要特征是它为推进装置控制系统操作主机提供了大量的继电器、电磁阀，逻辑控制模块、参数控制模块、安全保护单元对主机的操纵都依赖这些继电器、电磁阀。

二、保护功能在船舶推进装置控制系统各模块中的实现

1. 保护在人机交互模块中的实现

人机交互模块主要是为保护操作提供了人工干预的接口。除开安保单元本身的操作接口，人机交互模块还可与安全保护单元协同实现以下功能：

（1）故障报警与保护状态的指示

当主机遥控系统发生故障停车或故障减速故障、应急停车时，在操纵面板上都有详细的报警指示。故障报警指示包括可取消的故障自动停车信号和故障自动停车信号，不可取消的故障自动停车和故障自动减速信号，已执行的故障自动停车和故障自动减速信号，还有超速和手动应急停车信号。

保护状态指示主要包括设定转速限制器的限制项目指示，比如手动转速限制、负荷程序加速限制、加速速率限制、临界转速限制等。当某个限制项目正在执行的时候，激活相应的指示灯。

（2）应急保护操作

主机遥控系统中各操纵台上都有“应急停车”按钮，一旦按下，就可以通过安全保护单元的执行机构使主机断油停车。操作面板中都设有取消功能按钮用于应急操纵，包括取消故障自动停车、取消故障自动减速、取消多种限制和取消负荷程序。

还有一些工作模式切换装置也可以在特殊工况下对推进装置进行保护。比如在 AUTOCHIEF-Ⅳ主机遥控系统驾驶台操作面板上设置了“ROUGH SEA MODE”选择按钮，按下此按钮，转速限制其作用，可以防止在恶劣海况情况下，发生超速停机现象。

现代的人机交互模块还可以识别一些应急操作模式。比如当驾驶台车钟手柄从“FULL AHEAD”扳向“FULL ASTERN”时，主机遥控系统认为这是应急操纵状态，部分限制功能被取消，还有一些限制参数被自动调整。

（3）限制和保护参数的整定

参数限制环节可以在推进装置工作时限制其工作范围，预防设备进入不正常工作状态。随着推进装置工作状态的变化，这些限制参数可能要随着变化。在人机交互模块或安全保护单元本身的操作面板上，都可以对这些限制参数进行调整，以适应工况的变化。

保护参数的整定对安全保护单元的正确动作至关重要，比如参数安全区间过小，容易引起保护设备误动作；过大则容易导致动作不及时，使保护失效。

2. 保护在逻辑控制模块中的实现

在逻辑控制回路中,保护功能的实现主要体现在两个方面:

(1)安全联锁

在安全运行条件不满足的情况下,逻辑控制模块可以阻塞设备的起动运行。比如在起动主机时,以下因素都能导致起动阻塞:起动空气压力低;测速装置故障;有应急停车命令;主机因滑油失压、超速等原因导致的故障自动停车未复位。比如在起动锅炉时,若炉内水位低于危险低水位,则无法起动锅炉。安全联锁保护可以有效阻止操作人员的错误操作,在运行条件不满足时,操作回路被封锁,设备无法运行。

(2)故障安全

推进装置在运行过程中发生某些故障时,逻辑控制单元和安全保护单元可以共同作用来实现设备保护。如锅炉运行过程中发生中途熄火故障,给燃油电磁阀供电的逻辑条件不满足而使燃油电磁阀断电,锅炉停止运行;同时锅炉安全保护单元也在燃油电磁阀的逻辑回路里串联常闭触头,当检测到熄火时常闭触头断开,停止喷油,实现熄火停炉保护。

3. 保护在参数控制模块中的实现

在参数控制模块中,保护功能的实现主要通过对运行参数和负荷的限制来实现,典型的保护实例是主机遥控系统转速与负荷限制功能。

在大幅度操作主机或工况突变的情况下,主机的热负荷和机械负荷可能过大。为了保障主机的运行安全,会对主机的转速或供油量进行限制。这些限制包括给定转速的大小限制、给定转速的变化率限制、允许油量限制。这些限制功能一般通过一个"选小器"来实现,如果给定参数超过了限制值,选小器将限制值与给定值中较小的一个输出。当然,有些情况要限制最低值,比如"最低稳定运行转速限制"这个功能,通过一个"选大器"实现,如果给定值低于"最低稳定运行转速",将选择这个较大的值输出。

主机安全保护单元可以实时激活参数限制功能,比如故障自动减速功能。这个故障自动减速环节与其他转速限制环节原理差不多,利用一个选小器输出限制后的给定转速。但这个限制环节在主机正常运行时不起作用,一旦发生冷却水高温、排气温度高等故障,安全保护单元将激活故障自动减速输出,这个限制环节生效,给定转速变为固定的"慢速"。

同样,在应急操纵时也可以实时切除参数限制功能,如主机应急操纵时,增压空气压力限制和转矩限制等参数限制功能都会被取消。取消参数限制的原理是:提高参数限制值到一个较大的值(超过参数设定的最大值),选小器总是选择输入的给定值,实质上已经取消了这个环节的参数限制功能。

4. 保护在推进装置操作接口中的实现

部分推进装置操作接口实际上作为保护的执行机构,安全保护单元、逻辑控制模块、参数控制模块对推进装置的操作都通过这些操作接口来实现。操作接口对安全保护功能提供的支持主要包括两点:

(1)对保护的直接支持

对于主机来说,当发生"超速"或按下"应急停车"时,这些信号并不经过软件数据处理或安保控制器逻辑处理,而是通过硬连线连接到操作接口的保护执行机构,实现断油停车。

(2)对保护冗余性的支持

为了实现保护的可靠性,操作接口有时实现两个或两个以上的保护执行接口。如执行主机故障自动停车保护时，一路接口通过安保断油电磁阀使高压油泵泄压阀泄压停油；另一路接口通过执行机构将油门杆推到零位，也实现了停油，这样的双重操作可以提高保护的可靠性。

5. 保护与监测报警系统的接口

安全保护系统与监测报警系统是相辅相成的。部分参数的测量由与控制系统和监测报警系统独立的、安全保护系统专用的传感器完成，在检测到故障、保护动作时，都会把相关的故障信号发送到报警系统，发出声光报警；有部分参数的测量由监测与报警系统完成，检测到故障后，会发送报警信号到安全保护单元，由保护执行机构实施保护动作。比较典型的如曲轴箱油雾浓度监测报警系统，当监测到油雾浓度高时，报警信号送到主机的安全保护单元触发故障降速保护。

第三节　典型保护设备及其运行机制

主机、柴油发电机组、分油机和锅炉都是船舶上的重要设备，这些设备的可靠运行是船舶安全航行的基础。当发生比较严重的故障时，要求保护设备能够可靠动作，停止设备运行。

一、主机故障停车

当主机重要参数越限时，安全保护装置能使主机自动减速或自动停车，以保护主机的安全。有些重要参数的安全保护值有两个：一个是自动减速值；另一个是自动停车值。当出现安全保护装置动作且故障排除后需要对故障复位才能进行起动和加速。

主机故障停车保护有：(1)主机转速超过额定转速 110%；(2)主轴承滑油压力低；(3)凸轮轴滑油压力低；(4)推力轴承推力块高温；(5)气缸冷却水高温。

以上故障停车信号均由独立的传感器产生，后三项在应急操纵情况下是可以取消的。下面通过超速和滑油压力低两种情况分析故障停车保护的运行机制。

1. 超速保护

主机在运行过程中，突然失去控制，转速升高，以致超过额定转速而不停止，发出巨大的轰鸣声。增压器发出刺耳的尖叫声，增压压力急速升高，排烟管冒出大量浓烟。超速不仅会造成柴油机严重机损事故，还有可能危及人身安全。因此，一旦发生超速，安全保护装置将立即动作进行断油停车，而且这种停车是不可以进行取消的。

对传统柴油机而言，超速保护装置一般执行断油的原理是将油门总杆推到零位，切断主机的供油。如图 4-3-1 所示，这是一种常见的超速保护执行机构，当主机安全保护装置动作，左边气缸进气，气缸活塞杆将油门总杆推到零位。正常情况下，该气缸处于释放状态，气缸活塞杆在弹簧的作用下复位。

根据动作机理，超速保护装置可以分为机械式和电子式。

机械式超速保护装置利用高速旋转的惯性力，使弹性飞块移动，通过传动装置打开空气阀，使压缩空气进入执行气缸，将油门杆推到零位。

电子式超速保护装置通过转速传感器测量转速，通过比较器、放大器和驱动电路输出超速保护信号，此时的空气阀是一个电磁线圈控制的二位三通阀。当发生超速时，电磁线圈得电，压缩空气进入执行气缸，实现停油。

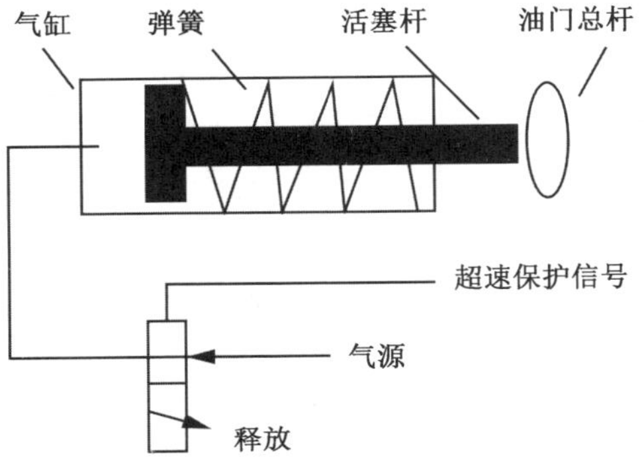

图 4-3-1　主机停油执行机构图

对电控柴油机,一般执行断油的原理是释放燃油共轨上的压力。比如 RT-flex 型电控柴油机,燃油共轨上装有应急停车阀和应急停车电磁阀,主机运行时如果超速,速度检测装置通过硬连线使应急停车电磁阀通电,将燃油共轨的压力通过应急停车阀释放,主机断油停车。当然,相对于传统柴油机,电控柴油机停车手段更加灵活,通过闭锁喷油指令、拉动油门杆至零位等手段也可以使主机停下来。对于 MAN 公司的 ME 型电控柴油机,通过切断高压油泵伺服驱动液压油,就可以实现断油停车。

2. 滑油压力低保护

滑油系统是主机的关键系统之一,主要作用是对各轴承进行润滑及冷却,以减少其表面的摩擦消耗及运动振动,从而提高主机的使用寿命。滑油系统中供油压力低或者油量不足将导致轴承发生严重的磨损,甚至导致柴油机出现拉缸等严重故障。因此一旦主机进机滑油压力低,将触发故障停车,其中主轴承滑油压力低引起的故障停车不可取消,而凸轮轴轴承滑油压力低引起的故障停车在给定的时间内是可以取消的。

如图 4-3-2 所示,每个滑油压力故障停车点装设一个专用的滑油压力检测传感器,一般输出 4~20 mA 电流信号。与超速保护的硬连线方式不同,滑油压力信号由主机安全保护单元进行处理,根据信号的数值判断传感器是否有故障(小于 4 mA 或大于 20 mA 则表明传感器故障),滑油压力的测量值是否在正常范围内。当滑油压力过低时,在设定的延迟时间后将输出信号给停车电磁阀,实现断油停车。压力限制值和延迟时间都可以在安全保护单元的参数设置中调整,如果这种停车保护不允许取消,则可将延迟时间设为 0。

二、副机故障停车

在船舶上,副机一般是指柴油发电机组中的柴油机。它的安全保护功能与主机类似,引起故障停车的主要原因包括:(1)超速,一般超过额定值 115%进行超速保护。(2)滑油压力低,一般在低于 0.2 MPa 时进行故障停车。(3)高温水温度过高,典型的高温水报警值为 95 ℃,高温水停车保护值为 100 ℃。(4)曲轴箱油雾浓度高。

副机实现安全保护的机制与主机基本相同,这里不再赘述。

三、锅炉停炉

蒸汽锅炉是船舶机舱重要的辅助设备,其运行情况直接关系到船舶机舱用汽设备的工作。锅炉属于压力容器,一旦发生爆炸,将造成重大事故。因此,船舶蒸汽锅炉要采取严格的安全

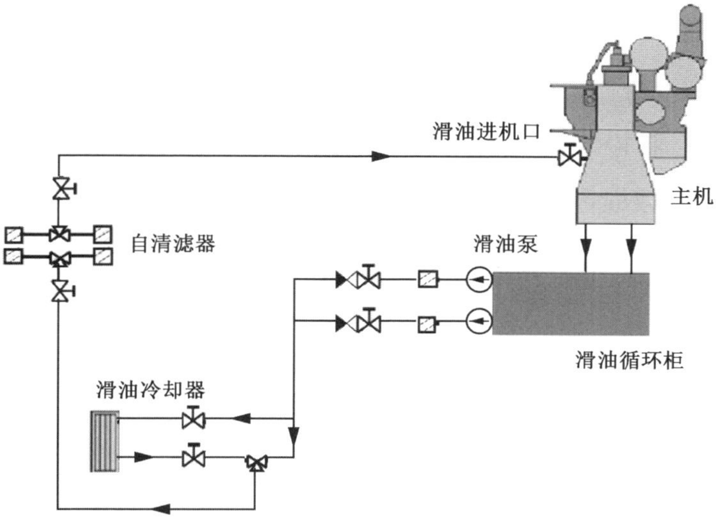

图 4-3-2 主机滑油系统框图

保护措施,主要包括风压过低、危险低水位、蒸汽压力过高、熄火等情况下的自动停炉保护。

PLC 在船用辅锅炉自动控制系统已相当普及,使用 PLC 控制的锅炉。但是多数安全保护控制时单独工作的,其保护输出除控制执行阀件外,会给出报警和为 PLC 提供相关信号。安全保护相关参数的检测都使用了独立的传感器,如“风压低保护”“危险低水位保护”“蒸汽超压保护”“光电池”等,其工作电源和保护执行的停止阀件与正常控制也多是相互独立的。

在锅炉运行过程中,只要上述任一条件满足,比如蒸汽压力过高导致蒸汽超压保护开关动作,则保护控制程序在内部经过逻辑运算后,执行安全保护功能,将切断燃油电磁阀的供电,同时信号输出给 PLC,由 PLC 根据逻辑控制要求,去控制回油风量调节机构开大风门,进行后扫风,同时发出声光报警。后扫风完成后,再关闭风机和油泵。

四、分油机停止运行

分油机是船舶净化燃油和滑油的关键设备。为降低航运成本,大多数船舶海上航行时都采用重油,黏度高、密度大、渣滓多,使用前必须经过净化处理,燃油净化质量关系着柴油机工作的可靠性和使用寿命。对滑油系统来说,如果滑油没有经过较好的净化,杂质将导致磨损加剧;也可能导致滤器堵塞,严重时进机滑油压力不足,致使主机或副机故障停车。因此对于分油机的安全保护也至关重要。

分油机安全保护单元包括三个部分:检测分油机运行状态的传感器(包括温度、压力、转速、振动等多个传感器)、EPC-50 控制器程序、控制继电器及电磁阀。需要注意的是,除紧急停止、振动过大等极其严重情况下,是控制直接控制分油机电动机接触器断开,停止分油外,其他保护的停止是需要经过 EPC-50 微处理器系统实现的逻辑停止时序控制。

导致分油机停止运行的常见故障是分油机电流大、分油机转速低、净油出口压力偏低,这类故障可能都伴随着排渣口跑油,因此要经过排渣程序后,才停止分油机。

转速与压力传感器将转速、压力转换为 4~20 mA 的标准信号,送到 EPC-50 控制器。一旦检测到转速偏低或净油出口压力偏低,EPC-50 控制器的程序将按一定模式自动停止,同时发出相应的警报。

注意:分油机停止运行不是简单地停掉分油机电机,而是一个操作序列,包括排渣、密封、冲洗、停止分油机电机、停止加热、停止油泵等一系列过程。

第四节　安全保护单元的功能测试

一、安全保护单元功能测试的必要性和方法

1. 安全保护单元功能测试的必要性

安全保护单元的功能测试是确保被保护对象在发生故障时能够可靠进行保护动作、杜绝各类安全事故的基础,对安全保护单元应该进行定期维护、检验和功能测试,才能确保对象安全运行。

对于船舶主机、副机、辅锅炉这样的船舶重要设备,一旦损坏,就可能危及船舶航行安全,因此当重要参数出现异常时,安全保护单元应该及时发出警报,提示操作人员人工干预或进行保护动作。随着控制技术的发展,设备工作的可靠性进一步提高,发生严重故障的周期增大,安全保护单元动作的频率越来越低。而且,随着机舱设备操作和维护的规程进一步完善,管理进一步规范,设备很少出现某些类别的故障,个别的安全保护功能几乎没有用武之地。在这样的前提下,安全保护单元进行周期性的功能测试尤为重要。因为安全保护单元长期不动作,某些部件可能出现绝缘变差、失效等问题,一旦发生重大故障,保护单元拒绝动作,或者设备参数出现较大波动导致保护单元误动作,都有可能导致严重后果。

周期性的功能测试,也可以使轮机值班人员了解设备的状态,熟悉传感器的具体位置,一旦发生事故,结合报警信息,能迅速定位和查出故障。在熟悉安全保护单元的工作原理和传感器的故障率以后,可以有针对性地进行检查,准备备件。

通过周期性的功能测试,可以有效地校验各类保护动作的整定值,使之保持在良好的工作状态。随着设备使用时间的增长或工作条件的恶化,可以对个别保护参数进行调整,以确保安全保护单元工作在最佳状态。

功能测试的周期,主要由保护功能的重要性和环境条件决定。

2. 安全保护单元功能测试的原理和方法

最有效的功能测试方法,是在运行过程中调整实际参数超过保护限定值,检查安全保护单元能否可靠动作。比如测试锅炉危险水位保护功能,可以将锅炉内的水直接放残,下降到略低于保护设定值(有一点延时),观察能否产生故障停炉及报警现象,这样可以直接确定安全保护单元功能是否正常。

但是某些测试,可能对设备造成损害,甚至有一定的危险性,这时就不能使用这种直接测试的方法,而是需要根据设备工作状态(比如设备在停机状态),采取合适的测试方法。

根据安全保护单元的工作原理可知,保护功能有效,实质是三个部件都能有效工作:传感器、安全保护控制逻辑、保护装置执行机构。测试时可以一次性测试所有的部件,也可以分阶段实施,一次只测试一个或两个部件。

(1)传感器的测试

传感器有开关量传感器和模拟量传感器两种。

开关量传感器对外只输出两种状态，比如设备正常时，表现为开关闭合；设备发生故障时，表现为开关断开。当然大部分开关量传感器本身检测的是模拟量，比如温度继电器、压力继电器、液位开关，输出时才转换为开关量。为了能够区分线路的断路、短路、绝缘下降等线路故障状态和工作状态，安全保护控制逻辑将开关量最终又转变为模拟信号处理。

模拟量传感器大多输出标准电流信号 4~20 mA，故障判断完全由安全保护控制逻辑来完成。智能化的 I/O 单元可以处理模拟量信号，以开关量的形式输出故障信号或者通过网络发送设备是否有故障的信息。

对传感器而言，主要是测试它在故障情况下，能否正确输出信号；如果设备的当前工作条件不能或者不允许产生故障，则可用实验环境模拟故障。比如进行柴油机滑油低压保护的安保功能测试时，不可能真正地把滑油压力调到危险值以下，这时候可以关闭滑油压力保护开关的压力进口阀，接通测试压力阀，并调整测试压力从高到低慢慢变化，模拟滑油压力低情况发生，然后观察是否产生了正确的“滑油压力低”信号。

(2)安全保护控制逻辑的测试

安全保护控制逻辑的功能是收到传感器的信号，判断是否进行保护动作，是瞬时动作还是延时动作，如果需要保护，则发送控制信号给保护装置执行机构。

对开关量传感器来说，故障判断非常简单，比如开关闭合，认为设备正常；如果开关断开，则认为发生了故障，经过设定的延时，输出控制信号给执行装置。所以，只要断开开关量传感器的一根接线，就可以模拟故障产生，此时观察有没有输出报警信号和保护信号，就可以确定控制逻辑是否正常工作。

对于模拟量传感器的信号，安全保护控制逻辑需要经过比较单元才能做出判断，实际上为了明确设备状态，内部可能设置了多个比较单元，分别输出预报警、上限保护、下限保护等控制信号。比较单元的限制值是可以调整的，可以利用这一点在设备正常工作时产生保护的控制信号。

模拟量传感器保护功能的触发有两种形式：①使用专用的模拟装置代替传感器，向安全保护逻辑输出故障信号。对于速度、温度、压力等信号，都有标准的传感器模拟器，输出可调的脉冲信号或者 4~20 mA 电流或者电阻信号。调整模拟装置的输出信号进入故障状态，观察安全保护控制逻辑能否产生报警和保护动作。②改变控制逻辑内部的保护限定值，比如将超速保护值调整为额定值的 95%，则副机在额定转速就可以产生超速保护动作，来验证控制逻辑是否正常工作。

安全保护控制逻辑设置延时的主要目的是为人工干预留出反应时间，比如主机的部分故障停车和故障减速是可以取消的。如果一个系统存在多个保护单元，延时也可以实现选择性保护，把故障影响控制在最小范围。

(3)保护装置执行机构的测试

保护装置执行机构最终实现被保护设备的停机或安全运行，一般来说大多数的安全保护功能都会共用执行机构。比如主机的安全保护系统中，应急停车、滑油压力低、超速等引起的故障停车信号，最终都是使安保断油电磁阀得电，主机断油停车。所以，保护装置执行机构只要经过一种保护功能的测试，就可判断它是否工作正常。

二、重要设备安全保护的功能测试

1. 主机安全保护的功能测试

下面以曲轴箱油雾浓度高引起主机故障减速为例,介绍一下主机安全保护的功能测试。

曲轴箱油雾浓度监视与报警系统是保证主机安全的重要系统,因为油雾浓度过高,可能会引起曲轴箱爆炸。这个系统一旦监测到油雾浓度超过正常标准,除了发出声光报警,还会把一个故障减速信号(一个开关信号)发送到主机安全保护系统。主机安全保护系统经过设定的延时时间,接通减速电磁线圈,触发故障减速,其工作原理如图 4-4-1 所示。

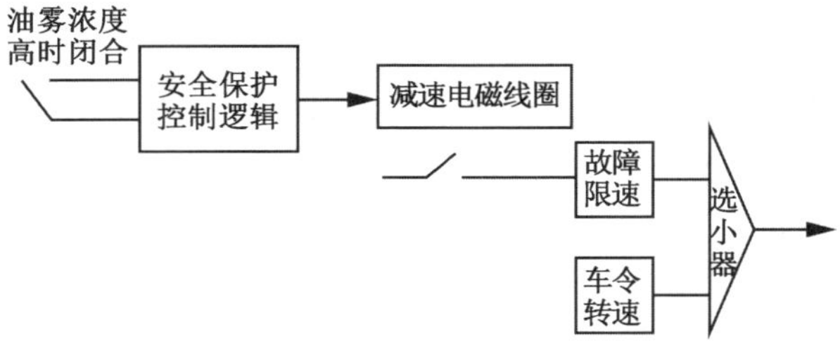

图 4-4-1　安全保护原理框图

测试可以分为两个阶段进行:

(1)测试安全保护控制逻辑和执行机构

本阶段并不使用曲轴箱油雾浓度报警系统的输出,而是将输入主机安全保护系统的一对触点短接,模拟油雾浓度高报警的情况。

首先主机安全报警系统触发声光报警,安全保护面板显示"曲轴箱油雾高"报警(油雾浓度监测系统并无报警),这个项目是可以取消的,驾驶员可以根据需要按下驾驶台控制面板的"CANCEL SLD",或者集控室轮机员直接按下报警灯旁的"CANCEL"的按钮,可以取消本次故障减速。

如果在规定时间内没有取消这个故障减速信号,减速电磁线圈得电,此时主机遥控系统故障减速激活,可以在操纵面板上看到设定转速已变为减速限定值(一般为慢速),同时主机开始减速。

等待转速稳定后,断开报警输入端点的连线,模拟故障已消除的情况,此时减速电磁线圈处于保持状态。必须按下集控室或驾驶台上的复位按钮(RESET),恢复正常工作状态。这是可以看到操纵面板的设定转速等于车令转速(假设没有其他速度限制项目生效),主机开始加速。

(2)测试包括传感器在内的整个系统

以 Mark-6 型曲轴箱油雾浓度监视与报警系统为例,介绍这个安全保护功能整体的效用实验。

我们可以用试烟器触发传感器的动作,测试传感器及整个安全保护功能是否工作正常,测试用到的工具如图 4-4-2 所示。

剪一段约 30 mm 长的油芯,放到带有吸球的支持器内,将尼龙管与连接头接起来。将尼龙管的另一端插到探头底座上的快速连接头上。

将试烟器中的油芯放到烟油瓶中沾一点油,然后密封油瓶。点燃油芯,然后将火熄灭,捏吸球但不用总持续,只要保持油芯有烟即可,即保持阴燃状态。将油芯插入管路接头中,同时

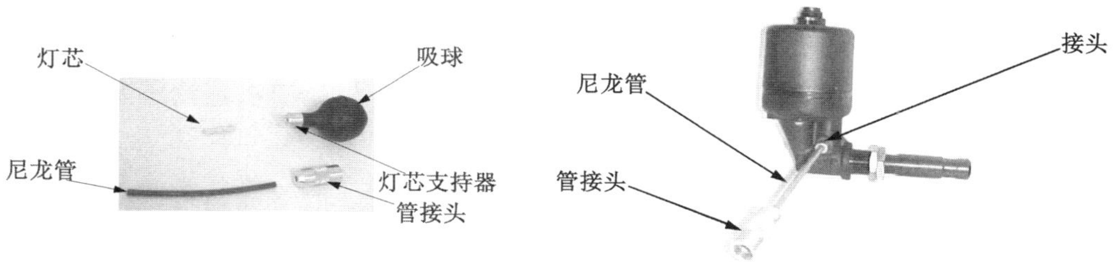

图 4-4-2　烟雾发生装置及连接图

捏吸球。

探头指示灯应该由绿色变成红色，指示报警状态。

此时主机安全保护系统也开始动作，整个过程同第一阶段。

在实际操作中，如果能够直接完成第二个阶段的功能测试，则可以略过第一阶段。考虑到系统工作时传感器出故障的概率较高，在第二个阶段功能测试失败的情况下，再按第一个阶段测试，可以检验传感器是否损坏。

2. 副机安全保护的功能测试

对副机安全保护的功能测试，以冷却水温高故障停车为例。

柴油机冷却水温度是一个重要的状态参数，水温过高影响柴油机的散热效果，导致柴油机零部件热负荷升高、部件强度降低。同时滑油温度升高、黏度降低，润滑效果恶化，加大运动部件的磨损。长时间在超过最高允许温度条件下运行，还会出现密封件老化、缸套漏水甚至出现拉缸、轴瓦烧损等严重事故，因此，柴油机冷却水温高保护是副机安全保护的一个重要功能。

在主机安全保护系统中，冷却水温高是一个故障减速项目。而副机运行时要保持转速基本恒定，因而没有故障减速保护项目，发生故障时会停车保护。

以某实船的参数设定为例，它的高温水高温报警值为 95 ℃，高温水停车保护值为 98 ℃。

使发电柴油机空车运转，依次拆下各传感器的感温探头。注意：只是拆下探头，要保持接线良好，防止松动导致接触不良。依次校验各个传感器。

将标准水银温度计探头和温度显示传感器探头一起放入容器内加热，比较两者显示温度是否存在无差别。将温度显示传感器、高温报警传感器和高温停车传感器的感温探头同时放到容器内加热，当高温水温度显示 95 ℃时，柴油机应该高温报警；当温度达到 98 ℃时，柴油机高温报警并停车。

3. 辅锅炉安全保护的功能测试

辅锅炉安全保护的功能测试，一般在锅炉运行的时候进行。

（1）危险低水位保护测试

对于使用电极室测量水位的锅炉，关闭电极室的通气阀门和通水阀门，并打开电极室的放水阀把水放掉，模拟锅炉失水的环境，锅炉应该自动停炉。

对于使用浮子式水位检测和参考水位罐水位测量方法的锅炉，操作方法类似。

（2）风压低保护测试

风压开关是一个开关量传感器，实现风压低于下限时输出改变状态，触发保护。这里可以通过调整风压保护限定值，将下限整定值调高。然后，关闭部分蒸汽阀，减少锅炉负载，蒸汽压力逐步升高，风门关小，风压降低，触发风压低保护。

注意，功能测试完成后，一定要将风压保护限定值复原。

（3）蒸汽超压保护测试

蒸汽超压保护可以使用真实操作，锅炉起动成功后，关闭主蒸汽阀，蒸汽压力会逐步升高到超压保护值，触发锅炉自动停炉。

（4）熄火保护测试

熄火保护测试的方法是：直接断开火焰感受器输出继电器触点的接线，模拟锅炉熄火，触发锅炉自动停炉。

4. 分油机安全保护的功能测试

分油机最常见的安全保护是分离盘转速过高停机、分离盘转速过低停机。对于 S 型分油机，这两种故障一般都通过设置 EPC-50 控制器中对应的参数进行测试，修改系统内部的限制值，在实际参数正常情况下产生故障信号。

比如参数 *Fa*10 代表分离盘高速保护限定值，若将它人为降低，则转速正常时也将触发分离盘转速过高故障信号，导致分油机保护停机。

同理，增大分离盘低速保护限定值 *Fa*11，转速正常时也将触发分离盘转速过低故障信号，导致分油机保护停机。

需要注意的是，任何参数为了测试而进行修改后，当测试结束、正式开始投入使用前，需要恢复该参数原始数据。

第五节　推进装置及控制系统的安全操作与应急程序

一、AC C20 的安全保护功能概述

AC C20 主机遥控系统能适用于连接定距桨的可逆转主机，也适用于各种连接调距桨的不可逆转主机，还可以适用于各种电控主机。其安全保护功能的实现为 ESU 单元。

1. 主机安全单元 ESU

AC C20 系统采用一个专门的 DPU 模块（分布式处理单元）来实现主机的自动停车功能，主机的应急调速功能由电子调速系统实现。该模块称为 ESU。

ESU 只有开关量输入和开关量输出通道，开关量输入通道接收主机操作部位开关、手动应急停车和自动应急停车等开关量信号；开关量输出包括主机状态指示的继电器触点输出和控制停车电磁阀动作的电压输出。ESU 的典型应用实例如图 4-5-1 所示。

图中，通道 1~4 为继电器触点输出，输出主机状态信号；通道 5 为电压输出，控制停车电磁阀；通道 14~28 为接触点式开关量输入信号，如来自转速测量单元的超速停车信号以及来自各个操作部位的应急停车信号等。为确保应急情况下能够可靠地进行应急停车，ESU 的许多输入通道与输出通道在内部电路上直接连通，即使 ESU 故障也不会影响其自动停车功能。

由此可知，ESU 只是一个安全保护逻辑控制器。要使它工作，需要从通道 14~28 输入传感器处理后的开关量信号，需要进行保护时，从通道 5 输出电压信号驱动停车电磁阀，实现断油停车。

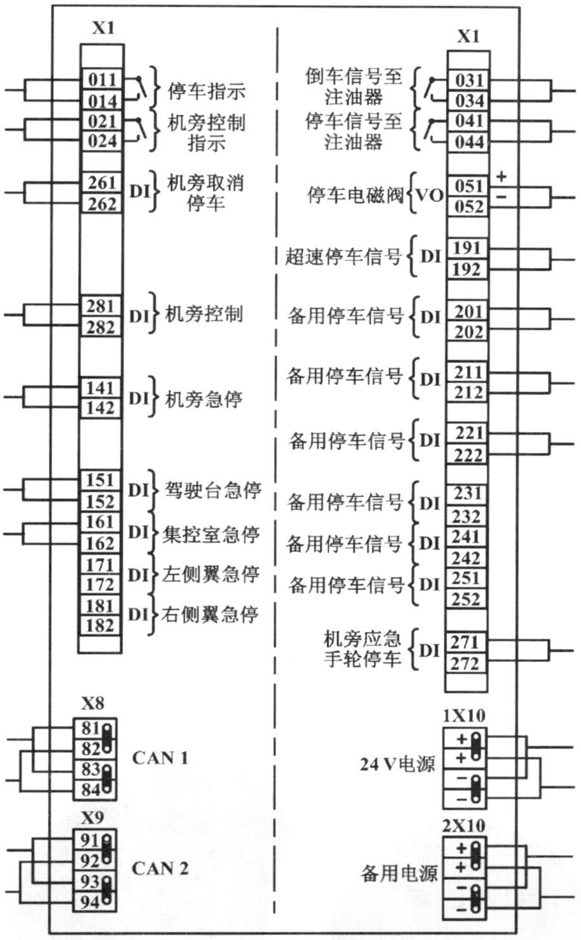

图 4-5-1 主机安全单元 ESU

2. 自动停车和自动降速

(1) 自动停车

自动停车是当 AC C20 系统的测速单元(RPME)发出主机超速信号或其他专门的应急停车传感器发生作用时,ESU 将指挥停车电磁阀动作,转速控制系统也同时将调速器的输出减少至零位使主机停车。AC C20 一般可设置 6 个自动停车项目,即"Shut down 1"~"Shut down 6"。其中"Shut down 1"固定用作超速停车,其余 5 个可根据实际需要分配给其他应急停车传感器。在某些特殊的场合,若所需的应急停车项目较多,则还可以增加 5 个额外的定制项目。

超速信号来自测速单元,当主机转速超过额定转速的 109%(可调)时,RPME 将发出一个继电器触点信号,并通过硬线连接(硬线连接是指非数据连接)送至 ESU 的第 19 输入通道,触发自动停车。

其他应急停车传感器可以是开关量或是模拟量传感器,若是开关量传感器,则可通过硬线连接直接接到 ESU 的备用停车通道,若是模拟量传感器,则必须通过 CAN 网络将应急停车指令送达 ESU。

对所有的自动停车项目均可通过 ACP 屏幕操作将其设置为"不可取消"(Non cancelable)

或“可取消”(Cancelable)两种类型,一般情况下超速停车应设为“不可取消”。对于不可取消的项目,只要传感器起作用就会立即触发主机自动停车;而对于可取消的项目,则可分别设置一定的延时时间,并且在延时范围内可以取消。取消方法有两种:一是在集控室 ACP 上通过屏幕操作对当前出现的自动停车项目进行选择性取消(这种方法与当前操作部位无关);二是在当前操作部位按下“Cancel SHD”按钮进行一次性全部取消。

一旦发生自动停车时,必须在自动停车故障消失后,在当前操作部位将操作手柄回零进行复位操作,然后才能再次起动主机。

(2)自动降速

AC C20 的自动降速是由自动降速传感器和转速控制系统在网络通信的配合下完成的,最多可设置 20 个自动降速项目,对应 20 个降速传感器。降速传感器可以是开关量或是模拟传感器,只要其中某个开关量传感器动作或模拟量传感器的测量值越限都将使调速器的转速设定值自动降低到某个预设值(一般为“慢速”挡设定值),迫使主机自动降速。此时,主机转速不会超过这一预设转速,但在最低稳定转速和该预设转速之间,手柄调速仍然有效。

和自动停车项目类似,自动降速项目也可被设置为“不可取消”(Non cancelable)或“可取消”(Cancelable)两种类型。对于不可取消的项目,只要相应的自动降速条件具备,遥控系统将指挥调速器进行立即降速;对于可取消的项目,则可分别设置一定的延时时间,并可在延时范围内取消。取消方法也有两种:一是在集控室 ACP 上通过屏幕操作对当前出现的自动降速项目进行选择性取消;二是在当前操作部位按下“Cancel SHD”按钮进行一次性全部取消。

当引发自动降速的故障现象消失时,自动降速将自动复位。只有复位以后,手柄的转速设定功能才能在正常的转速区间有效。

不论是发生自动降速还是应急停车,AC C20 都将发出报警信号,并在 Autochief 控制面板(简称 ACP)显示屏上显示相应的文本信息。此时,可通过 ACP 上的“Sound off”“Alarm ackn.”按钮进行消音和报警确认。

ACP 是 AC C20 相对之前的微机型主机遥控系统一个显著的改进,它由独立的一个 DPU 控制,内嵌操作系统,通过 LCD 显示窗口按键和多功能旋转按钮为用户提供丰富的人机交互功能,操作简单便捷。ACP 操作界面如图 4-5-2 所示。

利用 ACP 可以切换到不同的界面,进行系统状态监控、参数设置、模式转换,在这里进行安全保护功能测试也需要借助 ACP。

二、AC C20 安全保护系统的使用操作

1. 主机安全保护界面操作

在集控室的 ACP 上,点击“Safety System”键,出现故障停车、故障减速、应急停车和转速探测器 4 个选项。

(1)故障停车 Shut Down

按一次“Shut Down”软键,显示正在起作用的 Shut Down。按两次软键,显示系统所有的“Shut Down”项目,“Shut Down”共有 5 项(不同机型内容略有区别)。“Loop Fail”灯亮则表明通道有故障(如传感器开路、短路或通信有问题),如图 4-5-3 所示。

(2)故障减速 Slow Down

按一次“Slow Down”软键,显示正在起作用的“Slow Down”。按两次软键,显示所有的“Slow Down”。所有的“Slow Down”都能进行越控操作。

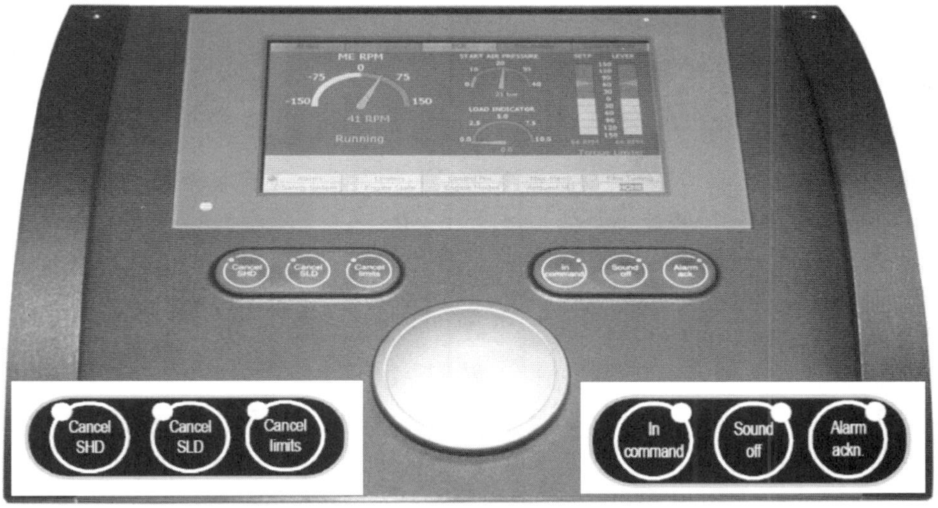

图 4-5-2　ACP 操作界面

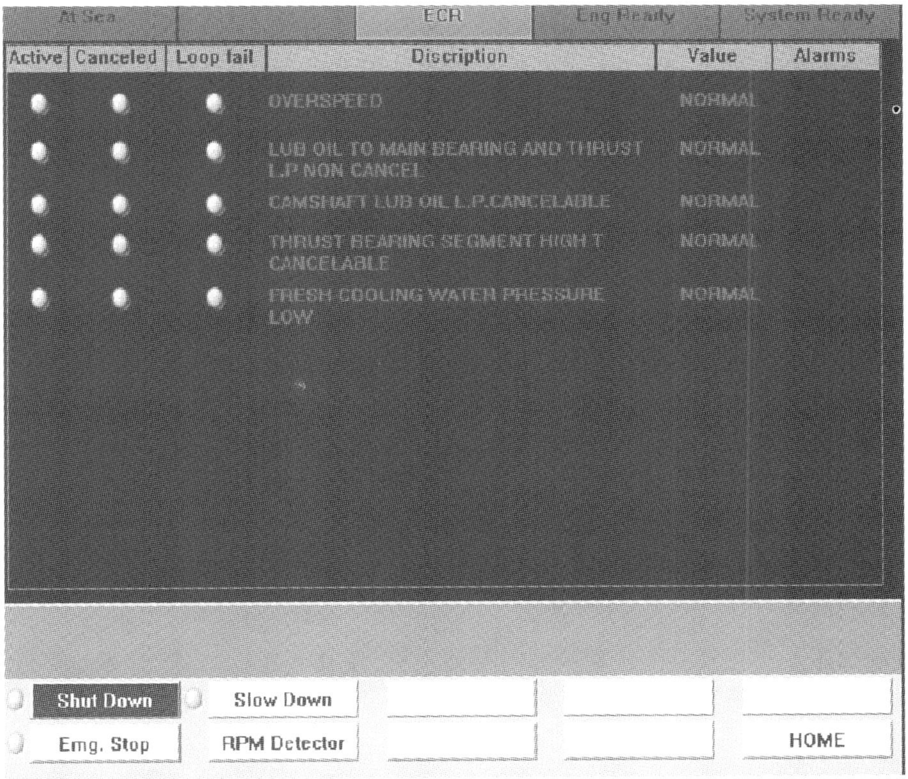

图 4-5-3　故障停车项目

(3)应急停车 Emg. Stop

按一次"Emg. Stop"软键,显示正在起作用的 Emg. Stop 地点。按两次软键,显示所有可以进行 Emg. Stop 的地点。最多可以有 5 个地点进行应急停车操作,它们是机旁、集控室、驾驶台、驾驶台右翼和驾驶台左翼。

(4)转速探测器 RPM Detector

AC C20 系统有两套转速测量系统，每套系统有两个探头。在 RPM Detector 界面中，可以进行超速保护试验。

2. 主机故障自动停车

(1)将主机操纵位置和方式设置为“ECR MANU”，然后将遥控车钟手柄推至正车“FULL”位置，操作调速手柄，使主机转速达到或超过 83 r/min。

(2)设置一个自动停车项目的故障，使主机发生“Shut Down”故障，ACP 上跳出故障指示框。观察故障的具体名称及能否越控，在集控室的 ACP 上，按下消声和报警应答按钮，注意主机转速的变化。

(3)越控操作(对可以进行越控的故障)：按下 ACP 上的“Cancel SHD”带灯按钮，观察设定转速(SETP.)和主机转速的变化。说明：也可以在“Shut Down”页面中，选中对应故障项并点击实现越控操作，此时“Shut Down”页面中的“Canceled”灯亮。

再次按下“Cancel SHD”带灯按钮，观察指示灯及主机转速的变化。

(4)复位操作：待故障排除后，将集控台上的调速手柄和车钟手柄扳回到停车位置。

(5)将操纵部位切换到驾驶台，设置故障(如“M/E L. O. INLET PRESS. LOW”)，重复以上步骤。

(6)将操纵部位转到机旁，在主机发生故障自动停车后，按下“SHUT DOWN CANCEL”带灯按钮进行越控操作，观察主机转速的变化。再按下“SHUT DOWN CANCEL”按钮撤销越控，然后进行复位操作。

3. 主机超速保护模拟试验

在 ACP 的主页上点击“Safety System”键，进而按下“RPM Detector”键，进入图 4-5-4 页面。

在主机停车状态下，关闭主起动阀、起动主滑油泵。

分别设置“Rpm Simulate”和“Overspeed Test Level”值，并使前者大于后者。然后分别点击“Rpm Simulate”“Overspeed Test Level”下的“OFF”软键，使“OFF”转变为“ON”，则超速试验生效，对系统报警进行应答，并注意观察主机转速表、主机油门刻度表及 Shut Down 界面等。

在主机低速运行状态下，修改“Overspeed Level”的值，使当时的主机转速大于“Overspeed”的整定值，也能取得同样的效果。

说明：通常要求每 3 个月应进行超速保护功能测试。

4. 主机滑油低压保护模拟试验

主机滑油低压试验采用模拟方法。将主机滑油压力传感器与原系统的接头脱开，接至手油泵，并逐渐加压。当达到滑油正常压力时起动主机，使其低速运转，而后逐渐降低手油泵压力，当手油泵的油压降低到规定的滑油低压停车压力时，压力传感器应动作并使主机自动停止运转。

用类似方法检查可以凸轮轴滑油低压停车装置。

5. 主机故障减速

(1)设置一个主机自动减速项目故障，使主机执行“SLOWDOWN”，ACP 上跳出故障指示框，如图 4-5-5 所示。观察故障的具体名称，在集控室的 ACP 上进行消声和报警应答操作。注意主机转速的变化。

(2)按下 ACP 上的“Cancel SLD”带灯按钮，观察主机转速的变化。

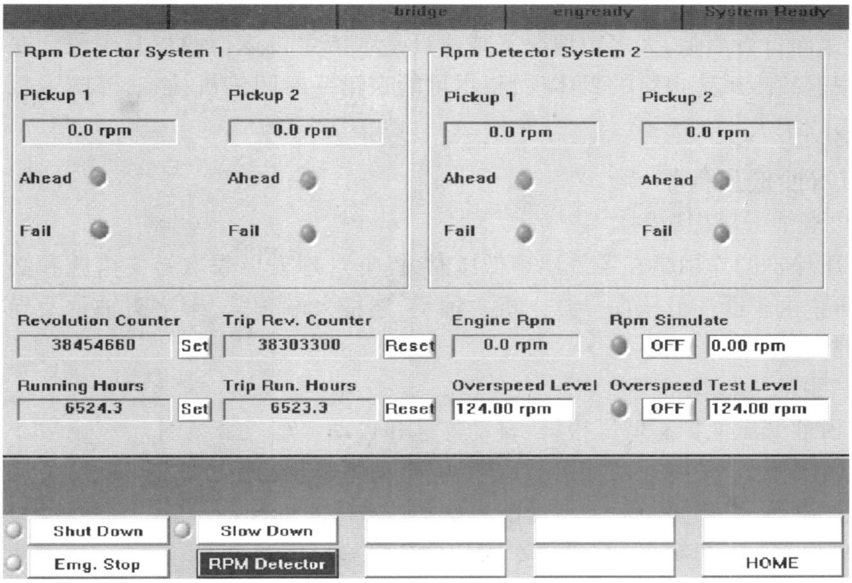

图 4-5-4　转速检测系统界面

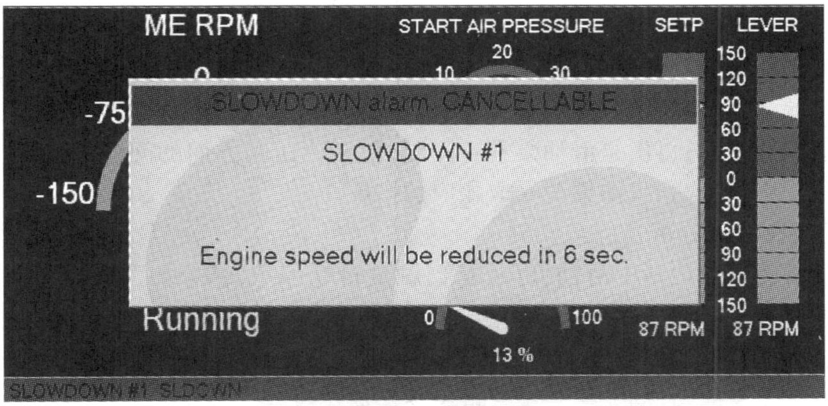

图 4-5-5　ACP 故障减速指示框

说明：也可以在 ACP 中的“Slow Down”页面中，选中对应故障项并点击，实现越控，此时“Canceled”灯亮。

再按下“Cancel SHD”带灯按钮，指示灯熄灭，观察主机转速的变化。

（3）复位操作

待故障排除后，按下集控台 IPU 上的“SLOW DOWN RESET”按钮进行复位。

三、主机自动减速和停车后的恢复

在船舶航行过程中，主机一旦发生故障，船舶失去了动力，随之舵效消失，船就失控。确保主机安全可靠的运行至关重要。

当主机发生故障自动停车或故障自动减速时，经驾驶员对采取相应处理后，应迅速将主机操作部位切换至集控室手动操车，机舱值班人员对故障项目进行彻查，同时采取对应处理方法。

比如在主机实施了故障自动减速后,主机能够持续运行,避免船舶失去动力。但故障并不会因主机减速而自行消除,大多数情况下减速只是维持主机运行的权宜手段。在得到驾驶员许可后,应根据故障减速报警的具体项目,尽可能在第一时间停机检查,谨防主机长时间带故障运行,使事故扩大。

1. 主机滑油低压保护

(1)主机滑油低压保护的作用

滑油低压保护的作用是在系统出现低压时,提醒管理人员采取必要措施和必要时自动降速和停车,防止由于滑油低压而导致主机主轴承、连杆大端轴承、十字头轴承及导板与滑块等发生损坏的故障。

(2)主机滑油低压保护的特点

①主机滑油低压保护有低压报警、自动降速和自动停车三个级别。

②一般情况下,自动降速功能可被取消,但自动停车功能不可取消。

③故障排除后,必须复位后主机才能再次加速或者重新起动。

(3)出现报警、自动降速与自动停车时的应急措施

若是由于滤器脏堵导致滑油低压,通常表现为系统滑油温度正常而滤器前后压差增大,此时应立即手动清洗滤器(自清洗滤器)或换用另一组滤器(常规的双联滤器),实在不行只能尽早停车更换滤器。

若是由于滑油高温导致滑油低压,首先可能是滑油自动调温装置出现了问题,此时应立即查明原因并排除,实在不行,立即改为手动调温;其次是冷却水、冷却器方面出现了问题,此时应立即查明原因并排除;再次是滑油泵本身问题,包括调压阀方面的问题,此时滑油泵自动切换功能应该起作用,可根据具体情况采取相应的措施。

(4)滑油低压故障分析实例

某运营正常的船舶运行中滑油低压报警,触发自动停车,结合如图 4-3-2 所示,导致滑油低压的原因主要有:

①滑油压力传感器故障。滑油压力传感器是用来反映柴油机润滑系统的滑油压力大小,如果压力传感器发生故障,即使压力正常也出现误动作。

②滑油系统管路严重外漏。滑油管路因振动剧烈可能导致管路破裂,造成滑油压力低。

③滑油泵运行故障。滑油泵无法建立油压,导致压力偏低。

④滑油系统滤器堵塞或自清滤器堵塞。表现为滤器进口压力较高,出口压力低。

⑤滑油油位不足。整个油道滑油流量不足、压力偏低。

轮机长迅速将主机操作部位切换至集控室手动操车,并组织检查故障位置。采用置换法检查,更换滑油压力传感器,动车后检查,滑油压力显示没有明显的改变,表明此故障应在滑油系统。事发时主机润滑油油位正常,滑油泵运转良好,未自动切换至备用的滑油泵。进而检查滑油管系,重点查看各个压力表,发现滑油管系正常,滑油泵后滑油压力正常,自清滤后滑油压力迅速下降。由此推断为自清滤器故障。

事发后,轮机长检查主机滑油,发现滑油较为脏污。经过探讨,总结事故成因为:主机滑油分油机时常报警,未能完全修复,常在报警后将其停止运行,因此主机滑油分油效果不佳;滑油脏污,导致自清滤器油马达阻滞,无法达到自清效果而脏堵;滑油进机压力低引起主机故障停车。检修主机滑油分油机后,在分油效果较好的工作条件下,故障不再出现。

2. 主机缸套冷却水高温保护

(1)主机缸套冷却水高温保护的作用

设置主机缸套冷却水高温保护的作用是为了防止缸套冷却水温度过高,提醒管理人员采取必要措施和必要时自动降速和停车,防止主机燃烧室部件的损坏。

(2)主机缸套冷却水高温保护的特点

①主机冷却水温度保护有高温报警和自动降速两个级别。

②自动降速功能可被取消。

③故障排除后,必须复位后主机才能再次加速。

(3)出现报警和自动降速的应急措施

导致缸套冷却水高温的常见原因主要有自动调温装置、冷却水、冷却器方面及冷却水泵等方面出现异常。

若是自动调温装置出现了问题,此时应立即查明原因并排除,应急情况下,应立即改为手动调温;冷却水冷却器、冷却水泵方面往往是出现了断流等问题,此时切勿立即供应冷却水,尤其是低温的冷却水,以免造成燃烧室部件出现过大的热应力,此时应采取escort降速的措施慢慢恢复冷却水的供应。

3. 推力轴承高温保护

(1)主机推力轴承高温保护的作用

推力轴承高温保护的作用是为了提醒管理人员,当主机推力轴承的工作温度超出正常工作温度时,要立即采取必要的措施;在升高超出设定值时能够自动降速或停车,以保护推力轴承不致损坏。

(2)主机推力轴承高温保护的特点

①主机推力轴承高温保护有高温报警、自动降速和自动停车三个级别。

②自动降速和自动停车功能可以被取消。

③故障排除后,必须复位后主机才能再次加速或重新起动。

(3)出现报警、自动降速与停车时的应急措施

导致推力轴承温度异常升高的主要原因是推力轴承安装调整不当、润滑不良及主机负荷太大等。若是由于推力轴承安装调整不当,应重新检查调整;若是润滑不良,则往往是由于油路流通不畅或断流所致,此时应查明原因并排除;若是由于主机的负荷过大所致,应根据情况适当降低主机的转速,以减少推力轴承的负荷。

4. 曲轴箱油雾浓度高保护

(1)主机曲轴箱油雾浓度高保护的作用

设置曲轴箱油雾浓度高保护的作用是曲轴箱出现油雾浓度高时,提醒管理人员采取必要措施和必要时自动降速,防止由于曲轴箱油雾浓度高导致曲轴箱爆炸。

(2)主机曲轴箱油雾浓度高保护的特点

①主机曲轴箱油雾浓度高保护有浓度高报警、自动降速两个级别。

②一般情况下,自动降速功能可以被取消。

③故障排除后,必须复位后主机才能再次加速。

（3）出现曲轴箱油雾浓度高的应急措施

通过透气管或抽气机将油气排出机舱外，注意出油气管口防火网罩不要被油垢脏堵。在主机排气侧的曲轴箱道门上装有防爆门，防爆门安全阀的开启压力为 0.01 MPa，当曲轴箱中压力达到 0.01 MPa 时，防爆门安全阀自动弹开将油气放出，待压力降低后再自动关闭。曲轴箱内装 CO_2 灭火系统喷头，以备万一情况发生时使用。

5. 主机排气高温保护

（1）主机排气高温保护的作用

设置柴主机排气高温保护的作用是为了提示管理人员采取相应措施，避免由于排气温度高导致主机燃烧室部件热负荷过大、气阀损坏及高温腐蚀等从而使主机工作性能进一步恶化。

（2）主机排气高温保护的特点

①报警点为临界点。

②该自动降速功能可被取消。

③故障排除后，必须复位后主机才能再次加速。

（3）出现报警与降速时的应急措施

①当出现警报时，若条件允许，立即降速至警报消除，同时查明原因予以消除。

②当出现自动降速时，应在立即应答并复位的同时查明原因，若条件不允许降速，可根据具体情况采取切断故障缸的工作并将自动降速功能取消，然后根据驾驶台的车令加速，但应注意适当降速防止超负荷。

四、全船停电后的恢复

1. 全船失电时的处理要求

根据船舶类型、主机及其系统的特点，全船失电可导致故障包括：主机停车、舵机失灵、助航设备失灵，如不能及时恢复供电，可能导致严重后果。

全船失电时应立即通知驾驶台并接上应急电源，检查应急电源供电是否正常。

如果属于过负荷跳电，跳电后发电机组仍在空负荷下运转，应切除“非重要负载”，如通风机、空调机、冰机，厨房用电及部分照明设备等，然后再次合闸供电。若一次合闸后再跳电，应立即检查故障所在，不应再次合闸。

在恢复正常供电后，应逐台起动有关电动泵以利于发现故障。

根据船舶航行状态的不同应采取不同的应急措施，以免因全船失电而产生其他重大事故。

（1）船舶在海上航行，突然失电

应首先停止主机运转并立即电告驾驶台，然后迅速起动备用发电机组，尽快恢复供电。如果情况特殊急需用车避让，只要主机有可能短时运转则应执行驾驶台命令。如备用发电机组也不能起动，则应起动应急发电机（正常情况下，应急发电机应自动起动），并首先给导航设备和舵机供电。在恢复正常供电后，再起动为主机服务的各电动泵，然后再起动主机。

（2）船舶在狭窄水道或进出港航行中突然失电

应迅速起动备用发电机组尽快恢复供电，同时应立即通知驾驶台并停止主机运转。在应急处理过程中必须有人坚守主机操纵台，随时与驾驶台联系。如情况危急船长必须用车时，可按车令强制主机运行而不考虑主机后果。

(3)船舶在系泊或锚泊状态发生失电

应先起动备用发电机组;恢复正常供电后,再分析检查故障原因并予以排除。

2. 机舱电力中断应急操作程序

当主发电机主开关跳闸造成电力中断时,轮机部全体人员应立即前往机舱,按照程序做好各项相应工作,力争在最短的时间内恢复正常供电。

机舱电力中断应急操作程序:

(1)运行发电机因故跳闸,备用发电机自动切换供电后

①重要设备能自动顺序起动,检查原处于运行状态的各泵是否按顺序起动,而原置"备用"位置的各个设备是否在备用状态,机组是否有相互切换状况。对于没有顺序起动的设备应手动起动。供电及重要设备运行正常后,通知值班驾驶员检查通信、导航操舵等仪器,做好复位工作。

②检查跳闸发电机、配电屏、原动机及其各系统,排除故障。

③航行中,驾驶台如发现主机操纵异常,应将主机减速、停车,将遥控操纵转换开关转至"集控",待恢复正常后再转为"驾控"。

(2)主发电机跳闸,备用发电机自动切换失败,应急发电机自动起动供电后

①检查主发电机、主配电板、原动机及其各系统,尽快排除故障恢复主发电机供电。

②检查应急发电机及其配电板工作是否正常,派人留守值班,直至主发电机恢复供电。

③待主发电机恢复供电后,检查原处于运行状态的各泵是否按顺序起动,而原置"备用"位置的各个设备是否在备用状态,机组是否有相互切换状况。

④通知值班驾驶员检查通信、导航、操舵等仪器,做好复位工作。

⑤航行中,驾驶台应将主机操纵手柄放置"停车"位置,将遥控操纵转换开关转至"集控",待恢复正常后再转为"驾控"。

(3)应急操作具体分工

①航行中电力中断后,各设备及其系统的检查恢复工作按各主管分工范围分工负责。轮机长负责全面指挥,督促检查。

②停泊时,电力中断后的应急处理由值班轮机员全面负责。

③值班机工、白班机工分别在集控室、应急发电机室值班。

3. 全船失电具体处理方法

当发生全船失电后应能正确地处理,以减少由此可能引发的严重恶性事故(如船舶处在进、出港/狭窄水道、特大风浪等场合)。对于普通电站的处理和具有电站管理系统 PMS 的自动电站的处理,两者有较大不同。

1)对于具有自动电站管理系统全船失电后的处理方法

(1)除因短路保护导致发电机主开关跳闸,全船失电外,对于其他各种机、电故障导致主开关跳闸,自动电站管理系统均能自动处理,不需要值班轮机人员干涉,值班人员仅需按照报警指示故障进行相应检查、排除处理即可。

(2)若全船失电,除报警信号外所有设备均停止运行,此时值班人员切忌起动机组、合闸供电,采取如下措施:

①应查看报警指示,报警信号必指示发电机短路,控制系统自动切换至非自动状态;

②报警应答后至主配电板后面仔细检查汇流排是否发生短路,找到短路点排除后或确定

主配电板没有发生短路（而是船舶电网短路保护的选择性整定不当）才可按复位按钮，系统即恢复至自动状态，同时解除阻塞；

③值班人员可遥控起动备用发电机组投入电网运行。

2）普通电站发生全船失电后的处理方法

（1）并车操作时发生全船失电时所采取的措施：

①应答报警、消声；

②检查原运行机组与待并机组的机、电状况，若是并车操作不当，将导致发电机主开关过流保护动作跳闸或逆功率保护动作跳闸，可复位过流保护装置或复位逆功率继电器（视具体发电机控制屏而定，有些不需要）；

③恢复正常后合上其中任意一台机组的主开关；

④然后按功率大小及重要性逐级起动各类负荷；

⑤待发电机组带上相当负荷时再将另一台机组按并车条件进行并车操作。

（2）运行机组因机械故障发生全船失电时所采取的措施：

①应答报警、消声；

②若报警信号指示滑油失压、冷却水高温、机组超速等，可起动备用机组，待转速、滑油压力、电压正常后合闸供电；

③按功率大小及重要性逐级起动各类负荷；

④最后检修故障机组。

（3）起动大负荷或几乎同时起动几个较大负荷时（如用船上起货机进行装卸货作业）发生全船失电时所采取的措施：

①先应答报警、消声；

②复位过流保护装置（视具体发电机控制屏而定，有些不需要），然后合上发电机主开关；

③再按功率大小及重要性逐级起动各类负荷投入运行；

④起动备用发电机组，待一切正常后，按并车操作要求进行并联运行的操作；

⑤并车完成后，再起动大负荷投入运行。

（4）运行机组因发电机内部短路或失压保护动作发生全船失电时所采取的措施：

①先应答报警、消声；

②若机组仍在运行但电压很低或没有电压，说明是失压保护跳闸，则应停掉这一台机组，然后起动备用机组投入电网运行，最后再检查故障机组的发电机调压器；

③若机组仍在运行且电压正常，说明可能是短路保护跳闸，则应检查主配电板汇流排是否短路，排除故障后即可合闸供电。

（5）运行机组主开关误动作跳闸或因船舶电网选择性保护不当发生全船失电时所采取的措施：

①先应答报警、消声；

②检查主开关内部失电压等脱扣装置以及船舶电网短路保护的整定值，排除故障后恢复供电。

（6）燃油供给故障（如调速器失灵、燃油供给中断等）发生电网跳电，燃油供给故障会导致发动机失压，系失压保护跳闸。产生的现象是伴随着转速下降而跳闸停机。

所采取的措施：

①先应答报警、消声；

②检查燃油供给系统，确认系统无故障后起动备用发电机组投入电网运行；

③然后检修故障机组的调速器及燃油供给系统。

4. 防止失电的安全措施和应急情况下的运行管理

（1）防止失电的安全措施

①做好配电板、控制箱等的维护保养工作；

②做好各电机及其拖动设备的维护保养工作，及时修理与更换有关部件；

③做好发电机及其原动机的维护保养工作；

④在狭窄水道航行，进、出港时，增开1台发电机并联运行以策安全；

⑤在装卸货物期间，如增加开工头数，值班驾驶员应提前通知机舱；

⑥在狭窄水道、进出港等机动航行时应做到：尽量避免配电板操作，尽量避免同时使用几台大功率设备，如起货机等。

（2）应急情况下的运行管理

在船舶发生碰撞、搁浅、失火或过运河、机动操纵、大风浪等应急情况下，应保证正常供电。

①应起动备用机组并车运行，以便有较大的功率储备，满足大功率设备起动电流的冲击和应急操作的高负荷要求；

②在应急情况下对配电板的调整和操作应尽量减少，以防发生误操作；

③必要时应切除次要设备的供电，以确保应急措施的实施。

五、船舶火灾报警系统、风油切断装置动作后的恢复

当机舱发生火灾，如果情况紧急，燃油速闭阀关闭、风机油泵切断，主机、副机和锅炉都将停止运转。在扑灭火灾后，要尽快恢复这些动力装置的运行。

1. 船舶火灾报警系统的工作原理

（1）船舶火灾报警系统的组成

船舶火灾报警系统能在火灾初期，将燃烧产生的烟雾、热量、火焰等物理量，通过火灾探测器变成电信号，传输到火灾报警控制器。火灾报警控制器接收到火警信号后进行声光报警并显示报警的区域或位置，同时将报警信号输出到相应的火灾区域显示屏，并能发出联动控制信号，控制相应的消防设备，如关闭相应分区的防火风闸和梯道的防火门，或视需要关闭相应分区内的风机、油泵等。如图4-5-6所示为火灾报警控制系统的组成图。

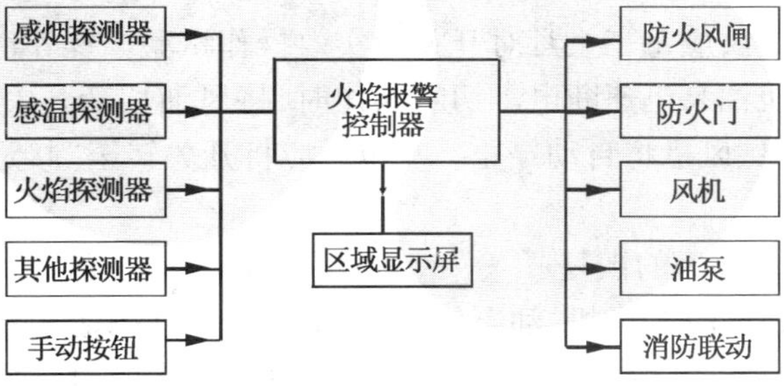

图4-5-6　火灾报警控制系统框图

火灾探测器主要分布在被监测环境现场，其类型可分为感温探测器、感烟探测器、火焰探测器和其他探测器。火灾控制器一般位于驾驶室或主防火控制站内。火灾区域显示屏为了便

于报警确认，一般安装在生活区走廊内，可以接收火灾报警控制器的信号，在火警发生时，可以指示报警部位并给出声光警报。

（2）船舶火灾报警系统的功能测试

①电源测试

试验船舶火灾报警系统在主电源断电时，应能自动转换到应急电源，当主电源恢复时，应能自动转换到主电源。

②线路故障测试。

模拟火灾报警系统的电源断电或线路短路、开路、接地等故障，应在控制板上发出声、光故障报警信号，并且故障报警信号应与火灾报警信号有区别。

③火灾探测器功能测试

用热吹风机、烟感悬浮微粒、紫外光源等分别对感温探测器、感烟探测器、紫外火焰探测器进行功能试验。探测器动作时，应在控制板和指示装置上发出声、光火警信号，并显示报警的区域或位置，如在 2 min 内未对报警信号进行确认，则应向所有船员起居处所和服务处所、控制站以及 A 类机器处所自动发出声响报警。有些船的火灾报警系统能对其他消防系统进行控制，例如有火警信号时，能自动关闭相应分区的防火风闸和梯道的防火门等。

④手动报警测试

在手动报警按钮动作后火灾报警系统应能立即报警，不得有延时；如果手动报警按钮为破玻按钮，则其破玻小锤不能缺失。

2. 风油切断装置

（1）风油切断装置工作原理

根据规范要求：装置强力送风机或抽风机、燃油驳运泵和燃油装置泵以及其他类似的燃油驱动机械，应在有关处所的外部装设风油应急切断装置，以便于在这些处所失火时可将其工作停止。机舱风机、油泵的切断装置一般就安装在机舱入口，驾驶台的消防控制站也可设有遥控操作装置。

风油切断装置一般使用直接切断风机油泵电源开关的方式。电源开关一般为装置式空气开关，它具有分励脱扣线圈和失压脱扣线圈，船舶上大多使用分励脱扣。当操作风油切断装置时，通过一个接触器使分励脱扣线圈得电，空气开关跳闸，风机、油泵断电，停止运行。早期有些船舶风油切断装置与 CO_2 施放装置具有联锁关系，在 CO_2 施放前，风油切断装置会自动动作。

为保证动作的可靠性，应每三个月对开关做实效操作试验。操作时，要求操作机构灵活，空气开关正常起跳，风机油泵迅速断电。切断操作时，将风油切断开关由“接通”转至“切断”位置，此时运转中的油泵、风机将自动停止。复位时应将开关转至“接通”，然后在配电板上对空气开关进行人工复位。

（2）风油切断装置动作后的恢复

机舱风油切断装置动作后，风机、油泵停转，主机停转。首先在主配电板上将各个油泵、风机的电源开关复位，逐个起动油泵风机。待各项条件准备就绪后，起动主机。

第六节　自动控制系统的功能测试

一、机舱监测报警系统的功能测试

1. 机舱监测报警系统的工作原理

在一些重要设备运行时，要保证它始终处于正常的工作状态，一旦出现异常，可能造成不利的后果。

设备运行出现故障时，通过特征参数的测量，会发现参数超出了正常工作范围，这时就可以判断设备存在故障，然后通过声光报警通知操作人员，这就是监测报警系统的工作原理，如图 4-6-1 所示是一个简单的单点监测报警单元框图。

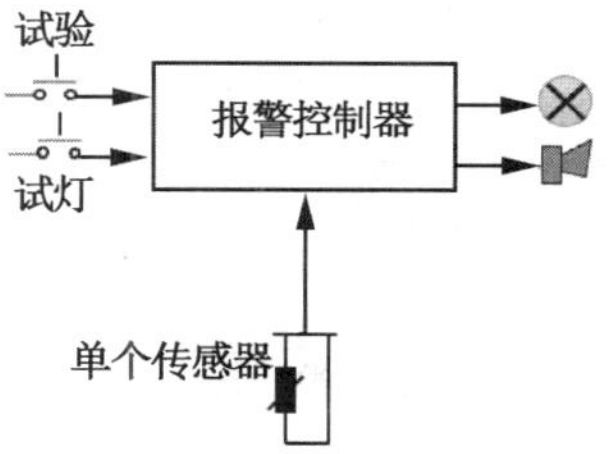

图 4-6-1　单点监测报警单元框图

报警控制器是监测报警系统的核心，它的核心功能是：逻辑判断、输出控制。根据传感器的输入和值班人员的操作，逻辑判断环节决定要不要输出报警信号，通过输出控制环节起动声响警报、控制故障灯闪烁或在显示屏上显示报警信息、起动故障打印等。

机舱里需要监测的参数很多，如果每个监测点都使用一个独立的报警控制电路，就需要相当多的硬件，系统接线也比较复杂，现代机舱已基本不采用。使用微机技术实现的报警控制器以一定的时间间隔依次接通各个监测点，对各个监测点的参数和状态进行扫描，显示和报警输出也是共用的，因此无论监测点有多少，只需要一个报警控制器，如图 4-6-2 所示。

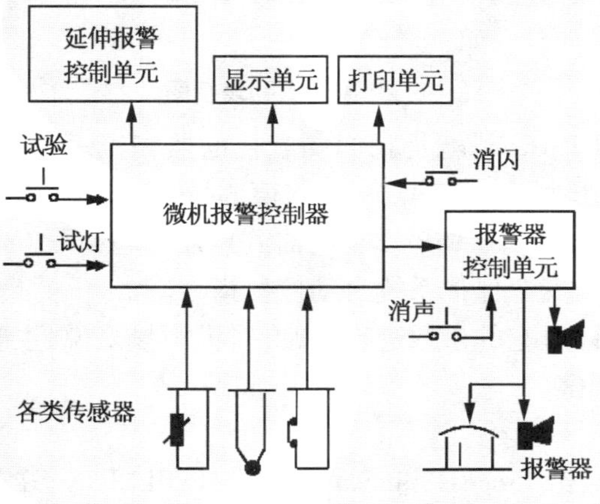

图 4-6-2　微机型机舱监测报警系统框图

但是上面这种集中型的监测报警系统有很大的缺陷，一旦微机报警控制器发生故障，整个系统就无法工作。随着计算机网络技术的发展，全分布式的网络型监测报警系统取代了集中型的系统。

DPU 称为分布式处理单元，每一个 DPU 都包含一个微机。DPU 位于设备现场，具有多个传感器接口，能够独立完成对应参数的监测、报警和控制。分布式系统具有大量的 DPU，每个 DPU 负责监测少量的几个参数（DPU 也称为数据获取单元），实际承担了报警控制器的大部分任务。人机交互的功能由操作站来实现，它与所有的 DPU 一样挂接在网络上，可在网络上挂接多个操作站，每个操作站都可查看监测点参数、报警信息。远程操作站还可以通过以太网与船舶外部通信系统交换数据。

2. 机舱监测报警系统的操作

一般报警发生后，轮机员应观察报警点内容，并结合实际情况做出相应的处理，包括消声、消闪确认、故障排除、复位、闭锁隔离等。

（1）监测点信息查看和修改实例

下面以查看辅锅炉当前的蒸汽压力为例，可分别通过列表方式和 Mimic 图的方式查看。

①列表方式

在报警系统的主界面（Home）区，点击 Tabluar views 区域的“Tag summary”选项，主显示区显示所有监测点的信息。通过显示与键盘输入区的翻页键或者主显示区的页面切换项，逐个查找对应监测点信息。也可以通过点击锅炉对应的报警分组，将显示锅炉相关监测点的信息，如图 4-6-3 所示。

Description	Function	Alarm state	Value	Eng unit	LimitLL	LimitL	LimitH	LimitHH	Signal type
AUX.BOILER RUN	XI	RUNNING	RUNNING						ON/OFF
AUX BOILER FO FLOW	XI		0.00	l/h					ANALOGY
AUX.BOILER STEAM PRESS	PIAHL	NORMAL	4.53	bar		4	8.3		ANALOGY
AUX.BOILER WATER LEVEL	LIAHLL	NORMAL	169.55	mm	-180	-135	150		ANALOGY
AUX.BOILER F.O INLET PRESS	PIAL	NORMAL	22.95	bar		20			ANALOGY
AUX.BOILER F.O INLET TEMP	TIAH	LOW	37.12	℃		105	165		ANALOGY
AUX.BOILER EXH. GAS OUT TEMP	TIAH	NORMAL	398.89	℃			470		ANALOGY
ECONOMIZER EXH. GAS OUT TEMP	TIAH	NORMAL	36.00	℃			450		ANALOGY
EXH.GAS BOILER STEAM PRESS	PIAHL	LOW	3.00	bar		4	8.5		ANALOGY
EXH.GAS BOILER WATER LEVEL	LIAHL	HIGH	220.00	mm		-690	200		ANALOGY

图 4-6-3　监测点列表视图

“AUX. BOILER STEAM PRESS”就是我们要查找的监测点，该监测点的信息类型为模拟输入量压力值“PIAHL”，状态为“NORMAL”，当前值为“4. 53 bar”，它的报警下限值 limitL 和上限值 limitH 分别为“4 bar”和“8. 3 bar”。有的监测点还有超高限 limitHH 和超低限 limitLL，这两种报警触发时，同时触发安全保护系统自动停机指令。

选中某个监测点，就可以对它的参数进行修改，对模拟量来说，主要可以对报警上限值、报警下限值和延时时间进行调整。

②Mimic 图方式

在 Home 的主界面区，点击 Process mimics 区域的“BOILER & STEAM SYSTEM”系统下的二级菜单“Boiler steam system”，主显示区显示锅炉蒸汽系统 Mimic 图，锅炉出口压力、各个蒸汽阀门的状态都可以在过程 Mimic 图上显示出来。

（2）报警的消声和确认

当新的报警发生后，首先是要消除报警声响，即消声。有三种方式可以完成消声操作：

①通过前面讲述的操作面板中的消声按钮进行消声；

②通过软件上边栏中的消声按钮进行消声；

③通过菜单进行消声。

消声结束后，需要对具体的报警点进行确认操作。有四种常见的方式可以完成确认操作：

①第一种方式是通过前面讲述的操作面板中的确认按钮进行确认，只不过，按下该确认按钮后，将把当前所有未确认的报警全部进行确认；

②第二种方式是通过软件上边栏中的确认按钮来进行确认，确认效果与第一种相同；

③第三种方式是通过软件上边栏中的菜单来进行确认，确认效果与第一种相同；

④第四种方式是通过每条报警信息前的 ALARM 按钮进行单个报警确认。

3. 机舱监测报警系统的功能测试

要测试系统的报警功能，首先要确保报警监视系统本身工作正常。

(1)系统测试

①点击主界面上边栏的"Alarms"菜单，点击"报警测试(Alarm Test)"按钮，"系统故障(System Failure)"指示灯闪光，蜂鸣器响；

②按下"报警确认(Alarm Acknowledgment)"，"系统故障(System Failure)"指示灯变为平光，蜂鸣器停响；

③再次按下"报警测试(Alarm Test)"，"系统故障(System Failure)"指示灯熄灭。

(2)开关量报警测试

选择一个低压报警压力开关，如图 4-6-4 所示连接，通过实验泵对该设备进行减压，通过压力表观察达到所需报警的设定值时，检查是否触发报警。

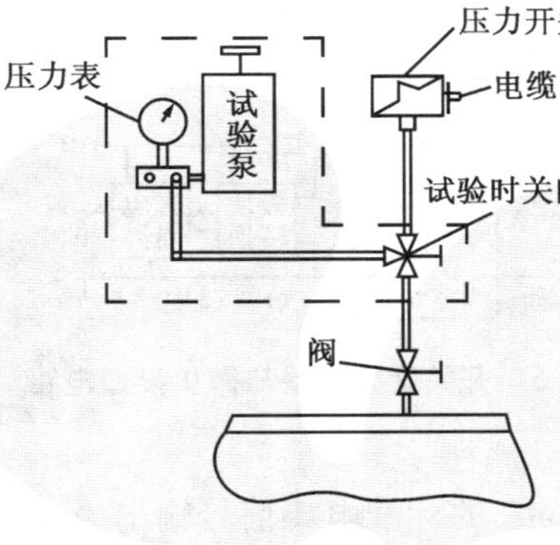

图 4-6-4　压力开关报警测试

(3)模拟量报警测试

模拟量报警测试可以通过软件设置的方式实现。比如锅炉蒸汽压力高报警，假设当前锅炉蒸汽压力为 0.8 MPa，原来设置的高压报警设定值为 1.0 MPa，只要修改这个高压报警值低于当前实际值(比如将它调整为 0.75 MPa)，这时候系统将触发蒸汽压力高报警。

注意，测试完成以后，一定要将参数还原。

(4)报警闭锁功能测试

选择一个报警分组定义一个报警抑制信号，使该抑制信号有效，则该报警分组将被闭锁。

在该分组中选择一个监测点，通过模拟的方式触发一个故障，确认此时没有报警信号产生。

二、自动控制系统各主要单元的功能和性能测试

自动控制系统主要的组成部件包括测量单元、调节器和执行装置三个基本环节。自动控

制系统能不能达到期望的控制性能，在被控制对象特性基本不变的情况下，主要取决于这三个环节的性能。因此，对自动控制系统的功能和性能测试，实际就是对测量单元、调节器、执行装置进行测试。功能测试是测试设备在条件满足的情况下，能不能可靠、正确地工作。性能测试是指在正确工作的前提下，对于设备进行稳定性、准确度、快速性的测试。通俗来说，功能测试是看“能不能用”，性能测试是看“好不好用”。

1. 传感器的功能和性能测试

测量单元的核心是传感器，传感器在各种系统中的地位至关重要。根据统计数据，各种控制系统出现故障，大多是传感器工作异常。

传感器分为开关量传感器和模拟量传感器。

（1）开关量传感器的测试

实际中使用的开关量传感器大多是模拟量输入、开关量输出，比如温度开关、压力开关、液位开关等。这种开关量传感器正确工作的表现是，当参数上升超过上限设定值时，开关状态改变。但参数下降到低于上限设定值时，开关状态保持。只有参数下降到低于一个下限设定值，开关状态复位。下限与上限的比值称为返回系数。

通过实验装置测试开关量传感器，只要能够在上限设定值和下限设定值产生正确的开关动作，就证明它工作正常。

开关量传感器与微机的接口一般采用类似于图 4-6-5 的形式，开关 K 是传感器的输出，最终微机接收到的是一个模拟电压信号，这种接口电路可以区分线路短路、开路、绝缘下降、开关闭合、断开五种状态，大大提高了传感器电路工作的可靠性。

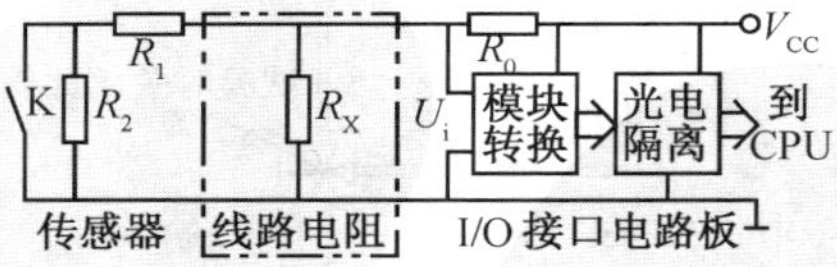

图 4-6-5　开关量传感器与微机接口电路

（2）模拟量传感器的测试

模拟量传感器一般采用 4~20 mA 的标准电流信号输出，4 mA 表示零信号，用 20 mA 表示信号的满刻度，而低于 4 mA 以及高于 20 mA 的信号用于各种故障的报警。

模拟量传感器的功能测试内容包括：零点、量程、线性度等。当输入信号为最小值时，传感器输出 4 mA；输入信号为最大值时，传感器输出 20 mA；在测量范围内，电流的变化量与输入信号变化量成正比。

模拟量传感器的性能测试内容包括精度、灵敏度、快速性等。利用标准仪器和信号发生装置，输入参考信号，得到理论值和实际输出的偏差，可得到传感器的测量精度；使输入信号产生微小改变，观察输出电流变化，测试传感器的灵敏度；利用信号发生器产生快速变化的输入信号，测试传感器输出的延迟时间。

2. 调节器的功能和性能测试

从自动控制系统性能的角度而言，调节器至关重要，因为在系统投入使用后，只有调节器的参数是可调的。通过对比例带、积分时间、微分时间的整定，才能获得较为良好的控制效果。

调节器的功能测试内容包括：检验调节器是正作用式还是反作用式；量程测试；PID 参数的测试；等等。

通过信号模拟装置，模拟测量信号增大，调节器输出信号若增大，则为正作用式；反之为反作用式。如果使用时正、反作用弄反，系统会变为正反馈。

量程测试主要是检测调节器输出信号的范围，通过控制偏差大小和时间，使调节器分别增长到最大、较小到最小，检验量程是否符合要求。

通过测试装置获取 P、I、D 参数的实际数值，看是否与标定值一致。

调节器的性能要通过测试整个自动控制系统的性能来体现。

3. 执行阀件的功能和性能测试

在自动控制系统中，最终由执行器作用于被控制对象，克服扰动，消除偏差。执行机构一般为阀件，用来改变流入控制对象的物质或能量的流量。而执行机构本身的动作是需要能量的，一般有三种形式：电动、气动和液压。

执行阀件的功能测试内容包括：零点、量程和响应时间等。当输入信号为最小值（4 mA 或 0.02 MPa）时，阀件应该处于完全关闭状态。当输入信号为最大值（20 mA 或 0.1 MPa）时，阀件变为完全打开。输入信号从最小跳变到最大值，测量阀件从全关到全开所用时间，看是否满足要求。

执行阀件的性能测试包括误差、死区、密封性能、流量特性等。

将测试输入执行阀件，增加或者减少的信号输入执行器，测量各个点对应的行程，计算信号与行程之间的理论关系和实际曲线之间的差异，最大值就是基本误差。

执行阀件一般都存在死区，死区包括了零点死区、量程死区、50%死区。零点死区，就是在0%的基础上输入信号（4 mA），确认阀门完全关闭，然后慢慢增加信号。当阀门开始起动时，开始记录，这个输入信号量的百分数就是零点死区，例如阀门在 4.5 mA 出现动作，则死区为3%。量程死区则是对 100%时输入的信号进行计算，确认阀门完全打开，慢慢减少输入信号，直至阀门开始复位则停止，计算方法与零点死区相似。50%死区是动作到中间位置，即 50%控制量时，确认静止在中间后，增加或者减小信号，即阀门开始动作后就记录为 50%死区，其死区的计算方法与前面两者一致。通常情况下，气动调节阀的死区应控制在 3%以内，在实际的测试中应比较这个数值，测试其性能，如果超过标准范围，应及时检查和修正。

对于气动、液压调节阀，要测试阀件的密封性能。利用清洁的空气或者液体进行测量，并在阀门完全关闭后进行测量，对阀门施加一定的压力，按照最大工作压差环境进行。信号压力为零，关闭执行机构，查看测试阀门两侧的介质是否存在泄漏情况，并测量两侧压差和流量，即为阀门的泄漏量。泄漏量要求越小越好。

流量特性反映了调节阀的开度与流量的变化关系，以适应不同的系统特性要求，如：对流量调节系统响映速度快，需要对数流量特性；对温度调节系统响映速度慢，要用直线流量特性。流量特性反映了调节阀的调节品质。

三、船舶典型自动控制系统的功能测试

测试一个实际的自动控制系统能否正常工作，主要做以下几方面的工作：

①分析系统准备条件，测试系统能否正常起动；

②对于反馈控制系统，可以通过改变给定值或者改变负载的方式，对系统施加干扰，测试系统参数的调节过程；

③对于时序控制系统，分别通过手动操作和自动控制，测试系统的时序控制逻辑；

④对于含有安全保护功能的系统，通过模拟故障，触发报警，测试安全保护单元是否正常。

1. 冷却水温度控制系统的操作与测试

（1）冷却水温度控制起动并投入自动运行

①起动低温淡水泵运行；

②起动一台海水泵，置于手动模式，选择好备用泵；

③合上冷却水温度控制器的电源开关，系统起动成功后将显示三通调节阀旁通阀的开度（显示器左边）、低温淡水实际温度；

④等待系统稳定后，将系统工作方式转为自动；

⑤将海水泵的工作模式也置于自动模式。

如果中央冷却水系统起动成功、无报警、参数显示正常，则认为整个系统工作基本正常。

（2）自动工作模式测试

设定系统工作在自动工作模式下，负荷基本不变。设定上限报警温度为 45 ℃，下限报警温度为 25 ℃，低温淡水当前设定温度 29 ℃。修改当前设定温度为 40 ℃，此时系统调节的过程：首先三通调节阀旁通阀开大，当阀门开度增大到设定幅度，海水流量减少（通过降低转速或解列一台海水泵实现）。然后修改当前设定温度为 28 ℃，此时系统调节的过程：首先旁通阀减小，当阀门开度减小到设定幅度，海水流量增加（通过降低转速或解列一台海水泵实现）。

（3）海水泵手动操作模式测试

在自动模式下，按下手动/自动模式按钮，将系统工作模式转换为海水泵手动操作模式，将海水泵控制屏上的转换开关置于“MAN”位置，注意此时三通调节阀仍然是自动模式。增加设定温度，可以看到旁通阀开度随之增大。减少设定温度，旁通阀开度减小。在低温淡水设定温度不变的情况下，手动开启一台海水泵，增大海水流量，低温淡水温度下降，此时旁通阀开度增加，低温淡水温度最终又回到给定值。

（4）调节阀手动操作模式测试

在自动模式下，选择设置开关，将系统工作模式转换为调节阀手动操作模式。按下降低温度按钮 10，调节阀旁通开度随之减少，当减少到系统设定阈值时（默认 2%，防止旁通全关），切换到大流量海水泵，切换时间应该在 5 s 之内。按下增加温度按钮 9，调节阀旁通开度随之增加，当增加到系统设定阈值时（默认 98%），切换到小流量海水泵，切换时间应该在 15 min 之内。

2. 燃油黏度控制系统功能测试

燃油供油单元 FCM 可实现燃油泵送、增压、加温和燃油黏度或温度的自动控制，并能够对供油泵、自动滤器、循环泵、“柴油/重油”自动转换实现全面的自动控制和监测。

燃油黏度控制是燃油供油单元的核心功能。燃油黏度控制系统由 EPC-50B 控制器、燃油加热器、蒸汽调节阀、温度传感器 Pt100 和黏度传感器 EVT20。

系统的工作模式有三种：温度程序控制、温度定值控制和黏度定值控制。无论采用哪种工作模式，燃油温度均由温度传感器 TT（Pt100）检测，由控制器 EPC-50B 按照事前设定的 PI 控制规律调节加热器的加热量，从而实现燃油温度自动控制。如果系统选择黏度控制方式，不仅需要黏度传感器 EVT20 检测燃油黏度，还需要温度传感器 TT 检测燃油温度并由控制器按照 PI 控制规律来调节加热器的加热量，实现燃油黏度自动控制。

执行器件是蒸汽调节阀 SRV，控制器给出“增加”或“减小”信号去控制伺服电机动作，直到阀门开度检测信号（0~2 kΩ 电阻信号）与输出要求一致。

控制器上配有手动/自动选择操作和手动加热量增加/减小操作,可以在需要时通过操作面板采用手动加热控制。

(1)供油单元起动并投入运行

在系统投入工作之前,要先检查燃油和加热系统有没有漏泄或损坏的情况,各阀件是否开关正确;把控制方式选择开关打到 OFF 位置,合上主电源,观察 EPC-50B 主板和黏度检测电路板指示是否正常;观察比较测量值与实际值有无异常情况;手动检测各电磁阀或电动切换阀是否正常、灵活。

准备确认后,起动燃油供给泵,将控制模式切换到 DO,系统自动选择为温度控制模式。这时可通过信息显示窗显示出燃油温度的实际测量值。

系统进入温度程序控制过程,*Pr*19 = Temp(温度控制模式),*Pr*30 为温度设定值,*Fa*31 为柴油温升参数,加热程序按这个参数控制加热。温度控制模式指示灯"TT"LED 闪亮。

当温度程序控制加热到设定温度(*Pr*30-3) ℃时,系统转为温度定值控制,"TT"LED 稳定发亮。

(2)从 DO 到 HFO 的黏度控制模式

当控制模式从 DO 转换为 HFO,燃油温度和黏度被监控和显示。*Pr*19 = Visc(黏度控制模式),*Pr*20 为燃油黏度设定值,*Pr*30 为黏度设定值对应的重油温度。加热运行程序由重油温升参数 Fa30 控制,温升斜坡允许燃油被加热到设定的温度。

在升温期间,"TT"LED 稳定发亮,黏度控制模式 LED 灯"VT"闪烁,表明当前为柴油转换为重油时的温度程序控制阶段。一旦从 DO 转换为 HFO,EPC-50B 控制器可检测到黏度增加,表明重油已经进入系统,正在被加热。

当油温达到(*Pr*30-3) ℃时,控制器自动转为黏度定值控制,"TT"LED 熄灭,"VT"LED 稳定发亮。

(3)HFO 设置成温度控制模式

HFO 控制模式类型由参数 *P*19 决定,选择的类型由传感器 LED,即操作面板流程图上的"VT"或"TT"指示出来。如果黏度传感器"VT"LED 发亮,控制器处在黏度控制类型。如果温度传感器"TT"LED 发亮,控制器处在温度控制类型。

在 HFO 的黏度控制模式下,将 *Pr*19 设置成 Temp,则控制器转换为温度定值控制模式,*Pr*30 为重油温度设定值。

3. 分油机时序控制系统的功能测试

(1)分油机的控制动作

分油机自动控制系统的组成及原理已在前述详细说明,其分油工作过程是一个复杂的时序过程,由一系列的基本动作完成组成。这些基本动作包括:

待分油循环——起动燃油供给泵,关闭三通阀 V1。

待分油加热——温度传感器 TT2、EPC-50 控制器、蒸汽调节阀、燃油加热器构成一个温度定值控制系统。

进油——打开三通阀 V1。

分离筒高速旋转——起动分油机电机,通过平皮带传动、立轴带动分离筒。

密封——短时间打开 V16,关闭水进入分油机,关闭排渣口。

补偿——断续短时间打开 V16,补偿关闭水由于泄漏和蒸发造成的缺失,保持排渣口关闭。

开盘——短时间打开 V15,开盘水进入分油机,打开排渣口。

注水——分油之前,打开 V10,为分离筒注水。

出油——保持气动切断阀 V4 为开启状态。

排水——打开卸放阀 V5。

通过按一定时序组合这些基本动作,又构成了一些基本程序,包括:

校准——根据分离筒体积数据和注水时间,计算置换水量。

置换——注水,进油、关闭出油,建立正常的油水分界面,出油口压力建立、水分含量小于设定,说明置换成功。

检漏——关闭进油、关闭出油,检查是否有泄漏,如果有泄漏,压力降下降。

分油——持续进油、出油,间断排水。水分传感器监视油中含水量,到达触发值时排水,最多可连续排水 5 次。

关油——关闭进油,打开出油同时监视油中含水量,间断触发排水,尽可能将油排出。

冲洗——供油关,注水,将净油全部挤出;关闭出油,打开排水,冲洗管路。

排渣——先开盘,然后卸放开盘水,为重新密封做准备。

(2)分油机控制系统的操作与管理

①分油机控制系统的起动和停止

检查分油机的电源是否正常,油底壳的油位是否正常,进出油管路的阀是否处于正常的位置。

若以上都正常,起动分油机燃油供给泵,将蒸汽加热阀打开,从操作面板上开启加热器。

待温度达到要求以后,要起动分油机,先按"SEPARATION/STOP"(分离)按钮激活 EPC-50,显示窗口中将滚动出现几个问题,必须先回答这些问题才能起动分离设备。回答问题后起动分油机,待分油机的转速达到全速及油温超过低温报警设定值以后,EPC-50 控制系统将自动进入分油起动程序直到分油机正常分油。

观察分油机供油以后工作是否正常,有无异常的振动或是噪声。通过 EPC-50 上的显示数据,来判断分油机的状态,如果一切都正常,说明分油机开始正常的工作。

如果中间发生故障或需要停止分油时,可通过按下"SEPARATION/STOP"按钮,实现停止控制。分离设备停止序列对应的黄色 LED 将开始闪烁。起动排渣。排渣完成后,停止序列 LED 将变为稳定的黄色,而分离系统运行对应的绿色 LED 将熄灭,显示 Stop(停止)。如果加热器由 EPC-50 控制,它将自动关闭。当供油温度开始下降时,进油泵将自动停止。当分离设备完全停止运转时,将显示"Standst"(停止运转)。

②分油机控制系统在使用过程中的注意事项

a. 开机前检查分油机运转方向是否正确;

b. 检查有无异常振动;

c. 检查起动电流,若电流维持较高数值,则说明存在跑油故障;

d. 定期检查电源、传感器、电磁阀是否正常;

e. 定期检查分离筒内油渣量,防止排渣通道淤塞;

f. 定期检查 EPC-50 控制板和显示板防止受潮或电线脱落等。

4. 锅炉时序控制系统的功能测试

不论是早期使用继电接触器实现的锅炉时序控制系统,还是现在广泛使用的 PLC 时序控制系统,其控制逻辑基本一致。通过手动起动锅炉和停炉,可以检查锅炉控制系统和基本逻辑是否正常。在自动模式下，可以测试锅炉控制系统的时序控制逻辑、水位控制、蒸汽压力控制、安全保护逻辑是否正常。

（1）锅炉的手动操作

①起动锅炉之前，应做好以下准备工作：检查锅炉油、水、电的供给情况是否正常；锅炉控制箱上的各个转换开关处于停止位置；若油温不正常，开启油温控制系统。

②观察水位，若水位较低，将水泵转换开关转到“手动”位，水泵起动，待水位上升到正常水位之后，再将开关转到“停止”。

③将燃烧转换开关转到“手动”，为起动锅炉作准备。

④将风机和油泵转换开关转到“手动”，风机和油泵投入运行，进行预扫风 60 s，燃油在管路循环。

⑤预扫风完成后，按下手动点火开关，它做了两个动作：一是接通点火变压器，点火电极开始产生电火花点火；二是控制回油风量调节机构使风门挡板关小。

⑥将燃油电磁阀控制开关转到“ON”位，燃油电磁阀得电，向炉内喷油，开始点火。

⑦从观察孔看到火焰后，松开手动点火开关，点火变压器断电，回油风量调节机构使风门开大，进入正常燃烧。

⑧停炉时，将燃油电磁阀控制开关转到“OFF”位，燃油电磁阀断电，停止喷油。起动风机进行后扫风。

（2）锅炉的 PLC 自动控制时序

①合上总电源开关，控制电路接通电源。

②确保水位正常。确保油温正常。

③将水泵控制开关转到自动，风机油泵控制开关转到自动，点火控制开关转动自动，燃油电磁阀控制开关转到自动。此时燃烧转换开关在停止位。

④将燃烧转换开关转到自动，开始锅炉自动起动实现。

⑤第一阶段：风机起动、风门开大，预扫风 60 s。油泵起动，燃油电磁阀断电。

⑥第二阶段：开始点火，风门关小。

⑦第三阶段：喷油，需在短时间内监测到火焰，才算点火成功。成功后停止点火，再持续几秒钟后开大风门，进入正常燃烧阶段。

⑧此后，由蒸汽压力控制锅炉的自动起动和停止。

参考文献

[1] 林叶春,陈文涛,张俊. 轮机自动控制系统. 上海:上海浦江教育出版社,2014.
[2] 中国海事服务中心. 船舶电气与自动化:船舶自动化. 大连:大连海事大学出版社,2012.
[3] 中国海事服务中心. 船舶机舱自动化. 大连:大连海事大学出版社,2013.
[4] 林叶春. 船舶电子电气工程专业海上实践教学指南. 上海:上海浦江教育出版社,2013.
[5] 马伟明,张晓锋,焦侬,等. 中国电气工程大典:第12卷:船舶电气工程. 北京:中国电力出版社,2009.
[6] 中国船级社. 钢质海船入级规范:第4分册. 北京:人民交通出版社,2012.
[7] 赵殿礼,张春来. 船舶电气设备管理与工艺. 2版. 大连:大连海事大学出版社,2010.
[8] 林叶春. 船舶电气及控制系统. 上海:上海交通大学出版社,2015.
[9] 冯博琴. 微型计算机原理与接口技术. 北京:清华大学出版社,2010.
[10] 张扬. S7-200 PLC 原理与应用系统设计. 北京:机械工业出版社,2007.
[11] 林叶锦. 轮机自动化. 2版. 大连:大连海事大学出版社,2019.
[12] 樊春玲. 检测技术及仪表. 北京:机械工业出版社,2014.
[13] 陶权,韦瑞录. PLC 控制系统设计、安装与调试. 北京:北京理工大学出版社,2009.
[14] 周柏青,李方园. PLC 控制系统设计与应用:西门子 S7-200/1200. 北京:中国电力出版社,2015.
[15] 赵殿礼. 船舶辅机电气控制系统. 大连:大连海事大学出版社,2003.
[16] 李世臣. 轮机自动化. 大连:大连海事大学出版社,2008.
[17] 赵殿礼,张春来. 船舶电站控制与管理技术. 大连:大连海事大学出版社,2009.
[18]《轮机工程手册》编委会. 轮机工程手册:下册. 北京:人民交通出版社,1992.
[19] 张华,赵文柱. 热工测量仪表. 北京:冶金工业出版社,2006.
[20] 张志刚,王宇,由玉文. 测量基础及常用仪器仪表教程. 天津:天津大学出版社,2012.